Äthiopien

Für Yeshimebet – die Tausendkönigin,

auch wenn manches, was in diesem Buche steht,

ihr nicht gefallen hätte.

Äthiopien

von innen und außen, gestern und heute

Marie-Luise Kreuter

33+1 EZ-Erfahrung von Rolf Schwiedrzik-Kreuter

Bibliografische Information der Deutschen Nationalbibliothek
Die Deutsche Nationalbibliothek verzeichnet diese Publikation
in der Deutschen Nationalbibliografie; detaillierte bibliografische
Daten sind im Internet über http://dnb.d-nb.de abrufbar.

©2010 Kreuter/Schwiedrzik
Umschlagdesign, Satz, Herstellung und Verlag:
Books on Demand GmbH, Norderstedt

Umschlaggestaltung Rolf P. Schwiedrzik.K
„Die Zukunft der Nation, Nationalitäten und Völker wird strahlend sein."
Millenniumplakat der Regionalregierung von Southern (SNNPRS), Awassa 2009

ISBN 978-3-8391-9534-5

Inhalt

Einleitung

Als wir im April 2000 in Äthiopien ankamen, herrschte noch Krieg mit Eritrea. Als wir das Land im Juni 2007 verließen, kämpften äthiopische Truppen bereits ein halbes Jahr in Somalia. Aus einem angenommenen Aufenthalt von drei bis vier Jahren waren über sieben Jahre geworden. Wir lebten in der Hauptstadt Addis Abeba fern von den Kriegsschauplätzen. Dennoch hatten die Kriege Auswirkungen auf das Leben in der Metropole und haben unsere Sicht auf das Land geprägt. Addis Abeba selbst ist trotz aller politischen Umbrüche und sozialen Veränderungen noch immer eine christlich-orthodoxe Hochburg, was auch unsere Wahrnehmung beeinflußt hat.

Wir waren keine Touristen mit eilig-schwärmerischem Blick auf die Naturschönheiten des Landes, auf kulturell-historisches Erbe christlich-orthodoxer Provenienz, auf die trotz Armut ach so frommen und fröhlichen Menschen und auf ein Land, das trotz Hungersnöten, Bürgerkrieg und real-sozialistischem Irrweg seit Haile Selassie in der Moderne angekommen war und mit westlicher Hilfe seinen Weg vorwärtsgehen wird. Das „Museum der Völker", das in Darstellungen jenseits der Fachwissenschaften häufig auf eine folkloristische Veranstaltung mit farbenprächtigen und exotischen Traditionen und Gebräuchen reduziert wird, erwies sich als eine sehr komplexe Gesellschaft mit politischen Akteuren, die sich gegenseitig nicht schonen, die Bevölkerung schon gar nicht.

Innerhalb des Betrachtungszeitraumes von zehn Jahren, von unserer Ankunft in Äthiopien und dem Redaktionsschluß des Buches, lassen sich deutlich Veränderungen ausmachen: Das Land wurde von einem wahren Bauboom erfaßt, der nicht auf die Hauptstadt beschränkt ist, sondern auch in Regional- und Kleinstädten viele neue Häuser, Geschäfte, Hotels entstehen ließ. Zahlreiche Straßen wurden gebaut und Staudämme errichtet. Mehr Menschen erhielten Zugang zu Wasser und Strom. In der Wirtschaft sind neue Gewerbezweige entstanden, neue Technologien fanden Eingang, die Wachstumsraten sind gestiegen. In der Gesundheitsfürsorge wurden Fortschritte erzielt. Der Bekämpfung von AIDS und gesundheitsschädlichen traditionellen Praktiken, unter denen besonders Mädchen und Frauen zu leiden haben, stehen Laien und kirchliche Autoritäten heute offener gegenüber als noch vor ein paar Jahren. Die Zahl der Kinder, die zur Schule gehen oder eine höhere Schule besuchen, hat sich deutlich erhöht. Zivilgesellschaftliche Organisationen, die private Presse und die politische Opposition gewannen an Einfluß, der allerdings in jüngster Zeit wieder massiv beschnitten wird.

Jenseits erkennbaren teilweisen Fortschritts sind Konflikte und Probleme heute so virulent wie vor zehn Jahren: Hungersnot in weiten Teilen des Landes ist auch 2010 wieder ein Thema. Daneben hat die „normale" Armut trotz wirtschaftlichen Wachstums durch Landflucht und die Auswirkungen der globalen Finanzkrise zugenommen. Der Grenzkonflikt mit Eritrea ist ungelöst und sorgt für permanente Spannungen zwischen den beiden Ländern und zwischen Regierung und Opposition. Der eng mit der Rivalität Äthiopiens und Eritreas zusammenhängende bewaffnete Konflikt in Somalia schwelt weiter. Ethnische Spannungen und Probleme zwischen Christen und Muslimen haben in den letzten Jahren wieder zugenommen.

Regierung und Opposition pflegen keinen Dialog, sondern stehen sich als Feinde in einer Auseinandersetzung gegenüber, die nicht Kompromisse anstrebt, sondern auf Ausschluß der jeweils anderen Seite von politischer Macht zielt. Die Wahlvorbereitungen für 2010 standen seit langem unter dem Zeichen unversöhnlicher Konfrontation, einschließlich Drohungen und Machtmißbrauch seitens der Regierung. Als wir im Februar und März 2009 Äthiopien wieder besuchten, war die Aufbruchstimmung, die 2005 durch das Land gegangen war, erstorben. An ihre Stelle war Hoffnungslosigkeit getreten, daß sich die Dinge dauerhaft zum Positiven wenden könnten und ein freies Wählervotum eine andere Konsequenz habe, als sich selbst in Gefahr zu bringen.

Das waren die „Lehren" aus den bedrückenden Ereignissen nach den Wahlen 2005, bei denen die Opposition zum ersten Mal landesweit viele Wahlkreise gewonnen und der Regierungsfront in Addis Abeba eine komplette Niederlage beigebracht hatte. Dank der „Vorsorge", die die Regierungsfront (EPRDF) danach traf, kann sie jetzt für sich beanspruchen, bei den Wahlen vom 23. Mai 2010 fast 100 % der Sitze gewonnen zu haben. Im Parlament, dem „House of Peoples' Representatives", fiel von den 547 Mandaten nur eines auf einen Abgeordneten des Oppositionsbündnisses *Medrek*, ein weiteres auf einen parteiunabhängigen Kandidaten. Der Löwenanteil der Sitze ging an die Kandidaten der EPRDF und ein kleinerer Teil an die mit ihr verbündeten Parteien aus den Regionalstaaten. Nicht anders sieht es in den neu gewählten Regionalparlamenten aus, den „Regional State Councils".

Das vorliegende Buch ist für eine interessierte Leserschaft gedacht, die mehr über Äthiopien wissen will, als Reiseführer und Hochglanzbücher verraten, die sich aber andererseits nicht in die Fachwissenschaft mit ihren kaum noch überschaubaren weit ge- und verstreuten Einzelthemen vertiefen will. Intendiert ist kein abgerundetes Bild der äthiopischen Geschichte und Gegenwart, schon gar nicht ein chronologischer Wegweiser durch sie. Die gesetzten thematischen Schwerpunkte sollen zu einem besseren Verständnis des heutigen Äthiopien beitragen. Sie sollen Einblicke in soziale und politische Probleme und Konflikte im Alltag ermöglichen, aber auch einen Eindruck von der bewegten Geschichte des Landes und ihrer Vielfalt an Traditionen vermitteln. Hierbei werden Personen und Volksgruppen berücksichtigt, die sonst in Darstellungen nicht vorkommen oder vernachlässigt werden.

Es werden markante Ereignisse, Einstellungen, Haltungen aus der Vergangenheit aufgegriffen, die in der Entwicklung des Landes von Bedeutung waren und von denen die meisten bis heute ihre Wirkung in der äthiopischen Gesellschaft entfalten. Eine durchgehende Fragestellung – mit variierender Gewichtung in den einzelnen Kapiteln – ist die nach dem Selbstbild, das Äthiopier von sich haben. Vor dem Hintergrund der Entwicklung der Beziehungen zwischen Äthiopien und Europa stellte sich die Frage, welches Bild Äthiopier von Europäern haben und umgekehrt, wie Europäer im Laufe der Zeit Äthiopier wahrgenommen haben und weiter wahrnehmen.

Bewußt wurde nicht nur Fachliteratur zugrunde gelegt, sondern auch populärwissenschaftliche Schriften, Reise- und Erlebnisberichte, mündliche Traditionen und Legenden wurden berücksichtigt. Zeitungsbeiträge aus den vergangenen zehn Jahren in Äthiopien finden breite Beachtung. Insbesondere habe ich Wert darauf gelegt, möglichst viele Arbeiten äthiopischer Autoren einzubeziehen. Gesichertes Fachwissen verbindet sich so mit Legenden, Anekdoten, aktuellen politischen Bewertungen und der eigenen Alltagserfahrung vor Ort. In diesem Sinne fließen auch – optisch abgesetzt – Auszüge aus halbjährlichen Berichten ein, die ich zwischen 2000 und 2005 an Freunde, Verwandte und einen weiten Bekanntenkreis in Deutschland und anderswo gesandt habe.

Der überwiegende Teil der herangezogenen Sekundärliteratur ist in Englisch geschrieben. Um eine flüssige Lesbarkeit zu ermöglichen, wurden kurze Zitate ins Deutsche übersetzt und in den Fließtext integriert. Längere Zitate wurden jedoch wegen höherer Authentizität in der Originalsprache belassen. Ein Problem stellt sich bei der Transliteration von Personen- und Ortsnamen sowie Begriffen aus Äthiopien. Das Amharische und andere äthiopische Sprachen haben ein eigenes Alphabet, das mit lateinischen Buchstaben nichts gemein hat. Bei der Umschreibung sind in der Literatur viele unterschiedliche Schreibweisen im Gebrauch; ähnliches gilt für das Armenische. Selbst in der Sprache der Oromo, bei der das lateinische Alphabet verwendet wird, hat sich noch keine einheitliche Schreibweise herausgebildet. Drei Beispiele aus dem Amharischen: Die ehemalige Provinz Shoa findet sich auch als Schoa, Shewa oder Shäwa wieder. Der Herrscher Lij Iyasu wird auch Lej Iyyasu oder Lijj Iyyassu geschrieben. Der amharische Name für Komitee erscheint mal als Derg, mal als Därg, Darg oder als Dergue. Ich habe versucht, mich an häufig verwendeten Schreibweisen in der Literatur jüngeren Datums zu orientieren.

Die Fußnoten sind, von wenigen abgesehen, reine Quellennachweise und können vom Leser, der keine vertiefende Lektüre sucht, außer Acht gelassen werden. Eine Ausnahme bildet das letzte Kapitel.

Das Buch besteht aus elf Kapiteln, deren Themenschwerpunkte in unterschiedlichem Ausmaß inhaltlich miteinander verknüpft sind. Auf dem Hintergrund der ethnischen Spannungen und des hohen Stellenwerts, der der Vergangenheit des Landes hierbei beigemessen wird, gehen **Kapitel 1** und **2** der Frage nach, wessen Geschichte äthiopische Geschichte ist. Für Jahrhunderte gab es in Äthiopien nur *eine* zugelassene Geschichtsinterpretation, nämlich die des christlich-orthodoxen Hochlandes und seiner Völker, die der semitischen Sprachfamilie angehören. Amharen und Tigray verstanden und verstehen sich als Träger einer überlegenen Kultur und beanspruchen für sich, ganz Äthiopien zu repräsentieren. Andere Völker, die dem Reich im letzten Viertel des 19.Jahrhunderts unter Führung der Amharen aus Shoa meist gewaltsam eingegliedert wurden, galten als minderwertig, als Barbaren ohne eigene Geschichte. An diesem exklusiven Geschichtsverständnis hat auch die europäische Geschichtsschreibung ihren Anteil.

In den 1960er Jahren begannen im Zuge wachsender Bildung und der Entstehung einer modernen Geschichtswissenschaft Vertreter dieser Völker ihre Stellung in der äthiopischen Gesellschaft radikal zu hinterfragen, ihre eigene Geschichte zu schreiben, öffentlich zu artikulieren und schließlich mit Waffengewalt gegen die „Amharisierung" vorzugehen. Die Wahrnehmung von wirtschaftlicher Ausbeutung und kultureller Unterdrückung mündete in die These von der kolonialen Eroberung und nationalen Unterdrückung durch die „abessinischen Imperialisten", von denen man sich befreien müsse. Insbesondere Somali und Oromo entwickelten eine ethnische Selbstidentifikation, die es so zuvor nicht gegeben hatte. Aus verschiedenen Gründen änderte sich hieran auch nach dem Sturz des Kaisers 1974 nichts. Im Gegenteil, es entstanden zunehmend regional organisierte und ethnisch definierte Gruppen, die – dem Beispiel Eritreas folgend – den bewaffneten Kampf gegen das Militärregime des *Derg* aufnahmen, unter ihnen auch die *Tigray People's Liberation Front*.

Unter Berufung auf die in der Verfassung von 1994 garantierte Gleichheit aller Ethnien und Religionen und auf den föderalen Staatsaufbau entlang ethnischer Linien sieht sich die heutige, von Tigray dominierte Regierung als diejenige, die mit jeder Form von Unterdrückung und Diskriminierung Schluß gemacht hat. Sie beansprucht auch, die Geschichtsinterpretation zu Grabe getragen zu haben, die die meisten Völker Äthiopiens ins Abseits stellte. Zu dieser Deutung gibt es wenig Zustimmung, sondern reichlich Widerspruch bis hin zu bewaffnetem Widerstand.

Wie sich diese kontroversen Positionen und Konkurrenzen unter den verschiedenen Regimen entwickelt haben und sich heute niederschlagen, wird durch Einblicke in Alltag, Politik, Universitätsleben, Geschichtswissenschaft, Bildung und Presse erläutert.

Kapitel 3 betrachtet die Grundfesten traditionellen Geschichtsbewußtseins, wie sie sich im christlich-orthodoxen Nationalepos „Kebra Nagast" (Herrlichkeit der Könige) manifestiert. Das im 14.Jahrhundert entstandene Epos erzählt die äthiopische Version der Königin von Saba als aksumitischer Königin Makeda. Der mit König Salomon gezeugte Sohn leitete die „salomonische Dynastie" ein, für deren 225. Vertreter sich Haile Selassie hielt. Während in vielen Kulturkreisen der Besuch der Königin bei Salomon in Jerusalem zur populären Legende wurde, ist er in seiner äthiopischen Fassung keine idyllische Erzählung. Die Auserwähltheit der Äthiopier durch Gott, die „Überführung" der gestohlenen Bundeslade mit den Zehn Geboten nach Aksum und die göttliche Herleitung der kaiserlichen Herrschaftsansprüche machte sie zum fundamentalen Glaubenssatz im nationalen Bewußtsein der christlich-orthodoxen Menschen.

Der Inhalt des Epos in seinem staatstragenden Kern wie in seinen mit Lokalkolorit angereicherten Ausschmückungen blieb auch nach dem Sturz des Kaiserreichs und der erheblichen Machtbeschneidung der orthodoxen Kirche in der Volkstradition tief verwurzelt. Seine Wirkung ist bis heute ein Paradebeispiel für das Zusammenspiel und die Verflechtung von Mythen, Religion und Politik.

Kapitel 4 beschäftigt sich mit der Schlacht von Adwa von 1896, in der äthiopische Truppen die italienischen Invasoren besiegten. Wie die „Kebra Nagast" ist sie zentrales Objekt traditioneller Geschichtsbetrachtung. In religiös-politischer Überhöhung war der Sieg von Adwa der Beweis für die Auserwähltheit Äthiopiens. Er schuf die Voraussetzung dafür, daß Äthiopien nicht kolonisiert wurde. Aus kritischer Sicht führte der Sieg zum Gefühl der Überlegenheit gegenüber anderen afrikanischen Völkern und einer Überbewertung der eigenen Kultur. Allgemein gilt er als Gründungsereignis der modernen äthiopischen Nation oder im heutigen politischen Sprachgebrauch als herausragendes Beispiel multiethnischer Zusammenarbeit. Allerdings entpuppt sich der Sieg, der sich auf den ersten Blick als das einigende Band der äthiopischen Nation darstellt, auf dem Hintergrund ethnischer Rivalitäten bei näherem Hinsehen als Zankapfel und Gegenstand sehr unterschiedlicher Bewertungen in seiner Bedeutung und seinen Folgen. Die Schlacht von Adwa hatte aber nicht nur eine äthiopische, sondern auch eine europäische und vor allem eine wichtige afrikanische Dimension.

Kapitel 5 stellt eine Frauengestalt der äthiopischen Geschichte vor, die der christlichen Tradition als Feindbild diente und weiter dient und eine Antithese zur hoch verehrten Königin von Saba darstellt. Gudit gehört zu den wenigen Frauen, die es in der äthiopischen Geschichte zu Rang und Namen gebracht haben, und steht neben dem muslimischen Herrscher von Harar Ahmed ibn Ibrahim al-Gazi im christlich-orthodoxen Äthiopien für das Böse schlechthin. Gudit wird für den Untergang des Aksumitischen Reiches im 10. Jahrhundert n. Chr. verantwortlich gemacht, jener Hochkultur, als deren Nachfahren sich die christlich-orthodoxen Äthiopier betrachten. Die Rezeption von Gudit in der Volkstradition zeigt anschaulich, wie sich um einen Kern von historischer Wahrheit ein Bündel an variantenreich ausgeschmückten Geschichten gruppiert, die eine starke Identifikationsbasis des christlichen Äthiopien bilden, hier mit negativen Vorzeichen. Diese Identifikationsbasis als Teil einer autoritär-klerikalen Gesellschaft und eines traditionellen Rollenbildes mit festgeschriebenen Zuweisungen im Verhältnis der Geschlechter wird heute vor allem von Frauen der jüngeren und mittleren Generation in den Städten in Frage gestellt.

Kapitel 6 beschäftigt sich mit Beta Israel, den Juden Äthiopiens, die sich in ihrer Abstammung sowohl auf Salomon und die Königin von Saba wie auf ihre ideelle Gegenspielerin Gudit berufen. In deren Tradition ist sie nicht die grausame Zerstörerin, sondern eine Heldin und ein Symbol für Zeiten, in denen Beta Israel politische Unabhängigkeit und Größe genossen.

In der äthiopischen Geschichtstradition, in der sie „Falasha" (Landlose, Wanderer) genannt werden, erscheinen sie als die religiösen Gegner und militärischen Feinde des christlichen Reiches, die in vielen Schlachten schließlich niedergerungen wurden. Man wies ihnen eine wirtschaftlich marginalisierte – und wie den Muslimen – eine sozial mißachtete Stellung zu. Da viele von ihnen in Berufen wie Schmied und Töpfer arbeiteten, die mit magischen und zerstörerischen Eigenschaften in Verbindung gebracht wurden, führte dies zu ihrer Stigmatisierung. Doch gab es auch Zeiten, in denen ein kleiner Teil von ihnen es zu relativem wirtschaftlichen und sozialen Fortkommen brachte. Im 19. Jahrhundert erregten die Beta Israel das Interesse protestantischer Missionare wie jüdischer Organisationen, deren Einfluß sich negativ auf ihre kulturellen Grundlagen auswirkte.

Bis heute sind Beta Israel wegen ihres Ursprungs Gegenstand kontroverser Forschung. Israel hat sie als Juden anerkannt und seit 1975 in das Rückkehrgesetz einbezogen. In kleinen Emigrationswellen und zwei großen Luftbrückenaktionen gelangten die meisten von ihnen nach Israel. Seit es fast keine mehr von ihnen in Äthiopien gibt, hat man hier ihr „Äthiopiertum" als wichtiges kulturelles Erbe entdeckt.

Kapitel 7 stellt das Verhältnis von Christentum und Islam in historischer Perspektive bis heute in den Mittelpunkt. In so mancher zeitgenössischen Darstellung erscheint Äthiopien als ein Land, dessen religiöse Toleranz geradezu vorbildlich ist. Andererseits wird Äthiopien oft als eine christliche Insel beschrieben, die von feindlichen muslimischen Kräften umringt und permanent in ihrer Existenz bedroht war. An dieser Version der Geschichte war Europa entscheidend beteiligt. In Wirklichkeit hat das Verhältnis von Christen und Muslimen viele Facetten, die von friedlicher Koexistenz über Phasen harscher Unterdrückung bis zu blutigen Auseinandersetzungen reichen, die das christliche Reich Äthiopiens im 16. Jahrhundert an den Rand des Untergangs brachten. Sein letztendlicher Sieg mit Hilfe portugiesischer Soldaten verband die nationale Identität mit der christlichen und besiegelte den Status des Islam als Religion minderen Werts mit entsprechenden Folgen für die soziale Stellung der Muslime und ihrer Rechte innerhalb der äthiopischen Gesellschaft. Die europäische Hilfe blieb nicht ohne Folgen und bescherte Äthiopien im 17. Jahrhundert ein „katholisches Intermezzo".

Anhand von Personen der Geschichte und Zeitgeschichte wird das Verhältnis von Islam und Christentum beleuchtet und jeweils in den Kontext der äthiopisch-europäischen/westlichen Beziehungen gesetzt. Die erste relevante Person ist der legendäre Priesterkönig Johannes, den Europäer seit dem 14. Jahrhundert in Äthiopien als Megaverbündeten zum endgültigen Sieg über den Islam zu verorten begannen. Die zweite ist der Herrscher von Harar Ahmed ibn Ibrahim al-Gazi, der im 16. Jahrhundert den Jihad gegen das christliche Reich ausrief und von Muslimen bis heute als Held verehrt wird. Es folgt Lij Iyasu, der zu Beginn des 20. Jahrhunderts als Thronfolger Kaiser Menileks II. eine islamfreundliche und antikolonialistische Politik versuchte. Damit forderte er nicht nur seine christlich-orthodoxen Gegner, sondern auch die Kolonialmächte England, Frankreich und Italien heraus. Am Ende stand Iyasus gewaltsame Absetzung und Haile Selassie war der Nutznießer. Er avancierte in den 1950ern zum Liebling des Westens, ebenso wie der heutige Ministerpräsident Meles Zenawi. Als wichtigster Partner des Westens am Horn von Afrika im Kampf gegen internationalen Terrorismus und Bollwerk gegen die Ausbreitung des politischen Islam muß er bisher nicht fürchten, durch eine undemokratische Innenpolitik ernsthaft in Mißkredit zu fallen.

Formal endete der Status der Muslime als Menschen zweiter Klasse mit der Revolution von 1974. Auch heute betrachten nicht alle dieses Ziel als wirklich umgesetzt, und viele Muslime sehen sich durch den Kampf gegen den islamischen Fundamentalismus unter Generalverdacht gestellt.

Der Blaue Nil als Faszination und Fluch ist Thema in **Kapitel 8.** Der mittelalterliche Mythos vom christlichen Äthiopien als starkem Partner im Kampf gegen den Islam wurde in Europa auch von den Vorstellungen geprägt, die äthiopischen Herrscher hätten die Macht, die Wassermassen des Blauen Nils zu manipulieren. Das Wissen um die Bedeutung des Blauen Nils für Ägypten machte ihn für äthiopische Herrscher zu einem Mittel der Durchsetzung politischer Interessen und zum Symbol von Macht, die das Verhältnis beider Länder über Jahrhunderte prägten. Insbesondere für die Kolonialmacht England wurden der Nil und seine Zuflüsse zu einem Objekt der Begierde ihrer Vorherrschaftsansprüche. Diese führten zu Verträgen über die Nutzung des Nilwassers, die Äthiopien und andere Anrainer an seinem Oberlauf zu Zuschauern und Bittstellern degradierten.

Daß der Blaue Nil für Äthiopien keine positive wirtschaftliche Rolle spielte, spiegelt sich in der Volkstradition. Hier erscheint er als Verräter, der fruchtbare Erde und Wassermassen in fremde Länder trägt, während sein eigenes Volk verdurstet. Andererseits wird er als Quelle des Lebens und heilende Macht verehrt. In jüngster Zeit wurde er zu einer Art Hoffnungsträger für wirtschaftliche Entwicklung und Wohlstand in Äthiopien.

Kapitel 9 geht der Geschichte einer Immigrantengruppe nach, die neben Arabern, Griechen und Indern einstmals die viertgrößte Gruppe von Einwanderern in Äthiopien bildete. Einzelne Armenier kamen schon vor vielen Jahrhunderten als reisende Händler nach Äthiopien. Aufgrund ihrer kaufmännischen Verbindungen, ihrer geographischen und sprachlichen Kenntnisse wurden sie von äthiopischen Herrschern als Handelsagenten, Hofbeamte und Gesandte eingesetzt. Dank der gemeinsamen Glaubenstradition mit dem orthodoxen Christentum genossen sie vor anderen Ausländern einen Vertrauensvorsprung und errangen so eine besondere Stellung in der Kommunikation Äthiopiens mit der Außenwelt. Sie wurden zu Wissensvermittlern über das Land.

Seit Ende des 19. und zu Beginn des 20. Jahrhunderts kamen Armenier in größerer Zahl als Folge der Massaker im Osmanischen Reich und des Völkermords durch die Jungtürken.

Mit steigender Zahl konstituierte sich eine Gemeinde mit eigener Kirche und Schule. In den 1930er Jahren zählten sie etwa 3000 Personen, die hauptsächlich in Addis Abeba, Harar und Dire Dawa lebten. Im Land trugen sie durch ihre beruflichen Aktivitäten zur wirtschaftlichen Belebung, zur Einführung bislang unbekannter Produkte, handwerklicher Fertigkeiten und moderner Betriebe bei. Ihre wirtschaftlichen Innovationen und ihre angebliche oder wirkliche Verstrickung in politische Affären trugen ihnen nicht nur Sympathien ein, sondern riefen auch Ressentiments hervor.

Auf dem Gebiet der Musik begannen Armenier ab 1924 eine besondere Rolle zu spielen, als Haile Selassie eine Gruppe von „40 Kindern", die dem Völkermord entgangen waren, aus Jerusalem nach Addis Abeba brachte. Was mit Marschmusik und Nationalhymnen begann, setzte sich in musikalischen Theaterstücken, in populären Melodien und schließlich in Swing und Jazz fort. Die nach dem mißglückten Staatsstreich von 1960 begonnene Abwanderung entwickelte sich unter der Militärregierung des Derg ab 1974 zu einer Massenabwanderung. Heute zählt die Gemeinde nur noch wenig mehr als 100 Menschen.

Kapitel 10 wendet sich speziell dem deutsch-äthiopischen Verhältnis zu. 2005 feierte man das 100jährige Jubiläum der offiziellen deutsch-äthiopischen Beziehungen, deren Grundlagen 1905 mit einem Freundschafts- und Handelsvertrag gelegt wurden. Politiker, Diplomaten, Wissenschaftler, Kirchenvertreter und Kulturschaffende zogen Bilanz und attestierten den Beziehungen eine lange harmonische und auf den verschiedensten Gebieten fruchtbare Zusammenarbeit, deren inoffizielle Anfänge bis ins Mittelalter zurückreichen. Diese positive Bilanz wird in Schlaglichtern vorgestellt und durch Beispiele ergänzt, die vor allem für die deutsche Seite nicht ganz so schmeichelhaft sind.

Von dem Universalgelehrten Hiob Ludolf ist die Rede, der als Begründer der Äthiopistik gilt und von dem Philosophen Immanuel Kant, der die „Abessinier" vom allgemein negativen und zutiefst rassistischen Urteil über Afrikaner ausnahm, von „abessinischen Büchern" im Diplomatengepäck und von deutschen Diplomaten, die sich ohne politische Absichten in äthiopische Politik einmischten. Es geht auch um den „Abessinienkrieg" 1935/36, der in der deutschen Öffentlichkeit großes Interesse und Sympathie für Äthiopien weckte und den die Naziführung mit ganz speziellem Kalkül verfolgte. Nach 1945 waren BRD-Deutsche im Kaiserreich Haile Selassies gern gesehen, unter dem Derg kam die DDR zum Zug. Nach dessen Sturz 1991 wurde Äthiopien zum Schwerpunktland der Entwicklungszusammenarbeit des wiedervereinigten Deutschland. Auch hier läßt sich offiziell eine hervorragende Zusammenarbeit konstatieren, in den Niederungen des Alltags sieht das Bild etwas anders aus.

In **Kapitel 11** werden von Rolf P. Schwiedrzik-Kreuter zunächst die Schwerpunkte der deutschen Entwicklungszusammenarbeit (EZ) innerhalb der äthiopischen Entwicklungsprogramme und deren internationaler Unterstützung vorgestellt.

Erfahrungen und Einschätzungen von 33 interviewten deutschen und äthiopischen Kolleginnen und Kollegen, die in der EZ, vor allem im *Engineering Capacity Building Programme (ecbp)* oder dessen Umfeld tätig waren, stehen im Mittelpunkt dieses Kapitels und werden komprimiert abgebildet. Den deutschen Wahrnehmungen von äthiopischen Verhaltensweisen und -mustern wird die Sicht von Äthiopiern auf ihre deutschen Kollegen und auf ihr eigenes Land gegenübergestellt und daran werden interkulturelle Differenzen deutlich gemacht. Aus der Vielfalt der verschiedenen deutschen EZ-Organisationen, aus den ungeklärten Rollen von Expertinnen und Experten sowie dem äthiopischen Führungsanspruch und unterschiedlichem Managementverständnis ergaben sich Probleme der Zusammenarbeit wie des Konfliktmanagements. Diese werden aus Sicht der Interviewten beschrieben.

Abschließend wird den Frage nachgegangen, ob die deutsche Seite auf das Mammutprogramm ausreichend vorbereitet und im internationalen Maßstab auf der Höhe der Zeit war, inwieweit Konsequenzen aus festgestellten Defiziten gezogen wurden und welche Perspektiven sich für die zukünftige Zusammenarbeit ableiten lassen und ob es eine gute Prognose gibt.

I. Wessen Geschichte ist „äthiopische Geschichte"? – Geschichte und nationale Identität in Alltag und Politik

Geschichtsbild im Wandel – „Einheit in Vielfalt" versus „große Tradition" des christlichen Hochlandes

Es gibt wenige Völker, die von Geschichte so „besessen"[1] sind wie Äthiopier, konstatiert der Historiker Bahru Zewde, und man muß ihm recht geben. Was immer man liest, mit wem man spricht, man stößt unweigerlich auf Geschichte und auf Geschichten, die ihre Wurzel in längst vergangenen Zeiten haben. Die Gegenwart mit der Vergangenheit in Verbindung zu bringen, ist in Äthiopien vor allem für diejenigen eine Selbstverständlichkeit, bei denen die Vergangenheit der Gegenwart ihren Glanz verleiht. Äthiopien kann in der Tat auf eine bemerkenswerte und sehr bewegte Geschichte zurückblicken.

Allerdings gibt es nicht „das" Geschichtsbewußtsein, sondern es ist im Gegenteil äußerst facettenreich und widersprüchlich, denn nicht zuletzt haben die verschiedenen Völker Äthiopiens eine unterschiedliche Sichtweise auf ihre je eigene und die gemeinsame Vergangenheit. Aufgrund seiner etwa 80 Volksgruppen wird Äthiopien gern als „Museum der Völker" bezeichnet, ein Begriff, den besonders die Tourismusbranche aufgreift, um die vielseitige Attraktivität und Exotik Äthiopiens zu betonen.

Neben den großen Gruppen der Oromo mit 25.489.024 (34,49 %) und der Amharen mit 19.870.651 (26,89 %), gibt es laut der Volkszählung von 2007 noch acht weitere Ethnien, die mehr als eine Million Menschen zählen. Die bevölkerungsstärksten unter ihnen sind mit je rund 4,5 Millionen die Somali und die Tigray, gefolgt von den Sidama mit knapp 3 Millionen.[2] Die kleinsten Ethnien zählen nur wenige hundert Menschen.

Die Mehrheit dieser Völker gelangte erst im letzten Viertel des 19. Jahrhunderts durch meist gewaltsame Eroberung in den Herrschaftsbereich des heutigen Äthiopien. Die Art und Weise, wie sie eingegliedert wurden und welcher Stellenwert ihnen in der äthiopischen Gesellschaft zugewiesen wurde, prägt bis heute das Verhältnis der Ethnien wie der jeweiligen politischen Eliten untereinander.

Lange Zeit war die offizielle und geschriebene äthiopische Geschichte die Geschichte des christlichen Hochlandes, der staatstragenden Völker der Tigray und Amharen. Diese sehen sich als Nachfahren des Aksumitischen Reiches, einer Hochkultur, die vom 1. bis 7. Jahrhundert n. Chr. ihre Blütezeit hatte. Tigray und Amharen verkörperten das „Äthiopiertum": eine stolze „große Tradition" siegreicher Könige und Kaiser, kultureller Errungenschaften wie eine eigene Schrift und architektonische Zeugnisse und schließlich die Schöpfung eines modernen

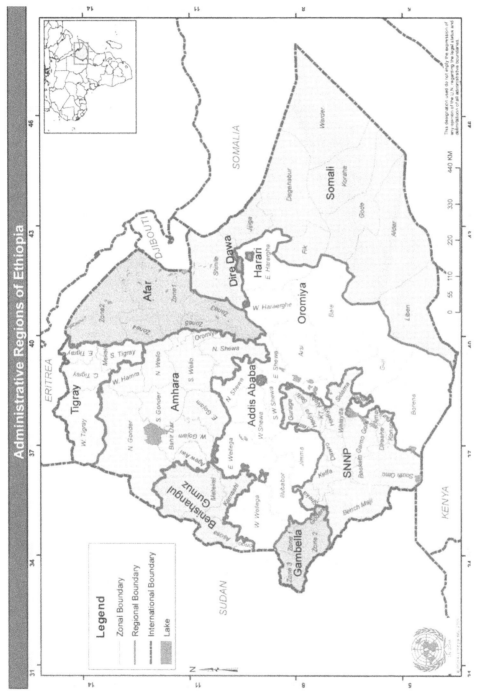

Abb. 1 Regionalstaaten Äthiopiens

äthiopischen Staates. Die eroberten Völker, unter ihnen eine große Zahl von Muslimen und „Heiden", kamen in dieser Tradition nicht vor und wenn doch, dann als Völker minderen Werts, die nichts Substantielles zur äthiopischen Zivilisation beizutragen hatten.

Die Beurteilung historischer Prozesse in Äthiopien hat vor allem im Laufe der letzten Jahrzehnte – angesichts der Verbreitung moderner Erziehung, der Entstehung einer akademischen Geschichtswissenschaft und gravierender politischer Umbrüche – entscheidende Veränderungen erfahren. Unterschiedliche Auffassungen darüber, was Äthiopien ausmacht, was äthiopische Geschichte kennzeichnet, in der Gegenwart seinen Niederschlag findet und als kulturelles Erbe zu gelten habe, wurden öffentlich artikuliert. In der politischen Auseinandersetzung mit dem Kaiserreich Haile Selassies und der nachfolgenden Militärregierung des Derg unter Mengistu Haile Mariam begann eine Rückbesinnung auf die je eigene Geschichte der einzelnen Völker unter scharfer Kritik der politischen Verhältnisse und der offiziell verordneten Auffassung, was unter äthiopischer Geschichte zu verstehen sei. Geschichte wurde neu geschrieben und als Waffe für politische Ziele eingesetzt. Das Kaiserreich wurde 1974 gestürzt und nach einem langjährigen Kampf besiegten an ethnischen Linien orientierte Befreiungsbewegungen den Derg (1974–1991). In den anschließenden Auseinandersetzungen um die politische Macht und die Gestaltung Äthiopiens setzten sich Vertreter der Tigray durch, deren Befreiungsbewegung neben derjenigen in Eritrea die Hauptlast des Kampfes getragen hatte. Die *Tigray People's Liberation Front (TPLF)* bildete zusammen mit dem *Amhara National Democratic Movement (ANDM)*, der *Oromo People's Democratic Organization (OPDO)* und dem *Southern Ethiopian Peoples' Democratic Movement (SEPDM)* die *Ethiopian Peoples' Revolutionary Democratic Front (EPRDF)*, die bis heute die Regierung stellt.

Seit 1994 ist Äthiopien eine föderale Republik, deren einzelne Bundesländer entlang ethnischer Grenzen gebildet wurden, wobei sechs der Ethnien – Afar, Amhara, Harari, Oromo, Somali, Tigray – ein nach ihnen benanntes Bundesland erhielten. Vor allem im Regionalstaat *Southern Nation, Nationalities and Peoples' Regional State (SNNPRS)* lebt die große Zahl von 48 Ethnien zusammen. Im *House of Federation*, das anders als der Bundesrat in Deutschland keine Ländervertretung und am legislativen Prozeß nur marginal beteiligt ist, sitzen zur Zeit 112 Abgeordnete, die 69 anerkannte Ethnien repräsentieren. Die meisten Parteien sind entlang ethnischer Linien zusammengesetzt. Im Ausweis haben Äthiopier einen Stempel, der sie als Angehörige einer bestimmten Ethnie kenntlich macht.

Unter Berufung auf die in der Verfassung garantierte Gleichheit aller Ethnien und Religionen und den föderalistischen Staat sieht die heutige Regierung der EPRDF sich als diejenige, die mit diskriminierender Politik und autokratischer Herrschaft ebenso Schluß gemacht hat wie mit einer exklusiven, die meisten Völker ausschließenden Geschichtsinterpretation. Die offizielle Geschichtsinterpretation, die das Selbstverständnis und die Prämissen der heutigen

Politik widerspiegelt, greift auf die These zurück, daß die Völker Äthiopiens eine gemeinsame Identität und Geschichte entwickelt haben, die durch die heutigen politischen Gegebenheiten eine stetige Vertiefung erfahren und durch verschiedene Ereignisse „Nationaler Einigkeit"[3] gestärkt werden. Die neue Nationalhymne beschwört Frieden, Freiheit und Gerechtigkeit der in Gleichheit und Zuneigung vereinten Völker Äthiopiens, die auf ein stolzes gemeinsames Erbe zurückblicken. Seit 2006 feiert man am 8. Dezember den „Tag der Nation, Nationalitäten und Völker"[4], der die Anerkennung aller Völker als gleichberechtigt und gewürdigt demonstrieren soll. 2009 fand die zentrale Feier in Dire Dawa statt, der zweitgrößten Stadt Äthiopiens. Zur Demonstration von Einheit und nationaler Identität ließ die Regierung am 5. Juli 2008 zum ersten Mal den „Nationalen Flaggentag" begehen.

Besonders im äthiopischen Millenniumsjahr 2000, nach Gregorianischem Kalender im Jahr 2007/2008, bemühte sich die regierungseigene wie die private Presse herauszustreichen, wie es dem Land gelungen sei, seine Unabhängigkeit und Kultur zu wahren, und wie die verschiedenen Völker bei aller Eigenart, sich ihre gemeinsame Identität, das „Äthiopiertum" erhalten haben. Das Motto der Festlichkeiten lautete: „Unsere Vielfalt, Unsere Stärke, Unser Millennium"[5]. „Vielfalt ist Harmonie! Vielfalt ist Stärke!"[6]

Die Schlacht von Adwa 1896 wird als Symbol für die gemeinsame Identität und als historisches Erbe für alle Äthiopier und darüber hinaus als Schlüsselereignis für ganz Afrika herausgehoben. Äthiopische Geschichte versteht sich inzwischen als Teil afrikanischer Geschichte. „Einige Gelehrte versichern sogar, ‚Äthiopien ist die Quelle und die Hüterin der Geschichte und Kultur der schwarzen Rasse der Welt'."[7]

Als Teil des neuen Geschichtsverständnisses hat man seit einigen Jahren die kleinen Völker im Süden für den Tourismus entdeckt und Kulturgüter der Oromo resp. muslimische Stätten in den offiziellen Katalog des historischen Erbes einbezogen: die Stadt Harar, den Palast Abbaa Jiffaars in Jimma, die Oromo-Grabmäler im Rift Valley, die Sof Omar Höhlen am Fluß Web und das Grabmal von Sheik Hussein in Bale sowie die wahrscheinlich erste Moschee in Äthiopien, in Negashi, 60 km östlich von Mekele. Seit einiger Zeit hat sich auch der „Ethiopian Supreme Council for Islamic Affairs" mit Aktivitäten eingeschaltet, die zum Ziel haben, historische Stätten und religiös-künstlerische Hinterlassenschaften des Islam zu konservieren, einer breiteren Öffentlichkeit bekannt zu machen und ihre Anerkennung durch die UNESCO zu betreiben.[8]

Den Anspruch der Regierung, allen Völkern gerecht zu werden, teilen keineswegs alle Ethnien, noch glauben sie, daß das traditionelle Geschichtsverständnis wirklich zu Grabe getragen wurde. Ein Blick ins Internet der äthiopischen Diaspora, in die Ergebnisse historischer Forschung, in politische Debatten, in die Tagespresse und Begebenheiten im Alltag zeigt: Äthiopische Geschichte und ihre Auswirkungen sind bis heute ein vielbeachtetes und höchst umstrittenes Thema. Trotz oder gerade wegen der veränderten politischen Verhältnisse werden nach wie vor sehr verschiedene Forderungen gestellt. Diese reichen – wie bei Teilen von Oromo und Somali – bis hin zu solchen nach Sezession, einem Recht, das die Verfassung in Artikel 39 garantiert.

Die „große Tradition" [9] – „Äthiopiertum" als Geschichtsbewußtsein des christlich-orthodoxen Hochlandes

Auf den ersten Blick ergibt sich für den ausländischen Neuling, der in Äthiopien lebt oder den Touristen, der das Land besucht, sich in landeskundlicher Literatur und Reiseführern halbwegs sachkundig gemacht oder eine der organisierten Reisen gebucht hat, das Bild einer sehr alten traditionsreichen, christlichen Geschichte, die in direkter Linie zur Gegenwart führt und das ganze Land umspannt. Das gilt auch für die meisten Filme, die in verschiedenen Fernsehsendern gezeigt werden. Nur wenige Reiseveranstalter haben bislang auch die muslimische Stadt Harar in ihrem Programm, während die „exotischen" Völker des Südens es schon zu mehr Aufmerksamkeit gebracht haben.

Oft schlägt dem *färänji* (Ausländer) seitens Einheimischer eine Begeisterung für Orte und Kulturdenkmäler entgegen, die Äthiopien als schönstes und interessantestes Land der Welt erscheinen lassen, und er wird in die Pflicht genommen, sich hierüber bewundernd zu äußern. Dabei stellt sich nicht selten heraus, daß der Einheimische das gelobte Objekt selbst noch nie gesehen hat. Er kennt es aus der Erzählung anderer, aus dem Unterricht, aus populär gefaßten Schriften kirchlicher wie säkularer Provenienz und als Städter inzwischen aus dem Fernsehen. Die Objekte des Stolzes sind vor allem die architektonischen, literarischen, musikalischen und kunsthandwerklichen Hinterlassenschaften von orthodoxer Kirche und Monarchie. Hierzu zählen eine eigene Schrift und ein eigener Kalender, die Stelen aus der aksumitischen Zeit, die Kapelle mit der „Bundeslade" in Aksum, die Felsenkirchen in Lalibela und die Schlösser in Gondar. Stolz ist man auch auf die Tradition der Eßkultur, in deren Mittelpunkt der Teff-Fladen *injera* steht und auf die Kaffeezeremonie, die im Alltagsleben der Menschen eine wichtige Rolle spielt und inzwischen zu einer nationalen Einrichtung und Touristenattraktion geworden ist. Die Kaffeezeremonie wird meist als uralte Sitte des christlichen Hochlandes verklärt, obwohl noch im 19. Jahrhundert der Genuß von Kaffee in jedweder Form von der orthodoxen Kirche als muslimische oder heidnische Sitte der Oromo heftig bekämpft worden war.[10]

Wer zu den historischen Stätten reist, stößt auf eine Vielzahl von meist Jugendlichen und jungen Männern, die sich als „Guide" anbieten und sich oft genug auch penetrant aufdrängen. Manche von ihnen verfügen über recht fundierte Kenntnisse, bei den meisten ist das Wissen jedoch bescheiden und fußt auf biblischen Geschichten, Legenden und Anekdoten, die von Generation zu Generation weitergegeben wurden. Trotz aller Veränderungen in den letzten

22

Jahrzehnten ist die mündliche Tradition immer noch zentrales Medium für die Weitergabe von Wissen. Viele Menschen leben auch heute noch unter Bedingungen, die sich wenig von denen ihrer Vorfahren unterscheiden. Dabei entsteht ein Bild der Vergangenheit, das nur in wenigen Aspekten mit der modernen rekonstruierten Geschichte Äthiopiens in Einklang zu bringen ist. Das, was Archäologen und Historikern nicht gelingt, schaffen diese „Guides" mühelos: Sie wissen legendäre Stätten, wie den Palast der Königin von Saba oder ihr Bad May Shum exakt zu verorten und in blumigen Beschreibungen als gesicherte historische Befunde zu präsentieren. Sie lassen äthiopische Geschichte als heroische, glorreiche Geschichte Revue passieren mit dem Impetus, daß sich die wichtigsten Ereignisse der Menschheits- und Weltgeschichte in Äthiopien abgespielt haben. Hierfür verlangen sie Zustimmung, kritische Nachfragen akzeptieren sie nicht, verstehen sie erst gar nicht.

Man stößt in Äthiopien aber auch auf Menschen, die sich ganz anders verhalten. Auch bei ihnen ist die Basis ihres Geschichtsbewußtseins eine christlich-orthodoxe Identität, die einmalige Kulturgüter hervorgebracht hat. Es ist es aber geradezu entwaffnend, mit welch ruhiger Selbstgewißheit und liebenswürdiger Bestimmtheit ältere Menschen ihre Überzeugung von historischen Ereignissen präsentieren, ohne missionarische Attitüde. Sie ruhen in „ihrer" Geschichte und die Geschichte ruht in ihnen. Geschichte, das sind vor allem Geschichten, die von Generation zu Generation weitergegeben werden, gespeist aus traditionellen volkstümlichen Erzählungen und Mythen und dem einst von kirchlichen und staatlichen Autoritäten verordneten Blick in die Vergangenheit.

Gelegentlich reicht die Geschichte bis zu Adam und Eva im Paradies zurück, die sich auf Ge'ez, der alten äthiopischen Kirchensprache, unterhalten haben sollen. Seit die Alt-Hominide „Lucy" 1974 in der Afar-Senke gefunden wurde, läßt sich äthiopische Geschichte bis zu „Lucy" – im Amharischen „Dinkinesh" (Du bist wunderschön) genannt – als Wiege der Menschheit zurückverfolgen. Die Tatsache, daß die Afar-Region dem äthiopischen Staatsgebiet erst zu Beginn des 20. Jahrhunderts einverleibt wurde, ist hierbei ohne Bedeutung. In Addis Abeba kann man im Nationalmuseum eine Kopie des ca. 3,2 Millionen Jahre alten Skeletts von Dinkinesh bestaunen, die durchaus als erste Frau in der Geschichte der Welt und als erste Frau in der Geschichte Äthiopiens[11] gehandelt wird. Und nun hat man auch noch „Ardi"[12] gefunden, 4,4 Millionen Jahre alt.

In der historischen Beweiskette folgen auf Lucy die Königin von Saba, als äthiopische Königin Makeda, am Beginn des 1. Jahrtausend v. Chr. und das Aksumitische Reich im 1. Jahrhundert n. Chr., dessen Gesellschaft den „Gipfel menschlicher Zivilisation" in einer Zeit erreichte, als die „Europäer noch in Höhlen und von Jagd und Fischfang"[13] lebten. Das Aksumitische Reich, benannt nach der Stadt Aksum, erstreckte sich über das Hochland Eritreas und Tigrays. Es hatte wechselnd starken Einfluß in Südarabien, im östlichen Sudan und südlich seines Kernlandes. Es stieg zur dominierenden Handelsmacht im Gebiet des Roten Meeres auf, die

Besuch der Nationalbibliothek

Wir wurden sehr freundlich empfangen. Eine Bibliothekarin zeigte uns die verschiedenen Sektionen der Nationalbibliothek, auf die man sehr stolz ist, denn nur an wenigen Orten werden Bücher und Dokumente so gut sortiert und gewartet aufbewahrt. Kaiser Haile Selassie hatte die Nationalbibliothek nach dem Sieg über die Italiener 1941 errichten lassen. In einem mit Holzvitrinen versehenen Saal saßen die fleißigen Studenten dicht an dicht. Sollte auch ich hier Bücher studieren wollen, so könnte ich mich nicht einfach dazugesellen, obwohl es sich um eine reine Präsenzbibliothek handelt. Für alles und jedes braucht man hier ein Empfehlungsschreiben einer anerkannten Institution, meist ist das der Arbeitgeber.

Die interessanteste Begegnung hatten wir in der Abteilung für religiöse Bücher, die von zwei Fachkräften geführt wird, die noch nach traditioneller Art Kopien von alten Büchern und Schriften anfertigen, mit einer aus Bambusrohr geschnitzten Feder und mit aus pflanzlichen Stoffen hergestellter Tinte in festen, großen Blöcken, die vor dem Schreiben stückweise in Wasser aufgelöst werden. Die beiden Herren zeigten uns eine imposante Ausgabe des Alten Testaments auf Ziegenleder, an der fünf Schriftkundige fünf Jahre lang gearbeitet hatten. Sie war in Ge'ez, der alten Kirchensprache, und in dem daraus entstandenen Amharisch verfaßt. Ich fragte so dies und das und bekam bereitwillig Antwort. Ungefragt wurde ich noch mit stolzem Ernst über folgendes informiert: Die ältesten heiligen Schriften, die es gibt, sind in Ge'ez geschrieben, denn das war überhaupt die älteste Sprache der Menschen. Es war schon die Sprache von Adam und Eva im Paradies.

So können wir auch getrost annehmen, daß Adam und Eva „teyim" waren, das heißt perfekt in der Hautfarbe, ganz so wie sich Amharen und Tigray sehen.
(Dezember 2001)

ihren Fernhandel über den Hafen Adulis abwickelte. Um 330 n. Chr. hatte König Ezana die christliche Religion angenommen.

Das Bestreben, weit zurückliegende Wurzeln zu identifizieren, ist äußerst ausgeprägt und so wird im Eifer des Gefechts der Orthodoxen Kirche gern ein Alter von 3000 Jahren zugesprochen. Gelegentlich greift auch ein heutiger Regierungsvertreter, der nicht in der „großen Tradition" steht, weit in die Geschichte, um sich ihrer für aktuelle Politik zu bedienen. Als Reaktion auf internationale Kritik an einem neuen Gesetz, das Nichtregierungsorganisationen an die staatliche Kandare nimmt, wird der Minister für Kultur und Tourismus Mohamoud Dirir mit der Bemerkung zitiert: „Unsere Demokratie reicht 5000 Jahre zurück, uns kann niemand erzählen, wie wir unser Land zu regieren haben."[14] Überhaupt kann man feststellen, daß eine korrekte zeitliche Verortung keine Rolle spielt, die historischen Ereignisse scheinen „zeitlos", da sie von immerwährendem Wert sind.

Auf einem Werbeplakat für den Verkauf von VW Käfern aus den 1950/60er Jahren spiegelt sich diese Haltung: Man sieht das Auto und ein Paar in traditionell amharischer Kleidung

Abb. 2 Symbole der „Großen Tradition": Kaiserkronen, Aksum 2001

Abb. 3 Populäre Kunst am Rande der N 3 über den Entoto,
Addis Abeba 2001

vor blauweißem Himmel und Palmen und einen Text, der besagt, daß in modernen Zeiten der Volkswagen zum Fortschritt beiträgt. Im unteren Teil befindet sich ein antiker Stein mit Inschrift und den Zeilen: „Die Geschichte Äthiopiens ist für immer in Stein geschrieben."[15].

Diese für immer in Stein geschriebene Geschichte repräsentieren die von Gott ernannten Könige und Kaiser. Hier ein Beispiel zu Kaiser Yohannes IV. (r. 1871–1889), der eine brutale

Konversionspolitik gegenüber Muslimen und „Heiden" betrieb. Der Text ist ernst gemeint und nicht als Gutenachtgeschichte für Kinder.

> „Der Glaube an die Souveränität des Gesetzes war so groß, dass man sagte, seine Kraft könne den Fluss eines Stromes aufhalten … Während der Regierung Kaiser Yohannes IV. fand ein Ereignis statt, das zeigte, dass die Rechtspflege jeden erreichte, einschließlich der Haustiere. Der Kaiser, der an der wahren Rechtssprechung unter seiner Regierung interessiert war und sich die Wohlfahrt seiner Untertanen zu Herzen nahm, wollte eine Möglichkeit einrichten, durch die jeder seiner Untertanen ihn schnell erreichen könnte, um bei ihm Einspruch gegen Ungerechtigkeiten einzulegen. Er befahl, eine Große Glocke dicht neben seinem Palast aufzuhängen, so dass er hören konnte, wann immer sie von denen, die seine Aufmerksamkeit auf sich lenken wollten, geläutet würde. Eines Tages ereignete es sich, dass ein Esel sein Hinterteil an der Stange rieb, an der die Glocke hing und sie zum Läuten brachte. Der Kaiser befahl seinem Diener die Person zu holen, die die Glocke läutete. Aber der Bote kam allein zurück und informierte den Kaiser, dass er nur einen Esel gefunden hätte, der an der Stange stand. ‚Gut', sagte der Kaiser, ‚geh zurück und bringe den Esel. Er könnte vielleicht Beschwerden vorzubringen haben.' Tatsächlich, als das arme Tier dem Kaiser vorgeführt wurde, bemerkte er, dass es an Rückenweh litt. Der Kaiser gab den Befehl, dass unbedingt Rücksicht auf das Rückenweh des Tieres genommen werden sollte, damit es ganz geheilt wäre, bevor es seinem Eigentümer zurückgegeben würde. Als der Esel zurückgegeben wurde, wurde der Eigentümer an seine Verpflichtung gemahnt, sorgfältig mit Haustieren umzugehen."[16]

Das Bedürfnis, möglichst weit in die Geschichte zurückzugreifen, sie als einzigartig und als „ununterbrochene Geschichte von Ruhm und Unabhängigkeit"[17] zu kennzeichnen, findet – allen paternalistischen Beschwörungen zum Trotz – seine logische Ergänzung in dem Bestreben, sich gegenüber anderen Völkern, innerhalb wie außerhalb des eigenen Staates, abzusetzen. Orthodoxe Christen und hier insbesondere die Amharisch- und Tigrinya-Sprechenden *sind* Äthiopien, während die anderen Völker, die dem Reich im Laufe der Geschichte einverleibt wurden, bloß ein Teil von Äthiopien wurden, wenn sie sich zum Christentum und zur amharischen Sprache bekannten. Amharen und Tigray haben eine Geschichte, die anderen Völker haben bloß eine Vergangenheit.[18]

Die traditionelle Geschichtsbetrachtung des Landes sieht die imperiale Ausdehnung des äthiopischen Reiches als Kampf zwischen Gut und Böse, als von Gott geleitete Herrscher auf der einen und ihren von Satan geleiteten Feinden auf der anderen Seite. Als Bestandteil eines Systems hierarchischer Klassifikationen dient diese Dämonologie dazu, ein „zivilisatorisches und moralisches Gefälle"[19] auszudrücken, das sich in verschiedenen Gegensatzpaaren wiederfindet: äthiopisch/semitisch contra afrikanisch/negroid; christlich contra heidnisch; seßhaft contra nomadisch; schriftkundig contra nicht schriftkundig; zivilisiert contra barbarisch. In diesem Denksystem galt auch die Sprache der Oromo als Sprache oder Schrift des Teufels im lichten Gegensatz zur sakralen Kirchensprache Ge'ez. Als ab 1992 Afaan Oromo in Schulen und bei Alphabetisierungskampagnen eingesetzt wurde, zeigte sich, daß solch archaische Vorurteile in Teilen der Bevölkerung und des Klerus noch lebendig sind. Einer Oromo-Frau wurde zum Beispiel die letzte Ruhestätte auf dem Friedhof verweigert, weil sie Afaan Oromo unterrichtet hatte. Solches Verhalten schreibt man von Oromo-Seite der Rückständigkeit der orthodoxen Kirche zu, sieht aber darüber hinaus darin eine bewußte politische Kampagne amharischer Eliten in Kirche und Politik. „… sie tun immer noch so, als wüßten sie, was gut für die Oromo ist."[20] Erst in jüngster Zeit werden Angehörige der Oromo oder Gurage zu Erzbischöfen geweiht, einem Amt, das traditionell von Prälaten aus Amhara, Tigray und Eritrea besetzt wurde.[21]

Ausschlußdenken findet sich auch in der Diskussion um den Julianischen Kalender. Gelegentlich melden sich „Modernisierer" zu Wort, die das Festhalten am äthiopischen Kalender mit seinen 13 Monaten, dem Jahresbeginn am 11. September und einer Jahreszählung, die gegenüber dem internationalen Kalender um 7 resp. 8 Jahre differiert, als „anachronistisch"[22] in Frage stellen und seine Gültigkeit nur noch als Kirchenkalender akzeptieren wollen. Solches Ansinnen wird von anderen vehement als eurozentristisch und als Beginn einer Entwicklung, die schließlich alles austilgen würde, was Äthiopien so einzigartig macht, zurückgewiesen. „Wir sind der Kalender."[23] Ohne den Kalender, der eng mit den Festtagen der orthodoxen Kirche und der bäuerlichen Arbeitswelt verwoben ist, würden *die* Äthiopier ihre Identität verlieren. Die große Zahl der nichtorthodoxen Äthiopier ist in solchen Überlegungen einfach nicht vorhanden.

Dieses Geschichtsverständnis, das sich von anderen absetzt, ist ausdrücklich nichtafrikanisch, auch wenn es heute allgemein zum guten Ton gehört, Bekenntnisse der Zugehörigkeit zu Afrika zu äußern. Es geht im Gegenteil auf Distanz zu Afrika und betont die Verbindung zwischen christlicher und semitischer Welt, mit dem Mittelmeer, dem Roten Meer und Arabien, aus dem im ersten Jahrtausend vor Chr. Semiten in das äthiopische Hochland einwanderten, die sich mit der ansässigen kuschitischen Bevölkerung mischten. Afrika gerät immer dann ins Blickfeld, wenn sich hieraus Argumente gegenüber Europa oder dem Westen schlechthin ziehen lassen und die besondere Stellung Äthiopiens als einem Land herausgehoben werden soll, das, von der kurzen Phase der faschistischen Besatzung abgesehen, nicht kolonisiert war.

Die Haltung, sich gegenüber anderen abzusetzen, beschränkt sich allerdings nicht auf explizite Vertreter der „großen Tradition". Eine Veröffentlichung, die im Rahmen der Millenniumsfeierlichkeiten erschien und sich als *critical assessment*[24] versteht, verbindet traditionelle Paradigmen mit Elementen neuer Denkmuster in Sachen Geschichte. 41 „Schlüsselerrungenschaften und natürliche Reichtümer" werden aufgezählt, die Äthiopien als einziges Land in der Welt und innerhalb Afrikas besitzt oder als erstes Land erreichte. Ferner werden Kuriositäten benannt wie:

– Menilek II. war der erste schwarze König in Afrika, der Auto fahren und wenn nötig, auch reparieren konnte. – Äthiopien ist das einzige Land, von dessen König Haile Selassie geglaubt wird, daß er Messias ist. – Äthiopische Laien waren die ersten, die versuchten, Gott mit dem Satan auszusöhnen. – Äthiopier sind das einzige Volk, das das weichste Brot mit dem größten Durchmesser in der Welt backen kann, nämlich *injera*. – Äthiopien ist das einzige Land, in dem zwei Kaiser geköpft wurden und die Feinde die Köpfe mitnahmen. – Äthiopien hat den einzigen afrikanischen König, der lieber Selbstmord beging, als sich den Invasoren auszuliefern.

Im Verhältnis gegenüber Europa wird unter anderem aufgelistet, daß Äthiopien das einzige Land Afrikas ist, das in Europa legendär wurde und von dem man militärische Hilfe wollte; das erste Land, das europäische Gefangene machte und diese nutzte, um Waffen herzustellen; das einzige afrikanische Land, das faschistische Mächte in Italien und Deutschland angriff.

„Amharisierung" als Mittel zur Erzwingung der nationalen Einheit

Im November 1969 erschien unter dem Titel „Zur Frage der Nationalitäten in Äthiopien" ein Artikel in der Studentenzeitschrift „Struggle", in dem ein Amhare aus Wollo ausführte, daß Äthiopien noch keine Nation sei, sondern eine Sammlung von einem Dutzend Nationalitäten unter amharischer Herrschaft. Diese Herrschaft habe ihre Basis in der wirtschaftlichen Unterjochung der übrigen Völker. Die angebliche äthiopische Nationalität sei eine von der amharischen und bis zu einem gewissen Grad von der tigrayischen herrschenden Klasse beförderte Fälschung. Mit der öffentlichen Infragestellung der äthiopischen Nation brach Walleligne Makonnen ein Tabu innerhalb der sich formierenden sozialistisch orientierten Studentenschaft.

> „Is it not simply Amhara and to a certain extent Amhara-Tigre supremacy? Ask anybody what Ethiopian culture is? Ask anybody what Ethiopian language is? Ask anybody what Ethiopian music is? Ask anybody what Ethiopian religion is? Ask anybody what the national dress is? It is either Amhara or Amhara-Tigre!! To be a ‚genuine Ethiopian' one has to speak Amharic, to listen to Amharic music, to accept the Amhara-Tigre religion, Orthodox Christianity, and to wear the Amhara-Tigre Shamma in international conferences. In some cases to be an ‚Ethiopian' you will even have to change your name. In short to be an Ethiopian, you will have to wear an Amhara mask ..."[25]

Dieses 40 Jahre alte Zitat wird zur Zeit in Internetforen[26] diskutiert: Es werden Vermutungen angestellt, der in seinen weiteren Ausführungen Lenin zum Selbstbestimmungsrecht der Nationen zitierende Kunststudent habe den Text vielleicht gar nicht selber geschrieben, sondern es sei das Werk ausländischer Agenten, wie der des US-amerikanischen Geheimdienstes, der 1969 den Höhepunkt seiner Aktivitäten am Horn entfaltet habe. Hintergrund könnte eine „Konspiration" gewesen sein, mit dem Ziel, Äthiopien zu destabilisieren, unter die Macht seiner historischen Feinde, Ägypten, Saudi-Arabien und Araber im allgemeinen zu bringen oder Ausdruck von Plänen, Äthiopien einem unabhängigen Eritrea als Rohstoffbasis und Arbeitskräftereservoir für dessen Industrie auszuliefern.

Der Philosoph Messay Kebede und andere streichen heraus, daß Walleligne Makonnen mit seinen „Schmähreden" gegen die Amhara-Vorherrschaft gerade keine sezessionistische und ethnische Politik verfolgte, sondern für die Schaffung eines echten Nationalstaates plädierte, in dem alle Ethnien die gleichen Rechte haben und keine die anderen dominiert, sei es politisch, wirtschaftlich, kulturell. Indem die Unterdrückten ihr Recht auf Selbstbestimmung ausüben können, würden sie sich mit ihren Klassenbrüdern und -schwestern aus den Ethnien der Eroberer vereinen. Andere, unter ihnen der Historiker Aleme Eshete, legen dar, daß besagter Text von völlig falschen Prämissen ausgehe. Es gebe nämlich weder Amharen als „Stamm", noch Oromo oder andere, sondern eine Vermischung von Kulturen und Sprachen seit aksumitischen Zeiten resp. seit der Zeit, als im 16. Jahrhundert die Oromo zu ihrer „Eroberung" aufbrachen. In diesem Prozeß der Vermischung verschiedener Völker seien bis zur Mitte des 19. Jahrhunderts die Oromo, die „ursprünglichen Galla äthiopianisiert"[27] worden.

Die Infragestellung der äthiopischen Nation bezieht sich vor allem auf die gewaltsame Erweiterung des äthiopischen Staatsgebietes im letzten Viertel des 19. Jahrhunderts, die politische, wirtschaftliche und kulturelle Unterwerfung der Eroberten unter das „Amharentum". Dieser Vorgang ist als „Amharisierung" in die geschichtliche Diskussion eingegangen. Größte Nutznießer der Expansion waren Amharen der Provinz Shoa, aus deren Reihen die Kaiser Menilek II. und Haile Selassie I. und die Träger des im Entstehen begriffenen modernen, zentralistischen Staatsapparats hervorgingen.

Historisch gesehen geht der Begriff Amhara auf die Region im südlichen Wollo und nördlichen Shoa zurück. Das Ursprungsgebiet von Amharen erstreckte sich um das Bergmassiv des Mt. Amba Faris (3975). Es liegt östlich des Blauen Nils und westlich des Grabenabbruchs, etwa entlang der Linie Woldiya–Debre Sina. Nilzuflüsse begrenzen Alt-Amhara, im Norden der Beshla Wenz und Jit Wenz und im Süden der Jema Shet und Wench'it Shet. Der heutige Regionalstaat Amhara mit der Hauptstadt Bahir Dar setzt sich im wesentlichen aus den Regionen Gondar, Gojjam, Wollo und einem Teil von Nord-Shoa zusammen. Die Volkszählung von 2007 weist 91,48 % (15.747.800 von 17.214.056) der dort lebenden Menschen als Amharen aus. Die mit Abstand zweitgrößte Ethnie sind die Agew-Awi mit 3,46 % (595.721), gefolgt von den Oromo mit 2,62 % (451.221). Von der Gesamtbevölkerung Amharas bekennen sich

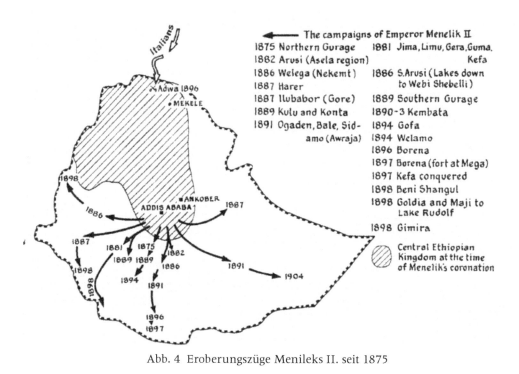

Abb. 4 Eroberungszüge Menileks II. seit 1875

82,5 % zum orthodoxen Christentum und 17,2 % zum Islam[28]. Gut zwei Millionen Amharen leben in anderen Regionalstaaten.

Bekannt wurde die Region Alt-Amhara nach der Niederlage der Zagwe-Dynastie im nördlichen Wollo, als König Yekuno Amlak 1270 in dieser Region, die „Salomonische Dynastie" begründete und sich zum Nachfolger in der Linie des biblischen Königs Salomon erklärte. Mündliche Traditionen der Bewohner Amharas besagen, daß sie direkte Nachfahren des Aksumitischen Reichs sind und ihr Name „ein freies Volk" bedeute. Ein Sprichwort lautet: „Der Amhare ist da, um zu herrschen, nicht, um beherrscht zu werden."[29] Eine eigenwillige Erklärung des Begriffs aus dem Amharischen findet sich in einer Veröffentlichung des Schweizer Bundesamts für Flüchtlinge. Dort heißt es: „Das Wort ‚Amhara' wird von ‚amari' abgeleitet und bedeutet, derjenige, der erfreulich, liebenswürdig, schön und gütig ist."[30]

Der Name der Region verband sich mit der Sprache Amharisch, einer semitischen Sprache mit vielen kuschitischen Elementen, die sich mit der Vergrößerung des Reiches in der Folgezeit weit über die ursprüngliche Amhara-Region ausbreitete. Unter Menilek II. wurde dieser Prozeß gegen Ende des 19. Jahrhunderts durch die zahlreichen Siedler, Soldaten, Verwalter und Lehrer aus den nördlichen und zentralen Landesteilen in den neu einverleibten Gebieten

Abb. 5 Allegorische Darstellung der Ständeordnung Äthiopiens zur Zeit Menileks II. von
Alyak Hadis. Die beiden großen Löwen symbolisieren Menilek II. und seinen Nachfolger Lij
Iyasu, die kleinen die „Würdenträger und Richter". „Volk und Völker" sind als Ochsen und
die „Heiden" als Schweine dargestellt.

und die gezielte Politik der „Amharisierung" forciert. Die Bedeutung des Begriffs „Amhare"
variierte zunächst: gebürtiger Amharisch-Sprechender, Christ oder Mitglied des regierenden
Adels. Die königlichen Chroniken früherer Jahrhunderte beziehen sich auf Amhara als Region
und nicht auf eine Ethnie, ebenso die christlichen und muslimischen Annalen. So gilt der
Begriff „Amhare" mit ausschließlich ethnischer Konnotation als ein relativ junger Begriff[31],
der sich als allgemein ethnische Bezeichnung erst durchsetzte, als eben jene Bewegungen
entstanden, die die Existenz einer gemeinsamen äthiopischen Nation in Frage stellten. Ähnliches gilt für den Begriff Oromo als generalisierender Begriff für Menschen, die sich bis dahin
primär nach der Region, in der sie lebten, bezeichneten.

Für die große Mehrheit der besiegten Völker bedeutete die Eroberung und folgende „Amharisierung" Versklavung, Hungersnöte, Epidemien, Flucht, Enteignung und die Zerstörung ihres
Wirtschafts- und Sozialgefüges. Die Träger der Eroberung beriefen sich auf die abessinische
Reichstradition, jene „große Tradition" imperialer Herrschaft, verkörpert von den christlichen
Eliten der Amharen und Tigray. Diese Herrschaft transformierten sie in die Vorstellung eines
äthiopischen Nationalstaates. Das mehr als verdoppelte Staatsgebiet wurde in neue Verwal-
tungseinheiten aufgeteilt und an strategisch wichtigen Stellen wurden Garnisonen (*katama*)
angelegt, in denen die Verwaltung ihren Sitz hatte. Sie entwickelten sich zu Marktorten, in
denen sich neben den Soldaten zivile Zuwanderer ansiedelten.

Im Innern sollte das Reich, das in erster Linie Resultat militärischer Eroberung war, durch
die „Amharisierung" gefestigt werden. So ging die Militär- und Siedlungsexpansion einher
mit der Durchsetzung der amharischen Sprache, des orthodoxen Christentums, der hiermit
verbundenen kulturellen Traditionen, der Urbanisierung in den eroberten Gebieten und
der wirtschaftlichen Privilegierung der *naftegna*, der „Waffenträger aus dem Norden". Ihr
Name leitet sich von *naft*, dem amharischen Wort für Gewehr ab. Diese waren in der Regel
Amharen, konnten aber auch Tigray, Gurage oder Oromo sein. Ihnen wurde die einheimische Bevölkerung als abhängige Arbeitskräfte als *gebbar* zugewiesen, die Dienstleistungen
wie Abgaben zu erbringen hatte. Der Begriff *gebbar* bedeutet eigentlich Steuerzahler, der die
geber, die Landsteuer zu bezahlen hatte. Er wurde zu einem Synonym für Ausbeutung und
Unterdrückung.

Die politische Elite und eine zunehmende Schicht amharischer oder amharisch geprägter
Stadtbewohner sahen sich im Gegensatz zu den übrigen Volksgruppen als zivilisiert an, als
die Träger einer überlegenen Kultur, die das Äthiopiertum verkörperte. Durch die Verbindung von wirtschaftlicher Privilegierung mit Herrschaftsfunktionen und durch „die
Hervorhebung der einen Kultur wurden ehemals fließende Grenzen zwischen Ethnien
zementiert, was mit dazu beitrug, das Ethnizitätsproblem im Laufe des 20. Jahrhunderts
akut werden zu lassen."[32]

Der unter Menilek begonnene Prozeß gewann unter Haile Selassie, insbesondere nach der Vertreibung der Italiener 1941, eine neue Qualität, da er durch einen zentralistischen Staat vorangetrieben wurde, dem es um mehr ging, als um die bloße Sicherung der wirtschaftlichen Ausbeutung der eroberten Gebiete. Das Konzept Haile Selassies zur Sicherung der nationalen Einheit unter dem Hegemonieanspruch des christlichen Kaiserreichs setzte auf Modernisierung und Aufrüstung des Militärs, das dem Zentralstaat und nicht mehr den regionalen Herrschern verpflichtet war, auf die Durchsetzung des Steuermonopols und den Ausbau der führenden Rolle der Amharen in Politik, Verwaltung und Wirtschaft des Landes.

Das orthodoxe Christentum als de facto Staatsreligion wurde nun Staatsreligion per Verfassung, die amharische Sprache die offizielle Amtssprache (1955) und ab 1963 die einzig zugelassene Unterrichtssprache in der Elementarschule. Englisch wurde in den weiterführenden Schulen beibehalten. Bereits unter Menilek II. war ab 1908 Amharisch in den staatlichen Schulen in Gebrauch und der Unterricht in Afaan Oromo verboten. Bis 1935 blieb aber Französisch noch Hauptmedium[33], das nach der Befreiung von Englisch abgelöst wurde. 1944 waren die nichtstaatlichen Schulen[34] auf Amharisch als einzig zugelassene Sprache verpflichtet worden. Die Lehrer für Amharisch rekrutierten sich überwiegend aus Priestern der orthodoxen Kirche, der Unterricht in Amharisch hatte nicht zum Ziel, Sprachkenntnisse zu vermitteln, sondern kulturelle, religiöse und moralische Inhalte. Voraussetzung zum Besuch einer staatlichen Schule war der vorausgegangene Besuch in einer Kirchenschule. In Verletzung des föderativen Abkommens wurden an eritreischen Schulen Tigrinya und Arabisch durch Amharisch ersetzt.

Amharisch setzte sich als Sprache der Bürokratie, der Justiz und der Soldaten verschiedener Ethnien endgültig durch. Die Beherrschung der amharischen Sprache und die kulturelle Anpassung wurden zur Voraussetzung für den Zugang zu Bildung und für die Anstellung in Verwaltung, Polizei oder im Bildungs- und Informationssektor und damit für sozialen Aufstieg überhaupt. Hierzu gehörte auch, sich amharische Namen zuzulegen. Man konnte also Amhara werden, wenn man die „Amharische Maske" trug. Das Sprichwort „Tags Amhara, nachts Oromo"[35] besagte, daß Teile der äthiopischen Administration und des Militärs ihre wahren Meinungen, Sympathien und Absichten tagsüber verbargen. Zur Förderung der amharischen Sprache und Literatur vergab der Kaiser seit den 1960er Jahren den „Haile Selassie I. International Price for Amharic Literature". 1972 wurde die „National Academy of the Amharic Language" errichtet. Einer Studie zufolge sprachen 1970 ca. 30 % der Bevölkerung Amharisch, 14 % Tigrinya. Neuere Schätzungen (1997) gehen davon aus, daß etwas weniger als die Hälfte der Bevölkerung Amharisch spricht.[36]

Eine Umfrage[37] unter Schülern der weiterführenden Schulen und Colleges, die Donald Levine 1959 erhoben hatte, ergab unter den Befragten einen Anteil von 55 % Amharen und 22 %

Tigray und 15 % „Galla" (Oromo). 93 % bekannten sich zur christlichen Religion (davon 67 % orthodox) und nur 4 % bezeichneten sich als Muslime. Zu ähnlichen Ergebnissen gelangte 1968 eine Umfrage unter 500 Studenten. In den 1960ern kamen 75 % der Studenten aus den drei Provinzen, die den größten Anteil an städtischer Bevölkerung hatten, nämlich aus Shoa mit einem Anteil von 50 %, Hararge und Eritrea. Gemessen an ihrem Anteil an der Gesamt-bevölkerung waren Amharen und Tigray überrepräsentiert und außer Gurage und Harari alle anderen unterrepräsentiert oder gar nicht auf der Universität.[38] Von 1942 bis 1966 waren 62 % der führenden Posten in der kaiserlichen Regierung mit Personen aus Shoa besetzt, an zweiter Stelle standen solche aus Eritrea mit 14 %[39].

Formal endete die Politik amharischer Vorherrschaft 1974 mit der Landreform und der ver-fassungsrechtlichen Gleichstellung aller ethnischen Gruppen. Doch stieß das Militär, das die Führung nach dem Sturz des Kaiserreichs an sich gerissen hatte, auf Ablehnung durch die zivilen Kräfte, was schon bald blutige Auseinandersetzungen zur Folge hatte. Während im Kaiserreich die Existenz einer Nationalitätenfrage strikt geleugnet worden und das Thema „Selbstbestimmungsrecht" tabuisiert war, wurde nun eine Nationalitätenfrage zumindest für die Kaiserzeit zugegeben. Die „nationale" Frage wurde aber der „Klassenfrage" untergeordnet, da es in allen Nationalitäten „ausbeutende Klassen" und „ausgebeutete Massen"[40] gegeben habe, wenn auch erstere durch die der dominanten Nationalitäten angeführt worden seien. Am Zentralstaat und dem Primat der amharischen Sprache als Amts- und Schulsprache hielten die neuen Machthaber fest. Bis zur 6. Klasse blieb Amharisch Unterrichtssprache und wurde dann von Englisch abgelöst. Eine Ausnahme bildete die Alphabetisierungskampagne für Erwachsene, die in 15 Sprachen[41] durchgeführt wurde, wobei ihre Verschriftlichung in der für das Amharische und Tigrinya verwendeten Silbenschrift stattfand.

Da die Sprachenpolitik als wesentliches Element von Unterdrückung durch ethno-nationale Vorherrschaft von Amharen verstanden wurde, wurde der Derg mit Amharisierung identifi-ziert. Gleiches galt für das Weiterbestehen der Strukturen und Institutionen des öffentlichen Sektors wie Verwaltung, Justiz und Polizei als Unterdrückungswerkzeuge und für die neuen, sozialistischen Massenorganisationen als vielfältige Kontrollinstrumente. In den Umsied-lungsmaßnahmen des Derg, die Menschen im Gefolge der Hungersnot von 1984/85 aus den Regionen des Nordens im Süden ansiedelten, und in den Dorfzentralisierungen sahen Oromo eine Wiederbelebung alter Methoden der Amharisierungspolitik.

Obwohl der Derg multiethnisch zusammengesetzt war, blieben außer Amharen alle anderen Ethnien in Partei, Regierung, Administration und Parlament unterrepräsentiert. Seit 1978 soll die politische Führung „mehr denn jemals unter Haile Selassie fast ausschließlich aus Amharen"[42] bestanden haben. Das änderte sich auch nicht, als das Militärregime 1987 formal durch eine verfassungsmäßig legitimierte Zivilregierung ersetzt wurde. 1987 trugen von den 136 Vollmitgliedern des Zentralkomitees der „Ethiopian Workers Party" 108 amharische Namen, 17 Mitglieder waren eindeutig als Oromo zu erkennen. Unter den 11 Politbüro-

Mitgliedern war kein Oromo, unter den 6 Kandidaten des Politbüros waren es zwei. [43] Nimmt man die während der Derg-Zeit akkreditierten Diplomaten, so ergibt sich folgende ethnische Zusammensetzung: 66 Amharen, zehn Oromo, je drei Eritreer und Somali, zwei Gurage, je ein Tigray, Afar, Kambata, Adere und Harari. [44]

Die genannten und eine Reihe weiterer Faktoren führten dazu, daß die in den 1960ern einsetzenden Oppositionsströmungen, die sich gegen das Kaiserreich gerichtet hatten, unter dem Derg nicht abnahmen. Dem Beispiel der eritreischen Befreiungsbewegung folgend entstanden zunehmend regional organisierte und ethnisch definierte Gruppen wie die TPLF, die *Afar Liberation Front (ALF)*, die *Western Somali Liberation Front (WSLF)* und die *Oromo Liberation Front (OLF)*. Sie nahmen den bewaffneten Kampf gegen das Militärregime auf und hatten in unterschiedlichem Maße die Sezession aus dem äthiopischen Staatsverband zum Ziel. Sie entwickelten eine ethnische Selbstidentifikation, die es so zuvor nicht gegeben hatte, ein Vorgang, der besonders bei den Oromo zu beobachten war, und der die „Rückeroberung" der eigenen Geschichte zum Ziel hatte. Nicht zuletzt trug die Exilsituation in den Nachbarländern hierzu bei. Auf der Flucht vor Repression, Verfolgung, den Siedlungsprogrammen und den kriegerischen Auseinandersetzungen flohen Hunderttausende vor allem nach Somalia, aber auch nach Dschibuti, in den Sudan und nach Kenia. [45]

Als die Befreiungsfronten das Mengistu-Regime im Mai 1991 stürzten, wurden sie zunächst zu Teilhabern an der neuen Machtkonstellation. Doch führten interne Machtkämpfe schon bald zu unversöhnlicher Gegnerschaft. Einige dieser Organisationen sahen sich wieder ins Exil oder in den Untergrund gedrängt. Diejenigen, die den bewaffneten Kampf fortsetzten, standen einer militärischen Übermacht der neuen Machthaber gegenüber und wurden zu Tausenden gefangen genommen, darunter etwa 20.000 [46] wirkliche oder vermutete Mitglieder der OLF.

„Rückeroberung der eigenen Geschichte" durch Oromo und andere

„Unglücklicherweise sind die Zeiten vorbei, als Äthiopier stolz waren, als solche bekannt zu sein und heute wünscht sich jeder Stamm unter seinem Stammesnamen bekannt zu werden." [47]

So klagte Gaitachew Bekele 1994 in seinem Lebensbericht „Des Kaisers Kleider", ein Mann in verschiedenen Regierungsfunktionen unter Haile Selassie, aber ein Gegner der westlichen Orientierung des Monarchen. Die Frage, ob jene „Stämme", die heute auf ihre ethnische oder nationale Identität pochen, jemals stolz waren, Äthiopier zu sein, ob sie nicht abweichende Erinnerungen an die Geschichte haben, stellt sich für ihn nicht, denn nach seiner Auffassung waren die „verschiedenen Stämme" Äthiopiens „Jahrhunderte lang als einzige Nation vereint zusammengebunden durch ein klares Bewußtsein der glorreichen Geschichte der Unabhängigkeit und sozialen Gerechtigkeit" [48]. Erst die Herabwürdigung der Werte, die die Krone verkörperte, führte zum Zerfall der Nation. Die einzige Rettung für Äthiopien läge in der Rückkehr zu den traditionellen Werten.

Moderner oder nüchterner ausgedrückt war aus pan-äthiopischer Sicht die Entstehung einer äthiopischen Nation Ausdruck dynamischer Prozesse gesellschaftlichen Wandels und der Transformation durch die Zentralisierungs- und Modernisierungsprozesse seit dem Ende des 19. Jahrhunderts. Die Reichserweiterung war aus dieser Sicht Vereinigung und „Rückeroberung" von Gebieten, die teils historisch zu Äthiopien „gehörten", weil sie in vergangenen Jahrhunderten äthiopischen Herrschern zeitweise tributpflichtig waren. Ferner ergab sie sich zwingend aus dem „Recht der Selbstverteidigung"[49] gegenüber den europäischen Kolonialisten. Es entstand ein Reich, dem „die Möglichkeit des friedlichen Zusammenlebens der verschiedenen Völker"[50] innewohnte. Worüber hätten sich die Völker demnach zu beklagen?

Oromo, die größte Ethnie mit einem hohen Anteil an muslimischen Gläubigen, sehen sich in dieser Tradition wenig oder gar nicht repräsentiert. Das geht bis zu der Auffassung, daß Amharen Kolonialherren im Oromo-Land waren und sind, die der angestammten Bevölkerung ihre Souveränität raubten, sie wirtschaftlich ausplünderten, ihnen ihre Identität, ihre Kultur und ihr Selbstbewußtsein nahmen und ihnen eine eigene Geschichte absprachen.

In dem Maße, wie sich eine gebildete Schicht unter den Oromo entwickelte und diese in den modernen städtischen Sektor eingebunden wurde, entstand das Bedürfnis, die Gegenwart wie die Vergangenheit mit eigenen Augen zu betrachten, die eigene Geschichte zu schreiben und diese vor allem öffentlich zu artikulieren. Die Möglichkeiten sozialen Aufstiegs und die Identifizierung mit den allgemeinen politischen Zielen von Gleichberechtigung aller Völker, von wirtschaftlichem Fortschritt und bürgerlichen Freiheiten führten auch zu einer Desillusionierung. Oromo machten die Erfahrung, daß sie trotz aller Anstrengung marginalisiert und von oben herab betrachtet wurden und ihnen kein fairer Anteil an Macht und Einfluß zugestanden wurde. Diese Erfahrung verdichtete sich zu der Überzeugung, daß ihrem Volk systematisch seine wirtschaftlichen, politischen und kulturellen Rechte, Respekt und Statusanerkennung verweigert würden.[51]

Aus der Wahrnehmung wirtschaftlicher Ausbeutung und kultureller Unterdrückung entwickelte sich die These von der nationalen Unterdrückung und schließlich die der kolonialen Eroberung durch die „abessinische Elite". Deren Anspruch, eine zivilisatorische Mission unter Barbaren erfüllt, sie gar vor den Klauen der europäischen Imperialisten gerettet zu haben, sollte als das „übliche Geschrei von Kolonisatoren"[52] entlarvt werden. Die eroberten Gebiete waren fruchtbarer und rohstoffreicher als das Land, aus dem die Eroberer kamen. Kaffee, Gold, Elfenbein, Sklaven versprachen als Handelswaren profitable Einkünfte für den Staat und seine Akteure.

In der Literatur, die eine Reihe europäischer Reisender, Gelehrte und Missionare hinterlassen hatten, sahen sich Oromo in „positivem Licht"[53] präsentiert und ihre reiche Geschichte, Kultur und Institutionen anerkannt. Der Begriff „Galla", mit dem die Eroberer sie bezeichneten, wurde in Frage gestellt. Etwa seit der Mitte des 18. Jahrhunderts hatte dieser Begriff eine offen negative Konnotation. Er wurde für Nichtchristen, Heiden, Muslime im Sinne von Außenseiter, Fremder, Barbar gebraucht.

Erste Hinweise auf die Verwendung der Bezeichnung Oromo finden sich in den 1950ern in dem Bulletin[54] des University College von Addis Abeba. Die Bezeichnung Galla blieb jedoch noch bis Mitte der siebziger Jahre auch in der ausländischen wissenschaftlichen Literatur in Gebrauch. Schließlich verbot der Derg die Verwendung des Begriffs.

Das ethnische Bewußtsein wurde durch die Aktivitäten und das Schicksal der 1963 von Shoa-Oromo gegründeten *Macha and Tulama* Selbsthilfeorganisation geschärft. Sie initiierte Entwicklungsprojekte in Oromo-Gebieten, engagierte sich gegen Diskriminierung von Oromo im öffentlichen Leben und sammelte Kulturgüter wie Geschichten, Lieder und Tänze, pflegte die Oromo-Sprache bei ihren Treffen und führte gemeinsames Essen von christlichen und muslimischen Oromo als sichtbares Zeichen der Einheit ein. Sie legte die „Saat"[55] dafür, daß die ersten Publikationen ab 1969 in Afaan Oromo erschienen. An ihrer Spitze standen Angehörige der sich formierenden professionellen Schichten: Militärs, Juristen, Beamte, Wissenschaftler, Journalisten, Lehrer. Die geschätzt 200.000 Mitglieder zählende Organisation wurde 1967 verboten, als „deutlich wurde, daß sie sich zu einer Pan-Oromo-Organisation ausgedehnt"[56] hatte und Fühlung mit dem bewaffneten Widerstand in der Bale-Region aufzunehmen begann. Ihre Führer wurden verhaftet, manche hingerichtet oder starben im Gefängnis. Ein Kern blieb jedoch aktiv und spielte in den 1970ern eine Rolle bei der Entstehung politischer Organisationen, die 1974 gegründete *Oromo Liberation Front* eingeschlossen. Es ist das Verdienst der OLF, daß das „qubee afaan oromoo"[57], das Oromo-Alphabet, ein zentrales Element ihres Kampfes um nationale Befreiung, 1991 als öffentliche Sprache in lateinischer Schrift eingeführt wurde.

Im politischen Programm der OLF wurde der Aufstand in der Bale-Region (1963-70) Ausdruck des unerbittlichen Kampfes, den das „heroische Oromo"-Volk[58] führte, um sich von der Ausbeutung durch Feudalismus und Imperialismus zu befreien, einem System, das die Oromo wie die Schwarzen in Südafrika und Rhodesien und andere Nationen zu besitzlosen Massen degradierte. Die Vielzahl von Regierungsbeamten und ihre Bestechlichkeit, die wirtschaftliche Dominanz und Arroganz der christlichen Siedler in diesem vornehmlich muslimischen Gebiet führten Oromo und Somali zusammen im Kampf gegen die Repräsentanten des Kaiserreichs. In der Realität waren die Beweggründe der Akteure nicht ganz so monokausal und eindeutig in der Zielsetzung. Neben den Bauern, die nicht mehr in der Lage waren, die nach neuen Landvermessungen erhöhten Steuern zu zahlen, waren es nicht zuletzt auch jene eigenen Leute, die als Mittelsmänner zwischen der Zentralregierung und den Bauern in eigenem Interesse gegen die amharischen Rivalen kämpften oder sich aus dem Bandenmilieu rekrutierten und Aufstände organisierten.

In einem Flugblatt von Wako Gutu, einem Dorfrichter und prominenten Führer der Aufständischen wurden Bauern, Muslime und Soldaten zum Kampf gegen das „barbarische Regime" Haile Selassies aufgerufen. Das Flugblatt enthält bereits jene Eckpunkte, die sich später zur These von der kolonialen Eroberung als Bestandteil des westlichen Imperialismus verdichteten.

> „Our people remember. Don't forget that you are the people with history and honour and that you are richly endowed with human and material resources. It is essential that you, first and foremost, remember that since the enemy occupied your country in 1885–1891 you have been robbed of your land and property, your history has been destroyed and your dignity violated. You have been crushed for 80 years now. Since the Amhara occupied our country with the help of the European imperialists, our people have been massacred en masse, our possession confiscated for various regions, our land has been divided amongst the Amhara invaders and consequently we have been made and remain to this day gebbars."[59]

Durch das im Eroberungskrieg angerichtete Blutbad, durch Hunger als Folge von Krieg, Plünderungen und Versklavung spricht die OLF bis heute von Völkermord[60] an fünf Millionen Oromo. Sie stellt die Forderung nach nationaler Unabhängigkeit mit der Hauptstadt Finfinne, dem heutigen Addis Abeba, als Voraussetzung nationaler Rückbesinnung auf die „saba oromoo"[61] – die Nation der Oromo – und reklamiert die Rückeroberung der eigenen Geschichte durch die „aadaa oromoo" – die Kultur der Oromo. Es geht also um mehr als um die Bekämpfung wirtschaftlicher und kultureller Unterdrückung, es geht um die Beseitigung kolonialer Eroberung wie in den anderen afrikanischen Staaten auch, um die Befreiung aus einem „kolonialen Gefängnis"[62].

Wie das Oromo-Diktum „Finfinne ist der Bauchnabel von Oromia"[63] zeige, hätten Oromo das heutige Addis Abeba schon immer als symbolisches Zentrum ihrer Nation betrachtet. Aus einer Entwicklung und Bewegung, die in den 1960ern begann, wird geschlußfolgert, daß Oromo sich schon immer ihrer Nationalität bewußt waren und für Unabhängigkeit kämpften. Als Belege hierfür werden die Forderung nach Eigenstaatlichkeit[64], die von einigen politischen Führern der Oromo 1936 gegenüber dem Völkerbund erhoben wurde, und lokale Aufstände nach der Restauration der kaiserlichen Herrschaft 1941 angeführt.

Als Gegenentwurf zur Tradition des imperialen Äthiopien, die als hierarchische soziale Schichtung und autoritäre Ordnung charakterisiert wird, betonen Oromo ihre kuschitische Tradition als eine egalitäre Kultur und demokratische Tradition, die – anders als der Nachbar im Norden – eroberte oder freiwillig sich anschließende Völker integriert habe. Im Mittelpunkt steht das Gadaa-System oder die Gadaa-Demokratie, bei der die Männer, nach Alters- und Generationenklassen eingeteilt, in 8jährigem Wechsel jeweils bestimmte kollektive Rechte und Pflichten einnehmen. Die aus einer bestimmten Altersklasse gewählte politische Führung konnte von einer Versammlung stimmberechtigter Mitglieder zur Rechenschaft gezogen werden. In Versammlungen der Vertreter verschiedener Regionen, die unter dem berühmten Odaa-Baum stattfanden, der als Emblem in der Fahne Oromias abgebildet ist, wurden neue Gesetze erlassen und alte bestätigt. „Gadaa ist eines der ältesten demokratischen Systeme, das jemals durch eine Gesellschaft ohne Schriftkultur entwickelt wurde."[65] Der Vorwurf, daß die Eroberer dieses System zerstört hätten, trifft allerdings nur bedingt zu, denn zu diesem Zeitpunkt existierte es bereits in vielen Regionen nicht mehr, nur noch in rudimentärer Form oder hatte nie in seiner idealisierten Form bestanden, sondern war von „klientelistischen"[66] Beziehungen durchzogen.

Abb. 6 Odaa-Feigen-Baum bei Bushoftuu, 2002

Andere heben die Gründung eigener unabhängiger Staaten hervor, die durch die Eroberungen im 19. Jahrhundert zerschlagen wurden, wie die Königtümer in der Gibe-Region: Jimma, Limmu-Enarya, Guma, Gomma, Gera. Hier existierte das Gadaa-System nicht oder nicht mehr und die Nachfolge war durch erbliche Königsfolge geregelt. Das seit 1882 tributpflichtige Königreich Jimma, ein Zentrum muslimischer Gelehrsamkeit und großer Kaffeeproduzent, wurde als letztes 1932 der Zentralmacht unterstellt. Der König Abbaa Jiffaar hatte auf bewaffneten Widerstand verzichtet und so unter Menilek II. die innere Autonomie noch wahren können, es wurden keine amharischen Statthalter eingesetzt und auch keine Kirchen gebaut. Haile Selassie trieb die Tributzahlungen in unbezahlbare Höhe und löste das Königreich auf.

In dem Bestreben, gemeinsame Wurzeln, eine gemeinsame Geschichte und deren kollektive Wahrnehmung darzulegen, entsteht ein Bild, das den sehr unterschiedlichen Lebenswelten von Oromo wenig gerecht wird. Deren zahlreiche regionale Einheiten und Untergruppen waren in sehr unterschiedliche wirtschaftliche Strukturen und politische Herrschaftsformen

Abb. 7 Abbaa Jiffaar Palast in Jimma, 2009

Abb. 8 Eingangstür des Abbaa Jiffaar Palasts in Jimma, 2009

Abb. 9 Abbaa Jiffaar II., König von Jimma (r. 1875-1930), Bild im Palast-Museum in Jimma, 2009

Abb. 10 Blick vom Abbaa Jiffaar II. Palast auf Jimma, 2009

zur Zeit der Eroberungen im 19. Jahrhundert eingebunden. Wohl gab es Konföderationen von Stämmen, eine politische Einheit hatten Oromo aber nicht gebildet. Nicht zuletzt zeigt sich das Problem darin, daß einzelne Autoren ganz unterschiedliche Gruppen von Oromo in das Zentrum ihrer Untersuchungen stellen und sie als Geschichte der Oromo, als „authentische Quelle des Oromotums"[67] präsentieren. Allerdings kann man auch feststellen, daß sich Oromo trotz ihrer weitläufigen geographischen Streuung nicht nur eine untereinander verständliche Sprache, sondern auch viele gemeinsame kulturelle Traditionen und Formen des gesellschaftlichen Umgangs bewahrt haben.

Der Politikwissenschaftler Merera Gudina spricht von einer „dualen Geschichte"[68] der Oromo, die – im Gegensatz zu den Somali – weniger Grund hätten, von einer kolonialen Eroberung zu sprechen. Der größte Teil von ihnen lebte im Süden, Osten und Westen unabhängig oder mit wenig Kontakt zum nördlichen Äthiopien. Dieser Teil von ihnen wurde wie die zahlreichen kleineren Völker Opfer von Menileks Eroberung. Diejenigen aber, die seit dem 16. Jahrhundert von Süden nach Norden gewandert waren, haben sich auf vielfältige Weise mit den Völkern, auf die sie stießen, gemischt. Oromo-Eliten stiegen in die Hierarchie verschiedener Provinzen auf, auch in Shoa, der Amharen-Provinz, oder in Wollo, und wurden Teil von Herrscherhäusern mit enger Bindung an die kaiserliche Dynastie. Andere arrangierten sich als lokale Herrscher und Grundbesitzer mit den Eroberern. Als lokale Personen von Rang wurden sie zu *balabbat*[69] (amharisch: der einen Vater hat), die über Land verfügten und Mittler zwischen den Siedlern aus dem Norden und den einheimischen Bauern waren. Als Inhaber von *gult*-Privilegien trieben sie Steuern ein, stellten Bauern für die Arbeit auf den Feldern der Eroberer bereit und erfüllten administrative und richterliche Funktionen.

Unter Menileks führenden Generälen ragten besonders solche mit Oromo-Herkunft heraus. Menileks wichtigster General bei der Eroberung des Südens war der Oromo Ras Gobana, der über ein starkes Oromo-Heer gebot. Er war der Großvater von Haile Selassies Frau Menen. Oromo kämpften in Adwa und im Widerstand gegen die Italiener, während andere wiederum auf der Seite Italiens standen. Von Oromo-Nationalisten werden Oromo, die mit Amharen kooperieren, Neo-Gobanisten[70] genannt, was sie zu Verrätern stempeln soll.

Während diejenigen, die die These von der kolonialen Eroberung vertreten, in der Regel eine Abspaltung von Äthiopien propagieren, vertreten andere die These von der nationalen Unterdrückung, die in der Studentenbewegung formuliert wurde, und befürworten den Verbleib in einem demokratischen Äthiopien, das allen Ethnien gleiche Rechte garantiert. Für die Verfechter der Kolonialthese hat ihre Forderung nach Unabhängigkeit jedoch nichts an Aktualität eingebüßt, weil das heutige Regime für sie die gleiche perfide, menschenverachtende, blutige Tyrannei wie die Vorgängerregime betreibe. Ähnliche Positionen finden sich in den Verlautbarungen der *Ogaden National Liberation Front (ONLF)* und der *Sidama Liberation Front (SLF)*.[71] Nur das „Codewort"[72] zur Rechtfertigung von Vorherrschaft habe sich geändert. Bei Haile Selassie hieß es Modernisierung, während des Derg war es der Marxismus-Leninismus, unter dem Regime der TPLF lautet es Demokratisierung. Dies bedeute in Wirklichkeit absolute Macht und exklusive Kontrolle auf allen wirtschaftlichen und politischen Gebieten durch die TPLF und ihre Stellvertreter in der EPRDF sowie die von ihr gesponserten Parteien aus den verschiedenen Ethnien, die zur Zusammenarbeit bereit sind.

Als jüngstes Beispiel für die Entrechtung der Oromo, als „Verbrechen gegen die Menschlichkeit"[73] wird die Politik der Regierung kritisiert, große Landflächen an ausländische Investoren aus Indien, China und Saudi-Arabien langfristig zu verpachten. Man appelliert an das historische Gedächtnis der Bauern: bald werden sie wieder auf dem Status jener „gebbar" sein, die ihres Landes beraubt, für die Bereicherung der Eroberer aus dem Norden schuften und ein elendes Leben fristen mußten.

Wenn man sich fragt, inwieweit die von politischen Akteuren und Wissenschaftlern zumeist in der Diaspora entworfenen politischen Prämissen auch das Bewußtsein der Oromo in Äthiopien widerspiegeln oder beeinflussen und welche Ausstrahlung sie auf Parteien haben, die legal in Äthiopien operieren, wird man eine eindeutige Antwort schuldig bleiben müssen. Ist die „nationale Identität" in erster Linie ein intellektuelles Konstrukt? Sie entstand zwar aus Unterdrückung und Kampf um gleiche Rechte, wurde dann aber wesentlich durch das Exil in den 1980er Jahren vor allem im Sudan befördert. Setzt sie sich heute als Vehikel für die eigene Identität in der Diaspora und im Austausch mit den gebildeten Landsleuten in Addis Abeba via Internet fort?[74] Beide Gruppen leben in Welten, die kaum etwas mit der Welt derjenigen zu tun haben, für die sie sich als Wegweiser anpreisen. Oder ist die OLF, die gelegentlich in der äthiopischen Öffentlichkeit durch wirkliche oder ihr unterstellte Attentate auf sich aufmerksam macht, immer noch zentrales Symbol des Oromo-Nationalismus, über den aber nicht öffentlich gesprochen werden kann? Ist die OLF nur noch ein Papiertiger?

Laut Presseberichten haben sich jüngst mehrere namhafte OLF-Kämpfer abgesetzt und arbeiten mit der Regierung zusammen. Ihren Aussagen zufolge, ist die OLF an ihrem schwächsten Punkt angelangt, ist gespalten und hat keinerlei Kampfkraft[75] mehr. Die OLF weist die Darstellung der „Verräter", die sich von der TPLF haben einkaufen lassen, zurück und versichert, daß ihre Armee voll einsatzfähig ist und ihre „nationale Pflicht"[76] erfüllen wird, um Oromia von der Tyrannei zu befreien.

Die *Oromo People's Democratic Organisation (OPDO)*, eine von der TPLF als Alternative zur OLF 1990 ins Leben gerufene Partei aus vornehmlich gefangenen Oromo-Soldaten der Derg-Armee – ohne politische Wurzeln in der Bevölkerung – fungiert als Oromo-Partei innerhalb der regierenden Front. Ihr einstmals bekanntester Vertreter, der ehemalige Staatspräsident Negasso Gidada, der zuvor der OLF angehört hatte, wurde im Zusammenhang mit innerparteilichen Auseinandersetzungen in der TPLF und in ihren verbündeten Parteien 2001 aus der OPDO ausgeschlossen. Etwa die Hälfte der Mitglieder des Zentralkomitees der OPDO ging ins Ausland resp. wechselte zur OLF[77], unter ihnen die führende Politikerin Almaz Meko, die die OPDO auf einen „Nachbeter"[78] der TPLF ohne Chancen auf die Vertretung von Oromo-Interessen reduziert sah.

Unabhängig von der Zugehörigkeit zu einer bestimmten Partei und den jeweiligen politischen Forderungen sind Erinnerungen an die Eroberung, ihre grausamen Begleiterscheinungen und an den Verlust oder die Beschädigung eigener Institutionen und kultureller Traditionen, auf die man stolz ist, in der Bevölkerung durchaus wach. Das zeigen auch Untersuchungen zu einzelnen kleineren Völkern, wie den Gurage, Hadiya, Konso, Wolayta oder Sidama, bei denen bis heute die Ereignisse von damals mündlich von Generation zu Generation weitergegeben werden und in Liedern und Gedichten festgehalten sind. Wie harsch Zerstörung und Unterdrückung ausfielen, wie stark die Eingriffe in die traditionellen Lebensverhältnisse waren, hing von verschiedenen Faktoren ab. Zum Beispiel von dem Ausmaß des Widerstandes, den die Eroberten leisteten, von ihrer wirtschaftlichen Bedeutung für die Eroberer, von ihrer geographischen Lage an Hauptverkehrsadern oder abseits davon. Manche Eroberungskampagnen waren zunächst reine Plünderungszüge, andere zielten auf dauerhafte Okkupation. In einigen Regionen war die Bevölkerung immer wieder marodierenden Soldaten ausgesetzt, die Massaker verübten, die Bevölkerung versklavten und alles Vieh konfiszierten. Ganze Generationengruppen wurden vernichtet und mit ihnen verfielen gemeinschaftlich unterhaltene landwirtschaftliche Einrichtungen wie Terrassenanbau und Bewässerungsanlagen.

In der Erinnerung der Konso wurde eine große Zahl ihrer Vorfahren versklavt. Insgesamt konnten sie aber ihre traditionelle Lebensweise weitgehend beibehalten und ihre „Peiniger" durch eine gesteigerte Produktion an Webwaren als Tributzahlung zufriedenstellen. „Ernsthaften Widerstand leisteten, soweit bekannt, nur zwei Konso-Städte. Sie sind von der Landkarte verschwunden.“[79]

„Wir hungerten zu Tode, Hyänen aßen uns“,[80] heißt es in den Erzählungen der Hor (Arbore), die im Südwesten des Landes in der Omo-Region leben. Die Überlieferungen der Gurage erzählen von der Wegnahme ihres Grund und Bodens, von harter Arbeit und kärglichem Brot, von Rechtlosigkeit, willkürlicher Bestrafung, von Frauen, die den Eroberern nicht nur in Haus und Hof, sondern auch sexuell zu Diensten sein mußten und von Geschlechtskrankheiten, die sich ausbreiteten. Die Gurage nannten sie „Yamara Bashe“[81], die Seuche der Amharen. Während sich ein Teil der Gurage den Eroberern ohne Widerstand unterworfen hatte, leisteten muslimische Gurage heftigen Widerstand ebenso wie die ihnen benachbarten Hadiya, die den „Heiligen Krieg“ gegen die christlichen Eroberer ausriefen. Andererseits beteiligten sich auch Hadiya wie andere besiegte Völker an den anschließenden Eroberungszügen gegen noch nicht unterworfene Völker. Teilhabe an der Beute war ein wichtiges Motiv, besonders wegen der Folgen der „Katastrophenjahre“[82] – Rinderpest und nachfolgende Cholera- und Pockenepidemie (1887–93). Tributzahlungen und Rinderpest reduzierten die Viehbestände stark, einschließlich der Kleintiere, die als Tauschgüter genutzt wurden. Dies führte auch in Viehzüchtergesellschaften, in denen Sklavenhandel bislang kaum eine Rolle gespielt hatte, zur Jagd auf Sklaven, um sie gegen Rinder einzutauschen.

Welche Stellung den eroberten Völkern innerhalb des äthiopischen Kaiserreichs zugedacht war, erläutert eine allegorische Darstellung der sozialen Hierarchie des Künstlers Alyak Hadis gegen Ende der Regierungszeit von Menilek II. Am untersten Rand, zu Füßen Äthiopiens in Gestalt einer Frau, die auf ihrem Kopf einen mit Speisen gefüllten Korb trägt, symbolisieren Schweine, die unreinen und verachteten Tiere, die eroberten Völker als „Heiden“. Menilek II. und sein designierter Nachfolger Iyasu thronen in Gestalt von Löwen über dem Land. Die Adeligen – „Würdenträger und Richter“ – sind ebenfalls als Löwen, aber in kleinerem Format dargestellt, die Bauern – „Volk und Völker“ – als Rinder. Eine Inschrift lautet: „Dies ist Menilek, das Land Äthiopien, es trägt einen Korb und gibt allen Speise.“[83] (Vgl. Abb. 5)

Für die Mehrheit der Oromo mag es heute weniger die tatsächliche wirtschaftliche und politische Stellung sein, die sie mißtrauisch gegenüber der Regierung, der „Zentrale“ in Addis Abeba, sein läßt, denn die Erinnerung an die alte Erfahrung verächtlicher Wahrnehmung durch die anderen. „Wieso erforschen Sie eigentlich die Kultur der Oromo, so etwas gibt es doch gar nicht?“[84] wurden Ethnologen noch vor nicht allzu langer Zeit gefragt. Der Jahrhunderte währende Dünkel der christlichen Hochländer gegenüber den „wilden, ungebildeten“ Oromo, die rechtliche und gesellschaftliche Diskriminierung, haben tiefe Wunden geschlagen. Im Amharischen gibt es Sprichwörter wie:

„There is no Galla Gentleman any more than there is fat in greens. – Galla and human feces stink more every passing day. – When a Galla thinks he is civilized, he stretches his umbrella in moon light. – Is it a human or Galla?"[85]

Dabei gebrauchten Oromo auch selbst diesen Begriff Galla für sich, was als Ausdruck des Verlustes eigenen Selbstbewußtseins gewertet werden kann. „Wir sind verachtet worden und haben unsere Selbstachtung verloren."[86] Allerdings zeigt die Tatsache, daß auch innerhalb von Oromo-Gesellschaften beide Bezeichnungen benutzt wurden, daß dieser Begriff facettenreicher ist, als es auf den ersten Blick scheint. Er wurde angewendet, um zwischen Personen zu unterscheiden, die als „organischer Teil"[87] und solchen, die noch nicht als voll zugehörig betrachtet wurden.

Fragt man heute Menschen in Äthiopien, so kann man sehr unterschiedliche Antworten darauf bekommen, was sie mit dem Wort „Galla" verbinden. Für manche ist es einfach eine veraltete Bezeichnung, andere sind sich klar eines abwertenden Inhalts bewusst. Während die einen den Begriff deshalb ablehnen, liebäugeln andere damit, da sei doch was Wahres dran. Mancher Oromo kann heute gelassen sagen: Laß sie doch, die Amharen oder die Tigray, wenn sie sich unbedingt für etwas Besseres halten müssen.

Historisch gewachsene Rivalitäten zwischen Amharen und Tigray – Selbstwahrnehmung der Tigray

Auch zwischen Amharen und Tigray gibt es durchaus Rivalitäten mit Blick auf die geschichtliche Tradition. So sehen sich die Tigray als die eigentliche Erben des Aksumitischen Reiches, die von kultureller „Überfremdung" frei blieben, da sie von der Völkerwanderung der Oromo nur am Rande betroffen waren, sich in Sprache und Rasse nicht mit Dunkelhäutigeren mischten, wie die Amharen, die für sie „halbe Gallas"[88] sind. Tigray war einst das Zentrum des Aksumitischen Reiches, das Eritrea einschloß und bis hin nach Suakin und Meroe im heutigen Sudan reichte. Die Sprache Tigrinya steht der alten Kirchensprache Ge'ez wesentlich näher als die amharische.

„The Tigreans take pride in Ethiopia's heroic past and the valour and resoluteness of their leaders. Such pride finds its roots in the story of Queen Sheba and the historic trip she made in her quest to see the wisest man of her age.
But the Tigreans take greater pride in the fact that Ethiopia's first king and founder of the Solomonic line of kings was born in Tigray. The region is said to house the Holy Ark of the Covenant of Zion which many regard as one of the few biblical wonders of the world. Tigreans are conscious of the fact that they were among the first people to renounce the pagan heritage and to accept belief in God. They honour the vision of Ezana (Abraha), who embraced Christianity long before Islam was born in the Middle East and centuries befor pagan Europe rejected the icons superstitious creed."[89]

So formulierte es noch 2001 Kinfe Abraham, bis zu seinem Tod im November 2007 Präsident des *Ethiopian International Institute for Peace and Development*, der auch in anderen Funktionen für die äthiopische Regierung tätig war.

In seiner zu Beginn der 1970er Jahre durchgeführten Untersuchung über die Studentenschaft an der Haile Selassie I. Universität kommt Randi Ronning Balsvik zu dem Schluß, daß die Gegensätze und Spannungen zwischen Tigray, darunter auch solchen aus Eritrea (5 %), und Amharen wesentlich größer waren, als zwischen Amharen (50 %) und Oromo (10 %). Tigray-Studenten pflegten sich am meisten abzukapseln und von ihrer Sprache, die als offizielle Sprache ebenso verboten war wie Afaan Oromo, Gebrauch zu machen. Sie galten bei den anderen als arrogant, zeigten sich aufgrund des antiken Erbes von Aksum den anderen überlegen. 1967 kam es in der School of the Faculty of Education zum ersten Mal zu einer Prügelei zwischen Amharen und Tigray auf „Stammesbasis".[90]

Für die Tigray ist das Herrscherhaus von Shoa ein Emporkömmling und Addis Abeba durch die Machtverlagerung Richtung Süden eine zu Unrecht groß gewordene Stadt außerhalb des abessinischen Kernlandes. Für sie ist Mekele, die heutige regionale Hauptstadt, die eigentliche Hauptstadt. Auch gibt es seitens der Tigray den Vorwurf, Menilek II. habe in Übereinkommen mit Ägypten, den Mahdisten im Sudan und mit Italien absichtlich gegen den Tigray-Kaiser Yohannes IV. konspiriert und in den Verhandlungen mit den Italienern Eritrea verraten und verkauft, um die Tigray zu schwächen resp. sie nicht als sein Volk betrachtet. Die heute von der Regierung so oft als Symbol der Einheit beschworene Schlacht von Adwa, gehörte früher für die TPLF zu den Beispielen für die feindselige Politik Menileks gegenüber Tigray. Die äthiopische Armee habe damals in Tigray die Dörfer geplündert und die Bevölkerung ausgeraubt.[91] Amharen können sich im Gegenzug darüber beschweren, daß Haile Sellasse Gugsa, Herrscher im östlichen Teil von Tigray, sich 1934 in Asmara mit den Italienern verbündete und deren Invasion nach Äthiopien beträchtlich erleichterte.[92]

Während der Debatte um die Rückgabe des 1937 von Italien aus Aksum geraubten Obelisken wurde in den Zeitungen auch diskutiert, ob der Obelisk wieder an seinem ursprünglichen Standort in Aksum aufgestellt werden sollte. Ein Autor argumentierte, er gehöre nach Addis Abeba, in die Hauptstadt der afrikanischen Befreiung und Einheit. Für Tigray sei im Laufe der Geschichte viel äthiopisches Blut geflossen, so damals in der Schlacht von Adwa, die von einem Shoa geführt wurde, und heute in Badme an der Grenze zu Eritrea. Tigray solle die Gelegenheit ergreifen und etwas zurückzahlen, eine Geste der Anerkennung der gemeinsamen Geschichte zeigen. Die Gegenposition besagte, daß Tigray keine Verpflichtung zum Dank habe, denn die Schlacht von Adwa sei keine Verteidigung Tigrays, sondern eine zur Verteidigung Äthiopiens gewesen und Tigray sei das „Epizentrum"[93] der äthiopischen Zivilisation.

Anders als im Falle der OLF oder anderer Befreiungsbewegungen gründet sich der Kampf um nationale Selbstbestimmung in Tigray nicht auf das Abschütteln von Fremdherrschaft, sondern auf die „allmähliche Peripherierung"[94] der vormals staatstragenden Provinz. Die Rivalitäten wurzeln in der Tatsache, daß Tigray den historischen Kampf um die politische Vorherrschaft verloren hat. Tigray stellte nach der Wiederbelebung der „salomonischen Dynastie" im 13. Jahrhundert in der Folgezeit nur einen Kaiser, jenen besagten Yohannes IV. Während die Provinz Shoa im 19. Jahrhundert aufstieg und dominierte, gab es in Tigray chronische Rivalitäten zwischen regionalen Machthabern und ein ausgeprägtes Bandenunwesen. Darüber hinaus wurde Tigray als „Einfallstor"[95] nach Äthiopien Schauplatz verschiedener ausländischer Invasionen, unter denen die Bevölkerung litt. Hungersnöte verstärkten die prekäre Situation. Durch die Eroberungen Menileks im Süden rückten Shoa und Addis Abeba in den Mittelpunkt des Reiches und Tigray geographisch, politisch und wirtschaftlich an den Rand und wurde zu einer der rückständigsten Provinzen des Landes. Die Ursachen hierfür lagen nicht nur in der Randlage, aus der heraus Tigray, wie auch die Provinzen Gojjam und Gondar, weniger als die Shoa-Amharen von der Expansion profitieren konnte, sondern auch in der bewußten Herrschaftspolitik der Kaiser Menilek II. und Haile Selassie I. durch „direkte Benachteiligung bei der Alimentation"[96]. Diese Politik setzte später auch das Militärregime des Derg fort.

Die Tatsache, daß sich verschiedene Herrscher von Tigray gegenseitig befehdeten, war aus Tigray-Sicht wiederum das Werk der hinterhältigen und verschwörerischen Machthaber aus Shoa, die sich die Naivität und religiöse Unschuld von Tigray-Führern zunutze machten und so den Norden Äthiopiens „balkanisierten"[97]. Menilek war es gelungen, die Gegensätze zwischen den Nachfahren Yohannes IV. zu seinen Gunsten zu nutzen und zu verhindern, daß einer von ihnen König von Tigray wurde. Die Kriege rivalisierender Herrscher, die das Land ruinierten, waren fälschlicherweise in den Augen der „armen Tigray-Bauern" das Werk Menileks. Zu diesem Schluß kam Gabra Heywat Baykadan , einer der intellektuellen Reformer zu Beginn des 20. Jahrhunderts. Was er allerdings Menilek vorwarf, war:

> „He did not consider the Tigrean people as his own people. Whenever a bandit, who had been making people suffer, surrendered to him he receive(d) him and pardoned him and then would give him appointments and rewards."[98]

Als sich 1942–43 in Tigray Bauern erhoben und sechs Monate lang Mekele hielten, wurde ihre Rebellion (*woyane*=Revolte) mit Hilfe der British Royal Air Force niedergebombt. Zur Abschreckung für die Zukunft und als Bestrafung führte die Zentralregierung ein noch härteres Besteuerungssystem ein, konfiszierte Land, um es an loyale Gefolgsleute zu vergeben und ersetzte lokale Führer durch Shoa-treue Verwalter. Die Niederschlagung der Bauernrevolte gilt als „Wendepunkt"[99] in der Geschichte Tigrays. In der Folgezeit gelang es dem Kaiser, Tigray zu demobilisieren und so die führenden Familien der Provinz der Quelle ihrer unabhängigen Macht zu berauben.

Aufgrund der historischen Rivalität der beiden Herrscherhäuser und der „adligen Klassen"[100] der Tigray und der Amharen wurde die Vernachlässigung Tigrays als absichtliche und systematische Politik der regierenden Klasse der Shoa-Amharen gesehen, um die Tigray zu schwächen und zu demoralisieren, so Aregawi Berhe, Gründungsmitglied der 1975 gegründeten TPLF. In den 1950ern hatte Tigray nur vier Höhere Schulen, die unzureichend ausgestattet waren, und bis Mitte der 1990er weder ein College noch eine Universität. Bemühungen von Lehrern und Studenten, die eigene Kultur zu fördern und die „Tigrayan identity"[101] zu behaupten, wurden von der Zentralregierung vielfach behindert.

Aufgrund der desolaten Situation in Tigray flohen viele auf der Suche nach Arbeit und Brot in die ehemalige Kolonie Eritrea oder nach Addis Abeba und andere Städte im Süden, wo sie – laut Aregawi Berhe – mit abschätzigen, herabwürdigenden Namen belegt wurden. Man verglich sie mit einem Land Rover, um sich darüber lustig zu machen, wie sie in weiten Gebieten des Landes umherwanderten. Sie seien dazu verdammt, „nachwachsende Steine" anstatt Getreide zu essen. „Generationen von Tigray wuchsen mit dem Gefühl tiefer Verzweiflung auf."[102] Parlamentariern und Geschäftsleuten aus Tigray, die sich in Addis Abeba für eine Verbesserung der Lebensbedingungen in Tigray einsetzten, begegnete Haile Selassies Regime, so Aregawi, mit politischer Verfolgung und „ethnischer Repression"[103].

Ende 1986 brach der Journalist Dieter Beisel zu einer von der TPLF ermöglichten Reise nach Tigray auf. Die Informationen, die er erhielt und offensichtlich überhaupt nicht kritisch hinterfragte, ließen ihn formulieren:

> „Menilek II. steht ... als Name dafür, daß aus Erbfolgegründen die Amhara an die Macht gelangten, die seit dem Mittelalter mit den Stammvölkern des abessinischen Kaiserreichs, mit den Eritreern und den Tigray konkurriert hatten. Wenn man heute von Äthiopien und nicht mehr vom abessinischen Kaiserreich spricht, so ist damit die Machtergreifung der Amhara in ethnischer und territorialer Hinsicht gemeint ... Die Tigray, bis vor hundert Jahren noch staatstragendes Volk, sehen sich im Verlauf dieser Entwicklung plötzlich als Menschen minderwertiger Klasse, die verfolgt, gefoltert und ermordet werden dürfen, nur weil sie keine Amhara sind und deswegen im Verdacht stehen, gegen die Amhara zu opponieren."[104]

Bei der Hungersnot von 1972–74 sahen sich die Tigray von der Regierung Haile Selassie allein gelassen, ebenso bei der von 1984 durch das Mengistu-Regime, dem der Vorwurf gemacht wurde, Hunger als Waffe einzusetzen. Als es der Regierung gelang, mit den „Bildern des Elends"[105] aus Tigray ein großes internationales Spendenaufkommen zu mobilisieren, um der Hungerkatastrophe zu begegnen, habe davon nur ein Bruchteil die Provinz Tigray erreicht. Die Zentralregierung nutzte die Hilfsgüter, um die Regierungstruppen bei ihrer Großoffensive gegen die Befreiungsbewegung mit Nahrungsmitteln zu versorgen. Heute wird angesichts einer erneuten Hungersnot in Teilen des Landes der TPLF/EPRDF-Regierung von Oppositionsparteien vorgeworfen, sie verweigere ihren Anhängern die Teilhabe an der internationalen Lebensmittelhilfe. Sie nutze diese als „politische Waffe"[106], um die Opposition vor den im Mai 2010 anstehenden Wahlen zu schwächen. Auch wird die Regierung jüngst beschuldigt, 1984/85 selbst 95 Millionen Dollar Hilfsgelder für die Beschaffung von Waffen ausgegeben zu haben.[107]

Zum Zeitpunkt der Hungersnot von 1984 führte die TPLF schon fast zehn Jahre einen bewaffneten Kampf gegen den Derg. Zur ersten Gruppe, die Anfang 1975 nach Eritrea geschickt worden war, um von den erfahrenen Kämpfern der *Eritrean People's Liberation Front (EPLF)* militärisch trainiert zu werden, zählte auch Legese Zenawi, der sich später den Vornamen von Meles Tekele, dem vom Derg getöteten Mitglied der „Tigrayan University Students' Association", zulegte. Meles Zenawi ist seit 1995 Premierminister Äthiopiens. Die TPLF war nicht die einzige Organisation, die gegen den Derg in Tigray kämpfte, sie war aber die erfolgreichste. Wie der Derg vertrat sie am Marxismus-Leninismus orientierte Ziele, die der Derg aber in ihren Augen nicht angemessen in die Tat umsetzte. Was vor allem fehle, sei „die Machtergreifung durch die Massen"[108] und das richtige Verhältnis von nationalem und ethnisch-nationalem Kampf. Strömungen innerhalb der TPLF, die eine Sezession von Äthiopien befürworteten, konnten sich längerfristig nicht durchsetzen, wohl aber die Befürworter der Unabhängigkeit Eritreas.

Welch sektiererische Grabenkämpfe noch heute von ehemaligen Kampfgefährten, die sich inzwischen feindlich gesonnen sind, geführt werden, zeigt folgendes Beispiel, das das ehemalige Mitglied der TPLF Aregawi Berhe anführt. Meles Zenawi sei damals, als man in Asmara wegen Kämpfen auf dem Weg in das Trainingslager ein paar Tage warten musste, verschwunden. Er nahm an dem wenig später begonnenem Training nicht teil. Einen Monat danach fand man ihn 75 km von Asmara entfernt in dem Ort, aus dem seine Mutter stammte. Der sonst so eloquente Meles Zenawi blieb jedwede Erklärung für sein Verschwinden schuldig. Das „Geheimnis"[109] seiner unerklärten Abwesenheit schwebe bis heute über dem „Ethno-Nationalisten und Stalinisten"[110] Meles Zenawi.

   Dahinter steht der von den Gegnern einer Unabhängigkeit Eritreas sowohl innerhalb der TPLF wie bei den Oppositionsparteien nach der Unabhängigkeit Eritreas 1993 und dem Ende des Krieges mit Eritrea im Jahr 2000 immer wieder präsentierte Verdacht[111], Meles Zenawi stehe aufgrund seiner verwandtschaftlichen Beziehungen Eritrea näher als Äthiopien. Für seine Gegner riecht das nach Verrat, auf jeden Fall nach möglichem Verrat. So gab es in der äthiopischen Öffentlichkeit immer wieder Spekulationen, die TPLF nutze ihre Macht, um die Region Tigray auf Kosten anderer aufzupäppeln, um sie anschließend von Äthiopien loszulösen und mit Eritrea zu vereinigen. Ein solcher Verdacht klingt wie eine „amharische" Replik auf den Vorwurf der Tigray an Menilek, er habe die Tigray nicht als sein Volk betrachtet und verraten.

„Ethnisierung" als notwendige Konsequenz aus der Geschichte oder als Mittel des „Teile und herrsche"?

Die Tatsache, daß Äthiopien nach der Niederlage des Derg 1991 ein entlang ethnischer Linien gebildeter, föderaler Staat wurde, der laut Verfassung allen Ethnien ein Selbstbestimmungsrecht bis hin zur Sezession einräumt, erscheint auf den ersten Blick als logische Konsequenz aus der Geschichte des Landes. Die Befreiungsbewegungen hatten ethnische Selbstbestimmung auf ihre Fahnen geschrieben. Um den zentrifugalen Tendenzen dieser Ethno-Nationalismen zu begegnen, schien ethnischer Föderalismus die geeignete Staatsform, um die Einheit Äthiopiens zu sichern. Das Konzept der „Amharisierung" hatte sich als unfähig erwiesen, nationenbildend zu wirken. Die christliche Hochkultur Abessiniens konnte keine „Attraktivität als zivilisatorisches Vorbild"[112] entwickeln. Der Prozeß der meist gewaltsamen Eingliederung, die autoritäre Herrschaftspraxis, die Religions- und vor allem die Sprachpolitik als Ausdruck einer als überlegen angesehenen amharischen Kultur hatten im Gegenteil zur Rückbesinnung auf oder zum Entstehen von ethnischen Identitäten geführt.

Heute gliedert sich Äthiopien in neun Bundesstaaten oder Regionen und in die beiden bundesunmittelbaren Städte Dire Dawa und Addis Abeba. Die Verfassung garantiert die Religionsfreiheit und die einzelnen Bundesstaaten können ihre Schul- und Amtssprache frei wählen. Auch untergeordnete Verwaltungsebenen haben theoretisch die Entscheidungsfreiheit, eine von der regionalen Bundessprache abweichende Sprache zu wählen, wenn eine ethnische Gruppe diese dominiert. Auf den ersten Blick erscheint ein Bruch mit dem autoritären Zentralstaat, der zugunsten einer Ethnie oder deren Elite die anderen marginalisierte, vollzogen.

In der Praxis stechen aber zwei Dinge hervor, die dem widersprechen: 1. Der Zentralstaat ist heute so stark wie noch nie in Äthiopien und 2. brachten die Veränderungen keine Befriedung, sondern eine verstärkte Ethnisierung von Alltag und Politik mit sich, die sich zum Beispiel im Streit um Grenzziehungen zwischen Regionen und Auseinandersetzungen zwischen Ethnien innerhalb einer Region um Vormachtstellung zeigt. Es gibt nur in fünf Regionalstaaten (Afar, Amhara, Oromia, Somali, Tigray) eindeutige ethnisch-sprachliche Mehrheiten. Die übrigen wurden auf der Basis verschiedener Ethnien gebildet: Benishangul-Gumuz, Gambela und die Southern Nation, Nationalities and Peoples Region. Eigenartig erscheint, daß die Harari einen eigenen Bundesstaat erhielten, in dem sie eine Minderheit bilden. Von den 183.344 Einwohnern der Stadt Harar und ihres Umlandes sind nur 8,65 % (15.858) Harari. Die große Mehrzahl besteht aus Oromo mit 56,41 % (103.421), gefolgt von Amharen mit 22,77 % (41.755).[113]
Traditionelle Konflikte um Land- und Wasserrechte entwickelten sich zu Konflikten zwischen Ethnien. Im Alltag der staatlichen Bürokratie erleben Menschen unterschiedliche Behandlung, je nachdem, ob ihre jeweilige Ethnie mit der des Staatsdieners übereinstimmt

oder von diesem wohl gelitten ist. Wenig Zuspruch erfahren diejenigen, die nicht „ethnisch", sondern „äthiopisch" sein wollen.

> „Wenn man zu einem Kebelle [Gemeinde, mlk] geht und bittet, einen persönlichen Ausweis zu bekommen, muss man seine ethnische Zugehörigkeit angeben. Viele möchten das nicht. Deshalb sagen sie ‚äthiopisch'. Dies nervt die Kebelle-Angestellten und es wird in solchen Fällen kein Ausweis erteilt."[114]

In Schulen und an den Universitäten kam es wiederholt zu Auseinandersetzungen zwischen Angehörigen verschiedener ethnischer Gruppen. Bei sportlichen Wettbewerben machten sich Zuschauer mit „ethnischen Verunglimpfungen"[115] gegen Spieler und Mannschaften aus Tigray bemerkbar. Als der Sänger Teddy Afro nach seiner vorzeitigen Haftentlassung im Oktober 2009 wieder ein Konzert in Addis Abeba gab, kam es zu Unmutsbekundungen der Zuhörer gegen Liedzeilen, in denen die Tigray wie andere Ethnien im Sinne nationaler Einheit genannt wurden. Teddy Afro gehört zu den beliebtesten Sängern in Äthiopien. Er sang regierungskritische Texte. Hierin und nicht in der offiziellen Anklage, einen Obdachlosen totgefahren zu haben, sehen seine Anhänger den eigentlichen Grund für seine Inhaftierung.

Für die Gegner der heutigen Regierung scheinen all diese Probleme nicht verwunderlich, denn sie betrachten die garantierten Selbstbestimmungsrechte und den dezentralen Charakter des Staatsaufbaus nur als Makulatur, weil die entscheidenden politischen Befugnisse und die finanziellen Mittel nach wie vor bei der Zentralregierung liegen, die von der tigrayischen Minderheit beherrscht ist und genutzt werden, um unter dem Deckmantel des Föderalismus die eigene Hegemonie zu betreiben.[116] Darüber hinaus beherrsche die TPLF über den Wirtschaftskonzern „Endowment Fund for the Rehabilitation of Tigray" (EFFORT), die WEGAGEN Bank und weitere Finanzinstitutionen, über die staatliche Gelder gelenkt werden, die äthiopische Wirtschaft weitgehend. Ein unverhältnismäßig hoher Anteil an Bundesgeldern fließe in die Infrastruktur der Region Tigray. Wenn es noch eines Beweises für die ethnische Vorherrschaft durch eine Minderheit[117] bedurfte, so waren es die Zahlen über die Besetzung der höheren Ränge in der Armee, die – von der oppositionellen, in den USA gegründeten – Partei *Ginbot 7* im Internet veröffentlicht und von verschiedenen Presseorganen übernommen wurden. Fast 94 % der Schlüsselpositionen werden danach von Tigray eingenommen, einer Ethnie, die 6 % der Gesamtbevölkerung ausmacht.[118]

In Wirklichkeit existiere also ein Einparteienstaat. Die in der EPRDF zusammengeschlossenen Parteien der Amharen, Oromo und der Südvölker sowie die angeschlossenen Parteien in den übrigen Bundesstaaten hätten nur eine Alibifunktion. Die TPLF habe ihre marxistisch-leninistische Ideologie, ihr separatistisches Ziel aufgegeben, um unter dem Deckmantel von Pluralismus und ethnischem Föderalismus sich die ganze Macht anzueignen. Kurzum, es habe keine wirkliche Veränderung stattgefunden. An die Stelle der einstigen Amhara-Elite sei die Tigray-Elite getreten. Ihre „ethnische Mobilisierungsstrategie"[119] diente der Partei, um an die

Macht zu gelangen und wenn sie sich heute – anders als in den Anfangsjahren – verstärkt als Fürsprecherin der äthiopischen Einheit darstellt, so diene dies ihrem Machterhalt.

Diese Kritik, die auch von internationalen Analysten geteilt wird, richtet sich nicht gegen den föderativen Charakter an sich, sondern gegen die Art, wie dieser von der EPRDF/TPLF angeeignet und umgesetzt wird. Auf Bundesebene wie auf allen Landesebenen sind die Regierungsparteien oder die mit ihr verbündeten Parteien an der Macht. Die überwiegende Mehrheit der staatlich Bediensteten gehört ihnen ebenfalls an. Konkurrierende Parteien wurden seit 1991 systematisch behindert und verfolgt. Die Verfassung weist der Bundesebene die ertragreichsten Steuerarten zu, die Länder sind in hohem Maße von Transferleistungen des Bundes abhängig,

> „Das auffallendste Charakteristikum ist das Vorhandensein von informellen, klandestinen Entscheidungsstrukturen mit einem vom Zentralkomitee der TPLF beherrschten Machtkern. Auch die Umsetzung von Entscheidungen wird durch Parteikader auf Zentral- und Landesebene gesteuert."[120]

Duale Machtstruktur

2002 erschienen die Forschungsergebnisse einer norwegischen Delegation, die seit 1991 die Entwicklung in Äthiopien kontinuierlich beobachtet hat. Wenngleich der Bericht sich in erster Linie auf den Verlauf von Wahlen konzentriert, fließen vielfältige Aspekte mit ein, zum Beispiel die Menschenrechte, die Rechte von Minderheiten, die Landumverteilung nach dem Regime des Derg, das Funktionieren von lokalen Machtstrukturen. Das Ergebnis der norwegischen Beobachter deckt sich mit der zentralen These langjähriger Kritiker, nämlich der von einer dualen Machtstruktur. Zwar herrschen formal eine demokratische Verfassung und eine pluralistische Struktur politischer Institutionen, aber unterhalb und innerhalb dieser verschanzt sich eine zweite Machtebene, die sich aus systematisch dafür geschulten und eingesetzten Kadern der herrschenden Partei zusammensetzt. Sie bestimmen die Entscheidungen auf allen Ebenen und kontrollieren ihre Einhaltung. Vordergründig sind Wahlen gut organisiert, aber oppositionelle Kandidaten, die eine Chance hätten, gewählt zu werden, werden unter Druck gesetzt, erst gar nicht zur Wahl zugelassen, indem ihnen die rechtzeitige Registrierung unmöglich gemacht wird oder indem man sie ins Gefängnis wirft, lange vor den Wahlen. Wahlbeobachter oppositioneller Parteien werden einfach nicht in die Wahllokale gelassen, potentielle Oppositionswähler an der Abgabe ihrer Stimme gehindert. Diebstahl von Wahlurnen und Betrug bei der Auszählung gehören ebenfalls ins Repertoire. Besonders auf dem Land gilt, daß derjenige, der nicht „richtig" gewählt hat, anschließend mit Vergeltung rechnen muß: Festnahme, Entlassung, Ausschluß von kommunalen Dienstleistungen (Dünger, Saatgut) und von Nahrungsmittelhilfe. Die Logik im Umgang mit der Landbevölkerung während der Wahlen und im alltäglichen Leben ist einfach: Wir repräsentieren den Staat, dem Staat gehört das Land und wir vergeben kein Land an diejenigen, die uns anschließend hintergehen. In diese Logik gehört selbstverständlich auch, daß die jeweils örtliche Parteivertretung die kommunalen Büros mit ihren Ausrüstungen als ihr Eigentum und Nutzungsgut betrachtet, die Verfügung über die Polizei eingeschlossen.

Und diese Entwicklung ist nicht rückläufig und es sind keine Mißgriffe übereifriger lokaler Führer. Die Studie „Ethiopia since the Derg" kommt zu dem Schluß, daß Gewalt und Druck im gesamten Land zugenommen haben und im Jahre 2001 auch die „kebele" von Addis Abeba erreicht haben. Häufig sind es Schulabgänger, die Repression und Kontrolle ausüben, die keine andere berufliche und soziale Perspektive haben als die, der Partei treu zu dienen. Ihr Lohn ist der Zugang zu staatlichen Ressourcen. Partei und Staat sind eins, nennenswerte andere Einkünfte als die staatlichen Ressourcen hat die Partei nicht. Ob die Ende 2001 eingeleiteten Reformen, die auf den verschiedenen politischen und administrativen Ebenen zu einer Trennung der Gewalten führen sollen, ernst gemeint sind und längerfristig wirklich greifen oder wie die Kritiker behaupten, wie üblich nur Makulatur seien, um die westlichen Geldgeber zu beruhigen, bleibt abzuwarten.
(Dezember/Januar 2003)

Regierungsunabhängige Parteien aus dem südlichen Bundesstaat, die sich in der *Union of Ethiopian Democratic Forces (UEDF)* zusammengeschlossen haben, plädieren für eine Stärkung des Föderalismus, der den Ethnien der Region wirkliche Autonomie geben würde, ebenso wie das *Oromo Federal Democratic Movement (OFDM)*, das zudem die Anerkennung von Afaan Oromo als zweiter Amtssprache auf Bundesebene fordert.

Andere halten einen föderativen Staat, der sich an ethno-regionalen Strukturen orientiert, für ungeeignet, ethnische Konflikte zu lösen. Ihnen geht die Ethnisierung viel zu weit und sie sehen darin die Gefahr von Bürgerkrieg und eines Auseinanderbrechens des Staatsgefüges. In den „ethnischen" Positionen sehen sie billige Propaganda, die nicht auf wirkliche Unterdrückung zurückgeht, sondern auf konstruierte Gegensätze, mit denen historische Tatsachen verfälscht werden, um ein eigenes politisches Süppchen zu kochen. Sie pochen darauf, die im Lauf der Geschichte erworbene gemeinsame Identität als Äthiopier wieder in den Vordergrund zu stellen.[121]
Der Philosoph Messey Kebede sieht die Entstehung von ethnischen Parteien und deren Unfähigkeit mit innerparteilichen Differenzen umzugehen als Folge des Einflusses marxistisch-leninistischer Ideologie und leninistischer Prinzipien: So wie der Leninismus strikte ideologische Einheit auf der Grundlage gemeinsamer Interessen der Massen behaupte, so setzten die ethnischen Politiker die ethnische Gruppe als die Verkörperung von Einheit und Gemeininteresse voraus, egal ob Arbeiter, Bauer oder Kapitalist. Sie gingen noch darüber hinaus, indem sie die Berechtigung, ihre Ethnie zu repräsentieren, mit Blutsverwandtschaft begründeten. In der Konsequenz heiße das, ethnische Politik könne nicht mit Pluralität von Ansichten umgehen, ohne sich selbst in Frage zu stellen. Denn Pluralismus würde offenlegen, daß die angebliche Solidarität und das Allgemeininteresse nur Fassade seien und so dem ausschließlichen Vertretungsanspruch die Grundlage entziehen.

Die konkurrierenden ethnischen Nationalismen seien nicht nur die Reaktion auf die imperiale Staatenbildung, sondern Ergebnis der Konkurrenz von Eliten[122] um Macht und Ressourcen. Das sei schon die Triebfeder für die Opposition gegenüber dem Kaiserreich gewesen, als Ende der 1960er Jahre der Staat in wirtschaftliche Schwierigkeiten geriet und immer weniger die Erwartungen der Gebildeten auf einen privilegierten Posten im Staatsdienst und in den staatseigenen Unternehmen befriedigen konnte.[123] Sie blieb es auch unter dem Mengistu-Regime, gemäß der äthiopischen Politiktradition, Krieg gegen die Zentrale zu führen, „soweit man nicht selbst die Zentrale ist"[124]. Der siegreichen TPLF gehe es darum, andere konkurrierende Eliten auszuschließen. Das Versprechen, die Interessen ethnischer Gruppen hochzuhalten, sei dabei nur der Deckmantel, um die Monopolisierung von Macht aufrechtzuerhalten.

Im Alltag schlägt sich diese Einschätzung – neben dem Verdacht, die Region Tigray bereichere sich auf Kosten anderer Landesteile – in solchen Ansichten nieder wie: Man müsse aufpassen, nicht privat oder geschäftlich mit jemandem aus Tigray in Konflikt zu geraten, man ziehe dabei den kürzeren, denn Tigray säßen immer am längeren Hebel, für sie würden Vorschriften und Gesetze nicht gelten.

Unabhängig davon, ob der ethno-föderative Staat absichtsvoll in Szene gesetzt wurde oder einfach ein falsches Konzept zur Bewältigung der Probleme Äthiopiens ist, gibt es in der internationalen Wissenschaft zwei Auffassungen über die Kriterien, die für die Zuordnung zu einer Ethnie maßgeblich sind. Die obsolet gewordene Theorie der Primordialisten geht von naturgegebenen und unabänderlichen Kriterien wie Sprache, Territorium, Vorgeschichte und Rasse aus. Die Konstruktivisten betonen im Gegensatz zur Abstammungsgemeinschaft die subjektiven Merkmale des Zugehörigkeitsgefühls und die Wandelbarkeit von Ethnien im Prozeß sozialen Handelns.[125] Die Definition von Ethnie in der äthiopischen Verfassung – hier Nation, Nationalität und Volk genannt – steht einerseits in der Tradition des „essentialistischen Ethnienbegriffs"[126], indem sie auf kulturelle, sprachliche und territoriale Merkmale rekurriert, grenzt sich aber von primordialer Begrifflichkeit mit der Formulierung subjektiver Wahrnehmung von Zugehörigkeit als mögliches Kriterium ab, durch den „Glauben an eine gemeinsame Identität oder verwandte Identitäten"[127].

Die Vertracktheit und mitunter auch die Beliebigkeit der Definition von Ethnie je nach der politischen Botschaft, die transportiert werden soll, zeigt die Diskussion darüber, was denn eigentlich Amharen und Amharentum sind. Sind sie eine Ethnie oder eine im Laufe der Geschichte entstandene Vielvölkergemeinschaft, deren Kulturen sich zu einer einzigen angeglichen haben? Sind sie bloß eine politische Elite, die eine bestimmte Kultur verkörpert, in die andere Eliten aufsteigen können, wenn sie sich der Kultur angleichen? Sind sie doch eine Ethnie, deren Mehrheit aus armen Bauern besteht, die mit der sie beherrschenden Elite genauso wenig zu tun hat wie die anderen als minderwertig geltenden Völker? Die Definitionen reichen von der Charakterisierung der Amharen als arrogante auf Exklusivität pochende Ethnie bis hin zur Reduzierung des Begriffs „Amhare" oder Amharentum auf die Bezeichnung für die primär städtische, amharisch-sprachige Elite, die seit Menilek II. zunehmend zum Träger des äthiopischen Reichsgedankens und des „politischen Äthiopiertums" wurde.

Auf den ersten Blick scheinen die zahlreichen Aussagen, die Missionare, Forscher wie Reisende verschiedenster Art im 19. und in der ersten Hälfte des 20. Jahrhunderts über Amharen hinterlassen haben, einer ethnischen Definition zu entsprechen. Bei genauerem Hinsehen kann man allerdings feststellen, daß das, was als ethnische Zuweisung klingt, weil die Verfasser selbst in ethnischen oder völkischen Kategorien denken, sich meistens auf Funktionsträger des Staates bezieht, auf Soldaten, zivile Amtspersonen und die politische Elite, denen bestimmte Eigenschaften negativer oder positiver Art zugeschrieben und durch die sie von anderen Völkern, über die sie herrschen, abgesetzt werden. Die amharischen Bauern werden hingegen von den wenigsten überhaupt wahrgenommen.

> „Wer Amhare ist, entscheidet nicht die Abstammung. Amhare zu sein heißt vielmehr,
> eine bestimmte Position in der äthiopischen Gesellschaft einzunehmen. Amharen sind
> in erster Linie Christen, in zweiter Linie sprechen sie amharisch und führen einen
> amharischen Lebensstil. Wer nicht als Amhare geboren ist, kann es werden."[128]

Das klingt gut und übersichtlich. Und in der Tat erzählen Äthiopier, es sei ein gängiger Spruch gewesen, daß Mütter ihre Söhne fragten: Willst du Amhare werden?

Aber wie gelangt man in diese Position? Hatten da alle die gleichen Voraussetzungen, mußten dieselben Anstrengungen erbringen und erwarben sich damit dieselben Chancen in der Gesellschaft? Eben nicht, und da liegt der Unterschied zwischen den Mühen des Lebens und den so griffig und eindeutig erscheinenden Definitionen.

Mit dem Beispiel des Grundnahrungsmittels im äthiopischen Hochland, des „teff", der aus winzigen Körnern besteht und aus dem die „injera" gemacht wird, versucht Gaitachew Bekele zu versinnbildlichen, daß Amharen aus „allen Rassen Äthiopiens zusammengesetzt" sind, deren Kulturen sich angeglichen haben, ohne daß dabei im Kaiserreich eine bevorzugt gewesen sei. Zur Erläuterung: es gibt zwei Sorten *teff*, einen dunklen und einen hellen, die allerdings normalerweise nicht gemischt werden. Im Gegenteil, der weiße Teff gilt als feiner und wertvoller und wer sich den leisten kann, zeigt es auch.

> „Während der italienischen Besatzungszeit erschienen einige, verstimmte Oromo-
> Individualisten bei einem prominenten Stammesführer Aba Doyo und suchten
> seine Zustimmung, die Situation auszunutzen, und die Amharen, die unter ihnen
> lebten, zu beseitigen. Aba Doyo sagte: ‚Bringt mir eine Handvoll Teffkörner und ich
> werde euch eine Entscheidung treffen.' Als sie das Teff brachten, befahl er ihnen, die
> braunen von den weißen Körnern zu trennen. Sie sahen sofort, dass diese Aufgabe

unmöglich war und sagten ihm das. ‚Was verlangt ihr von mir, das Unmögliche zu tun?‘ erwiderte er. ‚Die Amharen und Oromo sind durch Heirat und kulturelle Assimilation total vermischt.‘ Er gab das Beispiel seiner eigenen Familie, eine Vereinigung von Amharen, Tigre und Oromo, aber alle hatten Amharische Namen und wurden als solche identifiziert. ‚Würdet ihr mich, meine Familienmitglieder und den ganzen Rest der Bevölkerung töten lassen, um von den Amharen frei zu sein?‘“[129]

Im Laufe der Geschichte hat es in der Tat viele „Vermischungen“ zwischen äthiopischen Völkern gegeben, wovon man sich im Alltag überzeugen kann. Viele Menschen, die man in Äthiopien kennenlernt, haben verschiedene ethnische Vorfahren in ihren Familien. Auch wenn sie sich ausdrücklich als Amharen bezeichnen, stellt sich nach näherem Kennenlernen oft heraus, daß ihre Verwandtschaft bunt zusammengesetzt ist. Selten stammt jedoch ein Angehöriger von Völkern ab, die in Äthiopien als besonders „schwarz“ gelten, wie die des Südwestens oder die Afar. Insgesamt sollen es 15 Millionen[130] Menschen sein, die über Generationen aus gemischten Verbindungen stammen und meist nur Amharisch sprechen. Kaiser Haile Selassie selbst, der sich zum Amharen schlechthin stilisierte, ist ein Paradebeispiel hierfür. Nur Haile Selassies Großmutter väterlicherseits war Amharin. Die Großväter väterlicherseits wie mütterlicherseits waren Oromo und die Großmutter mütterlicherseits war Gurage.

Einer Studie zufolge waren Ende der 1960er von den rund 800.000, die eine Schule oder Universität besuchten, nahezu 15 % von gemischter Amhara-Oromo-Abstammung.[131] Wer es als Oromo-Sprechender zu einer höheren Bildungseinrichtung schaffte, kam aus Landesteilen wie Shoa und Wellega, wo die Oromo-Bevölkerung zu großen Teilen christlich geworden war und sich in den äthiopischen Staat integriert hatte.

Es ist ein bekanntes Phänomen, daß sich Menschen als Amharen bezeichnen, die aber zum Beispiel von Oromo-Abstammung sind. Sie wuchsen in Addis Abeba auf, ihre Eltern legten Wert darauf, daß sie die amharische Sprache lernten, um ihnen berufliche Türen zu öffnen. Ihre eigene Muttersprache beherrschen sie häufig nicht mehr. Eine entsprechende Namensgebung, die aus dem eigenen Vornamen und dem Vornamen des Vaters als „Nachname“ besteht, verwischt die erkennbaren Unterschiede schon in der zweiten Generation.

> „Some twenty years ago, if you asked an Oromo from the South, he might have been proud to tell you that he was an Amhara. It was common to see Oromos, or other people from the South, saying that they are Amharas, especially in the cities.“[132]

Frühere Volkszählungen standen immer unter dem Verdacht, insofern manipuliert zu sein, als Menschen sich freiwillig oder durch die Volkszähler gedrängt als Amharen ausgaben, obwohl sie eine andere Herkunft hatten. Wenn laut Zensus von 2007 die Zahl der Amharen rückläufig ist, so liegt es nahe, daß dies nicht nur an dem angegebenen Geburtenrückgang in dieser Region liegt. „Amhare zu werden“ ist anders als früher, unter den gegenwärtigen politischen Bedingungen, kein Vehikel mehr für sozialen Aufstieg und Anerkennung und auch politisch nicht mehr gewollt.

Diejenigen, die sich im heutigen Äthiopien am entschiedensten einer „Ethnisierung" von Politik, der Staatskonstruktion entlang ethnisch-linguistischer Linien widersetzen, sind unter Gurage und Amharen zu finden. Im Gegensatz zu kollektiven Rechten für ethnische Gruppen befürworten sie individuelle Bürgerrechte, privaten Landbesitz eingeschlossen, ein Sezessionsrecht ausgeschlossen.[133] Parteipolitisch sind sie dem ehemaligen, 2003/04 gegründeten, Koalitionsbündnis *Coalition for Unity and Democracy (CUD)* zuzuordnen, deren Träger die städtische Mittelklasse von Beamten, Lehrern, Händlern repräsentieren, für die das ethnisch-föderale Modell nicht attraktiv ist.

Wer betont auf die nichtethnische Karte setzt und den ethnischen Charakter von Amharen verwirft, der gerät leicht in den Verdacht, unter dem Deckmantel eines angeblichen Äthiopiertums die alte Vorherrschaft der Amharen wieder etablieren zu wollen. Dies geht einher mit dem Vorwurf, frühere Derg-Mitglieder[134] träten nun in Gestalt der CUD auf.

In diesem Zusammenhang steht ein im Internet gemachter – wie ernst oder ironisch auch immer gemeinter – Vorschlag, der von der Frage ausgeht, wie man die Amhara-Eliten dazu bringen könne, ethnische Selbstbestimmung zu respektieren. Warum hat die jetzige Regierung dafür gesorgt, daß Amharisch die Amtssprache auf der Bundesebene und zwischen Zentralstaat und den einzelnen Bundesstaaten wurde und nicht Afaan Oromo, die Sprache der größten Ethnie? Weil sie den Konflikt zwischen den beiden großen Nationen wachhalten will, um als der lachende Dritte ungestört herrschen zu können.

Die hierbei unterstellte Logik des Verfassers ist: Aufgrund der Rolle, die die Sprache historisch als Herrschaftsmittel gespielt hat, werden Amharen auch heute noch als Unterdrücker empfunden, obwohl sie unter der TPLF-Regierung ebenso unterdrückt sind, wie die anderen Ethnien. Um die Amharen dazu zu bringen, den ethnischen Föderalismus zu respektieren, müßte Afaan Oromo und nicht Amharisch als Amtssprache auf der Bundesebene eingeführt werden. In diesem Falle würden die Oromo vom „Äthiopiertum"[135] begeistert sein und die Berufung auf ihre Ethnizität fallenlassen. Die Amharen ihrerseits würden „Äthiopiertum" verurteilen und auf ihre Rechte als Ethnie pochen.

Afaan Oromo als zweite Amtssprache neben Amharisch gehört inzwischen zur Forderung des neu entstandenen Bündnisses oppositioneller Parteien: *Forum for Democratic Dialogue (Medrek).*[136] Es umfaßt sowohl ethnisch-orientierte wie explizit nichtethnische Parteien, die nun aufeinander zugehen und auf der Grundlage von Kompromissen eine gemeinsame Plattform suchen, um den Regierungsparteien bei den Wahlen im Mai 2010 die Stirn zu bieten. Die Tatsache, daß in den letzten Jahren multiethnische Parteien an Bedeutung gewonnen und bei den Wahlen 2005 beachtlichen Erfolg erzielt haben, kann man auch als Indiz für die in Äthiopien wachsende Einsicht werten, daß die „Ethnisierung" von Politik in eine Sackgasse geführt hat. Negasso Gidada, ehemaliger Staatspräsident und damals Aushängeschild der OPDO, wurde 2005 als parteiloser Einzelkandidat ins Parlament gewählt. Im November 2009 sorgte er zusammen mit dem ebenfalls 2001 von der TPLF geschaßten ehemaligen Verteidigungsminister Siye Abraha für eine Überraschung. Beide traten der *Unity for Democracy and Justice Party (UDJP)* bei, einer Nachfolgepartei aus Teilen der vormals im Parteienbündnis CUD zusammengeschlossenen Parteien, die explizit nicht ethnisch basiert ist. Negasso Gidada begründete seinen Eintritt mit der Einsicht in das Scheitern der ethnisch ausgerichteten Politik und entschuldigte sich, daß er 1994 in einer Ansprache den Prozeß der Zusammensetzung der Verfassungsgebenden Versammlung und der Entstehung der Verfassung als transparent und demokratisch bezeichnet hatte, weil alle politischen Kräfte daran teilnehmen konnten.

> „If you remember at that time All Ethiopian Socialist Movement (AESM) and the Ethiopian Peoples Revolutionary Party (EPRP) were barred from Ethiopian politics. The Workers Party of Ethiopia (WPE) was suspended and liquidated. The OLF, ONLF and other parties were kicked out of the process. Did my speech reflect the objective reality? Wasn't it a lie?"[137]

2. Die geschriebene Geschichte im politischen Wandel – Universität, Schulbücher, Zeitungen

Von den königlichen Chroniken zu den Anfängen einer „modernen"
Geschichtsschreibung

Das Festhalten von Ereignissen und die Weitergabe von Wissen jedweder Art lag in Händen der königlichen und kaiserlichen Chronisten und der schreibkundigen Gelehrten der Orthodoxen Kirche und der Koranschulen. Die Anfänge einer äthiopischen Geschichtsschreibung werden allgemein mit dem Erscheinen des Nationalepos „Kebra Nagast" im 14. Jahrhundert in Verbindung gebracht. Die nachfolgende offizielle Geschichtsschreibung – als „königliche Chroniken" bezeichnet – beginnt in demselben Jahrhundert und ist für Sub-Sahara-Afrika eine einmalige Erscheinung. Die Chroniken erzählen von erfolgreichen Feldzügen der Herrscher, von ihren administrativen Reformen und bedeutenden Ereignissen in ihrer Regierungszeit. Manche beschränken sich auf einen Herrscher, andere umspannen einen größeren Zeitraum und verweben die Geschicke eines Herrschers mit denen seiner Vorgänger, wieder andere gehen im Sinne einer allgemeinen Geschichte bis zu den legendären Anfängen zurück. Manchmal sind die Chroniken von Zeitzeugen geschrieben, manchmal erst viel später entstanden und von verschiedenen Autoren fortgeführt.

In jedem Falle waren „die Hofgeschichtsschreiber der Ge'ez-Zivilisation professionelle Schmeichler".[138] Sie dienten in erster Linie der Verherrlichung ihrer Auftraggeber, den jeweiligen Herrschern, was natürlich auch die Herabsetzung anderer beinhalten konnte, um so den betreffenden Machtinhaber in ein besseres Licht zu setzen. Diese Art von Geschichtsschreibung war gekennzeichnet durch übernatürliche Erklärungen, Wunder, den Heiligengeschichten verwandt, und durch die Abneigung, quantifizierende Angaben zu machen. Die Auskunft über die Truppenstärke, die Zahl von Soldaten einer Armee würde lauten: „so zahlreich wie der Sand des Meeres und die Sterne des Himmels"[139]. Neben diesen offiziellen können auch die für Kirchenzwecke verfassten Schriften als Geschichtsschreibung im weiteren Sinne bezeichnet werden, insofern sie auch den Charakter von Chroniken annahmen und in ihren Annalen über den begrenzten lokalen Rahmen hinausgingen.

Die Strafe Gottes als Motor von Geschichte, als Antwort auf Fehlverhalten ist in dieser Tradition tief verwurzelt. So glaubte man zum Beispiel, daß Stolz und Arroganz des Kaisers Lebna Dengel (r. 1508–40) verantwortlich für die Invasion von Iman Ahmad ibn Ibrahim war. Neben Kriegen sind Naturkatastrophen, Hungersnöte und Seuchen ein beliebtes Mittel göttlicher Rache. Als charakteristisch für die defätistische Haltung gilt folgende Geschichte, die der Portugiese Francisco Alvarez aus den 1520ern berichtet: Eine Heuschreckenplage verwüstete Angot. Männer, Frauen und Kinder saßen gelähmt vor Schreck zwischen den Heuschrecken. Auf die Frage, warum sie die Tiere nicht töteten, lautete die Antwort, sie hätten nicht das Herz, der Plage zu widerstehen, die Gott ihnen wegen ihrer Sünden geschickt habe[140]. Gegen solche Kalamitäten konnten nur Demut, inbrünstiges Beten und strenges Fasten, insbesondere Appelle an die Fürbitten der Jungfrau Maria und der Heiligen sowie Amulette, Gelübde, Pilgerfahrten und heiliges Wasser helfen. Im Ergebnis geschieht dann ein Wunder und es regnet Wasser und Manna vom Himmel. Die äthiopischen Heiligengeschichten sind voll von solchen Erzählungen und sie sind keinesfalls ein Phänomen der Vergangenheit, sondern bis heute im Volksglauben sehr lebendig.

Eine bemerkenswerte Ausnahme von rein theologischen Erklärungen zeigte am Ende des 16. Jahrhunderts das Werk des Mönches Bahrey im Dienste des Kaisers Sarsa Dengel. Er schrieb eine „Geschichte der Galla", in der er der Frage nachging, wie ein „heidnisches und unregiertes" Volk in kürzester Zeit über ein christliches, gut bewaffnetes und zentral regiertes Königreich hinwegfegen und es besiegen konnte. Es ging Bahrey darum, herauszufinden, wie man diese Entwicklung aufhalten könne. Dem Zeitgeist folgend sah er eine Erklärung in den Sünden der Äthiopier und der Strafe Gottes. Er suchte darüber hinaus aber auch eine „irdische" Antwort, nämlich durch Analyse des sozialen Aufbaus der Oromo-Stämme und ihrer kriegerischen Traditionen sowie durch genaue Beobachtung ihrer Expansionsströme. Er kam zu dem Schluß, daß die Oromo deshalb im Vorteil waren, weil ihr soziales System verlangte, daß alle diensttauglichen Männer Krieger sein mußten, während das Kämpfen in der äthiopischen Gesellschaft zu jener Zeit eine spezialisierte Aktivität war. Von den zehn „Klassen"[141], die er aufzählt, war nur eine zum Kämpfen bestimmt.

Während die einen Bahreys Werk für seine Zeit als „ungewöhnlich objektiv"[142] beurteilen, wird er von Oromo-Seite scharf kritisiert. Der Vorwurf richtet sich gegen seine erklärte Absicht, „schlechte Menschen"[143] zu beschreiben, ihre Bereitschaft zu töten und ihre brutalen Umgangsformen. Hiermit habe Bahrey nachfolgenden Äthiopisten die Vorlage geliefert, um die Oromo mit derselben negativen Wertung zu beschreiben, unter anderem als eine barbarische Horde, die Gott den Abessiniern als Geißel geschickt habe.

Bahrey hatte lange Zeit keine Nachfolger im Bemühen, nach gesellschaftlichen Ursachen für historische Vorgänge zu suchen. So bedeutete Geschichte schreiben in Äthiopien noch bis weit in das 20. Jahrhundert hinein, Geschichten und Legenden weiterzugeben, in blumigen Worten ausgemalt, eingewoben in Übernatürliches, Wundersames und stets zu Ehren Gottes und seiner Stellvertreter auf Erden. Der traditionelle äthiopische Historiker blieb ein Schriftsteller oder Rezitator von Geschichte ohne akademisches Training oder forschenden Hintergrund, der sich auf Traditionen stützte, die mündlich oder in Chroniken erhalten sind. Die Chroniken waren in der Kirchensprache Ge'ez verfaßt, die nur eine kleine Elite beherrschte. Allerdings gab es seit dem 17. Jahrhundert amharische Lehnwörter, um Sachverhalte und

Ereignisse des säkularen Lebens zu beschreiben, die in die königlichen Chroniken einflossen. Insbesondere entstanden mit dem Aufstieg der Dynastie in Shoa Chroniken, in denen das Amharische eine wachsende Rolle spielte.

Schließlich war es der Chronist von Kaiser Tewodros II. (r.1855–68) Zanab, der mit der Ge'ez-Tradition brach. Auch die zahlreichen Briefe des Kaisers an europäische Herrscher im 19. Jahrhundert sind in Amharisch geschrieben. Amharisch blieb die Sprache des Hofes auch unter Yohannes IV. (r.1872–89), der, obwohl aus Tigray, seine offizielle Korrespondenz ausnahmslos in Amharisch verfaßte. Amharisch entwickelte sich zur literarischen und politischen Lingua franca, die nicht auf die Muttersprachler beschränkt war, sondern ein Vehikel für den Ausdruck dessen, was „wir abessinisches kulturelles und politisches Leben nennen können".[144]

Studien zu Gesellschaft und Geschichte Äthiopiens in einem moderneren Sinne entstanden zunächst außerhalb des Landes in den Werken deutscher, englischer, französischer, italienischer und österreichischer Gelehrter. Der wachsende Dialog mit Europa seit dem ausgehenden 19. Jahrhundert führte im 20. Jahrhundert auch in Äthiopien selbst zu Innovationen auf dem Gebiet der Geschichtsschreibung und zur Kritik an den herkömmlichen Darstellungsformen exzessiver Vergötterung der Herrscher und der Neigung zu übernatürlichen Erklärungen. Intellektuelle begannen, sich auf dem Gebiet der Historiographie zu betätigen. Diese „Pioniere"[145] kritisierten die Ausbeutung der tributpflichtigen Bauern und verlangten ein faires System der Besteuerung. Sie forderten Gleichheit aller Religionen, die Trennung von Staat und Kirche und eine Verfassung.

Zu den Vorläufern einer modernen Historiographie, die die offiziellen Chronisten wie die Kirchenhistoriker kritisierten, gehört Gabra Heywat Baykadan, einer der an Reformen orientierten Intellektuellen des frühen 20. Jahrhunderts. Aufenthalte in Deutschland, dem Sudan und in Eritrea hatten ihm die Rückständigkeit seines Landes vor Augen geführt. Gabra Heywat Baykadan definierte das Studium der Geschichte als ein „Muß" für Regierende, um daraus zu lernen und für die Zukunft des Landes Konsequenzen zu ziehen.

> „But history can be of use only if it is authentic history. And it is not easy to write authentic history, for it requires the following three God-given qualities: first, a keen mind to observe past deeds; second, an impartial spirit to pass judgement on them; and third, an impeccable writing style to communicate one's observations and judgements. But our historians commit a crime on all three counts. They overlook the important and dwell on the inconsequential. They eschew impartially and embrace bigotry. Their style is so confused that it only confounds the reader."[146]

Ihm folgten andere wie Atsme Giyorgis, der eine Geschichte der Oromo schrieb, wie Alaqa Tayya, der Ethnographie und Geschichte zu verbinden suchte, und Heruy Walda Sellase, der sich unter anderem mit der Geschichte des 19. Jahrhunderts und seiner Kaiser auseinandersetzte und eine erste Biographie bedeutender Persönlichkeiten in der äthiopischen Geschichte verfaßte. Atsme Giyorgis, der Hofhistoriker Menileks II. kritisierte bereits Ende des 19. Jahrhunderts, die von Teilen des Klerus vertretene Ansicht, die Sprache der Oromo sei eine „Sprache des Teufels"[147].

Bemüht um mehr Objektivität in Inhalt und Darstellungsweise gelang es den Reformern, die sich als Historiker betätigten, in unterschiedlichem Maße eine kritische Distanz zur traditionellen Geschichtsschreibung zu entwickeln. Manche wie Tamrat Ammanuel wagten sich daran, die Geschichte der Königin von Saba als Entstehungsmythos des äthiopischen Staates in Frage zu stellen, andere begannen, weniger Gewicht auf ihn zu legen, während wieder andere ihn nach wie vor vehement verteidigten. Insgesamt blieb die Geschichtsschreibung aber eine auf das orthodox-christliche Hochland konzentrierte Rezeption mit einer einseitigen Fixierung auf die Rolle Shoas.

Trotz dieses aus heutiger Sicht bescheidenen Fortschritts in der Geschichtsschreibung hatten Reformer wie Gabra Heywat Baykadan nicht nur damals ihre Kritiker, sondern auch heute werden noch Argumente gegen sie angeführt, weil sie die Grundlage dafür gelegt hätten, daß das „äthiopische Erbe" schließlich mit dem von noch mehr „verwestlichten"[148] Studenten erhobenem Ruf nach Revolution und einer „geborgten Geschichtsphilosophie" gänzlich über Bord geworfen wurde, so der Philosoph Messay Kebede. Schuld daran sei der eurozentrische Blick, den die Reformer sich angeeignet hatten, indem sie als Ziel menschlichen Lebens den materiellen Fortschritt definierten, die Herrschaft über die Natur. Dabei sei die erfolgreiche Verteidigung der Souveränität Äthiopiens gerade der Tatsache geschuldet, daß die Äthiopier Reichtum und Verfeinerung der Zivilisation opferten, um ihren Glauben in einem Meer von Heiden zu verteidigen. Die Kolonialmächte, die Äthiopien einschlossen, brachten das Sozialsystem aus dem Gleichgewicht und zwangen Menilek II., den Süden zu erobern, um den Kolonialismus zu stoppen und um nicht eingekreist zu werden. Dies habe nichts mit einer kolonialen Eroberung zu tun, wie dies einige Oromo-Gelehrte sähen, sondern sei Ausdruck eines lokalen Prozesses von Expansion und Rivalität, der seit Jahrhunderten stattgefunden habe.

Mit ihrer Kritik an der Kirche und den Provinzfürsten, die sie für die Rückständigkeit verantwortlich machten, und ihrer Forderung nach Modernisierung „echoten" die Modernisierer die „koloniale Predigt" Europas und fanden in Haile Selassie ihren Verfechter. Daß sich Amharen hierbei den Oromo kulturell überlegen fühlten – wie dies Gabra Heywat Baykadan sah – sei nicht hausgemacht, sondern ebenfalls ein Beiprodukt der Verinnerlichung von eurozentristischer Sichtweise, aber nicht Ausdruck kolonialer Eroberung seitens der Amharen. Eine Welt trenne das Gefühl kultureller Überlegenheit, das die amharische Elite hatte, von dem evolutionären Graben des westlichen Rassismus. Fazit: Äthiopien hat den Kolonialismus auf dem Kampffeld besiegt, aber im Klassenraum moderner Erziehung verloren.

Nicht nur weltliche Gelehrte, sondern vor allem Vertreter der Kirche sahen in den Reformern gefährliche Gegner ihrer Interpretation von Gott und der Welt, nicht zuletzt auch, weil die Bedeutung des Ge'ez gegenüber dem Amharischen abnahm. Als unter der Regentschaft Ras Tafari Mekonnens auch religiöse Texte aus dem Ge'ez ins Amharische übersetzt und für ein gebildetes Publikum veröffentlicht wurden, stieß dies auf den Widerstand der Kirchengelehrten, die ihre exklusive Interpretationshoheit schwinden sahen. Einige weigerten sich aus diesem Grund, sich an Übersetzungen zu beteiligen. Manche begründete ihre Ablehnung mit dem Argument, daß heilige Bücher und Gebete nur in der sakralen Sprache Ge'ez abgefaßt werden dürften.[149]

Haile Selassies nachhaltige Geschichtsinterpretation

Solche Ansätze weg von einer reinen Hofberichterstattung bedeuteten aber nicht, daß die alte Tradition der Chronisten, die Interpretation historischer Fakten am Lobpreis und an den Wünschen des jeweiligen Herrschers zu orientieren, nun gänzlich aufgegeben war; noch bedeutete es, daß sich die Befürworter einer „authentischen" Geschichtsschreibung immer an ihre eigenen Vorsätze hielten. Aus unterschiedlichen Gründen waren sie befangen und verfielen vielfach in die Fehler, die sie an ihren Vorgängern kritisiert hatten. Die „relative Autonomie"[150], die die Intellektuellen zu Beginn des 20. Jahrhunderts unter Menilek II. und danach unter Ras Tafari Mekonnen (als Regent 1916–30) genossen, verschwand in dem Maße, wie es letzterem gelang, seine politische Macht zu konsolidieren. Unter seiner Herrschaft als Kaiser Haile Selassie (Macht der Dreifaltigkeit) durfte äthiopische Geschichte nur Geschichte des semitischsprachigen Nordens mit dem Schwerpunkt auf der kulturellen und politischen Hegemonie von Shoa sein.

Takla Sadeq Makurya, der als Brücke zwischen den oben genannten Reformern oder Pionieren und den professionellen Historikern der jüngeren Generation betrachtet wird, unternahm ab 1945/46 den ersten größeren Versuch einer umfassenden Rekonstruktion äthiopischer Geschichte in vier Bänden, von der aksumitischen Zeit bis zu Haile Selassie. Hierbei benutzte er sowohl einheimische wie westliche Quellen. Der vierte Band, der den Zeitraum von Kaiser Tewodros II. bis zur Rückkehr Haile Selassies I. nach der italienischen Besatzung umfaßt, erschien als erster und diente lange Zeit als Geschichtsbuch in den Schulen. Es war bereits für diesen Zweck konzipiert und weniger anspruchsvoll verfaßt als Takla Sadeq Makuryas spätere Arbeiten.

Das Schulsystem, das sich vor allem am britischen Vorbild orientierte und ab den fünfziger Jahren stärker unter US-amerikanischen Einfluß geriet, war erst im Aufbau begriffen. Es mangelte an geeigneten einheimischen Unterrichtswerken ebenso wie an Lehrern. Die meist von europäischen Erziehern, die wenig Ahnung von äthiopischer Geschichte hatten, konzipierten Curricula und die aus dem Ausland stammenden Bücher waren auf europäische Geschichte,

Geographie und Literatur zugeschnitten. Ähnlich europäisch oder US-amerikanisch geprägt war der Bildungsstand der besonders nach der Befreiung anwachsenden Zahl im Ausland studierender Äthiopier. Takla Sadeq Makuryas Werk sollte den Anfang machen, das Fach Geschichte auf eigene äthiopische Füße zu stellen. Der vierte Band fand die volle Zustimmung Haile Selassies. Er stellte ihn als das dar, was er sein wollte, ein von Gott bestimmter Herrscher, der dem Land rasche Entwicklung brachte und als siegreicher Führer der faschistischen Besatzung ein Ende bereitet hatte. Zu ihm gab es keine Alternative.

Dennoch war Takla Sadeq Makurya kein Freund der Vorstellung Haile Selassies, die die Geschichte Äthiopiens mit der Geschichte der Vorherrschaft der Amharen aus der Region Shoa gleichsetzte, eine Haltung des Autors, der aus dem Norden stammte, die dem Herrscher bekannt war. Gleichwohl sah dieser keine Möglichkeit, den angesehenen Gelehrten und Politiker davon abzuhalten, weitere Bände zur Geschichte Äthiopiens zu verfassen. Er mußte sich damit begnügen, ihn für Posten zu nominieren, die ihn – meist als Botschafter – weit weg von der Hauptstadt brachten, und ihm Auszeichnungen für sein Werk zu verweigern. [151]

Neben seiner eigenen Biographie „My Life and Ethiopia's Progress" und zahlreichen von seinem Chronisten geschriebenen Büchern über ihn und die Königsfamilie duldete Haile Selassie keine Werke, die ihm mißfielen. Er war stets bemüht, nicht nur die Presse, sondern Publikationen jedweder Art zu kontrollieren, um sicherzugehen, daß nur ein ihm genehmes Geschichts- und Selbstbild in die Öffentlichkeit im In- wie im Ausland gelangte. In praktisch jedem Buch, das während seiner Herrschaft erschien, war hinter der Titelseite sein Photo abgebildet. Bücher, deren Inhalt seiner Geschichtsversion nicht entsprachen, durften nicht gedruckt werden oder wurden wie die Arbeiten des Chronisten Gebre-Igziabiher Elyas unter Verschluß gehalten oder dort aufbewahrt, wo der Zugriff auf sie begrenzt war. Er achtete besonders darauf, daß von dem 1916 abgesetzten Lij Iyasu, den Menilek zu seinem Nachfolger bestimmt hatte, stets ein negatives Bild gezeichnet wurde oder seine Erwähnung möglichst unterblieb. Sich selbst wollte er als tatsächlichen, unumschränkten Herrscher Äthiopiens seit dieser Zeit dargestellt wissen und nicht nur als Anwärter auf den Thron, der in allen Staatsangelegenheiten die Zustimmung der Kaiserin einholen mußte. Im Gegensatz hierzu legte er Wert auf die Darstellung der Kaiserin Zewdito als einer nur nominellen und passiven Herrscherin, mit der ihn – im Gegensatz zur Wirklichkeit – ein äußerst harmonisches Verhältnis verbinde. Zur Heroisierung seiner eigenen Person gehörte das Herausstreichen seiner Abstammung vom legendären Menilek I., aus der dynastischen Linie von Shoa von Sahla Sellasse, dem Herrscher von Shoa 1813–47, und die Betonung enger familiärer Beziehungen zu Menilek II. sowie der Bedeutung von Shoa für die glorreiche Geschichte Äthiopiens.

In der erwähnten Studie von Donald Levine Ende der 1950er wurden Schüler auch nach Figuren aus der äthiopischen Geschichte befragt. Die größte Sympathie wurde Haile Selassie, Tewodros II. und Menilek II. entgegengebracht, Herrscherpersönlichkeiten, die in der

Geschichtsschreibung für die Einheit des Landes, für Modernisierung und Zentralisierung stehen. Tewodros und Menilek standen bei wenigen Schülern auch in der Kategorie der unbeliebtesten Gestalten, ersterer wegen seiner Grausamkeit, Menilek, weil er Teile des Landes an die Europäer verkauft habe. Die positive Beurteilung Haile Selassies läßt, neben Verdiensten für das Land insgesamt, erkennen, daß Schüler sich ihm gegenüber persönlich zu Dank verpflichtet fühlten: „... er gibt mir Bildung, ... er ist mein Hüter"[152], ganz so wie sich Haile Selassie gerne selber sah, als paternalistischer Gönner, als Vater der Bildung. Die meiste Abneigung zeigten die Schüler gegenüber Lij Iyasu, der Sympathien für den Islam gezeigt, und Ahmed Gragn, der im 16. Jahrhundert das christliche Äthiopien vorübergehend an den Rand des Untergangs gebracht hatte.

Als die studentische Protestbewegung in den 1960ern harsche Kritik an den Verhältnissen in Äthiopien übte, sparte sie den Kaiser davon lange Zeit aus und zollte ihm weiterhin Respekt und Bewunderung. Als Schuldige an den Mißständen wurden Minister und andere Funktionsträger ausgemacht, die nicht in der Lage waren, die guten Absichten des Kaisers umzusetzen.[153]

Sehr erfolgreich war Haile Selassie, was die Lenkung westlicher Sichtweise auf die Geschichte Äthiopiens in seinem Sinne betraf. Er beeinflußte nicht nur Diplomaten und Politiker, in ihm die einzige Person zu sehen, die das Land vorwärtsbringen konnte und daher jedwede technische, militärische, wirtschaftliche und politische Unterstützung verdiente, sondern auch die europäische Geschichtsschreibung über Äthiopien. Viele Vertreter der Zunft und die anderer Fachgebiete beteiligten sich am Personenkult, glorifizierten die Geschichte des christlichen Hochlandes, die nichtsemitischen Völker gerieten entweder gar nicht in ihren Blick oder wurden als Störfaktoren oder solche dargestellt, die nichts zur Entwicklung Äthiopiens beigetragen hatten.

Ein deutscher Ethnologe und Historiker, der zweifelsohne wertvolle Beiträge nicht nur auf dem Gebiet der ethnologisch-historischen Erforschung geleistet hat, formulierte noch 1973:

> „Seit 1700 befand sich das christliche Äthiopien in einem unaufhaltsamen Niedergang. Bürgerkriege waren an der Tagesordnung. Galla, die in den von ihnen eroberten Provinzen ansässig waren, drängten sich bei Hofe ein ... Sein (Tewodros') Nachfolger Yohannes IV., ein tapferer und frommer Mann, kämpfte mit Erfolg gegen innere und äußere Feinde. Durch Zwangstaufen von Muslimen versuchte er, die religiöse Einheit des Reiches wieder herzustellen. Aber da auch er kein Salomonide war, vermochte er nicht, sich der vollen Unterstützung aller Äthiopier zu versichern. Nach seinem Tod ... übernahm mit Menilek der schoanische Zweig der Salomoniden das Kaisertum. Seine unvergleichliche Heldengestalt ist bis heute unvergessen ... Mit der Erhebung von Menileks Großneffen Ras Täfäri zum Regenten und mit seiner Krönung (1930) zum Kaiser tritt Äthiopien endgültig in die moderne Geschichte ein."[154]

64

Viele weitere Beispiele ließen sich anführen und keineswegs nur von deutschen Autoren. Einer der prominentesten Vertreter war der gebürtige Schweizer Edward Ullendorff. Selbst heute gibt es noch Darlegungen von geradezu bigotter Rezeption des „alten christlichen Kaiserreichs"[155] und völliger Ignoranz gegenüber all dem, was außerhalb dieses Rahmens fällt. Salopp könnte man sagen, die Autoren wandelten nach wie vor auf den Spuren ihrer Vorfahren, die den Priesterkönig Johannes suchten. Sie wollten etwas vom Glanz eines kaiserlichen Hofes naschen, der sich auf eine sehr alte „große Tradition" berufen konnte. Aufgrund der Fixierung auf schriftliche Dokumente, aber auch archäologische Zeugnisse, konzentrierten sie sich auf das, was die christlich-orthodoxe Tradition hinterlassen hatte und das war in hohem Maße staatszentriert.

Forschung über Völker, die keine eigene Schriftsprache entwickelt hatten, sondern deren gesellschaftliche Organisation vorrangig durch mündliche Überlieferung geprägt war, zählte nicht wirklich als Erforschung von Geschichte, sondern wurde als Beiwerk der als überlegen angesehenen Schriftkultur des Kaiserreichs untergeordnet. Die Vorstellung, daß nur Gesellschaften, die eine Schrift entwickelt haben, eine Geschichte und Kultur haben, hatte in Europa wie in Äthiopien noch Hochkonjunktur. Dabei wurde geflissentlich übersehen, daß die Schriftkultur von Amharen und Tigray auf eine winzige gebildete Minderheit beschränkt war. Die überwältigende Mehrheit der Amharen und Tigray konnte ebensowenig lesen und schreiben wie die Oromo, die Gurage und all die anderen Völker. Trotz ihrer schriftlichen Tradition war auch die Kultur des christlichen Hochlandes eine weitgehend mündliche Kultur, in der das gesprochene Wort, die mündliche Zeugenschaft[156] und Überlieferung für das Funktionieren der Gesellschaft eine herausragende Rolle spielten. Die Analphabetenrate war mit 95 %[157] zu Beginn der 1970er eine der höchsten in der Welt. Trotz aller Modernisierung nimmt auch heute noch die mündliche Tradition eine herausragende Stellung ein in einer Gesellschaft, in der über 80 % der Menschen auf dem Land leben, von denen nur knapp die Hälfte schriftkundig sind. Nur die wenigsten haben regelmäßigen Zugang zu Zeitungen, Fernsehen und Büchern.

Akademische Geschichtswissenschaft kriecht aus der „semitischen Mulde"

Während Haile Selassie einerseits zur Konservierung eines aus christlich-orthodoxer Staatsraison und persönlichem Machtstreben gespeisten Geschichtsverständnisses entscheidend beitrug, legte er andererseits die Grundlagen dafür, daß diese Tradition untergraben wurde. Als Teil der Modernisierung des äthiopischen Staates unter seiner Ägide trugen der Aufbau eines Bildungssystems, die sich entwickelnden akademischen Institutionen und die hiermit verbundenen internationalen Kontakte dazu bei, daß der Status quo in Frage gestellt wurde. Der wissenschaftliche Diskurs führte in den politischen. Schließlich sah sich eine zunehmend selbstbewußte gebildete Schicht, die die Fachkräfte in der expandierenden Staatsbürokratie stellte oder auf

Abb. 11 Hauptgebäude der Addis Abeba Universität mit Bibliothek und Museum des Institute of Ethiopian Studies (IES), 2009

Abb. 12 Blick in den Lesesaal der Bibliothek des IES, 2009

einen solchen Posten in Zukunft hoffte, berufen, das Regime selbst zu Fall zu bringen.

1950 wurde ein University College gegründet, das aus den Fakultäten Kunst und Wissenschaft bestand. Es folgten weitere Colleges zu verschiedenen Fachgebieten unter maßgeblicher Förderung von ausländischen Akademikern aus dem Westen, die 1961 zur *Haile Selassie I University (HSIU)* zusammengeführt wurden. Der vom Kaiser zur Verfügung gestellte Palast „Gännäta Le'ul" (Paradies des Kronprinzen) beherbergte die Verwaltung und dient bis heute als Hauptcampus. Nach der Revolution von 1974 zunächst in *University of Ethiopia* umbenannt, erhielt sie später den bis heute gültigen Namen *Addis Abeba University (AAU)*. 1950 hatte es in Äthiopien 71 Studenten gegeben, 1973 waren es annähernd 10.000, davon 6442[158] an der HSIU. Da es anfangs noch keine Möglichkeit gab, höhere Abschlüsse an der Universität zu erlangen, gingen die Studenten hierfür nach wie vor ins Ausland, vor allem in die USA.

Mit der Errichtung einer Abteilung für Geschichte 1961 und dem Aufbau des *Institute of Ethiopian Studies (IES)* 1963 wurden die Grundlagen für die Entwicklung einer modernen Geschichtswissenschaft gelegt. Dem „Department of History and Heritage Management", wie es seit 2006/07 heißt, kam die Aufgabe zu, Lehre und Forschung aufzubauen und zu integrieren. Dem IES oblag der Aufbau einer Bibliothek und eines ethnographischen Museums sowie die

66

Förderung von Forschung und Publizierung von Forschungsergebnissen interdisziplinärer Beiträge sowie zur äthiopischen Geschichte. Als Hauptorgan erscheint seit 1963 das „Journal of Ethiopian Studies", in dem Beiträge von internationalen Autoren, Mitgliedern des IES und Universitätsangehörigen verschiedener Fachrichtungen veröffentlicht werden. Als Zentrum für äthiopische Forschung sollte das Institut einheimischen wie ausländischen Studenten und Gelehrten ein Forum bieten, nicht zuletzt im Hinblick auf Addis Abeba als Sitz der *Organisation für Afrikanische Einheit (OAU)*. Bibliothek wie Museum gehen auf Sammlungen von Büchern, Karten, Alltagsgegenständen und erste ethnologische Arbeiten zurück, die in den fünfziger Jahren mit der Gründung des *University College* durch den Bibliothekar Stanislaw Chojancki und die 1951 entstandene *Ethnological Society* angelegt worden waren. College wie Museum und Bücherei wurden in den von Haile Selassie zur Verfügung gestellten Palast umgesiedelt.

Während in den ersten Jahren die Leitung beider Institutionen sowie die Forschung noch weitgehend in Händen von Ausländern wie Sven Rubenson, Richard Cault, Donald Crummey, Richard Pankhurst und anderen lagen, begann sich allmählich ein Kern von äthiopischen Historikern zu bilden, die nach und nach von ihren Studien aus dem Ausland zurückgekommen waren, und die sowohl im Department of History wie im IES tätig wurden: Merid W/ Aregay, Aleme Eshete, Sergew Hable Sellassie, Taddesse Tamrat, Bairu Tafla, Bahru Zewde und andere. Zusammen mit ihren ausländischen Kollegen entwickelten sie ein Studien- und Forschungsprogramm mit entsprechenden universitären Abschlüssen für die Studierenden. Seit 1979/80 gibt es ein Master-Programm und seit 1990 die Möglichkeit zu promovieren. Sie erweiterten den Gesichtskreis und holten die Geschichtsschreibung allmählich aus der „semitischen Preßform"[159], in der sie so lange festgesessen hatte.

Der bisherige geographische Schwerpunkt der äthiopischen Geschichtsbetrachtung rückte vom Norden gen Süden auf die Völker, die keine schriftliche Tradition hatten. Damit wurde auch die „oral history" als Gegenstand wissenschaftlicher Forschung erschlossen. Seit Ende der 1960er erfolgten vor allem Studien zu Oromo, aber auch zu Afar, Harari, Gurage, Sidama, den omotischen Völkern und anderen. Die anfängliche Fixierung auf das Mittelalter und das 19. Jahrhundert wurde vor allem mit den politischen Umwälzungen 1974 und 1991 schrittweise aufgegeben und man rückte näher an die Gegenwart heran. Das Themenspektrum, das auf Politikgeschichte beruhte, wurde durch die Einbeziehung von Wirtschafts- und Sozialgeschichte erweitert. Themen zu Agrarwirtschaft, Hunger, Stadtgeschichte, Schulen und Kirchen in Verbindung mit ihren politischen und wirtschaftlichen Implikationen und die Geschichte von Intellektuellen, Frauen und Diaspora-Studien wurden Gegenstand von Forschung. Schließlich fanden auch Aspekte der islamischen Geschichte und Religion Eingang und es erfolgte die Einbettung äthiopischer Geschichte in die Afrikas resp. des Horns von Afrika.

Als „Achillesferse"[160] der Geschichtsabteilung beurteilte Bahru Zewde in seiner Rückschau 2000 die Praxis der Veröffentlichung von Forschungsergebnissen. Fast alle studentischen Forschungsarbeiten wurden nicht veröffentlicht, darunter zahlreiche Studien zu den traditionell von der Geschichtsbetrachtung ausgeklammerten Völkern. Viele Arbeiten des Lehrkörpers erschienen nicht in Büchern, sondern in Fachzeitschriften und als Teil von Konferenzberichten in englischer Sprache und blieben so einer breiteren Öffentlichkeit in Äthiopien unzugänglich. Inzwischen kann man im Internet[161] Forschungsergebnisse verschiedener Universitätsabteilungen, die zu Master- oder Doktorarbeiten führten, einsehen.

Eine besondere Rolle im historischen und Fachgebiete übergreifenden Diskurs spielten internationale Konferenzen in Zusammenarbeit mit ausländischen Kulturinstituten und Universitäten. Sie zeigen zugleich das große Interesse, das im internationalen Rahmen an Äthiopien bestand und besteht. Die erste fand 1959 in Rom statt, die dritte wurde erstmals 1966 in Addis Abeba vom IES ausgerichtet. Schließlich wurde auf der 8. Konferenz 1984, der zweiten, die in Addis Abeba abgehalten wurde, vereinbart, daß jede dritte Konferenz in Äthiopien stattfinden sollte. Diese Vereinbarung wurde mit den Konferenzen von 1991, 2000 und 2009 erfüllt. 2003 hatte die Konferenz zum ersten Mal in Deutschland im Asien-Afrika-Institut der Universität Hamburg stattgefunden.

2009 stand neben der eigentlichen großen Konferenz unter anderem ein Workshop zu Lij Iyasu, dem wegen seines Verhältnisses zum Islam 1916 abgesetzten Herrscher, auf dem Programm.[162] Er war dem Andenken des kürzlich verstorbenen Historikers Hussein Ahmed gewidmet, einem der wenigen äthiopischen Akademiker, der sich mit islamischen Studien befaßte und die Einseitigkeit äthiopischer Forschung zugunsten der christlichen Seite kritisierte. Wenn der Islam zum Thema gemacht wurde, dann geschah dies innerhalb des Blickwinkels des mittelalterlichen muslimisch-christlichen Konflikts. Von wenigen Beiträgen ausländischer wie äthiopischer Autoren abgesehen, war ein darüber hinausgehender Blick auf die Bedeutung des Islam für die wirtschaftliche und kulturelle Entwicklung Äthiopiens versperrt. Erst in jüngster Zeit gibt es Bestrebungen, dies zu ändern, und haben islamische Studien in Äthiopien deutlich zugenommen. Durch archäologische und historische Feldforschung sollen die Voraussetzungen geschaffen werden, den Einfluß des Islam auf Urbanisierung, Kunst, Architektur und die Interaktion von muslimischer und christlicher Lebenswelt zu würdigen und seine kulturellen Hinterlassenschaften als Teil des historischen Erbes zu schützen. [163]

Betrachtet man das Themenspektrum dieser Konferenzen und ihre Akteure über einen Zeitraum von mehr als 50 Jahren, kann man die allmähliche Emanzipation von althergebrachter Geschichtsbetrachtung im weitesten Sinne feststellen. Während die Konferenzen anfangs fast ausschließlich von ausländischen Forschern beherrscht wurden, nahmen im Laufe der Zeit Beiträge von äthiopischen Wissenschaftlern aus Äthiopien selbst wie aus der Diaspora deutlich zu. Zu Beginn standen die Konferenzen noch ganz in der Tradition, äthiopische Geschichte vornehmlich als Geschichte des äthiopischen Hochlandes der aksumitischen und mittelalterlichen Periode, der christlichen Religion und semitischer Sprachen und Literatur zu verstehen. Dies führte 1973 und 1978 zu separaten Konferenzen in den USA, an denen die Sozialwissenschaften einen wesentlich größeren Anteil hatten und deren Teilnehmer, besonders aus der äthiopischen Diaspora, kein Interesse an der Betrachtung Äthiopiens als Teil der kulturellen und historischen Einheit des „christlichen Orients"[164] hatten. Nach und nach fanden Beiträge zu den Völkern und Regionen an der „Peripherie" nennenswerten Eingang in die internationalen Konferenzen und die Sozialwissenschaften waren stärker vertreten.

Im Laufe der Zeit wurden die akademischen Disziplinen erheblich erweitert. Sie umfassen seit den 1980ern neben den klassischen Forschungsgebieten Linguistik, Philologie/Literatur, Kunst, Religion und Philosophie, Archäologie, Geschichte, Anthropologie auch Soziologie, Recht, Politik, Bildung, Gesundheit, Genderfragen, Umwelt und Entwicklung in Äthiopien und am Horn von Afrika. Als Ableger gibt es seit 1986 gesonderte internationale Konferenzen zur Kunstgeschichte, die sich nur sehr langsam aus ihrer Fixierung auf klassische christliche Kunst lösten.[165] Erst in den letzten Jahren wird auch zeitgenössischer moderner Kunst Beachtung geschenkt. Neben den regelmäßig stattfindenden internationalen Konferenzen organisiert das IES auch nationale Konferenzen und interdisziplinäre Seminare wie Konferenzen zu besonderen Anlässen.

Aus den bescheidenen Anfängen des IES ist heute eine Institution geworden, die einheimischen und ausländischen Forschern und Interessierten einen umfangreichen Bestand an Quellen und Forschungsergebnissen offeriert. Die Bibliothek enthält die weltweit größte Sammlung von Büchern, Manuskripten, Zeitungen, Zeitschriften und Artikeln zu Äthiopien. Zum Bestand gehören eine umfangreiche Sammlung ausländischer Werke über Äthiopien, Mikrofilme interner Regierungsdokumente ausländischer Mächte, Photographien und Karten. Neben Originalmanuskripten aus verschiedenen Bereichen wie Literatur, Medizin, Kunst und kirchlichen Manuskripten gibt es Mikrofilme von äthiopischen Schriften, die über die ganze Welt verteilt sind.

Die Verantwortlichen des IES sehen heute eine ihrer wesentlichen Aufgaben in der Bewahrung des kulturellen Erbes. Hierzu gehört das Problem des Erhalts historischer Gebäude wie seit Jahren auch der Versuch, die vielen im Laufe der Geschichte, vor allem in den letzten beiden Jahrhunderten von Ausländern bzw. ausländischen Mächten geraubten Kulturgüter zurückzubekommen. Neben zahlreichen Manuskripten, Gemälden, sakralen und anderen Kunstgegenständen gehören auch ein Flugzeug und ein Obelisk aus Aksum hierzu. Während letzterer inzwischen von Italien zurückgegeben wurde, bemüht sich die 2000 gegründete *Association for the Return oft The Maqdala Ethiopian Treasures (AFROMET)*[166] um die Rückgabe weiteren Raubgutes. Es wird geschätzt, daß sich allein die Zahl der vor allem in den beiden letzten Jahrhunderten geraubten Manuskripte, die über verschiedene Länder verteilt sind, auf fast 5000 beläuft.

Akademische Freiheit trifft auf Politik – damals wie heute

Was sich von heute besehen als eine erfolgreiche Entwicklung darstellt, war in der Realität ein mühsamer und langsamer Prozeß, der von politischen Turbulenzen und Verwerfungen bis hin zu blutigen Auseinandersetzungen begleitet war und ist. Die rasanten politischen Umbrüche in Äthiopien seit den 1960ern, führten zu vielfältigen Unterbrechungen des Universitätsbetriebs und Konfrontationen über das, was Aufgabe von Wissenschaft sei, und beeinflußten nicht zuletzt die Erforschung von Geschichte.

Wie in anderen Universitätsstädten der Welt entstand auch in Addis Abeba eine studentische Bewegung, die schließlich eine wichtige Rolle in der Revolution von 1974 und beim Sturz des Kaiserreichs spielen sollte. Fast alle Führer der politischen Organisationen und Bewegungen, die in der Folgezeit aktiv waren, erhielten ihre politische Formung in jener Zeit an der Universität. Ähnliches gilt auch für diejenigen, die jetzt die Macht im Lande innehaben, so für den Ministerpräsidenten Meles Zenawi, der wie andere Studenten aus Tigray 1974 die Universität verließ, um sich der TPLF anzuschließen.

Was als Forderung nach politischer Teilhabe, nach Ausübung der in der Verfassung von 1955 garantierten Versammlungs- und Meinungsfreiheit, der Bildung unabhängiger studentischer Organisationen und der Verbesserung der eigenen Situation begann, entwickelte sich zur Forderung nach radikalen sozialen Reformen in der äthiopischen Gesellschaft. Die Studenten begannen, sich als Streiter für die Unterprivilegierten zu sehen. Sie studierten Marx, Engels, Lenin, Mao, Che Guevara und Fanon und wurden inspiriert durch zurückgekehrte Studienabgänger und ins Land geschmuggelte Schriften der Studentenorganisationen in den USA und Europa. Eine erste radikale Forderung kam 1965 in der Kampagne „Land dem Bauern!" zum Ausdruck, mit der der Armut und der ungerechten Verteilung von Land der Kampf angesagt wurde. Im Mai 1966 protestierten Studenten unter der Parole „Ist Armut ein Verbrechen?"[167] gegen das „Schola Concentration Camp", ein Lager, in das für die Dauer von internationalen Konferenzen und Staatsbesuchen Bettler aus der Hauptstadt gebracht wurden. Dieser Praxis sind die Regierenden im übrigen bis heute treu geblieben. Finden wichtige Ereignisse in Addis Abeba statt, so werden die Obdachlosen auf Lastwagen verfrachtet und weit außerhalb der Stadt ausgesetzt. Für einige Zeit ist die Stadt dann weitgehend „bettlerfrei". Nach und nach kommen diejenigen, die die Prozedur überstanden haben, zurück.

Der imperiale Staat, wie auch die ihm folgenden Regime, reagierten auf studentische Kritik nicht nur mit Verboten von Organisationen und Veröffentlichungen, mit Relegationen und Pressekampagnen gegen die Protestierenden, sondern auch mit blutiger Auflösung von Demonstrationen durch bewaffnete Streitkräfte, mit Massenverhaftungen, Einschüchterungen und Mißhandlungen und Schließung der Universität. Umgekehrt versuchten Studenten immer wieder, durch Boykott des Studienbetriebs ihren Forderungen Nachdruck zu verleihen.

Unter den repressiven Antworten des Staates entwickelte sich die Haltung der Studenten gegenüber der Regierung Ende der 1960er zu einer unversöhnlichen Konfrontation, zum Willen, ein Regime zu beseitigen, das schließlich nur noch als ineffizient, korrupt, ausbeuterisch, reaktionär, als „Haufen von Blutsaugern"[168] verstanden wurde. Die in der Regierungspropaganda beschworene 3000 Jahre alte glorreiche Geschichte und die göttliche Abstammung seiner Herrscher erschienen bestenfalls lächerlich angesichts der Tatsache, daß Äthiopien auch im Vergleich mit anderen Ländern Afrikas in vielerlei Hinsicht das Schlußlicht bildete. Besonders traf dies auch auf den Zugang zu Bildung zu. Die Kritik am Bildungssystem und an der Schulpolitik weitete sich 1969 über die Universität hinaus zu landesweiten, massiven Protesten an den Sekundarschulen aus.

Als im November 1969 in der Studentenzeitung „Struggle" [169] der weiter oben erwähnte Artikel erschien, in dem der Verfasser argumentierte, daß Äthiopien nur eine Ansammlung von einem Dutzend Nationalitäten sei, die von Amharen beherrscht werde, war das ein Tabubruch. Dieser traf den Nerv der imperialen Assimilations- und Integrationsstrategie, insbesondere angesichts des bewaffneten Unabhängigkeitskampfes in Eritrea. Ende Dezember wurde der Präsident der Studentenorganisation Tilahun Gizaw von zwei unbekannten Männern „aus einem unbeleuchteten Personenwagen ohne Kennzeichen"[170] in der Nähe des Campus erschossen. Die kaiserliche Leibgarde erschien auf dem Universitätsgelände, wo sich Tausende von Studenten und Schülern zur Trauer versammelt hatten, und schoß in die Menge. Wie viele Menschen erschossen oder verwundet wurden, blieb umstritten.

Von nun an herrschte bis zum Ende des Kaiserreichs ein „Grabenkrieg"[171] zwischen Studenten, Schülern der Höheren Schulen und der Regierung. Boykott und Streiks gehörten nun zum Alltag und wurden mit Schließungen von Bildungseinrichtungen und Massenverhaftungen beantwortet. Für die Studenten war die Perspektive klar: Klassenkampf war angesagt, die „Massen" mußten geschult und für den „revolutionären Kampf" organisiert werden.

Schon bald bemächtigte sich das Militär der Revolution. Unter der Bezeichnung *Provisional Military Administrative Council (PMAC)* übernahm ein im Juni gebildeter Militärrat aus jungen, rangniedrigen Offizieren ab September 1974 die Regierungsgewalt und erklärte den Kaiser für abgesetzt. Als „Derg", dem amharischen Wort für Komitee, ging der PMAC in die Geschichte ein. Der neue starke Mann wurde Mengistu Haile Mariam. Der Derg schien mit der proklamierten Anerkennung der Gleichheit aller Nationalitäten und ihrer Kulturen, der radikalen Landreform und der ersten „Zemecha"-Kampagne[172] zunächst die Erwartungen der Studenten zu erfüllen. Etwa 6000 Universitätsstudenten und Lehrer und fast 50.000 Schüler der Sekundarschulen wurden aufs Land geschickt, um den Menschen in ihren jeweiligen Sprachen Lesen und Schreiben beizubringen. Sie sollten Schulen und Kliniken bauen, Brunnen bohren und sanitäre Anlagen errichten und nicht zuletzt, die Landreform umsetzen und Vereinigungen der Bauern, Frauen und Jugend organisieren. Zwei Jahre lang blieb die

Universität geschlossen. Nach dem sie im Herbst 1976 wieder geöffnet worden war, begannen schon bald die blutigen Auseinandersetzungen zwischen dem Derg und seinen politischen Gegnern[173] in der *Ethiopian Peoples Revolutionary Party (EPRP)*, die aus einer klandestinen Organisation radikaler Intellektueller hervorgegangen war. Sie wurde von der verbotenen Gewerkschaftsbewegung *Confederation of Ethiopian Labour Unions (CELU)* und der Lehrergewerkschaft unterstützt und hatte eine große Anhängerschaft in den Schulen und unter den Studenten. Während das *All Ethiopian Socialist Movement (MEISON)* den Militärs zunächst mit „kritischer Unterstützung" zur Seite stand und wesentlich an der Formulierung der politischen Ziele des Derg beteiligt war, widersetzte sich die EPRP von Beginn an einer militärischen Führung und führte seit Ende 1976 den bewaffneten Kampf gegen sie. Die Antwort auf deren „weißen Terror" war der „rote Terror" 1977/78, mit dem Mengistu Haile Mariam die EPRP und seine Gegner innerhalb des Derg vernichten ließ und sich dann gegen MEISON wandte, die ihm zu einflußreich geworden war.

Am Ende herrschte Friedhofsruhe, nicht nur was politische Opposition an der Universität anbelangte. Lehrende wie Studenten waren den Auseinandersetzungen zum Opfer gefallen, saßen im Gefängnis oder waren ins Ausland geflohen. Durch Kooperationsabkommen mit der SU, der DDR und Jugoslawien und die Verpflichtung von Lehrpersonal aus diesen Ländern versuchte man, die Reihen wieder aufzufüllen.

Überflüssig zu sagen, daß die Abteilung Geschichte von den politischen Auseinandersetzungen besonders betroffen war, daß es Streit darüber gab, welche Themen zulässig und welche als konterrevolutionär angesehen wurden. Teile des Lehrkörpers wurden beschuldigt, anti-marxistisch zu sein und die Geschichte der „Massen" nicht angemessen zu behandeln. „Studenten griffen störend ein, schufen Chaos und machten einer Reihe von Lehrkräften Vorschriften."[174] Für die einen galt es, die „abessinische Kolonialistenklasse" zu entlarven und den nationalen Befreiungskampf der ausgebeuteten und unterdrückten anderen Völker in den Mittelpunkt zu stellen. Für die Gegenseite war die Betonung divergierender ethnischer Interessen kleinbürgerlicher Separatismus und engstirniger Nationalismus, der ganz im Sinne des Imperialismus und in der Nachahmung seiner Methoden die Einheit der Massen schwächte, um so von der „revolutionären Agenda"[175], dem Kampf der unterdrückten Bauern, Arbeiter und dem patriotischen Volk aller Nationalitäten abzulenken. Wer gar noch Geschichtskurse über die Kaiserzeit anbot, dem konnte dies leicht als Hommage an ein nichtswürdiges System angelastet werden.

Während das Derg-Regime anfangs die „reaktionäre" Vergangenheit insgesamt als wenig untersuchungswürdig betrachtete, erwuchs mit der zunehmenden Bedrängung durch die Befreiungsbewegungen im Norden der Wille, Geschichte zur eigenen Legitimierung zu nutzen und historische Gestalten zur Untermauerung eigener Positionen einzusetzen. Nicht alle Historiker teilten die Freude über die Aufmerksamkeit, die nun ihrem Fachgebiet zuteil wurde. Sie sahen sich mit dem Versuch, alles Denken und Handeln in eine „Zwangsjacke von doktrinärem Marxismus"[176] zu stecken, konfrontiert.

Eine Delegation der AAU nahm 1982 wieder an der Internationalen Konferenz teil, die im schwedischen Lund stattfand. Aufgrund des Bürgerkriegs war zu der Konferenz in Nizza 1977 keine äthiopische Delegation angereist, 1980 war es der Tagungsort Tel Aviv, der Vertreter aus Äthiopien, der SU und Osteuropas von einer Teilnahme abhielt. Der jeweilige Austragungsort und die Einladungspolitik hatten einen Einfluß auf Themenspektrum und inhaltliche Ausgestaltung. Die anfängliche Konferenztradition, zeitgenössische politische Themen herauszuhalten, stieß auf Widerspruch. In den 1980er Jahren nahmen Gegenwartsthemen erheblich zu, und insbesondere auf der Konferenz in Moskau 1986 präsentierten viele Teilnehmer ihre zeitgenössischen politischen Themen auf der Grundlage marxistisch-leninistischer Theorien.[177] Kritiker einer solchen Entwicklung sahen hierin abgehobene Positionspapiere, die wenig mit Feldforschung und angemessener Berücksichtigung äthiopischer Quellen zu tun hatten.

Nach Bürgerkrieg und politischer Neuordnung 1991 haben die Universitäten zwar wieder mehr Autonomie erhalten, doch gab es seitdem, ganz im alten Stil, mehrere massive Eingriffe der Staatsmacht. Zu den blutigsten zählen die Ereignisse von 1993, als der Protest von Studenten gegen das bevorstehende Unabhängigkeitsreferendum in Eritrea niedergeschlagen, viele Studenten verletzt und relegiert und Universitätspersonal in großer Zahl entlassen wurde. Davon war auch die Abteilung Geschichte betroffen. Eine permanente Polizeipräsenz wurde seitdem auf dem Campus eingerichtet, deren Abzug wiederholt zu den studentischen Forderungen gehörte. Inzwischen sind die Polizeikräfte durch Universitätswächter abgelöst, die jeden kontrollieren, der das Universitätsgelände betritt.

Bei den Konfrontationen geht es auch heute um jene Themen, die bereits unter dem Kaiserreich Stoff für gewaltsame Auseinandersetzungen mit der Staatsmacht und seit dem Derg auch innerhalb der Studentenschaft boten. Der Katalog der Forderungen lautet: von Regierung und Universitätsleitung unabhängige Studentenorganisationen und unzensierte Presseorgane, eine von der Regierung unabhängige Universitätsleitung, die Ernennung von Universitätspersonal nach Kompetenz und nicht nach Parteibuch, repressionsfreier Diskurs aktuell-politischer Themen. Dazu gehören auch der Anspruch der Studenten auf politische Einmischung und das „ethnische Problem", das sich in vielfältiger Weise zeigt und inzwischen hochgradig explosiv ist.

Während die Regierung unter Meles Zenawi die Universität als ein Bollwerk der Amharen betrachtete, die traditionell die Mehrheit der Studenten stellten und wie in der Vergangenheit versuchten, eine Nation über die anderen zu erheben, sahen viele Studenten die neue Regierung eher als Besatzungsmacht[178] denn als Befreier vom Mengistu-Regime an, die der zahlenmäßig kleinen Bevölkerungsgruppe der Tigray unangemessene Dominanz über andere verschaffte. Daran änderte auch die Tatsache nichts, daß in der EPRDF Vertreter anderer Bevölkerungsgruppen mit der TPLF verbündet sind. Insbesondere Amhara-Studentinnen und -Studenten wehrten sich gegen eine anfangs von der Regierung geförderte Organisierung entlang ethnischer Herkunft. Oromo-Studentinnen und -Studenten wiederum sahen dies als Angriff auf ihre neu gewonnene Autonomie. Wer sich als Amhare nicht zu der EPRDF als politische Heimat bekannte, wurde als Anhänger des imperialen Feudalstaats, wer als Oromo in Opposition zu ihr stand, als Anhänger der bewaffneten OLF identifiziert. Tigray-Studentinnen und -Studenten liefen Gefahr, von ihren Studienkollegen anderer Ethnien automatisch mit der Regierung in eins gesetzt zu werden. Vorübergehend existierende, studentische Vertretungen wurden mißtrauisch beäugt, ob sich in ihnen die Bevorzugung einer Ethnie oder Regierungsnähe zeigte.

Die offizielle Politik hat sich inzwischen von der ethnischen Division hin zu einem Verständnis von Universität als Schmelztiegel für die Nationenbildung entwickelt und im Rahmen der „Talentverteilung"[179] Abgänger der Höheren Schulen von Addis Abeba auf die Universitäten in andere Landesteile geschickt und umgekehrt. Dennoch gab es seit 2000 nicht nur in Addis Abeba zahlreiche Auseinandersetzungen zwischen Studenten untereinander sowie zwischen Studenten auf der einen und Universitätsleitung und Regierung auf der anderen Seite, die ethnisch unterlegt waren. Die vorhandene ethnische Teilung behindert auch häufig die Inangriffnahme vieler Probleme, die Studenten gemeinsam haben: die zumeist prekäre finanzielle Situation der Studenten; die extrem beengten Verhältnisse, unter denen die auf dem Unigelände untergebrachten Studenten leben; schwierige Transportsituation für Studenten, die in der Stadt leben; die schlechte Qualität des Essens und vieles mehr.

Auch dann, wenn es zu uni-weiten Protest- und Streikformen kam, spielte die ethnische Komponente immer mit, der Blick darauf, ob eine politische Forderung ethnisch verträglich und die Reaktion der Gegenseite, administrative, polizeiliche Maßnahmen Ausdruck einer Benachteiligung oder Bevorzugung einer Ethnie bedeuten könnte. Die Regierung ihrerseits begriff Opposition stets als Gefahr drohender Desintegration und als Angriff auf ihre Machtposition und handelte entsprechend. Als es im April 2001 zum bis dahin größten Boykott des Lehrbetriebs kam, um althergebrachte Forderungen durchzusetzen, schlug die Staatsmacht zu. Sie tat es ein weiteres Mal im Gefolge der Wahlen 2005. Eine politische Kultur des Dialogs, die sich vor den Wahlen in Ansätzen zu entwickeln schien, wurde blutig zu Grabe getragen.

Was den Lehrbetrieb in der Geschichtsabteilung anbelangt, so sehen sich Verantwortliche mit Vorwürfen seitens „ethno-nationalistischer" Gruppierungen konfrontiert, nach wie vor die Völker des Südens zu vernachlässigen. Wissenschaftler, die sich insbesondere seit 1974 den bislang marginalisierten Völkern zuwandten, sehen sich diskriminiert, wenn sich ihre Forschungsergebnisse und Interpretationen nicht widerspruchsfrei als Teilmenge äthiopischer Studien vereinnahmen lassen. Vor dem Hintergrund befürchteter Bestrebungen nach Unabhängigkeit – insbesondere seit der Sezession Eritreas – seien Oromo-Wissenschaftler von der „Wissenschaft der Macht"[180] als Amateurschriftsteller lächerlich gemacht und ihre Arbeiten

Ein „blutiger Mittwoch" in der „Revolutionären Demokratie"

So etwas haben wir nämlich hier: Revolution und Demokratie. Ein Journalist nannte den Ministerpräsidenten Meles Zenawi kürzlich „unser Einstein der Revolutionären Demokratie". Und wie so eine revolutionäre Demokratie funktioniert, will ich erläutern. Da sind zum Beispiel die Studenten der Universität von Addis Abeba. Seit zwei Jahren gibt es auf dem Universitätsgelände ein großes Polizeiaufgebot, das dort fest stationiert ist. Stehen mehr als fünf Studenten zusammen, treiben die Ordnungshüter sie auseinander, denn eine solche Anzahl riecht nach Konterrevolution. Die studentische Vertretung und ihr Zeitungsorgan sind verboten, eine neue restriktive Uni-Verfassung steht auf der Tagesordnung. Da beschließen „die" Studenten, die Vorlesungen zu boykottieren und Forderungen aufzustellen, die den oben genannten Zuständen ein Ende bereiten sollen. Das gefällt der Polizei gar nicht. Sie versucht durch eingeschleuste Spitzel, die Studenten vom Campus weg auf die Straßen zu locken. Als dies mißlingt, schlägt sie auf dem Campus selbst zu, verprügelt und verhaftet Dutzende. Am folgenden Tag bedauert die Erziehungsministerin die Polizeiaktion und nennt sie illegal. Sie hat von nichts nichts gewußt, genauso erging es der Universitätsleitung. Und nun geschieht das unglaublich Revolutionäre: Die Polizei gibt zu, „irrtümlich" Provokateure auf den Campus geschickt zu haben. Die Erziehungsministerin findet dieses Eingeständnis ganz toll, weil die Polizei sich zum ersten Mal in der Geschichte des Landes für einen Fehler entschuldigt hat. Ein Pluspunkt für die Demokratie. Das sollen die Studenten anerkennen und dankbar sein.

In den folgenden Tagen erzielen Ministerin und Studenten Übereinkunft über die meisten studentischen Forderungen, darunter das Recht zu Rede- und Versammlungsfreiheit, nicht jedoch über den Abzug der Polizei vom Gelände. Während die Studenten diesen weiterhin fordern, antwortet die Ministerin mit einem Ultimatum: Wer bis Dienstag, den 17. April, sein Studium nicht wiederaufgenommen hat, wird relegiert. Am Nachmittag gehen in Addis Abeba die ersten Scheiben zu Bruch. Durch wen? Die Situation eskaliert am nächsten Tag, dem „blutigen Mittwoch", wie er hier genannt wird. Die Studenten verlassen den Campus, die Schüler verlassen die Schulen. Gangs von arbeitslosen Jugendlichen und Kriminelle mischen sich darunter. Ab Mittag brennt es im Merkato, den man den größten Markt in Afrika nennt, und an der Piazza, dem Einkaufsviertel, wo sich vor langer Zeit die italienischen Invasoren niedergelassen hatten. Autos brennen, öffentliche wie private Gebäude werden zum Teil erheblich beschädigt, viele Läden geplündert. Die Polizei hat keinerlei Vorbereitungen getroffen, um Objekte zu schützen. Im Gegenteil, sie wartet ab, läßt sich nicht blicken. Der gesamte Ablauf der Ereignisse legt nahe, daß die Polizei geradezu auf die Zerstörungen wartete, um, nachdem gründlich Schaden angerichtet worden war, massiv zuschlagen zu können. Das ist auch logisch, denn in einer Demokratie braucht die Polizei einen Grund, um eingreifen zu können.

Die Bilanz: Bei den Unruhen wurden nach offiziellen Meldungen 253 Menschen verletzt, 31 Menschen kamen ums Leben, davon 11 Unbeteiligte durch „verirrte" Kugeln, weitere 11 durch Schußverletzungen unter „unbekannten Umständen". Zunächst kursierten höhere Zahlen. Le Monde (21/04) meldete mindestens 58 Tote. Die Zahl der Verhafteten wurde in den Zeitungen mit 2000 bis 4000 angegeben. Der Ministerpräsident sprach jüngst von 5000 festgenommenen „gefährlichen Strolchen". Die Schuldigen sind für Polizei und Regierung

schnell ausgemacht. Einerseits lassen sie verlautbaren, daß der Mob, die Hooligans, Van-
dalen, arbeitslose Jugendliche und professionelle Diebe die Zerstörungen angerichtet haben.
Andererseits behaupten sie, die wahren Schuldigen seien Oppositionspolitiker und Vertreter
der Menschenrechtsorganisation, die die Studenten zu den Unruhen angestiftet hätten, um
eine angebliche Schwäche der Regierung auszunutzen und Anarchie und Ungesetzlichkeit zu
schaffen. Tatsächlich ist die Regierung geschwächt, denn innerhalb der regierenden Partei,
die das Volk der Tigray im Norden Äthiopiens repräsentiert, hat es einen Monat zuvor eine
Spaltung gegeben. Das Machterhaltungskarussell dreht sich.

Daß sich in ihren Anschuldigungen gegen den „Mob" einerseits und die Studenten anderer-
seits ein Widerspruch auftut, stört die Regierung nicht. Um die Demokratie zu retten, greift
sie zu revolutionären Maßnahmen. Sie läßt neben den in flagranti erwischten Plünderern
und Steinewerfern, Studenten, Journalisten, Menschenrechtsvertreter und Oppositionelle
verhaften. Studenten, die sich in Kirchen geflüchtet haben, werden von der Polizei dort her-
ausgezerrt und geschlagen. Diese buchtet auch 700 Zeitungsverkäufer ein. Um aus der Haft
entlassen zu werden, müssen sie eine Erklärung unterschreiben, in Zukunft keine privaten
Zeitungen mehr zu verkaufen oder zu vertreiben. Studenten, die nach vorübergehender Haft
und zeitweiliger Schließung der Uni, ihr Studium fortsetzen wollen oder sollen, müssen ein
Schuldeingeständnis unterzeichnen, daß sie die Teilnahme an den Unruhen bedauern und
geloben, zukünftige Forderungen friedlich vorzutragen. Viele Studenten sind noch in Haft,
andere flohen nach Kenia, um dort politisches Asyl mit der Begründung zu beantragen, sie
befürchteten, in Äthiopien umgebracht zu werden.

Was es für einen Außenstehenden so schwer macht, politische Vorgänge zu durchschauen,
ist unter anderem, daß man nie sicher sein kann, ob erhobene Kritik der Sache selbst gilt
oder ethnisch motiviert ist. Es sieht auch so aus, daß die studentischen Proteste von Amharen
getragen werden, während die Oromo sich mit der Begründung abseits halten, sie seien keine
Äthiopier. Die Tigray-Studenten scheinen wiederum gespalten wie die das Land regierende
Partei der TPLF, die jeweils in den verschiedenen Ethnien Verbündete hat und gemeinsam
mit ihnen die „Front" bildet.
(Juli 2001)

als minderwertig oder bloße politische Propaganda denunziert worden. Dies träfe auch auf
Vorschläge zu, aus linguistischen Gründen das lateinische Alphabet für die Verschriftung der
Oromo-Sprache zu verwenden.

> „Any study conducted without the approval of the Department of History or the
> Institute of Ethiopian Studies of Addis Ababa University could be an exercise in
> freelancing, but the quality of the research involved in it was deemed invariably to
> be inferior."[181]

An dieser „alternativen Geschichte" oder „Gegen-Geschichtsschreibung"[182], die es auch für
somalische und eritreische Studien gibt, wird kritisiert, daß sie hochgradig selektiv vorgehe,

sich einzelne Episoden und Gruppen zum Beispiel von Oromo herausgreife, um an ihnen die Unabhängigkeit, Authentizität und Andersartigkeit *der* Oromo gegenüber Äthiopiern vor der Eroberung durch Menilek II. zu exemplifizieren. Es entstehe das Konstrukt eines einheitlichen Oromo-Territoriums, das für Jahrhunderte eine Grenze zu Äthiopien hatte. Im Extremfall werde Äthiopien zu einem von den europäischen Kolonialmächten geschaffenen, abhängigen Kolonialstaat, in dem die herrschende Klasse der „Abessinier" es den Europäern abnahm, die Kolonisierten selbst unterwerfen zu müssen. Äthiopien hat demnach nicht seine Unabhängigkeit verteidigt, sondern wurde zur Marionette der Kolonialmächte, eingeschlossen deren Rolle bei der Gründung der *Organization of African Unity (OAU)* als verlängerter Arm US-amerikanischer Politik. Vor allem in den 1990ern erschien eine Reihe von Büchern in der Diaspora, die solche Thesen vertreten, wie dies auch die OLF tut.

Während es so auf der einen Seite Bemühungen gibt, in Absetzung von anderen Ethnien das Besondere und Trennende der Oromo herauszustreichen, gibt es gegensätzliche Klagen von Oromo-Seite, von Amharen und Tigray außerhalb der äthiopischen Nation gestellt zu werden. Oromo-Studenten erhoben den Vorwurf, daß sich ein Teil des Lehrpersonals verächtlich gegenüber Oromo und ihrer Kultur verhalte und Oromo-Studenten absichtlich beleidige. Auch an die Adresse der Polizei ging der Vorwurf, sich bei Einsätzen auf dem Universitätsgelände entlang einer „wir und sie"-Linie zu verhalten. Studenten würden aufgrund ihrer angenommenen Oromo-Zugehörigkeit, zum Beispiel anhand ihrer Namen, festgenommen und von anderen separiert. „... der ist nicht von uns, verfrachte ihn auf das Fahrzeug,... der ist einer von uns, laß ihn in Ruhe", [183] werden Polizisten zitiert.

Ein Blick in Schulbücher zur Geschichte seit dem Sturz Haile Selassies

Wie schlagen sich die politischen Umbrüche in der äthiopischen Gesellschaft und die Veränderungen in der Geschichtswissenschaft in Schulbüchern nieder? Was lernen Schülerinnen und Schüler heute über äthiopische Geschichte? Ein Blick in Schulbücher für das Fach Geschichte, die ab der 9. Klasse in Englisch verfaßt sind, zeigt eine Reihe von Veränderungen seit dem Sturz des Kaiserreichs.

In den Schulbüchern aus der Derg-Zeit[184] erinnert bis zur Darstellung der Regierung unter Haile Selassies noch vieles an die Geschichtsschreibung in der Kaiserzeit. Auch hier stehen die Kontinuität des christlichen Königtums, repräsentiert durch Amharen und Tigray, und die Biographien seiner Herrscher im Vordergrund und die Herausforderungen, denen sie innenpolitisch und vor allem von außen ausgesetzt waren, um die bedrohte Unabhängigkeit und Einheit des Landes zu wahren. Die im 19. Jahrhundert unter Menilek II. eroberten Gebiete werden nur am Rande erwähnt, die unterworfenen Volksgruppen werden einfach übergangen oder mit einem Satz abgetan, und die Grenzen Äthiopiens erscheinen als jahrtausendealt. Ebenfalls weitgehend unerwähnt bleibt die Geschichte der islamischen Bevölkerung. Den Oromo wird zwar mehr Platz eingeräumt, doch erscheinen sie im 16. Jahrhundert praktisch als Neuankömmlinge auf äthiopischem Staatsgebiet, ihre Gesellschaft wird als statisch dargestellt und der kriegerische Charakter der Oromo hervorgehoben. Es wird nahe gelegt, daß sie kulturell Fremde sind. Sofern sie im 18. und 19. Jahrhundert als politisch einflußreich am Hof und in der Armee erwähnt werden, geschieht dies mit negativer Tendenz, das heißt, mit zerstörerischer Wirkung auf die Zentralregierung.

Erst mit der Regierungszeit Haile Selassies werden auch die wirtschaftlichen und sozialen Verhältnisse thematisiert und die Ausbeutung der Bauern gebrandmarkt. Unterschiedliche Ethnien, Sprachen und Religionen und der Antagonismus zwischen den städtischen und den ländlichen Massen sind hierbei das Ergebnis absichtlich vorangetriebener Spaltung durch die „feudal-bourgeoise" Klasse. Durch Klassenkampf und Internationalismus werden solche Phänomene verschwinden. Je näher die Gegenwart heranrückt, desto vereinfachender und im Vokabular vulgärmarxistisch wird die Darstellung. War der Sieg über die Italiener 1896 bereits der „antiimperialistische Triumph der Massen"[185], so stehen die „breiten Massen" jetzt an der Seite der Regierung unter Mengistu Haile Mariam im Kampf gegen die Feinde Äthiopiens, die da sind: die inneräthiopischen Oppositionsgruppen und die eritreischen sowie somalischen Befreiungsbewegungen als Ausbund des internationalen Imperialismus und der reaktionären, arabischen herrschenden Klassen. Deren Vergehen werden in langen Auszügen aus Reden Mengistu Haile Mariams belegt und mit den Wohltaten der Regierung kontrastiert.

In den ersten Jahren nach dem Sturz des Mengistu-Regimes wurden noch die alten Geschichtsbücher benutzt. Unter der Federführung des *Institute for Curriculum Development and Research* des Erziehungsministeriums wurden sie seit 1999 durch Darstellungen ersetzt, die sich an neuen politischen Vorgaben orientieren. Curricula und Lehrerausbildung liegen für das Sekundarschulwesen in der Zuständigkeit des Bundes, der auch Vorgaben für die Curricula der Länder macht, in deren Zuständigkeit die Elementarschulen fallen. Parallel zu den eigentlichen Schulbüchern wurden einzelne Bücher zur Geschichte für Schüler und Studenten veröffentlicht, deren Verfasser sich ebenfalls an den curricularen Vorgaben orientieren und zum Teil mit den Verfassern der Schulbücher identisch sind. 2006/2007 erschienen auf der Grundlage eines nochmals revidierten Curriculums überarbeitete Neuausgaben, deren Inhalt sich im wesentlichen mit ihren Vorgängern deckt.[186] Abgesehen von methodisch-didaktischen Verbesserungen sind gegenüber dem in der Derg-Zeit vermittelten Geschichtsbild eine Reihe inhaltlicher Änderungen augenfällig, in denen sich die politische Positionierung der neuen Regierung deutlich spiegelt. Im Gegensatz zur panäthiopischen Auffassung des Derg steht das Bemühen, den multi-ethnischen Charakter des neuen Staates hervorzuheben, an dem alle Ethnien und Religionen gleichberechtigt teilhaben.

Wenn auch die Bedeutung der Kontinuität des christlichen Königtums, beginnend mit dem Aksumitischen Reich, als Modell für die nachfolgenden Generationen und Staaten mit Auswirkungen bis ins 20. Jahrhundert betont wird, so wird Schülern nicht mehr nahegelegt, daß eine „salomonische Königslinie" von Menilek I. bis zu Haile Selassie diese Kontinuität repräsentierte. Die Abstammungslehre wird in den Bereich der Legende verwiesen, die keinerlei historische Basis habe, und so werden die Kaiser ihrer göttlichen Sendung entkleidet. Yekuno Amlak hatte sie 1270 dazu verholfen, die Macht zu ergreifen und sich gegen die zuvor herrschende Zagwe-Dynastie durchzusetzen. Seine Nachfolger nutzten die Legende kontinuierlich als ideologische Waffe, um ihre Macht zu legitimieren. Manchmal wird der Begriff „salomonische Dynastie" in Anführungsstriche gesetzt oder „sogenannte" vorausgeschickt.

Für den Untergang des Aksumitischen Reiches werden verschiedene innere wie äußere Faktoren verantwortlich gemacht. Während die zerstörerische Rolle der Königin Gudit/Yodit (vgl. 5. Kapitel) hierbei mal als Fakt genannt wird, wird sie an anderer Stelle in den Bereich der „oral history" verwiesen, wobei offenbleibt, ob damit nur eine Art folkloristische Legende gemeint ist. In den Neuausgaben taucht Gudit als historische Gestalt nicht mehr auf. Der Untergang Aksums ist jetzt in erster Linie dem Verlust der Kontrolle über die Handelsrouten dies- und jenseits des Roten Meeres durch die persische Expansion und vor allem durch die Ausbreitung des Islam geschuldet. Es wird betont, daß sich der Islam friedlich ausbreitete und nicht als Jihad. Der Krieg des muslimischen Sultanats Adal in der 1. Hälfte des 16. Jahrhunderts erscheint nicht mehr als religiöser Vernichtungskrieg gegen das christliche Reich, sondern als Krieg zweier politischer Rivalen um die Kontrolle des Fernhandels. Vergleichsweise breiter Raum wird der Geschichte der islamischen Bevölkerung gewidmet.

Die Oromo werden nicht mehr als von außerhalb äthiopischen Territoriums kommend dargestellt und auch nicht mehr als quasi statische Gruppe, in die erst Entwicklung durch die Interaktion mit dem christlichen Hochland kam. Der Machtverlust der Zentralregierung während der „Herrschaft der Prinzen" wird nicht mehr den Oromo zur Last gelegt. Zu den Folgen der Völkerwanderung (1522–1618) der Oromo im 16. Jahrhundert heißt es: „Zwischen den Oromo und anderen Völkern der Region vollzog sich ethnische und kulturelle Vermischung."[187] Im Ergebnis stellte die Völkerwanderung eine Bereicherung dar. Für die Zeit vor der Entstehung des modernen äthiopischen Kaiserreichs wird hervorgehoben, daß die bis dahin existierenden, selbständigen Staaten und Völker mit traditionellen politischen Systemen durch wirtschaftliche Beziehungen miteinander verbunden waren.

Die Gebietseroberungen unter Menilek II. werden im einzelnen benannt. Auch werden die Völker aufgezählt, die den Verlust ihrer Unabhängigkeit – sie sind also nicht mehr geschichtslos – nicht hinnahmen und Widerstand leisteten, der militärisch gebrochen wurde. Auch die militärisch-politischen Methoden zur Durchsetzung von Christianisierung und die „Assimilation der Amhara-Kultur"[188] werden erwähnt.

An die Stelle des Begriffs der „äthiopischen Massen" oder des äthiopischen Volkes treten in den neuen Büchern die „Massen der Völker". Es ist von Eroberern und Eroberten die Rede, von Ausbeutung der Nationen und Nationalitäten sowohl durch die je eigenen wie die landesweit herrschenden Klassen. Es wird darauf verwiesen, daß die Völker nicht in Gleichheit lebten, sondern daß insbesondere die Völker des Südens und des östlichen wie westlichen Tieflandes Opfer einer harschen Unterdrückung waren. Manche Darstellungen geben sich weniger klassenkämpferisch im Vokabular und sprechen vom Volk oder den verschiedenen Sektoren der Gesellschaft, die sich gegen Unterdrückung und Ausbeutung zur Wehr setzen.

In Zusammenhang mit der Gegnerschaft des Adels von Shoa gegenüber Lij Iyasu (vgl. 7. Kapitel) und den gewaltsamen Auseinandersetzungen im Gefolge seiner Absetzung wird das Fazit gezogen, daß die politische Vormachtstellung von Shoa, das heißt die Herrschaft von Haile Selassie, durch Blutvergießen gewahrt wurde. Insbesondere in den beiden neueren Fassungen erscheinen Lij Iyasu und Kaiser Yohannes IV. zumindest teilweise als Identifikationsfiguren, die für politische Ziele standen, denen die heutige Regierung verbunden ist. Lij Iyasu wird als Herrscher hervorgehoben, der wichtige gesellschaftspolitische Reformen initiierte und vor allem versuchte, ein „faires System"[189] einzuführen, in dem Christen und Muslime als ebenbürtige Bürger leben konnten. Die Politik Yohannes IV. gegenüber seinen politischen Rivalen, insbesondere Menilek II., wird als „liberaler Ansatz"[190] und „föderaler Ansatz" charakterisiert. Danach entschied sich Yohannes IV., der einzige Kaiser der 1270 neu aufgelegten „salomonischen Dynastie", der aus Tigray stammte, für eine Form des Föderalismus, bei der sich die Regionen und ihre Herrscher regionaler Autonomie erfreuten, solange sie die Oberhoheit des Kaisers respektierten. Auffällig ist ferner, daß in der ersten revidierten Fassung für die Klassen 9 und 10 die Schlacht von Adwa nur einen bescheidenen Raum einnahm. In den Neufassungen erscheinen sie und ihre Vorgeschichte ausführlicher und ihre Bedeutung als Sieg von Schwarzen über Weiße, als Symbol für Unabhängigkeit, Würde und Inspiration für schwarze Solidarität und Nationalismus im antikolonialen Kampf wird hervorgehoben.

Obwohl das Regime von Haile Selassie – insbesondere wegen seiner ausbeuterischen Haltung gegenüber den Bauern und der christlichen Dominanz über muslimische Oromo und Somali – scharf kritisiert wird, kommt es insgesamt besser weg als der Derg, der unmittelbare politische Vorgänger. Haile Selassie, als despotischer Monarch eines feudal-bourgeoisen oder absolutistischen Regimes bezeichnet, werden einige Fortschritte wie die Modernisierung von Armee, Kommunikationssystem, Straßenbau, Bildung und gewisse Verbesserungen in der Agrarwirtschaft und auf dem Gebiet der Leichtindustrie zugestanden. Die Bilanz für das Mengistu-Regime ist gänzlich negativ. Es erscheint als reine Militärdiktatur, die die Volksrevolution an sich riß, das Evangelium der marxistisch-leninistischen Doktrin predigte und eine Kommandowirtschaft errichtete. Die ursprünglich positiven Ziele gehen völlig unter im reinen Machtkampf, der mit blutigem Terror alle Opponenten aus dem Weg zu räumen suchte, was freilich nicht gelang.

Am Ende siegen die oppositionellen Kräfte der EPRDF über die Militärdiktatur und beseitigen so das jahrhundertealte System der Unterdrückung und bringen Gleichheit, Demokratie, wirtschaftliche Prosperität, die Garantie des Privateigentums und „Freie Marktwirtschaft"[191] eingeschlossen. Stärker als in der ersten Revision der Geschichtsbücher wird in den neueren die führende Rolle der TPLF im Befreiungskampf hervorgehoben, ebenso die der eritreischen Befreiungsbewegung. Es wird betont, daß beide Bewegungen seit Mitte der 1980er damit begannen, die meisten Grundsätze von „dogmatischem Sozialismus"[192] hinter sich zu lassen und enge Beziehungen zu den USA aufzubauen.

Die Gleichwertigkeit aller Nationen und Nationalitäten wird mit den entlang ethnischer Kriterien eingeführten Ländergrenzen und der neuen Verfassung als gewährleistet dargestellt. Die Verfassung garantiert allen Ethnien das Recht, ihre eigene Sprache und Kultur zu leben bis hin zum Recht auf Sezession. Letzteres wird aber sogleich wieder eingeschränkt: Da die Rechte der einzelnen Völker heute derart geschützt sind, gibt es keinen Grund für Sezession. Schließlich sollen die Schüler auch lernen, daß die Erreichung und Erhaltung dieser Rechte das Resultat einer „neuen politischen Kultur der Toleranz"[193] ist, die sich in der heutigen äthiopischen Gesellschaft entwickelt, einer Toleranz, die als eine der großen Lehren aus der äthiopischen Geschichte zu ziehen ist, um Frieden, Entwicklung, Demokratie und nationale Einheit zu garantieren.

So erfahren Schüler heute zwar eine kritische Betrachtung der Vergangenheit, werden aber gleichzeitig zu einer völlig unkritischen Übernahme gegenwärtiger Verhältnisse aufgefordert. Die Präsentation der Themen in Form von Abläufen und Bewertungen lassen keinen Raum für eine eigenständige Erarbeitung, schon gar nicht für unterschiedliche Betrachtungsweisen. Mögliche kontroverse Positionen oder unterschiedliche Gewichtung zu politischen Vorgängen tauchen nicht auf. Immerhin erfahren die Schüler in einem Lehrbuch, daß es in Äthiopien auch Oppositionspolitiker gibt, von denen einer auch namentlich genannt wird, nämlich Beyene Petros, der in der ersten Übergangsregierung stellvertretender Minister für Erziehung war und heute einer der führenden Oppositionspolitiker der UEDF ist.

Jenseits politischer Programmatik sind diese Defizite auch der Fülle von Themen und der riesigen Zeitspanne, die mit der Darstellung abgedeckt wird, geschuldet. Die meisten Themen sind so auf kürzestem Raum zusammengepreßt: Weltgeschichte, afrikanische Geschichte und äthiopische Geschichte. Wenn man im Alltagsleben, in den Zeitungen leicht den Eindruck gewinnen kann, daß das Geschichtsbewußtsein sehr auf Äthiopien zentriert ist, so bestätigt sich dies nicht in den Schulbüchern. Den größeren Umfang nehmen weltgeschichtliche und afrikanische Geschichte ein. Ob zum Beispiel der relativ breite Anteil an europäischer Geschichte noch das Erbe des einstigen starken ausländischen Einflusses auf die äthiopische Bildungspolitik, der Mangel an eigenen konzeptionellen Entwürfen oder bewußtes Programm ist, sei dahingestellt. Insgesamt fällt auf, daß – soweit weiterführende bibliographische Hinweise gegeben werden – zwar Werke der modernen äthiopischen Geschichtsschreibung einbezogen sind, die Mehrheit der Arbeiten aber von ausländischen Historikern und Gelehrten stammt und zum Teil veraltet ist.

Zusammenfassend kann man sagen, daß die Gestaltung von Geschichtsunterricht in Entwicklung begriffen ist und jenseits der Bestrebungen, ihn mit gewünschten politischen Prämissen zu versehen, die Verantwortlichen für den Schulbereich vor gewaltigen Aufgaben standen und stehen. Zur Regierungszeit Haile Selassies war staatliche Schulbildung noch das Privileg einer kleinen Elite in den Städten, über 90 % der Bevölkerung konnten nicht lesen und schreiben, nur gut 10 % der Kinder besuchten eine Grundschule. Das folgende Derg-Regime unternahm zunächst erfolgreiche Anstrengungen, vor allem die Beschulungsrate auf dem Land zu steigern und ein in 15 Sprachen angelegtes Alphabetisierungsprogramm für Erwachsene in Gang zu bringen. Letztlich führten aber Bürgerkrieg und steigende Rüstungsausgaben wieder zu einem Rückgang. 1990 lagen die Einschreibungsraten der Kinder im Schulalter bei wenig über 20 %. Seit die jetzige Regierung im Einklang mit den Millenniumszielen der UNO „Bildung für alle" zum Programm gemacht hat und in den Bildungssektor investiert, ist die Zahl der Schüler in den Klassen 1–8 von gut 62 % (2001/02) auf 92 % (2005/06) gestiegen. In absoluten Zahlen ausgedrückt: Anfang der 1990er besuchten 1,5 Mio. Kinder eine Elementarschule, 2007 waren es fast 15 Mio. bei steigender Tendenz. Auch im Bereich der ersten beiden Jahrgänge der *Secondary School* konnte die Anzahl der Schüler und auch der Schülerinnen erheblich gesteigert werden.[194] Für all diese Schüler müssen Schulen gebaut, Lehrer ausgebildet und Unterrichtsmaterialien erstellt werden. Wenn auch nach wie vor nicht alle Kinder zur Schule gehen und es eine erhebliche Zahl von Schulabbrechern gibt, steht jetzt nicht mehr die Quantität, sondern die Qualität der Schulbildung im Zentrum staatlicher Bildungspolitik, die mit Hilfe eines neu aufgelegten Programms zur Qualitätsverbesserung und mit Mitteln von Gebern aus verschiedenen europäischen Ländern angehoben werden soll.

Geschichte als Thema in der englischsprachigen Presse

In den Schulbüchern spiegelt sich wider, was die heute Regierenden der heranwachsenden Generation als historisches Erbe vermitteln wollen. Anders ist dies in der privaten Presse, die in ihrer Mehrheit regierungskritisch ist. Eine freie Presse ist in Äthiopien eine junge Erscheinung und bis heute sehr beschränkt in ihrem Wirkungskreis als Medium öffentlicher Meinungsbildung. Die meisten Zeitungen sind nur in der Hauptstadt erhältlich und auch dort kann sich nur eine Minderheit den Kauf von Zeitungen leisten. Diese bedienen in erster Linie die Leseinteressen der schriftkundigen Hauptstädter. Für die Mehrheit der Menschen ist das Radio die Hauptinformationsquelle. Der hier vorgenommene Blick in Zeitungen in Zusammenhang mit Geschichte beschränkt sich auf englischsprachige und gibt so nur einen begrenzten Einblick. Äthiopische Freunde und Bekannte berichten, daß insbesondere die in amharischer Sprache erscheinenden Zeitungen gegenüber der Regierung schärfere Töne anschlagen als die englischsprachigen Medien. In den Städten, die ein Schmelztiegel verschiedener Bevölkerungsgruppen sind, stieß und stößt die Ethnisierung von Politik auf den größten Widerstand. Einige Zeitungen wurden explizit gegründet, um die Regierung und ihre ethnische Politik zu attackieren.[195] Der freien Journalistenvereinigung wurde nachgesagt, sie bestehe hauptsächlich aus früheren Derg-Kadern.[196] Die TPLF-dominierte Regierung erscheint in der Tendenz als nicht legitimierte Minderheitsregierung, die die lange Geschichte und Kultur des Landes in Mißkredit gebracht hat. Die nichtstaatliche Presse sieht sich ihrerseits von seiten der Regierung harscher Repression und Benachteiligung gegenüber der Staats- und Parteipresse ausgesetzt, wenn sich auch in den letzten Jahren die Beziehungen etwas entkrampft haben.

Abb. 13 Kopfzeilen von privaten Presseerzeugnissen, Photomontage

In zahlreichen Artikeln, Rubriken oder Leserbriefen ebenso wie in Leitartikeln spielen historische Themen und Bezüge eine große Rolle. Neben Journalisten, Herausgebern und Politikern, die ihre Ansichten und Kenntnisse verbreiten, finden sich auch Beiträge professioneller Historiker und Äthiopisten wie Donald N. Levine, Bahru Zewde, Messay Kebede oder Ephraim Isaac. Eine besondere Stellung nimmt der äthiopisch-britische Historiker Richard Pankhurst ein. Geradezu unermüdlich zeigt er sich in der Unterbreitung historischer Themen. Im Laufe der Zeit schrieb er regelmäßig erscheinende Beiträge in verschiedenen Zeitungen.

Vor allem die von Journalisten verfaßten Artikel zeichnen sich durch Weitschweifigkeit und einseitige Meinungsbilder aus, Fakten sind von persönlichen Interpretationen schwer zu unterscheiden. Kontroverse Positionen zu bestimmten Themen aus der Geschichtswissenschaft, finden kaum Beachtung, es sei denn in Beiträgen aus dem Ausland, die nachgedruckt werden.[197] Positiv ist anzuerkennen, daß in manchen Blättern Autoren mittlerweile die ansonsten übliche langatmige Meinungsschreiberei durch mehr Fakten ersetzen und unterschiedliche Positionen zu bestimmten Themen berücksichtigen.

Es geht immer wieder darum, erstens ein stolzes historisches Erbe zu präsentieren und zweitens, Ereignisse in der Gegenwart hiermit in Verbindung zu bringen. Besonders im Millenniumsjahr ergaben sich – so der Tenor – noch mehr als sonst Gelegenheiten, das historische Erbe bilanzierend heranzuziehen, um Gegenwärtiges zu beleuchten und der Welt die stolze Geschichte und das stolze Erbe nahezubringen, zumal sich Äthiopien gerade in heutiger Zeit vielfach verunglimpft sieht. Die Presse brachte eine extensive Berichterstattung, um für die Millenniumsfestlichkeiten zu werben und ihre große Bedeutung für Äthiopien herauszuheben.

  Ein vielfacher Bezugspunkt – und hier unterscheidet sich die Privatpresse nicht von der des Staates – ist die siegreiche Schlacht von Adwa (vgl. 4. Kapitel) als Ausdruck der unerschütterlichen Unabhängigkeitsliebe, der Vorbildfunktion für Afrika und vor allem als Beweis für die Identifizierung mit Äthiopien als Nation, als feste Einheit aller Nationalitäten unter einem Banner.[198] Diese „multiethnische Zusammenarbeit"[199] deutete die großen patriotischen Kämpfe von 1935–41 gegen die italienische Besatzung bereits an. Als Äthiopien im Dezember 2006 in Somalia einmarschierte, um an der Seite der Übergangsregierung in Somalia gegen die *Union of Islamic Courts (UIC)* zu kämpfen, gab es hierfür als „Akt der Selbstverteidigung" Zustimmung. Demnach war die äthiopische Armee deshalb so erfolgreich, weil sie sich ihre tapfer kämpfenden Vorfahren zum Vorbild genommen hätte und in deren Fußstapfen getreten sei. Kritische Stimmen gegenüber dem Vorgehen der äthiopischen Armee in Somalia und möglichen Folgen für die innere Stabilität Äthiopiens, wo viele Menschen Muslime sind, eingeschlossen eine somalische Minderheit, wurden in den Zeitungen nicht gern gehört. Gar unerträglich erschien es, wenn „Shabia" – so der Name für das derzeitige Regime in Eritrea – behauptete, Äthiopien habe in Somalia gar nicht gewonnen, sondern verloren. Die Kriege, so der Tenor, die Äthiopien in seiner glorreichen Geschichte geführt hat, sind eine Quelle des Stolzes und es waren immer nur Verteidigungskriege für die eigene Unabhängigkeit und am Ende stand stets der Sieg. Dies aber hat die Welt noch nicht begriffen. Und da am Ende stets der Sieg steht, feierte ein Teil der Presse den Ausgang des Krieges in Somalia, entgegen den Tatsachen, auch als großen Erfolg[200], und das nicht zuletzt auch deshalb, weil Äthiopien der die UIC unterstützenden Regierung in Eritrea einen Schuß vor den Bug gegeben habe.

Was die Berichterstattung über Eritrea anbelangt, so zeigt sich in der Privatpresse ein deutlicher Dissens gegenüber der Regierungsposition. Ohne im einzelnen belegt zu werden, wird mit dem Argument langer historischer Zugehörigkeit zu Äthiopien die Unabhängigkeit Eritreas als unerträglicher Akt und als unverantwortlicher Fehler der Regierung zurückgewiesen ebenso

84

Eine falsche Schlange und der Grenzkonflikt mit Eritrea

Der Grenzkonflikt mit Eritrea hat sich verschärft, nachdem der äthiopische Premierminister einer Annahme der Entscheidung der Grenzkommission Ende September eine endgültige Absage erteilte. Zwischenfälle auf lokaler Ebene in und um die temporäre Sicherheitszone sind häufiger geworden. Der Premier steht unter Druck. Die gesamte, ansonsten so zerstrittene Opposition bläst in ein Horn und heraus kommen fast unisono nationalistische Töne. Alte Ansprüche werden aufgefrischt: Nicht nur das Eritrea zugesprochene Städtchen Badme gehört unabdingbar zu Äthiopien, auch ein geopolitischer und historischer Anspruch auf Zugang zur See wird wieder reklamiert, Assab soll wieder her. Äthiopien weigere sich, die „Bürde der Erniedrigung eines eingeschlossenen Landes" zu ertragen.

Die Regierung versucht mit dem Argument, die Grenzkommission habe sich nicht an gemeinsame Vereinbarungen gehalten und im Falle Badmes nicht, wie versprochen, Rücksicht auf „etablierte Praxis" genommen, die Verantwortung von sich zu weisen. Die Opposition wirft der Regierung gravierende politische Fehler vor, weil sie im Vorfeld äthiopischen Boden preisgab, indem sie im Algier-Abkommen zustimmte, daß die neue Grenze auf der Grundlage der alten Kolonialverträge vollzogen werden sollte. Ich muß sagen, ich bin auch erstaunt über die Entscheidung, Badme Eritrea zuzuschlagen. Sind die Damen und Herren Grenzzieher so naiv oder was hat sie bewogen, den größtmöglichen Zankapfel aus dem Gebiet Äthiopiens abzutrennen?

Während ein Teil der Opposition ihre Kritik vor allem auf die Regierung konzentriert, greifen andere den „Westen" und insbesondere die Europäische Union scharf an. Daß auch die Afrikanische Union Garantiemacht des Algier-Abkommens ist, wird geflissentlich ausgeblendet. Beliebt sind in diesem Zusammenhang historische Vergleiche, wie schräg sie auch immer sein mögen. So wird zum Beispiel der mögliche Verlust von Badme mit den Gebietsverlusten verglichen, die man Deutschland nach dem Ersten Weltkrieg mit dem Versailler Vertrag zumutete, die unweigerlich zum Zweiten Weltkrieg geführt hätten. In Erinnerung an die lasche Haltung des Völkerbundes angesichts der Okkupation Äthiopiens durch Italien 1935/36 wird die Entscheidung der Grenzkommission als „reiner faschistischer Unfug römischen Typs" mit Tradition bezeichnet. Damals wie heute sei von europäischer Seite nichts Gutes zu erwarten. Die EU sei eine falsche Schlange, einmal Schlange, immer Schlange. Die UN als „Marionette" westlicher Mächte wird aufgefordert, ihre Truppen abzuziehen und so den Weg für direkte Verhandlungen mit Eritrea freizumachen. Und wenn sich dann zeige, daß Eritrea nicht an einer Normalisierung interessiert sei, sondern als Feind behandelt werden wolle, dann solle es die entsprechende Antwort bekommen. Mit ihrem Appell an nationalistische Gefühle erhofft sich die Opposition, der Regierung bei den nächsten Wahlen empfindliche Verluste zuzufügen.
(Dezember 2003)

wie die Unannehmbarkeit der Grenzfestlegung. Indirekt wird ein neuer Krieg beschworen, sollte die Regierung in dieser Frage nachgeben. Die Besetzung des kleinen Grenzortes Badme durch eritreische Truppen wurde mit dem Angriff der Italiener auf Wal-Wal, einem Vorwand für die italienische Invasion 1935, und der Verlust von Badme durch die Grenzziehung der internationalen Grenzkommission mit den Gebietsverlusten Deutschlands nach dem ersten Weltkrieg gleichgesetzt[201].

Aber ob es nun einen direkten aktuellen Bezug gibt oder auch nicht, Historisches läßt sich immer einbauen. „Denke an Wichale"[202] lautet zum Beispiel die Überschrift in einem Leitartikel, der ungewöhnlich scharf das miserable Niveau der Englischkenntnisse in Addis Abeba kritisiert. Dies war eine Anspielung auf jenen Vertrag zwischen Äthiopien und Italien, der 1896 zur Schlacht von Adwa führte. Mangelnde Sprachkenntnisse, so der Autor, versperrten damals den Blick darauf, daß die italienische Seite den Vertragstext zu ihren Gunsten manipulieren konnte. Ein selbstzufriedener Bürger, der nicht einsehen will, was schlimm an einem falsch geschriebenen Wort sein soll (stationary statt stationery), wird daher getadelt: So etwas gehört sich nicht für den Bürger eines Landes, das stolz kämpfte und gegen Italien gewann.

Auch kritische Anmerkungen zur Diskrepanz zwischen der rechtlichen Stellung von Frauen und deren Umsetzung in der Realität anläßlich des Internationalen Frauentags lassen sich mühelos mit einem Blick in die lange – „5000jährige" – Geschichte Äthiopiens verbinden: Äthiopische Frauen stehen schon in der Bibel an hervorragender Stelle. Vor mehr als 4000 Jahren traf Moses seine schöne Abesha mit Namen Sephorah und vor 3000 Jahren schwängerte Salomon die exotische äthiopische Königin Saba, um seine afrikanische Dynastie zu begründen. „Es scheint, die äthiopischen Frauen umspannen das Dunkel der Zeiten."[203]

Ist es nicht der direkte Zugriff auf bestimmte historische Ereignisse, so sind es der aus der Geschichte des Landes gewachsene Stolz, Bürgerin Äthiopiens zu sein an sich und die Schönheit des Landes allgemein, die genannt werden, um zum Beispiel die berechtigte Empörung über die diskriminierende Vergabe von Visa ausländischer Regierungsstellen gegenüber äthiopischen Frauen auszudrücken.[204]

Zieht man eine Themenbilanz aus zehn Jahren Zeitungslektüre, so ist das Fazit: Positiv ausgedrückt bieten die englischsprachigen Zeitungen durchaus ein Forum, in dem unterschiedliche Sichtweisen auf die Geschichte Äthiopiens zur Sprache kommen. Allerdings bewegen sie sich weitgehend innerhalb eines Rahmens, dem das traditionelle pan-äthiopische Geschichtsbewußtsein innewohnt. Historische Themen, die aufgegriffen werden, befassen sich überwiegend mit der geschichtlichen Tradition und Kultur des imperialen christlichen Hochlandes, seiner Herrscher, seinen architektonischen und literarischen Hinterlassenschaften und dem Interesse, das ausländische Gelehrte hieran zeigten.

Es findet sich auch die Tendenz, das Bild einer durch die Jahrhunderte hindurch bestehenden starken und zentral gelenkten Monarchie zu zeichnen, ein Phänomen, das erst auf die Kaiserzeit Haile Selassies zutrifft, wenn es auch in bestimmtem historischen Epochen einflußreiche Kaiser gab, die über ein großes Territorium tributpflichtiger Provinzen geboten. Es war aber die Regel und nicht die Ausnahme, daß die Kaiser die Vorrechte von lokalen Herrschern oder Provinzfürsten respektieren mußten, ganz zu schweigen von Phasen wie der „Ära der Prinzen" von der Mitte des 18. bis zur Mitte des 19. Jahrhunderts, in denen die Kaiser wenig mehr als Marionetten starker Provinzherrscher waren. Zeitlich liegt der Schwerpunkt – abgesehen von Bezügen zur Geschichte des Aksumitischen Reichs – auf der zweiten Hälfte des 19. Jahrhunderts und der ersten des 20. Jahrhunderts. Inhaltlich steht die Modernisierung von Staat und Gesellschaft im Vordergrund.

Einen Schwerpunkt in der Berichterstattung bildete insbesondere zwischen 2002 und 2005 in „The Reporter" und in der inzwischen eingestellten „Addis Tribune" das kulturelle Raubgut, das vor allem in Italien und England lagert. In diesem Zusammenhang wurden Beiträge zur italienischen Besatzung, zum äthiopischen Widerstand und seiner literarischen Aufarbeitung resp. der Intervention und des Einflusses fremder Mächte in Äthiopien veröffentlicht. Groß aufgemacht war in der Presse, aber auch im staatlichen Fernsehen, die Rückgabe einzelner Teile des Raubgutes wie des „Tabots" - eine Nachbildung der Bundeslade - aus Edinburgh (vgl. 3. Kapitel) und der Aksum-Stele aus Rom (vgl. 4. Kapitel).

„Addis Tribune" war auch die Zeitung, die Beiträge zu Haile Selassie zur Zeit des Exils in England brachte, meist von Richard Pankhurst verfaßt. Gelegentlich finden sich Artikel, in denen die Kaiserzeit im Vergleich mit der heutigen besser abschneidet oder ein Monument für Haile Selassie gefordert wird, dem „Vater des heutigen Afrika"[205], der mehr als andere dafür getan habe, „sein Volk aus der Dunkelheit ans Licht zu führen".

Selten finden sich Beiträge, die sich explizit mit der Derg-Zeit beschäftigen, etwa mit seiner als verfehlt kritisierten Umsiedlungspolitik[206]. Zwar findet der Derg häufiger Erwähnung, aber meist nur in kurzen Vergleichen mit der Vorgänger- oder der nachfolgenden Regierung. Während manche Autoren allen drei Regimen eine verfehlte Politik vorwerfen, was etwa den Kampf gegen den Hunger oder das Verhältnis von nationaler Integration und regionaler Integrität anlangt, sehen andere die Parallelen eher zwischen dem Derg und der heutigen Regierung. Die EPRDF erscheint als der „jüngere Bruder"[207] des Derg, wobei letzterer sein wahres Gesicht mit Sozialismus übertünchte und erstere sich mit Demokratie schminkt, um sich die Macht zu sichern. Gelegentlich heißt es, daß es den Menschen heute schlechter gehe, als zu Zeiten des Derg. In der Gesamttendenz wird der Derg aber als diktatorisches Regime gekennzeichnet, zu dem niemand zurückwill.[208]

Neben den Völkern des einstigen imperialen Hochlandes werden auch andere Volksgruppen beschrieben, doch beschränkt sich ihre Darstellung weitgehend auf ihre Sitten und Gebräuche, ihre kunsthandwerklichen Fertigkeiten. Ihre meist gewaltsame Eingliederung in den äthiopischen Staat wird nicht erwähnt und dementsprechend nicht die Folgen, die diese Eingliederung auf ihre herkömmlichen Lebensformen hatte. So entsteht der Eindruck, als hätten die Grenzen des heutigen Äthiopien schon immer existiert. Bei der Beschreibung von religiösen

Festen und ihrer Bedeutung dominieren bei weitem die christlich-orthodoxen Feste, wenn auch Artikel zu muslimischen Festtagen Eingang gefunden haben.

Die Geschichte der Muslime ist unterrepräsentiert. Wenn von ihnen die Rede ist, dann meist im Zusammenhang mit der Betonung eines von wenigen Ausnahmen abgesehen stets friedlichen Zusammenlebens von Christen und Muslimen seit dem ersten Eintreffen von Muslimen zu Beginn des 7. Jahrhunderts. Phasen brutaler Unterwerfungs- und Konversionspolitik bleiben weitgehend unerwähnt. Wenn von Konflikten zwischen Ethnien und Angehörigen verschiedener Religionsgemeinschaften die Rede ist, greift man als Ursache gern auf „ausländische" Einflüsse zurück. Es finden sich aber auch Mahnungen – im Zusammenhang mit der „Ethnisierung" von Politik – an eigene Politiker, die Haß und Polarisation säten. Insgesamt gibt es wenig Bemühen, einen offenen Dialog mit denjenigen aufzunehmen, die das traditionelle wie das heute politisch korrekte Geschichtsverständnis ablehnen, stattdessen gibt es in der Tendenz Beschimpfungen, vor allem aber Beschwörungsformeln. Die zahlreichen Völker Äthiopiens hätten seit „Ewigkeiten"[209] in Frieden und Harmonie miteinander gelebt, ganz im Gegensatz zu manchen Ländern, wo noch nicht einmal zwei Ethnien in der Lage seien, friedlich zu koexistieren.

Angesichts der bevorstehenden Wahlen im Mai 2010 wird dazu aufgefordert, ein neues Kapitel in der Geschichte Äthiopiens aufzuschlagen und über das Bild, das die Welt von Äthiopien habe, hinauszugehen. Das Land atemberaubender Bauwerke, stolzer Unabhängigkeitskriege, harmonischer Koexistenz von Völkern, Wiege der Menschheit und endemischer Tiere solle auch in die Geschichte eingehen, als Nation, die freie, friedliche, demokratische und gerechte Wahlen durchführe.[210]

3. Der „größte Diebstahl der Weltgeschichte" und seine Wirkung

Das Nationalepos „Kebra Nagast"

Eine äthiopische Zeitung betitelte 2003 einen Artikel, der sich mit dem Thema des Diebstahls der Bundeslade mit den Zehn Geboten durch das „alte Abessinien" befaßte, mit „Der größte Diebstahl der Weltgeschichte"[211]. Man könnte sagen, es war der größte Diebstahl in der vorchristlichen Weltgeschichte, den Abessinier begingen. Aber auch das ist nicht ganz richtig, denn die Abessinier führten diesen phänomenalen Raub gar nicht selbst aus, sie ließen ihn ausführen. Die eigentlichen Diebe waren die Juden selbst. Mithin müßte man diese Landesverräter nennen. Was wiederum auch nicht stimmt, denn sie taten es ja im Einvernehmen mit Gott, der seinen Erzengel sandte, der die Diebe sozusagen anleitete, und dafür sorgte, daß die Sache erfolgreich durchgeführt werden konnte.

Die Legende, von der hier die Rede ist, ist in der „Kebra Nagast", der „Herrlichkeit der Könige", dem äthiopischen Nationalepos festgehalten. Seine Niederschrift hatte handfeste Gründe und weitreichende Folgen. Kebra Nagast ist für die orthodoxen Äthiopier, was das Alte Testament für die Hebräer oder der Koran für die Araber [212] ist. Der Ethnologe Eike Haberland nannte sie die Magna Charta[213] des äthiopischen Kaiserreichs. Die Wirkung der Kebra Nagast bis heute ist ein Paradebeispiel für das Zusammenspiel und die Verflechtung von Mythen, Religion und Politik im Geschichtsbewußtsein des christlich-orthodoxen Äthiopien.

Das Epos erzählt die äthiopische Version der Geschichte der Königin von Saba als aksumitischer Herrscherin Makeda, die nach Jerusalem reist, den Glauben an den Gott Israels annimmt und den von König Salomon, dem „Liebhaber der Weiber"[214], in einer raffiniert inszenierten Verführung gezeugten Sohn gebiert. Sie nennt ihn Baina-(Bayna) Lehkem (arabisch Ibn al-Hakim=Sohn des Weisen), durch Verballhornung wird der Name im Laufe der Zeit zu Menilek. Menilek wird von seinem Vater, den er in Jerusalem besucht, zum König gesalbt und leitet so den Beginn einer ununterbrochenen Linie von Kaisern ein, die von Salomon abstammen, die sich „Conquering Lion of the Tribe of Judah", „Elect of God", „King of Kings of Ethiopia", „Successor to the House of David" nennen.

Juden erscheinen in der Kebra Nagast als Feinde Gottes, als diejenigen, die den „Erlöser" gekreuzigt haben und deren Auslöschung vorausgesagt wird. Gott hat sich von ihnen abgewandt und die Äthiopier zu seinem auserwählten Volk gemacht. Die Äthiopier werden so zu den „guten" Israeliten im Gegensatz zu den „bösen" Juden. Sie bilden den lichten Gegensatz zur „Schlechtigkeit des verderbten Juda"[215].

Mit Gottes Segen entwenden die – Menilek von seinem Vater mitgegebenen –Erstgeborenen der israelischen Würdenträger die Bundeslade mit den Zehn Geboten und bringen sie nach Äthiopien. Auf diese Weise wird die göttliche Gegenwart und Gnade nicht nur auf eine Person, sondern grundsätzlich und für alle Zeit von Israel nach Äthiopien übertragen. Die äthiopischen Könige werden so zu Beauftragten des Allmächtigen, die sich seiner immerwährenden Unterstützung gegenüber Feinden erfreuen, denn diese Feinde sind die Feinde Gottes. Den Äthiopiern wird prophezeit, daß sie über viele Völker herrschen werden. Mit dem König von Rom wird sich der äthiopische König die Welt teilen. „Gewiß, in der Tat ist der König von Äthiopien größer und erhabener und ruhmreicher als alle anderen Könige der Erde, um der Herrlichkeit und Größe der himmlischen Zion willen."[216] Äthiopien resp. Aksum, in der Kebra Nagast „Berg Makeda" genannt, löst Jerusalem als heiliges Zentrum der Welt ab.

Das in 117 Kapitel gegliederte Epos stellt kein einheitliches Werk dar, sondern drei lose miteinander verbundene Teile, die einen sehr großen Zeitraum von der Erschaffung aller Kreatur, der Engel und Menschen bis zur Zeit von König Kaleb – der im 6. Jahrhundert den jüdischen König im Jemen unterwarf – und dessen Söhnen umfassen. Gleichzeitig gibt sich das Werk als die Akten des Konzils von Nikäa im Jahre 325 n. Chr. aus und läßt Makeda als mächtige Königin residieren, lange bevor das Aksumitische Reich sich zu einem bedeutenden wirtschaftlichen und politischen Zentrum entwickelte. Legenden und andere Schriften werden so miteinander verknüpft, daß sie dem politischen Zweck dienlich sind. Nach und nach entstand aus diesen Anfängen das ideologische Gebäude einer göttlich-imperialen Reichstradition, die für immer und alle Zeiten zu gelten hatte.

Das Werk diente der politischen und religiösen Legitimierung der 1270 mit Yekuno Amlak zur Macht gelangten Dynastie amharischer Herkunft, die die zuvor regierende Zagwe-Dynastie ablöste und sich als Nachfahre der aksumitischen Könige betrachtete. In der Ablösung des biblischen Jerusalem durch Aksum zeigt sich eine Parallele zu der im Kampf um die Macht – nach manchen Quellen unblutigen, nach anderen durch Mord – unterlegenen Zagwe-Dynastie. Diese hatte Lalibela mit den Felsenkirchen als „neues Jerusalem" aufgebaut. Aksum, wo Menilek I. laut Kebra Nagast zum zweiten Mal – jetzt vom Hohepriester Arzarjas – gesalbt wurde, gilt als Krönungsstadt äthiopischer Kaiser. Allerdings sind es nur vier Kaiser, von denen eine solche Krönung berichtet wird. Die erste vorliegende Beschreibung einer solchen Krönung unter Berufung auf alte Tradition ist die der Krönung von Zara Yaqob (r. 1434–68). Es folgen Sarsa Dengel (r. 1563–97), Susenyos (r. 1607–32) und Iyasu I. (r. 1682–1706).

Während die ältere Forschung noch davon ausging, daß die Kebra Nagast bereits in der Zeit der Zagwe-Dynastie entstanden war, geht die neuere Forschung vom frühen 14. Jahrhundert aus. Es war die Zeit des Kaisers Amda Seyon I. (r. 1314–44), der aus dem Machtkampf der Nachkommen Yekuno Amlaks siegreich hervorgegangen war. In mehreren Kriegen gelang es ihm, seinen Machtbereich gegenüber lokalen christlichen Herrschern, auf Unabhängigkeit bedachten Beta Israel und vor allem gegenüber muslimischen Herrschern auszuweiten.

Der Armenier Abu Salih hatte in seinem zu Beginn des 13. Jahrhunderts geschriebenen Werk „Churches and Monasteries of Egypt"[217] berichtet, der äthiopische König halte die Bundeslade in seinem königlichen Palast. Damaliger König war Lalibela – nach ihm wurde seine Hauptstadt Roha später in Lalibela umbenannt. Die heute von Forschern allgemein vertretene Version besagt, daß die Kebra Nagast von Nebura'ed, dem weltlichen Kirchenverwalter von Aksum Yeshaq, aus verschiedenen Überlieferungen, aus biblischen, jüdischen, griechischen und arabischen Quellen zusammengetragen, interpretiert und ins Ge'ez übersetzt wurde.

Daneben gibt es auch die Vermutung, daß das Element Bundeslade erst zu einem späteren Zeitpunkt in die Kebra Nagast eingefügt worden sein könnte. Auch sind die Bezeichnungen in der Literatur unterschiedlich, mal sind es nur die Gesetzestafeln, mal ist von einem Behältnis die Rede. Anlaß zu dieser Vermutung gibt unter anderen der Umstand, daß die frühen Chroniken der äthiopischen Kaiser die Bundeslade nicht erwähnen. Auch Werke wie der Bericht des Portugiesen Francisco Alvarez im 16. Jahrhundert oder das in mehreren Versionen vorliegende „Buch von Aksum", dessen älteste erhalten gebliebene Version aus dem 17. Jahrhundert stammt, nehmen keinerlei Bezug zur Bundeslade.[218]

„Auslassungen" wie bei Alvarez oder bei James Bruce of Kinnaird im 18. Jahrhundert, der die Bundeslade nur am Rande erwähnt und sie als „fabulöse Legende"[219] bezeichnet, führten zu Spekulationen. Diese Autoren hätten mit Absicht nicht darüber geschrieben, weil sie damals heimlich auf der Suche danach waren, ganz wie heute die neuen Mythensucher. Solche Vermutungen suggerieren nicht zuletzt die tatsächliche Existenz der Bundeslade.

Neue Mythensucher und Souvenirjäger

Die Geschichte der Königin von Saba, von der ein „romantischer Zauber"[220] ausgeht, und das Schicksal der Bundeslade haben Abenteurer, Kreuzfahrer, Päpste und Forschungsreisende fasziniert und Gelehrte und Historiker inspiriert, sie mit Legenden und Mythen anderer Nationen und Zeiten zu vergleichen. So mit der Ödipus-Legende oder dem Heiligen Gral. Eine Fülle von Literatur wurde hierüber produziert, Spielbergs Film „Raiders of the Lost Ark" griff das Thema auf und es findet sich in jedem Reiseführer wieder. Besonders die Bundeslade bringt immer wieder neue Mythensucher auf den Weg, die mit angeblichen Fundorten aufwarten oder darüber spekulieren, wo sich denn dieses Objekt befindet und ob es wirklich in Äthiopien ist. Vielleicht doch unter dem Felsendom in Jerusalem, im Berg Nebo in Jordanien, unter dem Ort der Kreuzigung Jesu, in einem Tempel in Unterägypten, in einer Höhle bei Qumran am Toten Meer oder im Heiligtum „Ngoma Lugundru" in Zimbabwe.

So mancher ehrgeizige Forscher würde gerne endlich den ultimativen Beweis erbringen, daß die Königin von Saba tatsächlich in Aksum lebte und ihr Palast dort zu verorten sei. So wartete im Mai 2008 ein deutscher Archäologe in einer Pressemitteilung der Universität Hamburg mit der sensationellen Nachricht auf, er und sein Team hätten eindeutige Beweise für den Palast resp. den durch Menilek I. erbauten Nachfolgepalast gefunden. „Der Palast wurde eigens für die Bundeslade erbaut.“[221] Einen Nachweis hierfür ist der Archäologe bis heute schuldig geblieben. Wie so oft blieb der Traum, endlich das Geheimnis gelüftet zu haben, zwischen Mythos und Sensation hängen. Eine Gelegenheit für andere, weiterzuträumen.

In Äthiopien selbst hat die Lade in der Erzähltradition verschiedene Aufenthaltsorte hinter sich, denn nicht immer war sie in Aksum sicher. Sie musste zum Beispiel im 10. Jahrhundert vor der Königin Gudit in Sicherheit gebracht werden und gelangte so auf eine Insel im Zway-See, die nach ihr Debre Zion benannt wurde. Während der kriegerischen Auseinandersetzungen im 16. Jahrhundert soll sie vor den muslimischen Angreifern auf eine Insel im Tana-See gebracht worden sein oder aber nach Debre Tabor. Andere wissen zu berichten, daß sie vor dem sich ausbreitenden Katholizismus zu Beginn des 17. Jahrhundert in der Gegend von Bur, nordöstlich von Adwa, in unzugänglichem Gebiet versteckt wurde. Wieder einer anderen Version zufolge soll sie, aus Jerusalem kommend, zunächst für mehrere hundert Jahre auf der Insel Cherkos im Tana-See verwahrt worden sein, bevor sie nach Aksum gebracht wurde. Bliebe noch der Aufenthalt auf der ägyptischen Nilinsel Elephantine zu nennen, der dem auf Cherkos noch vorgelagert gewesen sein soll, bis sie schließlich, als Äthiopien unter Ezana christlich geworden war, nach Aksum gelangte.

Schützenhilfe für die äthiopische Tradition, sich im Besitz der Bundeslade zu sehen, lieferte in den letzten Jahren vor allem das Buch von Graham Hancock „The Sign and the Seal“[222]. Der Autor ging den Spuren des angeblichen Verbleibs der Bundeslade nach und „bewies“ ihre verschiedenen Aufenthaltsorte mit reichlich Phantasie und einer sehr eigenwilligen Interpretation von „Quellen“. In Äthiopien begegnet man vielen Touristen, die Hancocks Buch im Gepäck haben. Bei verschiedenen Gelegenheiten, im Restaurant, im Hotel irgendwo in der Provinz, am Schwimmbecken im Hilton in Addis Abeba kann man meist junge Leute treffen, die die aufregenden Spekulationen lesen und sie wunderbar finden.

So ist Hancock in Äthiopien ein Autor, auf dessen Verdienste um die äthiopische Geschiche oder gar die „große Bedeutung“ seines „Berichts“ für die „Weltgeschichte“[223] nicht nur die Orthodoxe Kirche Äthiopiens (EOC) verweist. Auch moderne Vertreter des öffentlichen Lebens in Äthiopien, die verwegene und schmeichelhafte Legenden nicht sein lassen mögen, was sie sind, stimmen hier ein. Hancock hat der EOC mit seinem Buch aber nicht nur Vergnügen bereitet, denn durch ihn rückte das verehrte Objekt ins internationale Rampenlicht und rief Neugierige auf den Plan, die überforderten Priestern unangenehme Fragen stellten. Für den Film „Holy Land“ von 1999 antwortete der nach einer möglichen Untersuchung zwecks Datierung der Bundeslade befragte Patriarch Abuna Paulus:

„No, faith does not go well with scientific proof. We don't doubt it, that it is here, in our place. We don't have to prove it to anyone. You want to believe, it's your privilege. If you don't want to believe, it's your own privilege again … It is here and we believe it."[224]

Die Tourismusbranche, egal ob in Äthiopien oder sonstwo auf der Welt fördert das märchenhafte Bild, indem sie fast unisono und distanzlos damit wirbt, daß Äthiopien auf eine 3000jährige „Salomonische Dynastie" zurückgehe, wobei allerdings der Schwerpunkt auf der Geschichte der Königin von Saba und weniger auf der Bundeslade liegt. Im Gegensatz dazu macht in der Kebra Nagast die Theologie der Bundeslade, ihre Funktion für das christlich-orthodoxe Königtum das Kernstück aus. Zu den heute meist verkauften Reiseandenken gehört neben Ikonen und Kreuzen die in der Art von Comic-Strips gemalte Saba-Legende. Die auf Papier, Holz, Häuten, Leinwand, Seidenschals und Kaffeetassen erzählten Szenen sind mittlerweile ein Massenprodukt.

Während sich in der Kebra Nagast selbst und auch in der äthiopischen Kunst vor dem 20. Jahrhundert keine bildlichen Darstellungen der Legende finden, entwickelte sie sich mit dem vermehrten Auftreten von Ausländern schnell zu einem der beliebtesten Gegenstände äthiopischer Malerei. Sie gehörte zu den ersten Themen, die in profaner Weise verwendet wurden und nicht wie bisher in der Tradition geheiligter Zwecke verblieben. Was gemeinhin als ein typischer Gegenstand althergebrachter Volkskunst angesehen wird, entstand auf Nachfrage der wachsenden Ausländerkolonie und der Äthiopienreisenden nach 1900, durch die sich ein Markt für Kunsthandwerk und Souvenirs entwickelte.[225]

Anfangs wurden nur die Ereignisse wie der Besuch von Makeda bei Salomon bis hin zu ihrer Rückkehr nach Äthiopien dargestellt. Später wurde die Geschichte in zwei Richtungen ausgedehnt: einmal durch Hinzufügen von Vorgeschichten, wie sie in verschiedenen Volks-erzählungen in Tigray und Eritrea vorkommen, und durch einen Epilog, der die Geschichte von Menilek, seine Geburt, den Besuch beim Vater und die Rückkehr mit der Bundeslade erzählt.

Volkstradition, Machtpolitik und orthodoxer Universalanspruch

Ausgehend von den 13 Versen der Bibel über die „Königin des Südens" wurde die Geschichte vom Besuch der Königin von Saba bei König Salomon in Jerusalem im jüdischen, abendländischen, islamischen, jemenitischen und indischen Raum zur populären Legende, die viele Werke in der Malerei, der Musik und der Literatur inspirierte. In der äthiopischen Fassung ist sie „keine idyllische Erzählung"[226], sondern wurde durch die Herleitung der kaiserlichen Herrschaftsan-sprüche, der Auserwähltheit der Äthiopier durch Gott und den Besitz der Bundeslade zu einem fundamentalen Glaubenssatz im nationalen Bewußtsein der christlich-orthodoxen Menschen.

Aber auch in Äthiopien hat die Geschichte ein „Eigenleben"[227] entfaltet, das von der offiziellen Erzählung der Kebra Nagast abweicht und es entstanden viele verschiedenartig ausgeschmückte Versionen, die über Generationen weitergegeben wurden und werden. Die Version des Kebra Nagast enthält nicht jene magischen, dämonischen und märchenhafte Elemente, wie sie in den Legenden anderer Kulturkreise zu finden sind, wie der Klumpfuß oder der Eselsfuß. In der Kebra Nagast ist die Königin von Saba ganz die fromme und vor allem weise Königin, die schon vor ihrer Reise nach Jerusalem nicht die Sonne anbetet, sondern die Weisheit als höchste Wesenheit preist. In den Volkserzählungen in Eritrea und Tigray finden sich aber diese anderen Elemente. So muß die Königin erst einen Drachen oder eine Schlange besiegen, und durch das tropfende Blut entsteht eine Fußverformung, oder sie verletzt sich bei der Berührung der Drachenknochen des von ihrem Vater getöteten Tieres. Manchmal kann es auch ein Ziegenfuß sein, weil sich die Mutter in der Schwangerschaft an einer feisten Ziege gütlich tat. Der Reise nach Jerusalem liegt dann auch das Motiv zugrunde, durch Salomons Heilkunst von der Beschädigung kuriert zu werden. Auch die Erzähltradition vom zusätzlichen Beischlaf Salomons mit der Dienerin Makedas und die Existenz eines zweiten Sohnes mit dem Namen Zagwe finden sich in einzelnen Versionen wieder.[228]

So ist der Inhalt des Epos in seinem staatstragenden Kern wie in seinen mit Lokalkolorit angereicherten Ausschmückungen in der äthiopischen Volkstradition bis heute nicht nur in der Landbevölkerung tief verwurzelt, wenn auch seit der 1974 erfolgten Ablösung des Kaiserreichs die salomonische Tradition nicht mehr Staatsdoktrin ist. Zuvor war sie in den Verfassungen von 1931 und 1955 verankert und Haile Selassie betrachtete sich als 225. Nachfolger von Menilek I., als König von Juda. Daß alle äthiopischen Könige von Salomon abstammten und das auserwählte Volk die Bundeslade besitzt, ist nicht von oben aufgepfropfte Ideologie geblieben, sondern ist Teil des eigenen Selbstverständnisses in „der" Bevölkerung geworden.

Äthiopische Herrscher selbst haben dieses Bewußtsein immer wieder befördert und für ihre Zwecke zu nutzen gewußt. Gerieten sie in Legitimationsschwierigkeiten oder wollten sie ihren politischen Ambitionen mehr Gewicht verleihen, versuchten sie, ihre salomonische Blutlinie zu betonen. Waren sie einzelnen Machtfraktionen ein Dorn im Auge, so wurden ihre rechtmäßigen „Blutsbande" von den Gegnern angezweifelt. Die Herrscher der im 19. Jahrhundert zu überragender politischer Bedeutung gelangten Provinz Shoa legten großen Wert darauf, sich als Nachfolger der „salomonischen Dynastie" zu präsentieren. Im Zuge der Reichserweiterung unter Menilek II. im 19. Jahrhundert und der Schlacht von Adwa erfuhr diese Tradition eine starke Wiederbelebung. Die Shoa-Herrscher leiteten sich von Kaiser Lebna Dengel mit der Begründung ab, dessen vierter Sohn habe in dem schwer zugänglichen Gebiet von Menz im Südosten Shoas die Zeit des großen Krieges im 16. Jahrhundert überlebt und Nachfahren hinterlassen, die in der Folgezeit, bis hin zu Haile Selassie, die äthiopischen Kaiser stellten.

Wenn es die Staatsraison verlangte, so hatte ein Kaiser, welcher Herkunft er auch immer sein mochte, ein Nachfolger von Salomon und Saba zu sein. Zweifel hieran waren nicht erlaubt. Als der Schriftsteller, Journalist und Herausgeber der Zeitung „Addis Zemen", Birhanu Zerihun, 1966 die Veröffentlichung einer Kritik zuließ, die diese Doktrin in Frage stellte, zog er sich den Zorn des Kaisers zu. Der Autor Abbé Gubennya hatte in seinem Buch über Kaiser Tewodros II., der als Usurpator galt, mit Nachdruck dargelegt, daß dieser ein wahrer Nachfahre von Salomon und Saba sei. Der Kritiker bezeichnet es jedoch als unbedeutend, ob Tewodros von königlichem Blut sei, es zähle allein, ob er ein guter Kaiser gewesen sei. Tewodros selber hätte auf einen solchen Anspruch, einen solchen „Plunder"[229] keinen Wert gelegt. Ein zur Untersuchung des „Falles" eingesetztes Komitee verurteilte Birhanu Zerihun zu einer Geldstrafe und zum Verlust des Herausgeberpostens.

In der nachkaiserlichen Zeit kursierten Gerüchte über die Herkunft von Mengistu Haile Mariam, er sei der illegitime Sohn von Ras Kebede Tessema und dieser wiederum ein illegitimer Sohn von Menilek II. Über den Wahrheitsgehalt dieser Verbindung wurde spekuliert und darüber, ob Mengistu diese Verbindung selber lanciert habe, um sich „Salomonisches Blut"[230] zu verschaffen und sich so in eine Linie mit den äthiopischen Kaisern zu stellen, um seine Position aufzuwerten. Zu den zahlreichen Witzen, die unter der Hand über Mengistu erzählt wurden, gehörten solche über seine niedere Herkunft und seine dunkle Hautfarbe: „...dieser da ist mehr als gar, er ist schwer verbrannt."[231] Selbst seine eigenen Funktionäre benutzten das Wort „Sklave" als Spitzname für ihn. Hier mischte sich die Infragestellung Mengistus als rechtmäßiger Herrscher mit der Vorstellung der Hochland-Äthiopier von der Minderwertigkeit der Menschen dunklerer Hautfarbe.

„Wenn man in Aksum fragt, ‚Warum kamen nicht Mengistu oder seine Leute und nahmen die Bundeslade oder untersuchten, was sie war?', ist die Antwort: ‚Das hätten sie nicht gewagt. Alle Tigray hätten sich erhoben.'"[232] Es war aber nicht nur die Furcht vor möglicher Vergeltung aus Tigray, der „historischen Wiege des äthiopischen Reiches"[233], sondern auch die tiefe Verwurzelung von Teilen der „Revolutionäre" mit der orthodoxen Religion, auch wenn ihre Führung in vielerlei Hinsicht die orthodoxe Kirche drangsalierte und deren Macht erheblich beschnitt. Der Historiker Stuart Munro-Hay berichtet aus seinen Erfahrungen während der Mengistu-Zeit, daß er bewaffnete Soldaten, die auf ihren Kappen den Roten Stern trugen, beobachtete, wie sie die Kappe abnahmen und sich tief verbeugten, wenn an großen Feiertagen ein „tabot" vorbeigetragen wurde. Weiß gekleidete Frauen warfen sich vor dem Hauptquartier der Kommunistischen Partei in den Staub und verneigten sich vor dem Vergänglichen in Richtung des „Ewigen"[234], vor der Dreieinigkeitskirche, die sich dahinter befand.

Als Taferi Benti, Brigadegeneral, Oromo und Vorsitzender des Derg, Ende 1974 vor 60.000 Schülern und Studenten, die in die Dörfer geschickt werden sollten, um dort die Revolution zu verbreiten, seine Aussendungsrede hielt, zog er den Vergleich: „Christus hat seine Apostel aufgefordert, zu gehen und zu lehren. Heute schickt Äthiopien Euch aufs Land, um die Menschen zu unterweisen."[235]

Es ist immer wieder eine verblüffende Erfahrung, die man im Gespräch auch mit jungen gebildeten Menschen in Äthiopien machen kann: Sie haben keinen Zweifel daran, daß die christlichen Äthiopier von Salomon und Saba abstammen und sich die Bundeslade in Aksum befindet. Wo soll sie denn sonst sein? „Es ist möglich, im Kopf zu wissen, daß etwas ein Märchen ist, während es im Herzen eine essentielle Wahrheit ist."[236] Spöttisch kommentiert der Historiker Teshale Tibebu, es sei erstaunlich, daß ein Denkmuster, das auf einem Mythos von „Sex und Diebstahl"[237] basiert, soviel Einfluß auf so viele Menschen hatte, die dem göttlichen Auftrag „Du sollst nicht stehlen!" folgten.

Abb. 14 Der 1964 entstandene Neubau zur Aufbewahrung der „Bundeslade" in Aksum

Bis heute wird von orthodoxer Seite der universelle Anspruch, Äthiopien zu verkörpern, erhoben. Auch wenn der Einfluß der orthodoxen Kirche durch protestantische und evangelikale Kirchen, durch ihren Verlust an Status und Landbesitz unter dem Mengistu-Regime gelitten hat, ist sie noch immer eine sehr starke Macht, vor allem auf dem Land. „Äthiopien [ist weiblich, mlk] braucht keine menschlichen Zeugnisse für ihre historische Existenz. Die Bibel hat über 41mal ihren Namen erwähnt."[238] Die Bundeslade und der für sie erbaute Tempel Maria Zion „ist das Zentrum der religiösen und säkularen Zivilisation aller Äthiopier".[239] Man kann dies schlecht als Zugeständnis an die neuen politischen Verhältnisse und die Achtung anderer Religionsgemeinschaften werten. Denn entweder werden die Anhänger anderer Religionen unter diesem Diktum gar nicht als Äthiopier gesehen oder sie hätten sich wie in der Vergangenheit der pan-äthiopischen Religion zu unterwerfen.

Jedwede historische Evidenz und zeitliche Logik links liegenlassend, wird in populären Heftchen kirchlicher wie weltlicher Provenienz argumentiert, daß Menilek I. nach der Rückkehr vom Besuch seines Vaters eine Kopie des Tempels von Jerusalem in Aksum erbaute, um dort die Bundeslade zu verehren. Seit dieser Periode, es wäre das 10. Jahrhundert v. Chr., gehe der Bund mit Gott einher mit dem Bund mit der Jungfrau Maria, wobei die Tafeln selbst Maria und die auf sie geschriebenen Gesetze Christus symbolisieren. Zu dieser Zeit sei das Alte Testament aus dem Hebräischen ins Ge'ez übersetzt worden.

Solche Darstellungen warten auch mit „harten Fakten" auf: Es sei bewiesen, daß die Königin von Saba alias Makeda 31 Jahre lang über das antike Äthiopien und den Jemen herrschte. Vor ihr habe es bereits 97 souveräne Herrscher gegeben. Die Anfänge dieser Herrschaft lägen 5000 Jahre zurück. Makedas Sohn Menilek I. habe 25 Jahre in Aksum regiert.[240] Seit dieser Zeit, so die Argumentation, sind fremde Mächte nicht nur wegen der natürlichen Ressourcen eifersüchtig auf Äthiopien, sondern wegen eben dieses Erbes. Die Vergangenheit hat aber gelehrt, daß jedwede anti-äthiopischen Mächte, die das Land und die orthodoxe Kirche herausforderten, ihren eigenen Untergang beschleunigt haben. So erging es den Türken, dem faschistischen Italien und dem sowjetischen Kommunismus, der sein „Todesurteil"[241] unterschrieb, als er in Äthiopien eindrang. Wer auch immer versucht, die Bundeslade zu finden und zu plündern, der wird tief fallen, heißt es in orthodoxen Verlautbarungen.

Dies ist durchaus ernst gemeint und als Warnung gedacht. Es gibt Gerüchte, daß zum Beispiel der israelische Geheimdienst versuchen könnte, in die kleine Kapelle Maria Zion, die zur Aufbewahrung des Heiligtums 1964 neben der alten Kathedrale in Aksum errichtet wurde, einzudringen, um die Bundeslade zu stehlen. Laut Zeitungsberichten wurde die Bewachung des Gebäudes verstärkt. „Äthiopien ist ein Mysterium in den Händen Gottes",[242] wird Haile Selassie zitiert. Die Bundeslade vollbringt auch weiterhin regelmäßig Wunder. Die Ergebnisse hängen von der Festigkeit des Glaubens der Menschen ab. Wie früher in Israel führt die Bundeslade die Äthiopier, die an ihre Kraft glauben, zum Sieg, wie in vielen Kriegen bewiesen. Die Schlacht von Adwa ist das perfekte Beispiel hierfür. In dieser bedeutenden Schlacht wurde der dem Hl. Georg – einem der wichtigsten Heiligen in der orthodoxen Kirche – geweihte Tabot mitgeführt.

Befremdlich? Typisch äthiopisch? Wie machten es die Italiener noch im „Abessinienkrieg" 1935/36? Um die Kampfmoral der Truppen zu stärken und die Verbundenheit mit den Daheimgebliebenen zu versinnbildlichen, orderten die Militärkaplane Hunderte von Heiligen- und Madonnenstatuen aus allen Teilen Italiens nach Äthiopien. Wenn es die militärische Lage erlaubte, ließ man die himmlischen Verbündeten an der Spitze der Verbände vorausfahren für den Sieg des „Imperio romano e cristiano".[243]

Es scheint, daß die orthodoxe Kirche mit der derzeitigen Regierung ihren Frieden geschlossen hat. Kritische Töne gegenüber der Regierung hört man nicht und die Kirche wird nicht darin gehindert, sich lautstark Gehör zu verschaffen. Die Kirchen verkünden über Lautsprecher ihre Botschaften, an großen Festen stundenlang, auch nächtens. Die Muslime sind dagegen mit ihren Muezzin-Rufen bescheiden. Wer sich in Äthiopien niederläßt und ruhig schlafen möchte, sollte die Nähe zu Kirchen und die Hauptwindrichtung prüfen. Kürzlich enthüllte der Patriarch Abuna Paulus in Tigray ein Bild. Es zeigt den Ministerpräsidenten Meles Zenawi in Anlehnung an den Heiligen Georg als Drachentöter und Mengistu Haile Mariam als besiegten Drachen.[244]

Wer hat die Bundeslade gesehen? Und wer hat „Tabots" gestohlen?

Überflüssig zu erwähnen, daß niemand die Bundeslade sehen darf. Könige und Bischöfe nicht, selbst der Abuna eingeschlossen. Der Mensch würde ihren Anblick nicht ertragen, er würde erblinden, zu Asche verglühen. Ein Mönch bewacht sie sein Leben lang, bei seinem Tod übernimmt ein Nachfolger. Diese Mönche sind aber keine gewöhnlichen Bewacher, sondern eine Vielzahl von unsichtbaren Heiligen der Mutter Gottes.

Der Mönch von Maria Zion

Vom Selbstbewußtsein des Mönches, der das „Original" der Bundeslade bewacht und der vor seinem Tod selbst seinen Nachfolger bestimmt, sei eine kleine Geschichte erwähnt. Ein junger Elsässer, der hier Material für seine Doktorarbeit über die Legende der Königin von Saba sammelt, wollte zu diesem Zweck auch ein Buch einsehen, das sich in der Obhut dieses Mönches befindet. Es handelt sich um eine Ausgabe der „Kebra Nagast" (Herrlichkeit der Könige), dem Nationalepos des christlich-orthodoxen Äthiopien. Der junge Mann hatte Brief und Siegel des Patriarchen von Addis Abeba. Auch war vom Patriarchat aus die Sache telefonisch abgemacht. Als der Doktorand zusammen mit einem Ge'ez-kundigen Äthiopier in Aksum ankam, weigerte sich der Mönch, das betreffende Buch zur Einsicht vorzulegen. Er sagte, er sei hier der Stellvertreter Gottes und entscheide. Da könne jemand ihm noch so viele Unterschriften und Siegel des Patriarchen in Addis Abeba vorlegen. Nach einem halben Tag geduldigen Wartens durften der Historiker und sein Begleiter schließlich doch das Buch einsehen, sich aber keine schriftlichen Notizen machen. Hinter ihnen stand die ganze Zeit ein Wächter mit Gewehr. Was macht ein pfiffiger Historiker in der Not? Er wendet eine List an. Im Hemd hatte er ein Mikrophon versteckt. Er und sein Begleiter lasen sich das Buch abwechselnd vor und raubten so den Text aus der Obhut des Stellvertreters Gottes, der in längst vergangenen Zeiten lebend nichts von moderner Aufnahmetechnik ahnte. (Juni 2002)

Wer hat das Original der Bundeslade oder die Tafeln mit den Zehn Geboten trotz des Verbots jemals gesehen? Beschreibungen der Bundeslade und ihres Inhalts finden sich im Laufe der Geschichte einige, ohne daß die meist ausländischen Autoren beanspruchen, sie selbst gesehen zu haben. Von anderen wird berichtet, daß der Klerus ihnen den Anblick der Bundeslade explizit verwehrte. Von Iyasu I. weiß sein Chronist allerdings zu erzählen, der Kaiser habe bei einem Besuch in Aksum 1691 die „tabota Seyon"[245] sehen wollen. Die Priester brachten einen Kasten, von dessen sieben Schlössern sie mit verschiedenen Schlüsseln sechs öffneten. Das siebente Schloß konnten sie trotz größter Anstrengungen nicht öffnen, es sprang im Angesicht des Kaisers von selbst auf, und zwischen Kaiser und Bundeslade entspann sich ein Gespräch, in dessen Verlauf die Bundeslade dem Monarchen weise Ratschläge für seine Regierung auf Erden und für seinen zukünftigen Platz in der himmlischen Welt erteilte.

Von einer weniger wundersamen Begegnung mit der Bundeslade berichtet der armenische Pater Timotheus, der 1867 zusammen mit dem armenischen Erzbischof Isaak von Charper von Jerusalem nach Äthiopien reiste, um in dem Konflikt zwischen England und Kaiser Tewodros II. zu vermitteln (vgl. 9. Kapitel) Er hielt seine Reiseerlebnisse in einem Buch fest, das 1871 in Jerusalem auf Armenisch und Französisch und 1888 in einer deutschen Ausgabe erschien. Der Pater berichtet, daß sie gegen den heftigen Widerstand der Geistlichkeit nur durch den Einsatz des Herrschers von Tigray, dem späteren Kaiser Yohannes IV., das Heiligtum in Augenschein nehmen durften.

> „Er begleitete uns mit seinem ganzen Hofstaate, der Geistlichkeit, einer Abteilung Soldaten und Musikanten bis in die Kirche, wo alle in der Vorhalle zurück blieben. Nur wir wurden von einigen Priestern in die Sakristei geführt, die mit einer Reihe anderer Zimmer an der linken Seite der Kirche angebaut ist. Der Kasten, in welchem die Tafel lag, war aus Indien. Der Stein selbst war von rötlichem Marmor, wie man ihn gewöhnlich in Ägypten findet; er war viereckig, 0,24 m lang, 0,22 m breit und nur 0,03 m dick. Am Rande waren Blumenverzierungen eingraviert; in der Mitte sah man eine zweite Quadratlinie in Gestalt einer dünnen Kette, und zwischen diesen zwei Quadraten waren die zehn Gebote aufgezeichnet und zwar fünf auf der einen, fünf auf der anderen Seite. Die Schrift war schräge wie bei den Türken. Auf dem unteren Teile der Tafel standen drei Buchstaben, deren Bedeutung uns niemand erklären konnte. Der Stein schien nicht allzu alt zu sein und höchstens aus dem dreizehnten oder vierzehnten Jahrhundert zu stammen."[246]

Es bleibt das Geheimnis von Timotheus, wie er ausgerechnet zu dieser zeitlichen Einschätzung kam. Für ihn war klar, daß das Gesehene nicht das Orginal war und die Äthiopier die Bundeslade gar nicht besitzen. So ist es nicht verwunderlich, daß in Schriften zum äthiopisch-armenischen Verhältnis zwar die politische Mission der beiden Armenier beschrieben wird, die despektierlichen Äußerungen von Timotheus über die Bundeslade sowie über Land und Leute aber fast immer unerwähnt bleiben. Wer seiner Version nicht glauben will, der kann mit einer einfachen Erklärung parieren: Die Priester waren so pfiffig, ihm nicht das Original zu zeigen, sondern irgendeine Nachbildung.

Hundert Jahre zuvor war es der armenische Kaufmann Johannes Tovmacean der beschreibt, daß er in der großen und alten abessinischen Kirche in der Stadt Saba, wie er Aksum nennt, eine Steintafel mit wenigen unvollständigen Buchstaben darauf gesehen habe, die gegen den anfänglichen Widerstand der Geistlichkeit aus hundert Verpackungen ausgewickelt wurde. „Das war eine bedeutende Reliquie – wenn es in der Tat ein Stück der Tafel mit den Zehn Geboten war, die Gott Moses gab."[247]

In jeder Kirche Äthiopiens befindet sich ein „Tabot" als symbolische Repräsentation des „Originals", der im zentralen Bereich der Kirche, dem „Quedus Quedusan" (dem Allerheiligsten) untergebracht ist, den nur der Klerus betreten darf. Dieser Gegenstand, der geweiht und einem Heiligen gewidmet ist, macht den Ort erst zu einer Kirche und ihr Name leitet sich von dem Heiligen ab. Da die Kirchen mehr durch die Tabots drinnen als durch die Kreuze auf den Dächern gekennzeichnet sind, nennt der Historiker Teshale Tibebu das orthodoxe Christentum Äthiopiens eine „Tabot Christianity".[248] An *Timkat*, der Taufe Jesu am 19. Januar, einem der bedeutendsten orthodoxen Feste, werden die Tabots mit kostbaren Stoffen bedeckt in feierlicher Prozession und begleitet von rituellem Tanz, Trommeln und Gesang von den Priestern zu Seen, Flüssen und vorbereiteten Wasserbecken gebracht. Zu den besonderen Festlichkeiten gehört das Timkat Ritual in Gondar, wo die Tabots zu dem Bad des ehemaligen Palastes von Kaiser Fasilidas (r. 1632–67) gebracht werden. Die zentrale Feierlichkeit in Addis Abeba findet auf dem Yan-Meda-Feld statt.

Abb. 15 Timkat-Fest mit "Tabots" in Addis Abeba, 19. Januar 2002

Während Haile Selassies Exils in England zur Zeit der faschistischen Besatzung Äthiopiens begleitete ihn ein Tabot. Auch diese Tabots, die die Bundeslade repräsentieren, dürfen nur von Priestern gesehen oder angefaßt werden, wiewohl es die Möglichkeit geben soll, noch nicht geweihte Exemplare in den von der Kirche autorisierten Ateliers, die für Nachbildungen sorgen, zu sehen. Einer der ersten, der gewöhnliche Tabots beschrieben hat, war Manoel Barradas, der im Rahmen einer portugiesischen Jesuitenmission 1624 nach Äthiopien kam. Er beschreibt sie als gewöhnlich aus Holz gearbeitet, geschnitzt oder bemalt, andere aus Stein, weiß und „schön wie Marmor"[249]. Er gibt an, einen gesehen zu haben, der ungewöhnlich war, weil er die Namen von sieben Heiligen trug. Bis heute sind die Tabots in der Regel einem Heiligen gewidmet, dessen Name in Ge'ez eingraviert ist. Manchmal sind geometrische Dekorationen, die Bezeichnungen für Alpha und Omega, Jesus als Lamm oder Maria mit Jesus eingeschnitten, nicht jedoch wie populär angenommen, die Zehn Gebote. „Es gibt Gegenden in Äthiopien und Eritrea, wo bestimmte Abmachungen der Gemeinde wie die Verteilung von Land in den Tabot eingeschnitten sind."[250] Um Diebstählen vorzubeugen, können Kirchen auch zusätzliche „extra tabotat"[251] haben, unter denen der eigentliche Tabot versteckt ist und nur ein oder zwei Priester wissen, welcher dieser ist. Aufbewahrt wird der Tabot in einem „Manbara Tabot", vergleichbar geschnitzten und bemalten Altären, die in der Größe erheblich variieren.

Wie viele andere Kultgegenstände waren Tabots begehrtes Raubgut, so 1868 als die britische Militärexpedition nach dem Selbstmord des Kaisers Tewodros II., die Burgfestung von Maqdala plünderte und mindestens 11 Tabots mitnahm. Insgesamt soll die Beute auf 25 Elefanten und fast 200 Eseln weggeschafft worden sein. In der Dalanta Ebene in Nord-Wollo hielt die britische Streitmacht eine Auktion ab. Die Gegenstände gelangten teils in Privathände von Militärs, teils in den Besitz des Britischen, des Victoria & Albert und weiterer Museen. Einige Gegenstände wurden anläßlich von Staatsbesuchen zurückgegeben, so eine Krone von Tewodros nach dem Besuchs des späteren Kaisers Haile Selassie 1924 in Europa. Die Krone war von dem Deutschen Gerhard Rohlfs[252], der die Militärexpedition der Briten 1867–68 gegen Kaiser Tewodros begleitet hatte, einem Soldaten für vier Pfund abgekauft worden und später wieder in britischen Besitz gelangt. Das Siegel von Tewodros kehrte anläßlich des Staatsbesuchs von Elisabeth II. 1965 nach Äthiopien zurück. Bereits 1873 hatte das Britische Museum eine Ausgabe der Kebra Nagast auf Verlangen des Kaisers Yohannes IV. zurückgegeben.

Um die Rückgabe des Raubguts zu befördern wurde die *Association for the Return of The Maqdala Ethiopian Treasures (AFROMET)*[253] als internationale Organisation gegründet. Die Assoziation reklamiert die Rückgabe von 468 Kunst- und Kultgegenständen, die sich noch immer in britischem Besitz befinden, darunter 400 kirchliche Manuskripte. 2002 erreichte sie die Rückgabe des Amuletts, das Kaisers Tewodros trug und vor allem die des sogenannten Edinburgh-Tabot, der unter großer öffentlicher Anteilnahme im Februar des Jahres in die Trinity Cathedral in Addis Abeba überführt wurde. Laut Zeitungsberichten säumten hunderttausende Menschen die Straßen von Addis Abeba. Tausende Priester führten die Prozession vom Flughafen zur Kirche an. Äthiopische Minister und Diplomaten zeigten Präsenz. „Es ist ein Sieg für die Äthiopier über die Briten."[254]

4. Adwa – die Mutter aller Siege in äthiopischer, europäischer und afrikanischer Perspektive

Der Vertrag von Wuchale und die Schlacht von Adwa 1896

Seit der Eröffnung des Suezkanals 1869, der den Seeweg nach Indien beträchtlich verkürzte, war das Horn von Afrika in den Brennpunkt des Interesses der Kolonialmächte gerückt. Auf der Konferenz in Berlin 1884–1885 teilten die europäischen Mächte Afrika unter sich auf. England, Frankreich und Italien steckten ihre Interessenssphären am Horn ab. Somalia wurde unter ihnen aufgeteilt, Eritrea Italien zugesprochen und in einem Vertrag legten wiederum Äthiopien und die Italiener ihre jeweiligen Gebietsansprüche fest. In jenem Vertrag von Wuchale aus dem Jahre 1889 besagte eine Klausel im amharischen Text, der äthiopische Kaiser könne sich in diplomatischen Fragen der Dienste Italiens bedienen. Im italienischen aber hieß es, er müsse dies tun. Das bedeutete, Äthiopien hätte keine selbständige Außenpolitik betreiben können, sondern wäre zu einem Protektorat Italiens geworden, was Italien auch kurz nach der Vertragsunterzeichnung lauthals verkündete. Es begnügte sich auch nicht mit der im Vertrag festgelegten Grenze, sondern rückte noch vor der Vertragsunterzeichnung in Rom bis an den Mareb-Fluß vor, an die Grenze zwischen Eritrea und Tigray. Einen Afrikaner zu betrügen, gehörte in den Augen der Herrenmenschen zu ihren selbstverständlichen Privilegien.

Kaiser Menilek weigerte sich, die so geschaffenen Fakten zu akzeptieren und teilte Großbritannien und Frankreich im April 1891 mit:

> „Ich bin nicht gewillt, ein teilnahmsloser Zuschauer zu sein, wenn fremde Mächte auf die Idee kommen, Afrika aufzuteilen, denn Äthiopien ist seit mehr als 14 Jahrhunderten eine christliche Insel mitten im heidnischen Meer ..."[255]

Nach einem mehrjährigen „Nervenkrieg"[256], verschiedenen mißlungenen Versuchen, das Problem mit diplomatischen wie mit kriegerischen Mitteln aus der Welt zu schaffen, kam es schließlich 1896 zur großen Schlacht in der Gegend von Adwa, nordöstlich von Aksum. In seinem Aufruf zur Mobilisierung appellierte der Kaiser besonders an die religiösen Gefühle und die historisch gewachsene Feindschaft der orthodoxen Religion gegenüber dem Katholizismus: „Feinde sind gekommen, um das Land zu ruinieren und unsere Religion zu ändern ... Mit der Hilfe Gottes werde ich ihnen mein Land nicht ausliefern ... die, die ihr stark seid, gebt mir von eurer Stärke, und die, die ihr schwach seid, helft mir mit Gebeten."[257]

Über die Zahlen der Soldaten, die sich gegenüberstanden, finden sich sehr unterschiedliche Angaben. Zeitgenössische Beobachter bezifferten die italienischen Streitkräfte zwischen

17.000 und 20.000 Mann, davon circa 7000 Askari, wie die eritreischen Soldaten genannt wurden. Im Gegensatz zu den Äthiopiern verfügten die Italiener über 56 Kanonen. Was die Zahl der Soldaten auf äthiopischer Seite anlangt, so reichen die Angaben bis 200.000, die mobilisiert wurden, aber beleibe nicht alle in das Kampfgeschehen eingriffen. In monatelangen Märschen kamen sie barfuß aus den verschiedenen Regionen, viele begleitet von ihren Familien und Abhängigen. Gut 100.000, davon 80.000 Gewehrschützen, 20.000 Lanzen-, Speer- und Schwertmänner, 8.600 Mann Kavallerie und 42 Artillerie- und Maschinengewehrbatterien nahmen auf der äthiopischen Seite an den Kämpfen teil. Kaiserin Taytu führte eine Truppe von 3000 Mann an. Die entscheidende Schlacht fand vom 1. auf den 2. März statt. Am Ende der Kämpfe mußten sich die Invasoren geschlagen geben, die äthiopische Armee hatte sie besiegt.

Die äthiopische Seite hatte 7000 bis 10.000 Tote und etwa ebenso viele Verwundete zu beklagen. Das italienische Lager über 5000 bis 6000 Tote, davon 2000 Askari, etwa 1000 Verwundete, viele Vermißte und 1865 Gefangene.[258] Grausame Rache nahm die äthiopische Armee an den christlichen Askari durch Amputation der rechten Hand und des linken Fußes. Etwa 400 von ihnen kehrten verstümmelt nach Eritrea zurück. In den abgetrennten Gliedmaßen sehen Eritreer ein Symbol für die Abtrennung der Mareb-Mellash-Region (jenseits des Mareb), dem eritreischen Hochland von Äthiopien.

Man feierte den Sieg mehrere Tage lang. In der Kathedrale von Aksum wurde ein gewaltiger Dankgottesdienst begangen und Meniliks Marsch von Adwa nach Addis Abeba war von „tumultartiger Zustimmung"[259] begleitet. Die Europäer überzog man mit Spott. In einem Lied heißt es:

> „What kind of fools are the men of the country of the Europeans! Having themselves made (the instruments of) their death, they gave them to us. With the Wetterly which they brought, with the munitions they brought, Menilek roasted and cracked this barley from overseas."[260]

Nicht zuletzt hatte auch der Hochmut der Italiener zu diesem Sieg beigetragen. Für die italienischen Politiker und Militärs war es undenkbar, daß Schwarze Weiße besiegen könnten, daß sie fähig wären, aus Patriotismus zu handeln. Insbesondere die politische Führung unter Francesco Crispi unterschätzte die Kampferprobung und den Kampfeswillen der Äthiopier völlig. Ein italienischer Soldat könne sich mit zehn äthiopischen messen, war die hochfahrende Annahme. Schnelle Erfolge wurden herbeigeredet und das Militär zu Maßnahmen veranlaßt, die militärtaktischen Überlegungen widersprachen, etwa durch Abwarten, Menilek zu zwingen, sich wegen mangelndem Futter und Essen gegen Süden zurückzuziehen. Unkenntnis des bergigen Geländes, falsche und fehlende Ausrüstung, ungenaue Karten und mangelnde Abstimmung der Heeresabteilungen untereinander taten ein übriges. Menilek seinerseits war klug genug, die Italiener nicht in ihren befestigten Posten anzugreifen, sondern zu warten, bis sie sich auf den Weg machten, um Positionen zu beziehen, und sie dann mit überlegener Zahl zu überrennen.

Nationales Gründungserlebnis und politischer Zankapfel

Der Sieg in Adwa 1896 gegen die italienischen Invasoren ist bis heute für viele Äthiopier ein Ruhmesblatt in der Geschichte des Landes und die „Mutter aller Siege" mit weitreichenden Folgen für Äthiopien, Afrika und das Verhältnis zu Europa. In der öffentlichen Meinung und offiziellen Verlautbarungen über Adwa ist der dort errungene Sieg Bestätigung dessen, was die Geschichte Äthiopiens oft genug gezeigt hatte, nämlich, daß sich Äthiopier niemals fremden Eindringlingen beugen, ihre unerschütterliche Bestimmung die ist, nicht einer ausländischen Aggression unterworfen zu werden. „Keine Zweifel, Äthiopier haben immer am meisten ihre Freiheit geliebt und sich nicht gescheut, ihr Leben für einen so noblen Grund zu opfern."[261] Adwa war die Kulmination einer Kette von Schlachten auf dem Höhepunkt der „Balgerei" der europäischen Großmächte um Afrika, in denen sich die „Nachkommenschaft dieses Geistes"[262] zeigte. In religiös-politischer Überhöhung war Adwa der Beweis dafür, daß die Äthiopier eine von Gott auserwählte Nation waren.

Aus kritischer Sicht führte der Sieg zum Gefühl der Überlegenheit gegenüber anderen afrikanischen Völkern und einer Überbewertung der eigenen Kultur und Position in der Welt.

> „The Adwa victory shaped the Ethiopian national psyche as a few other events in the modern era have done. A feeling of uniqueness, if not divine selection, has permeated the Ethiopian national character."[263]

So urteilt der Historiker Bahru Zewde. Adwa gilt darüber hinaus, jenseits der Probleme, die die Eroberungspolitik Menileks mit sich brachte, als der Beweis für einen „starken Kern"[264] von fragloser Identität der Völker Äthiopiens. Über das gewaltige Heer, das sich den Italienern entgegenstellte, konnte Menilek nur verfügen, weil die Großen des Landes, die er zur Heeresfolge aufgerufen hatte, diesem Ruf folgten. Das durch den Sieg beförderte Gemeinschaftserlebnis markiert in diesem Sinne „das Gründungsereignis der modernen äthiopischen Nation"[265].

Sein „überwältigendes geistiges" Erbe wird jedes Jahr am 2. März groß gefeiert und als Stimulus für gegenwärtige Herausforderungen angerufen. Denn die Erinnerung an Adwa soll sich nicht im Andenken an vergangene Herrlichkeit erschöpfen, sondern in einem vereinten und mutigen Kampf gegen Unterentwicklung, Ungerechtigkeit, Korruption, Armut, Dürre, Hungersnot, HIV/Aids und Rückständigkeit bestätigen. „Adwa is today" singt die bekannte Sängerin Gigi. „Our pride today is the result of the sacrifice of yesterday."

Im Millenniumsjahr fand die Hauptfeier in Adwa selbst unter Teilnahme des Staatspräsidenten, des Präsidenten von Tigray, des Präsidenten der Veteranenorganisation, verschiedener Regierungsvertreter, von Repräsentanten der Nationen und Nationalitäten, religiösen Führern, Diplomaten und Mitgliedern der Ausländergemeinde statt. „Markstein in der äthiopischen Geschichte." „Das Symbol unserer Identität und historisches Erbe unserer andauernden Unabhängigkeit und Freiheit." „Wasserscheide in der afrikanischen Geschichte", ein Sieg, der „ewig als der bedeutendste schwarze Sieg" [266]leuchten wird.

Die Bedeutung dieses Sieges für ganz Afrika stand im Vordergrund der Feiertagsreden ebenso wie die Betonung von Adwa als Ausdruck der Einheit aller Nationen und Nationalitäten in der Verteidigung des gemeinsamen Vaterlandes gegen einen ausländischen Aggressor. So wie der Sieg von Adwa nur möglich war, weil die verschiedenen regionalen Herrscher ihre internen Differenzen zurückstellten und sich mit Kaiser Menilek II. vereinten, war er auch nur möglich, weil das damalige Kaiserreich mehr war, als nur eine Ansammlung von separaten Stämmen und regionalen Gruppen. Adwa als Beispiel für „multiethnische Zusammenarbeit", als „großer Erguß nationalen Patriotismus, der den großen Kampf von 1935–41 andeutete"[267].

Was auf den ersten Blick als einmütige Zustimmung zu einem bedeutenden geschichtlichen Ereignis erscheint, erweist sich in der aktuellen Realität als kompliziertes Gebilde mit teils sehr kontroversen Standpunkten in der Beurteilung von Adwa und seinen Folgen. Sieht man von Positionen wie zum Beispiel der OLF ab, die in Adwa den Kampf zweier Kolonialmächte sehen und nicht die Verteidigung gegen einen ausländischen Aggressor, so bleiben am Ende als Gemeinsamkeit die Anerkennung einer großen Mobilisierungsleistung und der Stolz, eine europäische Großmacht besiegt zu haben.

Während die einen seit Adwa einen kontinuierlichen Prozeß hin zu einer einigen Nation sehen, betrachten andere dies als eine grobe Beschönigung der wahren Ereignisse, denn in den zwei Jahrzehnten vor der Schlacht waren weite Teile des heutigen Staatsgebiets von Menilek erobert worden und dieser Prozeß konnte nach Adwa besonders brutal fortgesetzt werden, gerade weil der Sieg die Position des Kaisers entscheidend gestärkt hatte. Die riesigen Armeen der Heerführer, die aus dem Arsenal des besiegten Feindes immense Mengen an Waffen und Munition erbeuteten, wurden zur Eroberung der Gebiete im Süden eingesetzt, die bis dahin ihre Unabhängigkeit noch bewahrt hatten, darunter das wirtschaftlich reiche Königreich Kaffa. Die siegreichen Truppen sollten mit Ländereien zufriedengestellt und es sollten Fakten geschaffen werden, um eine weitere imperiale Expansion Großbritanniens zu verhindern. Die Eroberung bedeutete auf der einen Seite für Millionen Menschen Enteignung, Vertreibung, Versklavung, Hunger, Gefangenschaft, Krankheit, Tod. Auf der anderen Seite ermöglichte sie den Aufstieg der „feudalen Shoa-Klasse"[268], die durch Ausbeutung der eroberten Völker reich und mächtig wurde.

Aus Sicht der heute herrschenden politischen Elite endete dieser Zustand erst mit der Niederlage des Derg: Zwar hatten die Nationalitäten die Schlacht in Adwa gewonnen, sie hatten aber den Krieg verloren und mußten weitere 100 Jahre kämpfen, bis 1991 das Land, das im Norden wie im Süden zur „Gefängniszelle"[269] für die Nationalitäten geworden war, den Weg zu einem demokratischen, föderalen Staat fand. Hierbei war das Erlebnis der Zusammengehörigkeit von Adwa der Motor für den Kampf gegen die Tyrannei des Derg.

Ganz im Gegensatz hierzu sehen Kritiker der heutigen Regierungspolitik den „multiethnischen Effekt" von Adwa als den bedeutendsten der gesamten Episode, als Wendepunkt in der langen Geschichte der äthiopischen Völker, als Demonstration ihrer Fähigkeit, eine feste Einheit aller Nationalitäten zu schmieden, geradezu konterkariert. Die EPRDF treibe durch ihre ethnisch ausgerichtete Politik auseinander, was seit Adwa zusammengewachsen war. Sie sei nicht nur nicht demokratisch, sondern auch „anti-Adwan".[270]

Abb. 16 Wandteppich zur Schlacht von Adwa 1896, Ausschnitt

Abb. 17 Wandteppich zur Schlacht von Adwa 1896

Das Gedenken an Adwa hat im Laufe der Geschichte verschiedene Gewichtungen und Instrumentalisierungen erfahren. Im Kaiserreich sah man den Sieg in erster Linie als Verdienst derjenigen, die die Schlacht befehligt hatten, der *rases* (Fürsten), der Generäle und des Adels. Die wohl größte Militärparade im Gedenken an Adwa soll 1903 stattgefunden haben, als 390.000 Soldaten in Addis Abeba vor Menilek II. und seinen geladenen Gästen aufmarschierten.[271] Nicht zuletzt hatte 1896 die helfende Hand des Heiligen Georg mitgewirkt, dessen Tabot in der Schlacht mitgeführt worden war und an dessen Festtag sie stattgefunden hatte. Folgerichtig waren die Adwa-Feierlichkeiten eng mit der Ehrung des Heiligen verbunden. Darstellungen der Schlacht in der Malerei zeigen nicht nur den Hl. Georg, sondern auch Abuna Mattewos, den Patriarchen, mit dem *tabot*. Aufgrund der Bedeutung, die die

Kirche den Tabots bei siegreichen Kriegen zwischen äthiopischen Herrschern und ihren Feinden zusprach, wurde die Schlacht von Adwa zu einem der ersten säkularen Motive überhaupt, die in Gemälden dargestellt werden durften.[272] Im allgemeinen erlaubte die orthodoxe Tradition nur religiöse Themen und schrieb vor, wie bestimmte Personen und Dinge dargestellt werden sollten. Der Einfluß kirchlicher künstlerischer Vorschriften zeigt sich in der Darstellung der Feinde im Profil, also mit nur einem Auge als Zeichen des Bösen. Die Einheimischen werden mit voll zugewandtem Gesicht gezeigt, was bei Feinden nur sein durfte, wenn sie tot waren.

Auch unter Kaiserin Zewdito (r. 1916–30) und der Regentschaft des späteren Haile Selassie wurden Adwa-Gedenktage in enger Verknüpfung von militärischem und kirchlichem Zeremoniell feierlich begangen.[273] Insgesamt räumte das Kaiserreich unter Haile Selassie aber dem 5. Mai, dem Tag der Rückkehr des Monarchen 1941 aus dem Exil einen höheren Stellenwert ein, als dem 2. März, und hob so dessen Position gegenüber Menilek hervor.

Unter dem Derg wurde die Rolle des Hl. Georg auf ein „Nichts"[274] reduziert und der Sieg

Abb. 18 Menelik II.-Monument am Menilek Square /Arada; 1930 errichtet nach Entwürfen des deutschen Architekten Carl Härtel; 1937 von den Italienern entfernt, 1941 wieder aufgestellt

Abb. 19 Portrait von Kaiserin Taytu

zum Ergebnis der Anstrengungen der äthiopischen Massen oder des Volkes und damit ein Mittel zur Mobilisierung der Bevölkerung gegen die einfallenden somalischen Streitkräfte und die eritreischen wie tigrayischen Befreiungsbewegungen. Ähnlich instrumentalisierte die heutige Regierung Adwa im Grenzkrieg gegen Eritrea 1998–2000 und beim Einmarsch in Somalia im Dezember 2006. In den Anfangsjahren hatte die EPRDF dem Gedenken an Adwa nur eine vergleichsweise bescheidene Beachtung geschenkt.

Aus Tigray-Sicht war die primäre Ursache für die Schlacht zwar imperialistischer Expansionismus, aber auch Teil heimischer Konspiration, indem Menilek als Herrscher von Shoa Kaiser Yohannes IV. aus Tigray die Gefolgschaft im Kampf gegen die Italiener verweigerte. In seinem Bestreben, selbst Kaiser zu werden und Waffen zu kaufen, paktierte er mit dem späteren Aggressor Italien. Es wird argumentiert, daß Menilek sich sehr wohl bewusst war[275], was er im Vertrag von Wuchale 1889 unterschrieb. Bezeichnenderweise werde in der äthiopischen Geschichtsschreibung vor 1991 immer nur Artikel XVII, der sich auf das Protektorat bezieht, hervorgehoben und nicht Artikel III, der die Grenzziehung, und damit die Anerkennung der italienischen Besitzansprüche in Eritrea betrifft – einem Land mit engen historischen Bindungen an Äthiopien und einer Bevölkerung, die zu 60 % Tigrinya-Sprecher sind. Aus dieser Perspektive löste Menilek in der Schlacht von Adwa ein Problem, bei dessen Entstehung er selber mitgeholfen hatte. Es wird darauf verwiesen, daß Menileks Sieg nur denkbar war aufgrund der vorangegangenen Kämpfe und Siege von Kaiser Yohannes IV., seiner Generäle Ras Alula und Ras Mengesha, dem Sohn von Yohannes IV., und anderer Aristokraten aus Tigray.[276] Insbesondere wird Ras Alula als derjenige hervorgehoben, dessen Wachsamkeit es zu verdanken war, daß das Vorrücken der italienischen Armee rechtzeitig erkannt wurde, und dieser mit Italien keinen Frieden ohne die Befreiung Eritreas schließen wollte. Mehr oder minder direkt geht der Vorwurf an die „amharische" Seite, Eritrea verkauft und nicht die Gunst der Stunde genutzt zu haben, die Italiener ganz vom Horn von Afrika zu vertreiben. Es sei dahingestellt, ob Menilek damals tatsächlich die militärischen und logistischen Potentiale, den politischen Spielraum und die wirtschaftlichen Ressourcen gehabt hätte, die Italiener aus Eritrea zu verjagen oder ob ein solches Handeln gar nicht für ihn in Betracht kam, weil er andere Prioritäten setzte.

Aus dieser Perspektive erscheint die Leistung Menileks erheblich geschmälert und der Preis für den Sieg zu hoch, denn mit ihm wurde die Grundlage für einen bis heute andauernden schwerwiegenden Konflikt gelegt, nämlich die Feindschaft zwischen Äthiopien und Eritrea. Liegt für die einen das Versagen bei Menilek, so liegt es für heutige Kritiker, die Eritrea als historisch gewachsenen Teil eines äthiopischen Großreichs betrachten und Eritrea dem Staatsgebiet wieder einverleiben wollen, bei der EPRDF-geführten Regierung. Diese habe 1993 mit der Akzeptierung der Unabhängigkeit Eritreas die nationale Einheit schon einmal fahrlässig aufgegeben und im Jahre 2000 als haushoher Sieger des Krieges, ihre Möglichkeiten nicht genutzt, um zusammenzuhalten, was zusammengehört.

Es lässt sich leicht vorstellen, daß auch in Eritrea die Position zu Adwa und den Folgen alles andere als einheitlich ist und stark davon abhängt, inwieweit man dort historische Bindungen zu Äthiopien bejaht oder verneint. Für diejenigen, die die Italiener als unerwünschte Besatzer ansehen und Menilek eine separatistische Politik vorwerfen, war Adwa kein Triumph über den Kolonialismus, sondern stärkte im Gegenteil den Kolonialismus, indem die kolonialen Grenzen anerkannt wurden. Der eritreische Historiker Gäbra Egziabher Gila-Maryam sprach aus diesem Grund Menilek das Anrecht auf den Titel „König der Könige von Äthiopien" ab und nannte ihn „König der Könige von Halb-Äthiopien".[277] Auf dem Hintergrund des aktuellen Konflikts um die Grenze treiben die Positionen bisweilen seltene Blüten. So behauptet der eritreische Politikwissenschaftler Tseggai Issac, daß Äthiopien die Schlacht von Adwa gar nicht gewonnen habe, sondern Italien, das diesen Sieg aber zu seiner „untilgbaren Schande"[278] nicht publik gemacht habe. Eritreas Präsident Isayas Afeworki äußerte sich verächtlich über die Rückständigkeit Äthiopiens und hob demgegenüber das dank der italienischen Kolonisatoren fortgeschrittene Eritrea hervor.

Europa ist schockiert, entdeckt eine „weiße Beimengung" in Äthiopiern und malt sich ein neues Abessinienbild

Nicht nur die Italiener waren von dem äthiopischen Sieg überrascht und schockiert. Die „natürliche" Überlegenheit der Europäer hatte sich als Schimäre erwiesen und das Diktum, daß Afrika keine eigene Geschichte und folglich auch nichts zu verteidigen habe und sich nicht selbst regieren könne, schien erschüttert. In ganz Europa blickte man mit Verwunderung auf die Ereignisse und während vor allem Großbritannien und Deutschland entgeistert schienen, gab es in Frankreich, Rußland und der Türkei auch Sympathien. Die italienischen Sozialisten begrüßten den äthiopischen Sieg mit „Viva Menilek!"-Rufen.[279] Die deutsche Seite feuerte zunächst die Italiener an, die „Schande"[280] wettzumachen und in einem weiteren Krieg Abessinien zu erobern, schwenkte aber bald aus taktischen Überlegungen gegenüber England um und forderte den Friedensschluß mit Menilek II.

Insgesamt fürchteten die Europäer, die italienische Niederlage schade dem europäischen Prestige in ganz Afrika und käme – jenseits aller Konkurrenzen der Großmächte – einer Niederlage des kolonisierenden Europa gleich. Verstärkt wurden solche Befürchtungen ein paar Jahre später mit dem Sieg der Japaner über die Russen. Man begann über Äthiopien nachzudenken, es ernster zu nehmen und die Niederlage für weiße Gemüter erträglicher zu gestalten. Man „entdeckte"[281], daß die Äthiopier eigentlich gar nicht schwarz waren und daß sie Eigenschaften besaßen, die denen der Europäer verwandt waren.

War die Vorstellung über Afrikaner im allgemeinen tief rassistisch und ignorant, so hatte es in der Wahrnehmung der Äthiopier schon immer eine gewisse Zwiespältigkeit gegeben, existierten neben negativen Zuschreibungen auch positive, auf die man nun verstärkt zurückgriff. Nicht zuletzt hingen diese Vorstellungen mit der Legendenbildung um die geheimnisumwitterte Gestalt des Priesterkönigs Johannes und dem Vorhandensein einer alten christlichen Hochkultur zusammen. Der Philosoph Emanuel Kant hatte im 18. Jahrhundert die „Abessinier" im Rahmen seiner Klassifikation von Rassen und Völkern aus seinem negativen Urteil über Afrikaner ausgenommen. (Vgl. 10. Kapitel)

Im 19. Jahrhundert hinterließen Reisende in ihren Berichten unterschiedliche Charakteristika über Land und Leute. Überwiegend waren sie negativer Art: Äthiopier galten als Wilde, als brutal und gnadenlos gegenüber Feinden, die Soldaten dank kirchlicher Absolution als ruchlose Schlächter.[282] Die orthodoxe Kirche wurde als nicht wirklich christlich eingestuft, sondern als dem Heidentum verbunden, und ihre Vertreter als habgierig, rüde, schmutzig. Der Genuß rohen Fleisches bewies Barbarentum. Menileks Regierungsmethoden wurden als unzivilisiert und er wie sein Volk als engstirnige Frömmler mit einer xenophobischen Abneigung gegenüber Ausländern charakterisiert.

Aber es gab auch gegenteilige Beurteilungen, die Äthiopier oder Abessinier als von schneller Auffassungsgabe und Intelligenz mit anmutiger Haltung und zivilisierten Sitten beschrieben, ganz anders als etwa Araber oder „Neger". Die Soldaten, wenn auch nicht dem europäischen Standard vergleichbar, galten als furchtlos und tapfer. Das orthodoxe Christentum erschien als anspruchsvolle Religion, die in Zusammenarbeit mit dem Staat eine komplexe Gesellschaft entwickelte hatte und „als sicherste Weiche des Kontakts" galt, die dereinst Äthiopien „mit der allgemeinen Weltzivilisation vereinigen wird".[283].

Und wie erklärte man sich diese Unterschiede zu anderen afrikanischen Völkern? Ganz einfach damit, daß die Äthiopier/Abessinier keine „Neger" seien, sondern Mitglieder der großen kaukasischen Familie. Sie hatten eine „kaukasische Beimengung"[284], wie es der Deutsche Karl Dove formulierte, also eine weiße Beimengung, was man schon an ihrer Hautfarbe, die nicht schwarz, sondern bronzefarben hell sei, erkennen könne. Damit entsprach man exakt den Vorstellungen, die Amharen und Tigray von sich selber hatten und die Menilek gegenüber Benito Sylvain aus Haiti geäußert hatte, der ihn für die Führung des 1900 in London stattfindenden ersten Pan Afrikanischen Kongresses gewinnen wollte. Von Menilek ist folgende Antwort überliefert:

> „Yours is an excellent idea ... the Negroes should be uplifted... I wish you the greatest possible success. But in coming to me to take the leadership, you are knocking at the wrong door, so to speak. You know I am not a Negro at all I am a Caucasian."[285]

Daß Menilek nach Adwa sich nicht etwa dem Sudan und Ägypten als möglichen Verbündeten zuwandte, sondern sich Richtung Europa orientierte, mag hiermit zusammenhängen, war aber auch wesentlich beeinflußt durch die historisch gewachsene Feindseligkeit zwischen dem

Islam und dem christlichen Äthiopien und ging nicht zuletzt auf kriegerische Auseinandersetzungen jüngeren Datums mit diesen Nachbarn zurück.

In dem Bemühen, sich die Niederlage einer europäischen Streitmacht auf afrikanischem Boden zu erklären und die eigenen Vorurteile zu rationalisieren, knüpften Europäer in der Post-Adwa-Ära an die vorhandenen positiven Charakteristika an und stilisierten die christlichen Äthiopier als „eine zivilisierte Nation von immenser Intelligenz, die einzige, die zivilisiert ist, ohne Hosen und Schuhe zu tragen".[286] Die äthiopischen Adeligen avancierten zu mutigen Kriegern mit den Qualitäten hervorragender alter Ritterlichkeit, die die kühnen, disziplinierten, ausdauernden und tapferen Soldaten anführten. Menilek wurde zum militärischen Genius verklärt, zum „Schwarzen Bismarck"[287] und „Napoleon Afrikas", der „aus einem Chaos sich befehdender Stämme und Völkerschaften"[288] ein Kaiserreich geschaffen hatte und von der „Natur aus mit der konstruktiven Intelligenz eines Bismarck begnadet"[289] war, so ein US-Diplomat. Menilek verfügte nun über all jene Eigenschaften und Gewohnheiten, die sich Männer der westlichen, „zivilisierten" Welt gerne selber zuschrieben. Er war diszipliniert, stand früh auf, arbeitete hart, ein tüchtiger Menschenkenner mit hervorragenden Herrschereigenschaften, vertraut mit Weltangelegenheiten, mit der Technik und der Wissenschaft, eben ein moderner Staatsmann.

Nicht allen gefielen solche Zuschreibungen, sie gingen manchen zu weit, zumal sich Äthiopier erdreisteten, sich den „zivilisierten" Ländern überlegen zu fühlen. So dominierten letztlich eher zwiespältige Zuschreibungen, die neben dem Positiven das „Wilde" noch durchscheinen ließen: „Ein orientalischer Despot, gewalttätig, aber gerecht, staatsklug" oder „Es sind wahre Herrscheraugen, im Zorn gewiß von unerbittlicher Grausamkeit, im Gespräch bald gewinnend freundlich."[290] Man gestand Äthiopiern gerne zu, einige „weiße" Eigenschaften zu teilen, aber gleichstellen durften sie sich damit nicht. Auf halbem Weg zwischen Wildheit und Zivilisation mochten sie angesiedelt sein. Aus eigener Kraft kamen sie hierbei aber nicht weiter, sondern bedurften der lenkenden Hand derjenigen, die ihnen trotz allem überlegen waren. Etwa als formbares Material in den Händen westlicher Missionare könnten sie es als Mittler zwischen Schwarz und Weiß zu etwas bringen und der Zivilisation einen Dienst erweisen.

Am entschiedensten hielt sich das Bild vom aggressiven, rückständigen und grausamen Äthiopier in der veröffentlichten Meinung Italiens, wobei die Verbreitung von Photos der verstümmelten Askari als schlagender Beweis diente. Beispiele von Mitgefühl und Großzügigkeit, die Äthiopier italienischen Soldaten gegenüber zeigten, zählten nicht, sondern waren Qualitäten, die nur den eigenen Leuten zugesprochen wurden.[291]

Jenseits aller Zwiespältigkeiten wurde Menilek ein von europäischen Staatsmännern hofierter Herrscher und bekannt in der westlichen Welt. Viele Neugierige, wirtschaftlich und politisch Interessierte reisten nach Äthiopien. Junge Mädchen, so berichtet sein Schweizer Staatssekre-

Abb. 20 Sammelbild: Menilek und Liebig' s Fleischextrakt

tär Alfred Ilg, schwärmten für den Helden und sandten ihm Glückwünsche. Nicht nur in Deutschland wurde Menilek werbewirksam für „Liebig's Fleisch-Extrakt"[292] in Szene gesetzt. Der bekannte Lyriker Walter Mehring nahm noch 1920 in seinem Gedicht „Hamburg an der Elbe" Bezug auf ihn: „Wir sahen den toten Menilek hoch zu Krokodil! Wir sahen überall den Krieg – Und Wilhelm im Exil!"[293]

Und was sprang neben der gewonnenen Reputation und den neu zugesprochenen Eigenschaften für Menilek und Äthiopien heraus? Der Westen nahm das Land nun vorübergehend ernst. Die Kolonialmächte sahen davon ab, Äthiopien weiterhin als zu verteilendes Beutestück zu betrachten. Italien verhielt sich zumindest vorläufig so, es war geschwächt, die Regierung gestürzt und sein Ruf als effektive militärische Macht auf lange Sicht ruiniert. Im Friedensvertrag von 1896 erkannte Italien die Souveränität Äthiopiens an, Menilek bestätigte im Gegenzug die Anerkennung Eritreas als italienische Kolonie und ihre endgültigen Grenzen, die bis heute Streitpunkt zwischen Äthiopien und Eritrea bei der Umsetzung des Algier-Abkommens sind. 1897 akkreditierten Italien, Frankreich und Großbritannien ihre Gesandten am Hofe Menileks. 1904 folgten die US-Amerikaner und 1905 die Deutschen sowie weitere europäische Mächte und die Türkei. In mehreren Abkommen zwischen 1897 und 1908 erkannten die Kolonialmächte Großbritannien, Frankreich und Italien die Grenzen der von Menilek vor und nach Adwa eroberten Gebiete an. Die durch den Sieg von Adwa, dem letzten Nagel am „Sarg des Warlordismus"[294], innen- wie außenpolitisch gestärkte Position Menileks schuf die Voraussetzungen für den Beginn einer Dekade der Konsolidierung und Modernisierung von Wirtschaft und Politik im Zentrum des Reiches – auf Kosten der eroberten Völker an der Peripherie. Ein 1897 zwischen Äthiopien und Frankreich abgeschlossenes Abkommen über den Eisenbahnbau von Dschibuti nach Addis Abeba schuf die infrastrukturelle Grundlage für den Ausbau der Wirtschafts- und Handelsbeziehungen, für den Import und Export von Waren und den raschen Ausbau der neuen Hauptstadt Addis Abeba.

Das Interesse an den Zeugnissen äthiopischer Kultur wie Handschriften, Manuskripte, Literatur und Gemälde nahm in Europa einen Aufschwung und entwickelte sich von einer individuell und willkürlich betriebenen Sammlung in Richtung kultureller Austausch und Erhalt von historischen Zeugnissen. Ein herausragendes Beispiel hierfür ist die Deutsche Aksum-Expedition von 1906.

Seit 1916 setzte Prinzregent Ras Tafari Mekonnen, der spätere Haile Selassie, auf eine Vertiefung der Beziehungen zu den Westmächten und erreichte 1923 die Aufnahme Äthiopiens in den Völkerbund. Er verband damit die Hoffnung, durch die Einbindung in die Völkergemeinschaft, das Land vor neuen Aggressionen zu schützen. Er unterschätzte, daß europäische Politiker in der äthiopischen Souveränität trotz allen Herumschwänzelns am Hof in Addis Abeba nach wie vor eine „Anomalie"[295] sahen. Länder wie Großbritannien, Italien, Australien, die Niederlande, Norwegen und die Schweiz hatten im Vorfeld der Aufnahme Äthiopiens in den Völkerbund mit dem berechtigten, aber auch scheinheiligen Hinweis auf die in Äthiopien noch praktizierte Sklaverei geltend gemacht, daß eine wirklich zivilisierte Nation keine Sklavenhaltergesellschaft sein könnte. 1924 und 1931/32 erließ die äthiopische Regierung gegen den Widerstand provinzieller Machthaber Antisklaverei-Gesetze und schuf damit zumindest die formelle Voraussetzung für ihr allmähliches Verschwinden.

Wie dünn das Eis der Anerkennung Äthiopiens als gleichberechtigter Staat in der von Weißen dominierten Völkergemeinschaft war, sollte sich bald zeigen, als Italien sich 1935 anschickte, seine Niederlage wettzumachen und dem „barbarischen und sklavenhalterischen Abessinien"[296] die Zivilisation beizubringen. Während der Völkerbund anfangs noch auf die zahlreichen Proteste und Eingaben Äthiopiens reagierte und Friedensbemühungen unternahm, Italien als Aggressor verurteilte, aber nur halbherzige, ineffektive Sanktionen erließ, hob er sie am 4.Juli 1936 wieder auf. Bis 1938 erkannten alle europäischen Länder außer der Sowjetunion die Annexion Äthiopiens durch Italien an.

Vorbild im Dekolonisierungskampf – Die afrikanische Dimension

Der Sieg von Adwa hatte nicht nur eine äthiopische und eine europäische, sondern auch eine weitreichende afrikanische Dimension. Obwohl der Sieg von Adwa nicht der einzige Sieg von Afrikanern gegen die europäischen Kolonialisten war, man denke etwa an den Sieg der Zulu über die Briten 1879 in Südafrika, so war er doch der nachhaltigste, der das Land fast 40 Jahre vor einem imperialistischen Angriff bewahrte und die Grundlage dafür legte, daß Äthiopien letztendlich seine Unabhängigkeit bewahren konnte.

In der Diaspora, in Liberia, aber auch in den unter der Herrschaft der Kolonialmächte stehenden Staaten wurde der äthiopische Sieg aufmerksam registriert und von der einheimischen Bevölkerung wie seinen Intellektuellen mit Beifall begrüßt. Trotz einseitiger Berichterstattung und Pressezensur durch die Kolonialmächte wurde das Ereignis auf dem Kontinent bekannt. Was für weiße Siedler eine „niederschmetternde Niederlage", das „größte Verbrechen des Jahrhunderts" und ein „desaströses Hemmnis" für die weitere Zivilisierung Afrikas war, bedeutete für die Kolonisierten ein „Leuchtfeuer für die Freiheit" der Afrikaner, das Symbol für afrikanische Unabhängigkeit und wurde zur „Wasserscheide" bei der Herausbildung der Befreiungsbewegungen und ein „Schmiermittel"[297] im Dekolonisierungskampf. Adwa inspirierte den im Entstehen begriffenen afrikanischen Nationalismus und die Pan-Afrika-Bewegung, die in den USA und der Karibik entstanden war. Adwa versah die bis dato bloße Idee mit „Fleisch und Blut".[298]

Äthiopien wurde zum Vorbild, dem man nacheifern wollte. Die Gründung antikolonialer landeseigener Kirchen in vielen Ländern Afrikas, die sich „äthiopisch" nannten, war Teil dieser Bewegung. Schwarze Theologen und Agitatoren griffen verstärkt auf die biblische Erwähnung der Königin von Saba zurück. Um den Rassenhochmut der Weißen und ihre einseitige Bibelauslegung zu geißeln, führten sie die Hochachtung, die der weiße König Salomon der schwarzen Königin entgegengebracht hatte, als Beispiel für die Gleichberechtigung aller Rassen an. Der einstige Reichtum der Königin schien den Reichtum eines zukünftigen befreiten Afrikas zu versprechen.[299]

Zwiespältiger war die Reaktion in Ägypten. Für die ägyptische Öffentlichkeit war die Tatsache, daß Äthiopien in der Lage war, Europäer zu besiegen, während das eigene Land von der Kolonialmacht England erobert war, schwer verdaulich. Während die meisten ägyptischen jungen Nationalisten den Sieg von Adwa ignorierten, begannen junge gebildete Kopten mit „gebührender Vorsicht"[300] stolz auf Menileks Äthiopien zu sein. Sie sahen auf dem Gebiet moderner Erziehung ein Mittel, um an die alten Verbindungen zwischen Kopten und orthodoxen Christen anzuknüpfen und Reformen, die in Ägypten eingeführt worden waren, nach Äthiopien zu tragen. Als Menilek mit seinem an Europa orientierten Konzept schulischer Erziehung auf Widerstand des orthodoxen Klerus stieß, holte er koptische Pädagogen ins Land. Zwischen 1906 und 1935 nahmen koptische Lehrer eine „signifikante Stellung"[301] bei der Modernisierung der Erziehung in Addis Abeba und Harar ein, aus der eine neue Generation von modernen Bürokraten, Beamten und Intellektuellen erwuchs.

Als Italien 1935 einen erneuten Versuch startete, das Land zu unterwerfen und sich für seine Niederlage von 1896 zu rächen, erreichte die Identifikation von Schwarzen mit Äthiopien in allen Teilen der Welt ihren Höhepunkt. Der Widerstand in Äthiopien und der Sieg von Adwa, die in Trinidad und Tobago erst jetzt bekannt wurden, stimulierten eine Entwicklung von Protesten, Streiks und Hungermärschen für die eigene Befreiung von weißer Unterdrückung sowie Solidaritätsbekundungen für Äthiopien und ein vom Kolonialismus befreites und geeintes Afrika. Führer der afrikanischen Unabhängigkeitsbewegungen wie Nnamdi Azikiwe in Nigeria, Kwame Nkrumah in Ghana, Jomo Kenyatta in Kenia beriefen sich ebenso wie die Führer der karibischen Inseln George Padmore und Marcus Garvey aus Jamaika auf Adwa.[302]

Es gab aber nicht nur begeisterte Zustimmung, sondern auch Irritationen und Kopfzerbrechen über die äthiopische „rassische Identität", denn daß Äthiopier traditionell auf dunkelhäutige Menschen als minderwertig herabblickten, war durch die weiße Presse bekanntgeworden. Neger waren im Amharischen „Shanki'lla" (Shankalla) und das war durchaus als Schimpfwort gemeint und setzte die so Titulierten mit Sklaven gleich. Die italienischen Faschisten nutzten diese Sichtweise in ihrer Propaganda aus, um Afrikaner und schwarze Amerikaner davon abzuhalten, Äthiopien zur Seite zu stehen.

In einem Interview mit der „Nigerian Daily Times" wurde Haile Selassie nach seiner Ankunft in London 1936 befragt, ob sich Äthiopier als Afrikaner betrachteten und warum sie auf schwarze Menschen herabsähen. Haile Selassie versicherte, daß die Behauptung von „Rassenschranken"[303] eine Erfindung Italiens sei. Er bestätigte jedoch, daß Äthiopier keine „Neger" seien und sich auch nicht als solche betrachteten, denn sie seien ein hamitisch-semitisches Volk. Der Begriff hamitisch wurde früher für die nichtsemitischen Sprachen der afroasiatischen Sprachfamilie verwendet, die als nicht vollständig schwarzafrikanisch galten und damit als zivilisatorisch höher stehend.

Als Haile Selassie sich weigerte, den Begründer der Back-to-Africa-Bewegung Marcus Garvey in London zu treffen und ganz auf ungestörte Kooperation mit Großbritannien setzte, kritisierte Garvey Haile Selassie unter Berufung auf Menilek als Feigling, weil er den italienischen Verbrechen auf äthiopischem Boden nicht genug entgegensetzte und die Sklaverei nicht abgeschafft habe. Haile Selassie empfing aber Vertreter der „United Aid for Ethiopia" aus New York, die angereist waren, um den Transfer finanzieller Unterstützung durch schwarze Amerikaner zu regeln. Als Ergebnis der Gespräche schickte Haile Selassie Malaku E. Bayen, der in den USA studiert und eine Afro-Amerikanerin geheiratet hatte, als seinen Gesandten nach New York. Malaku gründete dort 1937 die *Ethiopian World Federation (EWF)*, die bis heute existiert. Er gehörte zu den wenigen Intellektuellen in Äthiopien, die seit den 20er Jahren des 20. Jahrhunderts äthiopischen Patriotismus mit schwarzer Identität und Solidarität verbanden und sich für die „Rückkehr" von Afro-Amerikanern nach Afrika einsetzten. Haile Selassie hatte seine Bereitschaft erklärt, „qualifizierte Afro-Amerikaner"[304] in Äthiopien willkommen zu heißen. Mitte der 40er gelangte eine kleine Gruppe von schwarzen Amerikanern nach Äthiopien und ab 1958 stellte die äthiopische Regierung Stipendien für Studenten aus verschiedenen afrikanischen Staaten zur Verfügung.

Von den ersten dieser Studenten, die nach Addis Abeba kamen, wird berichtet, daß sie enttäuscht darüber waren, wie wenig äthiopische Studenten sich mit Afrika identifizierten. Stolz auf ihr altes historisches Erbe und die Unabhängigkeit sahen sie sich anderen afrikanischen Ländern gegenüber kulturell wie in technischer Entwicklung als überlegen an. „Sie sahen auf den Neger in uns herab, und sie waren überrascht, festzustellen, daß wir intelligent waren."[305] Die negative Haltung gegenüber Afrikanern begann sich in Teilen der Studentenschaft aber rasch zu ändern. Die afrikanischen Unabhängigkeitsbestrebungen und die Reaktion der weißen Kolonialherren beförderten Solidaritätsgefühle ebenso wie die wachsende Begegnung mit Menschen aus anderen afrikanischen Ländern. Schließlich zeigten äthiopische Studenten in der zweiten Hälfte der 1960er in Resolutionen und Demonstrationen ihre Solidarität mit Afrika.[306]

In den 50ern hatte Haile Selassie der EWF ein Stück Land in Shashamene[307] zur Ansiedlung von Schwarzen aus der Diaspora überlassen, die nach Afrika heimkehren wollten. Eine Gruppe von Rastafari aus Jamaika siedelte sich hier an. Aus Garveys Prophezeiung von der Krönung eines mächtigen schwarzen Königs in Afrika war in den 1940er Jahren die Rastafa-Bewegung in Jamaika entstanden, die in Haile Selassie ihren Messias sieht und ihren Namen von Ras Tafari (Mekonnen), dem vormaligen Prinzregenten, ableitete. Nachfahren dieser „Rückkehrer" leben und arbeiten heute noch in Shashamene. Ihre meist landwirtschaftlichen Produkte kann man auch in Addis Abeba auf Märkten erwerben. Seit einigen Jahren wird versucht, der Rastafa-Bewegung in Äthiopien wieder Auftrieb zu geben. Unter der Parole „Africa Unite"[308] wurden 2005 anläßlich des 60. Geburtstages von Bob Marley Konzerte und andere Veranstaltungen abgehalten. Die Witwe des verstorbenen Reggae-Idols kündigte die Beerdigung Marleys in Äthiopien und ein umfangreiches Engagement im sozialen Bereich an.

Ende der 50er Jahre hatten Regierungsbeamte in Äthiopien wahrgenommen, daß andere afrikanische Führer, insbesondere Kwame Nkrumah aus Ghana, dessen Unabhängigkeit 1957 den Dekolonisierungsprozeß stark beflügelte, das internationale Ansehen Haile Selassies bei weitem „überstrahlten"[309]. Nach einem Besuch in Äthiopien durften Neuigkeiten und Bilder über Nkrumah nicht mehr in der äthiopischen Presse erscheinen, berichtet der Journalist Yacob Wolde-Mariam, der damals für den „Ethiopian Herald" arbeitete.

Anders als Menilek, der eine führende Stellung in der Pan-Afrika-Bewegung abgelehnt hatte, nahm Haile Selassie diese Rolle nach und nach an, insbesondere seit den 1960er Jahren, als er sich angesichts massiver innenpolitischer Probleme verstärkt außenpolitischen Themen zuwandte und versuchte, seine Position über internationale Anerkennung zu stärken. Er wurde zu einer wichtigen Persönlichkeit im Kampf um die Unabhängigkeit der europäischen Kolonien und bei der Entstehung der *Organization of African Unity (OAU)*, heute *African Union (AU)*, und vermittelte erfolgreich bei innerafrikanischen Differenzen und in Konflikten zwischen afrikanischen Staaten. Er förderte die Schaffung einer *African Development Bank*, die Einrichtung der *UN Economic Commission for Africa* 1958, die in der 1963 erbauten Africa Hall in Addis Abeba ihren Sitz erhielt und Äthiopien zu einem Zentrum afrikanischer wie internationaler Konferenzen werden ließ. Der Künstler Afewerk Tekle gestaltete für die Eingangshalle das monumentale Buntglasfenster „Africa: Past, Present and Future".

Schließlich fand in diesem Gebäude im Mai 1963 die Gründungskonferenz der Organisation Afrikanischer Staaten statt und Addis Abeba wurde Hauptquartier der Organisation, deren Ziel die Beseitigung von Kolonialismus und Apartheid war. Viele Länder nahmen – wie bereits zuvor die Pan-Afrika-Bewegung – die Farben der äthiopischen Flagge in ihr nationales Emblem. Jene Flagge, die kurz nach Adwa zum äthiopischen Staatssymbol geworden war: Grün für die Fruchtbarkeit des Landes, Gelb für die Liebe zum Vaterland und Rot für das Blut, vergossen für Freiheit und Unabhängigkeit. Das von der OAU gegründete „Coordination Committee for the Liberation of Africa" mit Sitz in Dar-es-Salaam, unterstützte die nationalen Befreiungsbewegungen materiell und ideologisch und vermittelte zwischen ihnen.[310]

Abb. 21 Äthiopisch-panafrikanische Flaggen in Afrika

In der nostalgischen Rückschau und im Bemühen, die Rolle Äthiopiens für ganz Afrika hervorzuheben, gerät dem einen oder anderen die Geschichte Äthiopiens zur Geschichte Afrikas, die bereits in der Bibel belegt sei. Die Geschichte Äthiopiens ist die Geschichte einer afrikanischen Nation, die kämpfen mußte, um ihre Souveränität „in einem Meer von Kolonialismus"[311] zu erhalten. Die Kriege, die Äthiopien seit Tewodros Zeiten in der zweiten Hälfte des 19. Jahrhunderts geführt hat, werden so zu Kämpfen, die nicht nur für die eigene Unabhängigkeit, sondern immer auch für Afrika geführt wurden, für Afrikas Ehre und Würde. Der Sklavenhandel hat in dieser Perspektive nichts mit Verantwortung von Afrikanern oder Arabern zu tun, sondern erscheint als rein europäisches resp. westliches Produkt, als „Vorbote"[312] des Kolonialismus. Er wurde betrieben, um die produktiven Arbeitskräfte Afrikas zu dezimieren in Vorbereitung für die Aufzwingung kolonialer Herrschaft. Die sonst so gern zitierte Hochkultur Aksums fehlt folgerichtig in solchem Zusammenhang, denn Aksum verdankte seinen Reichtum nicht nur dem Handel mit Gold und Elfenbein. Sklaven gehörten zu den einträglichen Haupthandelsgütern. Und noch nachdem die äthiopische Regierung 1924 die ersten Antisklaverei-Gesetze erlassen hatte, blieb die Sklaverei ein weitverbreitetes Phänomen in Äthiopien. Der Wunsch nach einem einfachen und harmonischen Geschichtsbild stößt angesichts der komplizierten Wirklichkeit an seine Grenzen.

Ironischerweise waren es die rassistischen italienischen Besatzer, die dem Sklavenhandel und dem „Gebbar-System" ein Ende setzten und vielen Erleichterung brachten. Nicht alle Völker Äthiopiens standen den italienischen Besatzern feindselig gegenüber. Sie begrüßten sie als Befreier von Ausbeutung und Unterdrückung durch die „Feudalherren von Shoa"[313]. Die Völker Äthiopiens waren von den rassistischen Maßnahmen der Italiener in ihren konkreten Lebensumständen in unterschiedlichem Maße betroffen.

Italienische Revanche und Selbstabsolution – und ein Obelisk als Symbol für die Tragödie von einst

Die Niederlage Italiens in Adwa wurde von Mussolini zum „Sammelruf"[314] für Rache instrumentalisiert. Der faschistischen Propagandamaschinerie gelang es, das „Trauma von Adwa", das viele Italiener kolonisierungsmüde gemacht hatte, in eine Begeisterungswelle umzuwandeln, die Italien Weltgeltung und Wohlstand bringen sollte. Politische Opposition gegen einen erneuten Krieg wurde in Italien mundtot gemacht.[315] Auf dem 7. Weltkongreß der Kommunistischen Internationale in Moskau im August 1935 hieß es in der Rede Palmiro Togliattis, des Vorsitzenden der verbotenen kommunistischen Partei Italiens:

> „Hände weg von Abessinien! ... Das abessinische Volk ist der Verbündete des italienischen Proletariats gegen den Faschismus, und wir versichern von dieser Tribüne aus das abessinische Volk unserer Sympathien."[316]

Um eine nochmalige Niederlage unter allen Umständen auszuschließen, ging die Regierung diesmal sehr gründlich vor. Zwischen der Kriegsentscheidung und dem Beginn der Aggression lagen drei Jahre intensivster Vorbereitung. Dann verkündete Mussolini am 2. Oktober 1935: „Mit Äthiopien haben wir 40 Jahre Geduld gehabt! Jetzt reicht es!"[317] In den frühen Morgenstunden des nächsten Tages marschierte die italienische Armee ohne Kriegserklärung in Äthiopien ein und entfesselte mit einem in der Kolonialgeschichte beispiellosen Menschen- und Materialeinsatz einen Eroberungs- und Vernichtungskrieg. Für Europa begann der Zweite Weltkrieg am 1. September 1939, für Äthiopien begann er am 3.Oktober 1935.

Die äthiopische Regierung bezifferte die Zahl ihrer Opfer 1946 auf 760.000, von denen die Mehrheit Zivilisten waren, die durch Kampfhandlungen, Giftgasbomben, Säuberungsakti- onen, Schnellgerichte, Racheaktionen zu Tode kamen. Die Zahl schließt 300.000 Menschen ein, die durch Kriegsverletzungen, Hunger und Krankheiten als Kriegsfolgen verstarben. Die neuere italienische Forschung geht von 350.000 bis 480.000 getöteten Äthiopiern aus. [318]

Nicht nur in Italien, sondern auch in der Geschichtsschreibung anderer Länder verharmloste man diese Gewaltexplosion als „Blitzkrieg", der – wie es Mussolini damals verkündet hatte – mit der Einnahme von Addis Abeba am 5.Mai 1936 beendet war und dann den Äthiopiern eine „durchaus erträgliche Behandlung"[319] einbrachte. So wie vor dem Krieg die europäischen Staaten die „Abessinienkrise" in erster Linie in ihren Auswirkungen auf die europäische Sicherheitspolitik und das Machtgleichgewicht interessiert hatte, betrachteten sie diese auch rückblickend in eurozentristischer Weise, indem sie die hauptsächlich Betroffenen aus ihrem Blickfeld ausblendeten. In diesem Sinne fand Äthiopien auch keine Unterstützung für die nach dem Vorbild der Nürnberger und Tokioter Prozesse angestrebte Anklage gegen die Hauptkriegsverbrecher. Italien verweigerte sich gänzlich, die Westmächte Großbritannien, Frankreich und USA wollten Italien im Kalten Krieg auf ihrer Seite wissen. Das britische Außenministerium legte der äthiopischen Regierung nahe, von ihrem Anliegen abzusehen, wenn sie an einer Föderation mit Eritrea interessiert sei.[320]

Politiker, Akademiker und Öffentlichkeit in Italien gefielen sich jahrzehntelang in der Rolle der sanften, generösen Kolonialherren, die den „Eingeborenen" viel mehr gegeben hatten, als sie zurückbekamen. Sie sahen sich als humaner und weniger rassistisch als ihre Kolonialkon- kurrenten. Die brutale Kriegsführung und der blutige Terror gegen die Zivilbevölkerung in der Besatzungszeit wurden ebensowenig wahrgenommen wie die Rassegesetze und das Apartheidsystem, das sie den „minderwertigen Rassen" Äthiopiens aufgezwungen hatten, um ihre „Rassereinheit"[321] zu bewahren.

Einzelne kritische Stimmen, die sich gegen eine solche Geschichtsklitterung wandten, wurden zu Vaterlandsfeinden erklärt, die das Ansehen der für Italien gefallenen Soldaten schändeten. Erst nach dem Ende des Kalten Krieges und dem Kollaps des korrupten alten Parteiensystems begann sich diese Haltung gegenüber Äthiopien wie Libyen zu ändern und 1995 gestand die damalige Regierung im Rahmen einer Debatte den Einsatz von Giftgas ein. 1997 entschuldigte sich Staatspräsident Oscar Luigi Scalfaro bei einem Staatsbesuch in Äthiopien für das während der Okkupationszeit verursachte Unrecht und stellte die baldige Rückgabe des 1937 nach Rom gebrachten Obelisken in Aussicht.[322]

Ebensowenig wie Italien seiner im Pariser Friedensvertrag von 1947 eingegangenen Verpflich- tung, Kriegsverbrecher vor Gericht zu stellen, nachgekommen war, war es der nach der Rückgabe aller geraubten Kulturgüter gefolgt. Auch weitere Abkommen und wiederholte Anmahnungen

An der Dreiſtraßenkreuzung bei Deſſie wurde dieſes faſchiſtiſche Denkmal vor kurzem errichtet. Die Inſchrift enthält ein Motto von Muſſelini: „Ich habe für die Straßen eine römiſche Leidenſchaft."

Abb. 22 Italienisches Denkmal in Dessie, um 1937

von äthiopischer Seite beeindruckten die italienischen Regierungen nicht. Die faschistischen Besatzer hatten die Symbole äthiopischer Herrschaft aus dem Stadtbild Addis Abebas und andernorts entfernt – darunter das Reiterstandbild Menileks und eine Kopie der Aksum-Stele am Arat Kilo und stattdessen Monumente, die von Italiens Größe kündeten, aufgestellt. Als Siegertrophäen waren unter anderen der „Löwe von Juda" und die zweitgrößte von drei Stockwerksstelen aus Aksum 1937 nach Rom gebracht und vor dem Kolonialamt auf der Piazza di Porta Capena aufgestellt worden. Als Argument für den Verbleib der Stele in Rom wurde der Raub in der Presse der 1950er uminterpretiert. Sie sei nicht nach Italien gebracht worden, um Äthiopien zu demütigen, sondern sie sei in Rom, dem Zentrum der Christenheit ein „Symbol gemeinsamer Hoffnung und einem Glauben"[323].

Als sich die Rückgabe der Stele hinzog und es in Italien Anzeichen dafür gab, daß auch das erneute Versprechen nicht eingehalten würde und schließlich 2002 der Blitz in die Stele einschlug, wurde diese in der äthiopischen Öffentlichkeit zum nationalen Identifikationsobjekt und zum Symbol schlechthin für die Besetzung durch Italien, die erst mit der Rückkehr des Obelisken nach Äthiopien beendet sei. Es zeigte sich, daß unter der Oberfläche eines unaufgeregten Umgangs mit der Vergangenheit und einer friedlichen Normalität zwischen Äthiopien und Italien ein Potential von schmerzhafter Erinnerung und Empörung lag.

Die äthiopische Regierung hatte die Bevölkerung 1941 dazu aufgefordert, an den geschlagenen Feinden keine Vergeltung zu üben, sondern mit Italienern und ihren einheimischen

Kollaborateuren nachsichtig zu sein. Die „unzivilisierten" Äthiopier orientierten sich hieran. Die verbliebenen italienischen Siedler konnten weiter unbehelligt in Äthiopien leben.

Beim Fußballspiel Äthiopien gegen Nigeria im April 2002 im Stadion von Addis Abeba liefen Demonstranten, angeführt durch den Marathongewinner Mirut

Abb. 23 Stelenfeld in Aksum, 2001

Yifter und die Autoren Mammo Wudneh und Belai Geday, mit Plakaten „Gebt unseren Obelisken zurück!" und „Unser Obelisk ist unser Erbe"[324] um die Anlage. Ein Statement wurde über den Stadionlautsprecher verlesen und 40.000 Zuschauer skandierten „Gebt ihn zurück! Laßt ihn heimkehren!" Im Fernsehen und im Radio konnten die Menschen im ganzen Land das Ereignis miterleben. In der Folgezeit unterzeichneten prominente Äthiopier Petitionen. Künstler, Gelehrte und Politiker aus aller Welt schlossen sich an und eine reich bebilderte Pressekampagne, besonders in den bekannten Wochenzeitungen „Addis Tribune" und „The Reporter", kam in Gang. Menschen, die als Kinder den Diebstahl verfolgt hatten, kamen zu Wort. Das äthiopische Parlament und der Ministerpräsident wurden mit der Drohung, die Beziehungen zu Italien abzubrechen, zitiert und die Afrikanische Union aufgefordert, sie solle Italien zum Feind Afrikas erklären.[325] Unter Mitwirkung des Staats- und Ministerpräsidenten wurde 2005 – kurz vor dem Eintreffen des Obelisken – eine Fernsehspendenaktion als „Hilfe zur Rückkehr"[326] und zum Training äthiopischer Experten für seine Wiederaufrichtung ins Leben gerufen.

Das Schicksal des Obelisken in der Vergangenheit wie sein zukünftiges wurde unter allen Aspekten ausgeleuchtet und das Für und Wider der Rückgabe unter verschiedenen Gesichtspunkten diskutiert. Es erschienen zahlreiche Beiträge zur Geschichte der Verhandlungen über die Rückgabe, über die Zeit der Besatzung durch Italien, den Widerstandskampf von Äthiopiern und die spätere literarische Verarbeitung dieser Zeit, häufig von dem Historiker Richard Pankhurst[327] geschrieben und angesichts des Wütens der italienischen Faschisten in Äthiopien sehr moderat verfaßt. Pankhurst wurde zu einem unermüdlichen Verfechter für die Rückkehr des Obelisken und streitet heute weiter für die Restitution anderer geraubter Kulturgüter. Enttäuscht zeigte er sich über die Reaktion der USA im „Jahrhundert der Freundschaft"[328] zwischen den USA und Äthiopien, die seinem Appell, den Obelisken nach Aksum zu transportieren, unter anderem mit dem Hinweis begegneten, daß das Schwertransportflugzeug in Afghanistan und im Irak gebraucht werde: Schließlich war der Raub des Obelisken doch auch ein Akt des Terrorismus, so Richard Pankhurst.

Die Okkupationszeit in Literatur und Alltag

Einen hohen Blutzoll forderte das Massaker als Rache für das Attentat auf den Vizekönig Graziani vom Februar 1937 besonders unter den Gebildeten, den Intellektuellen, den Lehrern und Geistlichen des Landes. Besonders auf junge Männer, die im Ausland studiert hatten und mit aufklärerischem und demokratischem Ideengut in Berührung gekommen waren, hatten es die Verfolger abgesehen. Auch die fahrenden Sänger, die „azmari", Wahrsager und Zauberer fielen dieser Menschenjagd zum Opfer.

Äthiopische Intellektuelle, Romanschriftsteller, Dichter, Dramatiker, die überlebt hatten, begannen nach Jahren der Lähmung, sich intensiv mit der Okkupationszeit zu beschäftigen. In Romanen, Gedichten und Theaterstücken thematisieren sie die Invasion und die Auswirkungen der Besatzung. Daß die Botschaft dieser Werke hoch patriotisch ist, kann niemanden verwundern. Die meist fiktiven Helden – seltener werden reale Gestalten literarisch verarbeitet – beziehen ihre besondere Entschlußkraft zum Kampf aus Niederlagen der Patrioten, dem Ausmaß der faschistischen militärischen Überlegenheit, dem Einsatz von Giftgas und der gnadenlosen Brutalität der Invasoren. Nicht selten fassen sie den Entschluß, für ihr Land zu kämpfen, während sie im Ausland sind und studieren. Mit der Niederlage der Italiener mit britischer Hilfe und dem Einzug des Kaisers in Addis Abeba im Mai 1941 hat der unbeugsame Wille der freiheitsliebenden Äthiopier, sich nie einer fremden Macht zu unterwerfen, gesiegt.

Manche Werke thematisieren die Politik des „Teile und herrsche" der Invasoren, die Auflösung traditioneller äthiopischer Moralvorstellungen, die soziale Zerrüttung und insbesondere die Institutionalisierung der Prostitution und daraus resultierend die Ausbreitung von Geschlechtskrankheiten. Familien werden auseinandergerissen, unzählige Waisen vagabundieren in den Straßen. Es gibt aber auch Hoffnung machende Geschichten von Familienmitgliedern und Freunden, die schließlich nach langen Irrungen und Wirrungen wieder zusammenfinden. Neben den kämpfenden und oft schwer verwundeten Männern, den Kollaborateuren, aber auch den auf den rechten Weg Bekehrten, sind die Frauengestalten nicht ausschließlich, aber vorrangig verführte Opfer. Sie widerstehen den Verlockungen nicht, an der Seite italienischer Offiziere ein scheinbar angenehmes Leben zu führen. Später landen sie im Bordell und gehen qualvoll an Syphilis zugrunde. Es ist die „Frucht der europäischen Zivilisation", die die Äthiopier als „Ernte" einfahren müssen. Thematisiert werden auch der fehlende Respekt der Invasoren gegenüber der einheimischen Kultur, der Raub von Kulturgütern, und es wird die Frage gestellt: Wie können Christen andere Christen massakrieren? In einigen Werken wird die Flucht des Kaisers nach der Niederlage von Maichew 1936 kritisch gesehen. Die Großmächte werden des Betrugs und der Völkerbund des Versagens angeklagt.

Sieht man von der Empörung über den Umgang italienischer Politiker mit der Stele ab, so bemerkt man im heutigen Äthiopien keine Ressentiments gegenüber der einstigen Kolonial-

macht und ihren Nachfahren. Das hiesige italienische Kulturinstitut scheint bei Ausländern wie Einheimischen beliebt zu sein. Den Macchiato, den Espresso mit aufgeschäumter Milch, gibt's fast in jeder Stadt zu trinken und Pastagerichte sind die einzigen ausländischen Speisen, die sich in nennenswertem Umfang neben der traditionellen äthiopischen Küche verbreitet haben. Namen von Plätzen, die von den italienischen Besatzern stammen wie Piazza oder Merkato, hat man nicht abgeändert, andere sind in die eigene Sprache integriert. So hat bis jetzt fast jedes Städtchen seine Piazza behalten. Und das, obwohl die von der italienischen Verwaltung in den fünf Jahren der Besatzung umbenannten lokalen Bezeichnungen mit einer rassistischen Segregation einhergingen. Zum Beispiel hieß die Piazza in Addis Abeba vormals Arada und war ein großes Marktareal von und für Einheimische. Diese wurden nach Westen vertrieben, in die Gegend, die bis heute Merkato heißt und als der größte Markt Afrikas gilt. Piazza war unter den Italienern ausschließlich für Weiße vorbehalten, die dort ihre Geschäfte und Kinos betrieben. Hier wie in der Gegend um Arat Kilo, Casa Incis und Populare zeugt der Stil vieler aus dieser Zeit noch erhaltener Häuser von dem Prinzip, bestimmte Stadtteile nur für Weiße zu reservieren und diese wiederum nach Funktionen in Regierungsviertel, Geschäfts- und Fabrikviertel sowie Wohnquartiere getrennt nach Regierungsbeamten und gemeinem italienischem Volk zu unterteilen. (Juni 2002)

Schärfere Töne schlugen andere an, die den Überfall Italiens mit dem Krieg der „Koalition der Willigen", den USA und ihrem „angelsächsischen Pudel"[329] gegen den Irak verglichen: Beide Male wurden die Prinzipien des internationalen Rechts, der kollektiven Sicherheit dem Gespött preisgegeben und wirtschaftlichen und politischen Interessen geopfert. Beide Male sollte die Weltöffentlichkeit durch blanke Lügen getäuscht werden. Beide Male war das Opfer ein armes und schutzloses Volk, das von dem militärisch haushoch überlegenen Aggressor überrannt wurde. Unter dem Vorwand, Äthiopien zu zivilisieren, ließ Mussolini das Land ins Steinzeitalter bombardieren, Giftgas eingeschlossen, und seine Menschen massakrieren. Im Namen der Demokratisierung ließen Bush und seine „politischen Spießgesellen" den Irak bombardieren, Frauen und Kinder töten, Städte und kulturelle Einrichtungen zerstören.

Die Leser wurden jeweils auf den neuesten Stand im Rückgabekrimi gebracht. Äußerungen italienischer Politiker wurden genau registriert. Hierzu gehörte ein Brief des italienischen Ministerpräsidenten an Meles Zenawi im Sommer 2002, in dem ersterer den „höchsten religiösen, kulturellen und politischen Wert"[330] der Stele anerkannte, und ein Interview ein gutes Jahr später, in dem er Mussolini gegenüber einem Vergleich mit Saddam Hussein in Schutz nahm. Berlusconi, der, wie er jüngst auch gegenüber seinen vom Erdbeben betroffenen Landsleuten klarmachte, gern in Urlaubskategorien denkt, ließ verlauten: „Mussolini tötete niemals jemanden"[331]: Er schickte seine Gegner angeblich zum Ferienmachen in die Verbannung.

Als schließlich alle politischen, finanziellen, technischen und logistischen Probleme überwunden waren, kehrte der Obelisk auf Kosten Italiens im April 2005 in drei Teilen in einem Antonow Transportflugzeug nach Aksum zurück. Er wurde mit Glockengeläut und von den höchsten Politik- und Kirchenvertretern und Mitgliedern des diplomatischen Corps begrüßt und von einem orthodoxen Bischof gesegnet.[332] Rechtzeitig zum Ende des äthiopischen Millenniumjahres war die Wiederaufrichtung des „Symbols unserer Identität und unseres Stolzes"[333] an seinem alten Platz abgeschlossen und soll nun als Zugpferd für steigenden Tourismus in Äthiopien dienen.

5. Yodit – Gudit, die schöne, aber teuflische Königin – Makedas Antithese und Spiegelbild

Gudit als Problem in der Geschichtsinterpretation

Zwei Gestalten stehen in der Geschichte des christlichen Äthiopien für das Böse schlechthin. Es sind dies der muslimische Herrscher von Harar Ahmed ibn Ibrahim al-Gazi, genannt Gragn, was auf Amharisch Linkshänder bedeutet, und die als jüdisch oder heidnisch charakterisierte Königin Gudit oder Yodit. Der Ge'ez-Name Yodit verbindet sie mit der biblischen Judith, was, wie es in einer äthiopischen Chronik heißt, „gesegnet und wundersam"[334] bedeutet. Die ihr zugeschriebene abgrundtiefe Boshaftigkeit trug ihr den Namen Gudit ein, abgeleitet vom Amharischen *gud*, was Monster bedeutet. In manchen Quellen erscheint sie auch als Gwudit, Ester, Isato (Feuer) oder Ga'wa, der Name einer bekannten Muslima aus dem 16. Jahrhundert mit enger Verbindung zu Gragn.

Gragn wie Gudit gelten als blutrünstige Monster, die das christliche Abessinien an den Rand des Abgrundes brachten. Während Gudit für den Untergang des Aksumitischen Reiches im 10. Jahrhundert verantwortlich gemacht wird, ist Gragn der Verursacher der schweren Niederlagen des christlichen Reiches in der ersten Hälfte des 16. Jahrhunderts. Beide verfolgten sie die Christen und brannten Kirchen nieder; beiden wird nachgesagt, daß sie die Kathedrale in Aksum zerstörten und die Bundeslade vor ihnen an andere Orte in Sicherheit gebracht werden musste. Aber trotz dieses von ihnen verursachten „destruktiven Zeitalters"[335] sei es der orthodoxen Kirche letztendlich gelungen, Äthiopien als eine „Insel des Christentums" zu erhalten.

Während sich zu Gragns Person, seinen Taten und Motiven konkrete historische Belege finden lassen, geben Herkunft, Religion und Motive von Gudit bis heute viele Rätsel auf, wenn man sie als reale historische Gestalt dingfest machen will.[336] Das gilt freilich in noch größerem Maße für ihre berühmte „Gegenspielerin" Makeda alias Königin von Saba, der in der Kebra Nagast ein Denkmal als Urmutter der Äthiopier gesetzt wurde und der man eine an die Marienverehrung erinnernde Verherrlichung entgegenbringt. Im Gegensatz zu Makeda als aksumitischer Königin kann man davon ausgehen, daß Gudit wirklich gelebt hat, welche konkrete Person auch immer dahinter stehen mag. Alles Nähere über sie ist phantastische Komposition, die sich, wie im Falle von Makeda, vielleicht auch aus der Zusammenfügung verschiedener Frauengestalten über die Jahrhunderte ergeben hat, an die rudimentäre Erinnerungen wachgeblieben sind. Die Rezeption von Gudit in der äthiopischen Volkstradition zeigt anschaulich, wie sich um einen Kern von historischer Wahrheit ein Fundus an variantenreich ausgeschmückten Geschichten gruppieren kann. Dieser stellt bei aller Konfusion von Namen, Daten und Ereignissen eine starke Identifikationsbasis des christlichen Äthiopien dar – hier mit negativen Vorzeichen.

Historiker und Äthiopisten kommen aufgrund der spärlichen Quellenlage zu unterschiedlichen Aussagen und Hypothesen, die zwar theoretisch logisch erscheinen, aber keinesfalls als zwingend bewiesen werden können. Die wenigen vorhandenen schriftlichen Quellen wie auch die mündlichen Traditionen stimmen aber weitgehend darin überein, daß Gudit mit Gewalt zur Macht gelangte, eine grausame Königin war, die erste Verfolgung der orthodoxen Kirche mobilisierte und alles zerstörte, was christliche und imperiale Macht verkörperte.

Die Existenz einer solchen Königin wird in zwei arabischen Berichten um 960 und 980 bestätigt. Eine Quelle zitiert einen Brief des bedrohten äthiopischen Herrschers an den König Georg (Girgis) von Nubien, der von einer heidnischen Königin der Bani al-Hamwiyah handelt, die viele Städte in Brand gesetzt, Kirchen zerstört, Gefangene gemacht habe und den König von Ort zu Ort treibe. Der Geograph und Reisende Ibn Hawkal (943–977) berichtet von der 30-jährigen Herrschaft einer weiblichen Regentin, die den König von Abessinien getötet habe. Sie regiere ihr Land in völliger Unabhängigkeit ebenso wie die Nachbarregion im Westen, nach anderen Übersetzungen im Süden von Abessinien. Hawkal berichtet ferner, daß die Königin freundschaftliche Beziehungen zum Ziyadite-Herrscher im Yemen unterhalte. „Die Königin der Abessinier schickt ihm auch Geschenke des guten Willens, Geschenke, die ihm stets angeboten werden …"[337]

Aufgrund dieser Quellen herrscht weitgehende Einigkeit darüber, daß es in der 2. Hälfte des 10. Jahrhunderts eine weibliche Herrscherin gab, die zum Untergang des längst im Zerfall begriffenen Aksumitischen Reiches beitrug. Die kriegerischen Auseinandersetzungen erscheinen als Revolte einer Vasallenherrscherin, der es gelang, die Unabhängigkeit ihres Volkes von christlicher Herrschaft wiederherzustellen. Dies geschah nicht nur auf dem Hintergrund von allgemeinem wirtschaftlichen Niedergang, wachsender Macht und Einfluß des Islam, sondern auch durch interne Konflikte um Thronfolge und Besetzung des Abuna-Postens, die das Herrscherhaus in Aksum entscheidend geschwächt hatten.[338] Einen Beweis dafür, daß sie tatsächlich in Aksum regierte, gibt es allerdings nicht.

Strittig bleiben ihre Herkunft, ihre Religion und die ihrer Gefolgsleute. Der Name Bani al-Hamwiyah hat bei einem Teil der Gelehrten zu der Annahme geführt, daß sie aus dem Volk der Agaw stamme. Der Name Bani al-Hamwiyah sei als Bani al-Haghwiyah (Söhne der Agaw) zu lesen. Andere, die der Hypothese des italienischen Äthiopisten Conti Rossini folgen, sehen sie als aus dem Volk al-Damutah stammend, aus einer Region südlich des Blauen Nil in Westgojjam. Dort existierte bis zum Ende des 13. Jahrhunderts ein starkes kuschitisches Königreich. Durch jene Region führte eine Handelsroute, auf der aksumitische Herrscher ihre Karawanen sandten, um an Gold und Sklaven zu gelangen. Wieder andere wie Ignazio Guidi interpretieren den Namen jüdisch, als Bani al-Yahudiya. Auch gibt es Vermutungen, sie stamme aus dem Nomadenvolk der Beja.[339]

In Europa wurde Gudit insbesondere durch die Berichte des Briten James Bruce bekannt, der auf seiner Reise durch Äthiopien von den Erzählungen über Gudit hörte und keinen Zweifel daran hatte, daß es sich bei ihr um eine wahre historische Person handelt. Auch ihre Absicht war für ihn klar: Sie wollte das Christentum und so die „salomonische Königslinie" vernichten und eine jüdische an ihre Stelle setzen, was ihr auch über mehrere Generationen gelungen sei. Diese Interpretation von Bruce geht auf die Deutung der Machtkämpfe im 10. Jahrhundert zurück, die besagt, daß die von aksumitischen Herrschern zum Christentum gezwungenen Agaw erfolgreich dagegen revoltierten. Sie lebten in den Semienbergen und westlich und südlich des Tana-Sees und waren teils heidnisch, teils judaisiert. Sie wurden von einer Frau geführt, deren Mann (oder Vater) der Gouverneur des Distrikts von Bugna in der Provinz Lasta (später Lalibela) war. Am Ende von Gudits Herrschaft gewann die „salomonische Linie" die Macht zurück, wurde aber in der ersten Hälfte des 12. Jahrhunderts erneut von einer Agaw-Dynastie, nämlich den Zagwe gestürzt. Diese stellte elf aufeinanderfolgende Herrscher, von denen die ersten fünf Juden oder Heiden gewesen sein sollen. Erst danach folgten christliche Zagwe, unter ihnen der berühmte Lalibela.

Da verschiedene Königslisten existieren, die in Namen, Anzahl und Reihenfolge der Herrscher variieren, gibt es sehr unterschiedliche Angaben über die Regierungsperiode der Zagwe-Dynastie. Sie reichen von 133 bis zu 336 Jahren. Läßt man das Aksumitische Reich nicht mit Gudit enden, sondern nur für eine kurze Periode unterbrechen und die Zagwe-Dynastie nicht mit ihr, sondern mit einer späteren Herrscherin beginnen, verringert sich entsprechend die Regierungszeit der Zagwe. Neuere Forschungen bezeichnen diese Variante als den nachträglichen Versuch „der Amharen", die Periode der Zagwe-Dynastie zu verkürzen, um so die aksumitische Königslinie zeitlich näher an die amharische „salomonische Dynastie" des späten 13. Jahrhunderts heranzubringen. [340]

Dies geschah durch die Einführung zweier Frauengestalten, die später als Gudit geherrscht haben sollen. Eine von ihnen ist Mesobe Werq. Sie heiratet gegen den Willen ihres Vaters einen hochrangigen Militär namens Mera Tekle Haymanot aus Lasta und begründet mit ihm die Zagwe-Dynastie, nachdem die königliche Armee besiegt und Mera Tekle Haymanot den König verfolgt und ihm den „Rücken durchstoßen" hatte. Aus dieser Verfolgung des Königs erwuchs der Name Zagwe, der bedeutet „der, der verfolgte"[341]. Der Übergang der Königswürde vom Vater auf die Tochter ist in diesem Falle Gottes Strafe für eine blasphemische Verfehlung des Vaters. Dies erinnert nicht zuletzt an die Abwendung Gottes von Salomon und Israel und seiner Hinwendung zu Menilek und Äthiopien in der Kebra Nagast.

Schließlich kommt in einer weiteren Aufzeichnung noch eine Frauengestalt hinzu, Tirda' Gäbaz, die sich ebenfalls mit einem Lasta verheiratet, wodurch das Königreich in die Hände von Leuten fällt, die nicht vom „Stamme Israel"[342] sind. Die interessante Neuerung in dieser Erzählung ist, daß Tirda' Gäbaz alle Mitglieder der aksumitischen königlichen Familie ermordet – bis auf eines, einen jungen Mann, dem es gelingt, nach Shoa zu entfliehen. Aus seinen Nachkommen rekrutieren sich später die neuen Herrscher der „salomonischen Dynastie", der einzig rechtmäßigen.

In seiner Untersuchung über die „Queen of Habasha" kommt Knud Tage Andersen im Gegensatz zur älteren Forschung zu dem Schluß: Mit Gudit, Mesobe Werq, Tirda' Gäbaz sind ein und dieselbe Person gemeint, ein genuin weibliches Mitglied der aksumitischen Königsfamilie, die als die am besten geeignete von allen möglichen Kandidaten die Macht im Königreich in einer sehr kritischen Situation nach dem Ableben von König Dagnajan übernahm. Dagnajan war von einem Eroberungsfeldzug mit seiner „100.000"[343] Mann starken Armee in den vierziger Jahren des 10. Jahrhunderts nicht mehr zurückgekehrt. Seine beiden Söhne fochten einen Nachfolgestreit um die Herrschaft aus, dem Gudit ein Ende setzte. Die negativen Passagen über Gudit in dem Brief an den König von Nubien werden als spätere, wahrscheinlich aus dem 14. Jahrhundert stammende „Einschiebungen"[344] gesehen. Die Tatsache, daß viele Kirchen zerstört wurden, geht nicht auf Gudit zurück, sondern ist Ergebnis der langen Abwesenheit eines Abunas, des Oberhaupts der orthodoxen Kirche, als Folge der Mißhandlung des letzten von Alexandria bestellten Patriarchen. Demnach war Gudit alles andere als eine „destruktive, grausame und gottlose Frau"[345]. Im Gegenteil scheint es, daß sie ihr Land vor einem Desaster bewahrt hat. Obwohl es ungewöhnlich war, daß eine Frau das Land regierte, wurde ihre Regentschaft, so der Autor, seinerzeit nicht als Bruch der aksumitischen Dynastie gesehen. Erst in der späteren „Amhara-Zeit"[346] wurden sie und ihre Nachkommen aus der Verbindung mit dem Volk der Agaw als illegitim, als Usurpatoren angesehen.

Gudit in der Volkstradition und in populärwissenschaftlicher Darstellung

Wie andere Völker im nördlichen Äthiopien bringen sich auch die Agaw in der Herleitung ihrer Abstammung in Verbindung mit Salomon und Saba. Bei ihnen ist aber nicht Saba die Urmutter, sondern deren Dienerin, die, von Salomon geschwängert, den Sohn Zagi, auch Zogo[347], gebiert. Auch die Falasha oder Beta Israel (vgl. 6. Kapitel) sehen sich in der Nachfolge von Saba, Menilek und seinen israelischen Begleitern. In ihrer Tradition ist Gudit nicht die grausame Zerstörerin, sondern eine Heldin, die die feindlichen Christen besiegte und ein Symbol für Zeiten, in denen Beta Israel Unabhängigkeit und Größe genossen. Der Name Gudit wurde in späteren Jahrhunderten der Schwester oder Frau des jeweiligen Führers der Beta Israel beigegeben.

Die Traditionen von Gudit als jüdischer Königin könnten auch von den zahlreichen Kriegen, die es zwischen den äthiopischen Königen und den Beta Israel in der Zeit nach der Zagwe-Periode gegeben hat, inspiriert sein oder, wie sich James Quirin ausdrückt, Teil einer „Propagandakampagne"[348] gegen die besiegten Beta Israel. Darstellungen, daß Gudit eine Jüdin war, „mit Unterstützung der Falasha die aksumitische Armee"[349] vernichtete und die Kathedrale von Aksum niederbrannte, finden sich vor allem in populär gefaßten Schriften, aber auch in ansonsten seriösen Abhandlungen, obwohl es hierfür keine wissenschaftlich fundierten Belege gibt. Dem Zeitgeist entsprechend heißt es in einem deutschen Buch aus dem Jahre 1935:

> „Fast 350 Jahre behauptete sich der Stamm Judiths, bis 1269 der letzte jüdische König abgesetzt und die alte Dynastie wieder hergestellt wurde. Der neue Herrscher Iqon Amlack (d.h. „Er soll unser Herr sein") stellte die nationale Einheit Äthiopiens wieder her. Die Juden wurden aus allen führenden Stellen entfernt; seitdem gelten sie als Fremdkörper innerhalb des abessinischen Reiches und haben nie wieder politische Bedeutung erlangt."[350]

Varianten der äthiopischen Erzähltradition – wie sie auch James Bruce berichtet wurden – stellen einen direkten Bezug zwischen Beta Israel und Gudit her, der „blutrünstigen Falasha Königin"[351], einer Nachfahrin jener Bevölkerungsgruppe, die sich der Christianisierung verweigerte und dem „Judentum" treu blieb, woraufhin man sie aus Aksum verjagte. Die so Vertriebenen ließen sich in schwer zugänglichen, entlegenen Landesteilen im Nordwesten, wie den Semien-Bergen und Lasta, nieder, wo sie allmählich mächtig wurden und sich einen König Gedewon wählten. Dieser hatte eine Tochter namens Gwudit oder Aster von ungewöhnlicher Schönheit. Der christliche Herrscher aus Bugna in Lasta nahm sie zur Frau, nicht wissend, daß sie eine Jüdin war. „Sie bezauberte ihn mit ihrer Schönheit und behexte ihn derart mit ihrer Liebeskunst, daß er dem christlichen Glauben entsagte, ihren israelischen Glauben annahm und sich Salomon nannte."[352] Als Gudit hörte, daß nach dem Tod des aksumitischen Herrschers Dagnajan sein Sohn den Thron bestiegen hatte, der noch ein Kind war, wollte sie diese Situation ausnutzen, da ein minderjähriger König nicht in der Lage wäre, genügend Kräfte zusammenzurufen, um einer Invasion zu begegnen. Die aksumitischen Fürsten flohen mit dem königlichen Thronanwärter nach Shoa, den Thron aber bestieg Gudit, die „rücksichtslose Hasserin der Christen" und regierte 40 Jahre lang mit den „grausamsten Methoden"[353].

In einem populärwissenschaftlichen Büchlein jüngeren Datums, einem jener Traktate, die sich als Tatsachenbericht geben und Versatzstücke verschiedener Erzählstränge zu einem Gesamtprodukt zum Ruhme der aksumitisch/salomonischen Tradition verweben, erfährt man auch das Ende von Gudit. Nachdem sie bei ihrem Versuch, den in Shoa versteckten rechtmäßigen Thronanwärter aufzuspüren und zu vernichten, gescheitert war, setzte sie ihr schreckliches Regiment fort. Als sie aber die Felsenkirche von Abreha Atsbeha niedergebrannt hatte, griff

Gott ein, indem er sie an einen Ort in die Irre führte. Dort packte sie ein Wirbelsturm und ließ sie in der Nähe von Wukro in Tigray zu Tode stürzen. Hier befindet sich auch ihr Grab, das mit einem Haufen Steinen markiert ist.[354] Nach einer anderen Version ließ die göttliche Intervention Gudit erkranken, nachdem sie die besagte Kirche ausgeraubt hatte. Ihre Soldaten brachten sie nach Sira in Osttigray, wo sie starb und begraben wurde.

Steinhaufen tauchen wiederum in anderen Texten und Zusammenhängen auf. So hat man solche bei Debre Tabor in der ehemaligen Provinz Begemder gefunden. In einem aus Tigray stammenden unveröffentlichten Ge'ez-Manuskript, das eine Version der Gudit-Geschichte schildert, wird die Entstehung eines solchen Steinhügels so erklärt: Gudit wollte die Größe ihrer Armee demonstrieren und befahl, daß jeder Soldat an einer vorgeschriebenen Stelle, einen Stein niederlegen musste. Die angehäuften Steine bildeten einen Berg. In diesem Text wird sie mit der Königin von Saba verglichen. „Niemand außer der Königin von Azeb kann mit ihrer Schönheit und Feinheit verglichen werden."[355] Ihr Motiv für den Krieg gegen das christliche Aksum wird damit begründet, daß sie und ihr Mann Zenobis Juden sind. Eine andere Quelle berichtet von einer Königin, die ihre Soldaten jeweils vor und nach der Schlacht Steine an zwei benachbarte Stellen legen ließ. An der unterschiedlichen Größe der entstandenen Haufen konnte sie die Verluste ablesen.[356]

Auffallend an der oben zitierten Gudit-Version ist die Nennung einer weiteren Bezeichnung für die Königin, nämlich Ga'wa. Dies war der Name einer im 16. Jahrhundert im Norden von Äthiopien regierenden Herrscherin, die nach dem Tode Gragns wahrscheinlich weiterhin Widerstand gegen den christlichen Kaiser leistete und sich später mit den 1557 über Massawa eingedrungenen Türken verbündete. Während sie in einer wichtigen Quelle als Schwester eines mit Gragn verbündeten Sultans genannt wird, erscheint sie in anderen Traditionen als eine Frau von Gragn. Auch sie ist in den Erzählungen eine starke und gefürchtete Königin, deren Name bis heute in verschiedenen Ortsnamen erhalten ist und deren Herkunft unterschiedlich angegeben wird.[357]

Ein ganz anderes Motiv für den Feldzug Gudits gegen das christliche Äthiopien findet sich in einem weiteren Manuskript aus Tigray, indem sie ebenfalls als Mitglied des Königshauses und als eine Schönheit erscheint, die, „als sie ihres täglichen Brots beraubt war"[358], in die Prostitution gezwungen und von einem Priester verführt wurde. Da Gudit sich zunächst verweigert, weil ein Mitglied der königlichen Familie nicht mit einem Priester verkehren darf, erklärt dieser ihr: „Staat und Kirche sind in der Tat gleich."[359] Um seinem Anliegen Nachdruck zu verleihen, macht er ihr ein Geschenk, indem er in die „Schatzkammer von Sion" geht und ein Stück vom goldenen Vorhang der Bundeslade für die Schuhe seiner Angebeteten abreißt. Die Entweihung wird entdeckt und Gudit als die Schuldige verurteilt: Ihre rechte Brust wird abgeschnitten und sie wird des Landes verwiesen und zum Roten Meer gejagt. Auch in dieser Version taucht Zenobis auf, der Sohn des Königs von Syrien, ein Jude, den sie auf ihrer Flucht kennenlernt. Er interessiert sich für ihr Schicksal und heilt ihre Wunde. Sie heiratet ihn, verleugnet den christlichen Glauben, konvertiert zum Judentum und bearbeitet ihren Mann so lange, bis er bereit ist, eine Armee aufzustellen und mit in ihr Land zu ziehen und all ihre Feinde zu töten. Das Motiv für den Feldzug gegen das christliche Aksum erscheint hier nicht in erster Linie in der Konkurrenz der beiden Religionen, sondern in dem Wunsch nach Vergeltung des Bösen, das ihr angetan worden war.

Wie im Falle von Saba weiß insbesondere die Volkstradition in Tigray auch konkrete Orte anzugeben, wo Gudit Zeugnisse ihrer destruktiven Taten hinterließ: so zum Beispiel auf dem sogenannten Gudit-Stelenfeld in unmittelbarer Nähe der Ruinen der Dongur-Palastanlage bei Aksum, die der Königin von Saba zugeschrieben wird. Auch den größten Obelisken, der wahrscheinlich schon bei dem Versuch, ihn aufzurichten, zerbrochen war, soll sie umgeworfen und mit einer Eisenaxt zertrümmert haben.[360] Die von Ruß geschwärzte Decke in der Felsenkirche Abreha Astbeha in Tigray bezeugt bis heute, daß Gudit die Kirche mit Heu füllte und sie in Brand steckte.[361] Sie brachte Brunnen zum Versiegen und verwandelte das Land in eine Wüste.

Sie gilt auch als Verursacherin der äthiopischen Tradition, rohes Fleisch mit scharfen Soßen zu essen. Die königlichen Soldaten kamen vom Genuß gebratenen oder gekochten Fleisches ab, weil der Rauch des hierfür benötigten Feuers Gudit und ihre Truppen auf sie aufmerksam machte. Da der Genuß von rohem Fleisch bis heute in Äthiopien sehr beliebt ist, kann man feststellen: Hier hat der Einfluß Gudits endlich mal etwas Gutes bewirkt und den Speisezettel bereichert. Aus einer Überlebensstrategie wurde eine Spezialität.

Abb. 24 Rohes Fleisch darf auf keiner Hochzeit fehlen,
Addis Abebra 2002

„They used varius condiments
 like mitmita (very hot pepper), awaze (mitmita interspersed with some alcohol) and
 mustard to ward off any ailments that may come as a result. The eating habit employed
 for survival purpose then became a popular habit after a while."[362]

Gudit als Teil eines mythologischen Korpus

Jenseits der Versuche von Historikern, Gudit auf die Spur zu kommen, gibt es wissenschaftliche Interpretationsansätze, denen es darum geht, die innere Logik, die Struktur und die gemeinsame Botschaft aufzuspüren, die die verschiedenen Varianten der Legenden von Gudit und Makeda miteinander verbindet. Sie suchen nach immer wiederkehrenden Themen und Motiven, die für das Verstehen der Gedankenwelt des traditionellen Äthiopien von Bedeutung sind. [363]

Auf den ersten Blick scheint Gudit die Antithese zu Makeda zu sein: unkeusch, unchristlich, gewalttätig und illegitim. Die Gegensätze sind markant:
Makeda bewahrt, bevor sie auf Salomon trifft, ihre Jungfräulichkeit – Gudit verdient ihren Lebensunterhalt als Prostituierte. Makeda bringt Herrlichkeit nach Aksum, Gudit hingegen Zerstörung und Verderben. Durch Makedas Sohn gelangt die Bundeslade nach Aksum, vor Gudit muß sie zu ihrem Schutz aus Aksum weggebracht werden. Makeda verläßt Äthiopien und kehrt als „gute" Israelitin aus Jerusalem zurück, während Gudit als „schlechte" Jüdin aus Syrien zurückkehrt und den christlichen Herrscher von seinem Glauben abbringt. Gudit usurpiert Macht, die ihr nicht zusteht, Makeda bringt durch ihren Sohn Menilek die einzig legitime Dynastie an die Macht. Makeda verkörpert Weisheit und Frömmigkeit, Gudit Gewalt.
Gemeinsam ist den beiden:
Sie sind von außergewöhnlicher Schönheit und von königlichem Blut. Beide werden sie von einem Mann durch eine List zum Beischlaf gebracht. In beiden Fällen ist die sexuelle Beziehung eigentlich unerlaubt. Bei Makeda, weil sie gemäß den Normen ihres Königreichs als Königin ihre Jungfräulichkeit behalten muß, bei Gudit ist es die Differenz im Status der Gruppe, sie von königlichem Blut, der Verführer ein Priester. Saba muß als Konsequenz des Verlustes ihrer Jungfräulichkeit als Königin abdanken: „... und nie mehr soll ein Weib herrschen"[364] in Äthiopien, heißt es in der Kebra Nagast. Gudit wird mit Verstümmelung und Ausweisung bestraft und nimmt militärisch Rache, für das, was ihr angetan wurde. Saba rächt sich indirekt oder symbolisch, indem ihr Sohn Menilek seinen Vater Salomon durch Diebstahl hintergeht. In beiden Geschichten spielt die Bundeslade eine Rolle.

In ihrer Darstellung als Jüdin und ihrem hauptsächlichen Handlungsbereich in Aksum spiegeln die Gudit-Erzählungen verschiedene Ebenen der Hauptthemen der Kebra Nagast wider. So gibt es Traditionen, auf die sich – wie erwähnt – auch die Agaw berufen. Sie besagen, daß Salomon vor seiner Beziehung zu Saba eine solche mit ihrer Dienerin hatte, aus der ein Sohn hervorging, der die Zagwe-Dynastie begründet, also die Dynastie, die als illegitim, als usurpatorisch gilt. Indem Gudit auch als Begründerin der Zagwe-Dynastie gesehen wird – sei sie nun heidnisch oder jüdisch oder als gefallene Christin – schließt sich der Kreis.

Genau genommen verkörpert auch Makeda das Judentum, denn auch sie bringt ja nicht das Christentum nach Äthiopien, sondern die jüdische Religion.

Interessant ist, daß sie aber im Bewußtsein von Äthiopiern nicht mit Judentum assoziiert wird, sondern als Überbringerin des christlichen Glaubens. In einer Überlieferung aus Tigray[365] ist diese verbreitete Wahrnehmung festgehalten. Das Stadium der israelitisch-jüdischen Religion, das in der Kebra Nagast wegen der Abkehr vom Sonnenkult zum Monotheismus von Bedeutung ist, gibt es hier nicht, sondern es erfolgt der direkte Übergang vom Heidentum zum Christentum. König Salomon spielt nur noch eine untergeordnete Rolle. Die Berufung erfolgt nicht mehr auf das Alte Testament, das von der „Königin von Saba" spricht, sondern auf das Neue Testament der „Königin des Südens" als Etiye Azeb. Die Bundeslade wird nicht mehr „Lade vom Berg Zion", sondern „Lade der Maria" genannt. Und es ist auch nicht mehr Makeda, die den Schlangendrachen besiegt – so volkstümliche Vorgeschichten zur Kerngeschichte der Königin, die die Kebra Nagast erzählt – sondern es sind die sieben (an anderer Stelle neun) Heiligen, die ihn töten und so das Volk von tyrannischer Herrschaft befreien. Man kann annehmen, daß solche Veränderungen aus jüngerer Zeit stammen, als sich das orthodoxe Christentum bereits klarer von jüdischen Elementen abgegrenzt hatte.

Gegensätze wie Gemeinsamkeiten zeigen, daß beide Geschichten in enger Beziehung zueinander stehen und Teil eines „großen mythologischen Korpus"[366] sind, der kosmologische Hierarchien, Gruppenbeziehungen und Sittenkodex vermittelt. Neben der Saba-Geschichte und den Legenden von Gudit gibt es noch weitere Traditionen, die um diese Themen kreisen und ähnlichen Mustern folgen. In den kontrastierenden Geschichten geht es um Themen wie Sexualität, Täuschung, Betrug, Verrat, Legitimität von Macht und in diesem Falle von weiblicher Macht, die abgelöst werden soll. Gudit ist innerhalb der Mythologie die immanent logische Ergänzung zu Makeda, ihre Antithese und zugleich ihr Spiegelbild. In der Volkstradition und in ideologischen Traktaten erfüllt Gudit als Inkarnation des Bösen die Aufgabe, Makeda umso herrlicher erscheinen zu lassen. Die Faszination der Gestalt Gudit aber bleibt trotzdem oder gerade deshalb.

Frauen – gestern – heute

Neben Makeda und Gudit haben es noch einige andere Frauen zu einer gewissen Berühmtheit in der äthiopischen Geschichte gebracht, als Frauen, die stark und durchsetzungsfähig waren und Einfluß auf Politik und Religion nahmen. Den Zugriff hierauf erlangten sie meist als Ehefrauen von Herrschern. Eine von ihnen ist Masqal Kebra, die Frau des Zagwe-Königs Lalibela im späten 12. und frühen 13. Jahrhundert, die ebenso wie ihr Mann in der orthodoxen Kirche als Heilige verehrt wird. Die äthiopische Kirche hat mehrere Zagwe-Herrscher heiliggesprochen. Dieses Mittel erleichterte wohl die Inkorporierung der „usurpatorischen", aber berühmten Felsenkirchenbauer in ihre ansonsten „salomonische" Tradition. Von bemerkenswertem, aber untypischem Gewicht von Frauen in der Politik berichtet die Chronik des Kaisers Zara Yaqob (r.1434–1468). Der Kaiser besetzte, zumindest zeitweilig, die wichtigsten Staatsämter mit zweien seiner vielen Töchter und betraute weitere mit der Regierung in den verschiedenen Provinzen.[367]

Im 16. Jahrhundert sind es drei Frauen, die eine besondere Rolle spielten. Kaiserin Eleni, die die Beziehungen zu Europa initiierte, um Verbündete gegen die drohende muslimische Invasion zu gewinnen, und die für den noch minderjährigen Lebna Dengel regierte. Sabla Wangel, die Frau von Lebna Dengel und Bati (Dame) Del Wambara, die Frau von Gragn griffen beide in die politischen Geschehnisse in der ersten Hälfte des 16. Jahrhunderts ein und waren in einer Reihe von Schlachten präsent. Sie verhandelten um den Austausch ihrer jeweils von der gegnerischen Seite gefangenen Söhne Minas und Muhammad. Der Chronist Gragns berichtet, daß seine Anhänger verlangten, Del Wambara („Ihr gehört der Sieg") solle von der militärischen Expedition ausgeschlossen werden: „Keiner der Emire vor dir nahm jemals seine Frau mit …"[368] Del Wambara widersprach dem Ansinnen und setzte sich durch.

Zeitweilig entwickelte Bati Del Wambara den Plan, ihre Tochter mit Minas, dem Sohn Lebna Dengels, zu verheiraten. Am Ende stand aber dann doch keine Einigung, sondern die Wiederaufnahme des blutigen Krieges. Nach Gragns Tod 1543 hatte Bati Del Wambara dessen Neffen Nur Ibn Mujahid geheiratet und sich als Brautpreis den Kopf von Galawdewos gewünscht, dem Sohn und Nachfolger von Lebna Dengel, der mit Hilfe der Portugiesen Gragn geschlagen hatte. 1559 löste ihr zweiter Ehemann sein Brautversprechen ein, indem er Galawdewos tötete.[369] (vgl. 7. Kapitel)

Im 18. Jahrhundert war es Berhan Mogäsa, die nach dem frühen Tod ihres Mannes Bäkaffa zur Kaiserin gekrönt wurde und für ihren Sohn und später für ihren Enkel regierte. Als Mentewwab („Wie schön sie ist") ging sie in die Geschichte ein. Rita Pankhurst charakterisiert sie als eine Frau, die auf der einen Seite die Tradition strenggläubiger Königinnen fortsetzte, und andererseits als Patronin von Künsten, Architektur und Literatur ein neues Element von „Eleganz und künstlerischer Verfeinerung"[370] einführte, das sie von ihren Vorgängerinnen wie Nachfolgerinnen unterschied. Von Mentewwab hat ihr Chronist die Aussage überliefert:

> „If I am a woman by manners of my creation, my gifts, which I have received from God, from below (on earth) and from above (heaven) are those of a man amongst men."[371]

Ende des 19. und Anfang des 20. Jahrhunderts ist Taytu („Seine Sonne"), die Frau Menileks II., eine einflußreiche Kaiserin am Hof, die ihren Mann davon überzeugen konnte, die neue Hauptstadt nicht auf dem kalten und windigen Entoto, sondern im tiefer gelegenen, milderen Finfinne aufzubauen. Der Journalist Anton Zischka wußte zu berichten, warum Menilek seiner Frau diesen Gefallen tat:

„Menilek, der gut das abessinische Sprichwort kannte, nach dem ‚ein Hügel *vor* und ein unzufriedenes Weib *im* Haus den stärksten Mann müde macht‘, erfüllte sofort ihren Wunsch."[372]

Taytu stand für eine konservative Politik, für die Begrenzung ausländischen Einflusses. Als Menilek seine Regierungsgeschäfte nicht mehr erfüllen konnte, übernahm sie für kurze Zeit die Regentschaft. Überdurchschnittlich gebildet, eine kluge Geschäftsfrau und durch mehrere Ehen gut mit den höfischen Machtstrukturen vertraut, scheiterte sie jedoch bei dem Versuch, sich durch dynastische Hochzeiten und Förderung ihrer Verwandten eine alternative Machtbasis zu ihrer Kinderlosigkeit zu verschaffen. Nach Menileks Tod wurde sie politisch kaltgestellt.

In den historischen Aufzeichnungen erscheinen Frauen nur am Rande, was den Verdacht nahelegen mag, dies sei Ergebnis typisch männlicher Geschichtsmanipulation. Dies trifft insofern zu, als dem Thema Frauen erst in jüngster Zeit Beachtung geschenkt wird, spiegelt aber eher die Tatsache wider, daß Frauen, die politische Macht und gesellschaftlichen Einfluß ausübten, die Ausnahme von der Regel waren. Bildung war ihnen verwehrt und nur einzelnen gelang es, Lesen und Schreiben zu erlernen und sich als Poetinnen einen Name zu machen. Sofern sie von adeligem Rang waren, konnten sie über beachtlichen Landbesitz verfügen.

In königlichen Chroniken, in kirchlichen Manuskripten, den Schriften von Äthiopisten und Äthiopien-Reisenden erscheint die große Mehrheit der Frauen, als Masse, die Hof und Armee versorgt, indem sie kocht, wäscht, spinnt und sexuelle Dienste leistet. Frauen spielen eine Rolle beim Ackerbau, vertreiben die bäuerlichen Produkte auf dem lokalen Markt, sie schaffen Wasser und Feuerholz herbei und leisten all die Arbeiten, die notwendig sind, um Mann und Kinder zu versorgen. Sie spielen aber auch eine Rolle bei sozialen Ritualen, der Heilung von geistigen wie physischen Leiden, als Minnesängerinnen und Handwerkerinnen. [373]

Bis heute überwiegt in der äthiopischen Gesellschaft ein traditionelles Rollenbild im Verhältnis der Geschlechter, in dem die Mädchen und Frauen weniger wert sind als Jungen und Männer. Das gilt im christlich geprägten Äthiopien ebenso wie in seinem muslimischen Teil. In streng islamischen Völkerschaften, wie bei den Afar und Somali, haben Mädchen die geringste Chance auf körperliche Unversehrtheit, Bildung und politische Teilhabe. Der Heilige Georg als der dynamische und wagemutige Verteidiger des Landes und Kämpfer gegen das Böse auf der einen Seite und die Jungfrau Maria mit dem Kind als „ruhig harrende" Frau und Mutter, die beiden am häufigsten dargestellten Heiligen, stehen als „Urbilder"[374] der festgeschriebenen Geschlechterrollen in der christlichen Tradition. Trotz aller Bildungsanstrengungen der letzten Jahre gehen Mädchen seltener in die Schule als Jungen und verlassen sie häufig wieder vorzeitig, weil sie im Haushalt helfen müssen. Mit dem Schulbesuch verbindet sich auch die Vorstellung, er schade der Entwicklung der Mädchen zur gehorsamen Ehefrau, fürsorglichen Mutter und guten Hausfrau. Auch der oft weite Weg zur Schule auf dem Land birgt Gefahren: Mädchen können Opfer einer Vergewaltigung werden und so ihr höchstes Gut, ihre Jungfräulichkeit verlieren.

Ein wahres Märchen von Jungfräulichkeit

Vor einiger Zeit passierte etwas Seltsames in einem Dorf. Es wurde eine Hochzeit gefeiert. Die beiden, die den Bund fürs Leben schlossen, stammten aus verschiedenen Dörfern. Der Bräutigam hatte seine Verpflichtungen erfüllt. Zusammen mit den besten Männern seines Dorfes als Gefolge hatte er der Brautfamilie die Mitgift überreicht. Den ganzen Tag wurde gefeiert und gegen Abend, als es Zeit wurde aufzubrechen, um vor der Dunkelheit das Dorf des Bräutigams zu erreichen, sollte die Braut übergeben werden. Die Sitte verlangt es, daß zuvor die Unberührtheit der Braut geprüft werden muß. Dies erledigen ältere Frauen des Dorfes. Und das Entsetzliche tat sich kund, die Braut war nicht mehr Jungfrau. Was tun?

Es war zu spät, die Hochzeit noch zu stoppen. Bedrohlich erschien, daß die Verwandtschaft des Bräutigams als berühmte Krieger und Ehrenmänner bekannt war. Und es gab keinen Zweifel, daß die Konsequenzen katastrophal gewesen wären, wenn der Bräutigam herausfinden würde, daß die Braut keine Jungfrau mehr war. Die alten Frauen berieten sich eingehend und ersannen einen Ausweg. Sie teilten dem Gefolge des Bräutigams mit, daß sie die Braut erst übergeben könnten, wenn die horoskopischen Zeichen des Paars gelesen seien. Das Gefolge stimmte zu.

Die Frauen riefen einen wegen verschiedener Missetaten aus dem Amt verstoßenen Priester herbei und erklärten ihm diskret, was vorgefallen war. Dieser zeigte sich bereit, gegen eine Gebühr das Problem zu lösen. Nachdem er das Awede Negist, das Handbuch des Okkulten und der Astrologie, konsultiert hatte, stellte er sich in die Mitte der Hochzeitsgesellschaft und las vor, was die Sterne über die Zukunft des Paares erzählten: „Wenn das Paar in des Bräutigams Dorf zurückkehrt und dabei den Wochecha-Fluß überquert, wird der Fluß plötzlich über die Ufer treten und der Bräutigam ertrinken. Wenn die Vermählten aber auf einem anderen Weg zurückkehren, ohne den Fluß zu überqueren, wird die Braut ihre Jungfräulichkeit verlieren, jedoch werden beide sicher im Dorf ankommen." Das Gefolge des Bräutigams erörterte die Alternative gründlich und entschied sich schließlich für die zweite Empfehlung der Sterne. (Juli 2003)

(Nacherzählt nach The Sun, 12.6.2003)

Heute sind es vor allem Frauen der jüngeren und der mittleren Generation in den Städten, die gegen festgeschriebene Zuweisungen und gegen Benachteiligung in Gesellschaft und Politik aufbegehren. Viele Frauen trugen als Partisanenkämpferinnen zum Sturz des Derg und zum

Sieg der EPRDF bei. In den politischen Körperschaften ist ihre Zahl seit den letzten Wahlen gewachsen, auf wirtschaftlichem Gebiet haben sie sich neue Betätigungsfelder erschlossen. 2008 wurde mit Birtukan Mideksa zum ersten Mal in der äthiopischen Geschichte eine Frau Vorsitzende einer größeren Partei, einer Oppositionspartei. Unter den gewählten Abgeordneten der Oppositionsparteien sind aber deutlich weniger Frauen vertreten als bei der EPRDF.[375]

Abb. 25 Papierkorb in der Agrarfakultät der Jimma University, 2009

Regierungs- wie internationale Programme haben die Förderung von Frauen und Mädchen zum Ziel. Hierzu gehören auch Projekte zur Prävention gegen HIV/AIDS und zur Milderung der wirtschaftlichen und sozialen Auswirkungen für Frauen und Kinder im Falle von Erkrankung. An ihrer Umsetzung sind neben zahlreichen Nichtregierungsorganisationen (NROs) Vereinigungen wie die der äthiopischen Rechtsanwältinnen, die „Ethiopian Women Lawyers Association" (EWLA), beteiligt. Sie kämpft gegen Diskriminierung und Benachteiligung von Frauen im Familien- und Strafrecht wie im traditionellen Recht, zum Beispiel in der Eigentumsfrage. Sie wendet sich gegen althergebrachte Bräuche, die Mädchen und Frauen lebenslang schädigen, und gegen als „Kavaliersdelikte" verharmloste Gewalt. Genitalverstümmelung, Frühverheiratung, häusliche Gewalt, Vergewaltigung gehören zu den verbreiteten „traditionellen schädlichen Praktiken".[376] Seit 2005 steht auch in Äthiopien Genitalverstümmelung unter Strafe. Allerdings hat es diesbezüglich noch kein Gerichtsverfahren gegeben.

Abb. 26 Anti-AIDS-Plakat in Metu, 2009: „Es ist möglich, sexuelle Beziehungen bis zur Heirat zu vermeiden."

Von der heutigen Regierung, die „Gleichberechtigung der Geschlechter" als Ziel auf ihre Fahnen geschrieben hat, werden solche Bestrebungen gegen Diskriminierung und Gewalt unterstützt, allerdings nur solange, wie die Verfechterinnen regierungskonforme Positionen mittragen. Gehen ihre Vorstellungen darüber hinaus oder üben sie Kritik, die als unzulässige politische Einmischung aufgefaßt wird, so müssen sie mit Abstrafung

Abb. 27 Plakat der Ethiopian Women Lawyers Association gegen die Genitalverstümmelung von Mädchen, Addis Abeba 2009

Abb. 28 Spreu vom Weizen,
Goba-Robe 2004

Abb. 29, 30 Junge Frauen in einer
Möbelwerkstatt in Jimma, 2002

Abb. 31 Bauernmarkt in Adadi
bei Melka Awash, 2001

rechnen. Die 2009 in Kraft getretene „Charities and Societies Proclamation" kann die Arbeit zivilgesellschaftlicher Organisationen für die Gleichstellung der Frauen
erheblich gefährden, weil sie den Handlungsspielraum
von NROs drastisch einschränkt (vgl. 7. Kapitel). Auf
Kritik an dem rigiden Gesetz wird der Erste Botschafts-
rat der äthiopischen Botschaft in Berlin mit der Antwort zitiert, die NROs müßten die Lobbyarbeit für die
Gleichstellung von Frauen einstellen, denn „...dies ist
ein Job für die Regierung".[377]

In der Aufzählung von 18 „Meilensteinen" der äthiopischen Zivilisation, die gleichzeitig Äthiopiens „bedeutende Beiträge zum Welterbe" sind, nennt Kinfe
Abraham in seinem jüngst erschienenen Buch als 9.
Meilenstein: Äthiopien als „die Zitadelle der Gleichberechtigung der Geschlechter, die die Königin von Saba
als erste Herrscherin in der aufgezeichneten Geschichte
krönte".[378] Man könnte verschiedenes dagegen einwenden, zum Beispiel, daß die Kebra Nagast jede weitere
weibliche Herrschaft nach Saba/Makeda verdammte.
Man kann es aber auch lassen oder besser humorvoll
nehmen: Auf dieser Grundlage können die äthiopischen
Mädchen und Frauen doch aufbauen!

Abb. 32 Werbung für den
Damen-Frisör-Salon, Dilla 2009

Abb. 33 Modernes Äthiopien: Mursi als
PC-Werbung, Addis Abeba 2009

6. Beta Israel – die Juden Äthiopiens und ihre christlich-orthodoxen Nachbarn

Im Vielvölkerstaat Äthiopien gab es einst eine Bevölkerungsgruppe, die seit dem 19. Jahrhundert das besondere Interesse von Missionaren und Forschern erregte und bis in die Gegenwart Objekt kontroverser Forschung ist. Die einen sehen sie heute gerne als verfolgte Juden, die Gegenposition sieht in ihnen eine assimilierte Gruppe. Wie so oft ist die Wirklichkeit um einiges komplizierter. Innerhalb der äthiopischen traditionellen Geschichtsschreibung erscheinen sie wie Gudit und Gragn als die militärischen Feinde und religiösen Gegner des christlichen Reichs und in der Gesellschaft wies man ihnen eine mißachtete Stellung zu, bis man, als es fast keine mehr von ihnen im Lande gab, ihr „Äthiopiertum" entdeckte.

Während in Israel heute etwa 130.000 äthiopische Juden leben, davon 30.000 in Israel geborene, zählt man sie in Äthiopien nur noch zu Hunderten. Nachdem das Sephardische Oberrabbinat in Jerusalem sie nach heftigen internen Auseinandersetzungen 1973 als Juden anerkannte, zwei Jahre später das Aschkenasi Oberrabbinat folgte und die israelische Regierung sie 1975 in das Rückkehrgesetz[379] einbezog, wanderten die äthiopischen Juden zunächst in kleinerer Zahl nach Israel aus. Es folgten zwei große Luftbrückenaktionen 1984 (Operation Moses) und 1991 (Operation Salomon) und anschließende Emigrationswellen. Die Zahl der Ausgewanderten übertrifft ihre zuvor angenommene Größe und schließt die Juden aus Kwara ein. Diese lebten in einer entlegenen Gegend westlich des Tana-Sees in Richtung sudanesische Grenze, von deren Existenz bis Ende der 1990er kaum jemand etwas wußte. Auch ein Teil der *Falasha Mura*, die im 19. und 20. Jahrhundert zum Christentum konvertiert waren und im Rahmen der Verwandtenzusammenführung in kleinen Gruppen nach Israel gebracht wurden, zählt dazu.

Beta Israel – Ein verlorener Stamm oder rivalisierende Geschwister der christlichen Nachbarn?

Über die einstige Zahl der Beta Israel in Äthiopien, die in kleinen Gruppen in Tigray, Lasta, Kwara, Addis Abeba und Gondar-Stadt, vor allem aber in der Provinz Gondar in den Semien-Bergen und um den Tana-See lebten, gibt es nur gelegentliche Schätzungen. Zu Beginn des 17. Jahrhunderts, als nach schweren Kämpfen das Ende der politisch-militärischen Unabhängigkeit von Beta Israel bevorstand, soll es etwa 100.000 einsatzfähige Männer gegeben haben – eine Zahl, die James Bruce genannt wurde, als er sich – auf der Suche nach den Quellen des Nil – länger in Gondar aufhielt. Mitte des 19. Jahrhunderts schätzten Vertreter ausländischer jüdischer Organisationen die Gesamtpopulation auf 150.000 bis 200.000 und für die Anfänge des 20. Jahrhunderts auf 50.000[380]. Ein in den 1970er Jahren von einem israelischen Agronomen durchgeführter „Zensus"[381], der entlegene Siedlungen nicht einbezog, ergab 6092 Familien mit einer Gesamtpopulation von 28.189, die in 490 Dörfern lebten, in denen ihr Anteil zwischen 10 und 50% der Dorfbewohner ausmachte.

Beta Israel unterschieden sich in Aussehen und Sprache nicht von ihren christlichen Nachbarn. In den 1970er Jahren beherrschten noch einige die alte kuschitische Agaw-Sprache, die meisten aber sprachen die jeweils dominierende der Region, also Amharisch oder Tigrinya. Sie trugen die gleiche Kleidung wie die Christen und folgten ähnlichen, aus dem Alten Testament abgeleiteten Speisevorschriften, mit einer wichtigen Ausnahme: sie verabscheuten rohes Fleisch, ein Hochgenuß für jeden christlichen Amharen und Tigray, aber auch für die Oromo. Ihr religiöses Hauptwerk war das Alte Testament, „Orit"[382] genannt, und in der alten orthodoxen Kirchensprache Ge'ez geschrieben, wie überhaupt ihre religiösen Texte von orthodoxen Vorlagen abgeschrieben sind. Dies gilt auch für die Sabbatvorschriften, die im Leben von Beta Israel eine besondere Rolle spielten. Den Talmud und andere rabbinische Werke sowie Hebräisch kannten sie bis zu ihren Kontakten mit Juden außerhalb des Landes nicht.

Im Laufe der Geschichte gab ihnen ihre äthiopische Umwelt verschiedene negativ belastete Namen, darunter der bekannteste: *Falasha* (Wanderer, Landloser, Exilierter). Oft wurde auch von Christen das Wort Agaw zu ihrer Bezeichnung benutzt, um sie so als reine Heiden zu diskreditieren und ihren Anspruch, von Israel abzustammen, zu verneinen. Sie selbst nennen sich – seit wann, weiß man nicht - Beta Israel (Haus Israel) oder einfach Israel, ein Begriff, mit dem allerdings auch die amharische Dynastie bezeichnet wurde, die beansprucht, auf die Verbindung des biblischen Königs Salomon mit der

Abb. 34
Figuren aus Ton von Töpferinnen der Beta Israel: König Salomon und die Königin von Saba, alias Makeda

Abb. 35
Königin von Saba und Salomon

Abb. 36
König Salomon und die Königin von Saba teilen das Bett

Abb. 37
Wasserträgerin

141

Königin von Saba zurückzugehen. Als deren Nachkommen betrachteten sich auch die meisten Beta Israel. Sie sehen sich als die „wahrhaftigeren Israeliten"[383], die anders als Menilek bei seiner Rückkehr aus Jerusalem, das Meer nicht am Sabbat überquerten. Berichte aus dem 19. Jahrhundert besagen, daß die Juden von Kwara den Namen Falasha akzeptierten, während andere aus Lasta und Wogera sich *Kayla* nannten, ein Agaw-Wort, das „die nicht das Meer überquert haben"[384] bedeutete. Andere führen sich auf Juden zurück, die zu Moses' Zeiten Ägypten verließen und nach Äthiopien zogen. Zu den beliebten Souvenirs für Touristen gehören die von Beta-Israel-Frauen aus Ton geformten Miniaturen von Salomon und Saba gemeinsam umschlungen im Bett.

Bis heute ist ihr Ursprung in der Forschung umstritten. Verschiedene Hypothesen werden für die Vorfahren angeboten: Einwanderer aus alten jüdischen Gemeinden wie der „zehn verlorenen Stämme"[385], besonders des Stammes Dan. Diese auf ethnischer Abstammung beruhende Annahme entspricht seit 1975 der offiziellen israelischen Position. Daher neigen die nach Israel emigrierten Beta Israel heute dazu, sich auf den „verlorenen Stamm" Dan oder auf das ägyptische Judentum zurückzuführen und ziehen es vor, äthiopische Juden, anstatt Beta Israel, genannt zu werden.[386] Andere sehen oder sahen in ihnen Mitglieder aus der ursprünglichen Volksgruppe der Agaw – die sich dem Christentum verweigerten, als dieses sich seit dem 4. Jahrhundert zur offiziellen Religion des aksumitischen Staates zu entwickeln begann – oder aber Dissidenten innerhalb des orthodoxen Staates, die zu verschiedenen Zeiten rebellierten.

In aksumitischen Quellen selbst findet sich keinerlei Bezug zur Existenz von Juden in Äthiopien. In einer 1922 in Äthiopien erschienenen „History of the People of Ethiopia"[387], in der traditionelle Erklärungen festgehalten sind, wird der Ursprung der Falasha auf Israel zurückgeführt. Sie kamen alle aus Israel, aber zu drei unterschiedlichen Zeiten: Die ersten kamen mit Menilek I., die zweite Gruppe gelangte nach der Zerstörung Jerusalems und des Tempels 70 n. Chr. durch die Römer nach Äthiopien. Die letzte Gruppe floh während der Ära Gudit vor dem König von Ägypten, drang zusammen mit Gudit nach Äthiopien ein, verbündete sich mit den Falasha der früheren Perioden und setzte ihr zerstörerisches Werk in Gang. In der Chronik über Lij Iyasu und Kaiserin Zewdito heißt es im Rahmen der Beschreibung des Festes der Bundeslade, daß es innerhalb des Territoriums des aksumitischen Kaisers Menschen gab, die sich weigerten, die neu eingeführte Religion anzunehmen und sich gegen den Kaiser erhoben. „Diese sind die Falasha."[388]

Innerhalb eines Teils der jüngeren Forschung besteht die Tendenz, Beta Israel als eine Volksgruppe zu sehen, die sich durch ein Bündel von politischen, wirtschaftlichen, religiösen und sozialen Faktoren als kulturelles „Produkt"[389] zwischen dem 14. und 16. Jahrhundert herausgebildet hat. Es werden Zweifel daran angemeldet, daß sich Beta Israel vor der Ankunft protestantischer Missionare im 19. Jahrhundert selbst als Juden betrachteten, und es wird angenommen, daß sie wie ihre orthodoxen Landsleute ihre Identität aus dem äthiopischen Nationalepos „Kebra Nagast" bezogen.[390] In diesem Sinne seien sie vor der Besatzung durch das faschistische Italien nicht als Juden verfolgt worden, sondern Opfer von Stammeskriegen wie andere Äthiopier auch. Insbesondere äthiopische Historiker[391] betonen die weitgehenden Gemeinsamkeiten im sozialen und religiösen Leben von Beta Israel mit ihren christlichen Nachbarn sowie den stark durch das Alte Testament geprägten Charakter der orthodoxen Kirche. Durch die Ableitung der Äthiopier von Salomon sei ein gewisser Zwiespalt angelegt: Die Äthiopier sind die besseren Juden, aber sie stammten von Juden ab. Aus dieser Verknüpfung ergäben sich einerseits zahlreiche Gemeinsamkeiten zwischen der orthodoxen Kirche und der von Beta Israel praktizierten Form des Judentums, aber gleichzeitig auch eine Art Geschwisterrivalität. So mancher Autor mit wenigen Kenntnissen über Äthiopien charakterisiert Aspekte des Lebens als einzigartig für Beta Israel, hat mit ihnen aber lediglich typische Sitten und Gebräuche im Hochland von Äthiopien beschrieben. So mancher eifrige Schreiber hat auch in der Freude über den wiedergefundenen, „verlorenen Stamm" nicht bedacht, daß „typisch Jüdisches" der Beta Israel erst unter dem Einfluß von Vertretern ausländischer jüdischer Organisationen in der zweiten Hälfte des 19. Jahrhunderts adaptiert wurde.

Abb. 38 Der Davidstern zur Kennzeichnung eines Beta Israel-Hauses in Wolleka, nahe Gondar 2010. Der Ort war einst ein Zentrum von Beta Israel.

Während einige Forscher Hinweise in Reiseberichten und legendären Erzählungen aus der Zeit vor dem 14. Jahrhundert dahingehend werten, daß diese zumindest die Existenz von Juden nahelegen, sehen andere in

Abb. 39 Maryi Negussie Mulat vor ihrem Souvenirladen. Sie sagt, sie ist die letzte Beta Israel, die noch in Wolleka lebt, 2010.

143

den Aussagen von Reisenden wie Eldad Ha-Dani (9. Jh.) und Benjamin von Tudela (12. Jh.), Marco Polo (13. Jh.), Elijah von Ferrara (15. Jh.) oder in den Aufzeichnungen über die Königin Gudit und den Priester Johannes, in dessen Reich die „zehn verlorenen Stämme" gelebt haben sollen, höchst zweifelhafte Versatzstücke ungewisser Provenienz und Authentizität.

Spätes Mittelalter und frühe Neuzeit – Beta Israel als Widersacher des christlichen Äthiopien

Ein allgemein anerkannter Hinweis auf Juden erscheint in den Kriegschroniken des Kaisers Amda Seyon I. (r. 1314–44) zu jener Zeit, als das äthiopische Nationalepos Kebra Nagast entstand. Die Quelle besagt, daß er viele Truppen gegen Rebellen in die Gebiete im Nordwesten des Landes schickte, die später als Hauptsiedlungsregion der Beta Israel identifiziert wurden. Von Leuten „wie die Juden"[392] (Ayhud) ist die Rede, die den Glauben der Christen zugunsten jenem der Juden aufgaben und Christus wie die Juden leugnen, die ihn gekreuzigt haben. Ayhud war ein von christlicher Seite gebrauchter abschätziger Begriff, mit dem auch andere nichtchristliche Gruppen und Gegner des Kaisers bezeichnet wurden. Auch betitelten sich befehdende christliche Richtungen untereinander mit diesem Begriff. Durch groß angelegte militärische Feldzüge vor allem gegen unter muslimischem Einfluß stehende Gebiete wie Ifat gelang es Amda Seyon den Herrschaftsbereich der Monarchie erheblich zu erweitern. Unter ihm und seinen Nachfolgern wurden immer mehr früher selbständige Gruppen unterworfen, unter ihnen die Beta Israel, die von nun an als besonders rebellisch galten und in den folgenden Jahrhunderten immer wieder in Konflikt mit den christlichen Herrschern gerieten. Mal waren es die Beta Israel, die eine offene Rebellion begannen, häufig verbündet mit anderen Gegnern des Kaisers, mal waren es die Kaiser, die ein für allemal den Widerstand brechen wollten. Ob die Religionszugehörigkeit hierbei eine vorrangige Rolle spielte oder die Einforderung politischer Loyalität, ist umstritten.

Während der Regierungszeit von Kaiser Dawit II. (r. 1380–1412) wird von einem christlichen Mönch Abba Quoisnos[393] berichtet, der sein Kloster verließ, sich den „Ayhud" in den Semien-Bergen anschloß, ihr militärischer Führer wurde und für sie den „Orit" in Ge'ez schrieb, der Wort für Wort mit dem Alten Testament der orthodoxen Kirche identisch war und bis in jüngste Zeit von Beta Israel benutzt wurde. Dawit – wie danach sein Sohn – setzte die Versuche fort, Beta Israel unter Kontrolle zu bringen. Von ihm wird berichtet, daß es ihm mit der Methode „teile und herrsche"[394] gelang, kooperative Beta Israel auf seine Seite zu ziehen, während sich andere erfolgreich in ihre unzugängliche Bergregion zurückzogen und von dort zur Wehr setzten.

Obwohl unter Amda Seyon eine umfangreiche Missionierung und der Bau von Kirchen in den neu eroberten Gebieten durch Mönche einsetzten, geben die Quellen keine Hinweise, ob

Kirche und Kaiser versuchten, Beta Israel zu konvertieren. Bekannt ist, daß einzelne Mönche hierin aktiv waren. Erzwungene Konversion als offizielle Politik ist dann unter Kaiser Yeshaq (r. 1413–34) belegt. Yeshaq, der erste „salomonische" Herrscher, der persönlich gegen Beta Israel in den Krieg zog, fügte dem regionalen Führer von Semien und Dämbeya eine schwere Niederlage zu und erließ ein Dekret, das den Beginn der Aberkennung althergebrachter Rechte der Beta Israel und die Verschlechterung ihrer sozialökonomischen Situation beinhaltete. „Der, der in der christlichen Religion getauft ist, darf das Land seines Vaters erben, wenn nicht, laßt ihn eine Fäläsi sein"[395]. Damit waren die Beta Israel gezwungen, zu konvertieren oder ihr Recht auf „rist" – eine Art von Landbesitz durch angestammtes Nutzungsrecht – aufzugeben. Yeshaq ließ in der Region viele Kirchen bauen und vergab Ländereien und „gult"[396], das Recht, Tribute, Fronarbeit und andere Dienste zu erheben, an die Kirchen. Ob der seit dem 16. Jahrhundert in Quellen verschiedener Sprachen auftauchende Begriff Falasha hier seinen Ausgangspunkt hat, ist nicht eindeutig zu rekonstruieren.

Wie rasch und umfangreich sich die Enteignung der Beta Israel durchsetzte, läßt sich nicht sagen. Fest steht jedoch, daß es den amharischen Kaisern auf lange Zeit nicht gelang, die Gebiete der Beta Israel vollständig zu annektieren und bis weit ins 17. Jahrhundert immer wiederkehrende Revolten stattfanden. Im Laufe dieses Prozesses scheint sich, obwohl Beta Israel nie eine politische Einheit bildete, ein spezifisches Gruppenbewußtsein herausgebildet zu haben. Traten zuvor ihre politischen Führer lediglich als Herrscher einer Region hervor, sind sie im späten 16. Jahrhundert die politischen Führer einer ethnisch-religiösen Gemeinschaft. Wahrscheinlich als Folge ihrer sozialen und politischen Bedrängnis adaptierten sie einerseits religiöse Elemente der christlich-orthodoxen Kultur. Hierbei ist insbesondere die Herausbildung eines Mönchtums als geistige Führerschaft durch konvertierte christliche Mönche zu nennen. Andererseits formten sie dieses zu einem spezifischen religiösen System um und ergänzten es durch die Entwicklung eines Codes von Gesetzen zur rituellen Reinheit, der sie deutlich von Personen außerhalb ihrer Gemeinschaft abgrenzte und ihnen eine eigene Identität verlieh.

Die Nachfolger Yeshaqs wie Zara Yaqob (r. 1434–68) und sein Sohn Ba'eda Mariam (r. 1468–78) nahmen die Kriege gegen Beta Israel wieder auf. Sein Chronist beschreibt Zara Yaqob als „Ausrotter der Juden".[397] Als Folge der erzwungenen Konversion von Beta Israel berichten die Chroniken, daß gewisse Juden sich zwar Christen nannten, aber leugneten, daß Jesus von Maria geboren war, und „ausspuckten"[398], nachdem sie die Kommunion empfangen hatten.

Während der Regierungszeit von Lebna Dengel (r. 1508–40) sah sich die amharische Dynastie durch massive Konflikte mit dem muslimischen Königreich von Adal in ihrer Existenz bedroht. Ausgestattet mit Feuerwaffen aus dem Osmanischen Reich überrannten die muslimischen Truppen unter der Führung von Imam Ahmad ibn Ibrahim (Gragn) das Land und verwüsteten es. Beta Israel verbündeten sich zeitweise mit ihnen, um verlorene Unabhängigkeit wiederzugewinnen. Gragns Chronist berichtet, daß Beta Israel sich mit Hilfe der siegreichen Muslime an ihren christlichen Unterdrückern von Bahr Amba, in den Semien-Bergen nordöstlich des Tana-Sees gelegen, rächten. Für 40 Jahre seien sie von diesen versklavt gewesen, mußten als Diener für sie arbeiten und ihre Felder bestellen.[399] Das Verhältnis der Verbündeten verschlechterte sich später, denn die neuen Eroberer verkauften Beta Israel in die Sklaverei, wie zahlreiche hebräische Autoren berichten.[400]

Unter den Nachfolgern von Dengels Sohn Galawdeos (r. 1540–59), der mit Hilfe von Portugiesen, den Truppen Gragns eine endgültige Niederlage bereitete, setzten sich die kriegerischen Auseinandersetzungen mit Beta Israel zunächst in den Semien-Bergen, dann auch westlich des Tana-Sees fort und nahmen an Brutalität zu. Sarsa Dengel (r. 1563–96) und Susenyos (r. 1607–32) führten größere Feldzüge sowohl gegen die von Süden vordringenden Oromo wie gegen Beta Israel. Letztere lebten in den Semien-Bergen in einer Art halbautonomer Fürstentümer, weigerten sich, Tribut an den Kaiser zu zahlen und probten mehrere Aufstände. Beta Isreal erscheinen in den Quellen als die, „die schuldig sind, das Blut unseres Herrn Jesus Christus" vergossen zu haben. Joseph Halevy charakterisiert die Feldzüge unter Sarsa Dengel als „einen wahren Kreuzzug"[401] aus religiösem Fanatismus mit dem Ziel, die jüdische Religion auszurotten. Es liegt nahe, dahinter auch portugiesischen Einfluß zu vermuten.

Aus einer Verbindung Sarsa Dengels mit einer Beta Israel namens Harago[402] gingen vier Söhne hervor, von denen einer, Yaqob für kurze Zeit Kaiser wurde oder sich als solcher erklärte und den Hauptführer der Beta Israel Gedewon zum Gouverneur von Semien ernannte. Dieser unterstützte in der Folgezeit mehrere Rivalen und Rebellen gegen den neuen Kaiser Susenyos, wurde aber 1625 von ihm getötet und wenige Jahre später endet die politisch-militärische Unabhängigkeit von Beta Israel endgültig. Sofern Beta Israel noch Land besaßen, wurde es konfisziert. Viele wurden als Sklaven verkauft oder zwangsweise konvertiert.

Gondar-Ära (1630–1760) – Beta Israel lebt in „Frieden und Wohlstand"

Parallel zur wirtschaftlichen Ausgrenzung und den kriegerischen Auseinandersetzungen setzte im 17. Jahrhundert eine Entwicklung ein, die für Beta Israel von zwiespältiger Natur war. Mit Sarsa Dengel und Susenyos vollzog sich die allmähliche Abwendung der Kaiser von wechselnden mobilen Zeltlagern hin zu einem festen Regierungssitz in der Region des Tana-Sees, wo sie Schlösser bauen ließen, bis schließlich unter Fasiladas (r. 1632–67) die Entscheidung für die neue Hauptstadt in Gondar fiel, mitten im Hauptsiedlungsgebiet der Beta Israel. Dies war Ausdruck der Tatsache, daß Beta Israel keine politische und militärische Bedrohung für das äthiopische Kaisertum mehr darstellten. Während Beta Israel einerseits zu den wichtigsten politisch-militärischen Opponenten der Kaiser zählten und besonders unter Susenyos, der zum Katholizismus übergetreten war, einer brutalen Verfolgungs- und Konversionspolitik ausgesetzt waren, wurden gleichzeitig ihre Mitglieder zunehmend als Soldaten und Handwerker in das kaiserliche Gefolge inkorporiert.

Neben ihren traditionellen Berufen als Schmiede, Weber und Töpferinnen gewannen sie nun in neuen Berufen als Zimmerleute, Maurer und Soldaten besser angesehene Beschäftigungen. Aufgrund ihrer Hinwendung zu Handwerksberufen waren sie wie Inder und Portugiesen prädestiniert, beim Aufbau der Hauptstadt angestellt zu werden. Als Maurer, Steinmetze, Stukkateure, Zimmerleute bauten sie Schlösser, Kirchen, Häuser. Als Maurer und Zimmerleute gelten sie als die Haupterbauer von Gondar. Als Soldaten konnten sie zu militärischen Ehren gelangen, die ihnen wiederum wirtschaftliche und soziale Privilegien garantierten, darunter auch Landbesitz. Unter mehreren Kaisern bildeten sie eigene Schwadrone. Da sie außerhalb der traditionellen amharischen Machtstrukturen standen, wurden einzelne auch mit „delikaten"[403] Aufgaben betraut. So ging ein relativer, wirtschaftlicher und sozialer Aufstieg eines kleinen Teils der Beta Israel einher mit einer zunehmenden Abhängigkeit vom kaiserlichen Hof.

Die Beta Israel zugeteilten Wohnquartiere, „Falasha Bet" (Falasha-Haus), „Kayla Meda" oder aufgrund ihrer trockenen Umgebung „Abwara" (Staub) genannt, lagen größtenteils außerhalb Gondars, vor allem am westlichen Rand der Stadt. Zu einer Zeit, in der die Zentralmacht schon über ein halbes Jahrhundert untergegangen und die Bevölkerungszahl erheblich geschrumpft war, lebten dort nach Schätzungen von Forschern und Reisenden im frühen 19. Jahrhundert annähernd 400 Beta Israel in ca. 60 Häusern. Diese Separation – Gleiches galt für die Muslime – basierte einerseits auf Gewohnheit resp. dem ausdrücklichen Wunsch von Beta Israel. Andererseits wurde sie durch ein Kirchenkonzil unter Kaiser Johannes I. im Jahre 1668 forciert, das „die Trennung von Franken, Muslimen, Türken und auch der Fälascha, genannt Kayla, die jüdischer Religion sind", anordnete „damit sie nicht mit den Christen leben".[404] Daß die Separation nicht durchgängig war und es hier wahrscheinlich regionale und interessenspezifische Unterschiede auch unter Beta Israel gab, zeigt zum Beispiel die Tatsache, daß das Dekret 1676 erneuert wurde. In der einzigen Chronik der Beta Israel, die zur Zeit Menileks II. (r. 1889–1913) geschrieben wurde, heißt es: „… während der Herrschaft aller Könige von Gondar lebte Israel in Frieden und Wohlstand".[405]

Nach der Regierungszeit Iyasus II. (r. 1730–1755) setzte der Verfall der Zentralmacht ein, die Provinzen verselbständigten sich, das Machtgefüge verschob sich zugunsten der Provinzfürsten. Diese Entwicklung wirkte sich besonders ungünstig für die in und um Gondar lebenden Beta Israel aus, da sie in hohem Maße von den Aufträgen des kaiserlichen Hofes abhängig waren. In dieser Zeit der „Zämäna Mäsafent" (1755–1855), der Herrschaft der Prinzen, gingen die Baumaßnahmen gegen null, die Fertigkeiten der Beta Israel als Bauhandwerker waren nicht länger gefragt. Sie waren der Willkürherrschaft lokaler Potentaten ausgesetzt. Ständige Plünderungen und Brandschatzungen behinderten den Ackerbau. Handwerksberufe mit niedrigem Status wurden jetzt zu den Haupttätigkeiten der Beta Israel.

Nach Berichten von Henry Aaron Stern[406], einem deutschen Juden, der zum Protestantismus konvertiert war und ab 1860 unter den Beta Israel missionierte, waren die Männer ab Mitte 1830 in ländlichen Gegenden fast alle Schmiede, Töpfer oder Weber. Manchmal widmeten sich ganze Dörfer einem dieser Handwerke. Um 1860 wurde die Beschäftigung als Schmied in der Gondar-Region fast exklusiv von Beta Israel ausgeführt. Als Schmiede arbeiteten sie auch in Tigray, Walquat, Samen, Gojjam.

Marginalisierte Handwerker und der „böse Blick"

Mit dem seit dem 15. Jahrhundert zunehmenden Verlust ihres Rechtes auf *rist*, auf Landbesitz, mußten Beta Israel für die christlichen Grundbesitzer als Pächter arbeiten oder sich als Handwerker verdingen. Während im europäischen Mittelalter jüdische Handwerker von den Zünften ausgeschlossen wurden, wandten sich die Beta Israel in wachsendem Maße Handwerksberufen zu, einer in der von Vieh- und Landwirtschaft geprägten Kultur Äthiopiens verachteten wirtschaftlichen Nische. Die Männer arbeiteten vorwiegend als Weber und Schmiede, die Frauen als Töpferinnen, auch als Korbmacherinnen. So waren sie als Handwerker einerseits unentbehrlich für die Gesellschaft, indem sie Pflüge, Werkzeuge, Waffen, Behältnisse und Kleidung, herstellten. Andererseits rangierten sie ganz unten auf der gesellschaftlichen Stufenleiter. Seit dem 16. Jahrhundert finden sich in den Berichten der Jesuiten und später in denen der zahlreichen Äthiopien-Reisenden Beispiele hierfür.

In der gesamten äthiopischen Geschichte sind Handwerker marginalisierte Minderheiten nicht nur im Hochland, sondern auch im südlichen Tiefland und der Somali-Region.[407] Bis heute leben sie vor allem im Süden in den Dörfern separiert und sind von der Teilnahme an gesellschaftlichen Ereignissen ausgeschlossen, dürfen nicht Mitglied in der *mahber*, dem religiösen Nachbarschaftsverband, werden und nicht in der Dorfkneipe ihr *tej*, den Honigwein trinken. Mancherorts dürfen sie auch ihre eigenen Produkte nicht selbst verkaufen. Nicht immer sind es die gleichen Handwerksgruppen, die verachtet werden. In manchen Regionen sind Lederarbeiter, Holzschnitzer und Weber – letzterer ein Beruf, der besonders unter den Muslimen verbreitet ist – nicht diskriminiert, sondern gut angesehen. In anderen Gegenden leben die Jäger wie die Schmiede und Töpferinnen am Rande der Gemeinschaften.

In der Chronik über Lij Iyasu und Kaiserin Zewdito heißt es, nachdem die Gold- und Eisenschmiede, die Töpferei und die Weberei als Handwerke, die es in Amhara- Gebieten gibt, aufgezählt wurden: Die Menschen, die diese Handwerke lernen und zum Wohl des Volkes ausüben, werden mit Schimpfwörtern bedacht, indem sie Falasha, „Debenansa" (in Gojjam) und „Teyyib"[408] (in Shoa) gerufen werden.

Da insbesondere die Berufe der Schmiede und Töpfer, bei deren Arbeit das Verformen von Material mittels Feuer geschieht, mit zerstörerischen magischen Eigenschaften in Verbindung gebracht werden, führte dies im Falle der Beta Israel zur sozialen Stigmatisierung, wenn auch keineswegs nur Beta Israel in *buda*[409]-Verdacht kamen.

Im 19. Jahrhundert haftete ihnen diese Bezeichnung besonders im Nordwesten an. Vielleicht hing dies mit der Erinnerung an die einstige militärische Stärke der Beta Israel zusammen, die, auch nachdem sie besiegt waren, noch eine gewisse Angst auslösten. Der äthiopische Gelehrte Abba Gorgoryos hatte seinem deutschen Kollegen Hiob Ludolf gesagt, daß das dumme, gemeine Volk Schmiede als eine „Art von Sterblichen"[410] betrachte, die Feuer spucken und in der Hölle aufgezogen wären. Mancherorts war der Begriff *buda* identisch mit der Berufsbezeichnung des Schmieds oder der Töpferin. Wer Material mit Hilfe von Feuer verändern kann, hat auch selbst die Fähigkeit zur Verwandlung. Sie waren *buda*, im Besitz des „bösen Blicks", eine Vorstellung die mit verschiedenen äthiopischen religiösen Welterklärungen korrespondiert und quer durch die Ethnien und Religionsgemeinschaften tief verwurzelt ist, Beta Israel eingeschlossen. Auch sie hatten ein zweideutiges Verhältnis gegenüber Schmieden, von deren Arbeit sie sagten, daß sie sie hoch schätzten und Schmiede als „weise Männer"[411] respektierten. Andererseits durften Priester keine Schmiede sein, wohl aber Weber. Von Falasha-Frauen wird berichtet, daß sie Zauberschnüre um den Hals tragen, um sich vor dem „bösen Blick" zu schützen.[412] Auch in Addis Abeba kann man noch heute gebildete Menschen antreffen, die an solche magischen Fähigkeiten und ihre verheerenden Auswirkungen glauben.

Die kulturelle Ausgestaltung der Vorstellung von *buda* variiert von Gruppe zu Gruppe und scheint über die Jahrhunderte hinweg unterschiedlich stark ausgeprägt gewesen zu sein. Man glaubt von ihnen, daß sie sich tagsüber als Menschen verkleiden und des Nachts in Hyänen verwandeln und menschliches Fleisch fressen. So wurden sie auch „jib" (Hyäne) oder „jiratam"[413] (Schwanz) gerufen, um sie zu enthumanisieren. Ihr „böser Blick" ist verantwortlich für alle Störungen, Krankheiten und Unglück. Sie werfen ihren „bösen Blick" auf einen lebenden Menschen oder einen kürzlich verstorbenen und „essen" ihn, indem sie spirituell sein Blut aussaugen, ihr Opfer krankmachen und nach dem Tod dessen Seele wegnehmen.

Im Falle Beta Israels verbindet sich die Vorstellung von den magischen Kräften des *buda* mit ihren religiösen Differenzen gegenüber dem Christentum. Der Beta Israel als Schmied gilt als Nachfahre des Juden, der die Nägel für die Kreuzigung von Jesus schmiedete. Mit seiner Arbeit als Schmied zeigt er die andauernde Absicht, diesen Vorgang zu wiederholen. In diesem Sinne wurde auch das Schafsopfer an Pessach als jährliche Wiederholung der Kreuzigung gesehen. Es wird erzählt, daß wenn ein von *buda* „Gegessener" ein christliches Kreuz sieht, er zu schreien anfängt. Wem kommt da nicht der Gedanke an den von Knoblauch und christlichem Utensil gepeinigten Dracula.

Im 15. Jahrhundert wird von Zara Yaqob gesagt, daß er an seinem Hof Schmiede unter der Anklage der Hexerei exekutieren ließ. Ähnliche Vorkommnisse soll es ebenfalls im 17. Jahrhundert gegeben haben. Es haben aber im 17. Jahrhundert auch Christen die *buda*-Existenz als unchristlich verneint und es abgelehnt zu glauben, daß neben Gott eine solche Macht existiere.

Aus der Zeit der „Zämäna Mäsafent" heißt es, daß in Gojjam Hunderte von *buda*-Verdächtigen exekutiert wurden. Beta Israel berichten aus dieser Zeit, die „Galla" seien gekommen und hätten sie *buda* genannt. Die französischen Reisenden Comes und Tamisier verglichen die Lage der Schmiede in Äthiopien im frühen 19. Jahrhundert mit der der Alchimisten im mittelalterlichen Europa. Sie berichten von einem Schmied, der beschuldigt wurde, für den Teufel zu arbeiten und mehrfach vor Verfolgung fliehen musste, und zitieren ihn mit den Worten: „Oh, warum wurde ich als Schmied geboren? Mein Geschick für dieses Handwerk hat mir mein ganzes Leben zur Qual gemacht."[414] Während der Maqdala-Krise 1868 lebten Leute in Angst vor den „Hyenas of the buda"[415], bewaffneten sich selbst und töteten eine große Zahl von Hyänen.

Da Beta Israel nur in seltenen Fällen in Dörfern lebten, die ausschließlich von ihnen bewohnt waren, und sie ihre Produkte verkaufen mußten, entwickelte sich ein komplexes System des Umgangs zwischen ihnen und ihren vor allem christlichen Nachbarn. Muslime gab es in ihren Siedlungsgebieten in Tigray und Amhara nur wenige. Christen bedeckten ihre Gesichter, wenn sich ein *buda* näherte und versteckten ihre Kinder hinter ihrem Rücken. An Markttagen, wenn die Beta Israel mit ihren Waren die Straßen passierten, machten sie vor ihren Häusern Rauch, *goma*,[416] um *buda* abzuwehren. Rauch diente auch als Mittel, um herauszufinden, wer das Opfer „gegessen" hatte und zur Heilung des Opfers. Aus dem frühen 19. Jahrhundert sind in Manuskripten besondere Gebete und Zauberformeln erhalten, um sich *buda* vom Leib zu halten.[417]

Beta Israel ihrerseits achteten streng darauf, nicht in physischen Kontakt mit den christlichen Nachbarn zu kommen. Geschah dies dennoch, musste eine „rituelle Reinigung"[418] vorgenommen werden. Christen sollten ihre Häuser nicht betreten, insbesondere Frauen nicht, da sie während ihrer Menstruation oder im Kindbett nicht – wie bei Beta Israel üblich sieben Tage – separiert lebten. In der Stadt wohnende Verwandte galten bei ihren ländlichen Landsleuten als unrein, weil sie häufigen Kontakt mit außerhalb ihrer Gemeinschaft Stehenden eingingen. Bezahlten Christen eine erstandene Ware, konnten sie zum Beispiel das Geld in eine Schale mit Wasser oder auf Tierdung werfen und der Beta Israel Handwerker las es von dort auf. Dem Tierdung wurde reinigende Kraft zugesprochen. So wird berichtet, daß sie auch von ihren christlichen Landsleuten *attenkun* genannt wurden, was bedeutet: „Rühr mich nicht an"[419]. Die strengen Reinheitsgesetze und die Ehrung des Sabbats gelten auch als Erklärung dafür, daß Beta Israel sich nicht dem Handel zuwandten. Dieser lag in Händen von Moslems, Arabern, Armeniern und Griechen. Äthiopische Kaufleute reisten in Karawanen, was häufig auch reisen am Samstag bedeutete. Es ließ sich dabei nicht vermeiden, Essen zu sich zu nehmen, das von „Fremden" zubereitet war. Denkbar ist aber auch, daß Beta Israel wie die Amharen Handel als eine Betätigung ansahen, die ihrer unwürdig war.

Während sich die Beachtung der Reinheits- und Separationsgebote zu Beginn des 19. Jahrhunderts verschärfte, lockerte sie sich in neuerer Zeit vor allem in der Gondar-Region. Gemeinsames Essen wurde möglich, allerdings nur ohne Fleisch. Nachbarn tranken außerhalb ihrer Hütten gemeinsam Kaffee. In manchen Gegenden hielten Juden wie Christen spezielles Geschirr für ihre Nachbarn bereit.[420]

19. Jahrhundert – Beta Israel als Bekehrungsobjekt

Schließlich setzte im 19. Jahrhundert eine Entwicklung ein, die sich von zwei Seiten zerstörerisch auf die kulturellen Lebensgrundlagen der Beta Israel als eigenständiger Gruppe auswirkte und zu einer Zersplitterung unter ihnen führte. Sie wurden – wie die Oromo – Objekt der Missionierung europäischer Protestanten, allen voran der „London Society for Promoting Christianity Amongst the Jews" im Verein mit der schweizerischen „St. Chrischona Pilgermission". Während die äthiopischen Herrscher eine Missionierung orthodoxer Christen streng untersagten, sahen sie in der Christianisierung anscheinend ein probates Mittel, die in ihren Augen unbotmäßigen Beta Israel anschließend für die orthodoxe Kirche zu gewinnen. Umgekehrt betrachteten die Missionare konvertierte Beta Israel als die besten Agenten einer Reformierung der orthodoxen Kirche, die sie als intolerant, rückständig, wenn nicht korrupt und moralisch bankrott ansahen. Sie werteten Beta Israel ihren christlich-orthodoxen Nachbarn gegenüber als überlegen „in Fleiß, Ehrlichkeit und Reinheit"[421]. Die christlich-orthodoxen Gläubigen wiederum nannten zum Protestantismus konvertierte Beta Israel abschätzig „englische Christen" und „Feinde der Jungfrau Maria". Die Missionare waren zum Teil deutsche und Schweizer Handwerker, unter ihnen Johannes Martin Flad und Ludwig Krapf, deren eigentliche Aufgabe die Herstellung von Waffen und die Heranbildung trainierter Kader von Technikern im Rahmen der Modernisierungsversuche unter Kaiser Tewodros II. (r. 1855–68) war.

Auf diese Weise kamen Beta Israel zum ersten Mal mit der „modernen" Welt in Berührung und erhielten Gelegenheit, lesen und schreiben zu lernen. Einige von ihnen wie Beru Webe und Gabru Dasta hielten die Missionierung unter ihren Landsleuten aufrecht, nachdem die ausländischen Missionare in den Konflikt zwischen Kaiser Tewodros II. und der britischen Regierung gerieten und bis 1926 des Landes verwiesen wurden, wie überhaupt die meisten Missionare später aus Beta-Israel-Familien kamen. Sie wurden von der ausländischen Mission bezahlt – meistens traf man sich an der Grenze zum Sudan –, und Tausende von Bibeln und andere Traktate kamen weiterhin ins Land. Trotz dieser Anstrengungen liegt für die Zeit von den 1860er Jahren bis 1910 eine Schätzung von bescheidenen 1700 bis 1800 Konvertierten vor.[422]

Beta Israel Priester und Mönche versuchten durch sozialen Druck, juristische Intervention und durch physische Gewalt ihre Glaubensbrüder von der Konversion abzuhalten. Es wird berichtet, daß aus Furcht vor einer um sich greifenden Konvertierung jüdische Führer zum

„Exodus"[423] nach Jerusalem aufriefen, und sich Beta Israel 1862 – und in den 1870ern Jahren noch zweimal – auf den Weg dorthin machten. Schlecht ausgerüstet, auf Wunder hoffend, kamen sie bis Tigray. Die meisten starben an Hunger, Krankheiten und Erschöpfung.

Schließlich verbot Yohannes IV. (r. 1872–89) jede protestantische Missionierung und betrieb eine Kampagne zur Konvertierung aller nichtchristlichen Bevölkerungsgruppen zum orthodoxen Christentum.[424] Hiervon waren aber mehr die Muslime betroffen, die verdächtigt wurden, im Zweifelsfalle auf der Seite ihrer Glaubensbrüder zu stehen, wenn diese – wie 1875–76 durch Ägypten und ab 1888 durch die Mahdisten aus dem Sudan geschehen – Äthiopien wieder angreifen würden. Wie früher im Falle von Beta Israel wurde die Vergabe von *rist* gegenüber Muslimen als Druck- und Lockmittel angewandt. Auch gegen Katholiken ging Yohannes harsch vor.

Für die Gemeinschaft der Beta Israel hatte die Missionierung jedoch unabhängig von der Zahl der Konvertierten weitreichende Folgen. Einerseits wurden sie nun zum ersten Mal als Juden im universalen Sinne des Begriffs behandelt, andererseits unterzogen die christlichen Missionare ihr religiöses System, die Existenz des Mönchstums, der Reinheits- und besonders der Opfergesetze einer massiven Kritik im Sinne eines Verstoßes gegen jüdische wie biblische Tradition. Die Missionare waren bestrebt, die Autorität der Führer und Priester der Beta Israel systematisch zu untergraben, sie als Dummköpfe und Unwissende lächerlich zu machen.

In dieser Hinsicht unterschieden sich die als Antwort auf die christlichen Konvertierungsversuche nach Äthiopien geschickten Vertreter jüdischer Organisationen nicht. Bemüht, die Gemeinschaft vor dem Aussterben und vor Assimilation zu retten, waren auch sie bestrebt, im Angesicht ihrer Überzeugung von der Überlegenheit westlicher Zivilisation, die mönchischen Führer herauszufordern und Traditionen von Beta Israel – wie die Tieropfer – abzuschaffen. Sie wollten sie zu „wahren" Juden und mit den talmudischen Praktiken – Schabbat-Kerzen anzünden, Davidstern verbreiten, neue Feiertage – vertraut machen.

Joseph Halévy reiste 1867 als Vertreter der „Alliance Israélite Universelle" nach Äthiopien und setzte sich in Europa vehement dafür ein, Beta Israel zur Verbesserung ihrer Lebensbedingungen und gegen die christliche Missionierung beizustehen. Es sollte aber noch bis zum Beginn des 20. Jahrhunderts dauern, bis unter seinem Schüler Jacques Faitlovitch Hilfsprogramme für Beta Israel ins Leben gerufen wurden. Sie zielten vor allem auf die Errichtung und Unterhaltung von Schulen und die Entsendung von jungen Männern zur Ausbildung im Ausland.[425]

Von Halévy noch bis auf 200.000 geschätzt, waren die Beta Israel bei der Ankunft von Faitlovitch 1904 durch die Hungersnot von 1888–92 und durch die von 1885 bis 1892 andauernden Kämpfe, Truppenbewegungen, Plünderungen im Krieg zwischen Äthiopien und den aus dem Sudan kommenden Mahdisten in ihrer Zahl erheblich reduziert und verarmt. Synagogen,

Kirchen und Häuser waren niedergebrannt, viele Konvertierte getötet oder in die Sklaverei verkauft.[426] Unter dem Druck der christlichen Missionierung, der physischen Vernichtung und der demographischen Krise zerbrach das Mönchtum als geistige Führung weitgehend. Mönche verließen ihre Klöster, um Familien zu gründen. In den 1880er Jahren hatten im großen Zentrum des Mönchtums Hohuara[427] etwa 200 Mönche gelebt. In einem Brief beschrieben Beta Israel die Folgen der Ereignisse:

> „Formely we were very numerous; formely there were 200 synagogues, now only 30 remain. In the time oft he Dervishes a frightfull number of people died from hunger ... We are in great misery. Our books have been destroyed; the Dervishes burnt them by fire. We have no longer any schools; they are destroyed.“[428]

Auf der Suche nach Mitteln zum Überleben verstreuten sich viele über das Land und kamen so in engere Beziehungen zu Christen. Die zum orthodoxen Christentum Übergetretenen wurden oft von den Pro-Falasha-Aktivisten wie Faitlovitch als *marranos* betrachtet, in Anlehnung an die Juden, die unter Zwang im mittelalterlichen Spanien nominell konvertierten. In Interviews mit ehemaligen Beta Israel aus den 1960er Jahren gaben diese an, daß ihre Vorfahren konvertierten, um Land zu bekommen. Zu dieser Zeit gab es schätzungsweise 50.000 Konvertierte. Sie bezeichneten sich selbst als Christen und „Freunde von Maria“, um sich von protestantisch Konvertierten zu unterscheiden, die von den Orthodoxen „Feinde von Maria“[429] genannt wurden. Dennoch behielten sie einige Beta-Israel-Traditionen wie die Beachtung des Samstags (Sabbat) bei.

20. Jahrhundert – Bescheidene Fortschritte, italienische Besatzung, Ausverkauf

Im Rahmen der Baumaßnahmen unter Menilek II. und Taytu bildeten Beta Israel Bautrupps aus Maurern und Zimmerleuten, manchmal auch Schmieden, die von September bis Juli ihre Dörfer verließen und in verschiedenen Städten wie Addis Abeba, auf dem Entoto, in Debre Libanos, Ankobar und Addis Alem arbeiteten. Zunächst mußten sie am Samstag arbeiten, aber nach Protesten, stoppte Menilek II. mit einer Proklamation diese Praxis. Einige Arbeiter kehrten nie mehr in ihre Heimat zurück und konvertierten, ohne gezwungen zu werden. Die hauptsächliche Wohnstätte der Beta-Israel-Arbeiter in Addis Abeba wurde „anasi safar“[430], Zimmermannsviertel genannt, oder auch *Abware*, in Erinnerung an das frühere Viertel in Gondar. Es lag in der Nähe von Menileks Palast. Im frühen 20. Jahrhundert wurden Beta Israel in Addis Abeba auf 100 bis 250 Personen geschätzt. Eine Bedeutung wie einst in Gondar erreichten sie nie wieder, obwohl sie auch in Addis Abeba für Baumaßnahmen eingesetzt wurden, um zum Beispiel im Auftrag der Kaiserin Zewdito Kirchen zu reparieren oder in den 1920ern für den italienischen Konsul die Residenz und andere Gebäude zu errichten. Sie waren nun eine Gruppe neben anderen wie Gurage und Oromo, eingewanderten Griechen, Indern und Armeniern und europäischen Facharbeitern. Technologisch konnten sie mit Ausländern nicht mithalten, die eine wachsende Rolle an Menileks Hof als technische Berater spielten und schrittweise fließendes Wasser, Elektrizität und neue Baumethoden brachten.

Obwohl Menileks Politik in Bezug auf die Konvertierung von Beta Israel nicht prinzipiell anders war als die von Yohannes IV., heißt es in der Chronik der Beta Israel, die während seiner Regierungszeit geschrieben wurde: „Er proklamierte, daß jeder an der Religion seiner Vorfahren festhalten sollte. Die Beta Israel waren glücklich und die Moslems waren glücklich …"[431]

Gegenüber Faitlovitch hatte Menilek II. geäußert, auch er stamme von den Juden ab, und kritisierte in einem Brief an einen englischen Missionar, daß die europäischen Christen gegen die „Hebräer" Gewalt anwendeten, die auch „christliche Seelen" seien, und stellte dem entgegen:

„In my kingdom dwell many Jews, who enjoy complete liberty, and are loyal and industrious subjects. They never conspire, pay all due tribute, and respect our priests. If they are worse in Europe, it is because the Christian there are worse. Our Lord pardoned the Jews on the cross, then why should they be any longer persecuted?"[432]

Hier zeigt sich deutlich, daß Menilek II. der europäische Antisemitismus fremd war. Aber wie die Könige vor ihm, erlaubte er weiterhin die missionarischen Aktivitäten, allerdings nicht durch europäische Missionare, sondern durch die Konvertierten selbst.

Die Gründung jüdischer Schulen in Addis Abeba und in Dörfern von Beta Israel im Einverständnis mit Menilek II. und Haile Selassie provozierte den Widerstand des äthiopischen Klerus und lokaler Beamter, die versuchten, die Eröffnung von Schulen zu verhindern. „Ermuntert"[433] wurden sie hierbei vor allem von den protestantischen Missionaren. In den Provinzen wurden Lehrer ins Gefängnis gesteckt und die Schüler auseinandergetrieben. Dennoch konnte aufgrund der ausländischen Bemühungen eine kleine gebildete Elite im kommenden Jahrhundert in der Bürokratie als Gesandte und Übersetzer aufsteigen und eine Rolle im Rahmen des sich modernisierenden Äthiopien spielen. Für die Mehrheit der dörflichen Beta Israel verbesserten sich die Lebensverhältnisse jedoch nicht.

Unter der italienischen Besatzung (1935–41) erfuhren nichtchristliche Gruppen zunächst eine gewisse Förderung, um ihre Unterstützung gegen die Amharen zu gewinnen. Land wurde an diejenigen verteilt, die kein Recht auf *rist* hatten. Aber schon bald führten die „zum Schutz der italienischen Rasse" erlassenen Gesetze und Dekrete zur Diskriminierung aller Äthiopier und zu einer strengen Trennung und Ghettobildung nach Hautfarbe. In der Forschung herrschte lange Zeit Einigkeit darüber, daß Beta Israel im Rahmen dieser Politik einer systematischen Unterdrückung ausgesetzt waren und den Bildungsbemühungen unter ihnen ein radikales Ende bereitet wurde. Tamrat Ammanuel, neben Gabru Dasta ein bekannter Intellektueller, war nach seiner Rückkehr aus Jerusalem, wo er in der Schule des „Hilfsvereins der Deutschen

Juden"[434] ausgebildet worden war, von Faitlovitch mit der Leitung einer Schule inklusive Lehrerausbildungsstätte in Addis Abeba betraut worden. Von Tamrat Ammanuel wurde berichtet, daß er – verfolgt von den faschistischen Behörden – fliehen und das Land verlassen musste. Die Schule sei 1936 geschlossen, einige Schüler und Lehrer ins Gefängnis gesteckt und sie danach nie wieder gesehen worden.[435]

Neuere Forschungen melden Zweifel an dieser Darstellung an und legen nahe, daß es keine systematische Diskriminierung und Verfolgung gegeben habe, die italienische Besatzung keine „dramatischen Auswirkungen"[436] auf das Leben der Beta Israel gehabt habe. Danach wurde nach der Proklamation der italienischen Herrschaft über Äthiopien das offizielle Ersuchen des Dachverbandes der italienischen Jüdischen Gemeinde bewilligt, einen ihrer Repräsentanten nach Äthiopien zu senden. Carlo Alberto Viterbo hatte den Plan, die Falasha-Schule aus Addis Abeba nach Gondar zu verlegen. Anders als Faitlovitch wollte er das Leben der Falasha nicht umformen, sondern durch Training aus ihnen bessere Bauern und Viehzüchter machen, um so ihre Lebensverhältnisse zu verbessern. Ein solches Ziel war aber nicht zu erreichen, wenn die Schüler fernab ihrer Familien lebten und von ihrem „natürlichen Lebensraum"[437] abgetrennt waren. Viterbos Plan wurde von den italienischen Behörden gebilligt. Wie sich nach Einführung der Rassegesetze im November 1938 zeigte, stand dahinter nun das Motiv zu verhindern, daß Beta Israel mit anderen Juden in Kontakt kam. Dies verstoße gegen das „Ansehen der Rasse"[438].

Eine Parallele zeigte sich in der Haltung der Italiener gegenüber der Jüdischen Gemeinde in Addis Abeba. Nachdem sie im September 1936 durch italienisches Dekret quasi neu gegründet worden war, bestand sie zunächst noch, wie seit der Bildung eines provisorischen Komitees zur Gemeindegründung 1924, aus Falasha und anderen Juden. Für 1936 hatte Viterbo 178 jüdische Einwohner in Addis Abeba gezählt, 163 Männer, 15 Frauen. Davon waren 25 italienische oder libysche Bürger, 54 Falasha, 61 Yemeniten und Adeniten und 38 „Nicht-italiener"[439], darunter auch deutsche Juden. Jetzt sollten der Gemeinde keine Falasha mehr angehören können und deren Glaube sollte auch nicht länger als „jüdische Religion", sondern als eine „eigenständige Falasha-Religion"[440] bezeichnet werden. In der vorgesehenen Schule in Gondar sollte ihnen kein „talmudischer Judaismus" beigebracht werden. Die Lehrer für die religiöse und Allgemeinbildung sollten Einheimische sein und für den agrarisch-technischen Bereich italienische Christen.

Die Entscheidungen zielten wohl in erster Linie darauf ab, den Einfluß ausländischer jüdischer Organisationen zu verhindern und waren nicht – wie in der älteren Forschung eingeschätzt – primär gegen Beta Israel gerichtet. Tatsächlich wurden in der Folgezeit alle Gesuche von Repräsentanten dieser Organisationen abgelehnt. Es finden sich Hinweise, daß die Schule in Addis Abeba entgegen früheren Berichten nicht geschlossen worden war, sondern am Ende der italienischen Besatzung noch bestand. Faitlovitch konnte mit Billigung der Regierung 1942 wieder nach Äthiopien reisen und seine Bildungsarbeit fortführen.

Tamrat Ammanuel kehrte 1941 nach Äthiopien zurück und nahm einen Posten im Erziehungsministerium ein, wie auch mindestens 8 Studenten von Faitlovitch nach dem Zweiten Weltkrieg hohe Regierungsposten erhielten. 1963 starb Tamrat Ammanuel in Jerusalem. Er gehörte zu den Intellektuellen, die den Weg für eine wissenschaftliche Geschichtsschreibung in Äthiopien bereiteten. Er erklärte die Abstammungstradition von Salomon und Saba als Ergebnis der äthiopischen Bemühungen, ihre heidnische Vergangenheit, über die sie „beschämt"[441] waren, auszulöschen und sie durch das Alte Testament zu ersetzen.

Aus Interviews, die Daniel Summerfield 1995 mit älteren Angehörigen der Beta Israel in Israel führte, ergibt sich folgendes Bild: Zumindest ein Teil von Beta Israel knüpfte an die Herrschaft der Italiener die Hoffnung, daß sie, anders als Haile Selassie, auf die Bedürfnisse der Menschen eingehen, das Land aufbauen und das Leben der Menschen erleichtern würden. Beta Israel, die im Ausland studiert hatten, wurden von Italienern als Übersetzer angestellt. Schmiede erhielten ein Training und entsprechende Materialien, um anschließend für die Besatzer Werkzeuge und andere Ausrüstungsgegenstände herzustellen. Andere traten in die italienische Armee ein, um Waffen, den angesehenen Status eines Soldaten und extra Essensrationen zu bekommen. Ob jemand mit den Italienern kollaborierte oder sich dem Widerstand anschloß, hing weniger von ideologischen Faktoren ab, als von dem Gebiet, in dem man lebte. Wurde dieses von den Italienern kontrolliert, unterstützten die meisten sie. In den nicht von den Italienern beherrschten Gebieten stellten sie sich auf die Seite der lokalen äthiopischen Führer. Blieb ihnen eine andere Wahl, um nicht als Verräter zu gelten, egal welche Seite das Sagen hatte? Als klar wurde, daß die Tage der Italiener in Äthiopien gezählt waren, bemühten sie sich um rechtzeitigen Seitenwechsel.[442]

Nach der Niederlage der Italiener und der Rückkehr Haile Selassies sahen sich diejenigen enttäuscht, die im Widerstand gekämpft hatten. Die Politik Haile Selassies, der wiederholt versichert hatte, jede Verfolgung von Beta Israel werde bestraft, favorisierte in deren Augen die christlichen Missionare, um sie im Rahmen seiner Amharisierungspolitik mit der amharischen Mehrheit zu verschmelzen und ein Gegengewicht zur muslimischen Bevölkerung zu schaffen. Hierin sah man auch den Grund für die fehlende Bereitschaft, Emigration zuzulassen. Allerdings bestand auch von seiten Israels, das Verbündete in Afrika suchte, aus verschiedenen Gründen keinerlei Neigung hierzu. Das Oberrabbinat in Jerusalem erkannte Beta Israel nicht als Juden an.[443]

Eine von Asmara in die Nähe von Gondar verlegte Ausbildungsstätte der Beta Israel wurde 1958 teilweise in Brand gesetzt und musste verlegt werde. Laut Yona Bogale, einem der durch Vermittlung von Faitlovitch im Ausland ausgebildeten Beta Israel, verdächtigte die christliche Bevölkerung Beta Israel, sie wollten ihr Land in Besitz nehmen. Auch sahen sie sich weiterhin mit Anschuldigungen wegen Zauberei konfrontiert. Ende der 1950er Jahre richteten sie mehrere Petitionen an den Kaiser, in denen sie unter anderem die Namen von 13 Ermordeten auflisteten, die der „Zauberei"[444] beschuldigt worden waren. Sie würden nicht nur beschuldigt, sich nachts in Hyänen zu verwandeln, die ihre Nachbarn und das Vieh töteten, sondern auch, daß sie Tote exhumieren und essen. Drei Brandstiftungen, acht Friedhofsentweihungen und viele Beispiele für Vertreibung und überhöhte Pacht und Zehnten an Landbesitzer und Kirche wurden aufgeführt. Auch beklagten sie sich, daß sie keine Häuser aus Stein bauen und keine Obstbäume anpflanzen dürften, und daß sie für Lehm, Flußwasser und Bäume aus dem Wald im Gegensatz zu früher bezahlen müßten.

An die Revolution 1974 knüpfte Beta Israel zunächst Hoffnungen, denn durch die Landreform erhielten auch sie ein Anrecht auf Land und zum ersten Mal in der Geschichte Äthiopiens wurde der gesellschaftliche Wert von handwerklicher Arbeit und ihrer Produkte propagiert. Bezüglich der Emigration gab es keine wesentlichen Unterschiede zwischen der alten und der neuen Regierung. Als Folge von Verhandlungen, deren genauer Inhalt im Dunkeln liegt, gelangten nur zwei kleine Gruppen gegen Waffenlieferung 1977 nach Israel. Als dies öffentlich wurde, brach man die Aktion ab und verbot jede Emigration, obwohl auch weiterhin in verdeckten Aktionen Gruppen nach Israel gebracht werden konnten. Religiöse Feierlichkeiten wurden gestört, junge Männer gezielt einberufen. Ein ähnliches Schicksal erlitten Protestanten und Katholiken, während das Regime die (kooperationswilligen) großen Konfessionen der Orthodoxen und Moslems moderater behandelte.[445]

Schließlich geriet Beta Israel zwischen die Fronten der Regierungstruppen mit linken Gegnern wie mit antimarxistischen Kampftruppen, die die Bodenreform der Regierung mit Gewalt rückgängig machen wollten. Eine daniederliegende Wirtschaft und Hungersnot verschärften die Probleme. Ab 1980 flüchteten Beta Israel wie auch andere Äthiopier, vor allem Oromo, in großer Zahl vor dem Bürgerkrieg in Flüchtlingscamps im Sudan, von wo aus bis 1983 über 4000 in kleinen Gruppen nach Israel geflogen wurden. Eine etwa ebenso große Zahl starb auf dem langen Marsch in den Sudan oder in den Camps. Mitte November 1984 startete die israelische Regierung die „Operation Moses"[446], die bis Januar des folgenden Jahres 6700 Beta Israel aus dem Sudan nach Israel brachte. Als die Operation bekannt wurde, stoppte sie die sudanesische Regierung, die hierfür von den USA Wirtschaftshilfe erhalten hatte. Mit Hilfe des US-amerikanischen Geheimdienstes konnte jedoch noch eine kleinere Gruppe ausgeflogen werden. 1988/89 kam es zum „Teufelspakt"[447], wie ein ehemaliger Berater von Präsident Jimmy Carter die Geheimverhandlungen zwischen Israel und Äthiopien nennt. Das Mengistu-Regime hoffte mit Hilfe wirtschaftlicher und militärischer Unterstützung Israels und den USA im Hintergrund, die Verluste der sowjetischen Hilfe zu kompensieren, mit deren Einstellung bald zu rechnen war. Die israelische Seite spekulierte darauf, den Derg als Verbündeten gegen die Araber zu nutzen, von denen sie fälschlicherweise annahm, daß sie die eritreische und tigrayische Befreiungsbewegungen militärisch versorgten. Als die Ausreise von Beta Israel nur sehr schleppend in Gang kam, vermutete man dahinter Mengistus Taktik, mehr oder schnellere Waffenlieferungen zu erpressen.

Israelische wie äthiopische Regierungsvertreter versuchten, die Haltung der US-Regierung und jüdischer Organisationen gegenüber dem Derg zu modifizieren, um die Emigration von Beta Israel zu erleichtern.

Im Endstadium des Mengistu-Regimes führten Verhandlungen von US-Vertretern sowohl mit den Führern der Befreiungsbewegungen wie der gerade noch existierenden Regierung zu einem Stillhalteabkommen auf beiden Seiten. Mengistu sagte zu, keine Aktionen gegen Beta Israel zu unternehmen. Ob befürchtete Gewalttätigkeiten gegenüber Beta Israel seitens des Mengistu-Regimes eine reale Grundlage hatten oder eher das Produkt eines hysterischen Anti-kommunismus waren, sei dahingestellt. Die EPRDF-Führer willigten ein, die Emigrationswilligen aus den unter ihrer Kontrolle stehenden Gebieten ziehen zu lassen und bei der Errichtung einer Luftbrücke zu kooperieren. Vom 24. bis 25. Mai 1991 wurden von den 20.000 in den Südosten von Addis Abeba geflüchteten Beta Israel, die von jüdischen Hilfsorganisationen hierzu ermuntert worden waren, binnen 36 Stunden über 14.000 mit der „Operation Salomon" in 41 Militär- und Zivilflügen nach Israel geflogen. Der „Architekt des Hilfsprogramms"[448] für Mengistus Machterhalt und dessen engster Gefolgsmann Kassa Kebede wurde als kranke Falasha-Frau verkleidet auf einer Bahre in das letzte Flugzeug getragen, das im Rahmen dieser gewaltigen Luftbrücke abhob. Kleinere Gruppen folgten, während die ebenfalls zu Tausenden nach Addis Abeba geflüchteten „Falasha Mura" in größerer Zahl erst sieben Jahre später nach Israel gebracht wurden.

An dem Tag, als die israelische Regierung 35 Millionen US-Dollar auf das Konto der äthiopischen Regierung bei der New York Bank überwies, war Mengistu bereits nach Zimbabwe geflohen und die zurückgebliebene Regierung hatte die Kontrolle verloren. Der Zugriff auf das Konto ging auf die neue Regierung über. Das „menschliche Verhalten"[449] der EPRDF-Führung in der Frage der Emigration von Beta Israel wertet Paul Henze als Grundsteinlegung für den anschließenden Aufbau guter Beziehungen zwischen Äthiopien und den USA.

Die „Falasha Mura"[450], zum Christentum konvertierte Falasha, deren Gesamtzahl zunächst auf 10.000 geschätzt worden war, hatten sich im Zuge des Bekanntwerdens der Emigration der Beta Israel auf ihr „Jüdischsein" rückbesonnen. Ihre Zahl schwoll auf 30.000 an und ihre Verwandten in Israel forderten energisch deren Einreise. Ein Teil von ihnen war mit dem allgemeinen „Exodus" bereits nach Israel gelangt. Die israelische Regierung sah sich unter hohem moralischem Druck und befürchtete gleichzeitig eine noch stetig wachsende Zahl von Falasha Mura. Nachdem die zuständigen Autoritäten in Jerusalem zu dem Schluß gekommen waren, daß die Falasha Mura zwangsweise zum Christentum konvertiert worden waren, kam die israelische Regierung mit der äthiopischen überein, diese – 15.000 bis 20.000 an der Zahl – schrittweise in kleinen Gruppen nach Israel zu bringen. Noch 2009 wartete ein Teil von ihnen in Flüchtlingscamps auf die Ausreise, die nach Bekundungen der damaligen israelischen Regierung bis Ende 2007 hätte abgeschlossen sein sollen. Laut Presseberichten signalisierte die Regierung Benjamin Netanyahu die Wiederaufnahme der „Aliyah" und schickte Repräsentanten nach Äthiopien. Aus den ins Auge gefaßten etwa 3000 Berechtigten sind inzwischen fast dreimal so viele Menschen geworden, die vor allem auf Druck der Hilfsorganisation „North American Conference on Ethiopian Jewry" nach Israel gelangen sollen. Die Organisation behauptet, daß die Gruppe in Gondar in akuter Gefahr sei, besonders Kleinkinder litten Hunger oder seien schon an Unterernährung und Krankheiten gestorben.[451]

Woher der Name Falasha Mura kommt, der seit Ende der 1980er Jahre den Begriff „Maryam Wodet" (Freunde von Maria) ersetzte, und was er bedeutet, ist nicht klar. Eine Deutung lautet, „Mura" sei ein Wort aus der Agaw-Sprache, das jemanden bezeichnet, der den Glauben gewechselt hat.[452]

Im April 2006 kam der Film des Regisseurs Radu Mihaileanu „Geh und lebe", im französischen Original „Va, vis et deviens" (Geh, lebe und werde), in die Kinos. Mihaileanu hat das Problem der Grenzwanderung angesichts der kulturellen Kluft, die sich für die Immigranten aus entlegenen ländlichen Gegenden Äthiopiens im modernen, hochindustrialisierten Israel auftut, in Szene gesetzt und vor allem die Problematik der Abhängigkeit der Überlebenschancen von der „richtigen Religion". Der Protagonist ist christlicher Herkunft und gelangt als vorgeblich jüdisches Kind aus dem Flüchtlingscamp mit der „Operation Moses" nach Israel.

In populärwissenschaftlichen Darstellungen in Äthiopien wird heute gerne darauf hingewiesen, daß die Beta Israel im Laufe der Zeit freiwillig zum Christentum übertraten. Es wird ihnen auch bescheinigt, daß sie „hart arbeitende, zähe, fleißige und kreative Leute"[453] sind. Ihre (einstige) Existenz in Äthiopien dient nun sogar als „stärkstes Argument"[454] für die Wahrhaftigkeit der Salomon-Saba-Menilek-Geschichte. Seitdem Nachrichten von den Schwierigkeiten der Integration der Beta Israel in Israel bekannt wurden, ist das Interesse an ihnen in der äthiopischen Öffentlichkeit gewachsen. Auch das Schicksal der in Camps seit Jahren wartenden Falasha Mura wurde aufgegriffen. In Zeitungen wurde häufig von ihrer Diskriminierung als „Schwarze"[455], von der Empörung der Immigrierten über ihre in Israel erzwungene (symbolische) Konversion, ihre Ausgrenzung, ihre prekäre wirtschaftliche Lage, über hohe Arbeitslosigkeit und Selbstmordraten, über Schulabbrüche und Alkohol- und Drogenprobleme berichtet.

Vor allem wird ihr „Äthiopiertum" betont, ihre von ihrem Heimatland geprägten Traditionen, die sich in vielfacher Hinsicht gar nicht von denen ihrer ehemaligen amharischen oder tigrayischen Nachbarn unterscheiden. Man sieht das kulturelle Erbe der Beta Israel in eminenter Gefahr und charakterisiert es als Ausdruck des Reichtums an Diversität der äthiopischen Kultur, das bewahrt werden müsse. Es wird in Zweifel gezogen, daß sie sich, wie in Israel und den USA vermutet, in Äthiopien in wirklich prekärer Lage befanden und die Luftbrückenaktionen gerechtfertigt waren. An der Universität wurden Beta Israel Studien als akademische Disziplin eingerichtet. Äthiopien hat „seine" Juden entdeckt, zumindest vorübergehend.

7. Der sagenhafte Priesterkönig Johannes, der Linkshänder Gragn, der Muslimfeund Lij Iyasu und der Donor Darling Meles Zenawi – Vom mittelalterlichen Bündnis gegen den Islam zum Bollwerk gegen die „Achse des Bösen" heute

Volkszählung als Machtprobe?

Als am 4. Dezember 2008 das lange erwartete Ergebnis der Volkszählung vom Sommer 2007[456] vom Chairman der „Population and Housing Commission", dem stellvertretenden Ministerpräsidenten Addisu Legesse, im Parlament vorgetragen wurde, da war so mancher überrascht. Gesamtbevölkerung Äthiopiens im Mai 2007: 73.918.505 (auf geschätzte 76,9 Millionen bis Dezember 2008 angewachsen), davon 50,5 % männlich und 49,5 % weiblich. Diese Zahl liegt um mehr als 3 Millionen unter der aufgrund des Zensus von 1994 gemachten Projektion und wesentlich unter den Schätzungen internationaler Organisationen. Vor allem in Amhara soll die Bevölkerung weit weniger als erwartet gewachsen sein, was einen „gründlichen Blick"[457] in die Differenzen erforderte und einer der Gründe für die Verzögerung der Bekanntgabe der Daten gewesen sein soll.

Doch waren es nicht diese absoluten Zahlen, die heftige Reaktionen hervorriefen, sondern die Ergebnisse der Religionszugehörigkeit, auf die von vielen Seiten mit Spannung gewartet worden war: 62,8 % Christen, davon 43,5 % orthodoxe Christen, 18,6 % Protestanten und 0,7 % Katholiken. Die Zahl der Muslime wird mit 33,9 % angegeben, das heißt mit gut 25,1 Millionen. Traditionelle Religionen spielen mit 2,6% und „andere" mit 0,6 % nur eine untergeordnete Rolle. Protestanten sind in Gambela (70,1 %) und in der SNNP-Region (55,5 %) stark vertreten.

In Addis Abeba weist die Statistik 74,7 % orthodoxe Christen, 7,8 % Protestanten, 0,5 % Katholiken und 16,2 % Muslime aus, bei einer Gesamteinwohnerzahl von 2.738.248. Neben Afar (95,3 %) und Somali (98,4 %), den fast ausschließlich von Muslimen bewohnten Regionen, sind Muslime noch in Harar (69 %,), Dire Dawa (70,9 %) und in Benishangul-Gumuz (45,4 %) stark vertreten. In Oromia, der mit 27.158.471 Einwohnern bevölkerungsreichsten Region, halten sich christliche mit 48,7 %[458] und muslimische Religionsangehörige mit 47,5 % in etwa die Waage.

„Die größte Lüge des Jahrtausends"[459], „eine lange gekochte" und in Fortsetzung seit Jahrhunderten betriebene „Konspiration gegen äthiopische Muslime", „ein vorgefertigtes Ergebnis" entsprechend der traditionellen Position der äthiopischen politischen und religiösen Eliten, die nach wie vor der Mentalität anhängen, daß „Äthiopien eine christliche Insel" sei. Von muslimischer Seite wurde der Vorwurf erhoben, die Bekanntgabe der Daten sei so lange hinausgezögert worden, bis sich die Vertreter der etablierten Institutionen in intensiven „Untergrundberatungen" ein vorzeigbares Ergebnis zusammengebastelt hätten.

Die Vorwürfe sind nicht neu, auch die Volkszählung von 1994 war umstritten. Muslime zweifelten die Zahl von damals knapp 29 %[460] Muslimen an, aber auch Beobachter von außen meldeten Bedenken an. Dies führte dazu, daß seitdem in Publikationen sehr unterschiedliche Zahlenangaben zu finden sind, die je nach Einschätzung und Standpunkt des Verfassers das Zahlenverhältnis zugunsten der einen oder anderen Religionsgruppe ausfallen lassen oder sie „diplomatisch" in etwa gleich stark beziffern. Manche Muslime reklamieren einen Anteil von bis zu 65 %, eine Prozentzahl, die ihrem Wunschdenken entspringt. Bereits unter Haile Selassie kursierten im In- wie im Ausland Vermutungen, daß die muslimische Bevölkerung die christliche in ihrer Zahl längst überholt habe. Damals war dies ein Tabuthema ersten Ranges. Heute wird es in Äthiopien hinter vorgehaltener Hand und von Muslimen in der Diaspora offensiv diskutiert. Da die im Land offiziell anerkannten muslimischen Organisationen für einen Teil der Muslime nur von der Regierung eingesetzte Marionetten sind, sehen sie sich wie bislang in der Geschichte weiterhin als Bürger zweiter Klasse behandelt, die keine wirkliche Repräsentation besitzen, welche ihre legitimen Anliegen vertritt. Im Zusammenhang mit der Zusammensetzung des „Ethiopian Supreme Council for Islamic Affairs" war es im Februar 1995 auf dem Gelände der al-Anwar-Moschee[461] in Addis Abeba zu blutigen Auseinandersetzungen zwischen Gläubigen und der Polizei gekommen.

Die offiziellen Ergebnisse des Zensus erscheinen den Gegnern der Regierung als klare Ansage des „christlichen" Äthiopien, auch in der Zukunft den Muslimen als angeblicher Minderheit Anerkennung und Partizipation zu verweigern. Der muslimische Webblog *negashi* behauptete sogar, Massenverhaftungen stünden bevor und alles, was den Islam und die Muslime im Land ausmache, solle niedergemacht werden.[462] Im November 2009 startete er eine Protestaktion gegen die „Fanatiker"[463] des amharischen Radioprogramms von „Voice of

Abb. 40 Die Al-Anwar-Moschee in Addis Abeba, Kenya St. 41 / Merkato

Abb. 41 Traditionelles Oromo-Grab
in Borana, 2004

Abb. 42 Muslimisches Oromo-Grab im
Rift Valley, nahe Langano-See, 2003

Abb. 43 Muslimischer Umzug in
Ambo, 20.01.2004

Abb. 44 Moschee südlich von
Shashemene, 2004

America" mit dem Vorwurf, diese propagierten die alte Mär von Äthiopien als christlicher Insel.

Auf dem Hintergrund der Rolle Äthiopiens in dem von der Regierung George W. Bush propagierten „Kampf gegen die Achse des Bösen", dem Krieg in Somalia und dem oft generalisierenden Terrorismusverdacht und wachsender Islamfeindlichkeit war das Ergebnis der Volkszählung nicht ohne politische Brisanz. Im Zuge dieser Entwicklung hat sich in den letzten Jahren das Verhältnis von Christen und Muslimen verschlechtert. Insbesondere kam es 2006 zu einer Reihe von Zusammenstößen mit Toten und Verletzten, die im einzelnen aus einer schwer zu durchschauenden Gemengelage von ethnischen, religiösen und wirtschaftlichen Ursachen und Motiven heraus entstanden.[464] Solche Vorfälle werden in der äthiopischen Öffentlichkeit weniger als hausgemacht betrachtet, denn durch fremde Einflüsse verursacht gesehen, vor allem durch die seit 1991 erheblich erweiterten Kontakte mit der islamischen Welt außerhalb Äthiopiens. Das „Einsickern"[465] wahabitischen und anderen fundamentalistischen Gedankenguts stellt aus dieser Sicht die größte Gefahr für den Religionsfrieden dar.

Zum Verhältnis von Christentum und Islam in historischer Perspektive

Zum Beweis für religiöse Toleranz und friedliche Koexistenz zwischen Muslimen und Christen wird von christlicher wie von muslimischer Seite oft und gerne angeführt, daß bereits in den Anfängen der islamischen Religion, eine Gruppe von Muslimen 615 vom Religionsstifter Mohammed an den Hof in Aksum geschickt worden sei, um sie vor Übergriffen in Mekka zu schützen. Diese Flucht wird in der islamischen Geschichte als die „erste Hidjra" bezeichnet. Vom aksumitischen

König Ashama willkommen geheißen, wurde so der Grundstein für eine andauernde friedliche Koexistenz gelegt und Äthiopien vom Jihad ausdrücklich ausgenommen. Die Asylstätte der Flüchtlinge soll der Ort Negash im Norden von Tigray gewesen sein, der an der alten Karawanenstraße lag, die das Innere Tigrays mit dem Roten Meer verband. Hier sollen der lokalen Legende nach auch der Begräbnisort des Königs und die Gräber von etwa 20 Muslimen sein, die nicht nach Mekka zurückkehrten, sondern in Äthiopien starben. Die Moschee von Negash ist heute ein Wallfahrtsort in Erinnerung an die Anfänge der christlich-muslimischen Begegnung.

Abb. 45 Eingang zu den Sof Omar-Höhlen am Fluß Web nahe Robe/ Goro, 2009

Nach einigen islamisch-arabischen Quellen soll König Ashama insgeheim zum Islam konvertiert sein, eine Annahme, die von christlich-orthodoxer Seite als reine Erfindung bewertet wird. Als 1998 auf einem Symposium in Mekele von Teilnehmern eine Resolution verabschiedet wurde, in der es hieß, daß der aksumitische König zum Islam übergetreten sei, ließ die orthodoxe Kirche eine offizielle Gegendarstellung veröffentlichen.[466]

Abb. 46 Dorf beim Eingang zu den Sof Omar-Höhlen, 2009

In so mancher Darstellung erscheint Äthiopien als ein Land, dessen religiöse Toleranz geradezu „Symbol und Warenzeichen"[467] seiner Kultur ist. Auch ausländische Diplomaten führen Äthiopien gerne als einen Hort religiöser Toleranz vor, der einmalig und „beispielhaft für den Rest der Welt"[468] sei. Ethnologen wissen aus manchen Gegenden Äthiopiens von engen Verbindungen zwischen den beiden Religionsgemeinschaften auf „Graswurzelebene" zu berichten, von gemeinsamen traditionellen Ritualen, magischen Praktiken und Pilgerschaften, die quer durch die Ethnien gehen, welcher

Abb. 47 Junge Frau möchte in Addis Abeba zur Schule gehen, 2009

Religion sie auch immer angehören. Verschmelzung gilt als Teil des religiösen Lebens in Äthiopien. Auch läßt sich bis heute das Phänomen des „religiösen Pendelns"[469] beobachten, daß also Menschen zwischen den beiden Religionen hin und her wechseln. Neben sozialen und verwandtschaftlichen Faktoren spielen bei dieser Art von flexibler religiöser Identifikation auch das Fortbestehen vorislamischer religiöser Praktiken, die relativ geringe Prägung durch den arabischen Islam und der Einfluß der mystischen Ideen des Sufismus eine Rolle. Andererseits stößt man auch auf Haltungen deutlicher Abgrenzung. So gibt es orthodoxe Christen, die muslimische Feiertage für überflüssig halten oder es ablehnen, in einem von Muslimen geführten Restaurant zu essen. Der Grund: Beim Schlachten der Tiere loben die Muslime Allah. Einem orthodoxen Christen sei es untersagt, Fleisch von einem Tier zu essen, das unter Anrufung eines falschen Gottes geschlachtet wurde.

Auf einer Studienreise 2006/2007 gehörte es für den Schweizer Pfarrer Alfred Enz zu seinen „verblüffendsten Entdeckungen"[470], wie sehr sich Christen und Muslime in vieler Hinsicht ähneln: Rufen zum Gottesdienst durch Lautsprecher, Ausziehen der Schuhe, Trennung von Männern und Frauen, weiße Pilgergewänder und Kopftuch, Singsang der Priester und Imame, sich Niederwerfen und Verneigen, religiöse Orden, Pilgern zu Heiligengräbern[471], lange Fastenzeiten, Schweinefleischverbot, Beschneidung, Geisterglaube und „böser Blick", Almosen statt Diakonie (Dienst am Menschen). Im Gegensatz zur orthodoxen Kirche habe aber gerade der Islam in Äthiopien in den letzten Jahren wesentliche Fortschritte auf dem Gebiet sozialer Fürsorge gemacht und dadurch Anhänger gewonnen.

Das Verhältnis von Christen und Muslimen in Äthiopien hat viele Facetten, die von friedlicher Koexistenz über Phasen harscher Unterdrückung bis zu blutigsten Auseinandersetzungen reichen. Seine Wurzeln gehen weit in die Geschichte zurück. An einer dieser „Geschichten" in der Geschichte war Europa seit dem 14. Jahrhundert führend beteiligt. Mit ihr begannen die Anfänge der Beziehungen zwischen Europa und Äthiopien und in ihrer Folge die Wahrnehmung Äthiopiens als eine „christliche Insel in einem Meer von Heiden". Der Ausdruck selbst stammt aus späterer Zeit, nämlich von Menilek II. in einem Brief von 1891 an die europäischen Großmächte. Menilek benutzte ihn als Hebel, um für seine Eroberungen Waffenhilfe aus Europa zu erhalten und sich in eine Reihe mit den „christlichen" Kolonisatoren Europas zu stellen. Doch hatte seine Kernaussage schon eine lange Tradition, in der die Europäer, aber auch die christlichen Äthiopier, das Land als ein von feindlichen Kräften umringtes Eiland sahen.

Nachdem sich der Islam seit dem 9. Jahrhundert in nennenswertem Umfang im Osten des äthiopischen Reiches an der Küste des Horns und ab dem 11. Jahrhundert im Südosten der Somali-Region unter nomadischen Viehzüchtern zu entwickeln begann, war die äthiopisch-christliche Wahrnehmung der muslimischen Nachbarn nicht durchweg negativ oder prinzipiell feindlich.[472] Der Islam breitete sich auf friedliche Weise durch Kaufleute, Handwerker und Gelehrte aus und gelangte entlang der Karawanenstraßen ins Landesinnere, wo Handelsniederlassungen im christlichen Äthiopien eingerichtet wurden. Im Osten des Rift Valley entstanden Sultanate wie Shoa, Ifat, Dawaro, Hadiya, Bali, Fatagar und Adal. Das erste von ihnen war das Sultanat Shoa. Es wurde Ende des 9. Jahrhunderts im westlichen Tiefland des Awash-Flusses gegründet.

Die Muslime übten Berufe aus, die in der amharisch-tigrayischen Gesellschaft verpönt waren und trugen durch ihre wirtschaftlichen Aktivitäten zur Belebung des Handels, vor allem des Fernhandels bei und stellten kommerzielle Verbindungen zwischen Äthiopien und der Küste sowie zu anderen Ländern her. Hierzu gehörte auch der Sklavenhandel. Dieser konnte ein Motiv für die Konversion zum Islam sein, um sich so vor Versklavung durch muslimische Händler zu schützen. Neben Sklaven exportierten die muslimischen Kaufleute Gold, Elfenbein, Salz, Felle und Weihrauch. Sie importierten Waffen, Metallgegenstände, Glas, glasierte Töpferwaren und Kleidung.[473]

Je mehr sich der Islam nach Westen auf das Hochland hin ausbreitete und das seit dem Ende des 13. Jahrhunderts erstarkte äthiopische Reich seine Einflußzonen nach Süden ausdehnte, entstand ein Konkurrenzkampf, der mit wechselnden Erfolgen auf beiden Seiten ausgetragen, in der Regel aber durch den Vormachtsanspruch der christlichen Seite bestimmt wurde. Muslimische Sultanate waren für die christlichen Könige etwas Normales, solange ihre Herrscher den verlangten Tribut zahlten. Der Islam wurde nicht einfach als dem eigenen Glauben diametral entgegenstehend betrachtet, sondern durchaus auch als verwandte Religion. Bei den militärischen Konfrontationen seit Amda Seyon (r. 1314–44) ging es mehr um wirtschaftliche Interessen denn um religiöse Differenzen.

Auf diesem Hintergrund bezeichnet der Historiker Hussein Ahmed die äthiopischen Könige zwar als dem Islam feindlich gesonnen, aber nicht als „anti-Muslim".[474] Die Beziehungen waren durch Ambivalenz gekennzeichnet: wirtschaftliche und religiöse Konkurrenz gepaart mit der Anerkennung der entscheidenden Rolle, die muslimische Kaufleute für den Handel und damit für die Einnahmen des Staates wie auch als diplomatische Verbindung zur muslimischen Welt spielten. Insofern war das Verhältnis facettenreicher als es sich Europäer vorstellten, nämlich als plumpen Gegensatz und Feindschaft. Allerdings wurde der Islam in der als von Gott eingesetzten, christlichen Verfaßtheit des „salomonischen Reichs" immer als eine Religion von minderem Status betrachtet. Dies hatte entsprechenden Folgen für die soziale Stellung der Muslime und ihre Rechte innerhalb der äthiopischen Gesellschaft.

Während es zunächst die Europäer waren, die an einem grundlegenden Antagonismus zwischen Christentum und Islam strickten, bildete sich in Äthiopien selbst die allgemeine Vorstellung von einer strikten Feindschaft erst mit der katastrophalen Niederlage des christlichen Reichs gegen die von Imam Ahmed al-Ghazi geführten muslimischen Heere in der 1. Hälfte des 16. Jahrhunderts heraus. Ihm war es gelungen, die verschiedenen muslimischen Herrschaftsgebiete zu einem Jihad gegen das christliche Reich zu vereinen. Dieser Jihad führte zur Wahrnehmung des Islam als etwas Fremdem und Bedrohlichem, er wurde nicht mehr nur von konkurrierenden regionalen Herrschern um Macht und Ressourcen und um die Kontrolle lukrativer Handelswege geführt, sondern mit dem erklärten Ziel, das Christentum auszurotten und die „salomonische Dynastie" zu beenden. Hierbei wurden die Angreifer mit Waffen und direkten Eingriffen durch das Osmanische Reich und Religionsgelehrte aus dem Jemen unterstützt. Donald N. Levine charakterisiert die Erfahrung als das „größte kollektive Trauma".[475] Durch jahrelange Verwüstung und Zwangskonvertierung zum Islam verband der letztendliche Sieg über die islamischen Truppen die nationale Verteidigung mit der christlichen Identität.[476]

Kultur des Versteckens

Kulturwissenschaftler und Anthropologen sehen im Verhalten der staatstragenden Ethnien der Amharen und der Tigray eine historisch gewachsene „Kultur des Versteckens", die sich selbst in der Poesie wiederfindet und für die Doppeldeutigkeit und Ambivalenz charakteristisch sind. Ein scheinbar harmloser Vers erhält durch die leicht veränderte Aussprache eines Wortes, meist eines Verbs, eine völlig andere Bedeutung. Aus einer freundlichen, die höfliche äußere Form wahrenden Aussage wird so ein Ausdruck offener Aggression. Versteckte Motive und unausgesprochene Sinngehalte müssen also immer mitgedacht werden. Diese Art der Poesie – die Kinder lernen sie in der Schule – bezeichnet man als „sam-enna warq", als Wachs-und Goldverse. Das Wachs symbolisiert die der Höflichkeit verpflichtete Ausdrucksweise, das Gold die mitgedachte, aber unausgesprochene Bedeutung.

Allgemeines Mißtrauen, Neigung zu Geheimhaltung, zu Isolierung und Abschließung, Heroisierung der eigenen Ziele als quasi Selbstschutz vor Kritik und vor den unterstellten, geheimen Motiven anderer sind demnach kennzeichnend. Diese Verhaltensdisposition interpretieren die Wissenschaftler im Zusammenhang mit historischen Faktoren: die Furcht der orthodoxen Christen vor der sie umgebenden islamischen Welt und die von Ehrfurcht und ängstlichem Respekt geprägten autoritär-hierarchischen Sozialbeziehungen, die keine offene Kritik und legitime Opposition zuließen.

Hinzu kam seit der Mitte des 19. Jahrhunderts die besondere Rolle der Militärs, die nach den Bauern die größte soziale Gruppe darstellten und deren kriegerische Eroberungen im Süden des heutigen Äthiopien sozialen Aufstieg und gesellschaftliche Anerkennung garantierten. Der äthiopische Historiker und Anthropologe Teshale Tibebu spricht von einer „Kultur der Einschmeichelei beim jeweils Stärkeren" und von einer „Kriegskultur". Gut eingefangen hat der polnische Schriftsteller und Journalist Kapuscinski in seiner Parabel „König der Könige" diese Atmosphäre von äußerer Servilität und insgeheimer Berechnung, von sprachlicher Doppelbödigkeit und allgegenwärtigen Verschwörungsvermutungen. Hierzu paßt unsere Beobachtung, daß „die" Äthiopier Ironisches und Hintersinniges verstehen.

(November 2000)

Während Muslime im christlichen Reich weitgehend von erblichen Landrechten ausgeschlossen blieben und kaum Chancen hatten, in wichtige Positionen in Staat und Armee zu gelangen, blieben sie in der Gondar-Periode in der Ausübung ihrer Geschäfte unbehelligt und konnten ihre religiösen Angelegenheiten selbst regeln. Die islamischen Oromo-Herrscher aus den Familien der Mammadoch und der Warra Sek von Wollo und die Yejju stiegen im frühen 18. Jahrhundert zu den mächtigsten Landesherren auf. Im 19. Jahrhundert verschlechterte sich ihre Situation wieder, besonders nach der Konsolidierung des Reiches unter Tewodros II., mit der das Christentum als Ausdruck der nationalen Identität wieder gefestigt wurde. Aus christlicher Solidarität heraus sollte Europa mit Waffen helfen, die Einkreisung Äthiopiens durch muslimische Mächte zu durchbrechen und dem Land einen Zugang zum Meer zu verschaffen. Ein Brief von Tewodros II. an Queen Victoria von 1862 schloß mit den Worten: „Auch Sie fühlen mein Leiden, wenn ich, ein Christ, von Muslimen unterdrückt werde."[477] Es folgten die von Kaiser Yohannes IV. unternommenen Konversionskampagnen von Muslimen zum orthodoxen Glauben, bei denen militärische Gewalt eingesetzt, aber auch mit dem politischen Druckmittel ‚Land gegen Taufe' gelockt wurde. Dies geschah in Ansätzen auch unter Menilek II., durch dessen Eroberungen viele muslimische und nichtchristliche Völkerschaften dem Reichsverband einverleibt wurden. Für letztere war die Annahme des islamischen Glaubens wiederum ein Akt der Verweigerung oder des Widerstandes gegen die „amharische" Dominanz, deren Religion sie mit Mord, Raub, Grausamkeit und krasser Ungerechtigkeit und Unterdrückung identifizierten.

Das christliche Reich sah sich seinerseits von islamischer Seite angegriffen: zunächst durch die 1875 vom Kalifen von Ägypten organisierte Streitmacht und dann 1888 durch die Invasion der Mahdisten aus dem Sudan, die bis nach Gondar gelangten und viele Kirchen zerstörten. Sie wurden ein Jahr später in der Schlacht von Metemma besiegt, wobei der äthiopische Kaiser Yohannes IV. sein Leben ließ. Wachsender Argwohn auf christlicher Seite führte zu einer zunehmenden Marginalisierung von Muslimen, die sich auch in sprachlicher Ausgrenzung ausdrückte: „Muslime wohnhaft in Äthiopien"[478], statt „äthiopische Muslime", eine Terminologie, die erst unter dem Derg aufgehoben wurde.

Im 20. Jahrhundert wurden christliche Aversionen gegen den Islam wieder belebt durch die Sympathie, die Iyasu, der Thronfolgers Menileks, den muslimischen Untertanen entgegenbrachte, und die in eins gesetzt wurde mit einer drohenden islamischen Machtergreifung. Für wachsende Spannungen sorgte ab 1936 auch die Politik der Italiener, die insbesondere die gebildete Elite der Amharen gezielt unterdrückte und ihnen durch Abschaffung des Fronsystems „gebbar" eine wichtige wirtschaftliche Grundlage entzog. Die Italiener ergriffen eine Reihe von Maßnahmen zugunsten der Muslime, förderten islamische Erziehung und die Einführung von Arabisch an den Schulen, ließen zahlreiche Moscheen bauen, darunter die große al-Anwar Moschee in Addis Abeba, und unterstützten Moslemführer und Wallfahrten nach Mekka und Medina finanziell. Einzelne muslimische Persönlichkeiten, die sich weigerten, mit den faschistischen Autoritäten zu kooperieren, hatten freilich ebenso wie ihre christlichen Landsleute Verfolgung zu erleiden. Die äthiopischen Widerstandskämpfer, die weitgehend Christen waren, sahen sich nicht nur von Italienern attackiert, sondern auch von muslimischen Oromo, was das Mißtrauen und die Abneigung gegen die „heimtückischen Muslime"[479] bei den Christen erhöhte. Hierzu trug auch die *Eritrea Liberation Front* bei, die ab 1961 den Kampf für die Unabhängigkeit als eine weitgehend islamische Bewegung begann.

Sie rekrutierte ihre Kämpfer aus muslimischen Nomadenstämmen, deren Führer zum Jihad gegen Äthiopien aufriefen. In der Folge ging aber die Führung im Kampf um die Unabhängigkeit auf Christen über, die bis 1993 die Oberhand behielten.

Auch nach der Rückkehr des Kaisers 1941 blieben Muslime Bürger zweiter Klasse und die orthodoxe Kirche startete „aggressive"[480] missionarische Kampagnen gegen die „Heiden" im Süden Äthiopiens. Der Bau von Moscheen in Addis Abeba war stets von christlichen Protesten und bürokratischen Erschwernissen begleitet. Mit der Revolution von 1974 traten Muslime in die Öffentlichkeit und forderten in Protestmärschen Unterstützung beim Bau von Moscheen, die Anerkennung islamischer Feiertage, die Errichtung eines nationalen islamischen Rates, die Trennung von Staat und Kirche sowie die Abkehr von der Fiktion, daß Äthiopien eine christliche Insel sei. Der Derg erkannte drei muslimische Feiertage als öffentliche an und ermöglichte 1976 de facto, wenn auch nicht de jure, die Bildung eines „Ethiopian Supreme Council for Islamic Affairs", dessen Präsident, wie die Oberhäupter der Kirchen für die Christen, als Repräsentant der Muslime anerkannt wurde. Aufgrund der Wirtschaftspolitik und der insgesamt antireligiösen Ausrichtung verschlechterten sich die Beziehungen zwischen Regierung und Muslimen jedoch wieder.[481]

Die europäische Wahrnehmung von Äthiopien wandelte sich im Hinblick auf das Verhältnis Christentum – Islam, wenn auch das Spannungsfeld der beiden großen Religionen als Grundsubstanz gleich blieb. Zunächst war es das Land des mächtigsten Herrschers der Welt, nämlich des Priesterkönigs Johannes, der dem christlichen Abendland an Macht und Reichtum weit überlegen war und der als potentieller Megaverbündeter des christlichen Abendlandes imaginiert wurde. Bei näherer Betrachtung erschien Äthiopien jedoch als ein relativ schwaches, permanent islamischer Bedrohung ausgesetztes Reich, das umgekehrt dringend europäischer Hilfe bedurfte und zwar nicht nur politisch. Es musste auch religiös auf den rechten Weg gebracht werden. Nach einem katholischen Intermezzo im 16./17. Jahrhundert und folgender Isolation von Europa standen im 19. und 20. Jahrhundert die protestantische „Seelenrettung" und die Unterordnung Äthiopiens unter die wirtschaftlichen und politischen Ansprüche Europas im Vordergrund. Nicht zuletzt waren es die protestantischen Missionare, die am Feindbild Islam mitwirkten. Die Suche nach einem „Weg zu den Galla"[482], von Missionaren geographisch wie metaphysisch gemeint, stand in der europäischen Tradition der Suche nach dem Land des christlichen Priesterkönigs Johannes und der Suche nach den Quellen des Nil. Schließlich wurde das Land zu Beginn des 21. Jahrhunderts wieder zum starken Bollwerk und Verbündeten des Westens im Kampf gegen islamischen Fundamentalismus und Terrorismus.

Die Suche nach dem Priesterkönig Johannes als Bündnispartner zur Vernichtung des Islam und der Beginn der Beziehungen zwischen Äthiopien und Europa

Europa zur Zeit der Kreuzzüge: Die heiligen Stätten in Jerusalem waren in Händen von „ungläubigen" Muslimen und fast der gesamte Osten und Süden des Mittelmeerraumes war der Christenheit durch die Ausdehnung des Islam seit dem 7. Jahrhundert verlorengegangen. Diffuse Nachrichten über schwere Niederlagen muslimischer Heere in Zentralasien und über ein riesiges christliches Reich im äußersten Osten, jenseits von Persien und Armenien, das von einem nestorianischen – an zwei getrennte Naturen Christi glaubenden – Patriarchen von Indien regiert wurde, formten sich allmählich zu einer gigantischen Legende vom christlichen Priesterkönig Johannes. In ihr flossen die verschiedensten phantastischen Geschichten über orientalische Wunder, die im Mittelalter kursierten, ineinander. Dieser sagenhafte Priesterkönig rüstete nicht nur seine Heere, um Jerusalem zu befreien, sondern um dem Christentum zum endgültigen Sieg über den Islam zu verhelfen. Er stamme in direkter Linie von einem der Heiligen Drei Könige ab und regiere dieselben Völker wie diese.

Um 1165 tauchte ein angeblicher Brief des Priesterkönigs an Kaiser Emanuel von Byzanz (r. 1143–1180), Kaiser Friedrich Barbarossa (r. als Kaiser des Heiligen Römischen Reichs 1155–90), Papst Alexander III. (r. 1159–81) und andere Herrscher auf, in dem dieser sich selbst als der mächtigste König über alle christlichen Könige vorstellte. In der Folgezeit begannen Briefe in verschiedenen Varianten und Sprachen zu kursieren, in denen der Priesterkönig die Potentaten Europas über sein Reich, über Land und Leute unterrichtete und sie wissen ließ, daß sie jederzeit dort willkommen seien und sich auch jedweder Unterstützung seinerseits erfreuen könnten.

> „Wenn Du aber die Größe und Erhabenheit Unserer Hoheit wissen willst und in welchen Ländern Unsere Majestät gebietet, dann erkenne und glaube ohne Zweifel, daß ich, der Priester Johannes, Herr bin über die Herrschenden und hervorrage in allen Reichtümern, die unter dem Himmel sind, an Tugend und Macht über alle Könige dieser Erde."[483]

Im fiktiven Reich des Priesterkönigs flossen Milch und Honig im Überfluß, es gab Quellen von Flüssen mit kostbaren Steinen, keine Armut, keine Diebe und Räuber, aber die phantastischsten Kreationen von Menschen und Tieren und ihrer Kreuzungen. Aber so viele erstaunliche Details der Priesterkönig über sein Herrschaftsgebiet und die Pracht seiner Paläste auch preisgab, eine genaue Verortung desselben nahm er leider nicht vor. In manchen Variationen ist von „drei Indien", in anderen von „vier Indien" die Rede.

Wer das „Original" dieser Briefe in welcher Sprache verfaßt hatte und wo sein geographischer Ursprung lag, liegt bis heute im Dunkeln oder wird rein spekulativ beantwortet. So wurde vermutet, der „berühmte Lalibela"[484], der mit den Felsenkirchen ein neues Jerusalem erbaute, habe wahrscheinlich den Brief geschrieben oder Papst Alexander III. selbst habe ihn verfaßt, weil er ein propagandistisches Vehikel brauchte, damit ein erneuter Kreuzzug zustände käme. Papst Alexander ist der einzige, von dem überliefert ist, daß er eine Antwort formulierte, in der er den Priesterkönig aufforderte, sich der rechten katholischen Kirche anzuschließen. Doch wo schickte er diese hin?

Es begannen eifrige Bemühungen, den sagenhaften Herrscher zu lokalisieren. Er wurde zu einer Projektionsfläche für die eigenen Träume von Macht, Reichtum und Größe, der Entdeckung des Unbekannten und Geheimnisvollen und der visionären Verbindung von Orient und Okzident. Der Wunsch nach Kontaktaufnahme mit ihm wurde zu einem Motor für Entdeckungsreisen und Expeditionen. Aber je weniger die Reisenden, darunter auch Marco Polo, Genaues über ihn in Erfahrung bringen konnten, um so mehr wucherten die Ausschmückungen über ihn und sein sagenhaftes Reich. Als man ihn in Asien und Indien partout nicht finden konnte, entwickelte sich die Idee, es handele sich bei ihm um den Herrscher von Äthiopien. Dieser Idee verdanken wir es, daß Maler nun begannen, einen der Heiligen Drei Könige als Schwarzen darzustellen.

Der Schwenk hin zu Äthiopien, der sich mit Beginn des 14. Jahrhunderts vollzog, ist weniger überraschend, als es auf den ersten Blick scheint. Die geographischen Vorstellungen der Zeitgenossen von Indien waren im Mittelalter vage und viele Geographen betrachteten Äthiopien als eines der „Indien". Sie wussten noch nicht, daß Ostafrika durch das Meer von Indien getrennt ist resp. es sich hierbei nicht lediglich um ein Binnenmeer handelt. Hintergrund für eine neue Verortung des Priesterkönigs war aber nicht nur die geographische Unklarheit. Auch die sich nun mehrenden Kontakte zwischen Äthiopiern und Europäern lieferten Stoff für die Ausgestaltung eines äthiopischen Priesterkönigs. Bislang hatte die Möglichkeit, daß Europäer und Äthiopier aufeinandertrafen, nur in Jerusalem oder Bethlehem bestanden, wo die orthodoxe Kirche seit dem 12. Jh. eine Kapelle bzw. eine Grotte in der Geburtskirche unterhielt, zu der Pilger reisten. Man kann davon ausgehen, daß durch diese Pilger und die äthiopische Gemeinde in Jerusalem Informationen nach Europa weitergegeben wurden, die ihren Teil zur Legende vom Priesterkönig beigetragen haben, wie umgekehrt Informationen über die Kreuzzüge und Ereignisse in Europa durch heimkehrende Pilger nach Äthiopien gelangten. Es gibt aber keine Hinweise, daß äthiopische Herrscher sich der über sie kursierenden Vorstellungen in Europa bewußt waren oder daß sie diese gar eingesetzt hätten, um aus Europa mehr Unterstützung zu erhalten.

1306 gelangte eine äthiopische Delegation, wahrscheinlich von Kaiser Wedem A'red geschickt, nach Genua. Sie soll auf dem Weg nach Spanien gewesen sein, um mit den dortigen Herrschern, die erfolgreich die Macht der Mauren beschnitten hatten, einen Verteidigungspakt gegen islamische Machthaber auszuhandeln. Ob die Delegation jemals Spanien erreichte, ist ungewiß, es gibt aber Berichte, daß sie nach Avignon gelangte und dort von Papst Clement V.

empfangen wurde. Auf ihrem Rückweg in Genua auf gutes Reisewetter wartend, wurden die Delegierten von dem italienischen Geographen und Priester Giovanni da Carignano über ihr Land befragt. Carignanos eigene Aufzeichnungen sind nicht erhalten, aber eine Zusammenfassung findet sich in einer sehr viel später (1483) herausgegebenen Chronik von Jacopo Filippo Foresti[485]. In dieser erscheint der Priesterkönig Johannes als Patriarch über das äthiopische Volk und über 127 Erzbischöfe, denen jeweils 20 Bischöfe zugeordnet sind. Ob der „sehr christliche Kaiser", dem 74 Könige und fast unzählbare Prinzen Treue zollen, ebenfalls mit dem Priesterkönig identisch ist, geht aus der Formulierung nicht klar hervor. Wer aber wollte, der konnte das so sehen. Es wird auch auf den Sonderstatus jener Könige verwiesen, die den Gesetzen Mohammeds folgten, sich aber dem Kaiser in anderen Dingen unterwarfen – worunter wohl Tributzahlungen zu verstehen sind.

Ganz im alten phantastischen Stil berichtet der französische Dominikanermönch Jordanus (Jourdain de Séverac) über Äthiopien, der in den 1330er Jahren von einer Orientreise nach Europa zurückkehrte. Er hatte zwar nicht Äthiopien, sondern Persien, China und Indien bereist, aber von „vertrauenswürdigen Personen" interessante Informationen über das Land erhalten, das er als ein sehr großes und heißes Land schilderte, in dem es viele Monster gebe, die goldene Berge bewachen. Während er sich in seinen Berichten über die Länder, die er tatsächlich besucht hatte, als sorgfältiger Beobachter erweist, sind seine Aussagen über Äthiopien voll von phantastischen Ausmalungen:

> Es gibt dort Drachen in größter Fülle, die auf ihren Köpfen glänzende Karfunkelsteine tragen. Sie haben ihren Liegeplatz auf goldenem Sand, sind übermäßig groß und stoßen aus ihrem Mund einen höchst stinkenden und infektiösen Atem aus, wie der dickste Rauch, der vom Feuer aufsteigt. Die Drachen kommen zu einer bestimmten Zeit zusammen, entwickeln Flügel und erheben sich in die Luft, um dann, da sie zu schwer sind, in einen Fluß zu fallen, der dem Paradies entspringt, und dort zu verschwinden.
>
> Der Herrscher Äthiopiens erscheint mächtiger als irgendein Mann auf der Welt und reicher an Gold und Silber und kostbaren Steinen. Man sagt von ihm, daß er unter sich 52 reiche und mächtige Könige hat und über all seine Nachbarn Richtung Süden und Westen herrscht. Der Sultan von Babylon zahlt ihm jedes Jahr 500.000 Dukaten. Auch gibt es im Land zwei brennende Gebirge und zwischen ihnen einen Berg aus Gold. Die Leute des Landes sind alle Christen, aber Häretiker. „Mehr kann ich über Äthiopien nicht sagen, weil ich nicht dort gewesen bin." [486]

Während auch noch in nachfolgenden Werken phantastische Beschreibungen überwiegen, weil die Autoren weiterhin vom Hörensagen berichten, von anderen abschreiben und Eigenes hinzudichten, erscheint ein Motiv, das für den Glauben an einen mächtigen König in Äthiopien bedeutsam war und in der Politik tatsächlich eine Rolle spielte, nämlich die Verfügungsgewalt über den Nil. Zunächst werden noch verschiedene Flüsse wie Euphrat, Tigris und Ghion genannt, die Nubien und Äthiopien durchfließen. Schließlich setzte sich die Vermutung durch, daß es sich bei dem Fluß Ghion um den Nil handeln müsse, der von Äthiopien, „wo nun die Neger sind und das man Land von Priesterkönig Johannes nennt"[487], nach Ägypten fließt. In der Tat haben äthiopische Herrscher mehrfach in der Geschichte gegenüber Ägypten damit gedroht, den Fluß umzuleiten und so das Land auszutrocknen (vgl. 8. Kapitel).

Diese Drohung als Mittel der Politik hatte zu Beginn des 14. Jahrhunderts auch Amda Seyon (r. 1314–44) in den Auseinandersetzungen mit dem ägyptischen Sultan ausgesprochen. Inwieweit hierbei die Verfolgung koptischer Christen durch die ägyptischen Herrscher oder umgekehrt, die Verfolgung von Muslimen in Äthiopien eine Rolle spielte, darüber gibt es unterschiedliche Versionen. Amda Seyon, aber auch seinen Nachfolgern, besonders Zara Yaqob (r. 1434–68), gelang es, ihren Herrschaftsbereich auf Kosten muslimischer Fürstentümer erheblich zu erweitern und zur Verbreitung des Christentums beizutragen. Neuigkeiten über diese Eroberungen gelangten nach Europa und gaben der Vorstellung von einem mächtigen Verbündeten in Äthiopien neue Nahrung und „polierten den falschen Glanz"[488] vom Priesterkönig auf. Freilich ging es hierbei auf beiden Seiten nicht einfach um Religion, sondern um handfeste wirtschaftliche Interessen, um die Kontrolle des Handels und für Äthiopien um die Aufrechterhaltung stabiler Handelsrouten vom Landesinneren zum Roten Meer. Ägypten, das eine Schädigung seiner Interessen durch eine mögliche engere Verbindung Äthiopiens mit Europa befürchtete, hatte versucht, Äthiopien gegenüber Europa zu isolieren und war nun in einer geschwächten Position.

Der erste europäische Monarch, von dem bekannt ist, daß er einen Brief an den äthiopischen Kaiser schrieb, war der englische König Henry IV., der 1400 an den „König von Abessinien, Priesterkönig Johannes, den „geliebten Freund in Christus"[489] schrieb und ihn zu seinem Wunsch, die Heiligen Stätten zu befreien, beglückwünschte. Vor seiner Krönung war der Monarch in Jerusalem gewesen. Ob der Brief Dawit II. jemals erreichte, ist nicht bekannt. Allerdings wird wenig später von einer äthiopischen Gesandtschaft nach Europa berichtet, die von dem Florentiner Antonio Bartoli geleitet wurde. 1427/28 empfing König Alfonso V. von Aragon zwei äthiopische Gesandte in Valencia. Das von ihnen vorgebrachte Anliegen ihres Kaisers Yeshaq (r. 1413–1434), nämlich die Entsendung von europäischen Handwerkern und Waffenexperten nach Äthiopien, wird von nun an ein sich immer wiederholendes Motiv in den Beziehungen zu Europa sein. Yeshaqs Brief an Alfonso ist nicht erhalten, aber Kopien des Antwortschreibens von Alfonso vom Mai 1428, bei dem in der Anrede des äthiopischen Kaisers auch die Gesetzestafeln auftauchen: „Yeshaq, Sohn von David, von Gottes Gnaden, Priesterkönig Johannes der Indien, Herr der Tafeln vom Berg Sinai"[490].

Als Zara Yaqob 1445 einen entscheidenden Sieg über den König von Adal errang, wurde diese Nachricht in Europa mit Genugtuung zur Kenntnis genommen und gab sogleich Spekulationen Raum, daß der äthiopische Kaiser auch bald Ägypten, Arabien und Syrien erobern werde. Fünf Jahre später wurde eine äthiopische Delegation, angeführt von dem Italiener

Abb. 48 Landkarte des abessinischen Reiches von Priesterkönig Johannes
nach der Vorstellung des niederländischen Kartographen Abraham Ortelius
(1527-1598) von 1572/73

Pietro Rombulo, der seit vielen Jahren in Äthiopien lebte, von König Alfonso empfangen und
dem Wunsch des Kaisers, dem „liebsten Freund und Bruder"[491] entsprochen, Künstler und
Handwerker nach Äthiopien zu entsenden.

Nicht erst seit sich die Lokalisierung Äthiopiens als „Hauptresidenz" des Priesterkönigs Johannes durchgesetzt hatte, wie sie sich in der Weltkarte des Venezianischen Kartographen
Fra Mauro von 1460 manifestiert, stellte sich das Problem des Alters eines Herrschers, den
man seit Jahrhunderten suchte. Klar, daß es hierfür eine fabulöse Erklärung gab: Kaum eine
Dreitagereise vom Paradies entfernt, verfügte der Priesterkönig über einen „Jungbrunnen"[492],
der von Gebrechen kurierte und dem in ihm Badenden immer wieder das Alter von 32 Jahren zurückgab. Jetzt da feststand, daß in Äthiopien nacheinander Könige mit verschiedenen
Namen regiert hatten, schlossen diejenigen, die nach nüchternen Erklärungen suchten, die

Bezeichnung müsse eine Art Gattungstitel sein. Von seiner Anwendung ließ man auch nicht ab, nachdem äthiopische Gesandte recht irritiert darüber waren, daß man ihren Herrscher „Priesterkönig Johannes" nannte. Die am Konzil von Florenz 1441 teilnehmenden beiden äthiopischen Mönche aus Jerusalem – ob sie vom Kaiser gesandt waren oder nicht, wird unterschiedlich interpretiert[493] – korrigierten die falsche Bezeichnung, jedoch ohne Erfolg. Der Titel blieb weiterhin in Gebrauch ebenso wie stets neue phantastische Erzählungen über den Priesterkönig, sein Land und seine Leute.

Die Tatsache, daß mit dem Schwenk nach Äthiopien das Reich des Priesterkönigs so viel kleiner als das einst vorgestellte war, erklärte ein Genueser Reisender um 1455 so: Im Kampf mit dem großen Khan hatte der Priesterkönig Ende des 12. Jahrhunderts die meisten seiner Territorien verloren. Geblieben waren ihm nur die Provinzen Äthiopien und Nubien, die allerdings hatten Gold und Silber im Überfluß. Von einigen wenigen aufgeweckten Geistern abgesehen, die erkannten, der äthiopische König könne mit dem fabulierten Priesterkönig nichts zu tun haben, wollte Europa den Traum noch nicht aufgeben. Als die realen Fakten nach der Erfahrung von mehreren Generationen über Äthiopien die Überhand gewannen, wurde hieraus nicht der Schluß gezogen, daß es sich beim Priesterkönig Johannes nicht um eine reale Gestalt handelte, sondern daß man wieder mal am falschen Ort gesucht hatte. Er müsse in Tibet zu finden sein, so die neue Devise. Europäer hatten sich eine Geschichte ausgedacht und wollten recht behalten.

Der Anfang vom Ende der Legende von der Inkarnation des Priesterkönigs als äthiopischem Herrscher wurde mit Beginn des 16. Jahrhunderts eingeläutet. Die Lage im Nahen Osten hatte sich durch die Konkurrenz zweier Mächte entscheidend verändert: Die Osmanischen Türken hatten 1517 Ägypten erobert und begonnen, die afrikanische Küste des Roten Meeres und Teile des Jemen zu besetzen. Ihre Rivalen, die Portugiesen beherrschten nun Teile von Indien.

Joao II. hatte 1487 Pedro de Covilha auf eine diplomatische Mission über Kairo nach Osten geschickt, um Informationen über die indischen Gewürzmärkte, die Seerouten und Häfen des Roten Meeres zu erfahren und angesichts der starken islamischen Präsenz in dieser Region direkte Beziehungen zum Priesterkönig zu etablieren.[494] 1493/94 erreichte Covilha den äthiopischen Hof und wurde von Kaiser Eskender begeistert empfangen. Dieser starb aber wenig später und sein Nachfolger untersagte Covilha, das Land wieder zu verlassen. Während der Regentschaft von Manoel I. fand Vasco da Gama 1498 den Seeweg nach Indien und so konnte die portugiesische Vorherrschaft im Indischen Ozean vorerst gesichert werden. Manoel I. schickte 1507 ebenfalls Gesandte an den äthiopischen Hof, um endlich das Bündnis mit dem Priesterkönig zu schmieden und mit dessen Hilfe den Handel an Rotem Meer und Indischem Ozean zu kontrollieren.

Die äthiopische Kaiserin Eleni (ca.1431–1522), die für den noch minderjährigen Lebna Dengel regierte, steht für die Persönlichkeit in der äthiopischen Geschichte, die kontinuierliche Beziehungen zu Europa etablierte. Sie war als Tochter des muslimischen Herrschers von Hadiya geboren, im Rahmen staatlicher Heiratspolitik mit Zara Yaqob verheiratet worden, konvertiert und hatte ihre muslimischen Bindungen aufgegeben. Sie fürchtete eine Allianz zwischen den Türken und den muslimischen Sultanaten im Osten Äthiopiens und entschloß sich 1509, – als Antwort auf die portugiesischen Angebote – den armenischen Kaufmann Mateos Armenawi, auch Abraham genannt, zu König Manoel I. mit dem Vorschlag einer militärischen Allianz zu schicken. In ihrer Botschaft an den portugiesischen Herrscher informierte sie ihn, daß die Muslime in Ägypten dabei seien, eine riesige Armee gegen die Portugiesen aufzubauen. Die Allianz zwischen Äthiopien und Portugal sollte durch die Hochzeit „mit Euren Söhnen und unseren Töchtern" zusammengeschweißt werden, um „das Ungeziefer der maurischen Ungläubigen vom Anblick der Erde auszulöschen"[495]. Sie gab ihrem armenischen Gesandten als Geschenk ein Kreuz mit, das nach äthiopischer Tradition aus einem Stück Holz geschnitzt war, das vom Kreuz Jesu stammen sollte und unter der Herrschaft von Kaiser Dawit II. nach Äthiopien gelangt war.

Reisen von Äthiopien nach Europa pflegten mühsam und langwierig zu sein, aber was Mateos auf dem Weg über Indien und Mosambik erlebte, übertraf das Übliche. Abgesehen von langen Wartezeiten auf Schiffe bestand eine Schwierigkeit darin, daß ihm von portugiesischer Seite großes Mißtrauen entgegengebracht wurde, weil er „weiß und von gutem Betragen"[496] war. Mal erkannten ihn die jeweils zuständigen Autoritäten als äthiopischen Gesandten an, mal ließen sie ihn in Ketten legen, weil sie in ihm einen Spion des Osmanischen Reiches sahen. Endlich in Portugal angelangt, wurde er zwar vom König akzeptiert, doch entschloß sich dieser erst nach zwei Jahren, den Gesandten Anfang 1515 mit eine Abordnung von Portugiesen nach Äthiopien zurückzuschicken. Die Wartezeit war von König und Papst genutzt worden, um Mateos ausführlich über Äthiopien zu befragen.

Die Rückreise erwies sich als nicht weniger gefahrvoll und erst 1520 erreichte die auf dem Weg durch muslimische Angriffe reduzierte Delegation Massawa. Mateos erkrankte auf dem Weg ins Landesinnere und starb. Die übriggebliebenen Portugiesen gelangten aber an den äthiopischen Hof, wo inzwischen Lebna Dengel regierte, der im Gegensatz zu seiner Stiefmutter weniger weitsichtig agierte und seine eigene militärische Stärke überschätzte, nachdem er 1516 den Emir von Adal besiegt hatte. Da Kriege mit Adal seit Generationen „endemisch"[497] waren, sah er für sein Reich keine besondere Gefahr von muslimischer Seite, traf keinerlei Abmachungen mit der Mission und ließ sie, nachdem mehrere frühere Versuche der Rückreise gescheitert waren, 1526 unverrichteter Dinge abziehen. Auch war Lebna Dengel keineswegs davon überzeugt, daß Portugal stark genug sei, um das Rote Meer gegen die Türken effektiv zu verteidigen. Als ihm auf einer Weltkarte gezeigt wurde, wo Portugal lag, war er nicht beeindruckt und befand, daß die Könige von Portugal und Spanien nur „Herrscher über wenig Land"[498] waren.

Ahmed Ibn Ibrahim, der Linkshänder

Die Abreise der Portugiesen jedoch diente dem Herrscher des Sultanats Adal, dessen Zentrum Harar war, als „Signal"[499] für die Invasion. Imam Ahmed Ibn Ibrahim, aufgrund seiner Siege von den Muslimen „al-Ghazi", der „Herr der Eroberung" genannt, ging in die äthiopische Geschichtsschreibung als Gragn, der Linkshänder, ein, und in der Tat beschreibt ihn sein Chronist Sihab ad-Din[500], ein jemenitischer Gelehrter, als solchen. Er charakterisiert ihn als intelligent, weitsichtig, mutig, kühn und von der Inspiration Gottes erfüllt.[501] Gragn, der für das christliche Äthiopien zum teuflischen „Schreckgespenst"[502] schlechthin wurde, war von Ursprung Somali, im östlich von Shoa gelegenen Tiefland 1506/07 geboren. Unter anderem durch geschickte Heiratspolitik war es ihm gelungen, verschiedene Afar- und Somali-Stämme an sich zu binden. Er weigerte sich, dem äthiopischen Kaiser Abgaben zu zahlen und rüstete zum „Heiligen Krieg" gegen das christliche Hochland. Als Grund für den Krieg nennt die Chronik, einer der Gefolgsleute des äthiopischen Königs habe das Land der Muslime überfallen und geplündert, Frauen und Familien gefangengenommen.[503]

In Gragns Armee kämpften arabische Söldner, und die Türken lieferten Feuerwaffen und Kanonen und modern bewaffnete Soldaten aus ihrer eigenen Armee. Äthiopien besaß noch keine Feuerwaffen. Die Chronik schildert die Truppen aus den verschiedenen Völkern, die sich auf den Ruf des äthiopischen Kaisers hin versammelten als beeindruckend groß: „Sie stellten eine Armee auf, die wie eine Heuschreckenplage war, deren Zahl allein der Höchste Gott weiß."[504] Ein erster entscheidender Sieg über die von Lebna Dengel geführten Streitkräfte gelang Gragn 1529 etwa 70 km südwestlich des heutigen Addis Abeba zwischen Dukem und Mojo. Es folgte Sieg auf Sieg und Gragn jagte seinen Gegner von Ort zu Ort. In seiner Kriegsführung soll er sich die ausgedehnten Fastenzeiten, zu denen die äthiopischen Christen verpflichtet sind, zunutze gemacht haben, indem er besonders zu solchen Zeiten attackierte.[505] Seine Soldaten brandschatzten, plünderten und ermordeten vor allem Mönche und Priester und betrieben die Konversion der Bevölkerung zum Islam. In der Chronik von Galawdewos, dem Sohn und Nachfolger von Lebna Dengel heißt es, daß viele Gläubige von der christlichen Religion abfielen und sich zum Glauben der Muslime bekannten. „Kaum einer von zehn"[506] blieb seinem alten Glauben treu.

Angesichts der so drastisch veränderten Situation schickte der Kaiser den letzten in Äthiopien verbliebenen Portugiesen 1535 und schließlich um 1538 zwei Armenier mit dem dringenden Appell um militärische Hilfe nach Portugal. Ein Jahr, bevor endlich Hilfe eintraf, starb er in seinem letzten Fluchtpunkt, dem Kloster Däbrä Damo. 1541 landeten die armenischen Gesandten mit einer 400-köpfigen, gut ausgerüsteten Truppe von Freiwilligen aus Portugal im Hafen von Massawa. Zunächst gelang es Gragn mit Hilfe arabischer und türkischer Söldner, den Portugiesen eine Niederlage zu bereiten und ihren Kommandeur Christavao da Gama, den Sohn von Vasco da Gama, gefangenzunehmen und zu töten. Die verbliebenen Portugiesen konnten sich aber mit den Resten der kaiserlichen Armee unter Galawdewos, dem Sohn Lebna Dengels, vereinen, Gragn in der Schlacht von Wayna Day am Tana-See 1543 töten und seinen Truppen eine entscheidende Niederlage beibringen. Nicht nur die gute Bewaffnung der Portugiesen war hierbei ausschlaggebend, sondern die Tatsache, daß beide feindlichen Lager ausgeblutet und am Ende waren.

Nach Gragns Tod zerstreute sich seine Armee rasch, jedoch sah sich das christliche Äthiopien in der 2. Hälfte des Jahrhunderts wiederholt Überfällen von Osten und ab 1557 – mit der Einnahme Massawas durch die Türken – von Nordosten her ausgesetzt. Gleichzeitig stießen die Oromo von Süden in zentrale, östliche und westliche Gebiete vor, die aufgrund der Kriegshandlungen zum Teil entvölkert waren. Beide Faktoren führten dazu, daß das politische Zentrum des christlichen

Abb. 49 Monument für Ahmed Guray (Gragn) in Mogadischu

Reichs in Richtung Nordwesten gedrängt wurde, wo später Gondar als fester Herrschersitz entstand. Die Muslime ihrerseits sahen sich von den auf Harar vorrückenden Oromo bedroht und Vergeltungsschlägen der äthiopischen Armee ausgesetzt, bei der diese Harar plünderten und zerstörten. Um die Stadt vor weiteren Zerstörungen zu schützen, ließ der Nachfolger Gragns Nur ibn-Mujahid (r. 1551–1567/8) jene Mauer errichten, die der Stadt bis heute ihr ganz eigenes Gepräge gibt. Die Mauer ist 3.342 m lang und war ursprünglich mit fünf Eingangstoren versehen.[507]

Aus den vorhandenen Quellen lassen sich keine Zahlen über die Menschenverluste ableiten, die Vermutung geht aber dahin, daß sie ein ähnliches Ausmaß angenommen hatten wie im Deutschland des 30jährigen Krieges (1618–48), wo in manchen Gegenden die Bevölkerungszahl um bis zu 80 % zurückgegangen sein soll.[508]

Zerstörung war aber weit davon entfernt, Gragns einziges Ziel zu sein, urteilt der Historiker Daniel Crummey.[509] Gragn versuchte die Grundlagen für einen neuen Staat zu legen. Er begann mit dem Aufbau einer Administration, ernannte Gouverneure für die verschiedenen Regionen und wählte für sich selbst und seine Gefolgsleute die fruchtbare Gegend nördlich des Tana-Sees, dort wo später Kaiser Susenyos in Gorgora seine Hauptstadt errichtete. Siedlungen wurden angelegt und Moscheen gebaut. „Laßt uns unsere Heimstätte in Abessinien bauen", zitiert der Chronist Gragn und schreibt in diesem Zusammenhang, das Vorhaben sei auf den Widerstand der Soldaten und Emire gestoßen. Sie argumentierten, solche Absichten

Abb. 50 Gasse in Harar, 2006

hätten ihre Vorfahren nie gehabt. Bei den Streifzügen ins christliche Reich sei es darum gegangen, Beute zu machen und dann zurückzukehren.[510]

Beute zu machen, war ein wesentliches Motiv des „Jihad", auch wenn dieser aus der Sicht der Muslime wie der Christen als Religionskrieg ausgetragen wurde. Religiöse Motive spielten eine wichtige Rolle, waren aber ebenso sehr auch die ideologische Rechtfertigung für wirtschaftliche und politische Ziele. So berichtet Gragns Chronist von reichen Beutezügen, bei denen vor allem Gold in großen Mengen aus den Kirchen abtransportiert wurde. Die Kirchen waren bekannt für ihren Reichtum an Edelmetallen und kostbaren Stoffen. Die Aussicht auf Anteil an der Beute war ein wesentliches Motiv nichtchristlicher Völker, die in Abhängigkeit vom christlichen Kaiser standen, sich dem „Jihad" anzuschießen.

Die Chronik berichtet von Kirchen, die abgebrannt wurden. Bei der Kathedrale von Aksum findet sich ein solcher Hinweis nicht, wohl aber eine Schilderung von dem Raub einer großen

Abb. 51 Arabische Inschrift über einem der Eingangstore der Stadt, 2006

Statue aus goldbesetztem, weißem Stein. Sie war so groß, daß ein Loch in die Kirchenwand geschlagen werden musste, um sie herauszuholen. 400 Mann sollen nötig gewesen sein, um sie fortzutragen. Es handelte sich hierbei wahrscheinlich um den Altarstein, von dem eine Legende besagt, er sei von den Aposteln aus Jerusalem nach Aksum geschickt worden.[511] Die Chronik endet, als Gragn auf dem Höhepunkt seiner Macht war. Ein angekündigter zweiter Band könnte verloren gegangen sein, wahrscheinlicher aber ist, daß er nie geschrieben wurde.

An Gragn „erinnern" heute sowohl im Süden wie im Norden zahlreiche Steinmonumente. Im Süden sind es meist phallische Steinstelen, deren Existenz von der lokalen Bevölkerung dem „Riesen" Gragn zugeschrieben werden. Er habe diese Steine eingesetzt, um daran sein Pferd festzubinden. Laut Volkserzählungen soll Gragn diese schweren Steine, von denen mehrere Männer kaum einen bewegen konnten, mit sich herumgetragen haben.[512] Bis in die heutige Zeit nutzen die (muslimischen) Hadiya sie, um bei ihren Gerichtssitzungen die Gegner durch Handauflegung auf den Stein schwören zu lassen, daß sie die Wahrheit sagen. Früher schärften die Krieger, bevor sie zur Jagd oder zu militärischen Aktionen aufbrachen, daran ihre Speere und Schwertmesser, weil sie sich davon die Übertragung magischer Kräfte versprachen. Die Hadiya, die in einem tributpflichtigen Verhältnis zum christlichen Kaiser standen, hatten sich ihren muslimischen Glaubensbrüdern angeschlossen und stellten bedeutende Kontingente in der Armee Gragns wie unter dessen Nachfolger Nur ibn-Mujahid, der den Kampf 1551/52 wieder aufnahm.[513] Aus dem Volk der Hadiya stammte Kaiserin Eleni, die die Beziehungen zu Portugal herstellte, um das „Ungeziefer der maurischen Ungläubigen" zu vernichten. Im Gegensatz zu den Völkern im Süden Äthiopiens wird Gragn im (christlichen) Norden nur mit umgestürzten Steinen in Verbindung gebracht. Er soll sie höchstpersönlich umgestürzt haben. Ein Ort im Norden von Shoa wurde nach Gragn benannt, weil dieser der Legende nach hier von seinem Pferd gefallen war.[514] Etwa 50 km südlich von Gondar verehren Muslime den Begräbnisplatz Gragns an einem Ort namens Santara. Zu seinem Todestag pilgern sie dort hin. Die von ihnen errichteten Schreine wurden immer wieder von der lokalen, christlichen Bevölkerung zerstört. Das gleiche Schicksal war auch einem soliden Gebäude aus Stein beschieden, das 1996 als Denkmal erbaut worden war.[515]

Während Gragn in den Traditionen der Muslime als Held weiterlebt, blieb er in der Erinnerung der Christen ein abscheulicher Mordbrenner. Aber hier wie dort erscheint er „als der machtvolle Verursacher einer historischen Umwälzung, die durch Megalithen symbolisiert wird".[516] In einer Legende der Arsi-Oromo in Bale, von denen Gragns Chronist berichtet, daß alle Muslime geworden seien,[517] wird Gragn gegenüber einem christlichen Herrscher mit den Worten zitiert:

„Ich bin schnell wie ein Gepard, stark wie ein Löwe und grausam wie eine Frau. Deshalb kannst du mir nicht widerstehen. Werde Muslim und unterwirf dich mir."[518]

Auch in der amharischen Tradition ist Gragn eine Gestalt, die schon als Kind über ungeheure Körperkräfte verfügte. Eine Legende besagt, daß er als Baby „vierzehn Portionen"[519] *injera* bei einer Mahlzeit essen konnte. In der amharischen Vorstellung verbindet sich viel essen mit der Erlangung von ungewöhnlichem Mut, Langlebigkeit und physischer Stärke.

In einer nicht nur bei den Hadiya, sondern mit einigen Varianten über ganz Äthiopien über Gragn verbreiteten Erzählung erscheint er als der Sohn eines Priesters und einer Muslima. Der Priester verliebte sich in eine Frau, die aus der Gegend von Harar zur Tributzahlung an den äthiopischen Hof gekommen war, und schwängerte sie. Als er eines Tages die Kirche betrat und um seinen Kopf nicht den Priesterturban, sondern versehentlich das Kopftuch seiner Geliebten geschlungen hatte, wurde er von seinen christlichen Glaubensbrüdern erschlagen. Die Frau kehrte von Rachegefühlen erfüllt in ihre Heimat zurück und gebar einen Sohn, der sich zu einem Riesen mit ungeheurer Körperkraft entwickelte. Die Mutter klärte den Sohn über das Schicksal seines Vaters auf, schürte unentwegt den Haß gegen seine Mörder und bewegte so ihren Sohn, Rache an allen Christen zu nehmen. Gragn konnte den Anblick von Priestern und Kirchen nicht mehr ertragen.[520] Die Geschichte erinnert an die Erzählung von Gudit, die wegen ihres Verhältnisses mit einem Priester verstümmelt und vom kaiserlichen Hof verjagt wurde und später blutige Rache nahm.

Heute stehen sich die äthiopische Armee und die somalische Befreiungsbewegung ONLF im Ogaden kriegerisch gegenüber. Der äthiopische Staat versteht sich anders als 500 Jahre zuvor als säkularer, ebenso gibt sich die ONLF als nationalistische Organisation, die einen politischen und nicht einen religiösen Krieg führt. Dennoch spielt Religion in diesem Konflikt in Verbindung mit der Erinnerung, die von beiden Seiten wachgehalten wird, eine wichtige Rolle. Trotz aller Veränderungen nehmen viele christliche Äthiopier ihr Land immer noch als „christliche Insel" wahr, ähnlich verhält sich der Westen. Muslime sehen sich nach wie vor in einer untergeordneten Rolle und ihre Religion zunehmend als terroristisch diffamiert.

Die ONLF spielt, anders als vor der internationalen Öffentlichkeit, im Ogaden selbst auf der Klaviatur des „Heiligen Krieges", um im Ogaden Anhänger zu mobilisieren. Sie stellt sich in die Tradition der als Helden verehrten Ahmed Gragn und Sayid Mohammed Abdullahi Hassan, der bis zu seinem Tod 1921 mit seiner Derwisch-Bewegung gegen Briten, Italiener und Äthiopier kämpfte. In einem der bekanntesten Lieder, die ONLF-Kader auf öffentlichen Versammlungen im Ogaden vortragen, heißt es:

„Ahmed Guray (= Gragn) ist niemals gestorben, der Derwisch hat niemals verloren, und das Pferd hat sich noch nicht zur Ruhe gesetzt."[521]

Abb. 52 Monument für Ahmed Guray (Gragn) und seine Truppen in Mogadischu

Das katholische Intermezzo und die Entzauberung des Priesterkönigs

Die portugiesische Hilfe war, wie es nun mal in der Politik ist, nicht umsonst. Verbündete stellen Bedingungen, mischen sich ein, verlangen Gegenleistungen. Was von der äthiopischen Seite als militärisches Hilfegesuch, als Zugang zu modernen Waffen und Kriegstechniken verstanden wurde, interpretierten die Portugiesen als Wunsch nach religiöser Einheit. Der militärischen Aktion folgte eine missionarische auf dem Fuße, und schon bald sah sich Kaiser Galawdewos im Konflikt mit seinen christlichen Glaubensbrüdern aus Europa, die ihn zum Katholizismus bekehren wollten.

Bereits die Anwesenheit des Missionars Francisco Alvarez (ca. 1465–1540/41), der von Papst Leo X. ernannt worden war und mit der portugiesischen Mission 1520 in Massawa ankam, wies die Richtung, daß Äthiopien sich der Römischen Kirche unterwerfen müsse. Diese Zielsetzung wurde auch noch im 20. Jahrhundert propagiert, als der Papst und die italienischen Bischöfe ihren Segen zu Mussolinis Invasion gaben:

> „Frieden und Schutz dem mutigen Heer, das in unerschütterlichem Gehorsam gegenüber dem Auftrag des Vaterlands, zum Preis von Blut die Pforten Äthiopiens dem katholischen Glauben und der römischen Zivilisation öffnet."[522]

Es sollte aber trotz massiver Einmischung in die innere Politik und Religion des Landes noch lange dauern, bis die Portugiesen hiermit erfolgreich waren. Einer zweiten Mission unter dem Jesuitenpater Pedro Paez (1564–1622), einem diplomatisch und geschickt auftretenden Prälaten, gelang es, Kaiser Zä Dengel 1604 und 1622 Kaiser Susenyos und andere einflußreiche Personen bei Hofe zum Glaubenswechsel zu bewegen. Der zu Beginn des 16. Jahrunderts gegründete Jesuitenorden war inzwischen mit sehr viel mehr „Berufserfahrung" in der Umsetzung seiner Ziele ausgestattet. Treibende äthiopische Kraft bei der Konversion war der jüngere Bruder des Kaisers Ras Sé' elä Kréstos, der 1612 den katholischen Glauben angenommen hatte. Er führte erfolgreich Kriege gegen die nach Norden vordringenden Oromo und forderte von Papst Paul V. die Entsendung weiterer Missionare und vor allem von Soldaten. 1631 lobte Papst Urban VIII. ihn in einem Schreiben für seine „Standhaftigkeit"[523] bei der Verbreitung des Katholizismus. Ob bei den Konvertiten mehr die religiöse Überzeugung oder aber, angesichts der Bedrängung durch Muslime und Oromo, die Vorteile einer Allianz mit gut bewaffneten europäischen Mächten eine Rolle spielte, sei dahingestellt.

1626 wurde Äthiopien durch kaiserliches Edikt offiziell römisch-katholisch, nachdem der Nachfolger des verstorbenen Paez, Alphonso Mendez, als Patriarch der Katholiken in Äthiopien eingetroffen war. Die Übernahme des lateinischen Ritus, die Neuordination von Priestern, die Umweihung von Kirchen, die erneute Taufe der Gläubigen, die Abschaffung der Beschneidung und der Beachtung des Sabbat, die Einführung des Gregorianischen Kalenders usw. stießen auf offenen Widerstand in der Geistlichkeit, bei Provinzfürsten, lokalen Eliten und der Bevölkerung. Der Versuch, der neuen Religion mit Gewalt zum Durchbruch zu verhelfen, führte zu blutigen Auseinandersetzungen, die Tausende das Leben kosteten. Susenyos dankte schließlich 1632 zugunsten seines Sohnes Fasilidas ab, der die alte Ordnung wiederherstellte und die Jesuiten des Landes verwies.

Das katholische Intermezzo hatte zur Folge, daß sich Äthiopien für lange Zeit gegenüber dem katholischen Westen verschloß und Fasilidas – aus Furcht vor einer möglichen Invasion katholischer Streitkräfte – engere Beziehungen zu seinen islamischen Nachbarn suchte. Nicht nur wurde ein Teil der Missionare dem Pascha von Suakin (am Roten Meer) ausgeliefert, Fasilidas schloß auch einen Vertrag mit ihm. Die vormaligen muslimischen Feinde wurden zu Wächtern gemacht, die verhindern sollten, daß zukünftig Portugiesen und andere „Franken", insbesondere Missionare, nach Äthiopien gelangen konnten.[524]

Für mehr als 100 Jahre schloß sich Äthiopien von Europa ab. Wenn dies auch keine vollständige Isolierung bedeutete und einzelne Herrscher eine weniger rigide Position gegenüber Europäern einnahmen, so gelangten doch keine größeren Gruppen mehr ins Land. Diese Haltung Äthiopiens trug mit zur Verfestigung des Bildes bei, das sich Europäer schon früher von dem Land gemacht hatten: Ein von Feinden umgebenes Reich im Dornröschenschlaf, weltvergessen und von der Welt vergessen.[525] Da sich die Europäer selbst für den Nabel der Welt hielten, war aus ihrer Sicht ein vom Westen abgeschnittenes Äthiopien von der Welt isoliert, verschlafen, ohne Entwicklung.

Es waren vor allem die Vertreter der orthodoxen Kirche, die mit Haß Richtung Europa blickten und jedwede Politik beargwöhnten, die eine Lockerung in den Beziehungen bedeuten konnte. In Anspielung darauf, daß man den Europäern nicht trauen kann, besagt ein amharisches Sprichwort: „Die Europäer kommen herein wie ein Faden durch ein Nadelöhr und spreizen sich auf wie ein Feigenbaum."[526] Als Charles Jacques Poncet zu Beginn des 18. Jahrhunderts nach Äthiopien gelangte, kam er zu dem Schluß: „Der Horror, den die Äthiopier vor den Mohammedanern haben, ist fast gleich mit dem vor den Europäern."[527] Selbst der spätere Kaiser Haile Selassie bekam noch die Abneigung gegen Europa seitens des traditionellen Adels und Klerus zu spüren. Aufgrund seiner engen Beziehungen zu Ausländern wurde er oft beschuldigt, den Ausverkauf des Landes zu betreiben und Katholik geworden zu sein; dies in allen „Konnotationen von Betrug und Abtrünnigkeit"[528], die das Wort in orthodox-christlichen Vorstellungen heraufbeschwor. Heute sieht die orthodoxe Kirche sich allerdings mehr durch den Protestantismus bedroht, der sich zahlenmäßig wesentlich stärker als der Katholizismus ausgebreitet hat und seit der Missionierung im 19. Jahrhundert religiöse Praktiken und Bräuche der Orthodoxen heftig kritisiert.

Zahlreiche Lehrstreitigkeiten, die es immer wieder innerhalb der orthodoxen Kirche gab, hatten durch das Auftreten der Jesuiten neue Nahrung bekommen, insbesondere was die Natur Christi anging. Die Auseinandersetzungen wurden teilweise blutig ausgetragen und ihnen wurde erst in der 2. Hälfte des 19. Jahrhunderts ein Ende bereitet, als die unter Tewodros II. und Yohannes IV. wieder erstarkte Monarchie sich in zwei Konzilen zugunsten der Tewahedo-Richtung durchsetzen konnte. Tewahedo bedeutet Einheit/Einigkeit im Amharischen und bezieht sich auf die Einheit der Naturen in Christus im Gegensatz zur Zweinaturenlehre Christi.

Erst 1945 durften Jesuiten wieder ins Land, diesmal auf ausdrücklichen Wunsch Kaiser Haile Selassies, der verlangt hatte, daß sie aus Kanada sein müßten. Sie sollten die 1924 gegründete Tafari Mekonnen-Schule reorganisieren. Aus ihr entwickelte sich ab 1950 das *University College of Addis Abeba*, an dem ab 1954 zum ersten Mal in der Geschichte des Landes Studenten äthiopische Universitätsabschlüsse erhielten.

In der Konfrontation mit dem realen Äthiopien hatte seit dem 16. Jahrhundert der Prozeß der Entzauberung des Priesterkönigs begonnen. Waren es zuerst nur wenige Köpfe, die dafür aufnahmefähig waren, daß der äthiopische Monarch nicht mit dem legendären Priesterkönig zu identifizieren sei, wuchs allmählich – angesichts der Einblicke in die Macht oder besser Ohnmacht des äthiopischen Herrschers und in die Verhältnisse im Land – die Gewißheit, daß er weder allmächtig war noch unermeßlich reich. Frustrierte Jesuiten informierten ihre Vorgesetzten in Europa über die Schwäche äthiopischer Herrscher und ihre prekäre politische Lage. Mit der Kenntnis der Schwäche sank der Respekt und der einst so leidenschaftlich gesuchte Bündnispartner wurde zu einem Herrscher unter vielen. Es fehlte nicht an Überlegungen, sein Reich mit Gewalt zu erobern. Auch die Versuche, den äthiopischen Herrscher zur Unterwerfung unter den Heiligen Stuhl in Rom zu bringen, waren Ausdruck dieses Prozesses der Entzauberung.

Zwar gebrauchten auch die Jesuiten der zweiten Mission noch den Titel Priesterkönig, doch hatte er nicht mehr dieselbe Bedeutung. Schließlich setzte sich der Gebrauch der einheimischen Herrschernamen durch. Aber selbst der „seriöse" Hiob Ludolf setzte noch Ende des 17. Jahrhunderts auf dem Titelblatt seines Hauptwerkes „publikumswirksam"[529] auf den Priesterkönig, während er im Buch selbst erläutert, warum die legendäre Gestalt nichts mit Äthiopien zu tun habe. Die Jesuiten hatten den Vorhang gelüftet, hinter dem sich der Priesterkönig verbarg, der Mythos hielt der Wirklichkeit nicht länger stand und der lange gehegte Traum vom Priesterkönig verließ das äthiopische Hochland und wanderte nach Tibet, um im Zuge des sich entwickelnden Rationalismus und der Aufklärung schließlich ganz zu verschwinden.

Mit den Aufzeichnungen der Jesuiten über ihre Erfahrungen in Äthiopien gelangten, von wenigen früheren Ausnahmen abgesehen, zum ersten Mal Vorstellungen von Äthiopien nach Europa, die der Wirklichkeit des Landes nahekamen. Zu den ersten, die durch die Beschreibung der Begegnung von Europäern und Äthiopiern zu einem realistischeren Bild beitrugen, zählte Francisco Alvarez. Der erzwungene sechsjährige Aufenthalt in Äthiopien gab ihm

Gelegenheit, Land und Leute kennenzulernen, und zwar vor den Verwüstungen durch den folgenden Jihad. Seine Eindrücke hielt er in der 1540 in Lissabon erschienenen Schrift „Wahre Information über das Land vom Priesterkönig der Indien" fest. Der Titel zeigt, daß Äthiopien auch jetzt noch als ein Teil Indiens wahrgenommen wurde.

Alvarez beschrieb den landwirtschaftlichen Anbau, den königlichen Hof, die Regierungsstruktur, soziale und religiöse Bräuche und die architektonischen Hinterlassenschaften von Aksum und Lalibela. Er protokollierte die Treffen der portugiesischen Gesandten mit dem äthiopischen Kaiser Lebna Dengel. Er beschrieb ihn als eleganten Mann und „großen Herrn"[530], der in kostbare Gewänder gehüllt mit einer hohen Krone aus Gold und Silber auf einem reich verzierten, sechsstufigen Podest thronte. In einer Passage schildert Alvarez ausführlich die Taufzeremonie an Timkat und ein Gespräch, das er mit dem Kaiser führte, der ihn fragte, was er von der jährlichen Taufaktion hielt. Unter Berufung auf schriftliche Vorschriften und das Konzil unter Papst Leon und den 318 Bischöfen kritisierte Alvarez den äthiopischen Brauch, denn der Mensch solle nur einmal getauft werden und nicht am selben Tag wie Christus. Die äthiopische Geistlichkeit erläuterte den Grund für das wiederholte Taufen: Viele blieben nicht bei ihrem Glauben, sondern fielen wieder in Heiden- oder Judentum zurück, bereuten aber danach ihren Abfall. Wie sollte man ihre Seelen anders retten, als sie wieder zu taufen? Der Vertreter Roms wußte Rat. Alvarez gibt seine Antwort folgendermaßen wieder: Für die, die nicht richtig glauben, genügt lehren und predigen, und wenn das nichts bringt, so „verbrenne sie als Häretiker"[531]. So wie es in Frankenland und der Kirche von Rom Brauch sei.

Nachfolgende Jesuiten wie Pedro Paez, der erste (1613) „Entdecker" der Nilquelle, und der Gelehrte Manoel Almeida trugen durch ihre Aufzeichnungen ebenfalls wesentlich zum Wissen über Äthiopien bei. Da sie das Vertrauen des Kaisers gewonnen hatten, waren ihnen die königlichen Chroniken zugänglich, die bis dahin wichtigsten schriftlichen Quellen der äthiopischen Geschichte. Als Beichtväter gelangten die Jesuiten zudem zu innenpolitischen Kenntnissen, die anderen verborgen blieben. Auf Anordnung von Ignatius von Loyola hatten sie „detaillierte Monatsberichte in die Heimat"[532] anzufertigen. Sie gelten als die ersten wirklichen ausländischen Historiker des Landes, deren Werke auf eigener Erfahrung sowie mündlichen und schriftlichen Quellen basieren.

Jerónimo Lobo, der wie Manoel Barradas und weitere Jesuiten vom indischen Goa aus nach Äthiopien geschickt worden war, um den konvertierten Kaiser zu unterstützen, hinterließ mit seinem „Itinerario" sehr anschauliche Berichte über einzelne Völkerschaften und die Geographie des Landes sowie Beschreibungen seiner Reisen. Er berichtete auch über die für die Jesuiten immer prekärer werdende Situation angesichts wachsenden Widerstandes des Adels in Tigray und das Warten vieler „Bekehrter" auf die erstbeste Gelegenheit, wieder zum alten Glauben zurückzukehren. Er beklagte auch ihre Undurchschaubarkeit und Verstellungskünste: „So geschickt können diese Leute ihre Gefühle verbergen, daß wir bis heute nicht unsere wahren von den vorgetäuschten Gönnern unterscheiden können ..."[533]

Anläßlich der 400. Wiederkehr der Ankunft von Pedro Paez in Äthiopien veranstalteten die Botschaften von Spanien und Portugal 2003 zusammen mit der „Gesellschaft der Freunde des IES" eine Reihe von Veranstaltungen, in denen das Schaffen der Jesuiten, darunter ihr Einfluß auf architektonische Werke vor allem im Norden Äthiopiens gewürdigt werden sollte. Hierzu zählen der Bau des Palastes und der Kathedrale für Kaiser Susenyos in Gorgora im Nordwesten des Tana-Sees und in Dangaz südöstlich von Gondar. Die portugiesische Botschaft war erst ein Jahr zuvor wiedergeöffnet worden. 1963 waren die Beziehungen abgebrochen worden, weil Portugal sich geweigert hatte, Angola und Mosambik in die Unabhängigkeit zu entlassen. In einem Interview wurde der spanische Botschafter nach den theologischen Implikationen der portugiesischen Mission gefragt angesichts der Tatsache, daß Äthiopien damals schon christlich gewesen sei. Der Botschafter erwiderte, man müsse die Angelegenheit in der „Mentalität der Zeit"[534] verstehen. Man wisse, daß die Missionare zur damaligen Zeit nicht nach Äthiopien gekommen seien, um die Äthiopier zum Christentum zu bekehren. Es sei wie heute gewesen: Die Missionare kämen, um Hospitäler und Schulen zu bauen.

Die Portugiesen hatten also Gutes getan. Kann man daraus den Schluß ziehen, daß durch die äthiopisch-europäischen Beziehungen des 16. und 17. Jahrhunderts auch die Grundlagen für das spätere Schicksal Äthiopiens gelegt wurden? Diese Sichtweise besagt: Das intellektuelle und praktische Engagement der Jesuiten formte ein modernes Bild von Äthiopien, das viele Züge mit den europäischen Nationalstaaten gemein hatte und das die Praxis nachfolgender westlicher Mächte tief beeinflußte. Dies brachte die äthiopische Monarchie in eine privilegierte Position, die sie relativ unbeschadet und erfolgreich in der Welt des kolonialen Afrika des 19. und 20. Jahrhunderts ankommen ließ. Menileks Erfolg wäre demnach ebenso auf seinen eigenen Genius und seine tapfere Armee gegründet wie auf seine privilegierten Kontakte zu Europa, die ihm eine ausgezeichnete diplomatische Stellung und einen guten Ruf am Hofe von Queen Victoria verschafften und damit Zugang zu Waffen und modernen militärischen Taktiken, den „größten Errungenschaften" des modernen Europa. Ohne sie wäre er wahrscheinlich wie Susenyos ein „ewiger Kandidat des modernen Prinzen"[535] geblieben, schlußfolgert ein portugiesischer Historiker. Sollte man nicht besser umgekehrt schließen, daß das „katholische Intermezzo" Beziehungen und Entwicklungen verhindert hat, die bei weniger Einmischung und kolonialer Bevormundung fruchtbarer gewesen wären?

Trotz aller Ernüchterung erlosch die Vorstellung von Äthiopien als einem Verbündeten gegen den Islam auch in der Folgezeit nicht gänzlich. Als das Osmanische Reich mit seinen Truppen 1683 vor Wien stand, schickte Kaiser Leopold I. Sendschreiben nach Äthiopien, die der deutsche Gelehrte Hiob Ludolf in Amharisch verfaßt hatte, um ein Bündnis gegen die Türken zu schmieden. Ähnliche Absichten zur Bildung einer Allianz christlicher Königreiche gegen den türkischen Aggressor verfolgte auch Herzog Ernst I. von Sachsen-Gotha. 1881 überbrachte der Afrikaforscher Gerhard Rohlfs[536] Wilhelm I. einen Brief des äthiopischen Kaisers Yohannes IV., der angesichts einer drohenden ägyptischen Invasion um Hilfe bat und seine Landsleute zu einem „Kreuzzug"[537] gegen die einfallenden Muslime aufrief. Die Kolonialpolitik und der Erste Weltkrieg veränderten schließlich die bündnispolitischen Präferenzen.

Der Muslimfreund Lij Iyasu und seine Feinde in Äthiopien und Europa

Im Mai 1909 bestimmte der todkranke Menilek II. seinen 12jährigen Enkel Iyasu, Sohn des Ras Mikael von Wollo und seiner Tochter Shawaragga, die er mit einer Oromo-Frau gezeugt hatte, zu seinem Thronerben. Es war nicht üblich, daß ein Kronprinz zu Lebzeiten eines Herrschers bestimmt wurde. Es geschah vor dem Hintergrund der jüngsten Erfahrungen des Bürgerkriegs nach dem Tod der Kaiser Tewodros II. und Yohannes IV. und der Befürchtung, Frankreich, England und Italien könnten Äthiopien besetzen und unter sich aufteilen. Bei Hofe intrigierten verschiedene Fraktionen, die ihren Favoriten respektive sich selbst an die Macht bringen wollten wie Menileks Frau Taytu, der es gelang, Menileks Entscheidung bis Oktober nicht öffentlich bekanntzugeben. Wenn man die Geschichte um die Thronnachfolge liest, glaubt man sich in einem opulenten Theaterstück, in dem nicht zuletzt so manche/r eines angeblichen oder wirklich unnatürlichen Todes stirbt.

Dem noch minderjährigen Thronanwärter wurde ein Vertrauter Menileks, Ras Tesemma Nadew, als Regent zur Seite gestellt, der jedoch 1911 verstarb; er wurde vergiftet. Iyasu übte seine Regentschaft de facto seit 1911, vor Menileks Tod aus – zumindest vor dem offiziellen Todesdatum im Dezember 1913.

> „Tag und Ort von Menileks Ende sind ein Palastgeheimnis, aber allgemein wird ange-nommen, dass sein Tod etwa zwei Jahre vor der offiziellen Bekanntgabe stattgefunden habe."[538]

So schrieb der Brite Evelyn Waugh in seinen Erinnerungen an seinen Besuch in Äthiopien 1930 und urteilte: „Die Thronfolge wurde theoretisch durch Proklamation geregelt, in der Praxis durch Blutvergießen."[539]

Iyasu folgte in seiner Regierungspolitik nicht dem „hohen spirituellen Beispiel Salomons" und Menileks, sondern begann „seine Arbeit auf einer Brücke, die nicht stark war"[540], heißt es in der Chronik. Halbstarker, Raufbold, Enfant terrible und Playboy könnte man ihn nennen oder einfach einen überforderten Jugendlichen oder einen jungen Mann, der die Vision eines anderen Äthiopien träumte.

Seine Innenpolitik war durch Widersprüche und Inkonsistenz gekennzeichnet. Mal stellte er sich auf die Seite von Benachteiligten und Schwachen, mal ging er brutal gegen sie vor. Auf der einen Seite setzte er justizielle und administrative Reformen durch, auf der anderen Seite ging er willkürlich gegen diejenigen vor, die er nicht leiden konnte. So führte er ein Rechnungsprüfungssystem ein, um Unterschlagungen und Veruntreuungen auf die Spur zu kommen, nutzte dieses aber auch, um Leute auszuschalten, die ihm im Wege standen. Unter seiner Regierung wurde 1913 ein Dekret erlassen und umgesetzt, wonach diejenigen, die „Bahr Zaf"[541], Eukalyptusbäume, angepflanzt hatten, zwei Drittel der Bäume wieder ausreißen mußten, um sie durch umweltverträglichere und nützlichere wie Maulbeer- und Obstbäume zu ersetzen.

Iyasu stellte in mancher Hinsicht eine Herausforderung der traditionellen Eliten dar. Er verstieß gegen alle politischen und diplomatischen Gepflogenheiten bei Hofe, lehnte die „alten und fetten"[542] Gefolgsleute seines Großvaters ab, stellte sich sein eigenes Gefolge zusammen und ließ die führenden Köpfe der kaiserlichen Palastwache gefangennehmen. Nicht nur dies stellte eine Herausforderung für die politische Hegemonie des Adels von Shoa dar, sondern auch die Mißachtung, die Iyasu ihnen ansonsten entgegenbrachte, indem er Adlige bei der Besetzung von Posten überging oder sie hiervon suspendierte und andere einsetzte. Auch Tafari Mekonnen war hiervon betroffen, dem er den Posten als Gouverneur von Harar im August 1916 nahm und den er nach Kaffa beorderte. Bereits zuvor hatte er ihm die lukrative Einkommensbasis entzogen, indem er einem muslimischen Syrer den Posten des *naggadras*, des Direktors von Zoll und Märkten, übergeben hatte.[543]

Abb. 53 Lij Iyasu (r. 1913-16)

Promiskuität gehörte zwar zum Lebensstil der Adligen, doch brachte Iyasu sie gegen sich auf, weil er sie zwang, ihm ihre Frauen und Töchter für seine sexuelle Befriedigung zu überlassen. Ein britischer Ratgeber soll ihn davon überzeugt haben, auf diese Weise herauszufinden, welche Einstellung ihre Ehegatten ihm gegenüber vertraten. Andere sehen diese „Politik" als Ausdruck seines Strebens, aus Staatsraison „Blutsverwandtschaft"[544] mit allen führenden Familien des Landes einzugehen, wozu auch muslimische Familien zählten. Er heiratete die Tochter des erfolgreichen Geschäftsmanns Abdullahi Ali-Sadiq aus Harar. Iyasu hielt sich häufig in Harar auf, hatte viele muslimische Freunde, liebte muslimisches Essen, kleidete sich gelegentlich als Muslim und besuchte die Schreine muslimischer Heiliger. Auch zu den Oromo, die in der Umgebung von Harar lebten, pflegte er freundliche Beziehungen. Als Ratgeber, so der Vorwurf, nahm er sich junge Leute, Frauen und Muslime. Am Meskal-Fest 1915 trug er einen Umhang aus rotem Samt, weswegen die Leute murrten: „Das ist keine angemessene Kleidung für jemanden von königlichem Rang; es sieht aus wie die Tracht der Muslime."[545]

Für die orthodoxe Kirche stellte er eine besondere Herausforderung dar, die all jene Aktionen, die ihn in Mißkredit bringen konnten, ausschlachtete, während sie anderes herunterspielte. Daß er in christliche Familien einheiratete, zählte nicht, seine Heirat mit Töchtern muslimischer Führer wurde hochgespielt. Kirchenbauten und Stiftungen für Klöster wurden ignoriert, der Bau von Moscheen aber hervorgehoben. Den Hintergrund für seine Ablehnung durch das christlich-orthodoxe Äthiopien bildete nicht zuletzt die Tatsache, daß sein Vater, bevor er 1878 der christliche Ras Mikael wurde, der muslimische Herrscher Muhammad Ali gewesen war. Man verdächtigte ihn, er habe das Christentum nur formal angenommen und könnte die Absicht haben, mittels seines Sohnes Äthiopien zu dominieren. Protestantische Missionare, deren Tätigkeit Iyasu ablehnend gegenüberstand, sahen in seinem Vater eine mögliche Säule einer islamischen Expansion am Horn von Afrika, einen potentiellen Verbündeten des ägyptischen Khediven Muhammed Ali oder der wahabitischen Fundamentalisten auf der Arabischen Halbinsel. Von Iyasu selbst gab es das Gerücht, er habe den Befehl erteilt, seine genealogische Abstammung vom Propheten Mohammed abzuleiten.

Solche Befürchtungen erhielten neue Nahrung, als Iyasu seinen Vater 1914 zum König von Wollo und Tigray krönen ließ und so einen ehemaligen Provinzherrscher zur „mächtigsten Figur"[546] machte. Er setzte sich dabei über das Gewohnheitsrecht hinweg, daß Tigray stets aus dem dortigen Herrschergeschlecht regiert werden sollte. Die Chronik berichtet, daß Iyasu 1913/14 seine eigene Krönung zum Kaiser mit der Begründung abgelehnt habe, er wollte erst seinen Vater zum König krönen, so daß er als Kaiser nicht nur mütterlicherseits durch seinen Großvater Menilek, sondern auch väterlicherseits von einem König abstammte. Die Tatsache, daß er selbst zeit seines Lebens als Kaiser ungekrönt blieb, wurde im Nachhinein von denen, die ihm wohlgesonnen waren, so interpretiert: er habe erst dann gekrönt werden wollen, wenn Christen, Muslime und andere in einer „starken Nation"[547] miteinander vereint wären.

Seine enge Beziehung zu Muslimen war nicht nur eine persönliche Vorliebe mit innenpolitischen Folgen, sondern sie war Teil seines politischen Programms, das Somalia und Dschibuti von seinen Kolonialherren befreien sollte. Es hatte damit eine außenpolitische Dimension, die eine Herausforderung für die Weltmächte Großbritannien, Frankreich und Italien darstellte, die die Unabhängigkeit Äthiopiens stets als mögliche Gefahr für Subversion in ihren angrenzenden Kolonien gesehen hatten. Iyasu traf sich mehrfach mit Führern von Somalia und Dschibuti und überquerte die Grenzen der Kolonien. Er machte Abdullahi Ali-Sadiq, der bereits seinem Großvater Menilek diplomatische Dienste erwiesen hatte, zum Gouverneur des

Ogaden und zum Gesandten für seine Beziehungen zum Somali-Führer Sayid Mohammed Abdullahi Hassan. Dieser kämpfte bereits seit vielen Jahren gegen die britische und italienische koloniale Herrschaft. Iyasu unterstützte ihn mit Waffen und Munition. Auch von einer Politik der kleinen Nadelstiche seitens Iyasus gegenüber seinen „drei Feinden"[548] wird berichtet: Einmal lud er Deutsche, Türken und Russen zum Besuch eines Pferderennens auf dem Jan-Meda-Feld in Addis Abeba ein, nicht aber Briten, Franzosen und Italiener. Diese wollten auch uneingeladen erscheinen. Die Italiener trafen als erste Ungeladene ein und wurden von Iyasus Wächtern weggeschickt. Auf dem Rückweg begegneten sie den sich nähernden Briten und Franzosen, erzählten den Vorfall, woraufhin sich alle drei Gruppen gemeinsam entfernten.

In den Augen der Kolonialmächte nahm Iyasu die „Gestalt eines Dämonen"[549] an, der koloniale Untertanen zu Aufständen anstiftete und der nach Wegen suchte, durch eine Annäherung an die Mittelmächte Österreich-Ungarn, Deutschland und Türkei den Machtinteressen der Entente schweren Schaden zuzufügen. Deutschland und die Türkei versuchten ihrerseits, Iyasu auf ihre Seite zu ziehen. Unter dem Motto: „Hauptsache ist, daß England Dresche kriegt" war 1914/15 eine geheime Mission auf den Weg nach Äthiopien geschickt worden, die die unterbrochenen Kontakte wiederherstellen, eine Aufstandsbewegung gegen die Engländer im Sudan unterstützen und Iyasu überzeugen sollte, in den Krieg gegen die Ententemächte einzutreten. Die Mission kam aber nicht über Eritrea hinaus. Der Anthropologe Leo Frobenius kam sich wohl zu wichtig vor, er posaunte seine Mission hinaus. Die italienische Besatzungsmacht schickte ihn und seinen Begleiter Friedrich Salomon Hall nach Europa zurück. In einem zweiten Versuch probierte es Hall als Araber verkleidet und verriet sich auf andere Weise. Bei einem Verhör in Eritrea fiel ihm ein Brot, das er unter seinem Arm hielt, herunter und Hall entfuhr ein unarabisches „Hoppla".[550] Die Zeit bis zum Kriegsende verbrachte er in einem italienischen Gefängnis.

Äthiopien sollte ein Bündnispartner für die Verteidigung der deutsch-ostafrikanischen Besitzungen werden, deren Nachschubwege durch die Entente abgeschnitten waren. Es gab auch Überlegungen, sich mit Hilfe Äthiopiens des Suezkanals zu bemächtigen. In einer geheimen Notiz des Staatssekretärs im Reichskolonialamt vom 19. Dezember 1915 heißt es:

> „Gelingt die Insurgierung der an der Nord-West- und Südgrenze Abessiniens ansässigen mohammedanischen Stämme, so werden ... die Engländer gezwungen, erhebliche Truppenmassen aufzuwenden, wodurch sowohl eine Schwächung der ägyptischen Truppen als auch eine Entlastung Deutsch-Ostafrikas erreicht werden."[551]

1916 wurde der Geschäftsträger der deutschen Gesandtschaft Lorenz Jensen beauftragt, der äthiopischen Seite die Gefahren deutlich zu machen, die ihr von der „ruchlos" agierenden Entente drohten und dagegen die gemeinsamen Interessen Deutschlands und Äthiopiens und die militärische Stärke der Mittelmächte hervorzuheben. Als Bündnispartner der Mittelmächte sollte Äthiopien versprochen werden, „... bei einem siegreichen Frieden dafür einzutreten, daß

Abessinien alle Eroberungen, die es auf Kosten Italiens, Englands und Frankreich machen sollte, endgültig behält."[552]

1916 begann die Entente, Lij Iyasu zu demontieren. Gerüchte wurden gestreut, die geeignet waren, ihn bei den Mächtigen in Kirche und Staat und in der christlichen Bevölkerung als tödliche Gefahr erscheinen zu lassen.[553] In einem Brief des britischen Gesandten an das Foreign Office in London wurde als Lösung vorgeschlagen, in einem geeigneten Moment, Iyasu als Muslim zu denunzieren, eine Garantie der Integrität Athiopiens von seiten der Entente auszusprechen und die Bedingung zu stellen, einen neuen Kaiser zu krönen. Eine Note der Alliierten im September 1916 an die äthiopische Regierung, mit der sie sich über die feindseligen Aktionen seitens Iyasus beschwerten, brachte Bewegung in die innenpolitische Opposition.

> „To the Ministers of the Ethiopian Imperial Government. We have not seen that Lijj Iyasu, the Crown Prince of the Ethiopian Empire, has done any good deeds and promoted [...] peace, and no doubt you have specifically heard that he penetrates all the way to the coast without notifying the officials whom we have made guards of our colonies. Because his doing this destroys the peace along all the sea-coast, see to it that [...] this evil deed is not repeated in the future. But if you are unable to prevent this, inform us quickly."[554]

Gefälschte Bilder und Dokumente schienen den Abfall Iyasus vom orthodoxen Glauben zu belegen, darunter ein Photo mit der Aufschrift „Der Antichrist", das Iyasu als Moslem gekleidet in der Gesellschaft von muslimischen Notabeln zeigte und an alle Konsulate verteilt und den Gegnern Iyasus bei Hofe zugespielt wurde. Der italienische Konsul soll es aufgenommen und ein armenischer Photograph soll es entsprechend manipuliert haben (vgl. 9. Kapitel). Ein Teil der „Pamphlete"[555] war in Karthoum, das unter britischer Herrschaft stand, gedruckt worden, der britische Geheimdienst soll involviert und Oberst Lawrence von Arabien 1915 in geheimer Mission in Harar oder Addis Abeba gewesen sein. Der französische Gesandte wußte zu berichten, daß Iyasu dem türkischen Konsul eine äthiopische Flagge mit dem Halbmond übergeben habe, der italienische Gesandte hatte einen islamischen Siegelring am Finger des Kaisers gesehen.

Nicht nur seine Gegner, sondern auch solche, die er gefördert hatte und die ihm nahestanden, stellten sich jetzt gegen ihn. Am 27. September 1916 versammelten sich die Adligen aus Shoa und die hohen kirchlichen Würdenträger im Palast in Addis Abeba, um über Iyasu zu richten. Angeklagt wurde er wegen Mißachtung des verstorbenen Menilek, weil er die mächtigen Nachbarn gegen sich aufgebracht hatte, wegen zu vieler Ehefrauen und Konkubinen, ohne dabei zwischen Musliminnen und Christinnen unterschieden zu haben. Die Anklage listet 10 Ehefrauen auf. Hauptanklagepunkt war jedoch religiöse Apostasie, der Abfall vom orthodoxen Glauben.

Man warf Iyasu vor, in Harerghe in moslemischer Kleidung und unter Verwendung eines moslemischen Rosenkranzes zusammen mit Muslimen gebetet zu haben, ein Kamel geschlachtet und Christen gezwungen zu haben, mit den Muslimen zusammen zu essen. „Lijj Iyasu versuchte nun, zum Islam zu konvertieren."[556] Interessant ist, daß an anderer Stelle der Chronik dieses Bankett in Harerghe anders dargestellt wird: Für die Muslime ließ er ein Kamel schlachten, für die Christen einen Ochsen. Alle aßen zusammen in einer Halle. Die Muslime priesen ihn dafür, die Christen aber beschuldigten ihn deswegen. An dieser Stelle wird Iyasu zitiert:

> „My strongest desire is that all natives of Ethiopia should be of one heart [...] and watch the countries frontiers. Even if we differ with respect to religion, still you must not forget that we absolutely have to unite in love of our country."[557]

Einer der Anklagepunkte war bezeichnend für das traditionelle Verhältnis der politischen und religiösen Eliten gegenüber Muslimen: Iyasu behaupte, Fleisch von Rindern zu essen, die von Muslimen getötet waren, um Grenzen zu überschreiten und Herzen zu gewinnen. Solche Diplomatie sei nicht nötig, denn diese Somali und Muslime seien bereits „unter Kontrolle gebracht"[558].

Zur Durchführung der Absetzung brauchten die Verschwörer ihre Entbindung vom Loyalitäteid gegenüber Iyasu durch den Patriarchen Abuna Mattewos, der sich aber zunächst weigerte, weil er keinen überzeugenden Beweis für die Konversion zum Islam, dem Hauptanklagepunkt, sah. Erbost über die manipulative Vorgehensweise der Verschwörer, soll er gerufen haben, wenn die Sache so sei, dann erkläre er eine allgemeine Exkommunikation.

> „I shall simultaneously excommunicate ... the Catholics, the Protestants, and the Muslims and declare that I damn all those who might have betrayed their faith."[559]

Vom Echege Wolde Giorgis, dem Oberhaupt der Klöster, der wahrscheinlich in den Coup eingeweiht war, unter Druck gesetzt, gab der Patriarch schließlich klein bei und entband die Verschwörer von ihrem Treueeid gegenüber Lij Iyasu. Am 27. September 1916, dem Meskal-Feiertag, wurde Iyasu für abgesetzt erklärt und an seiner Stelle Zewditu, Menileks Tochter aus einer Verbindung vor der Ehe mit Taytu, zur Kaiserin bestimmt und der im Hintergrund agierende Tafari Mekonnen zum Regenten und Thronerben ernannt.

Wie stark der Arm der Alliierten in dem Konflikt um die Absetzung Iyasus wirklich war und ob Einschätzungen zutreffen, daß sie die Putschisten zur Absetzung Iyasus direkt angestiftet hatten und der Kriegsminister Habte-Giorgis bei dem Komplott ihr „Werkzeug"[560] war, können nur weitere Forschungen zeigen. Gleiches gilt für die Beantwortung der Frage, wie konkret die Verbindungen Iyasus zu Deutschland und insbesondere zur Türkei waren. Nutznießer war jedenfalls der spätere Haile Selassie, der der Liebling des Westens wurde. Ob er schon 1916 von den Alliierten als Thronerbe ausersehen war, weil sie erwarteten, daß er ihren Zielen entgegenkommen würde, sei dahingestellt. Vermutungen gehen in diese Richtung nicht nur wegen seiner westlichen Orientierung, sondern auch in der Annahme, daß er ihre Hilfe benötigte, um den Thron zu erringen. Inwiefern Haile Selassie aktiven Anteil an der Absetzung Iyasus hatte, ist aufgrund des Fehlens eindeutiger Belege nicht auszumachen. Verschiedene indirekte Hinweise legen die Annahme nahe, er habe zumindest im Hintergrund die Fäden gezogen. Andere sagen ihm sogar nach, er habe die Anklageschrift verfaßt.[561]

Der offiziell bestellte Chronist, der die Zeit der Herrschaft Iyasus und die politischen Ereignisse bis 1930 aufzeichnete, zeigt deutlich das Bemühen, die guten Seiten Iyasus zu benennen und gleichzeitig den neuen Machthaber nicht zu brüskieren. Die Chronik beschreibt Haile Selassie als jemanden, der erst am Ende von der Konspiration gegen Iyasu erfährt und sie ablehnt. Auf heftigstes Drängen von Mönchen der verschiedensten Klöster, die ihm klarmachen, daß er als Kronprinz von Gott erwählt ist, gibt er schließlich nach, damit der Wille Gottes geschehen kann.[562]

Iyasu, der sich in Harar befand, als seine Gegner sich anschickten, ihn auszuschalten, wurde auf dem Rückweg nach Addis Abeba zusammen mit seinen Gefolgsleuten von einer 15.000 Mann starken Truppe besiegt und floh in die Afar-Ebene. In den folgenden militärischen Auseinandersetzungen war zunächst sein Vater Mikael erfolgreich, aber in einer entscheidenden Schlacht bei Sagale (ca. 100 km nordöstlich von Addis Abeba) am 27. Oktober, der blutigsten seit Adwa[563], siegten die Truppen Shoas.

Iyasu war fast fünf Jahre auf der Flucht, meist als Gast beim Sultan von Awsa in der Afar-Region. 1921 wurde er in Tigray gefangengenommen und nahe Fiche ins Gefängnis gebracht. 1932 konnte er mit Hilfe seines Schwiegervaters Ras Haylu Täklä Haymanot von Gojjam fliehen, wurde aber gefaßt und nach Gara Mulläta, Tafari Mekonnens eigener Bergfestung (ca. 60 km südlich von Dire Dawa) gebracht. Über seine Todesumstände 1936, Zeitpunkt, Ort, Ursache und Täter gibt es viele verschiedene Versionen. Eine Reihe Gründe sprechen dafür, daß er nach Addis Abeba gebracht und dort ermordet wurde – kurz vor oder nach der entscheidenden Niederlage der äthiopischen Armee durch die italienischen Invasionstruppen in der Schlacht von Maychew.

Der spätere Kaiser Haile Selassie wird in vielfacher Weise mit seinem gewaltsamen Tod in Verbindung gebracht. Eine Version besagt, er habe befürchtet, ein lebender Iyasu, der für seine antiitalienische Haltung bekannt war, hätte für den Fall eines italienischen Sieges und des Exils Haile Selassies die Äthiopier hinter sich bringen können. Eine andere: Er habe ihn verschonen wollen, aber seine Ratgeber hätten ihn gewarnt, die Italiener könnten Iyasu wieder inthronisieren und für ihre Zwecke nutzen.

Iyasus Tod wurde offiziell – ohne Angabe von näheren Umständen – verkündet. Von den Priestern, die das Requiem für ihn halten sollten, wird berichtet, daß sie sich zunächst weigerten, weil Iyasu ja zum Islam übergetreten sei. Haile Selassie soll geantwortet haben: Sie sollten gehorchen und sich nicht in etwas einmischen, was sie nichts angehe. Und im übrigen sei Iyasu ein Christ gewesen.[564]

Während der italienischen Besatzung, nachdem Haile Selassie ins Exil gegangen war, entstanden Pläne unter Widerstandskämpfern, einen Sohn Iyasus zum Kaiser zu krönen. Einer von ihnen war Yohannis Iyasu, einer der Führer im Widerstand in der Region Begemder/Gondar. Tatsächlich wurde sein Sohn Melake-Tsehay Iyasu 1937 in Bulga, in Nordshoa, zum Kaiser gekrönt.

> „Als Kaiser Haile Selassie aus seinem Land davon lief, dachte keiner der Patrioten, dass er je die Unverschämtheit hätte, zurückzukehren ... Äthiopien konnte traditionell nicht ohne Kaiser ... bleiben, und die Vorstellung eines Kaisers im Exil, war unfassbar. Aus diesem Grund hatten die Patrioten Menileks (Ur-)Enkel, Melake Tsehay Eyasu, als Führer gewählt ..."[565] schreibt Gaitachew Bekele in seinen Lebenserinnerungen.

> „Die Proklamation fand auf einem großen Marktplatz namens Embur Gebeya statt, dicht bei der italienischen Festung von Gina Ager, begleitet von dem traditionellen Trommelwirbel. Diese Neuigkeit breitete sich wie ein wildes Feuer aus und ließ die Widerstandskämpfer aus allen Ecken des Landes nach Bulga strömen. Eine Verwaltung wurde organisiert und eingerichtet, allen dort versammelten Führern wurden traditionelle Titel verliehen und sie wurden als Gouverneure in den Gebieten eingesetzt, aus denen sie kamen. Der Patriotenführer Ras Abebe Aregai von Shewa kam zu dem Treffen mit 30 Gefolgsleuten, was mehr war, als irgendein anderer hatte. Sein Titel war Balamberas, der unterste Titel in der Hierarchie. Ihm wurde der höchste Rang, Ras, verliehen, und er wurde zum Kriegsminister und Regenten des jungen Kaisers ernannt."[566]

Dieser rief die Völker Äthiopiens zum Widerstand auf und „regierte" ein gutes Jahr (oder kürzer) bis zu seinem plötzlichen Tod, der wie so oft den Verdacht aufkommen ließ, er sei gewaltsam durch Gift herbeigeführt worden. Seine Truppen wurden von Italienern und sie unterstützenden Muslimen besiegt.[567]

Dank seines Nachfolgers Haile Selassie hat die Geschichtsschreibung lange Zeit nur negativ über Iyasu geurteilt oder ihn totgeschwiegen. Erst neuere Forschungen zeigen, daß es keine Anhaltspunkte dafür gibt, Iyasu habe das orthodoxe Christentum zugunsten des Islam abschaffen wollen, und sie öffnen den Blick für eine differenziertere und positive Bewertung gerade jener Haltungen, die ihn ehemals zu Fall brachten. Hervorgehoben werden seine Einbeziehung junger Intellektueller in Verantwortlichkeiten, die bislang den Veteranen vorbehalten waren, vor allem aber seine antikolonialistische Haltung und Unterstützung der Unabhängigkeit Somalias sowie seine Bemühungen, vergangene Benachteiligungen eines gewichtigen Teils der

Bevölkerung zu beseitigen und die nationale Integration insbesondere durch Einbeziehung und Partizipation der Muslime vorwärtszubringen. Diese Politik stand ganz im Gegensatz zu der seines Nachfolgers und zu seinen Vorgängern Menilek II., Yohannes IV. und Tewodros II. Die beiden letzteren waren Fanatiker des orthodoxen Glaubens.

> „It is not difficult to assume that the country lost with him (Lij Iyasu) a historical opportunity of building a multi-ethnic Ethiopia on a more balanced foundation ... (Haile Selassie) continued the ‚nation-building' process on a more naked and narrow ethnocratic basis, which further deepened national inequality among the varied ethnic groupings of Ethiopia." [568]

In der Volkstradition hat Iyasu eine „fairere" Beurteilung erfahren als in der offiziellen und vielfach adaptierten Geschichtswissenschaft. Das gilt besonders für seine muslimischen Verteidiger, aber auch für diejenigen auf christlicher Seite, die die gegen ihn erhobenen Anklagen nicht teilten. Iyasus stattliches Äußere, seine rednerische Begabung, seine sportlichen Leistungen und Erzählungen von spontanen Wohltaten gegenüber einfachen Bauern machten ihn bei der Bevölkerung beliebt. Maßnahmen wie die Abschaffung des traditionellen Systems der *quragna*, bei dem der Ankläger an den Angeklagten gekettet wurde, bis ihr Fall vor Gericht entschieden war, brachten ihm Popularität ein. Gleiches gilt für die Abschaffung der *lebashay*-Sitte, bei der, um Diebe zu fangen, junge Männer unter Drogen gesetzt wurden. Seine zügellosen Akte schrieb und schreibt man seiner Jugend zu, die wie diese vergehen würden.

Als Ras Tafari Mekonnen 1916 Regent wurde, soll ein verbreitetes Lied gelautet haben:
> „Während der Zeit des Eyasu gab es so reichlich Brot, daß man es als Kopfkissen benutzen konnte, aber unter Teferi gibt es nicht einmal einen Krümel." [569]

> „Die Leute sprechen nicht gern von Lij Iyasu, denn das ganze Land wird von Spitzeln überwacht, aber mehr als nur ein Europäer, dem seine Diener vertrauen, erzählte mir, daß der Name im einfachen Volk noch immer sehr angesehen sei." [570]

So berichtete 1930 der Brite Evelyn Waugh, als Haile Selassie zum Kaiser gekrönt wurde. Spätere Augenzeugenberichte scheinen dies zu bestätigen und bei dem Versuch, der Persönlichkeit Iyasus gerechter zu werden, gibt es auch Anzeichen, daß es in eine verherrlichende Richtung gehen könnte: Iyasu, der die Frauen mit mehr Respekt behandelte, als die übrigen Würdenträger; Iyasu, der das Volk liebte und vom einfachen Volk geliebt wurde, der besonders Kinder aus armen Familien liebte und nicht verlangte, daß man ihn wie einen König behandelte, der aber eine „sehr majestätische und königliche" [571] Ausstrahlung hatte, so daß ihm großer Respekt quasi natürlich zufloß.

Hierzu gehören auch Überlegungen, er könne sein Verhalten gegenüber den „Schwarzen" bereut haben. Gemeint ist damit, daß Iyasu keineswegs alle Völker Äthiopiens gleich achtete,

194

was sich in seinem Vorgehen gegen Omotisch sprechende Völker im Südwesten des Landes, traditionell eine Region, aus der die dunkelhäutigen Menschen als Sklaven geraubt wurden, gezeigt hatte. Er ließ sie wie Tiere jagen und zu Zehntausenden nach Norden bringen. Die Chronik berichtet, daß „den schwarzen Menschen, die er in Girma gefangen hatte"[572] und die nach Addis Abeba gelangten, ein großes Areal zur Verfügung gestellt wurde und daß Iyasu den Jugendlichen unter ihnen die Möglichkeit gab, Trompetenbläser und Schlagzeuger zu werden und alte Männer als Holzfäller und Gärtner anstellte, damit sie ihren Lebensunterhalt verdienen konnten.

Der Donor Darling Meles Zenawi und die „Achse des Bösen"

Mit Ras Tafari Mekonnen als Regent ab 1916 und ab 1930 als Kaiser Haile Selassie setzte sich in Äthiopien die Adelsfraktion durch, die eine außenpolitische Öffnung des Landes befürwortete. In politischer, wirtschaftlicher und militärischer Zusammenarbeit vor allem mit westlichen Industriestaaten sollten das Land modernisiert und die kaiserliche Zentralgewalt gestärkt werden. Während die Zeit bis zur Invasion durch Italien unter dem Zeichen der Konkurrenz zwischen Großbritannien, Frankreich und Italien um Kontrolle über Äthiopien stand, dominierte nach der Befreiung von den italienischen Besatzern Großbritannien das Land. Seit den 1950ern waren dann die USA von maßgeblichem Einfluß in fast allen Bereichen der äthiopischen Gesellschaft.[573] Für die USA standen hierbei ihre militärstrategischen Interessen im Mittleren Osten im Vordergrund. Zahlreiche Militärabkommen und Waffenlieferungen dienten dem Aufbau einer „stabilen" Regierung in Äthiopien. Eine ähnliche Politik verfolgte zu Haile Selassies Zeit auch der machtpolitische Rivale, die Sowjetunion. Die USA-Administration sah ihrerseits – trotz radikalem Nationalisierungsprogramm und antiamerikanischer Strömungen innerhalb des Derg – zunächst keine Veranlassung, diesem Militärhilfe zu verweigern. Erst 1977 erfolgte der endgültige Bruch, vollzog sich die verstärkte Zusammenarbeit Äthiopiens mit der Sowjetunion, Kuba und der DDR und damit der „antiimperialistische Allianzwechsel"[574] Äthiopiens im Ost-West-Konflikt.

Seit dem Ende des Kalten Krieges und der Niederlage des am sowjetischen Modell orientierten und von Moskau unterstützten Mengistu-Regimes rückte Äthiopien wieder in das Blickfeld westlicher Bündnispolitik. Das Land wurde für internationale Geber wie die Weltbank und die EU zum bedeutendsten afrikanischen Empfängerland. Es profitiert von Schuldenerlaß und Auslandshilfe, etwa 40 % seines Staatshaushalts wurden bis 2005 direkt von Gebermitteln gedeckt. Diese Stellung Äthiopiens erklärt sich nicht in erster Linie aus dem hohen Entwicklungsbedarf des Landes, sondern aus der Tatsache, daß Äthiopien seine historisch gewachsene Rolle wieder einnehmen konnte.

Wegen seiner geostrategischen Lage gilt das bevölkerungsreichste Land am Horn von Afrika den USA, aber auch der EU, als wichtigster afrikanischer Partner im Kampf gegen den internationalen Terrorismus und als Bollwerk gegen die Ausbreitung des politischen Islam am Horn von Afrika. Selbstverständlich geht es auch um die Absicherung wirtschaftlicher Interessen, um die Sicherung der Handels- und Wasserwege nach Asien, was einer von Export und von Rohstoffeinfuhren abhängigen Nation wie etwa Deutschland ein wichtiges Anliegen ist. Ein Bösewicht, wer denkt, daß es bei der Ausweitung und Zentralisierung der militärischen Potentiale und der Militärhilfe der USA auch um die Sicherung der Öllieferungen und den zunehmenden Wettbewerb mit China auf dem afrikanischen Kontinent gehe.[575]

- **„Christliche Bastion" regionaler Stabilität versus „islamischer Fundamentalismus und Terrorismus"**

Wenn es auch heute nicht mehr um die Bekämpfung des Islam schlechthin geht, sondern um seine terroristische Variante, so gerät doch bei der häufig betriebenen Schwarz-Weiß-Malerei von Gut und Böse, von einem „vereinigten, internationalen Feind"[576] der Islam unter Generalverdacht, solange er nicht das Gegenteil beweist. Auch hat sich in so manchen Köpfen noch bis ins 21. Jahrhundert hinein die mittelalterliche Wahrnehmung von einer „christlichen Insel" erhalten, in der die Muslime eigentlich nichts zu suchen haben. So tauchen zum Beispiel in einer Broschüre zur 100-Jahrfeier des Deutsch-Äthiopischen Freundschafts- und Handelsvertrages Muslime nur im Zusammenhang mit der Gefahr auf, die die „deutlichen Tendenzen zum Islam"[577] von Lij Iyasu für das christliche Äthiopien heraufbeschworen. Ansonsten scheinen sie einfach nicht existent zu sein.

> „Besonders in Kreisen evangelikal-fundamentalistischer Horn-von-Afrika-Beobachter fließen islamistischer Terrorismus, ‚Heiliger Krieg' am Rand und islamische Tendenzen im Innern zu einer grundsätzlichen Bedrohung des ‚christlichen Äthiopien' zusammen."[578]

In einer Stellungnahme des Hermannsburger Missionars Johannes Launhardt wird Äthiopien als ein Hauptbetätigungsfeld der islamischen Weltreligion dargestellt. Die Aufnahme diplomatischer Beziehungen zwischen Äthiopien und Israel im November 1989 sei für die arabische Welt ein „Fanal zum Angriff" gewesen. Seitdem flössen Milliardenbeträge für die Islamisierung dieser „alten christlichen Bastion", und Tausende von muslimischen Missionaren seien nach Äthiopien entsandt worden.

> „Christen würden im Falle eines Übertritts zum Islam bis zu umgerechnet DM 6000 pro Person angeboten. In großem Umfang würden Bibeln aufgekauft, um sie entweder zu verbrennen oder als Packpapier zu benutzen."[579]

196

Die Darstellung klingt wie eine Beschwörungsformel für christliche Verteidigungsanstrengungen aus vergangenen Jahrhunderten. Ihr wahrer Kern liegt in der Tatsache, daß mit dem politischen und gesellschaftlichen Umbruch nach dem Sieg der Befreiungsbewegungen 1991 und der neu gewonnenen Religions-, Presse- und Versammlungsfreiheit Muslime deutlich sichtbar in der Öffentlichkeit auftraten. In Addis Abeba und anderen Städten demonstrierten sie für mehr Rechte. Zum ersten Mal in der Geschichte des Landes erschienen zahlreiche Zeitungen und Magazine, die muslimische Anliegen, Beschwerden und Hoffnungen aufgriffen und Artikel von christlicher Seite kritisierten, die Äthiopien von islamischem Fundamentalismus bedroht sahen. Es entstanden islamische Schulen und Colleges, Buchläden, Reiseagenturen und NROs.[580] Gleichzeitig bekamen verdrängte islamische Strömungen, aber auch christliche wie die der „Pfingstkirchler", regen Zulauf und es wurden Auseinandersetzungen um den wahren Glauben ausgetragen, gegenseitige Beschimpfungen als Ungläubige bzw. Wahabiten eingeschlossen.[581]

Eine Einschätzung, in welchem Ausmaß ausländische, vor allem saudi-arabische, Einflüsse religiös-propagandistischer und finanzieller Art hierbei eine Rolle spielen, ist dabei weitgehend auf Vermutungen angewiesen. Vor allem die „Ethiopian Holy Koran School Coordinating Organisation"[582] erhält erhebliche Mittel aus dem Ausland. Aus der Sicht äthiopischer Christen sind die vielen seitdem entstandenen Moscheen aus saudi-arabischen Quellen finanziert. Überall, wo eine Kirche stand, musste eine Moschee in sichtbarer Nähe gebaut werden. Tatsächlich war auch in den Jahren von 2000–2007 eine solche Entwicklung augenfällig.

Parallel zu der Entwicklung wachsender öffentlicher Präsenz des Islam hatte es seit den 1990ern Anschläge islamischer Befreiungsbewegungen auf äthiopische Einrichtungen gegeben. Mitte der 1990er Jahre erklärte der Ministerpräsident Meles Zenawi den „islamischen Fundamentalismus" vor allem mit Blick auf die Regime in Sudan und Somalia als die „signifikanteste Langzeitbedrohung"[583] Äthiopiens. Diese Bedrohung berge nicht nur außenpolitische Gefahren, sondern habe innenpolitische Implikationen. Die Entwicklung in den Nachbarländern, insbesondere in Somalia, könne die Stabilität des eigenen Landes gefährden, weil ein zunehmender politischer Islam, dem die Gefahr des Terrorismus innewohne, auf die einheimische Bevölkerung überspringen könne. Aus dieser Sicht wurden die blutigen Zusammenstöße zwischen Moslems und Christen, die sich im September, Oktober 2006 in Illubabur, Jimma und der Bale-Region ereigneten, mit islamisch fundamentalistischen Zellen in Verbindung gebracht, die in Oromo-Gebieten von Somalia aus aufgebaut worden sein sollen.

Im Kampf gegen islamischen „Fundamentalismus" und „Terrorismus" sah und sieht die äthiopische Regierung sich und das Land in einer Schlüsselrolle und vollzog frühzeitig den Schulterschluß mit der Bush-Administration. Sie verstand es hierbei, die Verfolgung eigener

Abb. 54-57 Wahlplakate 2005.
Die Biene steht für die EPRDF, das
Victory-Zeichen für die CUD, die
beiden stärksten Parteibündnisse
bei den Wahlen 2005

innenpolitischer Interessen, ihr Konzept einer „revolutionären Demokratie" mit einer „pragmatisch ausgerichteten pro-westlichen Außenpolitik"[584] und internationalen Sicherheitsbedürfnissen zu verbinden, wie sie überhaupt sehr selbstbewußt auftritt und innereuropäische und internationale Abstimmungsdefizite und divergierende Interessen für eigene Machtzwecke nutzt. Spätestens seit dem 11. September 2001, als sicherheitspolitische Gesichtspunkte endgültig Fragen von Menschenrechten und Demokratie in den Hintergrund drängten, wurde Meles Zenawi zum „Donor Darling"[585] des Westens, ohne fürchten zu müssen, durch innenpolitische Entwicklungen in Mißkredit zu geraten.

Die Beziehungen zu Deutschland waren bis dahin nicht spannungsfrei. Während des Grenzkrieges mit Eritrea, als die deutsche Regierung im Sicherheitsrat der UNO eine politische Lösung verlangte, berief Äthiopien den Botschafter ab. Wann immer der Westen seinen moralischen Zeigefinger erhebt oder Forderungen stellt, verbittet sich die Regierung die Einmischung oder Belehrung und verweist ihn auf die Rolle eines Geldgebers mit unterstützender Funktion für Entscheidungen, die in Afrika und von Afrikanern gefällt werden, die keine „Vermittler"[586] brauchen. Während des Grenzkrieges mit Eritrea ließ sich Äthiopien die Versorgung der hungernden Bevölkerung durch die internationale Gemeinschaft sichern, eigene Ressourcen flossen in den Militärhaushalt. Trotz der unkonstruktiven Haltung im nachfolgenden Grenzstreit mit Eritrea, hat es die Regierung vermocht, ihr internationales Gewicht zu erhöhen. Da Eritrea jeglichen Dialog ablehnt und wegen noch umfangreicherer Menschenrechtsverletzungen international isoliert ist, hat Äthiopien mehr Gewicht im diplomatischen Streit und kann so den Konflikt verlängern, ohne Sanktionen befürchten zu müssen.

Zwar muß sich die Regierung gelegentlich Kritik gefallen lassen, diese bleibt aber weitgehend folgenlos. Schnell war vergessen, daß die Regierung den Bericht der EU-Wahlbeobachterkommission rüde als „Müll" und Lüge abgetan hatte, die Leiterin Ana Gomes in der Staatspresse diffamierte und als „Ana Gnomes"[587] lächerlich gemacht hatte. Nach den

Unregelmäßigkeiten im Gefolge der Wahlen von 2005 und dem brutalen Vorgehen der Regierung gegen die Opposition begannen einzelne Geber allerdings ihre Politik zu überdenken und froren die Budgethilfe ein. Die englische Regierung unter Tony Blair wurde daraufhin von Meles Zenawi kritisiert, ihre Verpflichtungen gegenüber Afrika nicht zu erfüllen und sich wie ein „alter Kolonialmeister"[588] zu verhalten. Die internationale Gebergemeinschaft ging Ende 2005 dazu über, nicht mehr direkt in den allgemeinen Haushalt zu zahlen, sondern Hilfe mit thematischen Vorgaben zu verknüpfen. Diese Hilfsmaßnahmen werden allerdings ebenfalls über staatliche Strukturen abgewickelt. Hierzu gehören die „Basic Services", bei denen in den Kreisen und Kommunen Basisdienstleistungen in den Bereichen Gesundheit, Bildung, Wasserversorgung und Landwirtschaft gefördert werden.[589]

Wahlen Mai 2005 – Schlaglichter

Vor der Wahl

Das Ereignis, das die Lage in Äthiopien zurzeit unsicher macht, sind die Wahlen, die am 15. Mai stattgefunden haben. Es waren dies die dritten Wahlen in Äthiopien überhaupt, und zum ersten Mal gab es eine wirkliche Alternative zwischen verschiedenen Parteien. Diesmal fanden sich Oppositionsparteien zu zwei großen Wahlbündnissen zusammen. Sie erhielten begrenzten Zugang zu den öffentlichen Medien und konnten Profil bei den Wählern gewinnen. Ein Novum in der äthiopischen „Demokratie": Opposition und Regierungsfront debattierten in live ausgestrahlten Fernsehsendungen über strittige Themen der Innen- und Außenpolitik. Zum Schluß gifteten sie sich nur noch an. Internationale Beobachter warnten vor dem „Krieg der Worte" und der „Haßsprache".

Die Regierung verglich die Opposition, die den auf ethnisch-linguistischer Basis beruhenden Föderalismus und das Recht auf Sezession ablehnt, mit den mordenden Hutu-Milizen und machte ihr den Vorwurf, sie würde ethnische Konflikte schüren, die zu einem Völkermord wie in Ruanda führen könnten. Das geschah, nachdem nicht nur die Regierung, sondern auch die Opposition Hunderttausende von Unterstützern zu einer Wahlmanifestation auf die Straßen von Addis Abeba brachte. Bei ihrer eigenen Wahlmanifestation tags zuvor hatten die Regierenden den öffentlichen Dienst aufgefordert, der Veranstaltung beizuwohnen. Für kostenlosen Transport in öffentlichen Bussen war gesorgt. Drei Tage vor der Wahl ordnete das Erziehungsministerium an, daß die Schüler/innen während der

Schulzeit zu einer Demonstration auf die Straße gehen sollten, um den Friedenswillen zu bekunden, den die Regierung ganz im Gegensatz zur Opposition verkörpere. Ich beobachtete Gruppen von Schülern, die mit den Symbolen der Regierungsfront ausgestattet durch die Straßen liefen und Sprüche skandierten.

Der Wahltag

Trotz alledem sah es am Wahltag in Addis Abeba so aus, als ginge es friedlich und demokratisch zu. Demokratisch verhielten sich hier in der Tat die Wähler, die geduldig anstanden, um ihr Votum loszuwerden. Oft gab es nur eine Wahlkabine für Tausende von Wählern. So mancher hatte sich schon in der Nacht angestellt. Wir fuhren am Wahltag von Bole Richtung Osten durch die Stadt und kamen an vielen Wahllokalen vorbei, vor denen mehrere hundert Meter lange Schlangen von Menschen warteten. Manche machten uns gegenüber das Victory-Zeichen der Opposition. Ein so offenes Bekenntnis ist neu. Mehr als 90 % der rund 26 Mio. registrierten Wähler/innen sollen zu den Urnen gegangen sein.

Noch während die Wahl im Gange war, hielt der Ministerpräsident Meles Zenawi abends eine Rede, in der er ein Verbot, sich auf öffentlichen Plätzen zu versammeln und ein generelles Demonstrationsverbot für einen Monat aussprach. Und bereits am Tag nach der Wahl gab die Regierung in Rundfunk und Fernsehen zwar ihre Niederlage in Addis Abeba zu, verkündete aber gleichzeitig ihren landesweiten Sieg, obwohl bis dahin die meisten Abstimmungsergebnisse noch gar nicht in der Hauptstadt angekommen waren. So etwas wie eine repräsentative Hochrechnung gibt es hier nicht.

Wahlbeobachter

Weit aus dem Fenster hängte sich unmittelbar nach der Wahl das Carter Center, neben der EU-Mission die größte ausländische Wahlbeobachtergruppe. Allen voran erklärte Jimmy Carter die Wahlen für frei und fair. Mehr Standfestigkeit zeigte die EU-Beobachtermission unter Ana Gomes. Meines Erachtens hat sich aber auch die EU blamiert, weil sie zu früh positiv Stellung bezog und unterschätzte, was Staatsmedien so alles mit Aussagen anstellen können, auch wenn es Frau Gomes in erster Linie darum ging, die diszipliniert anstehenden Wähler/innen zu würdigen. Kurz kam sie auf Vorwürfe wegen Unregelmäßigkeiten und Einschüchterungen zu sprechen, zu denen sie aber nicht Stellung beziehen könne, weil sie erst geprüft werden müßten. Aber um Himmels Willen, wieso dann ein generelles Fazit, es sei insgesamt bestens gelaufen? Und das, obwohl die Regierungsfront am Tag zuvor ohne harte Fakten ihren Wahlsieg erklärt hatte? Eine weitere Wahlbeobachterin sprach gar vom Vorbildcharakter dieser Wahlen für ganz Afrika und das zwei Tage nach der Wahl angesichts von über 30.000 Wahllokalen, von denen die meisten keine internationalen Wahlbeobachter hatten, viele auch keine rechtmäßig bestimmten einheimischen.

Erst vier Tage vor der Wahl war per Gerichtsbeschluß ein Verbot aufgehoben worden, welches besagte, daß lokale Gruppen und NGOs nicht als Wahlbeobachter fungieren dürften. Natürlich konnten diese so kurzfristig nur noch eine kleine Zahl von dafür geschulten Leuten in die

Wahllokale schicken. In den folgenden Veröffentlichungen, sei es in Fernsehen, Radio oder Zeitungen, filterten die Regierungsmedien das wenige Kritische in den Stellungnahmen der „Internationalen" systematisch heraus. Die nationale Wahlbehörde gab gezielt Ergebnisse aus einzelnen Wahlbezirken bekannt, die die Regierungsfront als Sieger zeigten.

Unregelmäßigkeiten

Von seiten der Opposition wurden immer mehr Unregelmäßigkeiten reklamiert. Inzwischen sind die Wahlergebnisse von 299 der 547 Wahlkreise wegen Manipulationen bei der Auszählung oder starker Behinderungen unmittelbar vor und während der Wahlen umstritten. Auch die Regierungsparteien werfen der Opposition mittlerweile Wahlbetrug vor. Wie viele hochkarätige Regierungspolitiker hat auch der Informationsminister, ein Hardliner, seinen Sitz in Lalibela, der Stadt mit den Felsenkirchen, verloren. In den Zeitungen ist zu lesen, daß der Minister das Ergebnis anficht, weil Betrug im Spiel gewesen sei, und er verkündet: „Nichts kann uns davon abhalten, die nächste Regierung zu bilden." Journalisten wurden in Haft genommen, Reportern der Deutschen Welle und der Voice of America vom Programm in amharischer Sprache wurde die Zulassung entzogen, weil sie unter anderem „falsch und unausgewogen" über die Vorgänge nach den Wahlen berichteten, so der Minister.

Nun häuften sich die kritischen Stellungnahmen, die „ernsten Sorgen" der internationalen Wahlbeobachter nicht zuletzt wegen der einseitigen Berichterstattung und eines merkwürdig langsamen Auszählungsprozesses. Die nationale Wahlbehörde hinterließ den Eindruck, ein Auszählungschaos zu veranstalten oder die Kontrolle über die Auszählung verloren zu haben. In der Bevölkerung schwand das Vertrauen, daß es beim Auszählen mit rechten Dingen zugeht und die Wahlbehörde willens und in der Lage ist, die Beschwerden über Wahlbetrug unparteiisch zu prüfen. Die Opposition rief angesichts des Demonstrationsverbots zu Massengebetsprotesten in Kirchen und Moscheen auf.

Der Volkszorn und die Antwort der Staatsmacht

Zwei Tage bevor das offizielle Wahlergebnis bekanntgegeben werden sollte, setzte eine Entwicklung ein, die an die Situation von 2001 erinnerte. Zuerst begehren die Studenten in der Hauptstadt auf, viele werden festgenommen. Sie durften übrigens – nach langem Insistieren – zum ersten Mal wählen. Bislang war dies mit der Begründung untersagt, daß die meisten Studenten sich fernab ihres Wahlkreises befinden, in denen sie als rechtmäßige Wähler registriert werden könnten. Hunderte Studenten werden auf Lastwagen abtransportiert. Die Studenten höherer Lehranstalten schließen sich den Protesten an und bekunden Solidarität. Die Bewegung greift rasch auf andere Universitätsstädte im Land über und setzt sich in Addis Abeba in den Geschäftsvierteln Merkato und Piazza fort, wo es brennt und Schüsse fallen und die „Hooligans" und „Gangster", wie sie die Regierung nennt, mit von der Partie sind.

Polizei und spezielle Sicherheitskräfte greifen hart durch, schießen scharf, angeblich nur auf Plünderer, die Banken und Geschäfte bedrohen. Mindestens 40 Menschen werden erschossen, mehr als hundert schwer verletzt. Tausende werden inhaftiert, die Oppositionsparteien kaltgestellt, indem man ihr Verwaltungspersonal in Haft nimmt und die politischen Führer unter Hausarrest stellt. Begründung: Die oppositionellen Parteien, insbesondere die in Addis Abeba so erfolgreiche „Koalition für Einheit und Demokratie" (CUD), hätten die Unruhen angestiftet, um eine legale Regierung zu stürzen. Die Opposition aber wäscht ihre Hände in Unschuld: Es war der spontane Volkszorn.

Eine Woche lang war die Hauptstadt lahmgelegt, ähnlich sah es in den Regionalhauptstädten aus. Taxis und Minibusse fuhren nicht, da sich die Taxifahrer den Protesten der Studenten anschlossen oder aus Angst, sie könnten verletzt oder ihre Autos beschädigt werden, zu Hause blieben. Da halfen auch Drohappelle der Regierung, den Service wiederaufzunehmen, nicht. Die wenigen, die noch fuhren, sollen mit Steinen beworfen worden sein, ebenso die öffentlichen Busse. In verschiedenen Stadtteilen patrouillierten viel föderale Polizei und Militär, die Stadtpolizei war vorsorglich entwaffnet worden. Die meisten Geschäfte blieben geschlossen, ebenso die Schulen. In den Behörden wurden die Leute um 3 Uhr nachmittags nach Hause geschickt, viele hatten weite Fußwege vor sich.

Schließlich kam auf Vermittlung der internationalen Gemeinschaft, insbesondere der EU, ein Abkommen zwischen Regierung und Opposition zustande, den Wahlprozeß friedlich und rechtmäßig zu Ende zu bringen. Die Bekanntgabe des Endergebnisses wurde auf den 8. Juli verschoben, das Demonstrationsverbot bis dahin verlängert. Für diejenigen, die nicht im Gefängnis sitzen, beginnt sich das Leben zu normalisieren. Die Situation bleibt aber angespannt, sie ist bis jetzt labil. Die Opposition traut der Wahlbehörde und den zur Prüfung und Untersuchung der Wahlbeschwerden gebildeten Gremien nicht zu, daß sie korrekt arbeiten und entsprechend Wiederholungswahlen ansetzen. Vor allem verlangt sie die Freilassung ihrer inhaftierten Mitglieder. (Juni/Juli 2005)

Eskalation

Aus verschiedenen Gründen war die Zeit seit unserer Rückkehr aus Deutschland nach Äthiopien die bedrückendste, die wir in den nun bald sechs Jahren erlebt haben. Die politische Situation überlagert jede Stimmung, dominiert die Atmosphäre. Im letzten „Hausfrauenreport" schrieb ich: Ein Politkrimi läuft hier ab und sein Ausgang ist noch nicht abzusehen. Die Auseinandersetzungen um Manipulationen des Wahlergebnisses gingen weiter, jetzt auch um gezinkte Überprüfung umstrittener Wahlergebnisse und Wiederholungswahlen in verschiedenen Wahlbezirken. Die Verhaftungen von Oppositionsanhängern wurden ausgeweitet. Meldungen von Misshandlungen, Racheakten an Einwohnern von Gemeinden, die die Opposition gewählt hatten, bis hin zu Morden außerhalb von Addis Abeba häuften sich. Das generelle Demonstrationsverbot blieb bestehen. Die Anzahl von föderaler Polizei und besonderen Einsatzgruppen in der Hauptstadt nahm beängstigend zu.

Auf vielfältige Weise wurde die Opposition, vor allem die CUD, daran gehindert, sich politisch zu betätigen. Zum Beispiel wurde es Hotels und anderen Einrichtungen untersagt, der Opposition Räume für Versammlungen zur Verfügung zu stellen. Egal was die Opposition von sich gab, alles wurde ihr von Regierungsseite als Maßnahme interpretiert, die Regierung stürzen und die Verfassung abschaffen zu wollen. Das neue Parlament entzog den gewählten

Abgeordneten der Opposition die Immunität, da die Parteispitze entschieden hatte, das in ihren Augen manipuliert zusammengesetzte Parlament zu boykottieren. Entgegen dem Parteibeschluß, der in erster Linie von Hardlinern in der US-amerikanischen Diaspora betrieben wurde, nahmen einzelne Abgeordnete ihre Parlamentssitze aber ein. Inzwischen sind es bereits 69 der 109 gewählten CUD-Abgeordneten. Im Parlament zu sein, bedeutet zumindest einen gewissen Schutz vor Verfolgung. Addis Abeba hat bis heute keine neue Stadtregierung, weil der Opposition die Amtsgeschäfte wegen des Boykotts nicht übergeben werden. Auch in anderen Gemeinden sind vorhergehende Verwaltungen noch im Amt. Der Boykott ist sicher ein schwerer Fehler der Opposition, die Betonköpfe wollten alles oder nichts. Letzteres haben sie nun.

Erneute Verhandlungen zwischen Opposition und Regierung, die schließlich auf internationalen Druck zustande kamen, scheiterten kläglich. Ende Oktober verschärfte sich die Lage, Sicherheitskräfte führten Razzien in den Büros der CUD durch. Diese wiederum rief zu einem schon mehrmals verschobenen Streik mit friedlichen Mitteln für die Zeit nach dem Ramadan auf.

Der 1. November

Dann kam am 1. November die Eruption: Unruhen mit gewalttätigen Ausschreitungen nicht nur in den sonst dafür bekannten Stadtteilen, sondern an zahlreichen Stellen der Stadt und schließlich in vielen Städten des Landes. Wieder waren viele Verletzte und Tote zu beklagen – die Zahlen bewegen sich zwischen mindestens 46 und über 100 meist Erschossenen allein in Addis Abeba – und es entstand erheblicher Sachschaden. Am 2. November tobten auch um die Deutsche Botschaftsschule heftige Auseinandersetzungen, es wurde wie in vielen anderen Vierteln scharf geschossen. Steine und verbrannte Reifenreste lagen am Straßenrand. Es fuhren fast keine Autos mehr, die Läden waren geschlossen. Inlandsflüge wurden gestrichen. In der Stadt herrschte eine beklemmende Stille.

Alle Oppositionsführer, derer man habhaft werden konnte, wurden verhaftet, dazu Verleger, Journalisten, Mitglieder von NROs, der Lehrergewerkschaft. Noch bevor eine gerichtliche Anklage formuliert war, wußte der Premierminister Meles Zenawi bereits, wie die Anklage lauten würde, nämlich auf Hochverrat und darauf stehe die Todesstrafe. Jedoch, so äußerte er öffentlich, er favorisiere lebenslange Haftstrafen. Inzwischen hat die Staatsanwaltschaft ihre Anklagen formuliert und dabei selbst den Vorwurf des Völkermordes nicht ausgespart, weil sich Taten von CUD gegen die ethnische Gruppe der Tigray – die der Regierenden – gerichtet und bei jenen ein Gefühl der Unsicherheit und Furcht wegen ihrer Identität verursacht hätten. Es ist nicht zu fassen. Wer hat denn Furcht und Schrecken verbreitet?

Es begannen Massenverhaftungen in Addis Abeba und in regionalen Städten, die in die Zehntausende gehen. Die Gemeindeverwaltungen denunzierten vorwiegend junge Männer, die oppositionell eingestellt sein könnten. Vor allem abends und nachts kamen die Sicherheitskräfte in Trupps, umstellten die Häuser und schleppten die Leute auf Lastwagen fort. Von unseren Angestellten ist zum Glück niemand betroffen. Bei einigen Freunden und Kollegen kamen aber willkürliche Verhaftungen und Mißhandlungen vor.

Da die Gefängnisse nicht ausreichen, sind im Land viele kleine Gefängnisse neu entstan-

den und ein großes in Dedessa, einem von der Vorgängerregierung, dem berüchtigten Derg, errichtetes Militärcamp in einem schwer zugänglichen Gebiet in Oromia, wo ein Fluß und urwaldähnliche Vegetation wie ein natürlicher Zaun fungieren. Augenzeugen berichten, die Zahl der hier Gefangenen liege bei weit über 20.000.

EU-Müll

Während all dieser Vorgänge agierten die Vertreter der internationalen Gemeinschaft staatsmännisch im Hintergrund und erließen schlappe Aufrufe in der Öffentlichkeit, um die Regierung zum Einlenken zu bewegen. Nur eine protestierte anfangs laut und deutlich, nämlich Ana Gomes. Sie war zuvor wegen eines internen, aber durchgesickerten (sic!) Reports, der eine hochgerechnete Stichprobenerhebung enthält und die CUD als Sieger der Maiwahlen zeigt, und wegen der von ihr vertretenen Stellungnahme der EU-Wahlbeobachterkommission vom 25. August heftig diffamiert worden. In der Stellungnahme finden sich kritische Anmerkungen zum Prozeß der Untersuchung umstrittener Wahlkreise, zu Wiederholungswahlen sowie zu den Nachwahlen in der Somali-Region. Man unterstellte Ana Gomes in der Staatspresse sogar, ihr sei bis zu 20 % des Geldes, das von der äthiopischen Diaspora für die CUD gesammelt wurde, versprochen worden. Meles Zenawi nannte den Bericht der EU-Wahlbeobachter „Müll", sein Informationsminister forderte die EU auf, ihre Verunglimpfungskampagne zu beenden.

Staatliche Hetzjagd und Medienmanipulation

Wenn ich eines sehr anschaulich in Äthiopien gelernt und vor allem schätzen gelernt habe, dann ist es die Bedeutung einer freien Presse. Auch wenn sie uns im Westen so recht nerven kann mit ihren Auswüchsen an Spekulationen und herbeigebeteten Sensationen. Wo es sie nicht gibt, da ist man arm dran. In Äthiopien sind Radio und Fernsehen staatlich. Neben den regierungseigenen Zeitungen hat sich in den letzten zehn Jahren eine Reihe privater Blätter herausgebildet. Sie sind das einzige Gegengewicht gegen das Massenaufgebot an Regierungsmedien. Prompt wurden die Druckereien in die Zange genommen, von bestimmtem Zeitungen keine Druckaufträge mehr anzunehmen und alle Staatseinrichtungen wurden angewiesen, nur noch in regierungstreuen Blättern Anzeigen aufzugeben. Für manche kleine Zeitung bedeutete dies das Aus. Wie in die Parteibüros von CUD brachen Sicherheitskräfte auch in Zeitungsbüros ein, klauten so dies und das, verhinderten die Auslieferung von Zeitungen.

In den staatlichen Medien setzte eine unbeschreibliche Hetze gegen die CUD ein. Da die Unruhen noch vor Ende des Ramadan ausbrachen, konstruierte man eine Kampagne, die die Opposition als ausgemachte Feinde der Muslime anprangerte. Sie mißgönne den Muslimen selbst ihren höchsten Feiertag. Vertreter verschiedener Regierungsstellen aus den von Muslimen dominierten Regionen kamen mit der Aufforderung zu Wort, sich trotz aller perfider Bestrebungen der Opposition, den Feiertag nicht nehmen zu lassen. Der „Ethiopian Supreme Council for Islamic Affairs" blies in das gleiche Horn.

Die Berichterstattung über die Unruhen, die gebetsmühlenhaft die Opposition als Initiator darstellte, zeigte immer wieder Steine schmeißende Jugendliche, brennende Reifen, zerstörte öffentliche Busse und natürlich verletzte Polizisten, die merkwürdigerweise alle ein verwundetes

Bein in die Kamera hielten. Getötete Zivilisten wurden nur in einem solchen Zusammenhang erwähnt, daß man annehmen musste, sie seien von Anhängern der Opposition erschossen worden. Aus allen Landesteilen wurden von regionalen Regierungsstellen Bekundungen gesendet, alles zu tun, um die Zentralregierung in ihrem tapferen Kampf gegen das verderbliche Treiben der Opposition zu unterstützen. Natürlich kam auch der „Mann von der Straße" im Fernsehen zu Wort: Allesamt verurteilten sie die Gewalttaten der Opposition, die zudem zu Einkommenseinbußen bei den armen Leuten – wie du und ich – führten, und lobten die Regierung für ihre angemessene Reaktion hierauf.

Kein einziger Vertreter der Opposition, auch nicht derjenigen, die im Parlament sitzen, erhielt die Gelegenheit, Stellung zu den Vorwürfen zu beziehen. Lediglich als die Polizeiführung im Parlament ihre Sicht der Abläufe darstellte, bekam vor laufender Kamera ein Abgeordneter einer kleineren Oppositionsgruppe die Gelegenheit, einen Satz loszuwerden, in dem er den Bericht einseitig nannte. Im Gefangenenlager von Dedessa ließ man wirkliche oder angebliche Gefangene und Vertreter der orthodoxen wie muslimischen Konfession auftreten. Die Gefangenen zeigten sich sehr zufrieden damit, wie höflich und zuvorkommend sie von Polizei und Gefängnispersonal behandelt werden. Zugang zu Rechtsanwälten, Ärzten und Verwandten sei gar kein Problem. Die Gezeigten trugen reichlich Tüten mit Versorgungsgütern über einen Hof. Und was stellten die Kirchenvertreter fest? Alles bestens. Internationale Menschenrechtsorganisationen und ehemalige Gefangene, die freigelassen wurden, weil sie „nicht direkt" an den Unruhen beteiligt waren, berichten das Gegenteil.

Insgesamt haben die vier großen Religionsgemeinschaften in meinen Augen völlig versagt. Ein gemeinsamer Aufruf zum friedlichen Zusammenleben – entsprechend äthiopischer Tradition, die von aller Welt als beispielhaft angesehen werde – ist so abgefaßt, als seien alle Mitglieder der Gesellschaft nur Opfer aufgrund von politischen Mißverständnissen. Erst spät hat die katholische Kirche eine Kritik der exzessiven Maßnahmen der Staatsgewalt formuliert und sich gegen die Vorverurteilung der Opposition als Schuldige gewandt. Selbstverständlich hat die Regierungspresse darüber nicht berichtet.

Lieschen Müller, Horst K. und Meles Zenawi

Und dann war da noch die Sache mit unserem Bundespräsidenten. Auf dem Höhepunkt der blutigen Auseinandersetzungen flog der äthiopische Ministerpräsident nach Deutschland, um an Horst Köhlers „Initiative für Afrika" teilzunehmen. Übrigens gab es wenig später auch Verhandlungen mit der Weltbank, wie mehr Gelder für Äthiopien lockergemacht werden könnten. Wie zitierte doch der „Sub-Saharan Informer" gerade einen Vertreter der US-Regierung für Afrikanische Angelegenheiten? „Äthiopien ist das Herz des von den USA initiierten Krieges gegen den Terrorismus." Was hätte ein Vertreter der Bush-Administration auch im Punkte der gesetzeswidrigen Ergreifung und Behandlung von Gefangenen einzuwenden?

Zurück zu Lieschen Müller und Horst Köhler. Lieschen Müller hätte sich leicht ausrechnen können, wie die äthiopische Regierung einen solchen Besuch zu ihren Gunsten ausnutzen würde. Horst Köhler konnte das offensichtlich nicht und Staatssekretärin Kerstin Müller war auch dazu nicht in der Lage. Die deutsche Seite hatte wahrscheinlich gehofft, Meles Zenawi würde angesichts der Unruhen der bereits im Mai ausgesprochenen Einladung nicht nachkommen. Sie kennen Meles Zenawi schlecht. Auch das hätte sich Lieschen Müller leicht ausrechnen können, daß der äthiopische Ministerpräsident gerade in einer solchen Situation keine Gelegenheit auslassen würde, auf dem Parkett der internationalen Politik staatsmännisch aufzutreten und Propaganda für seine Sache zu machen.

So genossen wir im hiesigen Fernsehen mehrfach den international so bedeutenden und friedliebenden Staatsmann Meles Zenawi, dem man in Deutschland ein Forum für seine Sicht der Dinge gegeben hatte. Dazwischen wurden immer wieder Bilder von Steine schmeißenden und Reifen anzündenden jungen Leuten eingeblendet, gepaart mit den üblichen Hetzkommentaren, und verletzte Polizisten gezeigt. Und dann trat auch noch unsere grüne Müllerin auf. Wir hörten energische Worte: Aber natürlich habe sie mit dem äthiopischen Ministerpräsidenten viele wichtige Punkte von beiderseitigem Interesse besprochen. Die Entwicklungszusammenarbeit gehe weiter und Regierung und Opposition sollten alles „peacefull" lösen. Aber ja! Aber ja! Genau das tut die Regierung doch schon ständig und weiter ging es mit den üblichen Sermonen zur Opposition und ihrer blutrünstigen Gewalttätigkeit. Und der Ministerpräsident verkündet wenige Tage später: „Wir haben keine andere Perspektive als die Demokratie."

Ich schrieb an unseren Bundespräsidenten, der auch mich repräsentiert, und bat um Aufklärung über seine Beweggründe, die Einladung an Meles Zenawi aufrechterhalten zu haben und fragte ihn, warum er denn nicht einen Vertreter der Opposition dazu geladen habe. Auch andere schrieben ihm Protestbriefe. Bislang traf nur ein Antwortschreiben ein, eine nichtssagende, aber herzliche E-Mail von einem Referenten des Präsidialamtes. Motto: Habe das schöne Mittagessen bei Ihnen vom vergangenen Jahr noch vor Augen, und natürlich hat der Bundespräsident von Meles Zenawi ein Ende der Gewalt gefordert.

Jedenfalls kriegten die hier lebenden Deutschen zur Zeit von Meles Zenawis Galavorstellung auf dem Petersberg in Bonn Muffensausen. Die Botschaft verschickte Warnungen, forderte auf, zu Hause zu bleiben, weil der Besuch des Premierministers als deutsche Zustimmung zu seiner Politik ausgelegt werden könnte und sich Feindseligkeiten daraus ergeben könnten. Deutsche fingen an, Embleme an Toren und Fahrzeugen, die sie als Deutsche zu erkennen geben, abzukratzen und überlegten: Wie werden wir bloß die „11er"-Nummer auf den Kraftfahrzeugschildern an den Autos los?

Ein Festjahr hatte es werden sollen, das des 100jährigen Bestehens der Beziehungen zwischen Äthiopien und Deutschland. Es kam anders. Die Opposition hatte getitelt: „Shame on Germany". Von feindseligen Akten gegen Deutsche habe ich allerdings nichts zu spüren bekommen und auch von anderen nichts gehört. Große Enttäuschung schlug mir allerdings von Äthiopiern entgegen. (Dezember 2005)

Bei den Nachwahlen für den Stadtrat von Addis Abeba und für nationale wie regionale Parlamentsmandate, die die Opposition seit 2005 boykottiert hatte, gewannen die Regierungsparteien im April 2008 haushoch. Internationale Beobachter waren dort ebensowenig zugegen wie bei den gleichzeitig abgehaltenen Wahlen auf Distrikt- (woreda) und Gemeindeebene (*kebele*). Die EPRDF und die ihr angeschlossenen Parteien gewannen diese Wahlen mit 99,9 %. Die Regierung wußte ja nun, in welchen Wahlkreisen ihre Kandidaten 2005 nicht siegreich gewesen waren und war entsprechend gegen Oppositionskandidaten und ihre Anhänger vorgegangen. Gleichzeitig gelang es ihr in einer großangelegten Kampagne bis 2008 die Zahl der Parteimitglieder von rund 700.000 auf über vier Millionen Mitglieder zu steigern.[590]

Man könnte annehmen, daß der Westen im Grunde froh war, daß diese (Nach-) Wahlen so günstig für die Regierungsfront ausfielen. Vorübergehend war der feste Glaube an die Stabilität und innenpolitische Alternativlosigkeit der EPRDF auf lange Sicht als Partner des Westens durch die hohen Stimmenverluste der Regierungsfront oder besser, durch die Erfolge der Opposition 2005, erschüttert worden. Der Stabilitätsgarant schien doch nicht so stabil und berechenbar, aber letztendlich immer noch besser als eine in sich zerstrittene Opposition, die in ihren Absichten und Potentialen als Garant für „Ruhe und Ordnung" im Land und als Verbündeter gegen Terrorismus und Fundamentalismus schwer einzuschätzen ist.

Unmittelbar nach dem Anschlag auf das World Trade Center in New York am 11. September 2001 erschienen auch in äthiopischen Zeitungen, unter Berufung auf Informationen aus den USA, Berichte über Länder, in welchen *Al-Qaida*-Netzwerke vermutet werden können. Zunächst wurden Äthiopien, Eritrea, Kenia und der Sudan genannt. Sehr schnell war aber dann Somalia als der Hort ausgemacht und nicht ausgeschlossen, daß Osama bin Laden dort Unterschlupf suchen könnte. Die Presse verkündete im November 2001, die äthiopische Regierung habe „Beweise"[591], daß es zwischen der in Somalia operierenden islamistischen *Al-Ittihad-al-Islamia* und Al-Qaida eine Verbindung gebe. Der Ministerpräsident behauptete, das Al-Qaida-Netzwerk in Somalia existiere und Al-Ittihad-al-Islamia sei die eigentliche Macht hinter der Übergangsregierung in Mogadischu. Wie in den USA wurden somalische Geldinstitute wegen möglicher Verbindungen zu Al-Qaida geschlossen. Äthiopisches Militär marschierte in das 1998 von Somalia losgesagte Puntland ein, um den dort abgesetzten Präsidenten Abdullahi Yousef zu unterstützen, der hinter seinen politischen Rivalen Al-Ittihad-al-Islamia vermutete. In den Zeitungen mehrten sich Berichte über neue Kredite und Schenkungen von westlichen Gebern.

Äthiopien verstärkte seine militärische Zusammenarbeit mit den USA und gehörte zu den vier afrikanischen Ländern – neben Eritrea, Uganda und Ruanda –, die den USA Überflugrechte im Vorfeld des Krieges gegen den Irak zusicherten. Als die *Union of Islamic Courts (UIC)* im Laufe des Jahres 2006 in Somalia begann, die Rolle einer Ordnungsmacht einzunehmen, erklärte Meles Zenawi diese Entwicklung zu einer Gefahr für Äthiopien, da die UIC von der international als Terrororganisation anerkannten Al-Ittihad-al-Islamia dominiert würde. Die UIC wurde somit auf eine religiöse Variante von islamischem Terrorismus reduziert, für eine differenziertere Betrachtung war kein Raum. Entgegen offiziellen Verlautbarungen schickte Äthiopien bereits im Juli 2006 Truppen nach Baidoa, wo die 2004 in Kenia gebildete neue Übergangsregierung ihren Sitz hatte, die mehrheitlich pro-äthiopisch eingestellt war. Daraufhin erklärte die UIC Äthiopien am 9. Oktober den „Heiligen Krieg". Aus regierungskritischer muslimischer Sicht repräsentierte diese Kriegserklärung nicht die Muslime in Somalia, sondern war lediglich das Werk des radikalen Sheikhs Hassen Dahir Awaey und seiner „Cliquen". Dies habe Meles Zenawi einen willkommenen Anlaß geboten, in Somalia einzufallen und sich so die Unterstützung des Westens für seine „undemokratische und korrupte Politik"[592] zu sichern. Daß die äthiopische Regierung ein tatsächliches Interesse daran hat, die Region zu stabilisieren, wird ihr aus dieser Perspektive abgesprochen.

2001 waren in der englischsprachigen Presse Äthiopiens noch Bedenken gegen ein mögliches militärisches Vorgehen gegen Somalia – im Bunde mit den USA – geäußert und befürchtet worden, Äthiopien könne von seinen Nachbarn als Lakai der USA angesehen werden und damit Terroranschläge auf äthiopischem Boden provozieren. 2006 dominierte sehr schnell die Übereinstimmung mit den Argumenten der Regierung, die von alternativloser Verteidigungspolitik sprach, von einer „gerechten Sache", von Selbstverteidigung wie damals in Adwa. „Äthiopien ist das Israel am Horn von Afrika" beschwor „The Reporter"[593] die Bedrohung.

Es gab in der Parlamentsdebatte im November 2006 um die Zustimmung zu der von der Regierung verlangten Generalvollmacht zwecks Abwehr „jedweder Aggression von Islamisten"[594] Widerspruch. Hierin wurde eine Gefährdung noch auszuschöpfender Friedensinitiativen gesehen oder die Vorbereitungen für einen Präventivschlag vermutet, doch stimmte die Mehrheit des Parlaments dem Antrag zu, die Mehrheit der Opposition dagegen. Bei der Ablehnung spielte auch die Vermengung von externer Aggression mit internen Gegnern des Regimes eine Rolle. Dies brachte den Abgeordneten der Opposition, die im Parlament und nicht im Gefängnis saßen, prompt den Vorwurf der Nähe zu den UIC ein. Es war die Zeit der Prozesse gegen die inhaftierten Oppositionspolitiker – vor allem von der CUD. Beim „Großen Lauf" in Addis Abeba kam es zu politischen Demonstrationen, bei denen junge Leute *leba, leba* (Dieb von Wahlstimmen) riefen und „Befreit Saddam und hängt Meles"[595] skandierten und gegen einen möglichen Krieg protestierten. Die Polizei zeigte in diesem Falle von öffentlicher Regierungsgegnerschaft ungewöhnliche Zurückhaltung.

Am 24. Dezember 2006 erwiderte Äthiopien offiziell die Kriegserklärung der UIC und bombardierte den Flughafen von Mogadischu, während die AU sich noch im Auftrag des UN-Sicherheitsrats um eine politische Lösung bemühte. Die USA, die der äthiopischen Armee technische Unterstützung und militärische Aufklärung lieferten, griffen 14 Tage später von ihrer Militärbasis in Südostäthiopien mit Kampfhubschraubern einen vermuteten Konvoi der UIC an und erklärten, sie hätten hierbei drei hochrangige Al-Qaida-Funktionäre getroffen, eine der üblichen Behauptungen im „Kampf gegen die Achse des Bösen".

Im Windschatten des Kriegs in Somalia, der anders als geplant von längerer Dauer sein sollte, eskalierten die Auseinandersetzungen mit der ONLF im Ogaden. Durch einen Anschlag der ONLF im April 2007 auf eine chinesisch geführte Erdölbohranlage, bei der 74 Menschen ums Leben kamen, sah sich die Regierung in ihrer Haltung bestätigt. Ihre Vergeltungsmaßnahmen trafen in erster Linie die Zivilbevölkerung. Die schweren Menschenrechtsverletzungen, die ihr von Hilfsorganisationen und Menschenrechtsorganisationen in der Kriegsführung in Somalia wie im Ogaden vorgeworfen wurden, tat die Regierung als Lügen ab und als Phantasieprodukt der Islamisten, auf deren „Propagandafallen"[596] solche Organisationen stets reinzufallen pflegten. Sie wurden des Landes verwiesen oder mußten ihre Tätigkeit einstellen, das Rote Kreuz eingeschlossen. Und welches moralische Gewicht hätten schon Aufforderungen der US-Regierung, die Menschenrechte zu achten, haben können – angesichts von Guantánamo und Abu Ghraib? Zeitungsberichten zufolge hat die ONLF im Januar 2009 alle Petroleumgesellschaften vor weiteren wirtschaftlichen Aktivitäten im Ogaden gewarnt. Laut Augenzeugenberichten[597] soll der größte Teil der äthiopischen Truppen, die aus Mogadischu abgezogen wurden, jetzt im Ogaden eingesetzt sein.

- **Ein „Überhang" aus der Kolonialgeschichte und ein „Blitzkrieg" mit innenpolitischen Verknüpfungen**

Die Geschichte der Grenzstreitigkeiten zwischen den beiden Ländern ist lang und nicht zuletzt ein „Überhang"[598] aus der Kolonialgeschichte. Wie andere Länder Afrikas war Somalia, dessen Bevölkerung jahrhundertelang zwar in viele Stämme geteilt, aber in Sprache und Kultur eine Einheit bildete, unter Frankreich, Großbritannien und Italien entlang der Küste aufgeteilt worden. Ein Streifen wurde dem britisch besetzten Kenia zugeschlagen und das Hinterland, der Ogaden schließlich Äthiopien überlassen. 1961 entstand aus dem britischen und italienischen Teil das heutige Somalia, von dem sich 1991, nach dem Sturz Siad Barres, der ehemals britische Teil als Somaliland abspaltete. 1998 erklärte Puntland, der ehemalige nordöstliche italienische Teil, seine Autonomie.

Die von Somalia aus betriebene Politik eines „Greater Somalia"[599], von der *Western Somali Liberation Front (WSLF)* im Ogaden unterstützt, hatte 1977 zu einem Krieg geführt, in dem die somalischen Truppen zunächst fast den gesamten Ogaden eroberten. Die Großmächte USA und Sowjetunion wechselten zu Beginn des Krieges ihre Verbündeten: die USA unterstützten nicht länger Äthiopien, dessen Regierung das Land in Richtung Sozialismus führen wollte, sondern ließen nun – wie Saudi-Arabien – Geld und Waffen nach Somalia fließen. Die Sowjetunion und Kuba waren auch nicht müßig und verstärkten ihre Verbindungen mit Mengistu Haile Mariam. Mit Hilfe sowjetischer Waffen und kubanischer Soldaten schlug die äthiopische Armee die Angreifer zurück. Damit war die Region aber nicht befriedet, ein Teil blieb unter der Kontrolle der WSLF, es kam in den 1980er Jahren erneut zu bewaffneten Auseinandersetzungen.[600]

In den 1990er Jahren gab es eine Reihe von Attacken auf äthiopisches Militär im Ogaden und auf öffentliche Einrichtungen an der äthiopisch-somalischen Grenze sowie Bombenattentate in Addis Abeba, Harar und Dire Dawa. 1995 scheiterte ein Mordversuch gegen den ägyptischen Präsidenten Husni Mubarak in Addis Abeba, 1996 war der Minister für Transport und Kommunikation Abdel Majid Hussein das Ziel eines Mordversuchs. Zu manchen Anschlägen bekannte sich die von Somalia aus operierende Al-Ittihad-al-Islamia. Einige Anschläge wurden der ONLF, der Nachfolgeorganisation der WSLF, oder der OLF, die ebenfalls im äthiopisch-somalischen Grenzgebiet operiert, nachgesagt. Die äthiopische Armee drang mehrmals in somalisches Gebiet ein, um der Verantwortlichen habhaft zu werden. Die 1600 km lange Grenze zu Somalia ist nur schwer zu kontrollieren. Beiderseits der Grenze leben somalische Pastoralisten. Die ONLF, die einen bewaffneten Kampf gegen die äthiopische Regierung führt, proklamiert die Loslösung von Äthiopien. Sie betont, daß sie – anders als die WSLF – nicht kämpfe, um in einem somalischen Staat aufzugehen, sondern für die Selbstbestimmung ihres Volkes gerade gegen die allgemein verbreitete Vorstellung, bei dem Konflikt handele es sich um einen „Grenzkonflikt"[601] zwischen Äthiopien und Somalia.

Zum Sudan, den die äthiopische Regierung Mitte der 1990er Jahre als eines der Länder identifizierte, von denen eine langfristige Bedrohung ausgehe, hat es seit dem Ende des Jahrhunderts eine Annäherung gegeben. Dahinter standen politische und wirtschaftliche Erwägungen, beim Zugang zum Meer nicht einseitig von dem teuren Hafen Dschibuti abhängig zu sein und einen wachsenden Teil des Außenhandels über Port Sudan abzuwickeln. Die Zeit der Politik des „wie-du-mir, so ich-dir"[602] in der Unterstützung von Oppositionsgruppen der beiden Länder – je nach strategischer Situation – wurde durch langfristige Kooperationsabkommen abgelöst. Politisch gewinnt Äthiopien damit mehr Spielraum in seinen Konflikten mit Eritrea und Somalia. Die Probleme mit beiden Ländern stehen für Äthiopien in engem Zusammenhang. Aus äthiopischer Sicht waren die Erfolge der UIC in Somalia nur möglich, weil die Regierung in Eritrea diese mit Waffen versorgte. Die in der UIC dominierende Al-Ittihad-al-Islamia wiederum wird in enger Verbindung mit der ONLF gesehen, der sie, wie auch Eritrea, Waffen und Logistik zur Verfügung stelle. „Der sich abzeichnende Krieg in Somalia ist Teil des unerledigten Geschäfts des zweijährigen Krieges mit Eritrea ..."[603]

Bereits wenige Tage nach dem Einmarsch in Somalia am 24. Dezember 2006 hatte Meles Zenawi verkündet, „75 % der äthiopischen Mission" seien erfüllt. Ein „Blitzkrieg", der nach anfänglichen Erfolgen ins Stocken geriet. Der auf zwei Monate geplante Krieg mit dem Ziel, die UIC zu besiegen und dem Präsidenten Abdullahi Yusuf Ahmed und der Übergangsregierung zur Durchsetzung zu verhelfen, scheiterte. Der von der äthiopischen Regierung vermittelte Eindruck, abgesehen von Mogadischu sei der Rest von Somalia „absolut stabil"[604] entpuppte sich als Wunschtraum oder bewußte Täuschung der Öffentlichkeit. Im März 2007 erschienen in der äthiopischen Presse die Schreckensbilder von äthiopischen Soldaten, die in Mogadischu, durch die Straßen gezogen, verstümmelt und verbrannt worden waren. [605]

Von den angekündigten 8000 Soldaten der AU trafen weniger als die Hälfte ein. Präsident, Regierung und Parlament in Somalia waren heillos zerstritten und die Gräben zwischen den politischen Fraktionen und innerhalb derselben am Ende tiefer denn je.

Die Bilanz des „Verteidigungskrieges", aus dem sich Äthiopien Anfang 2009 zurückzog, ist desaströs: 10.000–16.000 tote Zivilisten, Hunderttausende auf der Flucht, eine zerstörte Hauptstadt. Moderate islamische Persönlichkeiten sind marginalisiert, der radikale Flügel der UIC „Al-Shabab" dank technischer und finanzieller Unterstützung aus dem Iran und Saudi-Arabien keineswegs besiegt. Ende 2008 kontrollierten Islamisten annähernd so viele Gebiete wie vor dem äthiopischen Einschreiten. Der im Januar 2009 in Dschibuti gewählte neue Präsident Somalias ist derselbe, den Äthiopien 2006 vertrieb, nämlich der moderate islamische Führer Sheikh Sharif Sheikh Ahmed, der aber jetzt weniger Autorität besitzt und von den Al-Shabab-Milizen angefeindet wird. Beide Regierungschefs gehen jetzt aufeinander zu – Ausgang ungewiß. Kritik, daß diese Situation zeige, wie sinnlos die militärische Intervention war, ließ der Ministerpräsident nicht gelten, weil die Angelegenheit weder damals noch heute eine „persönliche"[606] gewesen sei. Jedenfalls behält sich Äthiopien vor, auch in Zukunft wieder militärisch einzuschreiten, wenn die Sicherheitslage dies erfordert. Pressemitteilungen, wonach auch nach dem offiziellen Abzug der äthiopischen Armee 2009 Truppen zu kurzfristigen Operationen wieder nach Somalia eindrangen, werden weder von der somalischen noch von der äthiopischen Seite bestätigt.

Ganz im Gegensatz zum wirklich Erreichten feierte ein Teil der äthiopischen Presse die Intervention von 2006 als rundum erfolgreiches Ereignis, mit dem Voraussetzungen für Frieden und Stabilität am Horn von Afrika geschaffen worden seien. Die äthiopischen Truppen seien geradezu herzlich in Somalia empfangen worden und hätten die Bewunderung von Millionen friedliebender Somali errungen. Und vor allem nicht zu vergessen, die Niederlage von Al-Shabab fügte der eritreischen Regierung einen „fürchterlichen Schlag" zu. „Hut ab vor den äthiopischen Verteidigungskräften!"[607].

Die Frustration der äthiopischen Regierung über Verlauf und Ergebnis ihrer Intervention ist den Äußerungen des Ministerpräsidenten nicht erst seit dem Rückzug aus Somalia anzuhören. Mit deutlichem Fingerzeig an die Adresse der USA und der internationalen Gemeinschaft betonte Meles Zenawi im Juni 2009, daß sich sein Land nicht zu einem Pferd machen lasse, das für andere die Kastanien aus dem Feuer hole, einem Pferd, auf das „jeder Idiot und seine Großmutter einpeitschten."[608] Was bei Beginn der Intervention als eine souveräne Entscheidung der äthiopischen Regierung dargestellt wurde, weil sie erstens von der Übergangsregierung Somalias darum gebeten wurde und zweitens der „Verschwörung von drei Seiten"[609] – der eritreischen Regierung, den Al-Shabab-Milizen und bewaffneten Elementen im Innern Äthiopiens – zuvorkommen mußte, erscheint nun zumindest zum Teil als Folge des Drucks seitens der Administration unter dem damaligen Präsidenten Bush.

Eine solche Verlagerung der Verantwortung nach außen ist in jedem Falle innenpolitisch verträglicher und kommt gleichzeitig der Wahrheit wohl ein Stück näher. Im selben Monat, als die äthiopischen Truppen sich aus Somalia zurückzogen, verabschiedete das Parlament die lange umstrittene, und auch von den westlichen Gebern kritisierte „Charities and Societies Proclamation"[610]. Diese wurde auch damit begründet, zu verhindern, daß sich in solchen Organisationen und Koranschulen Islamisten ausbreiten könnten. Das Gesetz besagt, daß Vereinigungen und Nichtregierungsorganisationen, die mehr als 10 % ihres Budgets aus Auslandsmitteln erhalten, als „ausländische" Einrichtungen gelten und diese sich nur mit rein humanitärer Hilfe und Armutsbekämpfung befassen dürfen. Themen wie Menschenrechte, Regierungsführung, Demokratie und Konfliktbearbeitung, selbst Genderfragen und Kinder-, Minderheiten- und Behindertenrechte dürfen nicht Gegenstand der Arbeit solcher Organisationen sein. Von den fast 4000 NROs waren bei Ablauf der Pflicht zur Neuregistrierung im Februar 2010 nur 1400 neu registriert. Die zuständige Behörde sah hierin ein Indiz dafür, daß die übrigen nur existiert hätten, um Geldquellen aufzutun.[611]

Im Juli 2009 verabschiedete das Parlament ein Gesetz, das der Regierung erlaubt, „legal" das zu tun, was eh schon Praxis ist. Das „Anti-Terrorismus"[612]-Gesetz erlaubt der Polizei, auf der Basis von bloßem Hörensagen ohne richterliche Anordnung Durchsuchungen vorzunehmen und Verdächtige bis zu vier Monate ohne Anklage festzuhalten. Ein weit gefaßter Terrorismusbegriff macht das Gesetz zum Instrument, politische Opposition und Menschenrechtsorganisationen aus dem Verkehr zu ziehen. Die in den USA gegründete Partei *Ginbot 7* unter Berhanu Nega, einem führenden Oppositionspolitiker der ehemaligen CUD, wird in Äthiopien bereits als terroristische Gruppe behandelt, etwa vierzig wirkliche oder angebliche Mitglieder wurden im April 2009 verhaftet. Der Name „Ginbot 7", nach äthiopischem Kalender der 7. Mai, erinnert an die Wahlen vom 15. Mai 2005. Die Parteivorsitzende der ebenfalls aus dem ehemaligen Koalitionsbündnis hervorgegangenen *Unity for Democracy and Justice Party*, die junge Richterin Birtukan Mideksa[613], sitzt bereits seit Dezember 2008 in Haft. Als sie es, nach ihrer Begnadigung im Juli 2007 zusammen mit anderen Oppositionsführern, gewagt hatte, öffentlich im Ausland darüber zu sprechen, wie diese Begnadigung zustande gekommen war, wurde sie erneut „lebenslang" inhaftiert.

Oppositionspolitiker und ihre Anhänger beklagen zunehmende Behinderungen, Einschüchterung und Inhaftierung ohne Gerichtsurteil, den Einsatz von Lebensmittelhilfe als politische Waffe und Repressionen gegen regierungskritische Zeitungen. Menschenrechtsorganisationen bestätigen Vorwürfe solcher Art.[614] Die Regierung weist die Vorwürfe als unbegründet zurück, als absichtliche Meinungsmache mit versteckter Agenda.

> „We have stressed the fact that our accountability is to the people of this country, not Human Rights Watch or anyone else, nonetheless, the dogs bark, but the caravan moves on,"[615]

212

wird das Außenministerium zitiert. Im Gegenzug wartet die Staatspresse mit wirklichen oder angeblichen Aussagen von Oppositionspolitikern auf, wie: Wir gewinnen die Wahlen und falls nicht, dann ist das der Beweis dafür, daß das Votum der Wähler manipuliert wurde.[616]

Die Regierung bereitet sich seit langem das Terrain für den Wahlsieg 2010. Die EU und das Carter Center, die wie 2005 zur Wahlbeobachtung eingeladen sind, wollten im Dezember 2009 und Januar 2010 Erkundungsmissionen nach Äthiopien schicken. Die äthiopische Regierung beschied, daß sie erst im Februar ins Land könnten, zu einem Zeitpunkt, da wichtige Entscheidungen im Vorfeld der Wahlen bereits gefallen sind: die Registrierung der Parteien und Kandidaten, die Wahl der einheimischen Wahlbeobachter und auch weitgehend die Registrierung der Wähler. Das Carter Center lehnte daraufhin eine Wahlbeobachtermission ab. Die EU schickte ihre Wahlbeobachter.[617]

Wieviel Kredit hat der Donor Darling noch bei seinen westlichen Verbündeten? Einen unbegrenzten – solange er das Land, „die Bastion regionaler Stabilität",[618] politisch im Griff hat und Äthiopien als regionale Ordnungsmacht am Horn von Afrika gebraucht wird? Unter der Obama-Administration kommt inzwischen deutlichere Kritik an der äthiopischen Regierung auf. Der US-Botschafter beim *U.N. Human Rights Council* in Genf, Douglas Griffiths, kritisierte im Dezember 2009 die Bevorzugung einer Ethnie bei der Besetzung hoher Regierungsposten besonders im Militär, die Verletzung von Menschenrechten und der Pressefreiheit sowie das neue NRO-Gesetz. Die Antwort des Premierministers Meles Zenawi hierauf wird in der Presse folgendermaßen zitiert: „Einen solchen Schwachsinn habe ich noch nicht gehört. Sollte es aber vorgekommen sein, beweist es die Idiotie der Person in Genf."[619]

Im jüngsten (März 2010) Dissens mit den USA geht es um das Radioprogramm von „Voice of America" in amharischer Sprache. Die dort über Äthiopien verbreiteten Nachrichten gefallen der Regierung nicht. Sie verglich den Sender mit Radio Mille Collines in Ruanda, das 1994 Hutu zum Mord an Tutsi angestiftet hatte, und störte den Empfang.[620] Der Vergleich mit den Mördern in Ruanda ist ebensowenig neu wie die Störung von Sendefrequenzen. 2005 hatte die äthiopische Regierung die Opposition mit den Hutu-Milizen verglichen.[621] Die Sender in amharischer Sprache von „Voice of America" und „Deutscher Welle", bei Äthiopiern beliebte Medien, um sich über Ereignisse und Hintergründe zu informieren, die ihnen der eigene staatliche Rundfunk vorenthält, waren bereits nach den Wahlen 2005 von solchen Maßnahmen betroffen. Äthiopischen Mitarbeitern der Deutschen Welle wurde die Lizenz entzogen.[622]

8. „Das Kind des Abbay hat Durst nach Wasser" – Die Nutzung des Nilwassers, ein „kolonialer Scherz"?

Der Blaue Nil – Faszination und Fluch

Wer über den Nil schreibt, zitiert gerne den griechischen Historiker Herodot (ca. 485–425 v. Chr.) mit den Worten „Der Nil ist Ägypten und Ägypten das Geschenk des Nil"[623]. Seine Reisen in Ägypten führten Herodot bis zum 1. Katarakt des Nil bei der Insel Elephantine. Er berichtete von der Annahme, die jährliche Nilflut sei das Ergebnis von geschmolzenem Schnee, der weit aus dem Süden komme und fragte sich, wie es denn im heißesten Teil der bekannten Welt Schnee geben könne. Ein äthiopischer Autor unserer Tage argumentiert, wenn Herodot gewußt hätte, daß 86 % des Wassers, das Ägypten erreicht, aus dem Hochland Äthiopiens stammt, und das sind jährlich rund 72 Milliarden Kubikmeter, dann hätte er gesagt „Ägypten ist das Geschenk Äthiopiens"[624].

Doch ist es nicht der Blaue Nil allein, der dieses Geschenk bereitet. Innerhalb des Nilsystems gibt es in Äthiopien drei Subsysteme, das des Blauen Nil, den die Äthiopier Abbay nennen, und der dank seiner zahlreichen kleinen und großen Nebenflüsse 59 % Anteil an den Wassermassen hat. Es folgen die Flüsse Baro und Akobo (14 %), die im Südwesten Äthiopiens als Sobat in den Weißen Nil fließen. Der dritte im Bunde ist der Tekezze (13 %) im Norden, der teilweise die Grenze zu Eritrea markiert, und als Atbara etwa 320 km nördlich von Khartoum in den Nil mündet.[625] In einem Gedicht eines der führenden Schriftsteller Äthiopiens, des 1936 geborenen Tsegaye Gebre-Medhin, wird der Nil als Wiege der Menschheit beschworen, einer afrikanischen Zivilisation, die eine universale menschliche Kultur hervorbrachte. Die glorreiche Vergangenheit zähle aber heute (1974) nicht mehr, die Welt habe sie vergessen:

„Abbay is the cradle of the black race,
 Is the blood of Ethiopia, the mother of Cush,
 The introducer of civilization to the world ...
 Forgotten your goodness and history,
 We live in misery,
 Yesterday, by outcries of aliens,
 And today, by ignorant violence ..."[626]

214

Die Tatsache, daß Äthiopien, die „Brunnenstube"[627] Afrikas, mit seinen Flüssen den Löwenanteil am Wasser des Nil stellt, ist erst seit 1920 bekannt. Die Vorstellung allerdings, daß Äthiopien eine entscheidenden Rolle bei den jährlichen Nilfluten spielt, ist alt, prägte das Verhältnis von Ägypten und Äthiopien über Jahrhunderte und hat bis heute ihre Auswirkungen, auch über die beiden Länder hinaus. Wie Landkarten aus dem 14. und 15. Jahrhundert zeigen, war im Mittelalter bekannt, daß der Nil in Ägypten zwei Zuflüsse besitzt, von denen wenigstens einer seine Quelle in Äthiopien hat.

Für den Sudan und insbesondere für Ägypten, das über fast kein Regenwasser verfügt, wurde der Nil zur Lebensader. Er bildete die Basis für Bewässerung und später für Energieerzeugung und war mit der Schiffahrt, vor allem bis zur Eröffnung des Suezkanals, Medium für Handel und Kom-

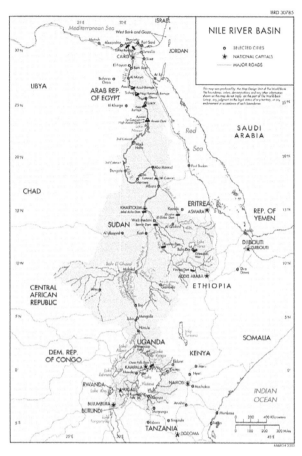

Abb. 58 Der Nil und seine Zuflüsse, 2000

munikation. Für die Äthiopier spielte der Blaue Nil dagegen wirtschaftlich keine positive Rolle. In einer tiefen und engen Schlucht bahnt er sich seinen Weg und ist nicht schiffbar. Während in Ägypten 90 % des bewirtschafteten Landes bewässert werden, sind es in Äthiopien lediglich gut 3 % und davon im Niltal nur 2,1 %[628]. Den größten Anteil an der Bewässerungswirtschaft hat das Awash-Tal östlich von Addis Abeba. Der Awash gehört zu den wenigen großen Flüssen des Landes, die nicht in Nachbarstaaten fließen.

Die heißen und engen Täler des Blauen Nil sind dagegen bis heute nicht siedlungs- und verkehrsfreundlich, sie sind malariagefährdet. Die mächtigen herabstürzenden Wassermassen reißen fruchtbare Erde mit sich, erodieren das Land, zwingen seine Bewohner, ihr Auskommen woanders zu suchen, und bilden eine Barriere für die Kommunikation und Bewegung der Menschen beidseits des Flusses. Unter Kaiser Susenyos wurde seit Anfang des 17. Jahrhunderts die Region westlich des kleinen Nil, die noch nicht zum christlichen Königreich gehörte, durch systematische Überfälle ausgeraubt und ihre Bewohner, die Agaw, wurden versklavt. Der Kaiser ließ unter anderen Macha Oromo, die mit ihm verbündet waren, westlich wie östlich des Flusses ansiedeln.

Nur einen kurzen Fußmarsch entfernt findet sich südlich der Nilfälle eine sogenannte portugiesische Brücke an der engsten Stelle über den Fluß. Man erzählt sich, daß Kaiser Fasilidas, nach anderer Tradition sein Vater Susenyos, die Brücke um 1640 erbauen ließ, damit der Fluß keine jungen Männer mehr verschlinge, die von hier über die Schlucht zu springen versuchten, um so auf dem kürzesten Wege in die Provinz Gojjam zu gelangen. Viele erreichten das andere Ufer nicht, und wurden von den herabdonnernden Wassermassen in die Tiefe gerissen.

In einem Beerdigungsgesang der Oromo, rufen sich die Bewohner diesseits und jenseits des Flusses zu:

"They call ,each other' on the Abbai,
They call ,each other' on the great Nile."[629]

Durch seinen Verlauf trennt der Abbay das Plateau von Wollo und Shoa vom Hochland von Gojjam ab, dessen Herrscher, nach der Eingliederung in das Kaiserreich, dank dieser natürlichen Barriere zentrifugale Tendenzen entwickelten, die zu politischen Konfrontationen mit der kaiserlichen Zentralregierung führten.

Alte Sprichwörter wie das "Kind des Abbay hat Durst nach Wasser", "Die Mutter des Blauen Nil stirbt vor Durst", "In der Überfülle des Wassers ist der Narr durstig." Oder Liedzeilen wie "Abbay ist nur ein Name; aber er hat seinem Heimatland keinen Nutzen gebracht"[630] spiegeln die düstere Wahrnehmung des Nil wider. In Liedern und Gedichten erscheint der Abbay auch heute noch als "Verräter" der Menschen im eigenen Land, deren Flehen bei ihm auf taube Ohren stößt. Anstatt ihren Durst zu stillen und fruchtbare Erde zu hinterlassen, trägt er die Muttererde und Wassermassen fort zugunsten anderer. In einem Gedicht von Hailu Gebre Johannes (1989) heißt es:

"Please see the land screaming in pain,
Yelling to receive your favour,
Begging for your mercy,
Begging you for a drop of water."[631]

Seine gewaltigen Wassermassen, sein tief eingegrabenes Flußbett und nicht zuletzt die am Ende der Regenzeit beeindruckenden 45 m hohen Wasserfälle Tiss Issat (Rauchende Fälle, Rauch des Feuers) ließen ihn aber auch als eine geheimnisvolle Naturgewalt erscheinen, als Quelle des Lebens und heilende Macht, die in Balladen, kirchlichen Hymnen und patriotischen Oden, Heiligengeschichten, Volkslegenden beschrieben und Gegenstand der Malerei wurde.

Zwei amharische Sprichwörter: „Wer den Blauen Nil nicht kennt, ist schon von einer Quelle entzückt." „Wer das Tosen gewöhnt, möchte am Blauen Nil begraben sein"[632] spiegeln Bewunderung und Respekt vor dieser Naturgewalt wider.

Nicht zuletzt übten der Nil und seine Zuflüsse eine Faszination auf Ausländer aus, die sich auf die Suche nach seinen Quellen machten. Schon im Altertum werden Expeditionen mit dem Ziel erwähnt, die Quellen des Nil zu finden. Als sich im 19. Jahrhundert Europäer auf die Suche nach den Quellen machten, hatte Ägypten längst damit begonnen, Dämme zu bauen und seine Baumwollplantagen zu bewässern.

Richard Burton, James Grant, John Speke und Henry Morton Stanley reisten in der 2. Hälfte des 19. Jahrhunderts zu den Quellen des Weißen Nil, den großen Seen im Inneren Afrikas. Samuel und Florence Baker durchquerten den Sudan und folgten dem Lauf des Nil bis zum Blauen Nil. Ein knappes Jahrhundert zuvor stand am 4. November 1770 der schottische Abenteurer James Bruce im Sumpf der drei nahe beieinander gelegenen Quellen des Blauen Nil beim Dorf Geesh Abbay (Gish) in der Region Damot in Amhara.

„Dann kam ich zu der Insel aus grünem Rasen, welche die Gestalt eines Altars hatte und anscheinend ein künstliches Gebilde war. Ich stand nunmehr voll Entzücken an der Hauptquelle, die in der Mitte entspringt.

Man kann es sich leichter vorstellen als es beschreiben, was in diesem Augenblick in meiner Seele vorging. Ich stand an der Stelle, welche seit beinah dreitausend Jahren das Genie, den Fleiß und die Untersuchung alter und neuer Köpfe beschäftigt hatte. Ich triumphierte hier als ein einfacher englischer Geschäftsmann in meinen Gedanken über Könige und ihre Heere, und jeder Vergleich machte mich stolzer."[633]

Abb. 59-62
Am Nil und zu den Nilfällen,
2001

217

Bruce beschreibt die Quellen des Blauen Nil als einen Kultplatz, wie er auch in anderen Berichten erwähnt wird. Der Bürgermeister des Ortes, so Bruce, ist zugleich Priester und Wächter der Quellen. Jährlich, beim ersten Erscheinen des Sirius, versammelt er die lokalen Agaw-Stämme an der Hauptquelle, man bringt ein Tieropfer und spricht Gebete zu dem im Fluß wohnenden Geist, den sie den ewigen Gott, das Licht der Welt, das Auge der Welt, den Gott des Friedens, den Heiland und den Vater des Weltalls nennen. Auch heute noch besteht der Glaube an die spirituellen Kräfte, an seine heilende Wirkung fort und die lokale Bevölkerung bringt Opfergaben und Geschenke und die Priester segnen die Gläubigen mit Quellwasser. Bruce beschreibt, daß die abgegessenen Tierknochen früher auf einem Altar verbrannt wurden, dieser aber von den Portugiesen zerstört worden sei. Sie hatten dort eine kleine Kirche gebaut, auf deren Zerfall die Einheimischen nun warteten, um den einstigen Kultplatz wie zuvor nutzen zu können.

Eben diese Portugiesen resp. Spanier waren es, die als erste Europäer den Gelgäl Abbay oder Tinish (kleiner) Abbay zu Gesicht bekamen und nicht James Bruce, der hiervon noch keine Kenntnis hatte und sich zum Lohn für seine strapaziösen Reisen darin sonnte, die Nilquellen als erster „entdeckt" zu haben. Um 1600 hatte der Kapitän des militärischen Corps der Portugiesen in Tigray, Jaoa Gabriel, eine erste Expedition zu den Quellen unternommen. 1618 (nach anderen Quellen 1613) war es der gebürtige Spanier Pedro Paez, der im April das Quellgebiet erreichte und eine Beschreibung des Gelgäl Abbay in seiner Geschichte Äthiopiens in Portugiesisch festhielt. Auch der Jesuit Jerónimo Lobo traf wenig später dort ein und lieferte eine genaue Beschreibung der Nilquellen und des Wasserfalls. Sein Buch erschien 1735 in englischer Übersetzung. Als Bruce und seine Landsleute damit konfrontiert wurden, deklarierten sie die Darstellung als Phantasieprodukt.

Der Gelgäl Abbay fließt ca. 75 km nordwärts in den Tana-See und verlässt ihn als Abbay (der Große, Vater) an seinem südwestlichen Ufer in Richtung Südosten, dreht dann nach Westen und fließt nach seinem Zusammenfluß mit dem Didessa-Fluß Richtung Nordwesten in die Ebenen des Sudan. Nach insgesamt gut 1500 km kommt der Blaue Nil bei Khartoum an, verbindet sich zum „längsten Kuß der Geschichte"[634] mit dem Weißen Nil und wird nun Nil genannt. Mit über 6800 km ist der Nil, von der entferntesten Quelle des Luvironza-Flusses in Burundi bis zu seiner Mündung ins Mittelmeer der längste Fluß der Welt.

Das Wissen über die Bedeutung des Blauen Nil für Ägypten machte ihn für die äthiopischen Herrscher zu einem Mittel der Durchsetzung politischer Interessen und zum Symbol potentieller Macht und für die Kolonialmächte zu einem Objekt der Begierde nach Vorherrschaft. In den jüngsten Jahren wurde er schließlich zu einem Hoffnungsträger für wirtschaftliche Entwicklung und Wohlstand in Äthiopien, denn endlich soll seine Wasserkraft systematisch zur Stromherstellung und zur Bewässerung genutzt werden und so helfen, Dürre, Hungersnot und Armut zu überwinden.

„Nicht mehr als das Gebrüll eines Papierlöwen"[635] *– Der Abbay als politische Waffe*

Eine erste Erwähnung des Blauen Nil in äthiopischen Quellen findet sich in einer Inschrift des aksumitischen Königs Ezana (r. 330–65/70), die von einer seiner erfolgreichen Kriegszüge kündet. Die kriegerischen Auseinandersetzungen fanden allerdings nicht am Blauen Nil, sondern am Tekezze resp. Atbara statt, die man noch bis ins 15. Jahrhundert hinein mit dem Blauen Nil identifizierte, bevor durch Eroberungen seit dem 14. Jahrhundert letzterer langsam ins Blickfeld rückte.

   Die ersten Berichte über von Ägypten vermutete Manipulation des Nilwassers durch äthiopische Herrscher liegen in der zweiten Hälfte des 11. Jahrhunderts. So berichtet der arabische Historiker Al Makin, daß zur Zeit des Sultans Al-Mustansir der Nil seine jährliche Flut in Ägypten versagte. Der Sultan sandte 1092 den koptischen Patriarchen von Alexandria mit Geschenken nach Äthiopien, der um die Wiederherstellung der normalen Wassermenge ersuchen sollte. Der äthiopische Monarch ordnete daraufhin die Zerstörung eines Hügels an, und der Wasserspiegel stieg innerhalb einer Nacht um drei Fuß.[636] Allerdings stammt die Niederschrift dieses Ereignisses erst aus dem 14. Jahrhundert, aus der Zeit, in der sich die Vorstellung, daß die äthiopischen Herrscher eine absolute Kontrolle über den Nilverlauf hätten, bereits herausgebildet hatte. Die Tatsache, daß die Flut manchmal ausblieb oder sehr schwach ausfiel, verlangte nach einer Erklärung und so hatte man sie gefunden.

Die äthiopische Drohung, den Nil umzuleiten, bildete sich im Zusammenhang mit dem Anliegen, die Ernennung von ägyptischen Patriarchen für die äthiopische orthodoxe Kirche sicherzustellen und dem Interesse an den im vorwiegend muslimischen Ägypten lebenden Christen heraus. Das war die „quid pro quo"-Basis[637] der Wasserpolitik jener Zeit: Während Ägypten Einfluß auf das Schicksal der im christlichen Herrschaftsverband lebenden Muslime nehmen wollte und auf das äthiopische Wasser angewiesen war, hing die orthodoxe Kirche von der koptischen Kirche Ägyptens ab. Nach der Tradition durfte der äthiopische Bischof kein Äthiopier sein, sondern musste von der koptischen Kirche Ägyptens gesandt werden. Hierauf hatten die jeweiligen Sultane einen entscheidenden Einfluß. Die äthiopische Kirche blieb bis 1959 eine Diözese der koptischen Kirche Ägyptens und nicht zuletzt sollte der Konflikt um den Nil zur Beendung dieser Tradition beitragen.

Der europäische Mythos vom christlichen Äthiopien als starkem Partner im Kampf gegen den Islam verstärkte die Bedeutung des Nil im äthiopisch-ägyptischen Dialog. „Nachrichten" von der Macht äthiopischer Herrscher über den Nil ließen in Europa die Zusammenarbeit mit ihnen noch vielversprechender erscheinen. Jenseits aller realen Möglichkeiten, eine solche Absicht in die Tat umsetzen zu können, war auf muslimisch-ägyptischer wie auf christlichäthiopischer Seite der Glaube hieran wirksam. Glaubten die äthiopischen Herrscher selber daran oder waren sie nur geschickte Taktiker?

Auch Europäer, die inzwischen – anders als ihre Vorgänger – Äthiopien aus eigener Erfahrung kannten, zeigten sich hiervon überzeugt, wie der sizilianische Abenteurer Pietro Rombulo, der 1407 nach Äthiopien gekommen war und in die Dienste des Kaisers Yeshaq (r. 1413–34) trat. „Wenn es Priesterkönig Johannes gefällt", berichtete er, „kann er sehr gut den Fluß in eine andere Richtung fließen lassen"[638]. Andere Berichte spiegeln die angenommene Pattsituation zwischen Äthiopien und Ägypten wider: Der äthiopische Herrscher kann zwar den „Heiden" das Wasser wegnehmen, aber er macht es nicht, weil er fürchtet, daß diese dann die Kirchen zerstören und gegen die Christen in Ägypten und Jerusalem vorgehen.

1450 sandte Alfonso von Aragon, König von Neapel, einen Brief an Zara Yaqob, in dem er ihn im Rahmen einer Marineexpedition gegen Palästina um Unterstützung durch die Umleitung des Nil bat. Der portugiesische Eroberer von Indien, Alfonso Albuquerque[639] (1453–1515), stellte ernsthafte Überlegungen an, wie die technischen Probleme zwecks Nilumleitung zu bewältigen wären, um dem ägyptischen Konkurrenten zu schaden. Er überlegte, wie man den Nil in Richtung Rotes Meer umleiten könnte und erbat von Manoel I., ihm Arbeiter zu schicken, die geübt waren, Felsen zu zerschneiden und Bewässerungsgräben auszuheben. In der Weltkarte von Fra Mauros von 1460 sind Sperren eingezeichnet, die anzeigen, daß der Priesterkönig Johannes den Nil in die Wüste des Sudan umleiten konnte.

Es bildete sich die Vorstellung heraus, daß die ägyptischen Sultane den äthiopischen Königen einen jährlichen Tribut zahlten, um nicht vom Wasser abgeschnitten zu werden. So formulierte der italienische Poet Ariosto in seinem Epos „Orlando Furioso", 1516:

„The soldan, king of the Egyptian land,
Pays tribute to this sovereign, as his head,
They say, since having Nile at his command
He may divert the stream to other bed.
Hence, with its district upon either hand
Forthwith might Cairo lack its daily bread.
Senapus him his Nubian tribes proclaim;
We Priest and Prester John the sovereign name."[640]

Senapus ist eine Verballhornung von Senap, dem arabischen Titel der äthiopischen Könige Abd-es-Salib, was Diener des Kreuzes bedeutet. Manchmal findet sich auch die umgekehrte Version, nämlich, daß der Sultan Tribut leiste, damit der Priesterkönig nicht die Schleusen öffne, um Ägypten zu überfluten. Ägypten zahlte keinen Tribut an Äthiopien, hier lag eine Verwechslung mit den Tributzahlungen muslimischer Herrscher im Osten des äthiopischen Reiches vor. Eine solche Version findet sich auch in der Beschreibung des Lebens des letzten Zagwe-Königs Na'akuto La'ab (bis 1270). Wie sehr häufig sind solche Quellen Heiligengeschichten, die lange, manchmal Jahrhunderte nach dem Tod des hierin verklärten Königs geschrieben wurden. In die Darstellung fließen reich ausgeschmückte Ereignisse und Legenden ein, die sich erst in nachfolgenden Zeiten entwickelt haben. So schreibt der Verfasser der Heiligengeschichte von Na'akuto La'ab, daß dieser die Ägypter bestrafen wollte, weil sie die unter seinem Vorgänger Lalibela eingegangene Verpflichtung eines jährlichen Tributs an Gold und Silber nicht einhielten. Der Kaiser betete, daß der Zufluß des Tekezze zum Nil für drei Jahre und sieben Monate gesperrt werde. Und so geschah es. Ägypten wurde von einer großen Hungersnot erfaßt und die Bevölkerung ging zurück. Die Ägypter baten daraufhin, den Fluß wieder fließen zu lassen und sicherten regelmäßige Tributzahlungen zu.[641]

Eine ähnliche Geschichte wird von Lalibela (spätes 12./frühes 13. Jh.) erzählt, die James Bruce während seines Aufenthalts in Gondar zu Ohren kam. Diesmal ging es nicht um ausgebliebene Tributzahlungen, sondern Lalibela wollte wegen der Verfolgung von Christen eine Hungersnot in Ägypten verursachen. Da es ihm aber zu schwierig erschien, den Nil selbst umzuleiten, ließ er sorgfältig prüfen, welche Zuflüsse des Blauen Nil in den Indischen Ozean umgeleitet werden könnten. Die Frage, warum dies letztlich nicht geschah, wird unterschiedlich beantwortet. Eine Erklärung lautet, Mönche hätten ihm klargemacht, daß mit einem solchen Projekt große Wassermengen in die östlichen muslimischen Königreiche von Hadiya und Adal gelangen würden. Diese trockenen Gebiete könnten so der „Garten der Welt"[642] werden und viele Muslime anziehen. Die dortigen Königreiche könnten dadurch mächtig werden und in Abessinien einfallen. Diese Argumente überzeugten Lalibela, er ließ von seinem Plan ab und widmete sich den Felsenkirchen, als deren Haupterbauer er in die Geschichte eingegangen ist.

Während diese Erzählung eine Umleitung des Blauen Nil als zu schwierig erscheinen läßt und der König daher Zuflüsse ins Visier nahm, besagt eine andere Tradition, daß er den Lauf des Nil ändern konnte. Er sperrte den Tana-See mit einer großen Mauer ab und leitete das Wasser gegen Süden in die Savannengebiete des Rift Valley. Erst nach 10 Jahren ließ er sich bewegen, die Mauer wieder einzureißen und Wassermangel und Hungersnot in Ägypten ein Ende zu bereiten. Eine weitere Legende besagt, daß er einen Kanal am Zusammenfluß des Blauen und Weißen Nil in Khartoum grub, um den Fluß in die Sahara umzuleiten.

Weder gab es zu Lalibelas und Na'akuto La'abs Zeiten bereits die Königreiche Adal und Hadiya, noch kann man annehmen, daß beide Kenntnis vom Blauen Nil hatten, denn sie regierten in Lasta, weit entfernt vom Blauen Nil, aber in der Nähe des Tekezze. Erst durch die Eroberungen des Kaisers Amda Seyon I. (r. 1314–44), dem ersten äthiopischen Herrscher, der in Europa bekannt wurde, kamen Teile des Niltals in den Herrschaftsbereich der äthiopischen Könige. Amda Seyon I. ist auch der erste, von dem belegt ist, daß er offen damit drohte, den Nil zu blockieren oder umzuleiten. Er schickte 1325 einen Gesandten zum ägyptischen Sultan mit der Botschaft, er werde den Handel mit dem Horn von Afrika unterbrechen, den Lauf des

Nil umleiten oder sperren und Ägypten in eine „Wüste"[643] verwandeln, wenn der Sultan keine größere Toleranz gegenüber den Christen in Ägypten zeige.

Unter seinen Nachfolgern Dawit II. (r. 1380–1412), Yeshaq (r. 1413–1434) und Zara Yaqob (r. 1434–1468) wiederholten sich solche Warnungen oder Drohungen. Immer wieder ging es um Verfolgung oder Benachteiligung von Christen, z. B. durch ihre Belegung mit Sondersteuern, und die Zerstörung von Kirchen.

Die genannten Herrscher arbeiteten auch daran, das Konzept von der Beherrschung des Blauen Nil religiös zu untermauern, indem sie die Identität des Flusses mit dem biblischen Ghion betonten, eine Gleichsetzung, die auch in Europa bis ins 17. Jahrhundert hinein akzeptiert war. Keine Geringere als die Jungfrau Maria war Botschafterin dieser Identität: Maria flog auf einer Wolke über Äthiopien und sah den Ghion von dort. Sicherlich konnte man mit Maria als Zeugin auf muslimische Herrscher keinen Eindruck machen – aber wußte man das? – wohl aber gegenüber der eigenen Bevölkerung oder lokalen Konkurrenten und vielleicht auch den Europäern, die jetzt in das machtpolitische Kalkül einbezogen waren.

Die Geschichten um die Auseinandersetzungen mit der Waffe des Nil als Vergeltung für die Verfolgung von Christen in Ägypten werden in den Heiligenlegenden seit König Dawit II. um eine Variante bereichert. Der wegen drohender oder bereits eingetretener Wasserverknappung reuige ägyptische Herrscher bot reiche Geschenke an, damit der äthiopische Herrscher das Wasser wieder fließen ließ. Dieser lehnte schnöden Mammon jedoch ab und verlangte stattdessen als Wiedergutmachung ein Stück des „Wahren Kreuzes"[644]. Als die ägyptische Seite seinem Begehren nachgekommen war, stellte er die normalen Wasserverhältnisse wieder her. Auch von Zara Yaqob und Lebna Dengel gibt es ähnlich lautende Geschichten, wie überhaupt verschiedene Versionen darüber existieren, wann und von wo ein Stück des Kreuzes, an das Jesus geschlagen worden war, nach Äthiopien gelangte.[645] Das Meskal-Fest am 27. September, mit dem die EOC die Auffindung des Kreuzes in Jerusalem durch Königin Helena begeht, gehört neben Timkat, der Taufe Jesu, zu den populärsten und wichtigsten kirchlichen Festlichkeiten. Das Kreuzfragment soll sich im Kloster Gishen Mariam in Wollo befinden.

In der Vita Lebna Dengels (r. 1508–40) scheint zum vorläufig letzten Mal die Drohung der Nilumleitung thematisiert worden zu sein. Nach dem verlustreichen Krieg gegen Gragn und der folgenden Völkerwanderung der Oromo überwogen andere Interessen als die an den Christen in Ägypten. Erst Anfang des 18. Jahrhunderts wird von Tekle Haymanot I. (r. 1706–08) berichtet, daß er bei dem Streit mit den türkischen Behörden um die Festnahme des äthiopischen Gesandten, des armenischen Händlers Murad ibn Mazlum, mit dem Nil als Mittel der Vergeltung drohte: „Gott hat diese Quelle in unsere Hände gelegt."[646] Vielleicht hing die weniger konfliktreiche Entwicklung ab der 2. Hälfte des 16. Jahrhunderts auch damit zusammen, daß die Ägypter den „wahren Grund" herausgefunden hatten, warum das Wasser manchmal sank und von „ihrer früheren Verdächtigung"[647] abließen.

Europäische Äthiopien-Reisende fuhren zunächst noch fort, sich mit den Möglichkeiten der Umleitung des Nil zu befassen, bis sich allmählich durch wachsende Kenntnisse über Äthiopien eine Entmystifizierung des Landes, einschließlich der Vorstellungen vom Nil, durchsetzte. Der letzte „seriöse Forscher"[648], der die Nilumleitung durch äthiopische Herrscher ernst nahm, war der deutsche Gelehrte Hiob Ludolf. Er entwarf verschiedene Szenarien, aus welchen Gründen ein Ausbleiben der Nilflut möglich gewesen sein könnte. Neben naturbedingten Ursachen schloß er nicht aus, daß in früheren Jahrhunderten, als äthiopische Herrscher noch Gebiete nahe der Katarakte im Sudan beherrscht hätten, eine Umleitung des Nilwassers denkbar gewesen wäre. James Bruce schrieb im 18. Jahrhundert: „Zu meiner Zeit glaubte kein verständiger Mensch in Abessinien, daß so etwa möglich war und nur wenige glaubten, daß es jemals versucht worden war."[649] Aber noch 1935 berichtete der Journalist Anton Zischka in seinem „Tatsachenbericht", daß man noch heute die Reste der gewaltigen Steinmauern und Kanäle, mit deren Bau Lalibela hatte beginnen lassen, erkennen könne. Hätten nicht die Ratgeber den König veranlaßt, die Arbeiten einzustellen, so hätten Lalibelas Staudämme „vielleicht das Bild der Welt, die Geschichte der letzten sieben Jahrhunderte verändert, ..."[650]

Die friedlichen Beziehungen in Sachen Wasserpolitik änderten sich, als mit Muhammad Ali Pasha (r. 1805–49) in Ägypten eine Dynastie an die Macht kam, die nur noch nominell (bis 1914) vom Osmanischen Reich abhängig war. Sie verfolgte eine Politik, die bestrebt war, die Oberhoheit Ägyptens über das Horn von Afrika und das Nilbassin und seine Quellen mit Feldzügen gegen den Sudan und Äthiopien zu sichern. Muhammads Enkel Khedive Ismail (r. 1863–79) setzte die Politik seines Großvaters fort und erstrebte den Aufbau eines afrikanischen Nil-Imperiums, das das Rote Meer mit dem Nil verband. Von den großen Seen bis zum Nildelta sollte die „grüne Fahne Ägyptens"[651] wehen. Die Modernisierung des Landes wurde mit europäischen Geldgebern und Beratern in Angriff genommen, darunter der Bau des Suezkanals. Nachdem Khedive Ismail die Expansion im Sudan konsolidiert hatte, begann er die Küste des Roten Meeres und den nordwestlichen Teil des späteren Eritrea zu erobern und besetzte 1875 auch Harar. Der Krieg, der nun zwischen Äthiopien und Ägypten begann, führte 1875 und 1876 zu schweren Niederlagen der Ägypter in Gundet (nahe Mareb) und Gura (Eritrea), zog sich aber als verheerender Abnutzungskrieg bis 1884 hin. Durch seine außenpolitischen Niederlagen, den Widerstand der Mahdisten im Sudan und durch innenpolitischen Widerstand geschwächt, wurde Ismail zum Befehlsempfänger britischer und französischer Interessen. Am Ende war Ägypten seiner Souveränität beraubt, und nun waren es die Briten, die von Ägypten aus auch im Sudan ihre Herrschaft errichteten und ein reges Interesse an der Kontrolle des Nilwassers entwickelten.

Abkommen über Nutzung und Kontrolle des Nilwassers – ein „kolonialer Scherz?"[652]

Äthiopien sah sich in jener Zeit nicht nur in militärischer Konfrontation mit Ägypten im Norden, den Mahdisten im Westen und dem kolonialen Vordringen der Italiener, sondern musste auch zwischen den Machtansprüchen Frankreichs und Großbritanniens jonglieren. Auf dem Hintergrund eines Konflikts mit Frankreich, kam es vorübergehend zu einer Annäherung an die Briten. 1902 unterzeichnete Kaiser Menilek II. ein Abkommen[653], jegliche Maßnahmen am Lake Tana, dem Blauen Nil und dem Sobat zu unterlassen, die die abgehenden Wassermengen beeinflussen und so die wirtschaftlichen Interessen der Briten beeinträchtigen könnten. Jedwede Baumaßnahme war nur mit britischer Zustimmung erlaubt. 1906 teilten die kolonialen Rivalen Großbritannien, Frankreich und Italien Äthiopien in wirtschaftliche Interessenzonen auf, wobei sich die Briten die Kontrolle des Nilbeckens und seiner Zuläufe sicherten. Die äthiopische Regierung wurde selbstverständlich nicht gefragt.

Auf seiner Europareise 1924 drängte die britische Regierung den Regenten Ras Tafari Mekonnen, dem Bau eines Dammes am Tana-See in britischer Regie zuzustimmen. Dieser antwortete, den werde Äthiopien selber bauen und dann „das Wasser an die Regierung des anglo-ägyptischen Sudan verpachten"[654]. Eine solche Begrenzung ihrer Handlungsmöglichkeit gedachten die Briten nicht hinzunehmen und schmiedeten zusammen mit den Italienern weitere Pläne zur Durchsetzung ihrer Interessen. 1925 einigten sich beide Seiten darauf, daß die Briten einen Damm am Lake Tana errichten und die Italiener eine Eisenbahn bauen könnten, die Somalia mit Eritrea verbinden sollte. Die äthiopische Regierung, die sich beim Völkerbund, deren Mitglied sie seit 1923 war, beschwerte, erlangte nur scheinbar diplomatischen Erfolg in diesem Konflikt. Daß man Äthiopien nicht als gleichberechtigtes Mitglied zu behandeln bereit war, sollte sich schon bald in aller Deutlichkeit zeigen.

1929 unterzeichneten Großbritannien und Ägypten ein Abkommen, in dem sie die Nutzung des Nilwassers aufteilten. Den Löwenanteil bekam Ägypten, eine kleinere Menge wurde dem Sudan zugeteilt. Die übrigen Anrainer des Nil und seiner Zuflüsse gingen leer aus. Ägypten erhielt ein Veto- und Inspektionsrecht über alle Baumaßnahmen in diesen Ländern, selbst sollte es jedwede hydraulische Maßnahme ergreifen können. Als der Sudan 1956 unabhängig geworden war und eine Revision des Vertrages verlangte, kam es 1959 zwischen den beiden Ländern zu einem Abkommen, das Ägypten den Bau des Assuan-Staudamms zusicherte und den Wasseranteil des Sudan im Vergleich zum Vertrag von 1929 erhöhte. Beide Länder bescheinigten sich ein Monopol[655] über die Nutzung des Nilwassers und teilten den Anrainern am Oberlauf des Nil die Rolle von Bittstellern und Zuschauern zu. Dieses Nilabkommen und die Unterstützung der muslimischen Eritreischen Befreiungsfront (ELF) durch Ägypten – die beide eine Angliederung Eritreas an Äthiopien verhindern wollten – führten im selben Jahr zur Aufkündigung der historischen Kirchenzugehörigkeit Äthiopiens zur koptischen Kirche

Ägyptens. Als sich Haile Selassie und Ägyptens Präsident Nasser im Rahmen der Bildung der OAU zu Beginn der 1960er Jahre politisch und menschlich annäherten, wurden Auseinandersetzungen über die Nutzung des Nilwassers „als größere diplomatische Angelegenheit"[656] auf Eis gelegt. Unter dem Mengistu-Regime flammten sie wieder auf.

In der Folgezeit forderte Ägypten ganz im Stile einer kolonialen Macht die Einhaltung dieses Vertrages, den zwei Länder für acht nicht einbezogene Staaten zu einer legalen Verpflichtung machten. Wann immer einer der oberen Nilanrainer Pläne entwarf, um mit Baumaßnahmen in den Wasserhaushalt einzugreifen oder die Verbindlichkeit des Abkommens thematisierte, kamen aus Ägypten heftige Drohungen, nicht zuletzt die Androhung von Krieg. Mit erstaunlicher Selbstverständlichkeit können ägyptische Politiker und Wissenschaftler gleichzeitig den europäischen Kolonialismus in Afrika geißeln, zu afrikanischer Solidarität im Kampf gegen die bis heute wirkenden „Spuren des Kolonialismus"[657] aufrufen und gleichzeitig, jedwede Infragestellung kolonialer und nachkolonialer Verträge, die die Nutzung des Nilwassers betreffen, als völlig inakzeptabel zurückweisen. Hierbei berufen sie sich auf „historische und natürliche Rechte"[658].

Man könnte argumentieren, Äthiopien habe in der Vergangenheit ohnehin keine ernsthaften Planungen zur Nutzung des Nilwassers zu Bewässerung und Energiegewinnung vorzuweisen und daher durch die Abkommen keinen Schaden erlitten. Doch könnte man auch einwenden, daß eher umgekehrt ein Schuh daraus wird, denn Äthiopien hat durchaus Anstrengungen unternommen, Wassernutzungsprojekte zu erstellen. Die angemaßten Vorrechte Ägyptens führten auch bei internationalen Geldinstituten und arabischen Geldgebern zu einer Haltung, die die Zustimmung Ägyptens zu Projekten als Bedingung ansahen. Das bekam selbst der Sudan, der wirtschaftlich und militärisch schwächere der beiden Vertragspartner, bei seinen Vorhaben zu spüren. In der äthiopischen Presse ist man sich sicher, daß Ägypten immer dann seine „diplomatischen Muskeln"[659] spielen ließ und den direkten Einfluß von Ägyptern nicht nur bei der Weltbank, sondern auch in anderen internationalen Organisationen nutzte, wenn es um die mögliche internationale Finanzierung von Entwicklungsprojekten am Nil und seinen Zuflüssen in Äthiopien ging.

Erste Pläne, einen Damm am Tana-See durch eine US-amerikanische Firma bauen zu lassen und das Wasser an den Sudan weiterzuverkaufen, scheiterten vor allem am Widerstand Großbritanniens und Italiens und schließlich an dem Ende 1934 durch den „Zwischenfall" in Walwal beginnenden offenen Konflikt mit Italien. Äthiopien hatte jetzt andere Sorgen. Nachdem sich die USA 1956 aus der Beteiligung am Assuan-Staudamm zurückgezogen hatten, erfolgten im Rahmen eines Äthiopisch-Amerikanischen Kooperationsabkommens zwischen 1957 und 1963 ausführliche Studien[660] zur Nutzung der Wasserkraft für Elektrizität und Bewässerung. Das Ergebnis, das 1964 vorgestellt wurde, bezeichnete 33 umfangreiche Projekte, darunter vier größere Dämme am Blauen Nil, zahlreiche kleinere

Wasserkraftwerke und weite Bewässerungsareale. Von all diesen Plänen wurde nur das Fincha/Shambu-Kraftwerk an einem Zufluß 1972 in Auftrag gegeben und von der Weltbank plus einem bescheidenen Beitrag der *United States Agency for International Development (USAID)* finanziert. Die Umsetzung weiterer Projekte wurde im Bemühen, keinen Dissens mit Ägypten aufkommen zu lassen, nicht verfolgt, scheiterte aber auch an den fehlenden finanziellen Ressourcen Äthiopiens. Die USA scheuten möglicherweise vor einer Finanzierung zurück, um aus wirtschaftlichen und politischen Gründen sich die Option für ein Bündnis mit Ägypten offenzuhalten und die Zurückhaltung in ihrem Engagement in Äthiopien als „politischen Hebel" gegenüber Ägypten zu nutzen. Da sich Ägypten der Sowjetunion angenähert hatte, sollte es wohl im Rahmen des Kalten Krieges an seine „geopolitische Verwundbarkeit"[661] erinnert werden.

Das Mengistu-Regime bewegte sich auf die Sowjetunion zu, während Ägypten unter Anwar al-Sadat nun einen pro-amerikanischen Kurs fuhr. Die Beziehungen beider Länder verschlechterten sich besonders nach dem Ogaden-Krieg 1977/78 und dem Friedensschluß zwischen Ägypten und Israel, dem die Bewässerung der Sinai-Wüste mit Nilwasser versprochen wurde. Gegenseitige Drohungen wurden ausgesprochen und Mengistu Haile Mariam kündigte an, den Nil zu sperren. Als Antwort auf die Dürrekatastrophe von 1984/85 wurde mit italienischer Finanzhilfe das sogenannte Tana-Beles-Projekt[662] ins Leben gerufen, das Wasser vom Tana-See durch einen 7 km langen Kanal nach Südwesten in den Beles-Fluß leiten sollte, um dort durch Bewässerung neues Siedlungsland zu schaffen. Hierbei griff man auf Vorschläge zurück, die ein italienischer Wasserbauingenieur während der Besatzungszeit erarbeitet hatte. Die Gründe, die letztlich zur Aufgabe dieses Projektes führten, sind bislang nicht öffentlich gemacht worden. Ägypten erhob seine üblichen Einwände. Es gibt Anzeichen dafür, daß ein schlechtes Management bei der Umsetzung und außerdem im Gebiet operierende Anti-Regierungskräfte zum Scheitern beitrugen. Schließlich kassierte die 1991 siegreiche EPRDF das Projekt.

Inzwischen ist ein Staudamm am Beles als Teil eines umfangreichen Vorhabens zur Errichtung mehrere Staudämme im Bau. Drei sind inzwischen fertiggestellt, ein Staudamm am Tekezze und zwei am Gibe, einem nicht zum Nilbassin gehörigen Wasserlauf. Große technische Herausforderungen aufgrund der geophysischen Gegebenheiten verzögerten die vorgesehene Inbetriebnahme des Staudamms am Tekezze in Tigray und von Gibe II in Oromia. Obwohl es in den letzten Jahren gelungen ist, die Stromversorgung des Landes von 17 % auf 33 % zu steigern, ist die Nachfrage bei weitem höher. 2009 kam es unter anderem wegen ausfallender Regenfälle zu erheblichen Stromabschaltungen, die nicht nur Privathaushalte hart trafen, sondern auch die wirtschaftliche Produktion empfindlich beeinträchtigten. Gibe II mußte bereits wenige Tage nach der Einweihung im Januar 2010 wieder außer Betrieb genommen werden, weil ein Teilstück der Wasserzuleitung eingebrochen war.[663]

Ehrgeizige Pläne der „Ethiopian Electric Power Cooperation" sehen im Rahmen eines Fünf-Jahres-Plans weitere Staudämme vor, die die Stromversorgung auf 50 % steigern sollen. Der Export von Strom in die Nachbarländer soll zu einer einträglichen Einnahmeqelle werden. Gibe III, ein „Projekt der Superlative", an dem sich auch die European Investment Bank beteiligt, stößt inzwischen aufgrund fehlender fundierter Voruntersuchungen und möglicher Folgen für die Bevölkerung und die Umwelt bei Umweltschutz- und Menschenrechtsorganisationen auf heftige Kritik. Ohne öffentliche Ausschreibung erhielt ein italienisches Unternehmen, wie im Falle von Gibe II, den Zuschlag.[664]

Während die Weltbank und der Internationale Währungsfond (IWF) der Finanzierung von solchen Projekten, vor allem wenn sie das Nilbassin betreffen, nach wie vor zurückhaltend gegenüberstehen, kommt Unterstützung von der African Development Bank. Inzwischen hat auch China sein Interesse an der Finanzierung zweier Staudämme bekundet und Verhandlungen hierüber aufgenommen. „China scheint die perfekte Partie zu sein."[665]

Kooperative Nutzung des Nilwassers zur Überwindung von Armut und Rückständigkeit – von der Konfrontation zur Kooperation?

Am 22. Februar 2008 feierten die Mitgliedsstaaten der *Nile Basin Initiative* den Nil-Tag unter dem Motto: „Cooperation on Nile: Sustaining our lives, our futures". In Äthiopien wurde er im Rahmen der Millenniumsfestlichkeiten begangen und war nach offizieller Lesart ein Ereignis der „Erneuerung unserer Verpflichtung für Äthiopiens Wiedergeburt und zur Überwindung von Armut und Rückständigkeit"[666]. Durch die Nutzung von Wasserkraft und Energieexport, Bewässerung, Wasserkonservierung und durch Flutkontrollprojekte sollen in einem relativ kurzen Zeitraum weitreichende Erfolge erzielt werden.

Seit 1992 gab es erste Bemühungen von Ägypten, Sudan, Uganda, Ruanda, Tansania und Zaire die unilaterale Herangehensweise durch eine stärkere Kooperation aller Nilanrainer zu ersetzen. 1993 führten Gespräche zwischen Muhammad Husni Mubarak und Meles Zenawi zu einer Übereinkunft, zum gegenseitigen Vorteil bei der Nutzung des Nilwassers zu kooperieren. Nicht zuletzt die Auswirkungen der 1984 in Äthiopien einsetzenden mehrjährigen Trockenheit auf die Menge des Nilwassers hatten in Ägypten Bewegung in die verhärteten Fronten gebracht. Während Äthiopien, Eritrea, Kenia und Burundi zunächst nur als Beobachter teilnahmen, gehören nun, bis auf Eritrea, alle Länder der 1999 gegründeten *Nile Basin Initiative (NBI)*[667] mit Sitz in Entebbe/Uganda an. Sie wird von internationalen Organisationen wie *Weltbank, United Nations Development Program (UNDP), Canadian International Development Agency, Gesellschaft für Technische Zusammenarbeit (GTZ)* und anderen unterstützt. Ziel ist es, durch ein gemeinsames Wassermanagement und aufeinander abgestimmte Projekte den Nil zum Vorteil aller Anrainer mit einer schnell wachsenden Bevölkerung von derzeit 350 Millionen[668] Einwohnern zu nutzen. Auf diesem Wege sollen

Armut vermindert, wirtschaftliches Wachstum gefördert und Umweltschäden rückgängig gemacht werden.

Mindestens einmal im Jahr treffen sich die Vertreter der Länder auf Ministerebene im „Nile Council of Ministers" (Nile-COM). Vier- bis fünfmal tritt das mit beratender Funktion ausgestattete „Nile Technical Advisory Committee" zusammen. Unter der Schirmherrschaft der NBI werden für die Regionen östlicher Nil (Ägypten, Äthiopien, Sudan) und äquatoriale Seen (die übrigen plus Ägypten und Sudan) gemeinsame „win-win"-Projekte und Investmentprogramme aufgestellt, die aus je drei technischen Teams der beteiligten Länder bestehen und von den zuständigen Ministern geleitet werden. Auf der Grundlage von detaillierten Bestandsaufnahmen in den einzelnen Mitgliedsstaaten sollen im Dialog die Zusammenhänge zwischen regionalen Herausforderungen und nationalen Wasserpolitiken herausgearbeitet und entsprechende Reformprozesse eingeleitet werden. Während man sich bereits auf gemeinsame Projekte geeinigt hat, ist das „Cooperative Framework" als allgemeiner Rahmen für die Zusammenarbeit noch nicht verabschiedet. Dahinter stehen nicht zuletzt die alten Konflikte.

Während für Äthiopien die Verteilungsgerechtigkeit ein Schlüsselthema ist und früher festgelegte Wasserquoten Verhandlungsgegenstand sind, liegt der Schwerpunkt Ägyptens nach wie vor darauf, daß die Nutzung des Nilwassers den unteren Anrainern nicht schaden darf. Ägypten pocht darauf, daß seine „historischen Rechte", vor allem die im Vertrag von 1959 festgelegte Nutzung von 55,5 Milliarden Kubikmeter Wasser pro Jahr, in keiner Weise angetastet werden dürfen. Der Bau von Wasserkraftwerken zur Stromerzeugung ist das geringere Problem, da hierbei kaum Wasser verbraucht wird. Der Ausbau eines internationalen Stromnetzes und der Handel mit Strom könnten für beide Seiten von Vorteil sein. Dämme in Äthiopien könnten Sedimente zurückhalten, deren Anhäufung ernsthafte Probleme im Lake Nasser verursacht. Doch auch hier gibt es Mißtrauen: Wer garantiert, daß der Strom tatsächlich nach Ägypten geliefert oder nicht für „andere Zwecke"[669] eingesetzt wird? Schwieriger sind natürlich Bewässerungsprojekte, bei denen große Mengen an Wasser verbraucht werden. Diese könnten aber zum Beispiel wettgemacht werden, indem die hohe Verdunstung des Wassers im oberen Nil im Sudan reduziert wird. Pläne hierfür gibt es schon länger, der Bürgerkrieg brachte die Umsetzung ins Stocken.

Erfahrungsaustausch und Vertrauensbildung durch Dialog wurden als wesentliche Wegmarken zur Erreichung der weitgesteckten Ziele propagiert. In diesen Prozeß sollen nicht nur Politiker und Experten, sondern auch eine breitere Öffentlichkeit einbezogen werden. In den einzelnen Ländern von Journalisten gebildete „Nile Media Networks" sollen die Betroffenen wie die Öffentlichkeit mit wichtigen Informationen über die Kooperation versehen. Als Plattform für den Austausch von Erfahrung und Wissen brachte das *Nile Basin Development Forum* im November 2008 in Khartoum Wissenschaftler, Politiker und Praktiker zusammen. In Äthiopien trug das *Ethiopian Nile Basin Dialogue Forum*, das 2005 von verschiedenen

NGO-Dachorganisationen, die sowohl im humanitären wie im Bereich der Stärkung von Bürger- und Menschenrechten arbeiten, zur Öffentlichkeitsarbeit bei. Unter dem Motto „Laßt den Worten Taten folgen!"[670] sollte vor allem die Jugend an das Thema herangeführt werden. Seit 2003 läßt sich ein deutlich gestiegenes Interesse am Thema Wasserpolitik in den Zeitungen feststellen. In der veröffentlichten Meinung spiegelt sich aber auch die Tatsache wider, daß trotz des aufgenommenen Dialogs noch jede Menge Stolpersteine auf dem Weg zu Annäherung und Kooperation liegen.

Im Gros der Zeitungsbeiträge werden die Autoren – wie dies auch bei äthiopischen Politikern der Fall ist – nie müde zu betonen, daß aus dem Territorium Äthiopiens die mit Abstand größte Wassermenge stammt, unvorstellbar große Mengen „jungfräulicher Erde" in fremde Länder getragen werden und Äthiopien im krassen Gegensatz hierzu diese Ressource bislang kaum genutzt hat. „Das ägyptische Delta, das das moderne Ägypten ausmacht, besteht fast gänzlich aus Schlick aus Äthiopien."[671] Ausgerechnet die beiden Länder, die nichts zum Nilwasser beitragen, sondern es nur konsumieren, maßen sich an, über seine Nutzung für die Quellenländer zu entscheiden.[672] Gern werden Aussagen ägyptischer Politiker und Wissenschaftler angeführt, die eine unnachgiebige und säbelrasselnde Haltung nicht nur Äthiopien, sondern auch den übrigen Anrainern gegenüber erkennen lassen. Abgesehen von diesen Gemeinsamkeiten, die aufgrund des äthiopischen Beitrags zur Wassermenge des Nil eine Sonderstellung Äthiopiens betonen, lassen sich jedoch recht unterschiedliche Standpunkte ausmachen.

Die einen sehen Äthiopien primär in einer Opferrolle, die von außen verursacht ist. Während der Kolonialära musste Äthiopien kämpfen, um seine Unabhängigkeit und territoriale Integrität zu erhalten. Es hatte folglich weder Zeit noch Mittel, den schon „immer gehegten Wunsch", das Nilwasser zu nutzen, umzusetzen. Spätere Versuche wurden ebenfalls durch nicht selbst verschuldete Ereignisse torpediert. Andere vertreten eine Position, die pauschal die Unfähigkeit aller äthiopischen Regierungen verantwortlich macht, da sie sich allesamt von der Freigiebigkeit internationaler Geber abhängig gemacht hätten. Es wird stillschweigend unterstellt, das Land könne die enormen Kosten alleine tragen. Mancher sieht auch ein spezielles Defizit der jetzigen Regierung, die durch die Orientierung an ethnischen Linien das Land fragmentiert und geschwächt habe. Dies ganz im Gegensatz zu früheren Regierungen, unter denen das Volk geeint und das Land stark gewesen war und gegenüber Ägypten einen klaren Standpunkt vertrat. Hierbei erscheint die heutige Regierung in nicht lösbare Widersprüche verstrickt, wenn sie auf der einen Seite behaupte, sie wolle das Nilwasser nutzen und gleichzeitig davon rede, dies könne nur über Verhandlungen geschehen. Wie man schon im Falle von Hitler und Mussolini sehen könne, sei eine Appeasementpolitik gegenüber Ägypten und den auf Ägypten fixierten westlichen Gebern verfehlt. Äthiopien müsse sich nicht um einen Anteil am Nilwasser „balgen", denn es besitze die Quellen des Blauen Nil, des Atbara und des Sobat, seine „natürlichen und gottgegebenen Ressourcen"[673], die zu nutzen, das Land ein Recht habe. Wen erinnert das nicht an die alte Drohung der Könige, den Nil zu sperren? Wieder andere fassen sich kritisch an die eigene Nase und sehen den Blauen Nil als ein permanentes Symbol für „unsere beschämende Faulheit und Armut".[674] Hier wird Ägypten zum Vorbild, das demonstriert, was erreicht werden kann, wenn man hart arbeitet, anstatt nur anderen immer die „rote Karte"[675] zu zeigen.

Um aus dem schwelenden Streit über Wasserquoten herauszukommen, heißt die neue Devise, die nicht zuletzt unter dem Druck internationaler Geber zustande kam, nicht mehr „gemeinsame Wassernutzung", sondern den „Nutzen teilen"[676], indem die einzelnen Länder durch den Export ihrer jeweiligen Produkte, die sich als Nutzen oder Vorteile aus der Verwendung des Nilwassers ergeben, teilhaben und profitieren. Der Anteil am „realen" Wasser wird sozusagen durch „virtuelles" Wasser ersetzt, sei es in Gestalt von Strom oder Agrarprodukten oder anderen Vorteilen, die ein Land zum Beispiel aus reduzierten Sedimentablagerungen und Flutkontrolle zieht. Doch stellt sich damit ein neues Problem: Wie identifiziert man den jeweiligen „Nutzen bzw. die Vorteile" und bringt sie in ein umsetzbares Rahmenabkommen ein? Ist das überhaupt möglich, solange der „Zankapfel"[677] Wasseranteil nicht beseitigt ist? Man verdächtigte Ägypten, seine im Juli 2009 beginnende Präsidentschaft im Nile Council of Ministers dazu zu nutzen, andere Nilanrainer in ihrem Sinne beeinflussen zu wollen und der zuständige äthiopische Minister erklärte seinem ägyptischen Kollegen seine „unbeugsame Haltung" in besagter Angelegenheit.

Auf der Jahrestagung des Nile Council of Ministers Ende Juli 2009 in Alexandria[678] genehmigten sich die Regierungen eine sechsmonatige Bedenkzeit, in der Hoffnung, daß das nächste Treffen den endgültigen Durchbruch zur Unterzeichnung des Rahmenabkommens bringe. [679] Bislang (Mai 2010) haben Ägypten und der Sudan den strittigen Artikel 14b, der die Nutzung des Wassers auf der Basis von Verteilungsgerechtigkeit vorsieht, nicht unterzeichnet. Eine Initiative zur Intensivierung von Handel und Investment zwischen Ägypten und Äthiopien sowie eine Übereinkunft, den Bau dreier Staudämme und Kraftwerke an Zuflüssen des Blauen Nil in Äthiopien zu prüfen, stehen für Hoffnung auf Annäherung. Andere sehen darin jedoch eine gezielte Politik Ägyptens, Äthiopien sowie andere Nilanrainer durch wirtschaftliche Investitionen zu bestechen, damit sie größere Vorhaben aufgeben.[680] Ob aus „einem Paradebeispiel für mangelnde Kooperation im Wassermanagement ... ein Beispiel für internationale Kooperation geworden"[681] ist, muß sich erst noch in der Zukunft erweisen.

In einem Gedicht des Vokalisten Igigayehu Shibabaw heißt es:

„Abai, Abai, nourishment of the desert
You water; you don't hear when you are called
What have you put away in the city of the Egyptians?
... Abai the river of rivers
Has various consequences."[682]

9. Zur Geschichte der Armenier in Äthiopien

Vorbemerkung

Die Entscheidung, der Geschichte der Armenier in Äthiopien nachzugehen, fiel, als ich im Mai 2005 in Addis Abeba der unendlichen Geschichte der Leugnung des Völkermordes durch die türkischen Verantwortlichen begegnete und wenig später der Deutsche Bundestag eine laue Entschließung zu den Ereignissen vor 90 Jahren verabschiedete. [683]

*Gedenken zum 90. Jahrestag des Völkermordes an den Armeniern in Addis Abeba –
Dem türkischen Botschafter gefällt das Gedenken nicht und der Deutsche Bundestag
verabschiedet eine laue Entschließung*

Wie in zahlreichen anderen Ländern der armenischen Diaspora gedachten anläßlich des 90. Jahrestages des Genozids auch in Addis Abeba am 24. April 2005 Armenier ihrer ermordeten Landsleute. Obwohl bereits 1894–96 und 1909 mit staatlicher Duldung und Ermunterung unter Abdul Hamid II. weit über hunderttausend Armenier im Osmanischen Reich Opfer von Pogromen geworden waren, gilt der 24. April 1915 als der eigentliche Auftakt des Völkermordes. An jenem Tag wurden in Istanbul armenische Intellektuelle, Künstler, Geistliche und Politiker verhaftet, gefolgt von der Verhaftung der armenischen Führer in den Ostprovinzen.

Seit der Niederlage an der Kaukasusfront im Februar 1915 radikalisierte sich die Armenierpolitik der „Jungtürken", die 1913 durch einen Staatsstreich eine Ein-Parteien-Diktatur errichtet hatten. Vor dem Hintergrund des Zerfalls des Osmanischen Reiches und der Einmischung der europäischen Großmächte war aus der Reformbewegung gegen die Despotie des osmanischen Herrschers eine Partei geworden, die einen aggressiven türkischen Nationalismus vertrat. Christliche Völker wie Griechen, Assyrer und Armenier wurden als Feinde betrachtet, für die in einem homogenen Nationalstaat kein Platz war. Die Schuld an der Niederlage wurde den Armeniern angelastet, indem man sie pauschal der Kollaboration mit dem russischen Feind bezichtigte. Armenische Soldaten wurden entwaffnet, in Arbeiterbataillonen zusammengefaßt und systematisch ermordet. Im März 1915 begannen die ersten Deportationen der Zivilbevölkerung. Sie wurden zu Fuß in Richtung syrische und mesopotamische Wüsten geschickt. Diesen Todesmärschen – überwiegend von Frauen und Kindern –, Massakern und weiteren Morden über das Ende des Ersten Weltkrieges hinaus, fielen mehr als eine Million Armenier zum Opfer. In seinem Roman „Die vierzig Tage des Musa Dagh" hat Franz Werfel ihnen 1933 ein literarisches Denkmal gesetzt.

Das Armenische Pastorat in Addis Abeba rief die Armenier in Äthiopien dazu auf, zum Gedenken in der Nacht vom 23. auf den 24. April 2005 Kerzen anzuzünden und auf Fensterbänke zu stellen. In der Kirche fand ein Gottesdienst statt, bei dem auch der „Arba Lijoch", gedacht wurde. Der Enkel eines der „Arba Lijoch" platzierte in der bekannten äthiopischen Wochenzeitung „Addis Tribune" einen Beitrag unter dem Titel „Völkermord vor 90 Jahren – und Verleugnung". Der Beitrag enthielt, neben Einlassungen zur persönlichen Geschichte des Autors und der seines Großvaters, eine kurze Zusammenfassung verschiedener Verfolgungsmaßnahmen bis hin zur systematischen Vernichtung von Armeniern. Zum Schluß forderte der Autor die Türkei auf, sich ihrer Verantwortung zu stellen, den Völkermord nicht länger zu leugnen und damit den Weg für Versöhnung zwischen dem türkischen und dem armenischen Volk freizumachen. An dem Beitrag, der auch Bezug auf Völkermorde jüngeren Datums in anderen Ländern nahm, konnte man kritisieren, daß er einen gezielten Plan zum Völkermord an den Armeniern zeitlich zu früh ansetzte.

In der nächsten Ausgabe der Addis Tribune folgte prompt eine Gegendarstellung des türkischen Botschafters in Äthiopien, in der die bekannten Argumente von türkischer Seite wiederholt wurden, die die Ereignisse auf einen Bürgerkrieg zwischen Armeniern und Türken reduzieren, der auf beiden Seiten viele Opfer kostete. So waren es gewisse Maßnahmen zum „Selbstschutz", die die osmanische Regierung wegen eines allgemeinen Aufstandes der Armenier an der östlichen Front ergreifen mußte. Die Deportation geschah in der Absicht, die Armenier in sichere Landesteile innerhalb des Reichs zu führen. Der Botschafter berief sich auch auf die „bedeutenden Gelehrten", Bernard Lewis, Stanford Shaw und Justin McCarty, die bewiesen hätten, daß es keinen Genozid gab, kein einziges Dokument, das diesen belege. Als weiteren Beweis hierfür führte er an, wäre der Genozid Wahrheit, würde es heute in der Türkei keine Armenier mehr geben. Es fehlte auch nicht der Hinweis auf das Angebot der türkischen Regierung, die „armenische Frage" einer Untersuchung von Historikern beider Länder anheimzustellen und auf die unbeschränkte Möglichkeit türkische Archive einzusehen sowie die Behauptung, daß man heute in der Türkei offen über die Geschehnisse sprechen könne. Daß es weder eine freie Einsicht in türkische Archive noch eine offene Debatte gibt, dafür hat die Türkei in der jüngsten Vergangenheit viele Beispiele geliefert. Hier sei nur an den Umgang mit dem türkischen Schriftsteller Orhan Pamuk und dem türkisch-armenischen Journalisten Hrant Dink erinnert, der am 19.1.2007 ermordet wurde.

Ich entschloß mich, eine Gegendarstellung zu verfassen, in der ich mich kritisch mit den Argumenten des Botschafters auseinandersetzte, die auch tatsächlich in der nächsten Ausgabe der Zeitung abgedruckt wurde. Umgehend kam Post vom türkischen Botschafter, der meine Gegenargumente zurückwies und mir die Rede von Justin McCarty vor dem türkischen Parlament vom 21. März 2005 als Lektüre sandte, damit ich zur rechten Sicht der Dinge gelangen möge. McCartys Rede war vor dem Hintergrund wachsenden Drucks von seiten der Europäischen Union auf die Türkei zu sehen, sich ihrer Verantwortung zu stellen. McCarty bewertet armenische und westliche Quellen und Forschungsergebnisse zum Völkermord als auf politischer Propaganda beruhend und setzt dagegen auf die „ehrlichen Berichte" der Osmanen. In ihnen sieht er solide Fakten als Basis für jede gute Geschichtsschreibung. Selbstverständlich führen diese „soliden Fakten" zu dem Schluß, daß es keinen Völkermord gab. McCarty beschwor in seinen Schlußworten seinen Glauben an die Ehre, die Ehrlichkeit und die Integrität der Türken. Diese Tugenden ließen es niemals zu, Türken dazu zu verleiten, ein Verbrechen zu gestehen, das sie nicht begangen haben, egal was diese Ehrlichkeit sie koste.

Angesichts dieser Lektüreempfehlung und der Reaktion der Türkei auf die Resolution des Bundestages vom 16. Juni 2005 schlug ich das Angebot des Botschafters zu einem privaten Dialog aus. Der Bundestag hatte in seiner Entschließung, anders als in der vorangegangenen Debatte zum Gedenken an den 90. Jahrestag des Völkermordes, die verharmlosenden Worte „Vertreibungen und Massaker" gewählt, also den Genozid auf zwei seiner Methoden zur Durchführung reduziert. Ohne die Verhältnisse in der heutigen Bundesrepublik Deutschland mit denen der Kaiserzeit gleichsetzen zu wollen, fühlte ich mich dennoch daran erinnert, wie die kaiserliche Regierung während des Ersten Weltkrieges ihr Wissen über die Vernichtung der Armenier aus Rücksicht auf den wichtigen türkischen Verbündeten und ihre eigenen Kriegsinteressen verschwieg und der Presse einen Maulkorb verpaßte, über bekanntgewordene Fakten zu berichten.

Die Leisetreterei aus Rücksicht auf türkische Realitätsverweigerung wurde dem Bundestag 2005 nicht gedankt. Wie üblich reagierten die türkische Regierung, die türkischen Patrioten in Deutschland und anderswo und die Medien, als sei ihnen „der Krieg erklärt worden" (Wolfgang Benz). Man mag für solche „Rücksichtnahmen" politisch gewichtige Argumente anführen, den Opfern wird man damit allerdings nicht gerecht.

In der armenischen Gemeinde in Äthiopien gab es einige wenige, die sich über die in der „Addis Tribune" ausgetragene Kontroverse freuten, andere zeigten sich nicht angetan. Der Grund ist einfach: Man möchte kein öffentliches Aufsehen erregen.
(Juli 2005)

Die Geschichte der Armenier in Äthiopien zu schreiben, heißt Lücken in Kauf nehmen. Die Dokumente der Gemeinde in Addis Abeba sind fast ausschließlich in Armenisch abgefaßt, einige gibt es in Amharisch und Russisch. Ihre Auswertung durch Gemeindeverantwortliche steht noch aus. Einige Papiere, anläßlich von Festlichkeiten von Mitgliedern der Gemeinde verfaßt, liegen in Englisch vor und sind seit kurzem auch im Internet zu finden. Von den „Arba Lijoch", den „Vierzig Kindern", die dem Völkermord entkamen und 1924 als Jugendliche von Ras Tafari, dem späteren Haile Selassie nach Äthiopien eingeladen wurden, lebt keiner mehr. Der letzte starb 2005 in Dire Dawa, und nur wenige ihrer Nachfahren sind in Äthiopien geblieben. Die Einzelheiten der so weit zurückliegenden Geschehnisse sind in Vergessenheit geraten bzw. es wurde in den Familien darüber nicht geredet. Gemeindeälteste, für die als Zeitzeugen die Geschichte der Armenier im 20. Jahrhundert noch lebendig im Gedächtnis war, sind bereits gestorben oder inzwischen zu alt, um Interviews zu geben. Verschiedene frühere Ansätze, eine Geschichte der „Arba Lijoch" zu schreiben, meist von ausländischen Besuchern, blieben ohne Ergebnis und haben in der Gemeinde die Bereitschaft, Auskünfte zu geben, nicht gerade gefördert. Dennoch waren einzelne hierzu bereit.

Keiner der armenischen Immigranten hat seine Memoiren geschrieben. Nur wenige durch Äthiopien reisende Armenier aus früheren Jahrhunderten hielten ihre Erfahrungen in schriftlichen

Berichten fest. 1930 erschien eine Studie des Armeniers Haig Patapan über das moderne Äthiopien unter besonderer Berücksichtigung der Aktivitäten der Armenier. Fünf Jahre später veröffentlichte der griechische Arzt, Schriftsteller und Konsul Adrian Zervos eine Bestandsaufnahme Äthiopiens, auch auf dem Werk Patapans beruhend, in der die verschiedenen Ausländerkolonien beschrieben werden. In den Werken äthiopischer Wissenschaftler finden sich nur sporadisch kleine Hinweise auf die Armenier in Äthiopien. Lediglich der britisch-äthiopische Historiker Richard Pankhurst hat eine ausführlichere Arbeit zu diesem Thema vorgelegt, indem er die verstreuten Hinweise von Reisenden, Diplomaten, Missionaren und anderen bis 1936 in Äthiopien residierenden Ausländern zusammengetragen hat. Bairu Tafla verfaßte eine kleine Biographie über einen Armenier, der im Widerstand gegen die faschistische Besatzung eine Rolle spielte. Schließlich erschien 2001 das Buch des Franzosen Francis Falceto, der in seiner Geschichte der modernen Musik in Äthiopien die Bedeutung von Armeniern würdigt.[684] Es gibt auch Hinweise auf Dokumente in der Schweiz, die noch der wissenschaftlichen Untersuchung harren.

Im August 2001 trafen sich in Los Angeles zum ersten Mal Armenier aus Äthiopien. Etwa 400 „Yetovba-Hayer"[685] versammelten sich zu einem Wiedersehen aus zehn verschiedenen Ländern und zwölf US-Bundesstaaten. 174 von ihnen schlossen sich zu einer *Ethiopian-Armenian Group* zusammen. Im Juli 2007 fand ein zweites Treffen in Yerevan (Eriwan) statt. Die Gruppe hat mit dem Aufbau einer Internetseite zur Geschichte der äthiopischen Armenier begonnen, die bislang noch überwiegend aus Photos besteht. Einzelne Beiträge zur Geschichte und heutigen Situation der Armenier in Äthiopien kommen nach und nach hinzu.

Die armenische Gemeinde heute

„Wir sind wie ein verlorener Stamm, der Hunderte von Jahren einfach durch den Glauben und durch eine Menge harter Arbeit überlebt hat ... aber die Frage ist, für wie lange noch?"[686]
   Mit diesen Worten beschrieb 1994 der Gemeindeälteste Avedis Terzian die Situation der Armenier in Äthiopien. Einst eine große Gemeinde, gestützt auf einflußreiche Händler, Fabrikbesitzer, Goldschmiede und Staatsbedienstete, zählte sie zu diesem Zeitpunkt nur noch 150 Mitglieder. Sie sieht sich im „Kampf ums Überleben", isoliert von den afrikanischen armenischen Gemeinden in Ägypten, im Sudan und Südafrika, vom Rest der Diaspora und von Armenien, zu dessen Kirche die afrikanischen Gemeinden mit Sitz des Primas in Ägypten gehören. Hunderte von in Äthiopien geborenen Armeniern ebenso wie alteingesessene vermögende Armenier haben das Land verlassen und sich vor allem in Kanada und Kalifornien niedergelassen. Es gibt keine organisierte Kommunikation mit anderen armenischen Gemeinden, keine Zeitung. Wenn man etwas erfährt, dann aus der „Voice of America" in armenischer Sprache.

Die 1918 errichtete Gemeindeschule konnte nur überleben, weil man sie auch für nichtarmenische Kinder öffnete. 1994 waren es noch etwa 100 Schüler/innen an der Zahl, von denen nur elf Armenier waren, sechs Kinder aus „gemischten" Ehen eingeschlossen. Der Stundenplan schließt Unterricht in armenischer Sprache, Geschichte, Geographie und Religion ein. Wer es sich leisten kann, schickt seine Kinder nach Beendung dieser Elementarschule, wie es Tradition ist, auf das *Melkonian Educational Institute of the Armenian General Benevolent Union* in Nicosia, Zypern.

Die Gemeinde ist überaltert. Die Mehrheit besteht aus 60- bis 80jährigen. Die Zahl der Todesfälle in den letzten 30 Jahren überstieg bei weitem die der Geburten und Hochzeiten. Von 1980 an hatte die Gemeinde für über zwanzig Jahre keinen Geistlichen mehr. Der Vorsitzende der Gemeinde sorgte als Erzdiakon für die Aufrechterhaltung des Sonntagsdienstes, bei dem seine Frau den Chor leitete und sein Sohn die elektrische Orgel spielte. Das Gehalt eines Geistlichen zu zahlen, ist für eine so kleine Gemeinde eine beachtliche Bürde. Nur vorübergehend zelebrierte wieder ein Priester den Gottesdienst. Vor seiner Ankunft in Äthiopien hatte er acht Jahre mit seiner Familie in Aachen gelebt. Er ging 2007 nach Kanada. An Sonntagen erscheinen 30 bis 40 Gemeindemitglieder in der Kirche, an besonderen Festtagen sind es mehr, so wenn wie am 24. April der Opfer des Völkermords gedacht wird.[687]

Bis heute zeugen die 1934 eingeweihte Kirche St. Kevork (St. Georg) und eine Reihe von Häusern, die sich Armenier bauen ließen, von der einstigen Größe und Bedeutung der armenischen Gemeinde, die 1935 rund 2800 Mitglieder in Äthiopien zählte, von denen über 1200 in Addis Abeba lebten. Die Gemeinde erinnert an die Überlebenden der Verfolgung und des Völkermords im Osmanischen Reich, die in Wellen nach Äthiopien kamen. Eine kleine Zahl von Händlern, Handwerkern und Staatsdienern, die sich in früherer Zeit in diesem Land niedergelassen hatten, bereitete den Weg für ihre Aufnahme. Die Ankunft der „Arba Lijoch" gab der Entwicklung der Gemeinde wichtige Impulse. Im Kirchhof gibt es ein kleines Mahnmal für die Opfer des Völkermordes, das anläßlich der 70-Jahrfeier der Einweihung der *St. Kevork Armenian Apostolic Orthodox Church* im Januar 2005 enthüllt wurde. Die Kirche besitzt eine Bibliothek mit einem Bestand von etwa 5000 Büchern, überwiegend in Armenisch, wenige in Englisch und Französisch.

Der Trend zur Abwanderung besteht weiter, hat sich aber stark verlangsamt. Die Gemeinde zählt heute noch rund 120 Personen, Kinder inbegriffen. Ohne finanzielle Hilfe von außen gelingt es den wenigen Verbliebenen bis jetzt, Kirche und Schule zu unterhalten. Dabei wird sie finanziell vom „Ararat Armenian Community Club" unterstützt, der bis heute der sportliche und kulturelle Treffpunkt geblieben ist. Während der Club früher den Mitgliedern vorbehalten war, ist das gutgehende Restaurant heute jedermann zugänglich. Bis vor wenigen Jahren gehörte dieses Restaurant zu den wenigen, die in Addis Abeba nichtäthiopische Küche boten und in denen man abwechslungsreich essen konnte.

Abb. 63 Die 1935 eingeweihte armenische Kirche in der Adwa St. 72 / Arada, 2008

Abb. 64 Blick in das Kircheninnere, Friedensgebete, 2006

Abb. 65 Der Gedenkstein für die Opfer des Völkermords im Garten der Kirche, 2006

Von den Anfängen bis ins 19. Jahrhundert – Armenier als Mittler zwischen Äthiopien und der übrigen Welt

- ### Verwandtschaft im Glauben – religiös-politische Beziehungen

Wenn die kleine Gemeinde heute zu festlichen Anlässen zusammenkommt, erinnern ihre Redner gern an die lange Tradition der äthiopisch-armenischen Beziehungen, die noch vor jener Zeit ihren Ursprung nahmen, als die ersten Händler in das entlegene Äthiopien kamen, und die vorwiegend religiös-politischer Natur waren. Und sie erinnern daran, daß die Armenier nicht als Eindringlinge, nicht als Missionare nach Äthiopien kamen, sondern als „brüderliche Nation"[688], die eingeladen wurde.

Einzelne Armenier kamen schon vor vielen Jahrhunderten als reisende Händler ins Land, die nicht selten aufgrund ihrer geographischen und sprachlichen Kenntnisse und ihrer kaufmännischen Verbindungen von äthiopischen Herrschern als Handelsagenten und Gesandte eingesetzt wurden. Daß man ihnen diplomatische und andere Dienste anvertraute, hängt nicht zuletzt mit der Tatsache zusammen, daß beide Herrscherhäuser zu Beginn des 4. Jahrhunderts als erste in der Geschichte offiziell den christlichen Glauben annahmen. Etwa 301 oder spätestens 314 konvertierte der armenische König Tiridates III. und um 330 der aksumitische Herrscher Ezana zum Christentum. In Jerusalem wie in Alexandria, den Hauptzentren des Christentums im Mittleren Osten, hatten beide Kirchen ihre Begegnungsstätten. In Alexandria wurde bis 1950 ein ägyptischer Geistlicher zum Patriarchen von Äthiopien bestimmt. Beide Kirchen hatten das vom Konzil in Chalkedon 451 – in der heutigen Türkei, am Ostufer des Bosporus – verabschiedete Dogma über die zwei Naturen Christi in einer Person abgelehnt. Anders als die orthodoxen Kirchen der Griechen,

Russen, Georgier, Serben, Bulgaren und anderer hielten beide wie die koptischen Christen in Ägypten, die assyrischen und indischen Kirchen an der monophysitischen Glaubensformel fest. In einem Brief des armenischen Katholikos Khatchig Arsharuni (973–992) an den griechischen Metropoliten werden die Äthiopier zusammen mit den anderen Kirchen genannt, die demselben Dogma folgen: „Eine Natur in einem Körper."[689] Die religiöse Gemeinsamkeit stimulierte in den folgenden Jahrhunderten das gegenseitige Interesse von Armeniern und Äthiopiern.

Während Europäer über Jahrhunderte als auf Einmischung zielende Katholiken mit Mißtrauen betrachtet wurden, genossen Armenier aufgrund der gemeinsamen Glaubenstradition einen Vertrauensvorsprung. Als ihre Zahl in Äthiopien später rasch anstieg, aber sich noch keine eigene Gemeinde gebildet hatte, konnten sie daher für ihre Hochzeiten und Begräbnisse Gebrauch von den Diensten der *Ethiopian Orthodox Church (EOC)* machen.

Kontakte im Altertum und frühen Mittelalter lassen sich nur spärlich durch Quellen belegen, sondern werden aufgrund logischer Überlegungen und indirekter Hinweise vermutet. Daß sich äthiopische und armenische Pilger und Priester in Jerusalem, dem Ort gemeinsamer heiliger Stätten und Reliquien, begegneten, erscheint einleuchtend, auch wenn ihre Zahl sicher bescheiden war. Die Beziehungen wuchsen, nachdem sich im 12. Jahrhundert in Jerusalem eine äthiopische Gemeinde gebildet hatte, der die Armenier offiziell Unterstützung zusagten. Der armenische Patriarch von Jerusalem Sarkis wird 1400 mit einer Vorschrift zitiert, die besagt: „Jene, die im Heiligen Land über ein Jahr lang bleiben, müssen Tribut zahlen, aber die Armenier, Georgier, Äthiopier und Griechen sind frei, das Heilige Grab ohne Gebühren zu besuchen."[690]

Das zu Beginn des 14. Jahrhunderts verfaßte äthiopische Nationalepos Kebra Nagast erwähnt Armenien und den armenischen Kirchengründer und Nationalheiligen Gregorius, den „Illuminator" (ca. 257–331) mehrfach, verwechselt ihn dabei aber mit einem anderen Heiligen.[691] Die Doktrinen von Gregorius gingen besonders im 16. Jahrhundert in die zeitgenössischen Ge'ez-Schriften ein. Gregorius wird, wie auch die armenischen Märtyrerinnen Ripsima und Gaiana, in Äthiopien verehrt, wie umgekehrt äthiopische Heilige in den armenischen Kirchenkalender Eingang fanden. Ripsima, der man eine Rolle bei der Bekehrung von König Tiridates III. (286–330) zuschreibt, wurde eine Kirche auf der Insel Dek im Tana-See gewidmet.

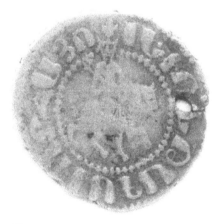

Abb. 66 Die Armenische Münze zeigt Levon III. (1301-07), gefunden in Tigray

Eine äthiopische Heiligengeschichte, ebenfalls aus der ersten Hälfte des 14. Jahrhunderts, erzählt die Geschichte des Mönches Ewastatewos, der mit der orthodoxen Kirche in Streit über die Beachtung des Sabbat und des Sonntag geriet, mit einigen Anhängern sein Land verließ und über Ägypten, Jerusalem, Zypern schließlich in das armenische Königreich Cilicia (Kilikien) gelangte, wo er um 1352 starb. Drei seiner Anhänger kehrten zusammen mit einem armenischen Mönch nach Äthiopien zurück, gründeten im Norden des Landes religiöse Gemeinschaften und übersetzten die armenischen Heiligengeschichten ins Ge'ez. Seit diesem Jahrhundert mehren sich Manuskripte in beiden Ländern, die von Kontakten und gegenseitiger Wahrnehmung als Glaubensgenossen zeugen, die am monophysitischen Dogma festhielten, mit anderen Christen in Konflikt gerieten und muslimischen Angriffen ausgesetzt waren. Die Manuskripte, darunter eine Vielzahl von Fragmenten aus Ge'ez-Texten, die als Einband für armenische Manuskripte dienten, sind bis heute in armenischen kirchlichen Büchereien und in der Matenadaran-Bücherei Armeniens erhalten. Ausdruck der gegenseitigen Wahrnehmung sind auch Manuskripte, die vom Interesse an den Sprachen zeugen. So finden sich im 16. Jahrhundert erste Ansätze zu einem Wörterbuch in Armenisch und Ge'ez und ein aus dem 18. Jahrhundert stammender Sprachführer.[692]

Jenseits dieser Kontakte, die sich vor allem in Jerusalem abspielten, berichtet die armenische Tradition von Geistlichen und Mönchen, die bereits im 7. Jahrhundert vor einem Erstarken des Islam in Armenien nach Äthiopien flohen. Auf einer Halbinsel des Hayq-Sees – nördlich von Dessie in der ehemaligen Provinz Wollo – gründeten sie später das Kloster St. Estifanos, das zu einem spirituellen Zentrum wurde und viele heilige Schriften in Ge'ez hervorbrachte. Das Wort *Hayq* bedeutet in der armenischen Sprache „Armenier" und „See" in Amharisch. Die Klostergründung durch Armenier findet in äthiopischen Darstellungen keine Erwähnung, wohl aber die Existenz einer Reihe religiöser Texte aus dem 14. und 15. Jahrhundert, die dort entstanden und starken armenischen Einfluß zeigen.

Ob armenische und koptische Handwerker aus Ägypten am Bau der Felsenkirchen in Lalibela beteiligt waren, kann nur gemutmaßt werden. Zu jener Zeit im 12. Jahrhundert besetzten Kurden Ägypten und wiesen viele Armenier aus. In den Felsenkirchen findet man Motive, darunter das Hakenkreuz, die nicht äthiopischer Bautradition entsprachen. Eine der vielen im 16. Jahrhundert von Ahmad bin Ibrahim, genannt Gragn, zerstörten Kirchen, Atronse-Mariam in Sayyint/Wollo, war von indischen, armenischen, syrischen und griechischen Architekten erbaut worden. Es war viel Gold eingearbeitet worden und Gragn wollte sie, ob ihrer „Schönheit"[693] schonen, aber von seinen Mitkämpfern, den Arabern, wurde er genötigt, sie zu zerstören. Das, so wird gesagt, tat er und nahm danach Kamelladungen von Gold mit.

Mehr als einmal in der äthiopischen Kirchengeschichte waren die Herrscher unzufrieden mit dem vom koptischen Patriarchen in Alexandria entsandten Oberhaupt der äthiopischen Kirche. Laut Tradition, die auf das Konzil von Nikäa im Jahr 325 zurückgeführt wurde, durfte er kein gebürtiger Äthiopier sein. Diese Praxis wurde erst Ende der 20er Jahre des 20. Jahrhunderts ernsthaft in Frage gestellt und 1959 beendet. Der jeweilige Abuna war auch ein Machtfaktor im Gerangel um die Vorherrschaft einzelner Fürsten. Wen unterstützte er, wen war er bereit zu inthronisieren? Auch war die Ernennung eines Abunas ein Kostenfaktor: Eine bestimmte Summe musste an den koptischen Patriarchen gezalt, Geschenke an den Vizekönig von Ägypten überreicht und Geld für die äthiopischen Mönche in Jerusalem übergeben werden – von den Reisekosten ganz abgesehen. Folgt man dem Bericht des armenischen Bischofs Hovhannès, der 1678 aus Ägypten nach Gondar kam, war der äthiopische Monarch unzufrieden wegen der „krassen Ignoranz und Roheit der Kopten"[694] und wollte einen armenischen Abuna. Er berichtet auch, der Monarch hätte einen Armenier in Diensten, der die Abessinier gelehrt hatte, wie man Schießpulver, Bomben und andere Waffen fertige. Besonders im 19. Jahrhundert mehrte sich die Unzufriedenheit und 1826 entsandten die drei mächtigsten Herrscher im nordwestlichen Äthiopien einen Gesandten nach Ägypten, um einen armenischen Abuna zu finden. Sie wollten sich des koptischen Abunas, der als „Lügner und Säufer"[695] charakterisiert wurde, entledigen, brauchten aber dringend einen Abuna, um einen neuen Kaiser zu ernennen.

Für Spannungen zwischen ägyptischen Kopten und äthiopischen Orthodoxen sorgten auch Ereignisse in Jerusalem. 1838 soll die äthiopische Vertretung in Jerusalem durch eine Krankheit erheblich dezimiert worden sein. Um der Ansteckungsgefahr zu begegnen, verbrannten die türkischen Behörden die äthiopische Bibliothek. Hierbei wurden laut äthiopischen Angaben Dokumente vernichtet, die ihre weit größeren Rechte, als man ihnen nun zugestand, belegten. Die Vertreter der Kopten nutzten die seit längerem geschwächte Position der Äthiopier und die Gunst der Stunde, um den Äthiopiern den Zugang zu Kirche und Konvent streitig zu machen. Es folgten langjährige Auseinandersetzungen, bei denen sich die äthiopische Seite, die unter dem Schutz und der Gerichtsbarkeit der Armenier stand, nicht immer von der armenischen Seite unterstützt, sondern auch von dieser in ihren angestammten Rechten beschnitten, „enterbt"[696] sah.

Briefe äthiopischer Herrscher zeigen, daß es in jener Zeit schwerwiegende Zerwürfnisse zwischen den orthodoxen Gemeinschaften in Jerusalem gab. Durch Vermittlung des britischen Konsulats und eines neuen armenischen Patriarchen kam es 1850 zu einem Kompromiß, der zur Entschärfung des Konflikts beitrug, ihn aber nicht löste. Zu jener Zeit, so berichtet der britische Konsul J. Finn, war der armenische Konvent der wohlhabendste und einflußreichste der christlichen Gemeinden in Jerusalem. Er verköstigte einen großen Teil der äthiopischen Gemeinde, die Pilger eingeschlossen, bereits seit eineinhalb Jahrhunderten, allerdings sehr „frugal"[697] nach dem Urteil des Briten. Immerhin waren es in den Jahren 1849 und 1850 etwa 100 äthiopische Pilger. Die „Jerusalemfrage"[698] spielte auch noch im 20. Jahrhundert eine Rolle, da die koptische Kirche nur zur Anerkennung von Nutzungsrechten bereit war, aber nicht die äthiopischen Eigentumsansprüche an heiligen Stätten anerkannte. Sie sind zum Beispiel Thema in Briefen Menileks II. an Wilhelm II., der gute Beziehungen zum Sultan des Osmanischen Reichs hatte, und von dem sich Menilek eine Vermittlung in dieser Angelegenheit erhoffte.

Aus vielerlei Gründen konnte das „äthiopische Problem" [699] um die Person des Abuna – so Bischof Ormanian – nicht erfolgreich gelöst werden und blieb auch in den folgenden Jahrzehnten anhängig, obwohl die armenische Seite in Jerusalem prinzipiell bereit war, einen Abuna zu stellen. Der Versuch im Jahre 1826 hatte aber den Effekt, daß mehrere armenischer Kleriker nach Äthiopien kamen, dort aber auf falsches Terrain gerieten, nämlich auf das des Herrschers von Tigray, der den geschmähten koptischen Abuna Qérelos unterstützte. In Ketten wurden sie zur Grenze gebracht und abgeschoben. [700]

Besser erging es dagegen einem anderen armenischen Geistlichen, ebenfalls mit dem Namen Hovhannés, der auch in den 20ern des 19. Jahrhunderts nach Äthiopien kam und vom damaligen König von Shoa freundlich empfangen und mit verschiedenen Privilegien ausgestattet wurde. Sein Gegendienst bestand darin, Diakone zu ordinieren, des Sonntags die Kirche in Ankobar zu segnen und Talismane für den Herrscher zu schreiben, der, so die Vermutung, mit dem ausländischen Geistlichen, seinem Hof Bedeutung verleihen wollte. Ganz ungetrübt blieb das Verhältnis nicht. Irgendwann kamen dem König Zweifel an der Authentizität des Geistlichen, der nach Jahren behauptete, er sei vom Patriarchen von Alexandria zum Abuna ernannt worden. Der protestantische Missionar Johann Ludwig Krapf[701] stellte die Zweifel des Königs in Zusammenhang mit der Weigerung des Geistlichen, zu fasten und am Mittwoch und Freitag auf den Genuß von Fleisch zu verzichten. Vielfach gedrängt, sich an die äthiopischen Sitten zu halten, soll er die Fastenregeln schließlich doch beachtet haben. Obwohl der König weitere Ordination verbot, entzog er Hovhannés nicht seine Gunst. Letzterer blieb bis an sein Lebensende in Ankobar und – so wird berichtet – der König gab am Jahrestag seines Todes regelmäßig einige Ochsen an die Kirche zum Wohl der Seele des Armeniers. Ob dieser das Land gerne wieder verlassen hätte, weiß man nicht, denn das durfte er nicht. Die traditionelle Praxis, einmal ins Land gelangte Ausländer, von deren Anwesenheit man sich Vorteile versprach, nicht wieder ausreisen zu lassen, wurde auch Hovhannés zuteil. [702]

- **Pater Timotheus auf politischer Mission und eine Eisenbahn als „Eintagsfliege"**

Die so auf kirchlichem Gebiet gewachsenen Beziehungen führten schließlich 1867 zu einem Versuch der armenischen Kirche, in einem Konflikt zwischen dem äthiopischen Kaiser Tewodros II. und der britischen Regierung zu vermitteln. Tewodros hatte wiederholt versucht, Unterstützung bei seinen Bemühungen zu bekommen, Handwerker ins Land zu holen, die Waffen herstellen konnten. Auch ging es ihm darum, Zugang zum Meer zu erhalten, um die muslimische Umklammerung Äthiopiens zu durchbrechen. Enttäuscht über die britische Reaktion hatte er Europäer, darunter den britischen Konsul, gefangengenommen. Die englische Regierung drohte ihrerseits mit einer militärischen Intervention. Um diese Konfrontation zu verhindern und eine einvernehmliche Freilassung der Geiseln zu erreichen, sandte der armenische Patriarch in Konstantinopel in Abstimmung mit dem Oberhaupt der armenischen Kirche in Jerusalem den Erzbischof Isaak von Chapert und den Priester Timotheus Wartapet Sapritschian mit Vermittlungsvorschlägen und wertvollen Geschenken nach Äthiopien.

Im April 1867 traten die Gesandten ihre beschwerliche Reise von Jerusalem aus an und gelangten von Jaffa per Schiff und Eisenbahn über Alexandria, Kairo und Suez nach Djedda und von dort durch die Meerenge von Suakin auf das Festland, von wo es weiter auf Kamelen nach Kassala und durch verschiedene Dörfer und Flecken ging. Immer wieder hieß es warten: auf Empfehlungsschreiben der jeweiligen Gebietsherrscher und auf bewaffnete Begleitung für die folgende Reiseetappe. Am 8. Juli trafen sie in dem damaligen ägyptisch-äthiopischen Grenzort Metemma ein, wo ihnen ein Vertreter des Scheichs die schwierige Weiterreise mit den einleitenden Worten erläuterte: „König Theodor ist gegenwärtig mit Bürgerkriegen beschäftigt ...“[703], das gesamte Gebiet sei in Aufruhr, Wege versperrt, Räuberbanden lauerten. Dennoch gelang es, die Weiterreise auf Kamelen und Maultieren zu organisieren, die Behinderungen durch die Regenzeit zu überwinden und sich dem Aufenthaltsort des Königs in Debre Tabor bis auf etwa drei Tagesreisen zu nähern. Es gelang ihnen auch noch, die Briefe an Tewodros weiterzuleiten, doch bald war klar, daß ihre Mission keine Früchte tragen konnte. Auch eine zweite Botschaft, die der armenische Patriarch von Jerusalem Jesaias im Oktober an Tewodros sandte, in der er ihn vor der Stärke der britischen Streitkräfte warnte und die Freilassung der Gefangenen anmahnte, kam zu spät.

In der Tat war die britische Expedition, die von Indien aus kam, von imposanter Größe[704]: 14.700 Mann gut ausgestattete Kampftruppe, davon zwei Drittel Inder, 27.000 Mann Gefolge, 19.000 Maultiere und Pferde, 1.700 Esel, 5.700 Kamele und 44 Elefanten und schließlich noch eine Eisenbahn. Es war die erste Eisenbahn in Nordostafrika und sie war eigens für diese militärische Expedition von Soldaten gebaut worden. 17 km lang führte sie über acht eiserne Brücken vom Golf von Zula nach Kumayla, durch den wüstenhaften Küstenstreifen im südlichen Eritrea bis zum Abfall des äthiopischen Berglandes. Das Material für den Bau, die Schienen, Schwellen, Loren, die Waggons und Lokomotiven sowie einige zivile Fachkräfte waren aus Indien herbeigeschafft worden.

Tewodros II., der angetreten war, das seit hundert Jahren zerrissene Land unter einer starken Zentralmacht zu einen, zu ordnen und zu modernisieren, hatte während seiner gesamten Regentschaft Kriege gegen rebellierende Gegner geführt und war politisch und militärisch am Ende. Er verfügte nur noch über eine Restarmee und kontrollierte nur noch einen Flecken Land, als sich die britische Streitmacht, assistiert von den Gegnern Tewodros', die gegen Bezahlung in eigens für die Expedition geprägten großen Mengen von Maria-Theresia-Talern für gutes Fortkommen und Verproviantierung der Truppen sorgten, auf Maqdala zubewegte.

Tewodros hatte sich auf seine Festung in Maqdala zurückgezogen, wo er sich im April 1868 nach einer verlustreichen Schlacht, gescheiterten Friedensangeboten und stundenlangem Beschuß seiner Festung vor der Erstürmung durch die Briten selbst tötete. Die Briten hatten ihre Mission erfolgreich beendet, die Gefangenen waren befreit und man zog wie mit der ägyptischen Regierung und dem Herrscher von Tigray vereinbart ab, allerdings nicht ohne zu plündern, was es an Kunstschätzen zu plündern gab, und den Ort in Brand zu setzen.

> „... in Komeylo angekommen, beförderte man die Truppen auf der Eisenbahn nach Zulla, während Bagage, Pferde und Cavalerie den Marsch zu Fuß zurücklegten. Vollkommen waren die Eisenbahneinrichtungen nicht. Ein Zug konnte nur etwa 130 Mann auf einmal hinunterschaffen, an einem Tage also bis zu 1500 Mann, aber jedenfalls ersparte man den Truppen einen äußerst beschwerlichen Marsch durch tiefen Sand, bei welchem man der großen Hitze nicht hätte entgehen können. Ohne Aufenthalt in Zulla brachte die Eisenbahn die Truppen bis an den Einschiffungspunkt im Hafen von Ansley-Bay, in welchem nahezu 700 Schiffe geankert haben ...“[705]

Die Briten übergaben die Eisenbahn den zuständigen ägyptischen Behörden. Die Spuren der Eisenbahn verloren sich im Laufe der Zeit. Sie war eine „Eintagsfliege“[706] im Gegensatz zu den Eisenbahnen, die bald in Eritrea unter italienischer Regie und unter französischer Regie von Dschibuti aus nach Addis Abeba gebaut werden sollten.

Was Pater Timotheus anlangt, so lastet er in seinem Bericht über die Ereignisse fälschlicherweise der einheimischen Bevölkerung den Raub an den Kulturgütern in Maqdala an. Vielleicht hängt diese Schlußfolgerung mit den Vorstellungen zusammen, die er sich von „den Abyssiniern“ gemacht hatte. In seiner „Schilderung der Sitten und des staatlichen und religiösen Lebens“ beschreibt er sie als „gierige Barbaren“, bei denen Diebstahl, Lüge und Laster alltäglich seien, Gier gar den Charakter der Nation ausmache, gepaart mit Faulheit, Mißtrauen, Verstellung, Treulosigkeit und Verrat. Sie seien wild und schlau, es fehle ihnen an Menschlichkeit und Rücksichtnahme. Seine pauschale Charakterisierung erinnert an das Vokabular der kolonialen Herrenmenschen.[707]

Ein vernichtendes Urteil fällt er auch über die orthodoxe Geistlichkeit und die religiösen Gebräuche, wie die Einhaltung und Praktizierung der Sakramente und der Liturgie. Er fand kaum etwas, was mit seiner Vorstellung von orthodoxem Christentum übereinstimmte. Trotz der jahrhundertealten Geschichte, die beide Kirchen miteinander teilten, qualifizierte er die äthiopische als eine minderwertige und unvollständige Version seines armenisch-orthodoxen Glaubens und bediente sich ähnlicher Argumente wie sie die evangelischen Missionare aus

Europa in ihrer Kritik an der Orthodoxie verwendeten. Die „guten Beziehungen" und der „häufige Verkehr" in Jerusalem hatten sich in seinen Augen als Trugschluß erwiesen: „... wir haben sie in ihrer Heimat ganz anders gefunden, als sie in Jerusalem zu sein scheinen".[708]

• Gesandte, Hofbeamte, Handelsagenten und Wissensvermittler

Dreieinhalb Jahrhunderte vor Pater Timotheus' politischer Mission, zu Beginn des 16. Jahrhunderts, war es der Armenier Mateos Armenawi, der von der äthiopischen Kaiserin Eleni nach Portugal geschickt worden war, um ein Bündnis zwischen dem katholischen Europa und dem orthodoxen Äthiopien gegen wachsenden muslimischen Einfluß zu schmieden. Damals zeigten die Europäer mehr Respekt gegenüber dem Reich des „Priesterkönigs Johannes" als kurz vor Beginn der kolonialen Aufteilung des Kontinents. Mateos war der erste, von dem bekannt ist, daß er in äthiopischen Diensten auf Mission geschickt wurde. Es sollten eine Reihe weiterer Armenier folgen. Nicht immer waren es rein politische Missionen, die äthiopische Herrscher ihnen anvertrauten. Sie dienten als Handelsagenten, die kommerzielle Verbindungen aufbauten und die Konsuminteressen des Hofes befriedigten.

Sie kamen als Händler ins Land und wurden aufgrund dieser Profession und auf dem Hintergrund der Verwandtschaft im Glauben Botschafter, Hofbeamte und Handelsagenten. Obwohl vor allem Griechen, aber auch Inder und Araber für die Kommunikation Äthiopiens mit der Außenwelt von Bedeutung waren, kommt der Historiker Richard Pankhurst zu dem Schluß, daß die Armenier eine „einzigartige Position"[709] in der äthiopischen Geschichte ebenso wie in der ihrer eigenen Diaspora erreichten. Indem sie meist jahrelange, mühsame Reisen, seien sie wirtschaftlicher oder politischer Natur, nicht scheuten, erwarben sie sich und ihren Landsleuten nach und nach einen guten Namen.

Im Gegensatz zu Äthiopiern, die nur ihre eigene Sprache beherrschten, ihr Land nur zu Pilgerzwecken verließen und keine Vorstellung von der Existenz weit entfernter Staaten hatten, verfügten die in und für Äthiopien reisenden Armenier meist über Kenntnisse in mehreren Sprachen. Sie kannten sich in zahlreichen Ländern aus, insbesondere im Osmanischen Reich. Äthiopien hatte keine Verträge mit anderen Staaten. Seine Untertanen liefen außerhalb der eigenen Grenzen Gefahr, als Sklaven kassiert zu werden. Äthiopier leisteten sich auch eine „ausgeprägte Aversion"[710] gegen Handel, nur Viehwirtschaft und Ackerbau zählten. Ebenso verachtet waren handwerkliche Tätigkeiten. Diese wurden von Ausländern und lokalen Minoritäten ausgeführt, wie den Beta Israel, aber auch von einheimischen Muslimen, die vor allem als Weber arbeiteten und lokalen Handel trieben, während der Großhandel in Händen von Arabern, Griechen, Armeniern und anderen Ausländern lag.

So wundert es nicht, daß aus dem 17. Jahrhundert berichtet wird, der Handel, womit vor allem der Import und Export für den Hof gemeint war, werde weitgehend von Armeniern und anderen Ausländern beherrscht, die teils auf eigene Rechnung, teils als Diener des Königs agierten. Für das 18. Jahrhundert beschreibt James Bruce Armenier als Agenten des Königs und großer Männer, die für diese die aus Naturalien bestehenden Einkünfte verkauften oder tauschten. Mehr noch als Griechen seien es Armenier, die als Untertanen des „Grand Signior" unbehelligt im gesamten Osmanischen Reich handeln könnten, ohne den Beschuldigungen und Erpressungen der türkischen Beamten ausgesetzt zu sein wie andere Ausländer. Er charakterisiert die Armenier als die bemerkenswertesten von allen Völkern im Osten, weil sie in der Regel die meisten der östlichen Sprachen beherrschten, von starker und robuster Verfassung seien, gepaart mit Geduld und Nüchternheit, gegenüber Vieh und Waren die aufmerksamsten seien und darüber hinaus ausgesprochen gewissenhaft und mit wenigem zufrieden.[711] Als der Jesuit Pedro Paez seinen ersten Versuch machte, vom indischen Goa nach Äthiopien zu gelangen, wurde er von den Türken festgenommen. Nach achtjähriger Gefangenschaft gelangte er zurück nach Indien. 1603 machte er einen zweiten, diesmal erfolgreichen Versuch. Er hatte sich als armenischer Händler getarnt[712].

Durch ihre Tätigkeiten in Äthiopien wurden Armenier zu Wissensvermittlern über dieses Land. Besonders nach dem „katholischen Intermezzo" zu Beginn des 17. Jahrhunderts, als aus dem Westen kommende Reisende nur selten ins Land gelangen konnten, „Franken" strikt verboten war, das Land zu betreten, waren Armenier und Orthodoxe von diesem Bann nicht betroffen. Sie waren weiterhin als Handelsagenten willkommen, es sei denn sie gehörten zu den wenigen Armeniern, die katholisch waren, dann drohte ihnen ebenfalls die Ausweisung oder Schlimmeres. Zwar haben nur wenige Armenier schriftliche Zeugnisse über sich und Äthiopien hinterlassen, sie dienten aber vielen anderen als Informanten, die das Wissen gerne aufgriffen und verwerteten. Umgekehrt dienen wiederum deren Berichte dazu, Auskunft über Armenier zu geben.

Auf ihren Handelsreisen und politischen Missionen trafen sie auf andere Reisende, denen sie über ihre Erfahrungen berichteten. Den Herrschern und Konsuln erstatteten sie Bericht über die politische Lage in Äthiopien, über den Kaiser, seine Armee, seine Hauptstadt Gondar, die Grenzen des Landes, über Kriege im Innern, über die starke Macht der orthodoxen Kirche und deren Haß auf Katholiken und Ausländer, über die Regionen und verschiedenen Völker, Sitten und Gebräuche und auch über die Stellung der Frauen.

So konnten Interessierte in Mokha, Kairo, Konstantinopel, Delhi oder im ostindischen Batavia detaillierte Informationen erhalten. Der deutsche Gelehrte Hiob Ludolf veröffentlichte Ende des 17. Jahrhunderts den Bericht des Armeniers Chodia Murad und konnte aufgrund seiner Angaben eine Karte mit den wichtigsten Gebieten Äthiopiens anfertigen. Informationen über die Quellen des Nil wurden 1735 in Paris auf der Grundlage der Berichte veröffentlicht, die der armenische Bischof Hovhannés Tutungi, der 1678 aus Ägypten nach Gondar gekommen war, dem französischen Konsul Benoît de Maillet[713] geliefert hatte: Der Nil habe seinen

Ursprung in einem See, der von zwei Flüssen gespeist werde und man brauche mindestens zwei Tage, um einmal mit einem Pferd um ihn herum zu reiten.

Auskunft über Äthiopien in der Gondar-Periode (1630–1760) gibt ebenfalls das erhalten gebliebene Manuskript des armenischen Gelehrten Avedik Paghtasariean, der auf einer ausgedehnten Reise zwischen 1664 und 1719 auch nach Äthiopien gelangte. Neben seiner Beschreibung verschiedener Provinzen des Landes gibt er Auskunft über Reisewege, um von Ägypten nach Gondar zu gelangen. Für die Endphase der Gondar-Periode hat der Juwelier Hovhannes Thovmadjian[714], der zeitweise Schatzmeister (1764) am Hofe der Kaiserin Mentewwab war, einen ausführlichen Bericht über seinen Aufenthalt in Äthiopien hinterlassen und viele Aspekte der äthiopischen Gesellschaft, lokaler Traditionen und die Tierwelt beschrieben.

Chodia Murad aus Aleppo, der von drei äthiopischen Kaisern auf diplomatische Missionen geschickt wurde, erledigte für Kaiser Fasilidas in Gondar auch den Import- und Exporthandel. Der Kaiser, der 1632 seinen zum Rücktritt gezwungenen (katholischen) Vater Susenyos abgelöst hatte, versuchte Verbindungen mit den vorwiegend muslimischen Nachbarn zu stärken und durch den Verkauf von Sklaven, Elfenbein, Zibet und Gold im Gegenzug Waffen und Luxusgüter zu erwerben. Murad wurde zu diesem Zweck einmal jährlich zusammen mit dem Araber Sidi Kamil nach Mokha in Südarabien geschickt. Um 1664 schickte sie der Kaiser auf diplomatische Mission nach Delhi zu Kaiser Aurangzeb. Es folgten ab 1673 drei Reisen zum Gouverneur der holländischen Ostindien-Gesellschaft.

Chodia Murads Neffe Murad ibn Mazlum wurde Ende des 17. Jahrhunderts von Iyasu I. auf den Weg nach Frankreich gesandt, um trotz des klerikalen Widerstandes wieder Kontakt mit dem Westen aufzunehmen und Ludwig XIV. einen Wunschzettel zu präsentieren. Dieser enthielt die Bitte auf Entsendung fähiger Handwerker und zählte eine Reihe konkreter Berufe wie Uhrmacher, Glasarbeiter, Architekten, Maurer, Zimmerleute, Schlosser, Gärtner auf. Natürlich fehlten auch solche Berufe wie Militäringenieur, Kanonengießer und Waffenschmied nicht. Murad war auch beauftragt, dem König mitzuteilen, daß Iyasu Gewehre als Geschenk willkommen seien, wenn möglich mit „Silber dekoriert"[715].

Auf seiner Zwischenstation in Kairo geriet Murad ibn Mazlum in ein Netz von Intrigen aus persönlichen Eifersüchteleien und schwankender französischer Politik. Er war nicht der erste armenische Gesandte in äthiopischen Diensten, der sich den Vorwurf, ein Betrüger zu sein, gefallen lassen mußte. Als er 1707 unter merkwürdigen Umständen in Djedda starb, wo der lokale Pascha ihn auf dem Rückweg nach Äthiopien gefangengenommen hatte, sandte der Nachfolger Iyasus, Tekle Haymanot (1706–1708), einen Brief an den Pascha und die Verantwortlichen in Kairo. Darin verbat er sich die respektlose Behandlung des Gesandten und drohte mit der Sperrung des Nilwassers als Vergeltung, wenn in Zukunft äthiopische Gesandte erneut unangemessen behandelt würden.[716]

Aus der letzten Periode der Gondar-Kaiser, als die Zentralmonarchie zerfiel und diverse Provinzherrscher die Macht an sich rissen, wird von einem prominenten Armenier berichtet, dessen Name nicht überliefert ist. Er reiste für Iyasu II. (r. 1730–55) nach Massawa und Arabien. Nach dessen Tod nahm er unter Mentewwab, der Mutter Iyasus, diverse Posten am Hof ein, darunter richterliche Funktionen. Laut James Bruce geriet er in die Mühlen des Machtkampfes zwischen dem nachfolgenden Kaiser Iyoas und dem mächtigen Herrscher von Tigray Ras Mikael, der ihn des Landes verwies.[717] Ebenfalls in Diensten Mentewwabs standen der bereits erwähnte Juwelier Hovhannes Thovmadjian und ein Juwelier mit Namen Stepan als Schatzmeister. Während ersterer das Land wieder verlassen konnte, nachdem er seinen Sohn als Nachfolger antreten ließ, kam Stepan bei einer Revolte in Goldminen ums Leben.[718]

Von zwei weiteren Juwelieren zu Beginn 19. Jahrhunderts wird berichtet, von denen Hovhannes in Adwa das Juweliershandwerk mit dem des Grob- und Waffenschmieds verband, was ihm einen guten Ruf, aber wenig Geld einbrachte. Er beklagte sich über die „Habgier der Abessinier".[719] Wie sein Berufskollege, der für den Herrscher in Shoa arbeitete, soll er verdächtigt worden sein, gefälschte Dollar in Umlauf gebracht zu haben, ein Vorwurf, der häufig gegen Ausländer erhoben wurde, um sie zu diskreditieren. Später kamen noch weitere Juweliere und Goldschmiede hinzu, die wesentlich dazu betrugen, daß sich in Äthiopien das Goldschmiedehandwerk entwickelte.

Armenier behielten ihre Rolle als Hofbeamte und als Mittler zwischen Äthiopien und der Außenwelt auf diplomatischen wie auf Handelswegen auch bei, als im 19. Jahrhundert die Isolation vom Westen langsam aufgebrochen wurde und mehr Europäer ins Land kamen. Diese nahmen nun selbst ähnliche Funktionen ein, waren aber zunächst auf die Hilfe von Kennern des Landes angewiesen. Neben den Aufgaben als Botengänger für die Herrscher besonders in den Provinzen Tigray und Shoa fielen Armeniern solche als Dolmetscher und Ratgeber der nun zahlreicher eintreffenden Diplomaten, Forscher, Gelehrten und Missionare für deren Kontakt mit den Herrschenden wie mit der lokalen Bevölkerung zu.

Die beiden prominentesten armenischen Personen aus der ersten Hälfte des 19. Jahrhunderts sind Bethlehem aus Tiflis und Wärqé Karapet, der in Tigray als Sohn eines armenischen Vaters aus Konstantinopel und einer äthiopischen Mutter geboren wurde. Beide wurden auf Missionen nach Ägypten geschickt, die dem Aufbau der Beziehungen zu Großbritannien dienten, um die „Barriere zu durchbrechen, die das christliche Abessinien von der zivilisierten Welt trennte"[720] so der Wunsch des Herrschers von Shoa Sahla-Sellase. Hierzu gehörte auch der wiederholte Versuch, Waffen von britischer Seite, aber auch vom ägyptischen Herrscher Muhammad Ali zu erhalten. Wärqé, den seine Reisen nach Bombay führten, ließ seine Söhne dort erziehen. Sie gehörten zu den ersten Äthiopiern überhaupt, die im Ausland erzogen wurden. Später spielten auch sie eine wichtige Rolle im Dienste äthiopischer Herrscher. Wärqé trat in den Dienst der neu errichteten Britischen Mission in Shoa (1841), deren offizieller

Dolmetscher er wurde. Er scheint ein Universaltalent gewesen zu sein, denn von ihm heißt es, daß er den Briten auch als Bote, Arzt, Informant, Ratgeber, Koch und als Kontaktmann zum Palast diente, und zudem vorübergehend in Adwa als Juwelier arbeitete.

Von Bethlehem[721] wird berichtet, daß er für mehrere Jahre als Soldat in Java in holländischen oder portugiesischen Diensten gestanden hatte, die ihn mit europäischen Sprachen und Sitten bekannt machten. Über Indien machte er sich auf den Weg nach Jerusalem, um dort ordiniert zu werden. Im arabischen Mokha verführten ihn die Schilderungen eines Äthiopiers über sein großartiges Land, die Pläne zu ändern, sein Geld in Handelsware einzutauschen und nach Massawa zu reisen. Obwohl er unterwegs beraubt worden war und in Adwa das ihm Verbliebene an den Herrscher von Tigray Webé und seine Höflinge abtreten musste, ließ er sich dort nieder. Er trat in Webés Dienste sowie später in die des Abuna Salama, für dessen Ernennung er Jahre zuvor beim koptischen Patriarchen in Alexandria vorstellig geworden war. Er beriet auch den König von Shoa und war sein Kontaktmann zu den Briten, die ihn ihrerseits wegen seiner Englischkenntnisse schätzten. Als alter Mann zog er sich zurück und lebte als Mönch.

Armenier begannen im frühen 19. Jahrhundert ebenfalls im Handwerk und in der Medizin eine Rolle zu spielen. Noch gering an Zahl ließen sie sich wie Ägypter und Griechen zum Beispiel in Adwa, Gondar und Ankobar nieder und übten häufig solche Handwerksberufe aus, die zur Herstellung und Reparatur von Waffen befähigten. Einheimische übten sie in den Gebrauch von Waffen ein. Wie auch Griechen, brachten Armenier nützliche Pflanzen aus Ägypten und Syrien ins Land. Umgekehrt gelangte durch die Vermittlung eines armenischen Kaufmanns, der jahrelang zwischen Äthiopien und Ägypten Handel getrieben hatte, Kenntnis vom Kosso-Baum (Hagenia abyssinica) nach Europa. Karapet Habeshi, der sich später nach Konstantinopel zurückzog und dort den französischen Arzt Brayer kennenlernte, erzählte diesem von der Wirkung der (weiblichen) Blüten dieses Baumes gegen Bandwürmer. Über seinen Sohn, der in seine Fußstapfen getreten war, bezog er die Blätter aus Äthiopien. Brayer gelang es, das Mittel unter dem Namen „Brayera anthelminica"[722] in Europa bekannt zu machen. Von einem Haji Gorgorios, einem Arzt am Hof in Tigray, wird berichtet, daß er mittels einer Quecksilberpräparation ein Medikament gegen Syphilis herstellte, das über die Grenzen Äthiopiens hinaus Anwendung fand. Syphilis galt als die am meisten verbreitete Krankheit in Äthiopien.[723] Es gibt kaum einen Reisenden, der bis weit ins 20. Jahrhundert hierüber nicht berichtet.

Auch in der zweiten Hälfte des 19. Jahrhunderts kamen einzelne Armenier ins Land, die herausragende Stellungen einnehmen sollten. Sie waren zugleich die Wegbereiter für eine größere Zahl von Armeniern, die in den letzten Jahren des Jahrhunderts und zu Beginn des 20. Jahrhunderts in Äthiopien eintrafen. Zu ihnen gehörten die Händler Boghos Marcarian, Krikorios Boghassian, Sarkis Terzian und Matig Kevorkoff und die Goldschmiede Dikran Ebeyan und Hagop Bagdassarian. Drei von ihnen reisten für Menilek in verschiedenen Missionen ins Ausland, wobei die Beschaffung von Waffen wiederum eine wichtige Rolle spielte. Alle erreichten angesehene Positionen bei Hofe und in der äthiopischen Wirtschaft und wurden mit staatlichen Orden geehrt. Marcarian, Ebeyan und Terzian zählen zur ersten Generation der Wegbereiter. Andere wie Krikorios Boghassian und Hagop Bagdassarian kamen selbst bereits als unter Sultan Abdul Hamid II. Verfolgte.

Boghos Marcarian, geb. 1830 in Sivas in Kleinasien, war der erste von ihnen, der im Alter von 36 Jahren nach Adwa kam und dort Handel trieb. Später arbeitete er für kurze Zeit als eine Art Schatzmeister für Kaiser Yohannes IV. Der Kaiser verwies ihn in die Dienste des Königs von Shoa, Menilek, als dieser noch kein ernsthafter Konkurrent für ihn war. Dies begann sich zu ändern, als Menilek Marcarian 1875, reich mit Geschenken ausgestattet, zum Kalifen Ismail nach Ägypten sandte. Marcarian sollte mit einer schriftlichen Botschaft die Ernennung eines Abuna für Shoa erreichen. Eine mündliche Bitte zielte mit aller Wahrscheinlichkeit darauf, Unterstützung gegen Yohannes und Waffen zu erhalten. Boghos Marcarian kam mit einer Antwort des Kalifen, der sich zu dieser Zeit an der sudanesischen Grenze durch Yohannes IV. bedroht sah, zurück, die dem Herrscher von Shoa gut gefiel. Der Kalif versicherte, den koptischen Patriarchen um die Entsendung eines frommen und keuschen Abuna ersucht zu haben. Angetan vom Wunsch des Königs von Shoa „die Sache von Zivilisation und Frieden"[724] vorwärtszubringen, gab er dem Abgesandten eine Kanone, 500 Gewehre und reichlich Pulver und Patronen mit auf den Heimweg. Die Freude über die erfolgreiche Mission währte jedoch nicht lang, denn schon im Jahr darauf schickte sich der Kalif an, Harar zu erobern und ließ die Handelswege für Waffen nach Äthiopien blockieren. Der König, der Marcarian „abro adägä"[725] (Freunde, die zusammen aufwuchsen) nannte, entlohnte seinen Gesandten durch die großzügige Vergabe von Land. Marcarian war später der Doyen der armenischen Gemeinde, er starb 1922 im Alter von 92 Jahren.

Ebenfalls für seine Dienste reichlich mit Land beschenkt, wurde Dikran Ebeyan[726], ein Goldschmied und Juwelier, 1845 in Konstantinopel geboren. Er war in Ägypten einem äthiopischen Pilger begegnet, der auf dem Weg nach Jerusalem war, um der dortigen armenischen Gemeinde einen Brief mit der Bitte Menileks zu überbringen, ihm einen Goldschmied zu schicken. Nach mehreren vergeblichen Versuchen, über Massawa nach Äthiopien zu reisen, gelangte er Anfang der 1880er Jahre auf anderem Weg nach Ankobar, der Hauptstadt des Shoa-Königs. Er fertigte mehrere Kronen für den König und seine Gemahlin Taytu an, darunter auch die Kronen, die bei der Krönungszeremonie Menileks zum Kaiser benutzt wurden. Es wird berichtet, daß er hauptsächlich filigrane Arbeiten in Gold und Silber ausführte. Auch er importierte für Menilek im Vorfeld der drohenden italienischen Invasion 1895/96 unter anderem aus Rußland Waffen. Seine Ehefrau Serpouhi fertigte Kleidungsstücke und Zubehör für den Herrscher, wusch seine Kleidung und backte für ihn Brot. Ebeyan war einer der ersten Ausländer, der eine

Auszeichnung von Menilek erhielt. Adrian Zervos[727] beschreibt ihn als jemanden, der von der einheimischen Bevölkerung geschätzt und dessen Tod 1926 von ihr betrauert wurde.

> „The Terzians, Ebeyans and others like them were the first generation Armenians who had come as young bachelors in search of fame and money. They set the stage for the first major wave of families to follow in the wake of the 1895 massacre of Armenians in Arapkir at the hands of the Ottoman Turks.“[728]

„Der Sultan soll mir alle Armenier schicken, die er nicht haben will" – Zur Geschichte einzelner Persönlichkeiten in Addis Abeba, Harar und Dire Dawa

Ob Menilek den ihm nachgesagten Ausspruch, der Sultan solle ihm alle Armenier schicken[729], tatsächlich getan hat, ist nicht sicher verbürgt. Er weist jedoch darauf hin, daß Armenier in immer neuen Schüben ins Land kamen. Zunächst waren es noch einzelne, mit der Zunahme ihrer Verfolgung durch den osmanischen Staat und später durch die Jungtürken kamen ganze Gruppen, unterstützt von ihren bereits im Lande lebenden einflußreichen Landsleuten. Menilek II. hatte ein Interesse an ausländischen Arbeitskräften und Fachleuten zum Aufbau von Addis Abeba zur neuen Hauptstadt.

Die erste bekannte Persönlichkeit, die der Sultan nicht haben wollte, war Krikorios Boghossian[730] (1868–1938). Er war in der Nähe von Konstantinopel geboren, gelernter Kupferschmied, floh 1895 vor den Verfolgungen durch Sultan Hamid II. in einer Kamelkarawane über Dschibuti nach Addis Abeba. Zur Zeit des Sultans, der seit 1876 regierte und vorangegangenen Reformen ein Ende bereitete, kam es von 1894–96 zu massiver militärischer Repression und zahlreichen Pogromen, die mehr als 100.000 Armenier das Leben kosteten. Die Pogrome wurden vor allem von Kurden begangen, die in paramilitärischen Regimentern, der Hamidye, dienten.

Boghossian wurde der führende Lieferant von Menilek II. Er importierte Strümpfe, Kleider, Hüte und Mantelverzierungen aus Kairo, die auf Umhängen bei Hofe getragen wurden. Wie viele seiner Landsleute, die in staatlichen Diensten standen, betätigte er sich auch als Einzelhändler und hatte ein Geschäft für Parfümerie, Seide und Eisenwaren. Die beiden Häuser, die sich Boghossian auf einem von Menilek geschenkten Grundstück nahe der Welete-Yohanis-Straße zu Beginn des 19. Jahrhunderts von indischen Bauleuten errichten ließ, gehörten zu den ersten Villen, die in der Gegend gebaut wurden, aus der dann das „Armenische Viertel" wurde. Das Innere der Häuser ist noch mit den ursprünglichen Möbeln inklusive mobiler Toiletten und Becken ausgestattet. Laut Boghossians Sohn Hampo[731] wurde in einem der Räume einst der Sarg Menileks heimlich zusammengebaut und nachts in den Palast geschafft. Aus Gründen der Staatsraison sollte der Tod des Kaisers geheimgehalten werden.

- **Eine Münze für Addis Abeba**

Nicht weit von diesem Ort entfernt, fast gegenüber dem Armenischen Club, befindet sich – ebenfalls auf einst geschenktem Grund – der erste Wohnsitz eines herausragenden Armeniers jener Zeit. Ein zweites Haus, unweit davon entfernt, dessen Decke im Flur des ersten Stocks mit europäischen Landschaften bemalt ist, steht ebenfalls noch.

Schon in jungen Jahren war Hagop Baghdassarian, geboren 1873 in Van, als Goldschmied ausgebildet worden. Laut Aufzeichnungen der armenischen Gemeinde war er in seiner Jugend aktiv in einer revolutionären Gruppe gegen die „türkischen Autoritäten" und gezwungen nach Ägypten zu emigrieren, wo er Verwandte hatte. Auf Einladung Menileks, der in Ägypten und Jerusalem nach Fachkräften für sein Modernisierungsprogramm suchen ließ, kam er zunächst nach Harar, wo er „königlich"[732] empfangen wurde. Aus Dank fertigte er einen vergoldeten Silberbecher für Ras Mekonnen Walda Mikael, den Herrscher von Harar. Dieser befand ihn als passendes Geschenk für Menilek und leitete ihn weiter. Menilek, von der Arbeit begeistert, ließ Baghdassarian um 1900 nach Addis Abeba kommen, damit er ihm dort „viele schöne Dinge"[733] fertigen sollte.

Menilek bezog ihn in seine Beratungen um die Errichtung einer eigenen Münze ein. Bislang war die Menilek-Münze in Frankreich geprägt worden. In Größe, Gewicht und metallischer Zusammensetzung dem Maria-Theresia-Taler nachgestaltet, trug sie seit 1894 das Konterfei Menileks und auf der Rückseite den Kreuz tragenden „Löwen von Juda". Baghdassarian bestärkte den Kaiser in seinem Bestreben, ein eigenes monetäres System zu errichten und wurde mit einer Delegation nach Wien geschickt, um die nötigen Maschinen zu erwerben. Die Ausrüstung wurde aus Mitteln der Kriegsentschädigung beglichen, die Italien nach dem Friedensvertrag von 1896 zahlte. Baghdassarian wurde nach ihrer Fertigstellung 1905 Direktor der Münze. Man stellte 1-Birr- (amharisch: Silber), ½-Birr- (*alad*), ¼-Birr- (*rub*), ⅛-Birr- (*tämun*) und ¹⁄₂₀- resp. ¹⁄₁₆-Birr-Münzen (*mehalleq*) her, die allmählich den Maria-Theresia-Taler ersetzen und dem Handel Auftrieb geben sollten, der vielfach noch auf dem Naturaltauschprinzip beruhte.

Die neuen Münzen konnten sich nur teilweise durchsetzen. Die Produktion übertraf schnell die Nachfrage. Auch gab es neben steigenden Silberpreisen technische Probleme bei der Prägung von großen Münzen, die deshalb wieder aus Frankreich bezogen wurden. Kleinere Münzen wurden mit Unterbrechung bis 1936 produziert. Der Löwe soll auf den einheimisch geprägten Münzen „wilder"[734] ausgesehen haben als sein Gegenstück aus Frankreich und wurde gerne als Anhänger zu Münzschmuck umfunktioniert, als eine Art Amulett mit dem Konterfei Menileks. In jedem Falle war eine eigene Münze ein Ereignis, das äthiopische Poeten in vielen Gedichten festhielten. In einem bedankt sich ein Lasttier, daß es nun nicht mehr die schweren Salzbarren transportieren muß. Größere Akzeptanz als Zahlungsmittel behielt jedoch der Maria-Theresia-Taler, mit dem man seit langem vertraut war. Ob die geringe Resonanz auch damit zusammenhing, daß der Feingehalt der einheimisch geprägten Münze „vielleicht ... nicht immer genau eingehalten"[735] wurde oder absichtlich geringer war als der der Pariser Prägung, sei dahingestellt. „Übrigens gibt es schon früh Hinweise auf armenische Münzfälscher, die aus dem Silber eines Talers drei machten."[736] Hintergrund solcher Vermutungen bilden nicht zuletzt Konkurrenzen verschiedener Akteure um die Gunst von Menilek.

Der in Österreich lebende deutsche Ingenieur Willy Hentze war 1903 von der Firma Vulkan, die die Prägemaschine lieferte, mit dem Bau der Münze und der Installation der Maschinen in Addis Abeba beauftragt worden. In seinen Erinnerungen beschreibt er die Schwierigkeiten des Transports und vor allem des Baus der Münze auf dem Palastgelände.[737] Hentzes Beschreibungen sind sehr anschaulich, aber auch alles andere als frei von Vorurteilen gegenüber Einheimischen und Armeniern, denen er generalisierend negative Eigenschaften zuschreibt. Besonders „wider den Strich"[738] gegangen zu sein, scheint ihm, daß er Hagop Baghdassarian in den Münzbetrieb einführen sollte. Doch hierüber schweigt er sich in seinen Erinnerungen „Am Hofe Kaiser Menileks" aus. Er unterschlägt auch, daß unter seiner Regie nur Probemünzen geprägt worden waren und erst zwei abkommandierte Marineangehörige, die im Rahmen der österreichisch-ungarischen Handelsdelegation im März 1905 nach Addis Abeba kamen, die reguläre Münzproduktion in Gang setzten. Zu diesem Zeitpunkt war Hentze schon nicht mehr in Addis Abeba. Er war bei Menilek in Ungnade gefallen und des Landes verwiesen worden. Laut Alfred Ilg, dem Schweizer Staatsminister des Kaisers, hatte er eine amharische Frau mißhandelt und zwei Europäer geprügelt, worauf er, „vom Kaiser zur Rede gestellt, eine ‚freche' Antwort gegeben hätte."[739]

Aus der Sicht der armenischen Gemeinde wurde Baghdassarian, in Anerkennung seiner erfolgreichen Implementierung der Münze, auch Chefinspekteur des staatlichen Alkoholmonopols, an dessen Projektierung er zusammen mit Dikran Ebeyan gearbeitet hatte. Und weil letzteres so erfolgreich arbeitete, erhielt er noch das Monopol für die Mineralquellen in Harar. Er wurde von Menilek auf weitere Reisen nach Europa geschickt und trat später in die Dienste Haile Selassies. Baghdassarian arbeitete auch auf eigene Rechnung, hatte ein Schmuck- und ein Graveurgeschäft. 1925/26 gründete er eine der ersten Druckereien in Addis Abeba zusammen mit einem Schreibwarengeschäft in der Ras Mekonnen-Straße. Er starb 1932.

- **„Sarkis Babur" – eine Maschine, die die Straße walzen und den Grund planieren kann**

Bei seinem Aufenthalt in Addis Abeba wurde Hentze von Menilek mit einem anderen technischen Problem konfrontiert, das im Zusammenhang mit einem Armenier steht, der zweifelsohne die schillerndste Figur unter den armenischen Immigranten war, nämlich

Abb. 67 Die von Sarkis Terzian eingeführte Dampfwalze

Sarkis Terzian, ein Abenteurer und Händler, vor allem ein Waffenhändler. Aber auch einer, der vielen Armeniern aus seinem Verwandtenkreis, die die Verfolgungen überlebt hatten, nach Äthiopien verhalf und ihnen in seinen Unternehmungen Arbeit verschaffte. Sein Sohn Avedis beschreibt, daß sein Vater etwa ein Dutzend seiner Verwandten, die die ersten Massaker überlebt hatten, nach Äthiopien brachte.

Es waren hauptsächlich Frauen und Kinder, die so den Kern des Terzian Clans bildeten, zunächst in Harar, dann in Addis Abeba. Die Zahl der Immigranten stieg 1908 an und dann wieder nach dem „großen Massaker" von 1915. Später folgten junge Männer und Frauen aus Aintap, Marash, Izmir und Adana. „Was Sie heute in Addis Abeba sehen, sind die Kinder und Enkel jener Menschen ..."[740]

Abb. 68 Sarkis Terzian

Als Abdullahi Ali-Sadiq, ein Kaufmann aus Harar, der mit Terzian zusammenarbeitete, 1904 von Menilek zu Sultan Abdul Hamid II. nach Istanbul geschickt wurde, wahrscheinlich, um im Streit mit den Kopten über den Zugang zum äthiopischen Kloster Dayr as-Sultan in Jerusalem vorstellig zu werden, soll sich der Sultan – laut armenischer Tradition – auch nach den in Äthiopien lebenden Armeniern erkundigt haben. Als der Händler sagte, es seien nur wenige, habe der Sultan geantwortet, „durchaus genug, um Äthiopien zu zerstören"[741]. In einem anderen Fall drängte er den äthiopischen Gesandten Käntiba Gäbru, die Armenier auszuweisen und nannte Sarkis Terzian namentlich. Als Menilek hiervon erfuhr, soll er gesagt haben, der Sultan solle ihm alle Armenier schicken, die er nicht haben wolle.

In Äthiopien wurde Terzian vor allem bekannt durch die Einführung einer „Maschine, die die Straße walzen und den Grund planieren kann"[742] wie es in einer kaiserlichen Chronik heißt, die die von Menilek eingeführten „Zivilisationsarbeiten" auflistet. Dazu zählen auch die Errichtung einer eigenen

Münze wie die Einfuhr verschiedener Maschinen und Gerätschaften für „industrielle" Zwecke und für den Straßen- und Eisenbahnbau, an denen Ausländer entscheidend beteiligt waren.

Genau diese Dampfwalze und Zugmaschine, die auch zum Sägen von Holz und Mahlen von Korn eingesetzt werden konnte, war das Objekt, mit dem Willy Hentze konfrontiert wurde. Menilek bat ihn, die Maschine zu reparieren. Sie hatte nämlich auf dem Transport von Dire Dawa nach Addis Abeba Schaden genommen. Terzian hatte sie 1904 in England gekauft und nach Dschibuti verschifft. Da die Bahngleise damals erst bis Dire Dawa verlegt waren und die Maschine sich nicht unter Dampf setzen ließ, wurde das zehn Tonnen schwere Gerät von 3000 Soldaten des Shoa-Herrschers Ras Mekonnen über Stock und Stein bis in die über 470 km entfernte Hauptstadt gezogen. Beeindruckt von seiner neuesten technischen Errungenschaft dekorierte Menilek den Beschaffer und nannte ihn „telleq Sarkis"[743], was „großer Sarkis" bedeutet. Nun stand das vielfach bewunderte Gefährt nutzlos herum und der Kaiser wandte sich an Hentze.

So wie Hentze die Begebenheit schildert, empfand er Terzian als einen Konkurrenten in der Gunst des Kaisers, dem es eins auszuwischen galt. „Allgemeines Freudengeschrei herrscht, und von allen Seiten höre ich ironische Bemerkungen, daß andere Leute mehr können als ich usw."[744] Hentze schildert dann im folgenden, wie er Terzian und einen weiteren Armenier, der die Maschine vergeblich zu reparieren versuchte, erfolgreich diskreditierte. Hentze reparierte sie zwar, stellte dem Armenier aber eine Falle, so daß die Maschine gleich wieder unbrauchbar wurde. „Mit diesem Fiasko waren die Armenier gerichtet …, keiner der Armenier hat sie wieder berührt."[745] Noch einmal will Hentze sie für den Kaiser unter Dampf gesetzt haben, wobei dann bestochene Arbeiter das Wasser aus dem Kessel ließen und diesen ruinierten, so daß er erneut umfangreiche Reparaturarbeiten vornehmen musste. Danach stellte er sie in einem Schuppen ab und dort habe sie niemand mehr herausgenommen.

Schwer zu sagen, was man von Hentzes ausführlicher Schilderung glauben kann und was nicht. Fest steht jedoch, daß die Maschine im Straßenbau eingesetzt wurde unter anderem zwischen Addis Abeba und dem Palast des Kaisers in Holäta. Sie wurde auch zunächst von einem Armenier namens Arsen gefahren. In den Augen der Zeitgenossen war sie sehr effektiv und ein Wunderwerk, das mit dem Namen von Sarkis Terzian verbunden blieb. Als sie ein paar Jahre später nicht mehr funktionierte und für lange Zeit an einem Platz liegenblieb, gaben die Einheimischen diesem den Namen *sebera babur*, was „kaputte Maschine" bedeutet, wobei das Wort babur eine Verballhornung des französischen Wortes vapeur (Dampf) ist. Sie fand nicht nur Eingang in die kaiserliche Chronik, sondern auch in die Poesie. In einem Gedicht wird eine Prostituierte gewarnt, sie werde einmal so nutzlos wie „Sarkis babur"[746] sein.

Der Architekt Minas Kherbekian[747] erzählt von einer Begebenheit mit der Dampfwalze. Er gehörte neben Krikor Howyan[748] zu den bedeutenden Straßen- und Brückenbauern in Addis Abeba. Letzterer war seit Beginn des 20. Jahrhunderts der Chefingenieur der äthiopischen

Regierung. Im Zusammenhang mit dem Bau einer der ersten Brücken in der Stadt berichtet Kherbekian vom Mißtrauen der Adligen gegenüber dieser für sie neuen Brückenkonstruktion aus Stein und ohne Zement. Die Brücken dienten unter anderem der Anbindung der ausländischen Legationen, die bislang während der Regenzeit von Stadt und Hof abgeschnitten waren. Von Menilek um Rat gebeten und um zu demonstrieren, daß eine solche Brücke sehr wohl dem Verkehr standhalten könne, befuhr er sie mit der Dampfwalze, was großen Eindruck auf die Skeptiker machte. In den 1920er Jahren soll Kherbekian für seine rigorose Durchsetzung von Straßenbauplänen gefürchtet worden sein. Durch chaotisches Bauen in der Frühphase der Hauptstadt war der Weg für geplante Trassen oft durch bereits bewohntes Gelände behindert. „Bé tafräs Minas"[749], der Hauszerstörer, scheute nicht davor zurück, auch Häuser wieder abreißen zu lassen.

Sarkis Terzian, 1868 in Arapkir geboren, war bereits 1883 nach Harar[750], einem bedeutenden muslimischen Zentrum und wirtschaftlichen Knotenpunkt östlich des äthiopischen Reichs, gekommen. Von hier hatte einst Gragn den Jihad gegen das christliche Abessinien unternommen. Seit 1875 war der Stadtstaat von Ägypten besetzt. Sarkis Terzians Onkel Kevork Terzian war mit der osmanischen Armee gekommen und hatte sich erfolgreich etabliert. Nachdem die Ägypter sich 1885 aus Harar zurückgezogen hatten, folgte ein lokaler Edelmann als Herrscher, der schließlich 1887 von den Truppen Menileks besiegt wurde. Menilek gliederte das Emirat seinem Herrschaftsgebiet ein. Hieran soll, wie der Sohn berichtet, Sarkis Terzian seinen Anteil gehabt haben, indem er die Kanonen demontierte, die der geflohene Emir zurückgelassen hatte, und eine wichtige Rolle bei der Übergabe der Stadt durch die Notabeln und beim feierlichen Einzug von Menilek gespielt haben.[751] Für diese Version spricht, daß Menilek Terzian mit politischen Posten betraute, unter anderem als Gouverneur in Gildessa, an der strategisch und kommerziell bedeutenden Handelsroute zwischen Harar und der Küste gelegen. Terzian unternahm mehrere militärische Expeditionen, um somalische „Rebellen"[752] im Ogaden zu bekämpfen.

Von besonderer Bedeutung für den Herrscher von Shoa wurde Terzian durch seine Waffenkäufe im großen Stil, für die er ab 1889 auf mehrere Auslandsreisen nach Europa ging. Terzian brachte die ersten Schnellfeuerwaffen ins Land. Zu den Waffenbeschaffern Menileks in den 1880er Jahren gehörte auch der in Harar lebende französische Poet Arthur Rimbaud, der hierfür 1882 eine offizielle französische Lizenz bekommen hatte. Menilek kaufte angesichts der drohenden kriegerischen Konfrontation mit Italien wie „wahnsinnig"[753] Waffen, die er mit Elfenbein und Goldstaub bezahlte. Ein äthiopisches Lied faßt dieses Bestreben, das sich nicht auf Menilek beschränkte, zusammen:

„Menilek said, „Bring me cannon,"
Taytu said, „Bring me cannon,"
Täklä Haymanot said, „Bring me cannon,"
Wollé said, „Bring me cannon."[754]

Italien, das sich wie andere europäische Staaten am lukrativen Waffenhandel mit Äthiopien beteiligt und König Menilek von Shoa Gewehre geschenkt hatte, um seine Unterstützung gegen Kaiser Yohannes IV. zu erhalten, intervenierte später mehrfach, um solche Geschäfte zu unterbinden. Von Menilek ist der Ausspruch gegenüber seinem adligen Gefolge kolportiert: „Wartet, wir werden die Italiener in ihrem eigenen Fett kochen."[755]

Kommerzielle Rivalen des Armeniers versuchten, seine Geschäfte in Mißkredit zu bringen, indem sie ihm betrügerische Praktiken unterstellten, wofür sie allerdings die Beweise schuldig blieben. Unter geschickter Ausnutzung der unter den Großmächten herrschenden Befindlichkeiten und widersprechenden Interessen gelang es Sarkis Terzian, substantiell zur Bewaffnung der Truppen Menileks beizutragen. Er wurde weiterhin – auch zusammen mit Dikran Ebeyan und dem Geschäftsmann Abdullahi Ali-Sadiq aus Harar – auf Reisen geschickt, die zugleich wirtschaftlichen wie diplomatischen Zwecken dienten und ihn nach Europa und in die USA führten.

Neben seinen Unternehmungen im kaiserlichen Auftrag baute Terzian in Harar ein gutgehendes Geschäft auf, für dessen Funktionieren seine Verwandten sorgten. Er verkaufte dort Waren der verschiedensten Art, die er hauptsächlich aus Deutschland und Belgien importierte und die es bislang im Land nicht gegeben hatte. Dazu gehörten Gebrauchsgegenstände für den Alltag wie diverse Trinkgefäße aus Emaille, Metall, Glas und Ochshorn, Produkte, die populär wurden. Auch Schuhe und Gewehre konnte man hier erwerben. Außerdem baute er einen Transportdienst von Addis Abeba nach Dire Dawa auf, wofür er das Monopol vom Kaiser erhielt. Hierfür importierte er Eisenwaggons, die von Ochsen gezogen wurden. Er war auch in die einheimische Herstellung von Karren involviert, die mit Eisenrädern versehen wurden und so viel größere Lasten transportieren konnten als Esel oder Kamele. Er engagierte sich bei der Einführung von Maschinen für eine mechanische Kornmühle und eine Munitionsfabrik in Akaki, südlich von Addis Abeba. Er erwarb 1907 das Monopol zur Nutzung von Thermalwasser aus Felwäha im Außenbezirk von Addis Abeba und ließ ein öffentliches Badehaus errichten. Da zu jener Zeit kein Zement aufzutreiben war, ersetzte er ihn durch Mörtel, der durch Eiweiß gebunden wurde. Nahe Harar und in Akaki unterhielt er je eine Farm.

Der „offensichtlich unbezähmbare Pionier der Modernisierung"[756] geriet schließlich in Mißkredit. Zusammen mit Abdullahi Ali-Sadiq wurde er 1911 angeklagt, in Paris das Fälschen des Großen Siegels des Kaisers arrangiert zu haben. Beide wurden festgenommen, später wieder freigelassen, aber Terzians Besitz war konfisziert worden, und die Konzession für den Badebetrieb erhielt ein bekannter äthiopischer Höfling. Ob die Anklage einen wahren Kern enthielt oder das Werk von Intriganten war, die sich die lange Krankheit von Menilek zunutze machten, um einen Konkurrenten auszuschalten, läßt sich nicht sagen. Während der Mitangeklagte unter der Regentschaft von Lij Iyasu zu neuen Ehren gelangte und 1920 eines normalen Todes starb, endete Terzians Leben 1915 gewaltsam. Nach einem gewonnenen Rechtsstreit mit einem seiner Landsleute vor einem Gericht, das der deutschen Legation angeschlossen war, wurde er von der Gegenpartei erschossen.

- **Dschibuti, Dire Dawa, Harar**

Wie Sarkis Terzian siedelten sich Armenier, abgesehen von Addis Abeba, zunächst hauptsächlich in der damals größten Stadt Harar und in der im Gefolge des Eisenbahnbaus 1902 entstandenen Stadt Dire Dawa an. Der Eisenbahnbau der Strecke von Dschibuti nach Dire Dawa und weiter nach Addis Abeba zog Arbeiter und Handwerker an, aber auch Kaufleute für den steigenden Handelsbedarf.

Für einen der später erfolgreichsten Händler und wichtigen Akteur in der armenischen Gemeinde von Addis Abeba, Matig Kevorkoff[757], wurde Dschibuti zum Ausgangspunkt seines wirtschaftlichen Erfolgs. 1867 in Konstantinopel geboren, verbrachte er eine Zeit seines Lebens in Ägypten, ging 1896 nach Dschibuti, von wo er seine Handelsbeziehungen nach Äthiopien aufbaute, aus denen sich schließlich eine der größten Import-Exportfirmen des Landes entwickelte, die Niederlassungen in verschiedenen Provinzen Äthiopiens hatte. Er importierte Textilien, Eisenwaren, Baumaterial, Spirituosen, Öl, Gewürze und exportierte Häute, Felle, Kaffee und Zibet, das Drüsensekret der Zibetkatze.

Weitere Armenier arbeiteten in seinen Unternehmungen, so auch im Rahmen des Tabakmonopols, das ihm und dem Händler Hrant Minassian 1910 übertragen wurde. 1909 war Kevorkoff nach Kairo gereist, um sich von armenischen Tabakhändlern Rat zu holen, wie ein solches Unternehmen erfolgreich durchzuführen sei. Man empfahl ihm, sich an den Griechen John Nicholas Moraitis[758] zu wenden, der in Kairo eine Zigarettenfabrik betrieben hatte und später in eine armenische Kaffeefirma eingetreten war. Kevorkoff gelang es, Moraitis für den Aufbau des Tabakmonopols in Äthiopien zu engagieren. Kevorkoff wurde als einziger ausländischer Geschäftsmann bei der Gründung der „Bank of Ethiopia" 1931 in deren Vorstand berufen.

1949 löste ihn Abraham Koeurhadjian als Generalmanager des Tabakmonopols ab. Koeurhadjian hatte nicht als Geschäftsmann Karriere gemacht, sondern im Dienst des äthiopischen Staates. Er erlangte eine beachtliche Vertrauensstellung am kaiserlichen Hof, ähnlich wie vormals Boghos Marcarian, dessen Tochter Haiguhi er heiratete. Er hatte der äthiopischen Delegation[759] angehört, die 1923 nach Genf gereist war, um den Eintritt des Landes in den Völkerbund zu beantragen. Er zählte auch zum Gefolge Ras Tafaris 1924 auf dessen großer Reise nach Europa, von der sich das neue Völkerbundmitglied eine Vertiefung der freundschaftlichen Beziehungen mit Europa versprach.

Die meisten Armenier in Dire Dawa arbeiteten im Eisenbahnbau oder betrieben Handel von bescheidener Größe. Zu den geschäftlich Erfolgreichen zählte der Händler Hrant Minassian, der wie Kevorkoff im Import-Export tätig war. Er leitete das Tabakmonopol der Stadt und baute geschäftliche Niederlassungen in Addis Abeba und Harar auf. Auch einer der wenigen Intellektuellen unter den armenischen Einwanderern, der Dichter und Schriftsteller Ruben Vorperian (1874–1931) und der Photograph Megherditch Reissian ließen sich in Dire Dawa nieder.[760] Die armenische Gemeinde erbaute aus Mitgliederbeiträgen die Kapelle „Saint Minas", die bis heute erhalten ist.

In Harar, der „Perle unter den Eroberungen des äthiopischen Imperialismus"[761], waren die meisten Armenier kleine Kaufleute, die ihre Waren zu „fast angemessenen Preisen"[762] verkauften, wie der französische Reisende Charles Michel 1901 befand. Von einem armenischen Großhändler, der in Harar Trockenanlagen für Khat eingerichtet hatte und durch den Handel mit der Droge „unermesslich reich"[763] geworden war, berichtet der Schriftsteller Friedrich Strindberg 1936. Die Zahl der Armenier zusammen mit Griechen, Türken und einigen Syrern wurde zu Beginn des Jahrhunderts auf etwa 65 geschätzt. Eine Schätzung Ende des Ersten Weltkrieges beziffert die Zahl der Armenier auf etwa 50. Sie arbeiteten als Händler, Unternehmer, Handwerker und Landwirte. Manche nahmen hier – wie Sarkis Terzian – den Ausgangspunkt für ihre Etablierung in Äthiopien, unter ihnen sein Bruder Garabed, der in Harar ein Wassersystem aus vor Ort hergestellten Holzrohren verlegte. Yasai Garikian errichtete in Harar 1904 die erste kommerzielle Gerberei sowie eine Farm. Sein Landsmann Artin und seine Frau betätigten sich ebenfalls landwirtschaftlich.

Beiden begegnete der österreichische Geschäftsmann Friedrich Freiherr von Kulmer, der 1907 zusammen mit einem Geschäftspartner auf Erkundungstour für zukünftige Import- und Exportunternehmungen war und auf dem Gelände von Garikians Gerberei kampieren konnte. Dieser war ihm behilflich, sich in der Gesellschaft Harars zurechtzufinden. Kulmer wurde Zeuge des Wassersystems, denn es „waren über den Platz Röhren gelegt, aus denen Wasser floß; aus diesem Umstand in Verbindung mit dem Geschrei der Weiber entnahmen wir, daß die Wasserleitung eröffnet sei".[764] Laut den Aufzeichnungen von Kulmer, die er 1910 veröffentlichte, erzählte ihm Garikian an einem langen Abend seine Lebensgeschichte. Natürlich ist nicht nachprüfbar, ob Kulmer korrekt wiedergibt oder ob die Angaben Garikans der Wahrheit entsprechen. Was Kulmer festhält, klingt wie ein typisches armenisches Schicksal jener Zeit: vor staatlicher Pression auf der Flucht, umtriebig, flexibel und immer zu neuen Unternehmungen bereit.

Bereits in jungen Jahren befaßte Garikian sich mit Seidenzucht, machte diesbezüglich Studien in Europa, verbesserte die Kulturen in seiner Heimat, was ihm einigen Verdienst einbrachte; geriet in Konflikt mit der türkischen Regierung, die ihn, um an sein Geld zu gelangen, revolutionärer Umtriebe bezichtigt, was Garikian wiederum tatsächlich in die Arme von Verschwörern trieb. Er wurde mit 108 Gleichgesinnten gefangen genommen, nach Aleppo verschleppt und zum Tode verurteilt, aber später begnadigt, musste 1897 zusammen mit seinem Bruder erneut fliehen, gelangte nach Alexandria, wo er vorübergehend in einer Zigarettenfabrik arbeitete, dann für drei Jahre nach Paris ging und dort den Verkauf von Antiquitäten vermittelte, später mit Häuten, Fellen und Textilien handelte, die er von seinem Vater aus der Heimat bezog. Schließlich sah er sich im Perlengeschäft um, reiste nach Aden und handelte mit Perlen. Er gelangte nach Dschibuti, wo er Waffengeschäfte für Abessinier vermittelte und stieg in den Tauschhandel mit Geld zwischen den von Engländern eingeführten Rupien und den Talern ein. 1904 ließ er sich in Harar nieder, wo er Häute einkaufte, die sein Bruder in Dschibuti verkaufte, und eine Gerberei errichtete, nachdem ihm von Menilek Grund und Boden und die Konzession erteilt worden war. Aber erst nach einer Studienreise nach Ägypten gelang es ihm, die Gerberei so einzurichten, daß sie gutes Leder und guten Gewinn abwarf. „Heute ist Garikian nahe den Vierzig, spricht geläufig armenisch, türkisch, arabisch und französisch …"[765]

Von Artin und seiner Frau berichtet Kulmer, daß sie bereits seit 15 Jahren in Harar lebten, von Beruf beide Weber waren und für Menilek wie für Ras Mekonnen arbeiteten. Sie hatten ein Gelände urbar gemacht, auf dem sie vor allem Kaffee zogen, aber auch Seidenzucht und Viehwirtschaft betrieben. Kulmer erwähnt auch einen gerade angekommenen armenischen Arzt, der in der Schweiz studiert hatte, sowie einen armenischen Geschäftreibenden Minocian, mit dem wahrscheinlich Hrant Minassian gemeint war und er beschreibt in seinen Aufzeichnungen das „Tuttifrutti"[766] der Nationen, die sich in Harar befinden: viele Inder, die den Verkauf von Textilien betreiben, Armenier als Kaufleute und Handwerker, Griechen als Kaufleute und Betreiber von Spirituosengeschäften, einige Franzosen, Italiener, Österreicher in kleiner Zahl in der 30–40.000 Einwohner zählenden Stadt.

Wirtschaftliche und berufliche Aktivitäten im Überblick

Neben den prominenten armenischen Einwanderern, die im 19. Jahrhundert und zu Beginn des 20. Jahrhunderts nach Äthiopien gekommen waren, stieg die Zahl der Armenier in den folgenden Jahrzehnten beträchtlich an. Zeitgenössische Schätzungen über die Zahl der Ausländer in Äthiopien bzw. Addis Abeba bewegen sich zu Beginn des 20. Jahrhunderts auf bescheidenem Niveau. Bei einer Gesamtbevölkerung von etwa 40.–50.000 in der neuen, rasch wachsenden Hauptstadt liegen Zahlen für Ausländer noch unter 200, an denen Griechen den größten Anteil haben, gefolgt von Armeniern. Wenig später werden Zahlen von gut 1000 Ausländern genannt, darunter 800 Griechen und Armenier. Eine andere Quelle gibt 300 Armenier und Inder an. Manche Schätzungen sehen einen größeren Anteil von Arabern und Indern vor dem der Armenier. Europäer spielten noch eine untergeordnete Rolle. 1910 beziffert der aus Georgien stammende Paul Mérab die Zahl der Armenier in Addis Abeba auf 146 offiziell registrierte.[767]

Für die dreißiger Jahre gibt es zuverlässigere Daten: Bei einer Gesamtzahl von 14.580 erfaßten Ausländern, die 1934/35 hauptsächlich in Addis Abeba, Dire Dawa und Harar lebten, wird die Zahl der Armenier in Äthiopien mit 2800 angegeben, von denen 1200 Mitglieder der Gemeinde in der Hauptstadt waren. Nach Arabern (4000), Griechen (3140) und Indern (3000) stellten sie die viertgrößte Gruppe von Ausländern resp. Einwanderern in Äthiopien. Eine „große Zahl"[768] von ihnen hatte die äthiopische Staatsbürgerschaft, die übrigen unterstanden vor allem der französischen, andere der griechischen und türkischen Legation. Laut Information der armenischen Gemeinde soll sich die Zahl ihrer Landsleute zwischen 3000 und 4000 bewegt haben und die Naturalisierung als Äthiopier schwierig gewesen sein. Lediglich die „Arba Lijoch" sollen die äthiopische Staatsbürgerschaft ohne Komplikationen erlangt haben.

Faßt man zusammen, welchen Tätigkeiten Armenier bis zum Beginn der italienischen Besatzung in Äthiopien nachgingen, so sind zunächst die bereits mehrfach erwähnten im Handel tätigen Import- und Exporteure zu nennen, die zahlreiche bislang nicht oder nur wenig bekannte Produkte vertrieben, und die neben den im Staatsdienst Tätigen anfangs das Bild vom Armenier in Äthiopien bestimmten. Ihre Unternehmungen beschränkten sich nicht auf die Hauptstadt, sondern sie bauten ein weitverzweigtes Netz auch in Städten der verschiedenen Provinzen auf. Neben den Großhändlern gab es zahlreiche Kleinhändler und Ladenbesitzer, die Elektro-, Eisen-, Blech-, Papierwaren, Schreibmaschinen, Lebensmittel, Alkohol, Haushaltsgegenstände und Krimskrams verkauften. Die überwiegende Mehrheit dieser Läden muß man sich als sehr bescheiden vorstellen, so wie der Brite Evelyn Waugh sie 1930 beschrieb: „... armselige Blechbuden, geführt von Indern und Armeniern, die Konserven, Kernseife und verbeulte Haushaltsgeräte verkaufen."[769] Erst nach der Befreiung von der italienischen Besatzung stieg die Zahl größerer Betriebe und Läden an.

Die Tätigkeit von Armeniern beschränkte sich aber nicht auf den kaufmännischen Bereich. Manche etablierten sich wie Griechen als Besitzer kleiner Hotels und als Café- und Restaurantbetreiber, für Äthiopier ein unbekannter Lebensunterhalt, den einige aber schon bald zu kopieren begannen. Armenier gründeten Kleinunternehmen im handwerklich-industriellen Bereich. Es entstanden Druckereien, Gerbereien, Auto- und Maschinen- und Zimmermannswerkstätten, Ingenieurfirmen und anderes mehr. Eine große Zahl arbeitete als Handwerker: als Uhrmacher, Optiker, Juwelier und Kupferstecher, als Schuhmacher und Tischler, andere als Metallarbeiter, Schmiede, Automechaniker, Klempner, Lampen-, Zelt- und Tapetenmacher, Schneider, Weber, Sticker, Frisöre, Bäcker und Gärtner. Herausragend waren sie auf den Gebieten der Goldschmiedekunst, der Gerberei wie der Schuhmacherei.

In den genannten Berufen arbeiteten sie auch bei Hofe und waren in verschiedenen öffentlichen Dienststellen angestellt. Als Ingenieure arbeiteten sie im Straßen- und Brückenbau, beim Aufbau des kaiserlichen Palastes und dessen Ausstattung mit moderner Technik. Als

Zeichner arbeiteten sie im Katasteramt. Zu den damals modernen Berufen, die Armenier ausübten, gehört der des Photographen mit oder ohne Studio, als „minute photographe" auf dem Markt, aber auch als Hofphotographen unter Menilek, Zewdito und Haile Selassie. Frühe Versuche, zunächst durch einen Franzosen, dann durch Armenier, öffentliches Kino zu etablieren, scheiterten. Die Geistlichkeit wetterte gegen Filme als Teufelswerk, was dem Ort der Vorführung den Namen „yäsäytan bet"[770], Haus des Teufels, einbrachte.

Geringer an Zahl waren sie als Rechtsanwälte, Ärzte, Zahnärzte, Apotheker und in der Landwirtschaft tätig. Hier spielten sie eine Rolle bei der Einführung neuer Pflanzen und Früchte wie Weintrauben, Pfirsiche, Feigen, Quitten, Tomaten und Tabak. Mit der Entstehung ausländischer, diplomatischer Einrichtungen wuchs ihre Rolle als Übersetzer. Botschaften wie die englische, die deutsche (Johannes Semerdjibashian) , die amerikanische (Samuel Behesnilian, Avedis Terzian), die französische (Androches Pechdimaldji), die italienische (Sourin Tchacarian) und die ägyptische (Adranik Papazian) stellten sie als Dolmetscher ein.[771]

In staatlichen Diensten arbeiteten sie häufig als Inspekteure, Kontrolleure, Verwalter und Rechnungsprüfer in Landwirtschaft, Regierungsfarmen und -läden, Minen, Wäldern, Thermalbädern, Ministerien, beim Zoll, der Bank und der Stadtverwaltung. Einzelne staatliche Einrichtungen wie die Veterinärmedizin oder die „Schönen Künste" wurden von Armeniern geleitet. Im Erziehungswesen fanden sie Anstellung als Lehrer in den neu gegründeten staatlichen Schulen in Addis Abeba und anderen Städten. Im Kriegsministerium und bei der kaiserlichen Garde waren Armenier als Ausbilder tätig, wobei sie nach dem Eintreffen der „Arba Lijoch" eine besondere Rolle auf dem Gebiet der offiziellen Musik zu spielen begannen. Schließlich trugen Musikerinnen und Musiker in der Nachkriegsära zur Entwicklung moderner Musik bei. Dem Erziehungsministerium zugeordnet war der Architekt und Künstler Stephan Papazian[772], der die äthiopischen Briefmarken entwarf, von denen die erste Serie anläßlich der Krönung von Haile Selassie I. ausgegeben wurde. Eine Landkarte von Äthiopien und ein Stadtplan von Addis Abeba waren ebenfalls von einem Armenier erstellt worden.[773]

Frauen arbeiteten in ihrer Mehrheit traditionell zu Hause oder unterstützend im Gewerbe des Ehemanns. Manche versuchten, sich mit dem Verkauf von selbst hergestellten Lebensmitteln Geld zu verdienen, darunter in der Zubereitung von armenischen Spezialitäten wie Segouch, einer bestimmten Wurst oder Pasterma, einem Schinken. Andere arbeiteten als Angestellte in den von Armeniern eröffneten Betrieben oder zum Beispiel als Schneiderin auf eigene Rechnung.

Nach der Befreiung von der italienischen Besatzung 1941 nahm die äthiopische Wirtschaft einen Aufschwung. Besonders die Leder- und Schuhfabrikation machte Fortschritte. Eine große Zahl von kleinen Werkstätten für handgearbeitete Schuhe wurde von Griechen und

Armeniern betrieben, in denen Einheimische angelernt wurden. Daneben entwickelten sich zwei bereits früher in Akaki, südlich von Addis Abeba, gegründete Unternehmen zu großen Gerbereien und Schuhfabriken. Sie gehörten den armenischen Familien Darakjian und Sevadjian. Lentakis[774] beziffert die jährliche Schuhproduktion insgesamt auf 700.000 Paar Schuhe und Stiefel von guter Lederqualität. Die meisten Aufträge kamen von der Regierung für die Armee und die kaiserliche Leibwache, aber auch von anderen Regierungsstellen. Ziel war es, allen Regierungsangestellten Schuhwerk zu verschaffen. Für die überwiegende Mehrheit der Bevölkerung waren Schuhe ein unerschwinglicher Luxus. Auch heute gehen auf dem Land noch viele Menschen barfuß oder laufen in billigen Plastiksandalen. In den 1960ern gab es umfangreiche staatliche Aufträge für Offiziersuniformen und für das Personal von Ethiopian Airlines, die von der Schneiderei Donikian[775] an der Churchill Road gefertigt wurden.

Aus einst bescheidenen Anfängen entstanden jetzt moderne Läden für Schmuck, Uhren, Schuhe und Waffen für die Jagd, für die man keine staatliche Genehmigung brauchte. Das armenische Zodiac-Geschäft war das „berühmteste in Addis Abeba für Uhren"[776]. Zu den Hauptlieferanten für Gewehre und Munition zählte das Geschäft von Samuel Behesnilian & Söhne, ein Importunternehmen, das bereits 1925 gegründet worden war und u. a. Schreibmaschinen und Zubehör vertrieb. Zu den großen Unternehmen zählte auch die Artistic Printing Press. Die 1931 von Elias und George Djerrahian gegründete Druckerei beschäftigte bei ihrer Enteignung durch den Derg über 400 Arbeiter.

In den 1950er Jahren begann die Seferian Company Kraftfahrzeuge von Volkswagen zu importieren. Noch heute sieht man auf den Straßen viele VW Käfer aus längst vergangenen Jahrzehnten. Die Schwestern Anahid und Marry Krikorian waren „Pionierinnen"[777] im Tourismusgeschäft. Sie gründeten die erste private Reiseagentur. Solche Unternehmen wie auch von Griechen und Armeniern betriebene Pflanzenölfabriken, Getränke- und Zigarettenmanufakturen trugen mit ihren Anzeigen wesentlich zur Finanzierung von Zeitungen bei.

Armenische Baumeister und Handwerker prägten das Stadtbild der neuen Hauptstadt mit, auch wenn hier Europäer und vor allem indische Baumeister und Bauarbeiter eine bedeutendere Rolle einnahmen.[778] Der herausragende armenische Architekt war Minas Kherbekian, der unter anderem 1907 im Auftrag von Kaiserin Taytu das erste Hotel der Stadt, das heute noch existierende Taytu oder Etegue Hotel entwarf und für das höchste Gebäude der Stadt vor der italienischen Invasion nahe der Dejazmatch Jote Street / Arada verantwortlich zeichnete. Das fünfstöckige Haus[779], das im Laufe der Zeit verschiedenen Zwecken diente, ist wie viele der alten Gebäude heute in einem bedauernswerten Zustand und man kann nur hoffen, daß es in die aktuellen Bemühungen um Baukonservierung mit einbezogen wird. Einheimische Baufachkräfte gab es damals kaum – in einer Kultur, in der die Hauptstädte bewegliche Zeltsiedlungen waren oder halbpermanente Residenzen wie Ankobar. Eine Ausnahme bildete Gondar, wo sich aus früherer Zeit eine gewisse Handwerkstradition erhalten hatte, bei der

Abb. 69 Die um 1915 erbaute Residenz von Minas Kherbekian in der 2045 St. 96 / Arada, nahe Dejazmatch Jote St., 2009

Abb. 70 Minas Kherbekian

Beta Israel eine besondere Rolle spielten. Armenier wurden so neben indischen Bauhandwerkern zur wichtigsten ausländischen Handwerkergruppe im Baugewerbe.

Neben öffentlichen Gebäuden, Palästen und Kirchen, die für die Bedürfnisse des Hofes und der Adligen in großer Zahl entstanden, entwickelte sich eine neue Wohnhausarchitektur. Lebten die Armenier zunächst in den traditionellen Rundhütten, den Tukuls, wie die Einheimischen, so begannen sie – wie die Europäer – bald rechteckige, oft zweistöckige Häuser aus Holz und Steinen zu bauen. Wohlhabende armenische Kaufleute und Staatsbedienstete ließen sich anfangs häufig von indischen Baumeistern Villen vor allem in der Gegend zwischen Sidist Kilo/Arat Kilo hin zur Ras-Mekonnen-Brücke erbauen, während die Griechen hauptsächlich um die St. George-Kathedrale und Mehad Arada siedelten. Armenier bauten Häuser aus behauenen Natursteinen mit zentral gelegenen großen Wohnzimmern und hohen Fenstern und brachten eigene Stilelemente ein. Sie führten verschiedene Typen von Bögen, Kuppeln und pyramidenförmige Dächer ein.

Eine Reihe dieser Villen sind auch heute noch in Addis Abeba zu sehen, teils noch bewohnt von den Nachfahren ihrer ehemaligen Bauherren. Zu den beeindruckenden Gebäuden zählt ein Geschäftsgebäude, das sich Matig Kevorkoff an der Ecke zwischen Gandhi und Cunningham Street erbauen ließ, um es als Geschäft, Lagerraum und Sitz des Tabakmonopols zu nutzen. Es ist aus einem schwärzlichen Stein, der bei vielen armenischen Bauten verwendet wurde, mit teilweise umlaufender Veranda und dekorativen Schmuckelementen. 1931 war es fertiggestellt und beherbergte ein für äthiopische Verhältnisse bemerkenswert großes, gut und übersichtlich geordnetes Sortiment von Waren der verschiedensten Art.[780]

Anfang Mai 1936, kurz vor dem Einmarsch der faschistischen Invasoren in Addis Abeba, kam es als Reaktion auf die enttäuschende Niederlage und die Entscheidung des

Kaisers, ins Ausland zu gehen, zu gewalttätigen Ausschreitungen in der Stadt. „Äthiopier geraten in Panik, wenn sie ihre Führer verlieren ..."[781] lautet das Fazit des Griechen Michael Lentakis. Er gibt an, daß die Ausschreitungen vom Polizeichef des Stadtteils Arada (später Piazza) und vom Bürgermeister von Addis Abeba an-

Abb. 71 Das Ladeninnere der Matig Kevorkoff Residenz in der Cunningham St. 7 /Piazza.

geordnet waren. Geschäfte in Piazza wurden geplündert und anschließend angezündet. Nicht nur die Bevölkerung setzte Geschäfte und Marktstände in Brand, auch Soldaten mischten mit und bekämpften sich untereinander bei der Verteilung der Beute. Das Kevorkoff-Gebäude wurde stark beschädigt. Unter der Besatzung wurde es restauriert und diente ab 1937 unter dem Namen „Casa Littoria"[782] der faschistischen Verwaltung als Hauptsitz. Heute befindet sich dort unter anderem ein bekanntes traditionsreiches italienisches Restaurant, in dem man zu sehr hohen Preisen gut essen kann, aber unter Umständen unfreundlich bedient und übervorteilt wird.

Abb. 72 Das ehemalige Matig Kevorkoff-Gebäude heute, 2009

„Arba Lijoch" – Haile Selassie und das Blechblasorchester der „Vierzig Kinder", die dem Genozid entkamen

Im Jahre 1924, auf dem Weg zu seiner großen diplomatischen Reise in mehrere europäische Länder, machte der Kronprinz Tafari Mekonnen Ende April Station in Jerusalem. Er besuchte die heiligen Stätten und Klöster und traf mit den geistlichen Würdenträgern der verschiedenen dort vertretenen Kirchen zusammen, unter ihnen mit dem armenischen Patriarchen Yegishe Tourian. Während seines Besuchs im Armenischen Patriarchat war er beeindruckt von der musikalischen Darbietung einer Blechblaskapelle. „Als er herausfand, daß alle vierzig Spieler Waisen des Massakers von 1915 waren, bot er an, sie zu adoptieren."[783]

Die Jugendlichen und jungen Männer waren 1924 im Alter zwischen 13 und 19 Jahren, die Mehrheit von ihnen zählte 15 und 16 Jahre. Die meisten kamen aus Van und Umgebung, im Südosten der Türkei an der Grenze zu Rußland gelegen. In der Stadt Van hatten sich die Armenier im April 1915 gegen marodierende Soldaten und Freischärler zur Wehr gesetzt und die Stadt bis zum Eintreffen der russischen Armee vier Wochen lang verteidigt. Später eroberte die türkische Armee die Stadt zurück. Die Kinder waren von dem Klosterbruder Hovhannes Khatchagir Simeonian aufgesammelt worden. Zu Fuß gelangten sie nach Jerusalem, wo sie im armenischen Kloster untergebracht wurden. Andere stammten auch aus Garin, Sghert, Zeitun, Hajin, Bashkale, Sis, Arslanbeg, Rodosto und aus der Nähe von Konstantinopel und gelangten unter unterschiedlichen Umständen nach Jerusalem, wo sie im armenischen Kloster eine Heimstatt fanden. Alle hatten sie ihre Väter verloren und bis auf zwei auch ihre Mütter.

Abb. 73 Die „Arba Lijoch" mit äthiopischen und armenischen Würdenträgern vor dem armenischen Kloster in Jerusalem, 1924

Nur von einem läßt sich die Geschichte seiner Rettung etwas genauer wiedergeben, nämlich von Garabed Hakalmazian, der aus der Nähe von Konstantinopel stammte und dessen gesamte Familie ausgelöscht wurde. Er selbst war damals sieben Jahre alt.

Sein Enkel mütterlicherseits Garbis Korajian erzählt die Geschichte so:
Der Großvater konnte entkommen, weil ein junger türkischer Hirte ihm in einem Schafstall Unterschlupf bot. Nach ein paar Wochen entdeckten die Eltern des Hirtenjungen den so Ver-

steckten und nahmen ihn zunächst gastfreundlich in ihrem Haus auf. „Da es als Verbrechen galt, einen Armenier zu beherbergen", suchten sie nach einer anderen Lösung. Sie übergaben den Jungen einem „vertrauenswürdigen Kaufmann, der ihn als seinen Sohn tarnte, ihn auf ein Kamel setzte und mit nach Palästina nahm".[784]

Ob der spätere Haile Selassie die „Arba Lijoch", die „Vierzig Kinder", wegen ihres musikalischen Könnens „adoptierte" oder aus einer humanen Geste heraus, muß dahingestellt bleiben. Die meisten beherrschten damals ihre Instrumente noch nicht und erst harte Proben in Äthiopien machten sie zur ersten offiziellen Musikkapelle des Landes. Die Gruppe der Jungen sollte nicht auseinandergerissen werden. Diejenigen von ihnen, die bereits gut spielen konnten, spielten im Vordergrund. „Die anderen versuchten, irgendwas auf dem Instrument zustande zu bringen."[785] Vielleicht hatte der Kronprinz die bescheidenen musikalischen Fähigkeiten bei der Darbietung in Jerusalem auch gar nicht wahrgenommen, denn solche Art von Musik war in Äthiopien bis dato wenig bekannt.

Zwischen dem Patriarchen, dem Vormund der Jungen, und dem Kronprinzen wurde ein Abkommen unterzeichnet, das bis zum 31. Juli 1928 gelten sollte. Es besagte, daß ihnen Unterkunft und Ausrüstung zustand und der Prinzregent ihnen 35 Taler (3,50 britische Pfund) Lohn zahlen würde. Als Gegenleistung sollten die Jugendlichen eine Musikkapelle bilden und bei Festlichkeiten des Hofes und besonderen Gelegenheiten aufspielen. Nach der festgelegten Spielzeit sollte ein weiteres Abkommen in Kraft treten, das jedem einzelnen der Gruppe erlaubte „Berufen in jedem Feld ihrer Neigungen in jedweder staatlichen Schule oder Werkstatt"[786] nachzugehen.

Kurz nach der Rückkehr Ras Tafaris von seiner Europareise trafen auch die „Arba Lijoch" am 6. September 1924 in Addis Abeba in Begleitung des armenischen Klosterbruders Simeonian ein, der noch eine Zeitlang in Äthiopien blieb, bis die Jugendlichen sich eingewöhnt hatten. Die Reise hatte von Port Said in Ägypten über Dschibuti und dann weiter mit dem Zug mit Zwischenstation in Dire Dawa in die Hauptstadt geführt.

> „Travelling for days had not made them tired; in contrast, all of them in general, had a vigorous and joyful appearance, they seemed to have brought with them the breath of the native country and the mountains to this remote African corner, where they settled as part of Armenian Community."[787]

Direkt mit der Gruppe oder fast zeitgleich reiste auch der Mann nach Äthiopien, der engagiert worden war, um die Gruppe musikalisch zu leiten, nämlich Kevork Nalbandian, der just zu dem Zeitpunkt in Jerusalem (nach anderer Darstellung in Kairo) angekommen war, als man Ersatz für einen abgesprungenen Kapellmeister suchte. Kevork Nalbandian[788] wurde als zweites von sieben Kindern 1887 in Aintab geboren. Er entstammte einer musikalischen Familie und begann bereits als 16jähriger in Zeitun Kirchenmusik zu lehren und sich auf die Interpretation armenischer

Abb. 74 Die „Arba Lijoch" als erste offizielle Musikkapelle Äthiopiens mit Kevork Nalbandian (Photomontage 1929)

Notenzeichen zu spezialisieren. Aufgrund seines Talents ernannte ihn die „Holy See of Cilicia" zum Kirchenmusiklehrer in ihrem Seminar in Marash. Sein weiterer Weg führte ihn nach Kilis, um das europäische Notensystem zu studieren. Er lernte „Cannon", ein armenisches Musikinstrument, das wie eine Harfe gespielt wurde, ferner Violine und Blasinstrumente sowie Harmonium. Als Mitglied einer Delegation gelangte er 1913 nach Istanbul, wo er Konzerte und Vorlesungen besuchte, die der bekannte armenische Priester, Musiker und Dirigent Komitas Vardapet leitete. Die sich verschlechternde Situation für Armenier in Istanbul zwang Nalbandian, nach Aleppo (heute Syrien) zu entfliehen. Dort unterrichtete er weiterhin Musik und versuchte, im Transportgeschäft Fuß zu fassen. Verfolgt als politischer Aktivist, mußte er erneut fliehen und gelangte nach Jerusalem.

Die Gruppe der „Arba Lijoch" wurde gemeinsam in einem großen Haus untergebracht, das

Abb. 75 Die „Arba Lijoch" und ihr Dirigent in der Freizeit

vormals dem abgesetzten Herrscher Lij Iyasu gehört hatte. Es begann eine Zeit intensiver Proben und schon bald gab es die ersten öffentlichen Auftritte. In der Chronik zu Lij Iyasu und der Kaiserin Zewdito heißt es, daß am 8. Januar 1925 die ausländischen Notabeln und ihre Frauen und kleinen Kinder anläßlich von Christi Geburt in das Haus des Kronprinzen zu einem großen Fest eingeladen wurden. Nach dem Festmahl spielten die vierzig armenischen Waisen, „die Seine Hoheit der Kronprinz von Jerusalem gebracht hatte, um in Äthiopien zu leben, Trompeten und machten Musik".[789]

Die „Arba Lijoch" traten in der Folgezeit bei jeder sich bietenden Festlichkeit im Zusammenhang mit dem öffentlichen Erscheinen der Staatsoberhäupter, des diplomatischen Corps und der Ausländerkolonie auf. Sehr zum Erstaunen der Hauptstadtbewohner marschierten sie bei all ihren Besuchen vor Kaiserin Zewditu. Auch bei religiösen Festen wie Meskal (Auffindung des wahren Kreuzes) spielten sie auf. Hart trainiert und in neue Uniformen gesteckt, wurden sie zur „Fanfare Impériale" oder der „HM Negus Tafari's Royal Marching Band", der ersten offiziellen Musikkapelle unter der Direktion von Kevork Nalbandian.

Abb. 76 Vier „Arba Lijoch":
Louder Aghnooghian, ? , Sarkis
Khatchadoorian, Baghdasar Gharibian
(v.l.n.r.), 1926

Bei einer Truppenparade im Oktober 1925, die die Modernisierung, den „Fortschritt der Zivilisation", in verschiedenen militärischen Formationen zeigen sollte, marschierten in Anwesenheit des Kronprinzen und der Minister die Soldaten der Stadt und die persönliche Garde des Kronprinzen unter Musikklängen auf das Feld Filwiha und paradierten im Rhythmus der Musik. Auch eine Gruppe kleiner Kinder, die lernte, in militärischer Formation zu marschieren, zeigte ihr neu erworbenes Können.

> „Next came Armenian children, singing a beautiful song accompanied by musical instruments and escorted by machine gunners in front of cavalry soldiers; and the machine gunners and the cavalry soldiers adorned the parade by dressing in blue coats and making their horses march in rhythm with the music; and they passed on."[790]

Marschmusik wurde zu einer gesellschaftlichen Einrichtung und bald hatten die verschiedensten Institutionen ihre Blaskapelle. Neben den einzelnen militärischen Formationen bekamen auch die Stadtverwaltung und die Polizei ihre Blechblaskapelle. In den Schulen entstanden Orchester, die mit Saxophonen, Klarinetten, Geigen und anderen modernen Musikinstrumenten ausgerüstet wurden. Auch die Pfadfinder musizierten und marschierten. Viele der nun musikalisch auftretenden Äthiopier verdankten ihr Können dem Vorbild der „Arba Lijoch" und der Ausbildung durch Armenier.

Leiter der städtischen Kapelle wurde 1928 Garabed Hakalmazian. Kevork Nalbandian übernahm zusätzlich den Posten als Musikdirektor der Tafari-Mekonnen- und der beiden Menilek-Schulen sowie der Pfadfinder. Er bildete den Nachwuchs aus, aus dem sich später verschiedene Musikbands zusammensetzten, die das Repertoire der europäischen Märsche und der verschiedenen Nationalhymnen beherrschten. Aber auch einzelne Musiker, die später eine wichtige Rolle auf künstlerischem Gebiet spielten wie Beshah Tekle-Maryam (1911–1995), der von 1942 bis 1964 künstlerischer Direktor des „Hager Fiker Mahber"[791] wurde, des ersten nationalen Theaters. Die Ursprünge des Theaters gingen auf die 1935 als patriotische Organisation gegründete politisch-kulturelle Gruppe zurück, die von den Faschisten verboten worden war. Einzelne Äthiopier begannen sich musikalisch auszuzeichnen und trugen im Laufe der Jahre zur weiteren Ausbildung bei.

Die Begeisterung für die neue Art von Musik – die allerdings keineswegs ungeteilt galt – führte bei Hofe zu einer „protzigen Erweiterung des Protokolls"[792]. Musiker marschierten vor den anreisenden Würdenträgern und selbst der „niedrigste der ausländischen Besucher wurde auf dem Bahnhof von Addis Abeba von unpassenden oom-pah-pahs einer äthiopischen Blechblaskapelle begrüßt".[793] Im Januar 1930 war es allerdings ein hoher Gast, nämlich der koptische Patriarch von Alexandria, dem man einen großen Bahnhof bereitete und über dessen Empfang sich ein französischer Beobachter sarkastisch äußerte. Er beschreibt die dicht gedrängte Menge, die die Gleise erobert hat und in die der reich geschmückte Zug wie in eine Pâte oder Dampfnudel einfährt. Die überwältigende Unordnung, der Service „de désordre"[794], macht auch den armenischen Musikanten das Leben schwer. Verkeilt und zusammengedrückt in der Menschenmenge, können sie nur mit Mühe die Mundstücke ihrer Instrumente an die Lippen führen. Der geehrte Gast, der den Zug inmitten eines Aufmarsches von Priestern und Diakonen verläßt und die Menge mustert, scheint schnaufend um Gnade zu bitten. Nachdem der Kronprinz ihn gebührend begrüßt hat, brechen die armenischen Fanfaren der Blasinstrumente los und bringen Töne hervor, mit denen der Beobachter nicht gerechnet hat. Alte lyrische Klänge auf der Harfe, datierend aus der Epoche Davids, wären dem Beobachter lieber gewesen. Stattdessen ertönt als Finale ein „Ta-ta-ta…ta tä. Ta-ta-ta…ta tä".

Europäische Überheblichkeit? Auch vielen Äthiopiern war die neue Musik nicht geheuer. Für die vor allem von den christlichen Amharen dominierte Stadt Addis Abeba bestand Musik in erster Linie aus Kirchenmusik und den Klängen der *beguena*, einer zehnsaitigen Kastenleier, die bis Mitte der 1960er Jahre nur von Adligen und Klerikern gespielt werden durfte. Auf diesem Musikinstrument, das auch Davidsharfe genannt wird, weil es der Legende nach von Menilek I. aus Jerusalem mitgebracht wurde, werden Lieder gespielt, die von biblischen Geschichten und traditionellen Erzählungen handeln. Profane Musik war damals Sache der *azmari*, wandernden Minnesängern, die oft marginalisierte Handwerker waren, oder der Bevölkerung, die als schwarz und heidnisch angesehen war, angehörten. Die Verachtung dieser Bevölkerungsgruppen durch die besseren Kreise übertrug sich teilweise auf die neue Musik und Eltern verboten es ihren Sprößlingen, Sänger zu werden.
 Aus einer solchen Gruppe rekrutierte sich zunächst auch die Imperial Bodyguard Band. Der

„Chef der Schweizer Musik" André Nicod war 1929 vom Kronprinzen engagiert worden, um eigens für die Feierlichkeiten der anstehenden Krönung Haile Selassies zum Kaiser im November 1930 eine Kapelle zusammenzustellen. Als Musiker wurden 60 Sklaven, junge Shankalla und Barya aus der Provinz Welega, nahe der sudanesischen Grenze, rekrutiert. In einem 4-monatigen intensiven Training lernten sie fünf Märsche und die zwölf Nationalhymnen der Länder spielen, die ihre Repräsentanten zu den Krönungsfeierlichkeiten senden wollten. Sie sollten die Kapelle der „Arba Lijoch" ersetzen, die in Auflösung begriffen war.[795]

Das Repertoire der „Arba Lijoch" erschöpfte sich aber nicht in Marschmusik, sondern schloß auch „neckische Weisen" ein und äthiopische Lieder, von denen Kevork Nalbandian im Laufe seiner Zeit in Äthiopien mehr als fünfzig arrangierte und komponierte. Er verfaßte auch viele musikalische Theaterstücke wie „Gondere Gebre Mariam", „Ato Man Alle", „Shepherd Teferra", „The War of Adal" und „Freedom Fighters"[796], in denen die von ihm komponierten Lieder zum besten gegeben wurden. Er gehörte zu den Pionieren dieses Genres in Äthiopien.

Auf Wunsch des Kronprinzen komponierte er auch die äthiopische Nationalhymne[797], die bis zum Sturz Kaiser Haile Selassies die offizielle Hymne des Landes blieb. Den Text, ein Loblied auf den starken König und dessen tapfere Helden, die die Unabhängigkeit des Landes sichern, verfaßte Yoftahé Negusé, ein Lehrer und Priester oder Kantor, der auch Theaterstücke schrieb.[798] Anläßlich der Krönungsfeierlichkeiten 1930 komponierte Nalbandian den „Tafari Marsch". Eine weitere Komposition galt dessen Gattin und dem erstgeborenen Sohn Asfa Wossen sowie dem letztgeborenen Mekonnen.

Bei den Feierlichkeiten zur Krönung Haile Selassies zum *negusa nagast*, dem König der Könige im November 1930 berichteten zahlreiche internationale und lokale Reporter oft humorvoll über das mit bis dahin nie gekanntem Aufwand betriebene Krönungsereignis und den musikalischen Pomp. Die Weltmächte hatten ihre Vertreter geschickt, darunter England und Italien Angehörige der Königshäuser. Zu den Berichterstattern, die eigens aus Anlaß dieses Ereignisses nach Äthiopien gereist waren, gehörte auch Evelyn Waugh. Er berichtet davon, wie gleich zwei Musikkapellen zu den offiziellen Eröffnungsfeierlichkeiten, die mit der Enthüllung eines Denkmals für Menilek II. begannen, auf dem Festplatz eintrafen und sich als Konkurrenten gegenüberstanden. Der belgische (militärische) Leiter der „Eingeborenenkapelle" verweigerte der von Haile Selassie engagierten Marinekapelle des britischen Schiffes „HMS Effingham", von deren Verpflichtung er nicht unterrichtet war, die Aufstellung. Er bedeutete dem Leiter der Marinekapelle, er werde ohnehin keine Gelegenheit haben, aufzuspielen, „da das Programm der Eingeborenenkapelle für den Anlaß völlig ausreiche. (Was wir angesichts der Neigung dieser Kapelle, kein Da Capo auszulassen, sofort glaubten.)"[799] Schließlich gelang den beiden Leitern doch noch eine Einigung und beide Kapellen hatten reichlich Gelegenheit, die feierliche Enthüllung des Denkmals musikalisch zu begleiten.

Das Jahr 1930 war auch das Jahr, in dem sich das Blechblasorchester der „Arba Lijoch" end-gültig auflöste. Bereits nach Vertragsende hatten einige Äthiopien Richtung Irak und Syrien verlassen. 1930 waren noch 28 von ihnen im Land. Einer der Gründe für die Abwanderung soll die schlechte Bezahlung gewesen sein. Diejenigen, die blieben, ergriffen vor allem handwerk-liche Berufe wie Schneider, Schuhmacher, Uhrmacher, Goldschmied, andere arbeiteten als Chauffeure oder Händler. Die Berufe erlernten sie bei ihren Landsleuten in deren Werkstätten oder in staatlichen Einrichtungen. Einige arbeiteten, wie im zweiten Vertrag vorgesehen, in staatlichen Stellen.

Dem musikalischen Fortkommen der „Arba Lijoch" hatte nicht nur die Notwendigkeit, sich den Lebensunterhalt zu verdienen, ein Ende gesetzt. Kaum jemand von ihnen besaß ein eigenes Instrument. Die faschistische Besatzungsmacht bereitete schließlich den seit 1924 unternommenen musikalischen Anstrengungen auf der ganzen Linie ein abruptes Ende. Von den vielen bis 1936 in Schulen und den verschiedenen militärischen Formationen musikalisch ausgebildeten Äthiopiern verloren einige ihr Leben im Kampf gegen die Besatzer. Unter ihnen auch einer der „Arba Lijoch", Papgen Seferian, der im Ogaden gegen die Italiener kämpfte und in einer Schlacht fiel. Er wurde in Jijiga beigesetzt. Andere, die im Transportwesen arbeiteten, beför-derten für die äthiopische Armee Soldaten und Munition und unter-stützten später einheimische Parti-sanen. Insgesamt waren es 21 oder 22, die nach dem Sieg über die fa-schistische Besatzungsmacht noch in Äthiopien lebten. Einige verlie-ßen während des Derg-Regimes das Land.[800]

Zu denen, die in Äthiopien blie-ben und Familien gründeten, gehörten Garabed Hakalmazian, Yervant Hagopian und Kevork Sarkissian. Ihre Nachfahren le-ben bis heute in Addis Abeba. Yervant Hagopian[801], der mit 16 Jahren nach Äthiopien gekom-men war, machte nach seiner Zeit in der Kapelle Tischlerarbeiten im Palast des Kronprinzen in Dessie.

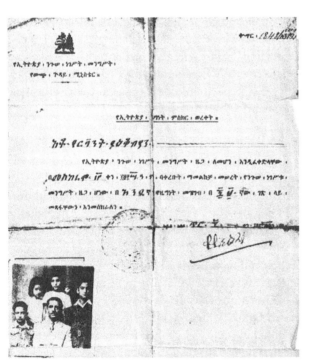

Abb. 77 Ein äthiopischer Ausweis für Yervant Hagopian und seine Kinder Simon, Hanna, Margret und Hrshag, 1947/48

270

Sein jüngerer Bruder Avak arbeitete als Goldschmied im kaiserlichen Palast, wo er Ornamente und Münzen fertigte. Während der italienischen Besatzung arbeitete Yervant als Tagelöhner in der Druckerei „Servizio Tipografico". Danach eröffnete er eine kleine Autowerkstatt und reparierte die alten italienischen Autos wie Topolino, Balilla und Motorräder wie Aprilia. Mit der Zeit fehlten die Ersatzteile für diese Typen von Autos und neue wie Chevrolet, Dodge und Ford Taunus kamen aus dem Ausland. Yervant mußte die Werkstatt schließen. Nach Jahren wirtschaftlicher Not bekam er eine Stelle in der Imperial Highway Authority (heute Road Authority), die 1951 gegründet worden war und die Aufgabe hatte, das Straßennetz zu entwickeln und zu unterhalten.

Auch Kevork Sarkissian[802], der wie Yervant Hagopian aus der Gegend von Van stammte und wie dieser in der Blechblaskapelle Klarinette gespielt hatte, fand eine Anstellung in der Imperial Highway Authority. Er arbeitete dort als Mechaniker. Zuvor hatte er als Chauffeur seinen Lebensunterhalt verdient. Als die in Äthiopien gebliebenen „Arba Lijoch" in den fünfziger Jahren in der Gegend des Gandhi Hospitals je 500 qm Land vom Staat bekamen, konnten es sich nicht alle leisten, darauf ein Haus zu bauen. Weder die Familie Hagopian noch die Sarkissians hatten genügend Geld für ein solches Vorhaben. Sie lebten weiter in gemieteten Häusern. Kevork Sarkissian verkaufte, wie einige andere auch, sein Land an einen der „Vierzig". Es war vertraglich festgelegt, daß sie nur untereinander verkaufen durften.

Von den „Vierzig Kindern" war offensichtlich nur Garabed Hakalmazian auf musikalischem Gebiet tätig geblieben. Kevork Nalbandian blieb in Äthiopien, nachdem er nach der Befreiung von der faschistischen Besatzung aus dem Exil zurückgekehrt war. Im Rahmen der Reorganisierung der von der Besatzungsmacht verbotenen Musikgruppen übernahm er die Leitung der Imperial Bodyguard Band und später der Police Band. 1946 ernannte ihn der Bürgermeister von Addis Abeba zum „Head of Music and Theatre of the Municipality"[803]. Kurzfristig versuchte er auch, im Handel tätig zu werden, ohne Erfolg. Er blieb Musiklehrer, wurde für seine Verdienste auf diesem Gebiet von Haile Selassie mit einem Orden ausgezeichnet und erhielt den militärischen Rang eines Hauptmanns. Finanziellen Erfolg hatte er nicht, was nicht zuletzt damit zusammenhing, daß er auch ein Spieler war und aufgrund eines „Komplotts"[804] seine Beziehungen zum Palast verlor. Er zog sich 1949 aus dem öffentlichen Leben zurück und starb 1963.

Musikalisches Nachspiel – Addis Abeba swingt

Der musikalische Einfluß der Nalbandians beschränkte sich nicht auf Kevork Nalbandian, sondern wurde von weiteren Familienmitgliedern fortgeführt. In den dreißiger Jahren hatte Kevork es einigen Verwandten ermöglichen können, nach Äthiopien zu emigrieren. Unter ih-

Abb.78 Nerses Nalbandian mit dem Haile Selassie I.
Theaterorchester, 1959

nen war sein Bruder Hagop, der Proben für verschiedene Blechblaskapellen leitete und ab Ende 1940 die Kapelle der Armee trainierte. Es war aber insbesondere sein Neffe Nerses Nalbandian, der in seine Fußstapfen trat und der bis zu seinem Tod 1977 einen entscheidenden Beitrag zur Entwicklung moderner Musik in Äthiopien leistete.

1915 wurde er in Aintap geboren. Seine Familie war vor der Verfolgung geflüchtet und gelangte 1918 nach Aleppo, von wo aus Nerses mit 20 Jahren nach Äthiopien ging. Aus dem Jahr seiner Ankunft 1935 berichtet Michael Lentakis: Der Grieche Vasili Aslanidis hatte das vom Völkerbund verhängte Waffenembargo umgangen und Waffen aus dem Jemen, aus Aden und Dschibuti importiert und eine kleine Fabrik errichtet, die Handgranaten produzierte. Er stellte Nerses Nalbandian, „einen starken Armenier"[805], ein, damit er Äthiopiern in einem Trainingscamp in Holäta das Werfen von Handgranaten beibrachte. Kurz vor dem Einmarsch der faschistischen Truppen gelang es beiden, nach Dschibuti zu fliehen, wo sie bis zur Niederlage der Italiener blieben und dann wieder nach Addis Abeba zurückkehrten.

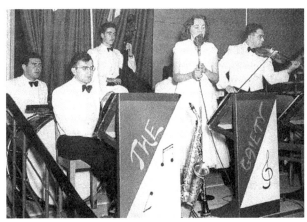

Abb. 79 Das Tanzorchester „The Gaiety", Nerses Nalbandian mit Violine

Sein Onkel Kevork unterrichtete Nerses, später ergänzten Privatlehrer seine musikalische Ausbildung. Er beherrschte diverse Instrumente wie Violine, Piano, Akkordeon, Tenorsaxophon. „Er arbeitete furchtbar hart an den diversen Schulen und anderen Einrichtungen in Sachen Musik, nachts komponierte er. Er ermutigte seine Kinder nicht, Musiker zu werden."[806] Nerses war Komponist und Arrangeur vieler Lieder, die bekannte Hits wurden. Er arbeitete als Chorleiter und Musiklehrer der Stadtkapelle, des Polizeiorchesters, des Haile Selassie I. Theaterorchesters, der Musikschule und der Nazret-Schule. Er spielte im „The Gaiety" auf, dem ersten Tanzorchester, das 1945 gegründet worden war und sich aus Armeniern und in der Hauptstadt lebenden Ausländern zusammensetzte. Man spielte Walzer, Rumba, Tango. 1947 organisierte er eine Jazzband in der Stadtverwaltung. Auch in anderen Orchestern spielten Armenier eine wichtige Rolle, denn es gab noch nicht viele Einheimische, die in der Lage waren, Symphoniestandards zu spielen. Neben Nerses Nalbandian waren es seine Brüder Hrant und Puzant, sowie Hagop Manoukian, der zwischen 1950 und 1960 die Kapelle der Polizei betreute, und Elias Djerrahian[807], die zur Entwicklung moderner Musik in Äthiopien beitrugen.

Abb. 80 Die Pianistin Sonja Stordiau

Es gab mehrere armenische Pianistinnen, die im Musikleben eine Rolle spielten, so Azad Topalian (geb. Baghdassarian), eine Pianolehrerin, die den Anstoß zur Gründung des Musikkonservatoriums gab. Ihr Mann war Direktor der armenischen Schule. Sonja Stordiau (geb. Kaloustian) gab Klavierkonzerte und trat im Haile Selassie I. Theatre auf. Bei ihr lernte die Pianistin Aida Mouradian, die später nach Paris ging.[808] Neben Armeniern waren es jetzt auch Europäer, die entscheidenden Einfluß nahmen, unter ihnen der Litauer Alexander Kontorowicz (1944–1948) und der Österreicher Franz Zelwecker (1950–1957). Beide waren von Haile Selassie neben einer Reihe anderer Ausbilder ins Land gerufen worden. Bei besonderen Anlässen begann sich der Hof mit musikalischen Vorführungen zu schmücken und zu vergnügen.

Zusammen mit dem damaligen Premierminister Ras Bitweded Mekonnen Endalkatchew (1943–57) gründete Zelwecker eine „Société des Amis de la Musique" zur Förderung der symphonischen Musik, die ihr Eröffnungskonzert anläßlich von Haile Selassies Geburtstag am 25. Juli 1953 gab. Neben einer Anzahl von Einheimischen waren es Armenier und andere Ausländer, die die Ouvertüre zu „Carmen", Stücke von Dvorak und Franz Lehar und eine Schubertsche Phantasie, von Zelwecker arrangiert, zum besten gaben. Seit 1955 war es der Polizeichef General Tsege Dibu, der seine Vorstellung von einem äthiopischen Symphonieorchester in einem Polizeistreichorchester zu verwirklichen suchte. Unter anderem förderte er die Bildung von Jazzbands der Polizei in Städten wie Asmara und Harar. Dibu gehörte 1960 zu den Rebellen des gescheiterten Staatsstreichs und verlor dabei sein Leben.[809]

Auch auf dem Gebiet des Theaters begann nun die Musik eine wichtige Rolle zu spielen. Anläßlich des 25jährigen Jubiläums von Haile Selassies Kaiserkrönung wurde 1955 das Haile Selassie I. Theater unter der Direktion Zelweckers eingeweiht. Die Schauspieler und Musiker, die von Zelwecker und Nerses Nalbandian im städtischen Theater ausgebildet worden waren, traten im kaiserlichen Theater auf, das von nun an ein „Schaufenster offizieller Kultur, aber auch ein genuiner Treffpunkt populären Wandels"[810] war. Aus dem Orchester der Stadt, das sich aus Musikern ohne musikalische Vorbildung zusammensetzte, hatte Nalbandian dank seiner pädagogischen Fähigkeiten, der Wahl des Repertoires und der „Verfeinerung seiner Arrangements"[811] das erste „wirklich moderne" Orchester geformt. Anders als die kleineren Jazzbands, die damals in Addis Abeba entstanden, war es eine klassische Formation mit fünf Saxophonen, fünf Klarinetten, drei Trompeten, zwei Posaunen, einem Klavier, Schlagzeug und einem Kontrabaß. In den ersten Jahren lieferte das Orchester die Hintergrundmusik zu den Theaterstücken und füllte die Pausen musikalisch. Auch Soloaufführungen fanden auf der Bühne statt. Im Mittelpunkt des musikalischen Repertoires standen äthiopische Lieder, die von einem Solisten vorgetragen und vom Orchester begleitet wurden. Die alte Musik mittels neuer Instrumente begeisterte vor allem das junge Publikum, während ältere Menschen „mit Tränen in den Augen den sinkenden Standard von Musik und anderer schöner Künste unter der jungen Generation beklagten".[812] So Nerses Nalbandian in einem Interview von 1969.

In Zusammenarbeit mit Musikern und Solisten der Armee und der Imperial Bodyguard Band organisierte man ab 1959 das „New Year Music Festival", für das spezielle Kompositionen eingeübt wurden. Das Orchester ging auch auf Tournee in die UdSSR und nach China. Der Armenier Garbis Haygazian hatte 1952/53 mit dem Handel von Schallplattenmusik begonnen, indem er die ersten Bandaufnahmegeräte in Äthiopien verbreitete. Ab 1956/57 ließ er die großen Erfolge der Orchester aufnehmen und verkaufte sie auf Bestellung an Mitglieder des Hofes, an reiche Äthiopier und an die Pächter der Clubs, Bistros und Animierbars.

Während die Musikszene in den 1940er und 50er Jahren noch eine Angelegenheit für die äthiopische Elite und die Ausländerkolonie war und die großen vom Staat zugelassenen Orchester die Musikszene beherrschten, entwickelte sie sich in den 60er Jahren auch als Freizeitvergnügen einer breiteren Bevölkerung.[813] Es entstanden zahlreiche Clubs, Bars und Diskotheken, in denen Musik gespielt und getanzt wurde. Auch die Immigranten, wie Griechen, Italiener und Armenier, eröffneten Clubs. Das Hager Fiker Theater, das 1935 als patriotische Vereinigung entstanden war, entwickelte sich als Treffpunkt der Mittelschicht und betrieb einen eigenen Club, in dem Jazz gespielt und getanzt wurde. Unter anderen traten hier Mitglieder der Imperial Bodyguard Band auf.

Ein Teil dieser Musiker hatte die Band nach dem gescheiterten Staatsstreich von 1960 verlassen und eine eigene Band gegründet, die im Ras-Hotel auftrat. Mitglieder der verschiedenen großen Bands spielten nach ihrer offiziellen Arbeit abends in den Clubs und Bars, nachdem das durch den Staatsstreich angeschlagene Regime die staatliche Kontrolle des Kulturbetriebs gelockert hatte. Es entstanden zahlreiche kleinere Bands, die an Clubs und Hotels gebunden waren und sich nach diesen benannten. Die Musik wurde jetzt auch durch Peace-Corps-Freiwillige und Soldaten der US-Armee in Asmara beeinflußt, die in den Bars der Stadt Jazz spielten. Keine Bedeutung erlangten hingegen afrikanische Einflüsse in der Musik, obwohl Addis Abeba 1963 Hauptstadt der OAU (heute AU) wurde. Das „musikalische Fieber"[814], das Addis Abeba erfaßt hatte, spiegelt sich auch in zahlreichen Zeitungsartikeln wieder, in denen die Musik und zeittypische Erscheinungen wie der Minirock kontrovers diskutiert wurden. Es waren nicht nur ältere Menschen, die diese Mode ablehnten, sondern auch die Studentenbewegung forderte: „Stoppt den Mini!"[815] Für sie war der Minirock ein Ausdruck dafür, daß der Westen versuchte, Afrika mit seinen Werten und Waren zu überschwemmen.

„Musikalisches Fieber" oder Addis Abeba swingt

Der bis heute beliebte Sänger Tilahun Gessese, der seine musikalische Karriere als 12jähriger im „Hager Fiker Theater" begonnen hatte und danach für viele Jahre der Leadsänger der „Imperial Bodyguard Band" war, stieß mit einigen seiner Lieder auf den Widerstand der Staatsmacht und wurde im Zusammenhang mit dem Staatsstreich für einige Zeit inhaftiert, konnte aber dann seine Laufbahn im Haile-Selassie I.-Theater fortsetzen. Nach dem Sturz des Kaisers geriet er auch mit dem neuen Regime in Konflikt. In einem Lied besang er die „sequentielle Liebe" zu drei Frauen gleichen Namens. Auf die Liebe zur ersten Almaz (Haile Selassie), folgte die zu einer zweiten (Derg). Die Liebe zu einer dritten Almaz legte für die Staatsanwaltschaft nahe, daß der Sänger mit der Zeit nach dem Derg sympathisiere. Als Tilahun Gessese im April 2009 starb, säumten nach Zeitungsberichten über 200.000 Menschen den Weg zu seiner Begräbnisstätte in der Holy Trinity Cathedral in Addis Abeba, während die übrige Bevölkerung die Übertragung im Fernsehen verfolgte.

Aus den institutionellen Orchestern wie dem des Theaters, der kaiserlichen Leibgarde, der Polizei und der Armee gingen zahlreiche weitere Musiker, Autoren, Komponisten und Arrangeure hervor. Hierzu zählen der Gitarrist und Pianist Girma Beyene und populäre Sänger wie Mahmoud Ahmed, Alemayehu Eshete, „der äthiopische James Brown", Hirout Beqele, Menelik Wesnatchew und die Sängerin Bizunesh Bekele. Sie wurde von der Imperial Bodyguard Band begleitet und war die erste Frau, die Anfang der sechziger Jahre traditionelle äthiopische Musik mit Militärmusik und westlichen Musikformen wie Blues und Soul verband. Sie ist das Vorbild für die heute gefeierte Sängerin Aster Aweke.

Wer sich einen musikalischen Eindruck vom „Swinging Addis Abeba" machen will, der kann auf die von Francis Falceto herausgegebene CD-Serie „Ethiopiques" zurückgreifen. Falceto formulierte, um eine Vorstellung von der Musik zu geben, folgendes: Es war ein bißchen so, als ob Edith Piaf und Johnny Hallyday von einem schneidigen Varieté der republikanischen Garde oder Frank Sinatra und Elvis Presley von einem explosiven Marineorchester begleitet worden wären.

Mit der Machtergreifung des Derg sahen sich die Theater- und Musikszene und ihre Stars mit Einschüchterung, Bevormundung und Zensur konfrontiert. Bekannte Sänger und Sängerinnen wurden gezwungen, in Militärbands aufzutreten. Einige emigrierten, andere blieben, gaben aber die Musik auf. Wer weiter als Musiker auftreten und Kassetten auf den Markt bringen wollte, musste in seine Songs patriotische Inhalte und revolutionäre Botschaften einbeziehen. Das Regime schloß die meisten Clubs und verhängte ein nächtliches Ausgehverbot. Es gab nur noch wenige Plätze, wo man Musik hören und tanzen konnte.

Zur Entwicklung der armenischen Gemeinde

2003 feierte die armenische Gemeinde in Anwesenheit des Oberhaupts der äthiopischen orthodoxen Kirche Abuna Paulus, des russischen und des armenischen Botschafters das 100jährige Bestehen des „Armenian Community Council of Ethiopia". Da Armenier damals keine eigene Botschaft hatten, wandten sich ihre prominenten Vertreter an Kaiser Menilek II. Dieser „stellte sie unter seine persönliche Protektion und ordnete die Gründung eines Rates an, der 1903 gebildet wurde, um armenische Interessen in Äthiopien zu schützen".[816]

Armenier genossen keine Unterstützung durch ihre Regierung wie die meisten anderen Ausländer, denn in ihrer Mehrzahl waren sie Untertanen des Osmanischen Reiches, das sich ihrer entledigen wollte. 1908 waren sie von diesem unter die Protektion der deutschen Legation in Addis Abeba gestellt worden, unter der sie auch noch blieben, nachdem 1912 in Harar ein türkisches Konsulat eröffnet worden war. Die deutsche Zuständigkeit erfreute die Armenier keineswegs, denn sie sahen die Deutschen als Komplizen der türkischen Regierung. Sie neigten mehr zur französischen und zur russischen Legation, die ihnen in orthodox-christlicher Solidarität verbunden war. Viele Armenier suchten am Geburtstag des Zaren die russische Legation auf und „ärgerten"[817] damit die deutsche Seite. Diese drohte, die weitere Vertretung zu verweigern, wenn die Armenier auch in Zukunft den Kriegsgegner Rußland hofierten. Die Armenier unterstellten sich daraufhin selbst der russischen Legation. Als sich ihr Geschäftsträger 1920 als späte Konsequenz der russischen Revolution von 1917 zurückzog, schlugen die Rus-

Abb. 81 Armenian Community Council 1903:
Krikorios Boghossian, Dikran Ebeyan,
Matig Kevorkoff, Sarkis Terzian (v. l.n.r.)

sen die französische Legation als Nachfolgerin vor. Nach anfänglichem Zögern willigten die Franzosen ein und richteten ein Büro für armenische Angelegenheiten ein, dessen Sekretär und Dolmetscher der Armenier Androches Pechdimaldji wurde.

Mit dem 1903 gebildeten Rat, dem Dikran Ebeyan, Serkis Terzian, Krikorios Boghossian und Matig Kevorkoff angehörten, wurde der Grundstein für eine sich langsam konstituierende Gemeinde gelegt, die um die Jahrhundertwende nur etwa 30 Familien (mit Harar) umfaßte, dann aber rasch anwuchs. In einer italienischen Karte von 1907 ist bereits das „Armenische Viertel"[818] als klar identifizierbare Wohngegend nördlich der Ras-Mekonnen-Brücke einge-zeichnet. Eine eigene Kirche und Schule gab es zunächst nicht, sondern man nahm die äthio-pischen kirchlichen Dienste in Anspruch und unterrichtete die Kinder zu Hause.

Mit Mighirditeh Tchelgadian stattete 1905 erstmals ein armenischer Bischof seinen Landsleuten einen Besuch ab. Zeitgenössische Beobachter berichten, daß sich die arme-nische Diaspora in Äthiopien brüderlich untereinander half, insbesondere im Falle von Krankheit und Mittellosigkeit und daß sie sich sehr für das Schicksal ihrer Landsleute in der Heimat interessierte. 1911 war ein Komitee gebildet worden, in dem Bedros Boyadjian, der 1905 den Erzbischof begleitet und sich in Addis Abeba niedergelassen hatte, eine aktive Rolle spielte. Er wurde Hofphotograph von Menilek, Zewdito und Ras Tafari; nach seinem Tod 1928 folgten ihm nacheinander seine beiden Söhne. Es wurden 1912 Sammlungen zur „armenischen Verteidigung"[819], zum Unterhalt von Waisenkindern und zur allgemeinen Wohlfahrt durchgeführt. Von einer früheren Sammlung heißt es, daß sie nur eine sehr bescheidene Summe ergab, was illustriere, daß der größte Teil der Armenier weit davon entfernt sei, reich zu sein.

Die finanzielle Situation der Gemeinde verbesserte sich allmählich, und bald gehörten fast alle wirtschaftlich potenten Mitglieder der Gemeinde an und einige von ihnen hatten verant-wortliche Posten inne. Boghos Marcarian, respektvoll *hayrik* (Vater) genannt, war der Doyen der armenischen Kolonie. Einzelne gaben großzügige Spenden für den Bau gemeindlicher Einrichtungen, andere bedachten die Gemeinde in ihrem Nachlaß, so der 1925 gestorbene Chefingenieur der äthiopischen Regierung Krikor Howyan[820]. In seinem Testament hatte er bestimmt, daß sein Besitz zu je einem Drittel an die armenische Republik, an seine Familie und an die Gemeinde in Addis Abeba gehen sollte.

1918 gründeten verschiedene Gemeindemitglieder eine Schule samt Kindergarten, unter ihnen Ohannes Assadourian, ein ehemaliger Generaldirektor der Schulen von Moushe im asiatischen Teil der Türkei. Er wurde mehrmals Präsident resp. Vizepräsident der Ephorie (kirchlicher Amtsbezirk) und der Gemeinde. Das Schulgebäude war für 3000 Maria-Theresia-Taler unter der Leitung von Krikor Howyan gebaut worden. In der „Araratian National School" wurden neben der Muttersprache Armenisch auch Amharisch, Französisch und Englisch gelehrt.

Abb. 82 Grundsteinlegung für
die armenische Kirche in Addis Abeba 1928

Neben der Schule entstand 1923 eine Kapelle, der Muttergottes Maria geweiht. Im selben Jahr erhielt die Gemeinde mit Hovhannes Avak Kahanah Guevherian ihren ersten Pastor. 1877 in Yozghat geboren, 1908 zum Priester geweiht, hatte er bis zu seiner Deportation in die syrische Wüste von Hawran verschiedene Gemeinden in der Türkei betreut. Während des Ersten Weltkrieges sammelte er im Auftrag des Erzbischofs von Damaskus armenische Waisenkinder ein. Eines seiner eigenen vier Kinder war während der Deportation an Fieber gestorben.[821]

Kurz nach dem Besuch des Bischofs Howsep Garabedian in Addis Abeba entstanden Pläne für den Bau einer richtigen Kirche. Zu ihrer Grundsteinlegung reiste 1928 Erzbischof Kevork Aslanian aus Konstantinopel nach Äthiopien. Der Einweihungsfeier wohnten 1934 auch das Kaiserpaar und der äthiopische Echege bei, das administrative Oberhaupt der EOC. Die Pläne für den in klassisch armenischem Stil errichteten Bau hatte sich Mihran Mouradian aus Paris kommen lassen. Seine 1913 in Addis Abeba gegründete Export- (Kaffee, Felle und Häute) Importfirma (Textilien, Salz) florierte, und er trug mit großzügigen Spenden die Hauptlast der Kosten für die Kirche. Diese wurde dem „tapferen Krieger St. Georg"[822] (Kevork) geweiht, wobei der Name gleichzeitig an Mouradians verstorbenen Vater Kevork erinnerte. Im Bogenfeld über dem Haupteingang steht sein Name Kevork Mouradian. Der 1959 verstorbene Mi-

Abb. 83 Der Mouradianchor und
sein Gründer Nerses Nalbandian

hran Mouradian wurde in der Kirche beigesetzt, der Chor trägt bis heute seinen Namen. Die Kirche in der Adwa Street nahe der Ras-Mekonnen-Brücke, die im Innern von Elementen der Marienverehrung dominiert ist, hat eine sehr gute Akustik. Obwohl der Chor heute nur noch wenige Mitglieder zählt, klingen seine Gesänge beeindruckend.

1935 konnte auch ein neues Schulgebäude in „moderner Konstruktion"[823] errichtet und am Vorabend der italienischen Invasion eingeweiht werden. Es war unter der Leitung des Architekten Japet Ghourlian entstanden und von Matig Kevorkoff mit 85.000 Maria-Theresia-Talern finanziert worden. Kervorkoff wird als Mann beschrieben, der sehr um das Wohl der armenischen Gemeinde besorgt war. Er hatte sich auch am Bau der Kirche beteiligt. Die Schule erhielt seinen Namen und die Gemeinde verlieh ihm den Titel „Wohltäter". Kevorkoff war zu jener Zeit noch Präsident der Gemeinde. Den Posten des Vizepräsidenten hatte der Kaufmann und Lieferant der Regierung Krikorios Boghossian inne. Die Gemeinde wurde von einem „Nationalrat" geleitet, dessen Mitglieder auf Zeit gewählt wurden. Aus dem Rat wurden wiederum die Verwalter von Kirche und Schule gewählt.

Die Gemeinde verfügte über Vereinigungen, die sich Wohlfahrtszwecken, dem Sport und dem „Patriotismus"[824] widmeten. Vor allem abends traf man sich im „schön möblierten Club", an der Hauptstraße der Stadt gelegen. Dort konnte man Zeitungen auf Armenisch lesen, die in Ägypten und Griechenland erschienen.

Die „patriotischen" Vereinigungen, die im Laufe der Zeit entstanden und meist von kurzer Dauer waren, bildeten sich entlang verschiedener politischer Richtungen vor allem in den zwanziger und frühen dreißiger Jahren. Es ging um armenische Politik, die zu Spaltungen innerhalb der Gemeinde und sogar zum Auseinanderfallen der Araratian-Schule führte. Zeitweilig gab es drei kleine Schulen. Für politischen Zündstoff sorgte hierbei insbesondere Matig Kevorkoff. „Der interfraktionelle Zank führte zu Kevorkoffs abruptem Rücktritt und er kehrte mit seiner Frau nach Dschibuti zurück."[825] Kevorkoff, obwohl selbst Teil des Problems, gelang es dennoch, die Gemeinde dazu zu bewegen, die drei Schulen unter einem Dach zu vereinen, nämlich in dem von ihm finanzierten Neubau.

Matig Kevorkoff, der der 1918 entstandenen unabhängigen Republik Armenien einen größeren Betrag für den Kauf eines Flugzeuges angeboten hatte, war 1920 zu deren diplomatischem Vertreter ernannt worden. Da sowohl die türkische wie die Rote Armee der Republik im selben Jahr ein Ende machten und sich die Beute aufteilten, wurde seine Funktion nicht wirksam, ebensowenig wie die von Haig Patapan, der zum Vizekonsul ernannt worden war. Adrian Zervos[826] schildert Patapan als einen enthusiastischen und beredten Sprecher, der in Versammlungen, anläßlich von Festen und nationalen Jahrestagen gern das Wort ergriff und mit flammenden Reden seine Zuhörer begeisterte. Patapan war der führende Intellektuelle in der Gemeinde, der einen von der Politik geprägten Lebensweg hinter sich hatte, als er in

Äthiopien eintraf. 1882 in Smyrna geboren, war er bereits als 14jähriger aktives Mitglied der „revolutionären armenischen Föderation", nahm 1901 an einer Revolte teil, wurde 1903 gefangengenommen und 1908 anläßlich der Verkündung der türkischen Verfassung amnestiert. Wenig später reiste er durch Kleinasien, um die nationale Verteidigung zu organisieren und weigerte sich 1912, am Balkankrieg teilzunehmen. Er segelte nach Dschibuti und gelangte von dort nach Addis Abeba, wo er für ausländische Zeitungen schrieb, an einer Übersetzung von Nietzsche arbeitete und lokale Studien trieb.

1930 wurde die Sportvereinigung „ARAX" von jungen Amateurfußballern gegründet, die 1935 rund 30 Mitglieder zählte und von Ohannes Avakian geleitet wurde. Ihr Ziel war die körperliche und moralische Entwicklung der armenischen Jugend in Äthiopien. Neben Fußball standen Boxen, Ringen und Radfahren auf dem Programm. Die Sportvereinigung besaß eine Bibliothek mit Werken in Französisch und Armenisch. Armenier wie andere Ausländer- und Immigrantengruppen bildeten Fußballteams, die gegeneinander antraten. Ein Photo aus dem Jahre 1934 zeigt italienische und armenische Fußballer nach einem Spiel. Als 1935 eine französische Marineauswahl aus dem heutigen Dschibuti gegen eine Stadtauswahl von Addis Abeba spielte, schoß Yervant Abraham alle Tore zum 3:1 Sieg. Auch seine Brüder Haigaz und Torkom gehörten der Mannschaft an.[827] 1943 entstand die „Armenian Sporting Association Ararat", die aus Spenden ein Vereinsgebäude errichtete, das bis heute genutzt wird.

1944 wurden zum erstenmal äthiopische Fußballmeisterschaften ausgetragen. Die Staffel bestand aus einer äthiopischen, einer britischen, italienischen, armenischen und griechischen Mannschaft.[828] Nach der Befreiung bildeten sich auch Basketballteams in der armenischen und der griechischen Schule, im University College am Arat Kilo wie auch aus den Reihen armenischer und griechischer Piloten der äthiopischen Fluglinie sowie der Radiotelegraphisten. Laut Michael Lentakis erhielt die Mannschaft der Griechen den ersten Cup für Basketball aus den Händen des Kaisers. Sie hatten das armenische Team „Ararat" mit 84:52 Punkten[829] geschlagen.

Wie ein Fußballspiel während der faschistischen Besatzung zu einer politischen Demonstration wurde, beschreibt Lentakis[830]: Das griechische Team Olympiacos besiegte eine italienische Mannschaft mit 3:0. Die äthiopischen Zuschauer feierten die griechische Mannschaft überschwenglich und trugen einige Spieler, die Mischlinge aus äthiopisch-griechischen Verbindungen waren, auf ihren Schultern zum Zentrum von Piazza. Die Gruppe wurde dort von Carabinieri zerstreut und es wurde von nun an der griechischen wie den anderen Mannschaften verboten, an sportlichen Aktivitäten in der Öffentlichkeit teilzunehmen. Mischlinge wurden von der Besatzungsmacht drangsaliert, die zahlreichen griechisch-äthiopischen Mischlinge wurden öffentlich geschlagen. Auch für die äthiopisch-italienischen Mischlinge wurde das Leben „bitter"[831].

Die italienische Besetzung Äthiopiens bedeutete auch für die Armenier einen Einschnitt. Pankhurst bezeichnet sie als „Ende einer Epoche in der langen Geschichte armenischen Engagements in Äthiopien".[832] Die Besatzer schlossen mit wenigen Ausnahmen die Schulen von Ausländern und nutzten sie für eigene Zwecke. Sie eigneten sich auch die armenische Schule an und machten daraus eine italienische. Die armenischen Kinder konnten aber auf der Schule bleiben und erhielten weiterhin Sprachunterricht in Armenisch. Alle anderen Fächer wurden in Italienisch gelehrt, was dazu führte, so der derzeitige Vorsitzende der Gemeinde, daß aus der damaligen Generation von Schülern die meisten besser Italienisch als Armenisch sprachen. Auch der Musikszene, die unter armenischem Einfluß entstanden war, setzte die Besatzungsmacht ein Ende. Armenier, die exponierte Stellungen eingenommen hatten, wurden nach Italien deportiert, konnten in der Regel aber nach der Befreiung wieder zurückkehren und zunächst an ihre früheren Positionen anknüpfen. Zu ihnen gehörte Abraham Koeurhadjian, Palastkämmerer und Ratgeber Haile Selassies, der zusammen mit seiner Familie, darunter sechs Kindern und mehreren Brüdern, nach Azinara (Kalabrien) exiliert wurde. Nach dem Krieg konnte er nach Äthiopien zurückkehren, wo er wieder verantwortliche Stellungen einnahm. 1955 starb er.[833]

In den 1950er Jahren bekam das gesellschaftliche Leben in der Gemeinde starken Auftrieb. Wie man zahlreichen Photos entnehmen kann, gab es reichlich Anlässe für Festlichkeiten und vergnügliche Unternehmungen im Ararat Club. Hochzeiten wurden in größerem Rahmen gefeiert, zu denen auch Ausländer und Äthiopier eingeladen waren. „Tea Parties" waren angesagt und man tanzte zu armenischer und auch zu „moderner" Musik. Vom Baby bis zur „uralten, halbtoten"[834] Oma war alles dabei. Frauen trafen sich im Armenian Women's Club und in kleinen Gruppen und wirkten für wohltätige Zwecke. Einmal im Jahr gab es das große Fest zugunsten des äthiopischen Roten Kreuzes, an dem sich jedes Land mit einem Stand beteiligte.

An besonderen Festtagen wie Ostern, Weihnachten oder Neujahr feierte man eher unter sich. Frauen bereiteten armenische Spezialitäten auf großen Blechen und ließen sie beim Bäcker backen, weil der Backofen zu Hause zu klein war, denn auch Freunde wurden mit den Leckereien bedacht. „Es war ein Hin- und Hertragen von Chorek, einem speziellen Gebäck mit und ohne Ei drin. Das war herrlich."[835] Die Sportvereinigung organisierte Fahrradrennen und Wettbewerbe in verschiedenen Ballspielen. Männer gingen gemeinsam auf große Jagd. Es gab ein Laientheater und ein Schultheater. Neben leichter, unterhaltsamer Kost versuchte man sich auch mit ernsten Themen auseinanderzusetzen, etwa mit Aufführungen in Erinnerung an den Völkermord.

Wie in anderen Ländern des Exils bildeten die Kirche, der Club und die Schule die Grundpfeiler des Zusammenlebens und der Pflege der eigenen Kultur und Identität. In den 1960ern hatte die Gemeinde aber den Höhepunkt ihrer Entwicklung schon überschritten. Der mißglückte Staatsstreich von 1960 führte zu einer erheblichen Verunsicherung darüber, was die Zukunft bringen würde. Es begann eine erste Welle der Auswanderung.

Das Ansehen der Armenier im Spiegel ausländischer, einheimischer und eigener Wahrnehmung – „Färänji" oder nicht?

Europäer, die im 20. Jahrhundert nach Äthiopien reisten und sich aus beruflichen oder anderen Gründen eine Weile dort aufhielten, haben sich in sehr unterschiedlicher Art und Weise zur Rolle von Armeniern in Äthiopien geäußert. Einige Deutsche und Österreicher zeichneten sich dadurch aus, daß sie negative Pauschalurteile abgaben, die sich auf das Wirtschaftsgebaren und die moralischen Eigenschaften von Armeniern beziehen. Vom wirklichen oder möglichen Fehlverhalten einzelner wurde auf kollektive Charaktereigenschaften geschlossen. Das Vokabular erinnert in vielfacher Weise an das, was man Juden gegenüber anwendete. Auch Briten ließen ein rassistisch geprägtes Selbstwertgefühl von eigener Höherwertigkeit erkennen, doch richteten sich ihre Aversionen eher gegen italienische wie griechische Bauarbeiter, die binnen weniger Jahre in größerer Zahl nach Äthiopien gekommen waren. Sie schadeten dem Ruf von Ausländern, weil sie zu sehr mit den „weniger zivilisierten Rassen"[836] fraternisierten, womit vor allem sexuelle Beziehungen zu äthiopischen Frauen gemeint waren.

Der britische Diplomat Count Gleichen urteilte am Ende des 19. Jahrhunderts: Die einzigen nützlichen Arbeiter in Addis Abeba sind Armenier, gleichwohl sind es sehr wenige.[837] Der Schriftsteller Evelyn Waugh resümiert seine Begegnung mit Armeniern 1930:

> „Sehr viel später wurde mir klar, daß die beiden fähigsten Menschen, denen ich während meiner sechsmonatigen Reise begegnete – der Chauffeur, der uns nach Debre Libanos gefahren hatte, und Monsieur Bergebedjian –, Armenier waren. Ein Volk von großer Begabung und ausgeprägter Sensibilität. Nach meinem Eindruck sind nur die Armenier wirklich weltläufig."[838]

Sowohl der Chauffeur aus Addis Abeba wie Bergedjian, ein kleiner Hotelbesitzer in Harar, hatten ihm als Dolmetscher und Fremdenführer gedient und sich dabei als sehr erfahren, kenntnisreich und respektvoll und geschickt im Umgang mit der einheimischen Bevölkerung gezeigt, ihn mit ungewohnten Gepflogenheiten bekannt gemacht und Kontakte hergestellt.

De Castro von der italienischen Legation schrieb 1915 mit „neidischem"[839] Blick auf die Prosperität der Armenier: Die Armenier sind arbeitsam und geschäftstüchtig, wissen, wie man von Kleinhandel und Spekulation profitiert, haben gute Beziehungen zum kaiserlichen Hof, was ihnen oft Vorteile bringt. Sie tendieren sogar mehr als die Äthiopier zu Festlichkeiten und sind sehr erfolgreich, deren Wertschätzung zu erhalten.

Der in Addis Abeba lebende Georgier Paul Mérab faßte um 1921 seine Eindrücke so zusammen: Die meisten Armenier waren gewissenhafte Seelen, die niemandem Schaden zufügten, und nach nichts anderem fragten, als in Frieden zu leben, weit weg von osmanischer Herrschaft. Die meisten von ihnen sind Kaufleute und der Handel ist der Beruf, in dem sie sich auszeichnen und zwar in einem solchen Ausmaß, daß der Name Armenier in Äthiopien „synonym"[840] mit Kaufmann wurde. Ähnlich unaufgeregt und positiv klingt es 1935 auch bei Leo von zur Mühlen:

> „Ein besonders ausgiebig vertretenes Element der weißen Rasse stellen die Griechen und die Armenier dar, in deren Händen ein großer Teil des Handwerks und des Handels liegt. Bei bescheidenen Ansprüchen bringen es manche Angehörige beider Völker zum Wohlstand."[841]

Zu einem ganz anderen Urteil über das Geschäftsgebaren von Armeniern gelangte der Deutsche Willy Hentze, der Armenier wie Griechen als schlaue Spitzbuben und gewiefte Intriganten und Bakschisch-Geber beim Erwerb von Warenaufträgen für den Hof charakterisierte. Sie handelten mit dem ihrer „Rasse so eigenen Talent als Hochstapler"[842] und nutzten so die Begeisterung Kaiser Menileks für moderne Technik wie europäische Geschäftspartner und auch schon mal Regierungen aus. Ihre Dienste ließen sie sich völlig übertreuert bezahlen. Auf jeden Fall ist es befremdlich, wenn im Zusammenhang mit Hentzes Tätigkeit als Installateur der Münze in Addis Abeba ohne konkrete Beweise in einer neueren Arbeit verallgemeinernde Sätze fallen wie:

> „Menilek war bekannt für seine spielerische Freude an technischem Gerät, was sich immer wieder Geschäftemacher aus der armenischen Kolonie zunutze machten."[843]
> „Die auf seinen Einfluß beim Kaiser eifersüchtig und von Hentze vielgehaßte Armenierclique scheint mancherlei Sabotageakte inszeniert zu haben."[844]

Mit Blick auf die einfachen Leute unter den Immigranten gelingt Hentze ein etwas differenzierterer Blick:

> „Dann gibt es auch viele Armenier und Griechen, denen jede Aussicht genommen ist, das Land in absehbarer Zeit verlassen zu können. Aus der Heimat oder sonstwo kommen diese armen Kerle und glauben nun durch die so glänzenden Berichte aus den Zeitungen in Abessinien ihr Glück zu machen. Das wenige ersparte oder gestohlene Geld reicht gerade bis zur Ankunft in Adis=Ababa, dort werden sie dann Arbeiter des Kaisers und bei Brücken- und Straßenbauten verwendet. Für ihre allerdings geringen Leistungen erhalten sie pro Monat ca. 30 Taler. Andere wiederum wollen nicht arbeiten, eröffnen mit dem Rest ihres kleinen Vermögens eine kleine Handlung, in der wenige Alkoholflaschen, einige Taschenmesser und sonst billige Stoffe feilgeboten werden. Der momentan schlechten Konjunktur wegen geraten sie dann in Schulden, leihen vom Kaiser einige hundert Taler, deren Zinsen sie nur einige Monate zahlen können, und müssen nun zeitlebens für den Kaiser arbeiten."[845]

Negativ fällt das Urteil bei Graf Ludwig Huyn und Josef Kalmer 1935 aus, die Armenier als „Weiße" nur in Anführungszeichen akzeptieren können.

„Nur eine Spezies ‚Weiße‘ gibt es hier, die sich bei Europäern wie Eingeborenen gleicher Unbeliebtheit erfreut, das sind die vielen Griechen und Armenier, von deren Untugenden – Falschheit, Unzuverlässigkeit und Übervorteilungssucht – die Einheimischen ihr Bild vom Charakter der Weißen im allgemeinen beziehen."[846]

Besonders durch schlechten Einfluß gefährdet, sahen Huyn/Kalmer die in Missionsschulen erzogenen Amharen. Diese fänden sich für die eigenen Leute „zu gebildet", weswegen sie die Nähe von Europäern suchten.

„Da aber die Weißen Distanz halten und sich mit Eingeborenen möglichst nicht einlassen, geraten diese Missionszöglinge in die Gesellschaft von Armeniern, Griechen, Syrern. Von diesen Levantinern lernen sie alles Schlechte, dessen dieser Auswurf der Menschheit fähig ist, und verdreifachen das Erlernte noch mit Hilfe ihrer angeborenen natürlichen Intelligenz."[847]

Ein eher zwiespältiges Bild zeichnet der Schweizer „Koch des Negus" Erwin Faller. In seinen Erinnerungen erscheinen sie als gute Geschäftsmänner, aber auch als bösartige Intriganten und wie Griechen „mit der Geschäftsnase wie witternde Aasgeier"[848]. Ähnlich wie Hentze sah er sich persönlich durch Armenier beruflich geschädigt. Am 28. Januar 1908 hatte der ungarisch-österreichische Staatsbürger Freiherr von Kulmer notiert:

„Nimmt man die Zahl der Europäer mit 150 an, so greift man nicht zu hoch. Die hiesigen Griechen, Armenier und Juden zählen nicht mit und gelten mit wenigen Ausnahmen als minderwertig. Auch der Abessinier sieht in diesen Leuten keine ‚Frändschi‘."[849]

Aus der Tatsache, daß Äthiopier Armenier wie Griechen und Juden nicht als *färänji*, als Westeuropäer, betrachteten, was durchaus in der Tendenz richtig beobachtet war, schloß Kulmer auf eine Rangfolge in der „rassischen" Wertigkeit und eine größere Wertschätzung gegenüber den Europäern. Doch so einfach lagen die Dinge nicht. Die deutliche Unterscheidung der Armenier – und in abgeschwächter Form der Griechen – von Westeuropäern hatte ihre Wurzel in der Verwandtschaft der orthodoxen Religionen. Westeuropäer wurden dagegen generell als römisch-katholisch angesehen und deshalb mehrheitlich mit Mißtrauen und Furcht und als potentielle Kolonialherren betrachtet.

Wenn man die gesellschaftliche Stellung von Ausländern und Einwanderern in Äthiopien einschätzen will, so muß man in Betracht ziehen, daß sie anders als im kolonialen Afrika, in dem sie als Herrscher auftraten, in Äthiopien in erster Linie als Angestellte oder Diener des Herrschers gesehen wurden. Einwanderer wie Marcarian, Ebeyan oder Terzian erlangten durch ihre herausragenden Stellungen bei Hof zweifelsohne Ansehen in Äthiopien. Dieser Personenkreis repräsentierte Armenier auch als diejenigen, die sich in dem anbahnenden Konflikt mit Italien auf die Seite Äthiopiens stellten. Abgesehen davon, daß sie erheblich zur

Bewaffnung der äthiopischen Armee beitrugen, wird von ihnen – wie von Griechen – berichtet, daß sie die äthiopische Regierung über die kolonialen Ambitionen Italiens aufklärten und davor warnten. Viele Männer dieser Generation wurden in Anerkennung ihrer Leistungen von Menilek wie Haile Selassie mit Orden dekoriert und brachten es zu beträchtlichem Wohlstand. 1894 soll Kaiser Menilek 5000 Maria-Theresia-Taler von Dikran Ebeyan für eine militärische Expedition geliehen haben.[850] Von den wenigen noch erhaltenen Dokumenten aus der frühen Praxis der Kreditvergabe durch den Kaiser dokumentiert eines einen Kontrakt von 1903 zwischen dem Herrscher und führenden Persönlichkeiten der armenischen Gemeinde. Kreditnehmer über eine Summe von 10.000 Talern mit halbjährlicher Laufzeit sowie zwei der Bürgen und alle Zeugen des Vertrags waren Armenier. Allein für die Hälfte der Summe und die betreffenden Zinsen bürgte Sarkis Terzian.[851]

Die Mehrheit der Armenier mag für äthiopische Verhältnisse ein über dem Durchschnitt liegendes Einkommen gehabt haben, sie waren aber keineswegs reich. Die Tatsache, daß viele von ihnen gewöhnlichen Handel trieben oder ein Handwerk ausübten, also traditionell Berufe von niedrigem oder in Äthiopien gar verachtetem Status, beeinträchtigte ihr Ansehen besonders bei Amharen und Tigray, die als Bauern, Soldaten, Priester und im staatlichen Dienst ihren Lebensunterhalt verdienten. Zu Beginn des 20. Jahrhunderts kam das Wort *grik* in Gebrauch mit der Bedeutung: Grieche gleich Sklave eines Ausländers. Von Griechen glaubte der Volksmund, sie seien Sklaven in Europa. Der Begriff weitete sich auf alle manuell Arbeitenden aus, auf Gasthausbesitzer und kleine Händler, gleichgültig, ob sie Griechen, Armenier oder Italiener waren. Der Begriff bezeichnete also weniger eine Nationalität als eine gesellschaftliche Stellung in der bewertenden Rangordnung. Das Bild der Italiener in jener Zeit wurde von den beim Sieg in Adwa gemachten Gefangenen geprägt, die meistens im Straßenbau harte Arbeit leisteten. Von einem Ausländer, der sich wirtschaftlich verbesserte, ist der Ausspruch kolportiert: Er sei ein *grik* gewesen und jetzt ein *färänj*[852] geworden. „Färänj", „Färänji" oder Franks war reserviert für jene Ausländer, die im gehobenen Dienst der Regierung standen, für Reisende, Forscher und Großhändler europäischer Provenienz, nicht für kleine Krauter, anders als heute, wo jedem der durch Äthiopien reist ein „Färanji, färanji" entgegen- oder hinterherschallt.

Auf dem Hintergrund der Verwandtschaft in der Religion und der Tatsache, daß Armenier vor allem seit Ende des 19. Jahrhunderts in der Absicht nach Äthiopien kamen, sich dort dauerhaft niederzulassen und die Sprache des Landes weit mehr als andere Nationalitäten erlernten, mag der Schluß nahe liegen, daß sie eine „einzigartige Position" in der äthiopischen Geschichte einnahmen. Zu diesem Schluß kommt – wie bereits erwähnt – der Historiker Richard Pankhurst. Sein Kollege Bahru Zewde folgert ähnlich: Inder wie Griechen waren erfolgreich, weil es ihnen leicht fiel, sich im äthiopischen Milieu zu adaptieren, letztere möglicherweise, weil sie orthodoxe Christen waren wie auch die Armenier, die das „höchste Niveau an Integration"[853] in die äthiopische Gesellschaft erreichten. Sie waren vor allem als Handwerker erfolgreich, die die höheren Klassen versorgten.

Andererseits war von Indern wie Armeniern bekannt, daß sie – im Gegensatz zu Griechen, Italienern und Arabern, die zahlreiche Verhältnisse mit äthiopischen Frauen eingingen – überwiegend unter sich heirateten. Armenier brachten ihre Frauen mit oder ließen sie aus ihren Heimatorten nachkommen. Um zu vermeiden, daß zu eng verwandte untereinander heirateten, wurden vor allem aus Beirut, Kairo und Zypern armenische Frauen, aber auch Männer „importiert"[854] und so arrangierte Hochzeiten ausgerichtet. Die wegen Heirat Zugewanderten zeigten weniger Neigung als die „freiwillig" Gekommenen, Amharisch zu lernen und sich auf das Land einzulassen.

Wilhelmine Stordiau, die in den fünfziger und sechziger Jahren des 20. Jahrhunderts in Addis Abeba aufwuchs, spricht von „Parallelgesellschaften"[855] von Schwarz und Weiß zu jener Zeit in Äthiopien. Auf der obersten Stufe der gesellschaftlichen Rangleiter hatten die Reichen und Botschaftsangehörigen untereinander Kontakt, gleich welcher Nation und Hautfarbe. Sie hatten beruflich viel miteinander zu tun und man traf sich privat auf Parties. Immigranten mit mittlerem Einkommen und die Armen unter ihnen blieben hingegen unter sich. Die Durchlässigkeit zwischen den Schichten war gering und „Mischlinge" waren bei allen nicht gern gesehen und heirateten wiederum häufig untereinander. Mischlinge wurden als nicht „100 % vertrauenswürdig angesehen". Man erwartete von ihnen, daß sie sich für eine Seite entschieden.

Stordiaus Urgroßvater Dikran gehörte zur Minderheit der armenischen Männer, die eine Äthiopierin heirateten oder vielleicht auch nur mit ihr zusammenlebten. Seine Frau gebar ihm vier Söhne und eine Tochter. Die vier Söhne integrierten sich völlig in die äthiopische Gesellschaft, weil sie in der armenischen keine Chancen hatten. Die Tochter, Stordiaus Großmutter, hingegen wurde in eine armenische Familie gegeben und von ihr aufgezogen, um – so die Vermutung – die Chance zu bekommen, „weiß" zu heiraten. Sie heiratete einen armenischen Schreiner, der vor dem Genozid nach Äthiopien geflohen war. Der Urgroßvater hatte auch Kinder mit einer äthiopischen Sklavin. Diese verheirateten sich mit Italienern.

Es gibt Hinweise dafür, daß wirtschaftlicher Erfolg nicht automatisch mit Integration gleichgesetzt werden kann und die wirtschaftliche Stellung von Armeniern nicht von allen positiv gesehen wurde. Ihr vermuteter oder wirklicher Einfluß auf politische Ereignisse rief bei bestimmten Fraktionen Antipathien hervor. Wirtschaftliche Neuerungen konnten zu sozialen Veränderungen führen, die auch als Bedrohung wahrgenommen wurden. Zu Ressentiments in der äthiopischen Bevölkerung soll in der Menilek-Ära auch die Tatsache geführt haben, daß Ausländer, die in Straftaten gegen Einheimische verwickelt waren, mit weit milderen Strafen rechnen konnten als Einheimische, die Verbrechen an Ausländern begingen. Ein Blutgeld für die betroffene einheimische Familie war nicht selten auch bei Tötungsdelikten die Strafe für

Ausländer, sei es, um diplomatische Schwierigkeiten zu vermeiden oder aus anderen Gründen. Im Falle eines Armeniers, der von Einheimischen getötet wurde, wird von einer konsequenten Verfolgung der Täter berichtet.[856]

Ein patriotisches Gedicht, eine Hymne auf den vom schwerkranken Menilek als Nachfolger bestimmten Lij Iyasu und auf Äthiopien als einer duftenden Blume zeichnet ein sehr negatives Bild von Griechen und Armeniern. Sie werden mit Fliegen und Mücken verglichen, die im Gegensatz zur Biene nichts auf einer Blume zu suchen haben. Sie werden als schädlich charakterisiert, als diejenigen, die das äthiopische Volk getäuscht, Leben und Glück der Menschen zerstört haben. Sie rauben insbesondere der Jugend ihre Kraft, indem sie sie mit List und Lüge zu Alkoholkonsum und zum Besuch des „Schwindsucht genannten Hauses" verführen. „Von der Plage der Griechen und der Pestilenz der Armenier, My Lord errette uns" [857], wird Iyasu angerufen.

Hintergrund solcher Anschuldigungen bildete die Entstehung von sogenannten Trinkhäusern, in denen Alkohol ausgeschenkt wurde und die, wie auch Hotels und Restaurants, zuerst in Harar entstanden. Die Destillation von *araki*, einem Anisschnaps, und anderer alkoholischer Getränke auf kommerzieller Basis wurde von Griechen eingeführt. Wahrscheinlich waren es aber Armenier, die insbesondere den *araki* bekannt und populär machten. Das Getränk wurde „Mardiros araki" genannt nach dem armenischen Einwanderer Mardiros Aznavorian, von dem berichtet wird, daß er ein offenes Haus für den äthiopischen Adel hatte. Der wirkliche oder vermutete Anstieg des Alkoholkonsums und der Prostitution wurde diesen „Ausländern" angelastet. Auch mag die führende Rolle von Armeniern in der Umsetzung des Alkoholmonopols zu diesem Ruf beigetragen haben. Ob diese Hymne in irgendeinem Zusammenhang steht mit Sympathien der armenischen und griechischen Kolonie für die Gegner von Lij Iyasu, dafür gibt es keine Hinweise.

Umgekehrt sieht Pankhurst den wachsenden Einfluß von Armeniern in Äthiopien in einem britischen Bericht von 1911 dokumentiert, in dem dargelegt wird, daß einige von ihnen zusammen mit lokalen Griechen und Türken Menileks Enkel und Erben Lij Iyasu unterstützten, dessen politische Macht damals im Aufstieg begriffen war.[858] Anderseits wurde die Allianz der Gegner Lij Iyasus, der mit Deutschland und der Türkei sympathisierte und antikolonial eingestellt war, am kaiserlichen Hof wie innerhalb der Kolonialmächte England, Frankreich und Italien durch Photos befördert, die von dem armenischen Photographen Levon Yazedjian gefälscht worden sein sollen. Diese zeigten Lij Iyasu im Moslemgewand resp. mit einem bunten Turban. Der armenische Photograph, der ein Photostudio nahe der Ras-Mekonnen-Brücke hatte, soll die weiße Stirnbinde so mit Farbe versehen haben, daß sie wie ein Turban aussah.[859] Wie bereits im Kapitel über Lij Iyasu beschrieben, existierten einerseits verschiedene manipulierte Bilder und Dokumente, an deren Verbreitung die Alliierten ihren Anteil hatten, andererseits gab es echte Aufnahmen von Iyasu, die ihn in muslimischen Gewändern zeigten.

Wozu wurde dann gefälscht? Vielleicht weil die Akteure, die ein Interesse an der Verbreitung von Photos solchen Inhalts hatten, über die „echten" nicht verfügten oder diese zu harmlos in ihrer Aussagekraft für die politischen Zwecke waren? Die Photos sollen insbesondere dazu gedient haben, den vor einem Staatsstreich noch zögernden Abuna davon zu überzeugen, daß Iyasu zum Islam übergetreten war und die christlich orthodoxe Religion des Landes beseitigen wollte.

Die armenische Gemeinde insgesamt stand auf seiten des neuen Machthabers, des späteren Haile Selassie, und Yazedjian erlangte einen wichtigen Posten bei der Polizei. Andererseits hatte er zu den wenigen Ausländern gehört, die in der Regierungszeit von Lij Iyasu ausgezeichnet worden waren.

In die Mühlen der Politik gerieten auch andere Armenier. 1928 floh der Arzt Ras Tafaris alias Haile Selassie, Alexander Garabedian, in die Schweiz. Er beschuldigte den Regenten, von ihm verlangt zu haben, sowohl seine Schwiegermutter Sihin, eine Halbschwester des abgesetzten Lij Iyasu, wie die Kaiserin Zewdito zu vergiften. Da er dies verweigerte, hätte er vielerlei falsche Anklagen und Anschläge gegen sein Leben erdulden müssen. Zu diesem Zeitpunkt war Ras Tafaris Schwiegermutter Sihin bereits tot. Der Möchtegern-Kaiser hatte sich, so Garabedian, einen „finsteren Griechen" als Arzt zu Hilfe gerufen. In Genf angekommen, wandte sich Garabedian an das „International Labor Bureau" und klagte auf $120.000 wegen Verfolgung und zerrütteter Gesundheit, berichtete das Time Magazine im Oktober 1928.[860] Die Akten, die den Sachverhalt aufhellen könnten, harren noch der wissenschaftlichen Auswertung.

Ähnliches gilt für das Schicksal von Johannes Semerdjibashian. Er soll heimlicher Botschaftsüberbringer zwischen der britischen Legation und Ras Tafari im Vorfeld des Putsches gegen Lij Iyasu gewesen sein. Er war als Kind nach Harar gekommen, wo sein Vater Avedis ein Geschäft aufgemacht hatte. Nachdem er von einem mehrjährigen Besuch einer amerikanischen Missionsschule in der Türkei 1914 nach Äthiopien zurückgekehrt war, arbeitete er zunächst für die britische Botschaft als Dolmetscher, danach für eine anglo-amerikanische Ölgesellschaft und schließlich ab 1925 für die deutsche Legation. Er pflegte gute Beziehungen zu Haile Selassie und soll bei der Durchführung des Waffenkaufs 1935 in Deutschland behilflich gewesen sein. Seine Beziehungen zum Kaiser und zu Widerstandskämpfern brachten ihm 1936 durch die Italiener Gefangenschaft und ein Todesurteil ein, was aber durch deutsche und britische diplomatische Intervention abgewendet wurde.[861]

Während der faschistischen Besatzung belieferte er den nach Dschibuti geflohenen John Nicholas Moraitis, der dort für Reuters und Associated Press über Äthiopien und die benachbarten Kolonien berichtete, mit wertvollen Informationen[862]. Semerdjibashian reiste häufig nach Dschibuti, um dort die deutsche Diplomatenpost per Schiff auf den Weg nach Deutschland zu schicken. Er wurde Mitherausgeber einer Untergrundzeitung[863], die Widerstandskämpfer über wichtige Ereignisse informieren, ein einigendes Band zwischen den verschiedenen Widerstandsgruppen bilden und Hoffnungen auf ein baldiges Ende der Besatzung verbreiten sollte. Für seine patriotischen Taten wurde er nach der Befreiung von Haile Selassie mit dem höchsten Verdienstorden geehrt, fiel aber später in Ungnade.

Wie der langjährige amerikanische Berater der äthiopischen Regierung John H. Spencer in seinem Buch „Ethiopia at Bay"[864] schreibt, geschah dies bei der Umsetzung der Entscheidung der Potsdamer Konferenz von 1945, deutsches Eigentum, wo auch immer es sich befand, einzukassieren. Zu diesem Eigentum gehörte auch das Archiv der deutschen Legation in Addis Abeba. Die äthiopische Regierung protestierte gegen eine Beschlagnahme, weil sie diesen Akt als Eingriff in ihre Souveränität verstand. Semerdjibashian, so schreibt der Historiker Bairu Tafla[865], verweigerte der äthiopischen Regierung jeden Zugriff auf deutsches Eigentum. Mit seiner Hilfe gelangten aber die USA in den Besitz der Dokumente und Semerdjibashian wurde 1946 Dolmetscher der amerikanischen Legation und blieb auch in dieser Funktion, nachdem die äthiopische Regierung ihn zur persona non grata erklärt hatte. Am 9. Oktober 1947 wurde Semerdjibashian, während er in einem Diplomatenauto der amerikanischen Legation saß, erschossen. Die US-Regierung forderte eine Untersuchung. Spencer äußerte die Vermutung, der Mord sei mit Zustimmung Haile Selassies unter Beteiligung der Imperial Body Guard ausgeführt worden. [866]

Von einem negativen Beispiel für das Verhalten einiger Griechen und Armenier Mitte der vierziger Jahre, das geeignet war, Ressentiments zu wecken, berichtet Michael Lentakis. Als die britische Regierung, die sich nach der Befreiung von der faschistischen Besatzung zunächst selbst als Besatzer aufgespielt hatte, beschloß, Äthiopien die Souveränität wiederzugeben, demontierte die britische Kolonialverwaltung alles, was von den Italienern aufgebaut worden war. Von Fabrikteilen bis hin zu Bürozubehör verfrachtete sie alles auf Armeelastwagen, um es in den Sudan und nach Kenia zu schaffen. Bei dieser Gelegenheit seien viele britische und südafrikanische Offiziere in Addis Abeba, Dire Dawa, Jimma und anderen Städten über Nacht reich geworden. Viele Griechen und Armenier hätten ebenfalls ein Vermögen gemacht. „Riesige Lagerhäuser mit Baumaterial, Büroausrüstung, elektrischem Material, Chemikalien und was sonst noch alles wurden heimlich geleert und auf andere Lager und Geschäfte verteilt."[867]

Ein weiterer Hinweis für Ressentiments gegen Griechen und Armenier findet sich beim versuchten Staatsstreich von 1960 wieder, der von der kaiserlichen Leibgarde angeführt wurde. Eine Proklamation der Putschisten[868] über die Absetzung von Haile Selassie und die Abschaffung des alten Regimes, die über das Radio in Addis Abeba vom Kronprinzen Asfaw Wossen wiederholt verlesen wurde, nennt neben dem Kaiser und der Feudalaristokratie auch Griechen, Armenier und Araber als Feinde und Ausbeuter des äthiopischen Volkes. Das Volk habe sich nun gegen die jahrhundertealte Fessel der Sklaverei erhoben und werde diesem Zustand ein Ende machen.

Zwar wurden die Rebellen von Armee und Luftwaffe besiegt, doch saß der Schrecken bei vielen Ausländern und Immigranten tief. Besonders betroffen waren die Armenier auf dem Hintergrund des Genozids an ihrem Volk und persönlich erlittener Verfolgung. Es begann eine erste Welle der Auswanderung nach Kanada, in die USA und nach Australien.

Auch in der Studentenbewegung Ende der 1960er Jahre, die in ihren Flugblättern „neo-kolonialistische" Infiltration durch den Westen kritisierte, gerieten Araber, Griechen und Armenier ins Visier. Die Regierenden förderten diese in ihren Geschäften, während sie die Einheimischen darin benachteilige, so der Vorwurf.[869] Die Kritik unterschied nicht zwischen ausländischen Investoren und denjenigen, die seit Generationen im Land ansässig waren und moderne Betriebe aufgebaut hatten. Allesamt galten sie als Ausbeuter des äthiopischen Volkes.

Der Gemeindeälteste Avedis Terzian urteilte 1994:
„We were a powerful economic force in this country, and more so after the British entered Ethiopia in 1941. For 33 years, or until 1974, the Armenian community of Ethiopia was at its zenith. It's a different story today."[870]

Diese oft wiederholte positive Bilanz wird jedoch nicht von allen Armeniern geteilt. Der derzeitige Vorsitzende der Gemeinde Vartkes Nalbandian unterteilt die Geschichte der Armenier in Äthiopien in jene Zeit der einflußreichen Einzelpersonen bei Hofe und die der später in größerer Zahl eingewanderten Armenier. Für die, die die wie Boghos Marcarian, DikranEbeyan und Sarkis Terzian früh kamen, war es eine Erfolgsgeschichte. „Für die, die später kamen, ist es eine ganz andere Geschichte."[871]

Es ist eine eher konfliktreiche und mit Enttäuschungen verbundene Geschichte. Doch man spricht nicht gern über solche Dinge, die so vielleicht in die äthiopische Öffentlichkeit gelangen könnten. Man sieht sich als äthiopische Staatsbürger, jedoch mit Einschränkungen, die es ratsam erscheinen lassen, nicht aufzufallen. Konfliktpotentiale werden nur angedeutet: Die angebliche Verwicklung in die Absetzung des von Menilek zu seinem Nachfolger bestimmten Lij Iyasu gehört hierzu. Nalbandian bezweifelt, daß die Yazedjian zugeschriebenen Fälschungen je existiert haben. Er sieht in den Darstellungen dieser Episode durch Historiker wie Pankhurst oder Brhanou Abebe eine Diskreditierung der Geschichte der Armenier in Äthiopien.

Als ausgrenzenden Akt gegen ihre Landsleute, die seit langem im Lande lebten und arbeiteten, empfanden es Armenier, als in den fünfziger Jahren Angestellte industrieller Betriebe, bei der Fluglinie und den Banken entlassen und durch Einheimische ersetzt wurden. Ihre Positionen nahmen junge äthiopische Männer ein, die von ihrem Studium aus den USA und Großbritannien zurückgekehrt waren. Von dieser Maßnahme waren auch Griechen und Inder betroffen.

Auch in der Frage der Zuerkennung der äthiopischen Nationalität gab es aus Sicht von Armeniern Erschwernisse durch die äthiopische Seite. Viele waren nach wie vor staatenlos und reisten mit „Laissez Passer"-Pässen. Und nicht zuletzt wird die Abstempelung von Armeniern als „Blutsauger", als diejenigen, die es zu Reichtum bringen, indem sie die Einheimischen ausnehmen, als Vorurteil in der äthiopischen Bevölkerung gesehen, das dem wirtschaftlichen Engagement der armenischen Seite alles andere als gerecht werde.

In der Regierungszeit des Derg wurden Banken, Versicherungen, industrielle und landwirtschaftliche Betriebe nationalisiert und Bankkonten eingefroren. Nur wenigen Importgesellschaften war es erlaubt, weiterhin zu operieren. 156 Häuser und 15 Fabriken[872] von Armeniern wurden konfisziert. Mehrfachhausbesitzer wurden enteignet. Allerdings konnten sie ein Haus für den eigenen Bedarf behalten. Einzelne armenische Hausbesitzer wurden auch zum Verkauf „bewegt"[873], indem man sie vor die Alternative stellte, billig zu verkaufen oder ins Gefängnis zu wandern. Äthiopische Angestellte schikanierten ihre armenischen Arbeitgeber. Wer das Land verlassen wollte, versuchte hierfür einen unverfänglichen Grund anzugeben und vorher Geld für den Neuanfang im Ausland außer Landes zu bringen. Schließlich wurden auch die Privatschulen nationalisiert. Wenn sich diese Maßnahmen auch keineswegs speziell gegen Armenier oder andere Ausländer richteten, sahen sich viele Armenier ihrer wirtschaftlichen Existenz beraubt. Hinzu kamen wie bereits 1960 ein Bedrohungsgefühl und Unsicherheit über zukünftig mögliche politische Maßnahmen.

Die Zeit einer besonderen Stellung von Armeniern war endgültig vorbei. Die in den sechziger Jahren begonnene Abwanderung entwickelte sich unter dem Derg zu einer Massenabwanderung. Von den 1974 noch rund 1500 Armeniern, die in Addis Abeba lebten, verließen die meisten nach und nach das Land. Sie gingen vorwiegend in die USA und nach Kanada, einige nach England und Frankreich. Von einem ist bekannt, daß er sich in Berlin niederließ. Nur sehr wenige, die in Äthiopien blieben, erhielten nach dem Sturz des Mengistu-Regimes ihren früheren Besitz zurück. Noch sind Verfahren anhängig, von denen die Kläger hoffen, daß sie für die betroffenen Gemeindemitglieder positiv enden.

Färänji oder nicht? Die in Äthiopien gebliebenen Armenier verstehen sich als äthiopische Staatsbürger, die sich dank Kirche, Club und transnationaler armenischer Netzwerke, die vielen eine höhere Schulbildung und ein Studium im Ausland ermöglichten, ihre armenische Identität bewahrt haben. Sie sind „Ethio-Armenians", alle in Äthiopien geboren und aufgewachsen, von dem Land geprägt. Hier kennen sie sich aus und sie sind stolz auf die wirtschaftlichen Leistungen, die Armenier in Äthiopien erbracht haben. Was auf die gebürtigen Armenier zutreffe, gelte heute ebenso für die äthiopisch-armenischen Mischlinge. Bei ihnen habe sich die armenische Identität als die stärkere durchgesetzt, es gebe kein „Dazwischen und Zwischen"[874] in den beiden Kulturen mehr.

Prominentes Beispiel einer äthiopisch-armenischen Verbindung ist der 1937 in Addis Abeba geborene Maler Skunder Boghossian. Neben Gebre Kristos Desta gilt er als einflußreicher Pionier moderner Malerei in Äthiopien. Seine Mutter war Äthiopierin, sein Vater Kosreff Boghossian Offizier in der Imperial Body Guard. Er kämpfte im Widerstand während der faschistischen Besatzung. Ausgestattet mit einem staatlichen Stipendium studierte Skunder in England, lehrte in Paris und kehrte 1966 für drei Jahre nach Addis Abeba zurück, wo er an der School of Fine Art lehrte. 1969 ging er in die USA, wo er 2003 starb. Die staatliche Presse ehrte ihn als „berühmten äthiopischen Künstler" und „Patriarchen einer Generation von äthiopischen Künstlern"[875]. Auch die private Presse widmete ihm ausführliche Beiträge und im Hilton-Hotel in Addis Abeba versammelten sich Freunde, Kollegen und Verwandte zu einer Gedenkfeier.

Eine kleine Episode am Rande, Skunders Bildungsweg betreffend, verweist auf die konkurrierende Inanspruchnahme, die in den äthiopisch-armenischen Beziehungen mitschwingt. In Beschreibungen zu seiner Person in Äthiopien wird meistens angegeben, daß er die Tafari-Mekonnen-Schule besucht habe. Diese Darstellung stieß 1966 auf Widerspruch. In einem Leserbrief an den Herausgeber des „Ethiopian Herald" schrieb ein Armenier: Seine prägenden Schuljahre habe Skunder in der Kevorkoff Armenian School verbracht im Einklang mit seinem nicht so fernen kulturellen Erbe.[876]

Die von Ausländern heute viel frequentierte Frisörin Sevan Aslanian erzählt in einem Interview, daß sie von ihren äthiopischen Landsleuten außerhalb des Viertels, in dem man sie kennt, bei Begegnungen auf der Straße als *Färänji* wahrgenommen wird. Aber sobald sie ihren Mund aufmacht[877], bleibt den Leuten nichts anderes übrig, als einzusehen, daß sie eine Äthiopierin ist. Oder besser gesagt, auch eine Äthiopierin. Das Problem der Wahrung einer armenischen Identität innerhalb der Heimat Äthiopien als Ziel der dort Gebliebenen wird in der Zukunft immer schwieriger zu realisieren sein. Die jüngeren unter ihnen haben keine Chancen mehr, sich innerhalb der Gruppe zu verheiraten.

In den anläßlich der Millenniumsfeierlichkeiten 2007 vom offiziellen Addis Abeba „Millennium Secretariat" ins Internet gestellten Informationen zur Geschichte von Ausländern in Addis Abeba werden bei den Armeniern ihre Verwandtschaft im orthodoxen Glauben und enge Beziehungen zu Menilek genannt. Ferner wird ihr wirtschaftliches und berufsbildendes Engagement und ihr Beitrag zur Modernisierung der äthiopischen Musik hervorgehoben. Über die Motive von Armeniern, nach Äthiopien zu kommen, kann der erstaunte Leser zur Kenntnis nehmen, daß es nicht die Türkei war, die Armenier zum Verlassen ihres Landes trieb. Es war Rußland, das sie drangsalierte und sie zur Emigration nach Äthiopien veranlaßte.[878]

Liegt diese grobe Fehldarstellung – bei fehlenden historischen Kenntnissen des Autors – an der Erinnerung der Unterstützung des Mengistu-Regimes durch die Sowjetunion und an der wachsenden Präsenz der Türkei in Äthiopien, deren wirtschaftliches Engagement als positiv wahrgenommen wird?

Hat das heutige Äthiopien noch eine Erinnerung an die armenische Gemeinde von einst? In historischen Darstellungen wird an das „gefälschte Foto" von Lij Iyasu und an die „Arba Lijoch" erinnert. Diese sind auch älteren Menschen noch ein Begriff und seit Francis Falceto sein Buch über die Entstehung moderner Musik in Äthiopien herausgebracht hat, dienen sie in Berichten über die Musikszene[879] als Aufhänger für die Präsentation der späteren äthiopischen Stars der sechziger und siebziger Jahre des 20. Jahrhunderts.

10. Deutsch-äthiopische Beziehungen – Schlaglichter

100 Jahre Deutsch-Äthiopischer Freundschafts- und Handelsvertrag

Im Jahr 2005 feierte man in Äthiopien und Deutschland das 100-jährige Jubiläum der offiziellen deutsch-äthiopischen Beziehungen mit zahlreichen Ausstellungen und Veranstaltungen vor allem kultureller, aber auch wissenschaftlicher, entwicklungspolitischer und sportlicher Art. Der Vertrag von 1905 und die Errichtung einer deutschen diplomatischen Gesandtschaft in Addis Abeba hatten die Grundlage für die beiderseitigen Beziehungen bis heute gelegt. Zum Auftakt der Festlichkeiten, die gemäß dem äthiopischen Kalender im September 2004 begannen, gehörten die gegenseitigen Besuche von Repräsentanten beider Staaten, darunter Bundespräsident Horst Köhler und der äthiopische Ministerpräsident Meles Zenawi, deutsche Parlamentarier und der Oberbürgermeister der Stadt Leipzig, der der neugeschlossenen Städtepartnerschaft in Addis Abeba seine Referenz erwies.

Am 7. März, dem Tag der Unterzeichnung des Deutsch-Äthiopischen Freundschafts- und Handelsvertrages in Addis Abeba durch Kaiser Menilek II. und den deutschen Sondergesandten Friedrich Rosen, wurde 2005 das neue Gebäude des Goethe-Instituts in einem renovierten, ehemaligen Palast auf dem Universitätsgelände in der äthiopischen Hauptstadt eröffnet. Es trägt seitdem den Zusatz Gebre-Kristos-Desta-Zentrum, benannt nach dem Maler Gebre Kristos Desta (1932–81), der von 1958–62 in Köln studierte und als einer der ersten äthiopischen Maler der Moderne gilt.[880] 1979 vor dem Derg-Regime in die USA geflohen, starb er dort zwei Jahre später. 32 seiner Bilder, die im Münchner Völkerkundemuseum lagerten, wurden als Dauerleihgabe in den neuen Standort des Goethe-Instituts überführt. Musikalischer Höhepunkt im Veranstaltungskalender war in Äthiopien das Konzert des Leipziger Jugendsymphonieorchesters mit dem äthiopischen Pianisten Girma Yifashewa.

Abb. 84 Neuer Sitz des Goethe-Instituts
in Addis Abeba auf dem Gelände der ehemaligen
Residenz von Lij Iyasu, 2006

Politiker, Diplomaten, Wissenschaftler, Kirchenvertreter und Kulturschaffende zogen Bilanz und attestierten den deutsch-äthiopischen Beziehungen eine lange harmonische und auf den verschiedensten Gebieten fruchtbare Zusammenarbeit. Es erschienen Broschüren und Kataloge, die neben den kulturellen, wirtschaftlichen und politischen Ereignissen der vergangenen 100 Jahre auch das vorausgegangene Forschungsinteresse deutscher Gelehrter in Erinnerung riefen. Kultur und Wissenschaft wurden als „Hochburg"[881] der deutsch-äthiopischen Beziehungen gefeiert. Im Eifer des Gefechts wurden die bilateralen Beziehungen der beiden Länder im Namen der Literatur auch schon mal um 800 oder 1000 Jahre zurückverlegt, da in Wolfram von Eschenbachs „Parzival" der Priesterkönig Johannes aus „Indien" eine Rolle spielt oder weil im 11. Jahrhundert in deutschen Manuskripten die ersten Ge'ez- Buchstaben auftauchten.

Während sich diplomatische und wirtschaftliche Kontakte zwischen Äthiopien und Deutschland vergleichsweise spät entwickelten, hatten sich deutsche Gelehrte und Theologen seit dem späten Mittelalter für Äthiopien als altem christlichen Reich, das möglicherweise Kultur und Sprache biblischer Väter, das Kaldäische, bewahrt haben könnte, interessiert. Im 19. Jahrhundert wurde Äthiopien beliebtes Reiseziel für protestantische Missionare, Prinzen, Abenteurer, Künstler, Natur- und Sprachwissenschaftler, die in ihren Erinnerungen und wissenschaftlichen Werken mit Land und Leuten bekannt machten.

Die Tradition deutschen Forschungsinteresses manifestiert sich bis heute in verschiedenen Hochschulabkommen zwischen deutschen Universitäten und dem Institute of Ethiopian Studies in Addis Abeba. Der DAAD gibt Stipendien für Forschungsaufenthalte und Dozenturen von Deutschen in Äthiopien, und umgekehrt wird äthiopischen Wissenschaftlern die Arbeit an deutschen Universitäten ermöglicht. Jüngste Beispiele für Ergebnisse solcher Zusammenarbeit sind, neben zahlreichen Einzelveröffentlichungen, die vom Asien-Afrika-Institut in Hamburg gestartete Herausgabe einer umfangreichen, fünfbändigen „Encyclopaedia Aethiopica" und die von Auswärtigem Amt, Deutscher Forschungsgemeinschaft und der Johannes-Gutenberg-Universität in Mainz geförderte Errichtung eines Forschungszentrums und Museums in Jinka. Das South Omo Research Center[882] ist den südäthiopischen Völkern gewidmet und steht damit in der Tradition der Expeditionen des Frankfurter Frobenius-Instituts, das in den 30er Jahren des 20. Jahrhunderts diesen Teil Äthiopiens in das Blickfeld der Forschung rückte, die sich bis dahin fast ausschließlich mit dem „abessinischen" Norden befaßt hatte.

Als Ergebnis der deutsch-äthiopischen Beziehungen finden Deutsche, die heute nach Äthiopien kommen, in der Hauptstadt verschiedene Einrichtungen vor, die ihnen ein Stück „Heimat" bieten können. Zur Zeit leben rund 800 Deutsche in Äthiopien, davon sind etwa 200 Entsandte aus der Entwicklungszusammenarbeit.[883] Neben dem Goethe-Institut, das sich seit 1962 aus bescheidenen Anfängen zu einer kulturellen Begegnungsstätte mit vielfältigem Programm entwickelt hat, ist die evangelische Kreuzkirche der deutschsprachigen Gemeinde eine beliebte Anlaufstelle. Sie versteht sich ökumenisch, und auch Konfessionslose werden

Abb. 85 Besuch des Bundespräsidenten Horst Köhler in der Botschaftsschule, 2004

Abb. 86 Ergebnis der Kunster-ziehung in der deutschen Botschafts-schule, 2005

Abb. 87 Weihnachtsbazar in der Kreuzkirche, Addis Abeba 2004

Abb. 88 Karl Marx Monument von Jo Jastram, ein Geschenk der DDR von 1984, Universitätsgelände, 2008

willkommen geheißen. Es gibt einen Kirchenchor, einen Bibel-, Literatur- und Frauenkreis, einen jährlichen Weihnachtsbazar und für Kinder und Jugendliche werden Freizeitprogramme angeboten. Hier treffen sich auch die „Goethefreunde" zu Vorträgen, Filmvorführungen und Musikveranstaltungen. Die Kreuzkirche ist aber keine „deutsche Insel in einem Meer von Äthiopiern", sondern sie unterhält eine Schule, in der rund 1000 Kinder aus sehr armen äthiopischen Familien eine Chance auf Bildung erhalten.

Wer seine Kinder auf eine deutsche Schule schicken möchte, dem steht die Deutsche Botschaftsschule[884] offen, vorausgesetzt, er hat das nötige Kleingeld. Neuerdings können wieder äthiopische Kinder mit „Bezug zu Deutschland" aufgenommen werden, was seit 1996 von äthiopischer Seite unterbunden worden war, weil äthiopische Kinder nur nach äthiopischem Curriculum unterrichtet werden sollten. Im „German House", das seit 2006 die deutschen Organisationen der Entwicklungszusammenarbeit DED, CIM, GTZ, KfW im Stadtteil Kasanchiz unter einem Dach vereint, finden Architekturfreunde ein großzügig und hell gestaltetes Gebäude, ältere und behinderte Menschen aber leider keine Fahrstühle, und regenerative Energie wird auch nicht gewonnen. Ganz in der Nähe verkauft seit kurzem ein deutscher Bäcker dunkles Brot und wer zu Oktoberfestzeiten in Addis Abeba weilt, kann im ebenfalls nahe gelegenen Hilton Hotel bei bayerischer Live-Musik Sauerkraut und Bratwurst genießen.

Daneben gibt es verschiedene humanitäre und kirchlich gebundene Organisationen deutscher Provenienz, die Teil der äthiopisch-deutschen Beziehungen sind. Als bleibendes „Wahrzeichen" des Engagements der ehemaligen DDR steht im Universitätsviertel das 4 m hohe Karl-Marx-Denkmal des Bildhauers Jo Jastram, das erste seiner Art auf afrikanischem Boden. Es war 1984 von Erich Honecker und Mengistu Haile Mariam eingeweiht worden und sollte vom „geschichtsphilosophisch begründeten Untergang des Imperialismus"[885] künden. Die ehemalige Botschaft der DDR beherbergt heute die Vertretung der EU in Äthiopien.

Umgekehrt finden Äthiopier, die nach Deutschland kommen, eine Reihe von Einrichtungen vor, die ihnen auf dem Weg der Eingewöhnung hilfreich sein können. In verschiedenen Städten gibt es Deutsch-Äthiopische Vereine, äthiopische Selbsthilfeorganisationen, Jugend-, Kultur- und Sportvereine, politische Vereinigungen und solche, die Entwicklungsprojekte für Äthiopien vorantreiben. Manche Vereinigungen sind ethnisch zusammengesetzt, andere stehen allen Äthiopiern offen. Für christlich-orthodoxe Äthiopier existieren inzwischen in sieben deutschen Städten kirchliche Gemeinden, von denen die erste 1983 in Köln-Longerich entstand. Im Deutsch-Äthiopischen Verein[886], der seine Jahrestagungen in Kassel abhält, treffen sich Äthiopier und Deutsche zum Erfahrungsaustausch. Seine mehrmals im Jahr erscheinenden Informationsblätter geben einen Überblick über wichtige Ereignisse in Äthiopien, über äthiopisch-deutsche Zusammenarbeit und Literatur- wie Presseerscheinungen. Auf akademischem Gebiet operiert unter anderen der 1994 gegründete Verein „Orbis Aethiopicus"[887] in Frankfurt a. M. Vorsitzender des Kuratoriums ist Asfa-Wossen Asserate, der durch sein Buch „Manieren"[888] in Deutschland bekannt wurde. Seit 2008 gibt es auch für die Fans von Haile Selassie einen Verein in Karlsruhe, die „Rastafari Works Association e.V."

2007 zählte das Ausländerzentralregister 10.293 gemeldete Äthiopier. Etwa ebenso hoch wurde die Zahl derer eingeschätzt, die die deutsche Staatsbürgerschaft erlangt resp. diejenigen, die einen deutschen Elternteil haben. 2008 erhielten 766 Äthiopier Regelleistungen nach dem Asylbewerberleistungsgesetz. Insgesamt sind die Zahlen der in Deutschland lebenden Äthiopier rückläufig. Wurden 2002 noch 13.862 Äthiopier registriert, war ihre Zahl Ende 2009 auf 9990 zurückgegangen.[889]

„Abessinische Bücher" im Diplomatengepäck – zum deutschen Beitrag bei der Erforschung Äthiopiens

Die Annäherung der beiden Länder auf staatlicher Ebene wurde von Äthiopien vorangetrieben. Der Aufnahme offizieller Beziehungen war seit 1872 ein Briefwechsel zwischen den äthiopischen Kaisern Yohannes IV. und Menilek II. und den deutschen Kaisern Wilhelm I. und II. vorausgegangen. Bis 1909 waren es 23 Briefe, davon 14 in Amharisch, die von Äthiopien ihren Weg nach Deutschland fanden. „Der König der Könige von Äthiopien" schrieb an den „König der Könige von Deutschland" und dieser reagierte wohlwollend und zurückhaltend zugleich. Noch in alten Kategorien denkend appellierte Yohannes IV. an die gemeinsamen christlichen Wurzeln europäischer und äthiopischer Kultur zum gemeinsamen Kampf gegen eine islamische Bedrohung, reklamierte aber auch Schutz schwächerer Länder gegen ausländische Aggression und internationale Gerechtigkeit.

Um das Überleben als unabhängiger Staat zu sichern, lag es im äthiopischen Interesse, mit möglichst vielen Staaten, die sich gegenseitig in Schach halten sollten, diplomatische und Handelsbeziehungen einzugehen und gerade solche Staaten einzubeziehen, die nicht zu den Kolonialstaaten gehörten, die Äthiopien eingekreist hatten. Menilek versprach sich auch ausländische Hilfe bei der Modernisierung seines Staates und Wiedererlangung eines eigenen Zugangs zum Roten Meer. Frankreich, England, Italien und Rußland waren in Addis Abeba bereits diplomatisch vertreten und 1903 wurde ein Vertrag mit den USA abgeschlossen. Zum Osmanischen Reich bestanden über Sondergesandtschaften diplomatische Beziehungen.

Das Deutsche Reich verhielt sich noch abwartend, wollte sehen, ob Äthiopien es wirklich schaffte, seine Unabhängigkeit zu bewahren, stellte sich auch nach Adwa noch hinter die kolonialen Ambitionen Italiens und beobachtete gleichzeitig genau den Stand der Beziehungen zwischen Äthiopien und den europäischen Großmächten. Man wollte nicht den Eindruck erwecken, als Konkurrent der europäischen Großmächte aufzutreten, um seine eigene Situation in Europa nicht zu verschlechtern. Doch schließlich wollte man auch nicht „wieder zu spät kommen"[890], wie es der in Addis Abeba antichambrierende und auf zukünftige wirtschaftliche Gewinne „beim Wettlauf der Nationen um die Exploitation" hoffende Kaufmann Arnold Holtz in Eingaben an die Reichsregierung und in Presseartikeln formulierte. Von rosigen handelspolitischen Aussichten war man in Berlin keineswegs überzeugt, formulierte aber für die Öffentlichkeit gerade das Handelsinteresse als Ziel der Gesandtschaft, die sich Ende Dezember 1904 unter der Leitung des Orientalisten Friedrich Rosen nach Äthiopien aufmachte.

Ein Auto für Menilek

Im März 1905 schlossen Kaiser Menilek II., der den europäischen Mächten in der Eroberung von afrikanischem Terrain nicht nachstand, und unser säbelrasselnder Wilhelm II. einen Freundschafts- und Wirtschaftsvertrag, womit die offiziellen diplomatischen Beziehungen begannen. Damals war Addis Abeba noch keine zwanzig Jahre alt und erst im Aufbau begriffen. Die Staaten, die wie Deutschland, in jener Zeit ihre Botschaften einrichteten, erhielten vom äthiopischen Staatsoberhaupt riesige Ländereien zur Verfügung gestellt. Auf dem deutschen Botschaftsgelände zum Beispiel könnte man gut eine kleine Radtour mit dem Mountain-Bike unternehmen. So mancher Bauer, wäre glücklich, besäße er so viel Hektar an Land.

Noch im selben Jahr gelangte das erste Auto auf äthiopischen Boden. Es war ein Geschenk von Wilhelm II. an Menelik II. Die Motorisierung Äthiopiens sollte in Gang gesetzt werden. Der Daimler Kleinlastwagen, ein schweres Gefährt auf Stahlrädern wurde nach Dschibuti verschifft, von dort per Eisenbahn nach Dire Dawa im Osten Äthiopiens transportiert. Für die Wegstrecke nach Addis Abeba – die Eisenbahn führte zu jener Zeit noch nicht bis in die Hauptstadt – war es untauglich. Vergeblich versuchten verschiedene Techniker aus Deutsch-

land, das fast 4,5 Tonnen schwere mit 19 PS ausgestattete Monstrum mit einer maximalen Geschwindigkeit von 12 km/h in Bewegung zu setzen. Bald waren alle Ersatzteile verbraucht und auch kein Benzin mehr da. Der Wunsch Menileks nach einem leichteren Auto wurde nicht erfüllt und auf deutscher Seite stritt man sich, wer denn eigentlich schuld daran sei, daß ein für die geographischen und Straßenverhältnisse viel zu schweres Auto nach Äthiopien geschickt worden war, und natürlich über die hohen Kosten, die in der Folge entstanden waren. Von einem Techniker wird berichtet, daß er bei seinem dreimonatigen Aufenthalt im besten Hotel der Stadt Dire Dawa eine beachtliche Rechnung hinterließ, deren Hauptposten Champagner und Cognac waren. Das Auto erreichte Addis Abeba nie, es verrostete in Dire Dawa und der bedauernswerte Kaiser mußte bis 1908 auf sein erstes Auto warten.

Man könnte diese Begebenheit als erstes Beispiel für verfehlte deutsche Entwicklungszusammenarbeit betrachten, aus dem selbstverständlich viel gelernt wurde. Wenn sie auch keinen glanzvollen Höhepunkt in den gegenseitigen Beziehungen darstellt, so können die Deutschen doch von sich behaupten, den Engländern zuvorgekommen zu sein. Diese schafften es erst Ende 1907, ein englisches Auto auf äthiopischen Boden zu bringen, nur wenige Wochen danach traf das zweite deutsche Auto ein und gelangte diesmal tatsächlich in die Hauptstadt.
(Dezember 2004)

Gemäß der Devise, daß die deutsche Gesandtschaft keine politischen Absichten verfolge, sah man auch von den bei solchen Gelegenheiten beliebten Waffengeschenken weitgehend ab. Neben Altargeräten und Schmuck, Photographien der Kaiserfamilie und der Berliner Schlösser, hatten die Deutschen alte Bücher im Gepäck, in deutscher wie in „altabessinischer" Sprache, Früchte der langen wissenschaftlichen Befassung mit Äthiopien. Hiermit wollten sie gegenüber den anderen europäischen Mächten punkten. Kaiser Wilhelm II. selbst hatte den Wunsch geäußert, daß der Gesandtschaft ein mit Ge'ez „gründlich vertrauter Gelehrter" mitgegeben werden sollte, um nach altchristlichen Handschriften zu forschen. Der als Gutachter bestellte Theologieprofessor Adolf von Harnack war hoch erfreut über die Möglichkeiten, die sich mit einer deutschen Gesandtschaft in dem, wenn auch „verwilderten", so doch christlichen Land für die Äthiopienforschung verbinden ließen. Um das Vertrauen der Abessinier zu gewinnen, sollte ihnen gezeigt werden, „daß wir unter allen Nationen Europas ihre Sprache, Literatur und Geschichte am besten kennen".[891] Als Beweis hierfür, schlug er die Mitnahme von in Deutschland gedruckten „abessinischen" Büchern vor.

In der Tat gilt Deutschland als das Land, in dem mit den Arbeiten des Universalgelehrten Hiob Ludolf im 17. Jahrhundert die Äthiopistik ihren Anfang nahm. Obwohl es bereits eine Fülle von Werken Gelehrter aus verschiedenen europäischen Ländern gab, werden erst von Ludolf das Land und seine Bewohner, seine Geographie und Naturgeschichte in großem Zusammenhang gesehen. Die Teilgebiete der Geschichtsforschung als Sozial-, Wirtschafts-, Kulturgeschichte, Sprache und Literatur, Religion und Recht, Verwaltung und Brauchtum wurden von ihm systematisch erfaßt, in Einzelaspekten bearbeitet und in „… großer Synopsis zusammengefaßt; auch in der Verwertung und kritischen Sichtung der ihm zugänglichen Literaturquellen war Ludolf bahnbrechend".[892] Ludolf wurde zum Lehrmeister nachfolgender Äthiopienforscher und seine Werke zur Quelle für viele Forschende nach ihm.

1649 lernten sich Hiob Ludolf, der nie selbst in Äthiopien war, und der äthiopische Priester und Jesuitenschüler Abba Gorgoryos (1595–1658) in Rom kennen. Gorgoryos hatte Äthiopien verlassen, nachdem das Land vom Katholizismus zur Orthodoxie zurückgekehrt war und gelangte wie viele andere mit den portugiesischen Jesuiten zunächst nach Goa in Indien. Er brachte Ludolf Ge'ez bei, machte ihn mit portugiesischen Quellen bekannt und stellte ihm sein umfangreiches Wissen über sein Land zur Verfügung. Der in Rom begonnene Austausch entwickelte sich später am Hofe des Herzogs Ernst I. von Sachsen-Gotha-Altenburg zu einer intensiven Zusammenarbeit der beiden, aus der die Äthiopistik in Deutschland als ein Zweig der Orientalistik entstand. Die „stattliche Nachrichtung, die er von seinem Vaterlande zu geben weiss"[893], flossen in Ludolfs „Historiam Aethiopicam" ein, die 1681 in lateinischer Sprache erschien und schon bald ins Englische und weitere Sprachen übersetzt wurde. Ludolf verfasste auch eine Grammatik und ein Lexikon in Ge'ez und Amharisch. Im 19. Jahrhundert erlebte die deutsche Äthiopistik eine Renaissance, vor allem mit dem Linguisten August Dillmann, einem „zweiten Ludolf"[894], der nicht nur herausragende Arbeiten zur Ge'ez-Sprache lieferte, sondern auch zur Geschichte des Aksumitischen Reichs.

In dieser Tradition stand auch die Aksum-Expedition, die auf der Basis einer ersten Vereinbarung der 1905 begonnenen staatlichen Beziehungen stattfand. Ob nun ausdrücklich von Menilek II. erbeten oder als Ergebnis geschickter Verhandlungen durch den Sondergesandten Rosen erreicht, jedenfalls räumte Menilek „Seiner Majestät dem Kaiser Recht zu Ausgrabungen im ganzen Bezirk Axum"[895] ein. Hier traf sich das archäologische Interesse des Kaisers und deutscher Wissenschaftler mit dem Interesse des äthiopischen Kaisers an der Stärkung der Bedeutung der alten Kaiserstadt, dem mythischen Ausgangsort gottgegebener imperialer Macht und religiösen Zentrum der Orthodoxie. Bereits im Frühjahr 1906 brach die berühmt gewordene Deutsche Aksum-Expedition unter Enno Littmann (1875–1958) nach Äthiopien auf, um für 84 Tage in Aksum zum ersten Mal systematische Feldforschungen vorzunehmen und damit die Basis für die äthiopische Archäologie zu legen.

Auf der Rückreise wurden auch weitere Orte in Tigray und Eritrea einbezogen. Finanziert wurde die Expedition von Wilhelm II., der „aus dem allerhöchsten Dispositionsfonds gnädigst"[896] 90.000,- Mark bewilligt hatte. Ihre Ergebnisse wurden 1913 in vier großformatigen Bänden veröffentlicht. Die Arbeiten sind teilweise deshalb einmalig, weil in der Folgezeit durch die Entfernung von Steinen und ihre Nutzung für andere Zwecke, durch Überbauung und Straßenbau vieles zerstört wurde, was 1906 noch an alter Substanz vorhanden war. Die Expedition hatte Stelen, steinerne Throne, Gebäudekomplexe, Tempel und Königsgräber freigelegt und dokumentiert. Märchen, Sagen und anderes Überlieferungsgut wurden gesammelt, Liedgut aufgenommen und botanische und ethnographische Sammlungen angelegt. Die Mehrzahl der fast 1000 Photographien, für die der Photograph Theodor von Lüpke (1874–1961) verantwortlich zeichnete, sind erhalten geblieben. Sie schließen auch Aufnahmen von Kirchenbauten in Adwa, den Ruinen von Yeha und dem Kloster Debre Damo ein sowie archäologische Orte in Eritrea. Ausgrabungen waren dort von der italienischen Kolonialverwaltung verboten worden.[897]

Eine Auswahl von 50 Photos wurde anläßlich der 100-Jahrfeier in einer Ausstellung in Berlin, Addis Abeba und Mekele gezeigt. In Fachkreisen finden die damals geleisteten Arbeiten bis heute große Anerkennung wegen ihrer Qualität, aber auch wegen ihres enormen Umfangs. Solche erfolgreichen Arbeiten waren möglich, weil es Äthiopier gab, die kooperativ waren, sich feindseligen Haltungen, die nicht selten von seiten der orthodoxen Kirche kamen, widersetzten und ihr Wissen zur Verfügung stellten. Im Falle der Aksum-Expedition waren es neben anderen der Gouverneur von Tigray Gabra Sellase und der Nebura'ed von Aksum, der weltliche Verwalter von Stadt und Kathedrale. Der Technische Leiter der Expedition Daniel Krencker (1874–1941), dessen Architekturzeichnungen unter anderem von Stelen und steinernen Thronen bis heute als von „ganz außergewöhnlicher Qualität"[898] gelten, brachte das aksumitische Erbe einer breiteren Öffentlichkeit in Deutschland nahe, indem er zahlreiche populäre Artikel schrieb und Vorträge hielt.

Diese erste Bestandsaufnahme bereitete den Weg für die altertumskundliche Forschung in Äthiopien, an der sich in der Folgezeit diverse Nationen beteiligten. Aus verschiedenen Gründen konnten deutsche Archäologen erst Mitte der neunziger Jahre wieder vor Ort an die Arbeit der Aksum-Expedition anknüpfen. Seit 2002 fanden in mehrjährigen Abständen Internationale Enno-Littmann-Konferenzen statt, 2002 in München, 2006 in Aksum, 2009 in Berlin.

1909/10: Turbulenzen bei Hofe – „ohne politische Absichten"

Die Aksum-Expedition kann als Erfolg in der jungen Geschichte der offiziellen Beziehungen zwischen Deutschland und Äthiopien gewertet werden. Seriöse Arbeit leistete auch Oberleutnant Arthur Schubert, der zu jenen Fachleuten gehörte, die Menilek für seine politisch-administrativen und wirtschaftlichen Reformen sowie für seine eigene gesundheitliche Betreuung aus Deutschland erbat. Schubert sollte Grenzvermessungsarbeiten in den südlichen Landesteilen an der Grenze zwischen den von Äthiopien und England beanspruchten Gebieten ausführen. Die auf Vermessungen der Engländer basierende Grenzfestlegung wurde von Menilek in Zweifel gezogen und sollte in einer als Jagdunternehmen getarnten Aktion überprüft werden. Schubert arbeitete gründlich und stellte fest, „Abessinien ist feste übers Ohr gehauen worden ..."[899] Nach zehnmonatiger Reise hatte er seinen Arbeitsauftrag zur größten Zufriedenheit der äthiopischen Regierung erfüllt. Ihr Wunsch, ihn auch noch die italienisch-äthiopische Grenze im Somaligebiet vermessen zu lassen, erfüllte sich aus verschiedenen Gründen nicht. Ein an seiner Stelle geschickter Ersatzmann arbeitete nicht zur Zufriedenheit seiner Auftraggeber. Die äthiopische Regierung warf ihm vor, die italienischen Vermessungen einfach übernommen zu haben.

Ein Kabinettstück besonderer Art leisteten sich deutsche Gesandte, wodurch schon bald die kurze Periode bedeutender Präsenz am Hof in Addis Abeba beendet werden sollte. Um die Modernisierung des Landes voranzutreiben, hatte Menilek in einem Brief an Wilhelm II. Ende Januar 1908 darum gebeten einen „weisen Mann, der Herz, Fleiß und Interesse"[900] habe, zu empfehlen, der den scheidenden langjährigen Staatsrat Alfred Ilg, der in die Schweiz zurückging, ersetzen sollte. Die Wahl fiel auf den Geschäftsträger der Deutschen Gesandtschaft Alfred Zintgraff, der die Amtsgeschäfte für den ersten deutschen Gesandten geführt hatte, weil dieser aus gesundheitlichen Gründen bereits nach einem Jahr seinen Posten niederlegen musste. Neuer Botschafter wurde 1909 Robert Scheller-Steinwartz. Mit den Fachleuten, die Menilek aus Deutschland erbeten hatte, trafen nun auch ein Dr. Pinnow als Erzieher für den minderjährigen Thronfolger Lij Iyasu und der Arzt Max Steinkühler ein, der Leibarzt des Kaisers wurde.

Angesichts des sich verschlechternden Gesundheitszustandes von Menilek verlangte Steinkühler einen unreglementierten Zugang zu seinem Patienten, was ihm schließlich gewährt wurde. Im Mai 1909 entdeckte er Zyankali im Urin seines Patienten. Angesichts der bekannten Widerstände der Kaiserin gegenüber der für europäische Einflüsse offenen Politik Menileks zogen Scheller-Steinwartz und Zintgraff den Schluß, daß die „chauvinistische Kaiserin"[901], die alles bekämpfe, was die deutsche Gesandtschaft betreffe, dahinterstecke. Zwar wolle sie den Negus nicht umbringen, aber doch in einem schwachen Zustand halten, um ihre eigenen Vorstellungen von Politik durchzusetzen und ihre Machtposition zu festigen. Botschafter, Staatsrat und Arzt schwangen sich in völliger Überschätzung ihrer Position und den machtpolitische Gepflogenheiten bei Hofe zu Verteidigern Menileks auf und forderten die Entfernung der beiden Parteigänger Taytus, des Finanzministers Mulugeta und des Palastministers Matafaria vom kaiserlichen Hof; sie informierten den Kaiser und machten den Giftanschlag publik.[902] Eine solche Einmischung und Mißachtung jeder Diskretion führten zur Entlassung der deutschen Berater Zintgraff und Steinkühler und schließlich auch zu der des in der Sache unbeteiligten Pinnow. Auch zwei Äthiopier wurden mit der Affaire in Verbindung gebracht, die beiden intellektuellen Reformer Gabru Dasta und Gabra Heywat Baykadan. Gabru Dasta, Menileks „Faktotum"[903] in deutschen Angelegenheiten diente der Legation als Übersetzer und war Vertrauter Steinkühlers. Von Taytu und ihren Gefolgsleuten gejagt, suchte er in der Deutschen Legation Asyl. In einem Brief Menileks II. an Wilhelm II. vom 27.8.1909, in dem der Kaiser seine Auslieferung verlangte, erscheint Gabru Dasta als der Hauptschuldige in der Angelegenheit um den Vergiftungsvorwurf.[904] Auch Gabru Dastas Nachfolger Gabra Heywat Baykadan geriet bei Kaiserin Taytu in Mißkredit und zog es vor, im November 1909 vorübergehend in den Sudan zu flüchten. Der deutsche Botschafter, bereits aus früherem beruflichem Zusammenhang als arrogant und taktlos bekannt, hatte eigenmächtig mit dem Abbruch der diplomatischen Beziehungen gedroht und lieferte vor den Augen der Äthiopier ein bemerkenswertes Schauspiel, indem er Zintgraff und Steinkühler die Schuld am gescheiterten Machtkampf mit der Kaiserin gab. Bis in die Presse nach Deutschland hinein wurde der Streit ausgetragen.

Die Gesandtschaft, die ohne „politische Absichten" gekommen war, geriet in der internationalen Öffentlichkeit in den Verdacht, die Machtverhältnisse bei Hofe zu ihren Gunsten ändern zu wollen. In einem schwedischen Zeitungsbericht[905] wurde der Vorwurf Steinkühlers, Menilek solle vergiftet werden, als Trick interpretiert, um die Kaiserin und ihre Partei kaltzustellen. Als Taytu im März 1910 tatsächlich entmachtet wurde, reklamierte Scheller-Steinwartz dies völlig unbegründet als sein Verdienst. In seinem Bericht nach Berlin schrieb er: „Die Lehre von den drei ‚K' (Kirche, Kinder, Küche) ist durch das abschreckende Beispiel auch den Abessiniern aufgedämmert."[906] In unglaublicher Arroganz empfahl er der Kaiserin, statt sich zu schminken und falsche Zähne einzusetzen, solle sie lieber ihren Gatten pflegen.

Kaiserin Taytu als Feindbild findet sich auch in dem Forschungs- und Reisebericht von Huyn/Kalmer aus dem Jahre 1935. Dort heißt es:
> „Die Woisero (Dame) Taytu war eine Hasserin der Deutschen. Ihr ist es zuzuschreiben, daß beim Abschluß des Vertrages von 1906, in dem die Briten, die Franzosen und die Italiener ihre Einfluß-Sphären in Abessinien festlegten, auf das Deutsche Reich keine Rücksicht genommen wurde ... Sie hatte zahlreiche ihrer Feinde vergiften lassen, nun musste sie selbst froh sein, daß man sie am Leben ließ. Sie soll dann als Bettlerin in der Steppe elend zu Grunde gegangen sein."[907]

Daß Menilek in der Tat Befürchtungen hatte, seine Nachfolge würde nicht in seinem Sinne geregelt, läßt sich auch daraus ersehen, daß er bereits vor der offiziellen Bekanntgabe seines Enkels als Thronnachfolger diesen im Ausland als solchen bekannt machte. Als Menileks Gesandter Dedjasmatsch Meschescha 1907 nach Deutschland kam, befand sich unter den Geschenken für das deutsche Kaiserpaar auch eine Photographie von Lij Iyasu mit der ausdrücklichen Erwähnung, daß er der Thronfolger sei. „Die Photographie ist bisher noch niemandem geschenkt worden und als Zeichen besonderer Aufmerksamkeit des Negus anzusehen."[908] Auch Kaiser Franz Joseph I. erhielt nachträglich „auf Wunsch Menileks"[909] ein Portrait des Nachfolgers. 14 Tage nach der Unterzeichnung des Vertrages zwischen Deutschland und Äthiopien hatte auch Österreich-Ungarn einen solchen mit Äthiopien abgeschlossen. Ende 1912 erfolgte die Eröffnung eines Konsulats in Addis Abeba.

Gesandter Dedjasmatsch Meschescha bedankte sich, nachdem er Deutschland wieder verlassen hatte, in einem Brief vom 22.11.1907 bei Reichskanzler Fürst von Bülow für die Gastfreundschaft, die er erfahren hatte:

> „Die verschiedenen, bewundernswürdigsten Arbeitsstätten, welche er uns in Deutschland gezeigt, und die herrlichen Landschaften, besonders die des Rheinflusses sind als unauslöschliche Bilder unserem Gedächtnisse eingeprägt."[910]

Erst Ende der 1920er begann Äthiopien, eigene Vertretungen in den Hauptstädten seiner europäischen Vertragspartner zu errichten. Es mangelte dem Land an hierfür ausgebildetem Personal. 1928 eröffnete es ein Generalkonsulat in Berlin, das bis zur Besetzung Äthiopiens durch Italien 1936 von dem deutschen Major a. D. Hans Steffen geleitet wurde.[911]

Zum Äthiopienbild von Deutschen in der Vergangenheit – Immanuel Kant rettet so manchen Abessinier vor einem „Neger"-Dasein, und alle Kinder gehen zur Schule

Im Laufe des 17. Jahrhunderts begann sich die in Europa vorhandene Vorstellung von Afrika ins Negative zu entwickeln, um schließlich in einem biologisch determinierten Rassismus zu enden. Im Zuge der „Entdeckung" Afrikas, seiner allmählichen Durchdringung als Selbstbedienungsladen für Bodenschätze und Sklaven und der im 19. Jahrhundert folgenden kolonialen Eroberung wurde Afrika im Blick der Europäer zu einem kultur- und geschichtslosen Kontinent und seine Menschen wurden zu „Wilden", deren Hautfarbe ihr naturgegebenes Schicksal besiegelte. Zivilisationen, die im vorkolonialen Afrika existierten und die den europäischen Vorstellungen von Kultur entsprachen – wie etwa der 1871 in Zimbabwe wiedergefundene Ruinenkomplex –, sprach man dem „Einströmen fremder, den Negern politisch überlegenen Menschen"[912] zu. Dies war vergleichbar der Verblüffung über den Sieg von Adwa, den man sich nur erklären konnte, wenn Äthiopier keine „Neger" waren.

Gelehrte, Forscher, Händler und Missionare, die „Träger des informellen europäischen Imperialismus"[913], strickten an einem Bild, das den Weißen als haushoch überlegen erscheinen ließ. Berühmt gewordene Entdeckungsreisende wie Richard Burton sprachen Afrikanern jede Fähigkeit zur Fortentwicklung ab und zählten sie zu jenen „kindlichen Rassen", „die sich nie in den Rang des Menschentums erheben können".[914] Den „Neger" als großes Kind zu bezeichnen gehörte auch noch im 20. Jahrhundert zur Charakterisierung durch deutsche Ethnologen, die nicht rassistisch kläfften, sondern sich als paternalistische Gönner gerierten. Sie sprachen Afrikanern eine gewisse Lern- und Entwicklungsfähigkeit nicht ab, vorausgesetzt, diese machten die Werte und Normen der überlegenen europäischen Kultur zum Bestandteil ihres Lebens. Missionare und Kolonialherren boten den kindlichen Wilden eine Chance, wofür sie dankbar sein sollten. Symbolisiert ist diese Haltung im „Nickneger"[915] am Opferstock in den Kirchen.

Von uns bis heute als scharfsinnige Denker und hoch geschätzte Aufklärer angesehene Philosophen trugen im 18. Jahrhundert wesentlich zu diesem Welt- und Menschenbild bei. Einer von ihnen war Immanuel Kant (1724–1804), der den „Negers von Afrika" bescheinigte, daß sie von Natur aus kein Gefühl dafür hätten, das über das „Läppische" hinausginge. Feine Empfindungen für Ordnung und Schönheit seien ihnen fremd.

> „In den heißen Ländern reift der Mensch in allen Stücken früher, erreicht aber nicht die Vollkommenheit der temperirten Zonen. Die Menschheit ist in ihrer größten Vollkommenheit in der Race der Weißen. Die gelben Indianer haben schon ein geringeres Talent. Die Neger sind weit tiefer, und am tiefsten steht ein Theil der amerikanischen Völkerschaften."[916]

In einer Verbindung aus Klimatheorie und Vererbungslehre schloß er auf die geistigen Fähigkeiten und konstruierte einen „Nationalcharakter" der Afrikaner, der ihnen jede intellektuelle, emotionale und soziale Befähigung von Natur aus absprach. Nicht besser klingt es bei Johann Gottfried Herder (1744–1803):

> „Unter den Negers sind die Menschen nicht blos mit ihren Lippen, sondern auch am ganzen Körper, Brüder der Affen; und sinds noch mehr am Geist. Hume sagt: noch nie ist ein Genie unter ihnen bekannt geworden, und es ist bekannt genug, daß sie die Affen für Menschen halten, die aus Faulheit nur nicht sprechen, um nicht arbeiten zu dörfen."[917]

Und auch nicht besser bei Georg Friedrich Wilhelm Hegel (1770–1831):

> „Der Neger stellt den natürlichen Menschen in seiner ganzen Wildheit und Unbändigkeit dar: von aller Ehrfurcht und Sittlichkeit, von dem, was Gefühl heißt, muß man abstrahieren, wenn man ihn richtig auffassen will; es ist nichts an das Menschliche Anklingende in diesem Charakter zu finden."[918]

Kant, Herder und Hegel standen mit solchen Ansichten nicht allein, ihre Kollegen in anderen europäischer Länder brachten ähnliche „Erkenntnisse" zu Papier und dienten den deutschen Philosophen als Quelle, wie der bei Herder erwähnte Engländer David Hume oder der Franzose Charles de Montesquieu. Hierbei ignorierten sie andere vorhandene Zeugnisse und Quellen, die ein differenziertes Bild von Afrika und seinen Menschen möglich gemacht hätten, etwa in Gestalt von Afrikanern an europäischen Höfen, in Zeugnissen einzelner Kleriker oder Wissenschaftler.

Im Falle Äthiopiens differenzierte Kant allerdings. Er beschreibt unter ausdrücklicher Berufung auf Hiob Ludolf Geographie, Flora und Fauna „Abyssiniens" und schließlich auch seine Bewohner, die „schwarzbraunen Habessinier"[919]:

> „Die Abyssinier sind von arabischer Abkunft, witzig, wohlgebildet, aber schwarzfalb [fahl, mlk] mit wollichtem Haar, ehrlich, nicht zanksüchtig. Es giebt unter ihnen auch einige weiße Mohren [Albinos, mlk]; die Kaffern aber, die in ihrem Gebiete wohnen, sind nicht nur hässlich, sondern auch so ungestaltet und boshaft wie die übrigen Neger. Sonst giebt es auch Araber und Juden unter ihnen. Die Religion ist christlich, allein außer vielen Heiden sind ihnen die Türken sehr gefährlich in ihrem Lande. Die Abyssinier, ob sie gleich Christen sind, beschneiden noch ihre Kinder wie die Kopten."[920]

Die arabische Abkunft, die an die Schweiz erinnernden „gebirgichten Gegenden"[921], die so „mäßige" Hitze wie in Italien oder Griechenland rettete die „Abyssinier", nicht aber die übrigen Bewohner des Kontinents, vor Kants negativer Klassifizierung und reihte sie in den Kreis der wertvollen Menschheit ein. Denn sie waren gebildet, sie hatten eine Schriftsprache, das Ge'ez, das seit langem deutsche Gelehrte als mögliche Quelle vorbiblischer Überlieferungen und Weisheiten faszinierte, und sie waren christlich und von Türken und Heiden bedroht. 1689 hob auch Eberhard Werner Happel, der höfisch-galante Geschichtsromane schrieb, in seiner Novelle „Der Africanische Tarnolast" Abessinien positiv von seinen „wilden Nachbarn" ab. Ähnlich verfuhren die bereits im Adwa-Kapitel erwähnten Afrikaforscher, der Geograph Karl Dove und der Botaniker Georg Schweinfurth, die Äthiopien gegen Ende des 19. Jahrhunderts bereisten.

Im 19. Jahrhundert stieg die Literatur über Äthiopien rasch an. Zahlreiche Naturwissenschaftler, Linguisten und Ethnographen präsentierten ihre Forschungsergebnisse, die zunächst noch weitgehend auf den Norden des Landes beschränkt waren. In reich bebilderten Illustrationswerken und Erlebnisberichten konnten sich Deutsche ein Bild von Äthiopien machen. Protestantische Missionare, die vor allem unter Oromo zu missionieren begannen, rückten erstmals diese Ethnie ins Blickfeld von Deutschen. Es entstand die Vorstellung vom fleißigen „Galla", in denen die Missionare die „Germanen" Afrikas erblickten. Einzelne gelangten als befreite Sklaven durch Adlige nach Deutschland.

Waren Afrikaner zunächst „Kuriositäten" an Höfen, die das traditionelle Interesse an Exotischem und „instruktivem"[922] Wissen über die Welt befriedigten, wurden sie schon bald Objekt von „Völkerschauen", die einem großen Publikum zur Besichtigung geboten wurden und eigens zu diesem Zweck aus ihrer Heimat nach Europa gebracht wurden. Carl Hagenbeck präsentierte 1875 seine erste Völkerschau. 1908 eröffnete er in Stellingen bei Hamburg ein eigenes Ausstellungsgelände, wo neben Tieren unter anderen auch Somalier, Äthiopier und Beduinen auftraten. Der deutsche Kaiser besuchte höchstpersönlich solche Vorstellungen.

„Guten Tach, meine Herre, ick kann verstehen euch, ick spreche jut deutsch,"[923] zitiert der Kameramann und Dokumentarfilmer Paul Lieberenz auf seiner Reise durch Äthiopien einen

Arusi-Oromo. Der Mann war früher mit einem Tiertransport nach Hamburg und Berlin gekommen und hatte einige Monate in Deutschland verbracht. Ähnliche Begegnungen beschreiben auch andere Äthiopienreisende.

Nachdem Deutschland und Äthiopien diplomatische Beziehungen aufgenommen hatten, gelangten immer mehr deutsche Reisende verschiedener Berufsgruppen nach Äthiopien, von denen etliche ihre Erinnerungen von sehr unterschiedlicher Qualität niederschrieben. Neben die Forschungsliteratur traten in zunehmendem Umfang eine Populärliteratur aus Abenteuergeschichten und mehr oder minder der Wirklichkeit entsprechende Reise- und Erlebnisberichte. Auch die Tagespresse beschäftigte sich mit Äthiopien, und Zeitschriften warteten mit reichbebilderten Sensationen auf. So konnten zum Beispiel die Leser in der „Berliner Illustrierten Zeitung" 1930 „Das größte Ereignis des Jahres"[924], die Krönung Haile Selassies zum Kaiser, miterleben.

> „Mit Äthiopien verbanden sich ... Ideen von Zivilisationsflucht ebenso wie von uralter Hochkultur. Dieses Spannungsfeld findet sich quer durch die Publikationen, die auf dem deutschen Markt produziert wurden. ... Literatur auf hohem Niveau ebenso wie Schatzgräberbücher ... konnten sich eines Absatzmarktes sicher sein. 1935, während Italien den Überfall auf Äthiopien vorbereitete, entstanden daraus sogar regelrechte Bestseller: Die ‚Abessinienkrise' beherrschte das Tagesgespräch."[925]

1935/36 erschienen eine Reihe von Büchern von Journalisten, Schriftstellern und Forschungsreisenden mit Titeln wie: Das Rätsel Abessinien – Abessinien im Sturm – Im Banne des äthiopischen Hochlandes – Abessinien. Das letzte ungelöste Problem Afrikas – Seltsames Abessinien – Ein Journalist erzählt. Abenteuer und Politik in Afrika – Die Farbige Front. Hinter den Kulissen der Weltpolitik – Abessinien. Das Pulverfaß Afrikas – Abessinien. Afrikas Unruhe-Herd. Im Klappentext zum Buch des Schweizers Erwin Faller „Ich war der Koch des Negus" heißt es:

> „Fesselnde Schilderungen gefährlicher Jagden mit dem Herrscher und merkwürdige Gegebenheiten voll dunkler Mystik und Zauberei wechseln ab mit eingehenden Berichten über das Hofleben mit seinen Intimitäten, seinen Geheimnissen und politischen Intrigen. Unversehens entfesselt der Krieg die wilde Grausamkeit der schwarzen Volksstämme zur alles verzehrenden Glut. Überfall, Gefangenschaft und Flucht folgen sich im tollen Wirbel, bis der Koch wie durch ein Wunder mit knapper Not dem Tod entrinnt und den Weg in die Heimat zurückfindet."[926]

Die einen legten den Schwerpunkt auf die Beschreibung von Landschaft, Tierwelt und Menschen und schilderten hierbei abenteuerliche Begebenheiten, faszinierende Eindrücke, aber auch bedrohliche Situationen, befremdliche Sitten und Mißstände im Alltagsleben, in Wirtschaft und Gesellschaft. Andere stellten die politische Situation in den Vordergrund, die

Bedeutung Äthiopiens in der Weltgeschichte, manchmal angelegt im Stil journalistischer Berichterstattung, manchmal eingebettet in fiktionale Geschichten. Die Darstellungen boten Raum für Abenteuer und Spannung, waren Projektionsfläche für Sehnsüchte und Träume, für Wildwest- und Lederstrumpfromantik – Begriffe, die manchmal auch fallen. Sie ermöglichten aber auch Teilhabe an „großer Politik", wobei die Autoren ihre zum Teil erstaunlichen Detailkenntnisse mit vorurteilsbeladenen Wertungen und phantasievollen Ausschmückungen anreicherten. Die oft zwiespältige Faszination, die der Fremde gegenüber Äthiopien empfand, findet sich bei Huyn/Kalmer so formuliert:

> „Dem Fremden, der das Land nach allen Richtungen durchzieht, scheint es ein Kaleidoskop zu sein, in dem jedes Steinchen viele Facetten zeigt. Von tiefstem Entsetzen über die Barbarei erfüllt, die er an einem Tage gesehen, kann er am nächsten über ein Wunder in alter Kultur in hellstes Entzücken geraten. Denn alles ist in dem Raume vorhanden, der Abessinien heißt und seit dreitausend Jahren sein Antlitz kaum gewandelt hat."[927]

Wenn in der heutigen Literatur der Eindruck erweckt wird, daß aus Sympathie für Äthiopien bis in die Nazizeit hinein in den Publikationen von deutscher (deutschsprachiger) Seite kaum ein negatives Wort über Äthiopien falle, so ist das nicht korrekt. Das Bestreben, rassisch motivierte Klassifizierungen abzugeben, von äußerlichen Merkmalen auf kollektive Charaktereigenschaften zu schließen, quillt allenthalben hervor. Festgestellte soziale Mißstände, Diskriminierung und Ausbeutung einzelner Volksgruppen werden allzu oft auf biologisch-natürliche Eigenschaften der dafür Verantwortlichen zurückgeführt. Und man kann es doch wohl kaum als Kompliment an die eigene deutsche Adresse betrachten, wenn zwar Teile der äthiopischen Bevölkerung als „rassisch" wertvoll, andere aber – ganz im Stile kolonialer Vorstellung von „dem" Afrikaner – als ausgesprochen minderwertig eingestuft werden.

Während es so auf der einen Seite, in der Tradition von Ludolf und Kant, eine deutliche Tendenz gab, „die Abessinier" von dem negativen Urteil über Afrikaner abzugrenzen, finden sich auf der anderen Seite in Reisebeschreibungen und Erlebnisberichten seit der Wende vom 19. zum 20. Jahrhundert auch zahlreiche Gegenbeispiele. Sie schlossen, neben den besonders dunkelhäutigen Äthiopiern, auch die Abessinier in eine abwertende Klassifizierung ein. Während die „Galla", ähnlich wie in den Vorstellungen protestantischer Missionare, als die lernfähigen und fleißigen Bewohner des Landes erscheinen, ist das Bild vom Abessinier rundweg negativ: Er hat eine Raubtiernatur, ist faul, verlogen, schlau, hat die Sucht zu prahlen, zeigt Unterwürfigkeit gegenüber Höherstehenden und „grausamen Despotismus"[928] gegen Untergebene. Von Menilek angefangen leben die Abessinier von „offenem Raube" und Menileks „Spezialität"[929] sei es, Verträge zu brechen, weiß Freiherr von Kulmer um 1910 zu berichten. Was er den Abessiniern allerdings nicht abspricht, ist ihre Intelligenz. Sie erscheinen als die intelligentesten Landesbewohner, die als Sieger und in ihren Berufen als Soldaten und Beamte das Land aussaugen, während die „Galla", die generell mit Bauern gleichgesetzt werden, fleißig arbeiten „und würde nicht dieses absolutistische Aussaugesystem herrschen, so brächte er es zu Wohlstand".[930]

Auch in den Publikationen, die während der Nazizeit auf den Markt kamen, blieb im allgemeinen die Vorstellung von der numerisch größten Bevölkerungsgruppe, den Oromo als wirtschaftliches „Rückgrat der abessinischen Bevölkerung"[931], als fleißige Bauern und Viehzüchter, tapfere Soldaten und hervorragende Reiter erhalten. Andere Völker wie etwa die Somali oder Harari werden je nach Geschmack der Autoren, mal als mit besonders guten Eigenschaften und angenehmem äußeren Erscheinungsbild, mal als Verkörperung von Faulheit und Verdorbenheit schlechthin und als „Bestien"[932] mit niedrigen tierischen Instinkten charakterisiert.

Man(n) beschäftigte sich auch mit der Frage, wer denn die schönsten Frauen in Äthiopien seien. Für die einen waren es die Somalifrauen, für andere die Harari, für wieder andere die Amharinnen. „Sehr hübsche in lange weiße Gewänder gekleidete Abessinierinnen eilen durch die Straßen. Kein Negertyp."[933] Wieder andere kürten die „Gallaweiber von Dschimma mit ihrer Haut von der Farbe hellen Milchkaffees, ihren Mandelaugen und dem schlanken Wuchs"[934] zu den schönsten Frauen Äthiopiens.

Von einer „eigentlichen äthiopischen Rasse" könne man nicht sprechen, da die heutigen Abessinier Produkt einer vielfachen Rassen- und Blutsmischung seien, aber gleichzeitig lasse sich „ein deutlich ausgeprägter kaukasischer, also arischer Einschlag" vor allem bei den Familien des äthiopischen Adels feststellen und im Gebiet des ältesten äthiopischen Reiches finde man häufig Menschen, „die schmale Schädel, griechisches Profil, gerade Nase, kleine Hände und Füße und auffallend helle Haut haben"[935], resümiert der Schriftsteller Friedrich Wencker-Wildberg.

Ähnlich formulieren es seine Kollegen, bei denen wie üblich die hohe Stirn und eine hellere Hautfarbe Zeugnis für rassische Überlegenheit gegenüber den „Negern" abgeben und den Herrenmenschen auszeichnen, wobei die Hautfarbe die seelische Prägung bestimmt. Daß es sich bei den Amharen um die „Herrenschicht" oder „Herrscherrasse" handelt, gilt als Allgemeingut, ebenso wie das Bewußtsein darüber, daß sie den größten Wert darauf legen, nicht mit Negern gleichgesetzt zu werden. Durch eigene Anschauung oder durch den Mund wirklicher oder fiktiver Dritter wird der Leser in Kenntnis gesetzt, daß der Amhare dem „Nigger" ähnlich gegenüberstehe wie in den USA ein Abkömmling der Mayflower-Leute, die im 17. Jahrhundert aus England einwanderten.

„Der Amhare ist ein Herr. Der Nigger ist in seinen Augen ein rassisch ganz minderwertiger Kuli."[936] – „Als Neger behandelt zu werden, ist aber die schwerste Beleidigung, die man einem Äthiopier antun kann."[937] – „,Majestät', habe ich heute vormittag zum Kaiser gesagt, ,Abessinien ist doch kein Hottentotten-Staat!'"[938]

Eine solche Absetzung der Amharen gegenüber „Negern" bedeutet aber keineswegs ihre generelle Wertschätzung.

> „Der Tigréaner ist offen, entgegenkommend, voll Gerechtigkeit und Milde. Sein semitischer Bruder aus Schoa ist verlogen, heimtückisch, verschlagen, stets habsüchtig und arbeitsunlustig, indessen der Tigréaner in seiner Arbeitslust nur vom amharischen Bauern Godschams und den Galla übertroffen wird. Der Schoaner hat sich durch jahrzehntelanges Soldatenleben daran gewöhnt, wenn er nicht kämpfen muß, auf der faulen Haut zu liegen und sich von anderen ernähren zu lassen. Aber er ist tapfer und mutig, ebenso wie der Tigréaner."[939]

„Die herrschende äthiopische Schicht ist degeneriert und verdorben seit Jahrhunderten."[940] Amharen sind alle „große Säufer", barbarisch, eitel und „spitzfindiger als der gerissenste Pariser Advokat".[941]

Genau umgekehrt sehen es andere: eine „feine, zurückhaltende Gesittung"[942] ist ihnen allen mehr oder weniger eigen. Sie stehen auf einer höheren Kulturstufe und üben einen wichtigen Einfluß auf die übrigen Völker aus wie etwa auf die lernfähigen „Galla", die schon viel von den Amharen übernommen haben. Solch positive Eigenschaften verkörpert auch Haile Selassie, der als kluger, weitblickender Staatsmann, an Europa orientiert, seinem Volk den Fortschritt bringt, während die übrigen Würdenträger meist als selbstsüchtige, machthungrige Intriganten in Erscheinung treten. Ausgenommen hiervon sind jedoch diejenigen, die tapfer an Menileks Seite kämpften, dem „Tatmenschen"[943], großen Eroberer und weisen Staatsmann, der anders als die Politiker, die den Frieden von Versailles schlossen, den Sieg von Adwa nicht rücksichtslos ausnützte, sondern den besiegten Italienern moderate Bedingungen stellte. „Die Welt staunte."[944]

Darin sind sich alle einig: Es ist das Erbe von Adwa, das fasziniert und die Abessinier heraushebt. Ihr „kriegerischer Sinn"[945], ihre hohen soldatischen Tugenden, ihr Mut und ihre beispiellose Tapferkeit haben sie unter Beweis gestellt. Sie sind „im Felde unbesiegt" geblieben und niemals zeigten sie sich im Laufe der Weltgeschichte als „Memmen oder würdelose Feiglinge", sondern „freiheitsliebend wie alle Bergbewohner und darin den Schweizern und Tirolern vergleichbar, haben die Äthiopier niemals ihr Haupt unter das Joch eines fremden Eroberers gebeugt".[946]

In fast keiner Veröffentlichung fehlen Schilderungen von diszipliniert exerzierenden und marschierenden Truppen „in Reih und Glied"[947] und von der wehrhaften Erziehung der Jugend, die für kommende Anfeindungen gerüstet wird und für die die alten Adwa-Kämpfer die soldatischen Tugenden vorgelebt haben. „Wie schön ist … der Tod auf dem Schlachtfeld, wo man fürs Vaterland kämpft und dem Feind, der einen tötet, wenigstens einen Augenblick ins Auge gesehen hat."[948] zitiert Friedrich Strindberg einen „weißhaarigen Amharen" am Lagerfeuer sitzend.

Die Parallelen zu „deutschen" Idealen und „den Schicksalen Deutschlands"[949], die das Interesse an und das Verständnis für Äthiopien beflügeln, sind für diese Autoren deutlich: Beide wurden in der Vergangenheit immer wieder von mächtigen Feinden bedrängt und sind in der Gegenwart von einer Übermacht mißgünstiger Staaten eingekreist. So sind dann auch die Deutschen die einzigen, die es ehrlich mit Äthiopien meinen, die nicht politisch intrigieren, die nicht ausbeuten, sondern aufbauen, deren „Händler und Ingenieure halten, was sie versprechen".[950]

In diesem Zusammenhang wird auch der 1916 abgesetzte Lij Iyasu zu einem positiven Helden und treuen Freund Deutschlands stilisiert und umgekehrt Deutschland zu Iyasus größter Stütze, das ihn bei seinem „Endkampf"[951] gegen eine Übermacht nicht im Stich ließ. „...seine größte Sünde war wohl die, deutschfreundlich zu sein, sich standhaft zu wehren, als seine Nachbarn von ihm eine Kriegserklärung an die Mittelmächte verlangten."[952] Es wird eine Art Nibelungentreue von Lij Iyasu konstruiert und ein „Blutkreuz" an der Wand seines Festungsgefängnisses belegt seine Unschuld im Sinne de Anklage:

> „Als letztes stummes Bekenntnis, daß er entgegen allen Gerüchten nicht zum Islam übergetreten sei, sondern als Christ sterbe, habe Lidj Iyassu mit seinem eigenen Blut das kleine Kreuz gezeichnet – so lautet die einstimmige Deutung."[953]

Der italienische Angriff auf Äthiopien 1935 war gerade ein paar Tage alt, da wurde in Deutschland der Film „Abessinien von heute – Blickpunkt der Welt" des Schweizers Martin Rikli uraufgeführt, der während der „Abessinienkrise" als Sonderberichterstatter der Ufa einziger Filmberichterstatter auf äthiopischer Seite war. Rikli zeichnet in seinem Film ein Bild von Land und Leuten, das alle Ingredienzien positiver Stereotype über Äthiopien enthält.[954]

Dem wohlgeordneten Staat steht ein moderner, gebildeter Kaiser Haile Selassie vor, der in seinem Lebensstil und in der Förderung der Jugend europäisch orientiert ist, dazu ein passionierter Jäger und ausgezeichneter Schütze, der bei Preisschießen mit Europäern gewonnen hat. Es fehlt auch nicht an Hinweisen auf deutsch-äthiopische Beziehungen: Da werden die Deutsche Gesandtschaft und der Architekt Carl Härtel, Erbauer des Menilek-Mausoleums (1927), erwähnt ebenso wie ein Großproduzent von Därmen für Würstchen – täglich gehen 30 km Schafsdärme nach Deutschland. Es gibt moderne Tonfilmkinos mit zum Teil deutscher Ausstattung. Ein Herr Vogel ist der Pächter des „Kurbad-Hotels". Eine Kaisertochter spricht perfekt Deutsch und spielt mit einer befreundeten Deutschen Tischtennis. Die Kaiserin hat eine deutsche Hofdame. Landschaften werden mit dem Hinweis gezeigt, daß sie an einen Bergsee fast wie in der Schweiz oder an die Sächsische Schweiz erinnern.

Reich erscheint der Kaiser auch, denn er wirft das Geld buchstäblich zum Fenster heraus, aus seinem Auto unters Volk. Er gibt große Festmahle, bei denen ihm die Würdenträger des Landes huldigen, darunter die, die schon unter Menilek kämpften. Dort, wo sich der Kaiser der Gefolgschaft vielleicht nicht ganz sicher sein kann, läßt der Regisseur ihn sein Ziel auf seinen Inspektionsreisen mit den Mitteln „moderner Propagandaführung" erreichen. So legt er zum Beispiel in Jijiga einen Grundstein für das Ehrenmal eines Somaliführers, der in Adwa gefallen war. Auch die orthodoxe Kirche wird als Staatskirche mit „einzigartigen, ehrwürdigen Bräuchen aus der alten Zeit des Christentums" gewürdigt, als Zeugin von hoher Kultur und Reichtum, in der die Priester sich vor dem Kaiser verneigen. Auch die Bundeslade fehlt nicht.

Die Bilder vermitteln den Eindruck, daß es den Menschen in Äthiopien gut geht. Es gibt florierende Märkte, auf denen die landwirtschaftlichen Produkte und handwerklichen Erzeugnisse verkauft werden. Selbst ehemalige Sklavenkinder gehen in die Schule, waschen sich vor dem Essen die Hände, sind wissbegierig und erlernen ein Handwerk. Auch für Findel- und Waisenkinder ist gesorgt. Unterrichtet werden die „Neger" von Amharen, der zur „alten Mittelmeerrasse gehörigen Herrscherschicht". Am „intelligenten Kopf" zeigt sich deutlich, daß die Amharen keine Neger sind. Überhaupt sorgt der Kaiser „unablässig für das Schulwesen" und die Kaiserin hat eine Höhere Mädchenschule gestiftet. Der Zuschauer gewinnt den Eindruck, daß in Äthiopien alle Kinder in die Schule gehen, eine „adrette Einheitskleidung" tragen, nach christlichen Leitsätzen unterrichtet und militärisch erzogen werden. Schüler exerzieren mit selbst geschnitzten Gewehren und markieren mit Steinen Schnellfeuer. Auch die Pfadfinder, vom Kaiser persönlich gefördert, sind „erstaunlich straff organisiert" und führen ein „richtiges Kriegsspiel" vor.

Der Kaiser leitet auch das Ausbildungswesen der Armee, läßt Rekruten in großer Zahl einstellen, systematisch trainieren und bereitet auf den Ernstfall vor. Die Armee, von Belgiern und Schweden beraten, erscheint erheblich besser ausgebildet, als man in Europa allgemein annimmt. Mehrfach sieht man disziplinierte Truppen bei Übungen, im Vorbeimarsch oder bei „tollkühnen Reiterspielen", und auf „etwaige Angreifer" Äthiopiens warten tückisches Gelände, wasserarme Steppen und Wüsten. Zu Beginn des Filmes werden in Dschibuti Waffen und Munition aus Europa für Äthiopien angelandet, gegen Ende des Films treffen sie in Addis Abeba ein, um übers Land verteilt in Gebirgsstollen zum Schutz vor Luftangriffen gelagert zu werden.

Abessinienkrieg als Schlüssel zur Lösung des „Kampfes der Kulturen" – Projektionsfläche für eigene Hoffnungen und Spielball im politischen Kalkül

Durchgängig in der zeitgenössischen Literatur um 1935/36 ist die Einschätzung, daß es im Abessinienkrieg zu allerletzt um Äthiopien selbst geht. Äthiopien ist ein Spielball in der Weltpolitik, für das abessinische Volk interessieren sich die Mächtigen nicht. Klar ist, daß die Italiener Rache für Adwa nehmen wollen, aber es steckt noch viel mehr dahinter.

„Die ganze Welt starrt auf Abessinien. Jeder einigermaßen Kluge weiß, dass mit dem Abessinienkrieg um ganz andere Dinge, um den Tanasee, den Suezkanal, um das Rote Meer, das persische Öl gefochten wird, dass all das Europa viel mehr angeht als Äthiopien selbst ...“[955]

Es geht um den „Titanenkampf“ zwischen „Lancashire und Osaka“[956], zwischen England und Japan: Japan hat seit dem ersten Weltkrieg einen enormen wirtschaftlichen Aufschwung genommen, überschwemmt mit konkurrenzlos billigen Produkten immer mehr Märkte, untergräbt Englands Vormacht auf den Textilmärkten und ist auf der ganzen Welt auf Rohstoffjagd. Ein Szenarium wird heraufbeschworen, in dem durch die Heirat zwischen einer japanischen Prinzessin und einem äthiopischen Prinzen die politische Annäherung besiegelt und durch angeblich weitreichende Wirtschaftskonzessionen für ausgedehnte Baumwollplantagen und Nutzung des Nilwassers Englands Ruin herbeigeführt und Italiens Kolonialpläne durch Besiedlung Abessiniens mit japanischen Kolonisten ein für allemal ein Ende gesetzt wird. Die „Gelbe Gefahr“[957] steht als Menetekel an der Wand. So fehlt es auch nicht an Verständnis für Italien, das wie Deutschland als „Volk ohne Raum“ nur einem „natürlichen Expansionsdrang“[958] folgt und dessen Kolonialproblem „voll echter Tragik“[959] ist. Es wurde angeblich immerzu von Paris und London übervorteilt. Die Engländer werden als zu feige dargestellt, um mit offenen Karten zu spielen. Sie lassen die Italiener die Drecksarbeit machen, um sich den ungehinderten Zugriff auf das Wasser des Blauen Nil zu sichern. Die Franzosen ihrerseits gäben den Italienern nun freie Hand, um sie für den Kampf gegen Deutschland zu gewinnen.

Aber das zerstrittene Europa müsse sich vorsehen, denn das Bedrohungsszenarium gehe noch weiter. Aus einer Verbindung von „gelb und schwarz“ könnte eine allgemeine Erhebung der „Farbigen“ gegen die „Weißen“ werden. Nicht nur der „Riesenbau des Empire“ würde in seinen Grundlagen erschüttert, sondern das Ende der Hegemonie Europas herbeigeführt. „Das ist eine Schicksalsfrage, die das ganze Abendland zutiefst berührt.“[960] Und der Schlüssel zu ihrer Lösung liegt in Abessinien.

Abb. 89 Deckblatt des 1935 erschienenen Buches von Friedrich Wencker-Wildberg

Die Schwarzen haben an Selbstbewußtsein gewonnen, sie halten den weißen Mann nicht mehr für unbesiegbar, so die Argumentation. Wie die Japaner versuchen die Äthiopier, sich alle europäischen Neuerungen zunutze zu machen und sehen in weißen Fachleuten „ein Werkzeug, das man wegwirft, wenn man es nicht mehr braucht".[961] Über die Schranken aller äußeren Unterschiede des religiösen Bekenntnisses hinweg schafft das Bewußtsein der gemeinsamen Rasse und des Blutes Zusammengehörigkeit und eine drohende Einheitsfront gegen die Machtansprüche der Europäer. Als eindeutiges Indiz hierfür werden die panafrikanische Bewegung in den USA und deren Aufruf, Abessinien zu unterstützen, angeführt. Auch in der Türkei und in der arabischen Welt wie in Indien gibt es demnach deutliche Anzeichen, sich auf die Seite der „Farbigen Front" zu schlagen.

> „Das Morgenrot eines blutigen Rassenkrieges dämmert gespenstisch am östlichen Horizont."[962] – „Bricht die Götterdämmerung der Rassen an, die Emanzipation der Farbigen? Der Verlauf des Ringens um Abessinien wird diese Frage beantworten."[963]

Mit diesem Satz läßt Friedrich Wencker-Wildberg sein Buch enden, nachdem er scheinbar objektiv die Positionen aller potentiell Beteiligten dargestellt und die Unausweichlichkeit eines Krieges erläutert hat, dessen Ausgang ungewiß ist.

In einem über 600 Seiten starken, immer wieder aufgelegten Werk mit dem Titel „Die Farbige Front. Hinter den Kulissen der Weltpolitik" gibt sich dessen Autor ähnlich unbeteiligt, als objektiver Informant und „Patrouillengänger", um der „weißen Welt ein Bild von den Stellungen zu vermitteln, in denen sich die Gegner des Abendlandes eingenistet haben".[964] Sich ein solches Bild zu machen, sei sehr schwer, weil die Gegner jede ihrer Bewegungen mit ungewöhnlichem Geschick tarnten und sich den Sinnesorganen des weißen Mannes ohnehin das meiste verschließe, „was an Fäden innerhalb der farbigen Welt gesponnen" werde. Das Buch erschien anonym, wird aber dem Journalisten Heinrich C. Nebel, der unter dem Namen Ruppert Reckling bekannt war, zugeschrieben.

Im Zentrum seines als Tatsachenbericht ausgegebenen Romans steht die abessinische Prinzessin Tahitu, die sich zwecks Unterstützung für ihr von Italien bedrohtes Heimatland auf eine diplomatische Weltreise begibt. Die Erfahrungen, die die kluge, attraktive, leidenschaftliche und selbstbewußte Protagonistin während ihres Aufenthalts im Ausland macht und die Kenntnisse, die sie in zahlreichen Gesprächen erwirbt, enthüllen, daß es eine globale Vernetzung und Verschwörung der Feinde Europas gibt. Auch das alte Rußland ist mit im Bunde in Gestalt eines von den Bolschewisten vertriebenen Fürsten, der mehr asiatisch als europäisch aussieht, die „Überlegenheit der europäischen Zivilisation über die Kulturen anderer Völker"[965] prinzipiell in Frage stellt und das „Eurasiertum" als Reaktion gegen Europa und die Europäisierung propagiert. Der Kampf von menschheitsgeschichtlichen Dimensionen zwischen den Kulturen wird so heraufbeschworen und die Wirklichkeit auf den Kopf gestellt: Die europäischen Kolonisatoren, die anderen Gewalt antun, werden als die selbst tödlich

Bedrohten imaginiert, und nur in der Abwehr dieser Gefahr liege die Überlebenschance Europas.

Aus diesem Grunde erscheint Äthiopiens Wille, unabhängig zu bleiben, zwar verständlich, aber ein Krieg ist leider unvermeidlich, wenn auch bedauerlich. Anton Zischka, einer der erfolgreichsten Sachbuchautoren auch nach 1945, formuliert es so: „Äthiopien ist tot. Wird das, was an seine Stelle tritt, ein weißes oder ein gelbes Bollwerk sein? Die allernächste Zukunft wird es lehren."[966]

> „‚Neue Truppentransporte nach Abessinien!' schreien die Zeitungsverkäufer, als wir in dieser kühlen Nacht zum Bahnhof fahren. – ‚Haben Sie schon das neueste Abessinien-Buch gelesen?' sagt an der Bahnhofsbuchhandlung der Händler, den man nach Lektüre fragt. Es ist, als drehe sich plötzlich ganz Europa um Abessinien."[967]

So schrieb der schwedisch-deutsche Schriftsteller Friedrich Strindberg, der sich 1935 auf den Weg nach Äthiopien machte und dort die ersten Kriegsmonate erlebte. Nach fünftägiger Schiffsfahrt erfuhren die Passagiere, daß die „schönen Friedenstage" vorüber sind.

> „Noch immer fassungslos, lehnten die Passagiere an der Reling und starrten hinüber zu den dunklen Ufern, wo vielleicht auch die Würfel über Europas Schicksal fielen. Wortfetzen flatterten in die Nacht hinaus: Völkerbund, Abessinien, Mussolini und die Flotte."[968]
>
> „Und so wie die Gazellen und Buschböcke, so werden jetzt die Abessinier geschossen; das Feuer der feindlichen Maschinengewehre lichtet ihre stürmenden Reihen, Bomben und Granatsplitter reißen oft die Besten aus ihrer Mitte. Und wie der Buschbock in seiner Verzweiflung mit den Hörnern um sich stößt, so stoßen die abessinischen Krieger mit ihren Lanzen und Dolchen um sich, und nur mit einem langen, krummen Säbel bewaffnet, haben sie feindliche Tanks und betonierte Stellungen erstürmt und immerhin drei Monate standgehalten."[969]

Dort wo sie über moderne Waffen verfügten, konnten sie sie oft nicht richtig einsetzen, „weil nämlich der Abessinier mit seinen alten Adua-Kanonen noch immer besser umzugehen weiß als mit einem modernen Geschütz."[970] Die Vorstellung eines ungleichen Kampfes taucht auch bei Erwin Faller auf:

> „Können die Abessinier trotz wildester Tapferkeit mit fast nackten unbewehrten Händen gegen die Technik eines europäischen Staates überhaupt siegen? Was ist Männermut gegen Flugzeuge, die aus 3000 Meter Höhe Bomben regnen lassen?"[971]

Am Ende seiner Aufzeichnungen kommt Strindberg zu der Frage: Kann man als Europäer Abessinien überhaupt lieben? Sind die Abessinier „sympathisch"? Eine Frage, so der Autor, die ihm in fast jedem Brief aus Europa gestellt worden sei. Ob sie sympathisch oder unsympathisch seien, wisse er nicht. Statt dessen führt er aus, daß der auf seine Asphaltstraßen und seinen Seifenkonsum stolze Europäer Zeit brauche, ehe er das Land und seine Leute verstehen und hinter den Mängeln des „dunkelhäutigen Volkes auch Tugenden aufleuchten" sehen könne und den „Seelenfrieden und die innere Harmonie eines Landes zu würdigen weiß, das – ein glückliches Eiland! – keine Uhren kennt."[972]

Die im Auftrag des Exilvorstandes der Sozialdemokratischen Partei (Sopade) herausgegebenen Berichte über die Lage in Deutschland geben Einblicke in die Haltung von Deutschen zum Abessinienkrieg. War das Interesse an Abessinien für manche lediglich Befriedigung von Sensationslust und Wildwestabenteuer, so verbanden sich für andere damit politische Hoffnungen.

In einem Bericht vom Oktober 1935 aus Rheinland-Westfalen heißt es:

> „Die Sympathie des überwiegenden Teiles des Volkes steht auf seiten der Abessinier. Wenn in rheinischen Städten mittags die Glocken läuten, dann fragen die Leute, ob die Abessinier einen Sieg erfochten hätten, oder ob ‚15000 Russen gefallen' seien. Das ist deutlich eine Erinnerung an die Siegesmeldungen des ehemaligen Generalstabes. Solche Äußerungen gibt es die Menge und sie sind im Grunde ebenso gegen Mussolini wie gegen die Nazis gerichtet. Ein anderes, ebenso charakteristisches Symptom ist vielleicht in der Haltung der männlichen Schuljugend zu erblicken. Ihre Sympathie ist unzweifelhaft bei den Abessiniern. Sie stöbert Zeitungen durch und kauft neuerdings die für sie bestimmte Schmöker-Literatur über diesen Krieg. Bei den Spielen werden die Italiener immer geschlagen. – Aber auch die meisten geschulten und politisch ernst zu nehmenden Menschen stehen mit ihrer Sympathie bei den Abessiniern. ‚Hoffentlich bekommt Mussolini was auf den Deckel', so hört man sie sagen. Ja, es gibt Leute, die jeden Tag auf eine Meldung warten, wonach Mussolini vernichtend geschlagen ist. Immer spricht man von Mussolini und nicht von Italien. Auch fragt man sich, warum die italienische Armee nicht recht vorwärts kommt; irgendetwas stimme da nicht, so meint man. Bei den Erwachsenen ist ebenfalls eine ungeheure Nachfrage nach Literatur über Abessinien vorhanden. Man wird den Eindruck nicht los, als wenn hier eine günstige Gelegenheit gefunden worden ist, bei der man sich öffentlich, ohne in Gefahr zu kommen, mit einer antifaschistischen Front solidarisieren kann."[973]

Für Südwestdeutschland wird die Stimmung im Oktober folgendermaßen wiedergegeben:

> „Die Stimmung in der Arbeiterschaft, bei den kleinen Geschäftsleuten und den Bauern ist allgemein für Abessinien. Selbst in den Kreisen der sogenannten Hurra-Patrioten ist die Stimmung gegen Italien. Die Gründe sind allerdings verschieden. Während ein Teil der Arbeiter und der kleinen Leute dem italienischen Faschismus eine Niederlage wünschen, nur um den Faschismus der anderen Länder ebenfalls zu schwächen, ist bei den anderen der Wunsch, Italien dafür gestraft zu sehen, dass es 1915 Deutschland

in den Rücken gefallen ist. Man kann oft die Bemerkung hören, dass der Abessinier für uns kämpfe, denn wenn Italien unterliege, sei dies auch eine Niederlage für Hitler. Besonders bei der Jugend ist die Begeisterung restlos für Abessinien und bei der arbeitenden Bevölkerung ist die Einstellung ungefähr die gleiche wie beim Burenkrieg."[974]

Aus Sachsen heißt es im November 1935 unter anderem:
„Nachrichten von italienischen Mißerfolgen, die man meist nur vom ausländischen Rundfunk erhält, werden freudig aufgenommen und lebhaft diskutiert, sie verbreiten sich jedes Mal wie ein Lauffeuer."
Und aus Nordwestdeutschland: „Bis weit in die Reihen der Nazis empfindet man Genugtuung, dass der Völkerbund Mussolini an die Leine genommen hat."

Auch aus anderen Regionen wurde von der Mehrheit der Bevölkerung berichtet, daß sie auf seiten der Abessinier stehe und zunächst noch große Hoffnungen in die Sanktionen des Völkerbundes setze. 1936 machte sich jedoch die Enttäuschung breit, denn die Sanktionen erwiesen sich als Farce und trafen letztlich Äthiopien viel empfindlicher als Italien. Daß auch Parteigänger des Naziregimes für Äthiopien „Sympathie" bekundeten, mag nur auf den ersten Blick verwundern. Konkurrierende und unterschiedliche politische Ziele dominierten die ideologische Verwandtschaft. Die Schwächung Italiens in Äthiopien, so hofften die Nazis, konnte die Stellung des Diktators Hitler gegenüber Mussolini in Europa stärken und ihm in seinen Ambitionen in Bezug auf Österreich freiere Hand geben.

Die Naziführung hatte kein Interesse an einem schnellen Ausgang des Krieges. Je länger italienische Kräfte in Afrika gebunden waren und der Blick der Weltöffentlichkeit auf Äthiopien gerichtet war, umso ungestörter konnte sie die Besetzung der entmilitarisierten Zone im Rheinland und die Wiederaufrüstung durchführen. Nicht zuletzt aus diesem Grunde und damit überhaupt ein Krieg und nicht etwa eine „Kompromißlösung"[975] zustande kam, lieferte die deutsche Regierung der äthiopischen 1935 heimlich Waffen, als kein anderes Land hierzu bereit war bzw. die Sanktionen des Völkerbundes solche Lieferungen an die Kriegsparteien untersagten.

Im Zusammenhang mit wirklichen oder angeblichen Waffenlieferungen entstand eine Legende, die zeigt, wie präsent „Abessinien" damals in der öffentlichen Wahrnehmung in Deutschland war. Im Oktober 1935 strandete auf der Insel Sylt zwischen Kampen und List der französische Frachter „Adrar", von dem angenommen wurde, daß er Waffen für Äthiopien geladen hatte. Die Sylter nannten den Strandabschnitt, der ein Nacktbadestrand war, daraufhin „Abessinien". Der Name wurde in der Folgezeit ein Synonym für Freikörperkultur auf Sylt und hielt sich über Jahrzehnte.[976]

Zu Beginn des Jahres 1935 hatte der äthiopische Generalkonsul Hans Steffen Haile Selassie ein geheimes Angebot über 33–36 Mio. Reichsmark gemacht, um drei äthiopische Armeen mit schweren Waffen auszurüsten. Die Verhandlungen scheiterten aus bisher nicht bekannten Gründen. Als im Sommer 1935 kein Zweifel mehr daran bestehen konnte, daß Italien in Äthiopien einmarschieren würde, sandte Haile Selassie seinen deutschen Staatsrat David Hall nach Berlin. Dieser erreichte über die Vermittlung von Kurt Prüfer, der von 1928–30 Gesandter in Addis Abeba gewesen war, mit Hitlers Einwilligung einen Kredit von insgesamt 4,2 Mio. RM für Waffen und Medizin. Von der militärischen Ausrüstung wurden die deutschen Markenzeichen entfernt. Eine erste Ladung ging auf einem englischen Schiff von Lübeck nach Berbera, da Frankreich eine Landung in Dschibuti verweigerte. Eine weitere Ladung erreichte Äthiopien über Belgien und Norwegen. Diese Unterstützung war jedoch nur ein Tropfen auf den heißen Stein. Bemühungen der äthiopischen Regierung, Kredite von England oder dem Völkerbund zu bekommen, scheiterten ebenso wie ein letzter Versuch Ende 1935, durch eine „ungewöhnlich vorteilhafte Konzession"[977] für eine amerikanische Firma zur Suche und Ausbeutung von Erdöl, die USA auf ihre Seite zu ziehen. Das US-Außenministerium war um seine Beziehungen zu Italien besorgt. Spätestens im November 1935 stand für die deutsche Seite fest, keine Waffen mehr zu liefern. Im November stornierte sie weitere Aufträge. Im übrigen half Deutschland Italien mit steigenden Lieferungen von Kohle, die für die Kriegsproduktion wichtig waren, sie überstiegen den Wert der an Äthiopien gelieferten Waffen um ein Vielfaches.

In Sopade-Berichten heißt es über die in Schaukästen ausgehängten Extrablätter zu den Sanktionen des Völkerbundes gegenüber Italien, es entstehe der Eindruck, die amtlichen Kreise leisteten der italienfeindlichen Haltung in der Bevölkerung Vorschub[978]. Offen wollte die deutsche Regierung Italien natürlich nicht düpieren. Eine durch Nachrichten über den Krieg hervorgerufene Stimmung, die sich auch gegen das eigene Regime richtete, sollte vermieden werden. So gab es eine Reihe von Presseanweisungen durch das Reichsministerium für Volksaufklärung und Propaganda, die eine quasi unparteiliche, zurückhaltende, politisch-diplomatische Position einforderten, aber dennoch Nadelstiche gegen den politischen Konkurrenten waren.

Anweisungen zu Beginn der Kampfhandlungen, die zur Zurückhaltung in der Berichterstattung mahnten, klingen so, als erwarte man für die Zukunft wesentlich Lohnenswerteres „wenn der Krieg in Abessinien erst losgeht". In einer Anweisung vom 7.12.1935 heißt es:

> „Die Aufmachung der Meldungen über den Bombenangriff auf das Hauptquartier des Negus wird bemängelt. Sie sei viel zu groß herausgekommen. Es wird um größere Zurückhaltung gebeten. Die Meldung über den Protest der amerikanischen Ärzte gegen das Bombardement kann gebracht, aber nicht kommentiert werden."[979]

Die Ärzte hatten die italienische Kriegsführung als einen brutalen Bomben- und Giftgaseinsatz gegen wehrlose Männer, Frauen und Kinder charakterisiert. Das deutsche Interesse an einer möglichst langen Einbindung Italiens in den Krieg mit Äthiopien bedeutete aber keineswegs, daß das Deutsche Reich an einer Niederlage Italiens interessiert war. Italien sollte geschwächt und zur Annäherung an Deutschland bewegt werden. Es war gerade der Abessinienkrieg, der den Weg frei machte für eine Annäherung zwischen Hitler und Mussolini. Die Enttäuschung über die Haltung der Westmächte bei der Durchsetzung der italienischen Afrika-Interessen und die hierdurch entstandene Isolation hatten den Blick Mussolinis auf das wieder erstarkte, internationale Verträge mißachtende Deutschland gelenkt. Das inkonsequente Vorgehen des Völkerbundes hatte dessen Schwäche offenkundig gemacht und gezeigt, daß außenpolitische Ziele außerhalb der Völkergemeinschaft zu erreichen waren.

Im Laufe der nächsten Monate erfolgte schrittweise die Annäherung zwischen Hitler und Mussolini mit dem Ergebnis, daß Hitler Mussolinis Vorherrschaft im Mittelmeerraum anerkannte und Mussolini die deutschen Ambitionen auf Österreich akzeptierte. Der deutsche Botschafter in Rom resümierte in seinem Bericht an das Auswärtige Amt in Berlin im Juli 1936: „... verdanken wir diesen Wandel, wie manches andere, dem ostafrikanischen Unternehmen".[980] Im politischen Kalkül Hitlers hatte der Abessinienkrieg seine Funktion erfüllt. Der Militärschriftsteller Rudolf Ritter und Edler von Xylander konstatierte in seiner Studie über die „militärischen Erfahrungen und Lehren" des Abessinienkrieges:

> „So ist der Krieg als Vernichtungskrieg gedacht und durchgeführt worden. Man kann
> es bedauern, dass ein altes Reich zugrunde ging. Man muß aber auch vor Augen halten,
> wie die Weltgeschichte oft solches Geschehen zeigt, wie in der Natur nur derjenige ein
> Überlebensrecht behält, der der Stärkste ist."[981]

Europa ging zur Tagesordnung über, während die italienische Kriegsführung „hemmungslos alle Schrecken des modernen Krieges losläßt, vom Giftgas bis zur Niederbrennung offener Städte durch Luftangriffe auf die Zivilbevölkerung".[982]

Die Sopade meldete noch im April 1937: „35.000 Eingeborene in Addis Abeba abgeschlachtet, darunter alle abessinischen Intellektuellen."[983] Über weiteres Interesse an Äthiopien in der deutschen Bevölkerung finden sich keine Hinweise in den Berichten mehr. Äthiopien hatte seine erhoffte Stellvertreterrolle im Kampf gegen Faschismus und Nationalsozialismus nicht erfüllen können.

Nachdem die italienischen Faschisten im Abessinienkrieg die Sieger waren und Deutschland und Italien einander näherrückten, war die Zeit eines scheinbar neutralen Standpunktes, wie er von Regierung und Journalisten gegenüber Äthiopien vorgeführt worden war, vorbei. Wer jetzt nach „Africa Orientale Italiana" reiste und seine Erfahrungen zu Papier brachte, erfüllte damit vor allem zwei Aufgaben: Erstens ein Loblied auf die großen kolonisatorischen und zivilisatorischen Leistungen der Italiener, die das „Land aus der Wildheit und Abgeschlossenheit mittelalterlicher Willkürherrschaft in ein modernes Reich verwandeln"[984], zu singen und zweitens dem Leser deutlich zu machen, daß auch dem „deutschen Volk ohne Raum" sein „rechtmäßiger Anspruch"[985] auf Kolonien Geltung verschafft werden muß.

> „Schon jetzt haben die Eingeborenen gefühlsmäßig erfaßt, dass die Persönlichkeit
> Mussolinis und die hohen Vollstrecker seiner Befehle an Macht und Größe jenem

Manne gleichkommen, dessen Name, heute noch wie einst, für sie der Inbegriff alles Gewaltigen ist: Kaiser Menilek! Noch viele Jahre nach seinem Tode ... hielt nur die Bannkraft seines Namens die ewig unter sich uneinigen Stämme einigermaßen im Zaum. Dem letzten Negus Haile Selassie fehlten alle heldischen Eigenschaften. Schon deshalb vermochte er nicht sein Volk in den Stunden der Gefahr bedingungslos an sich zu reißen."[986]

Glücklich und frei sind jetzt vor allem diejenigen, die von den Amharen verfolgt, gequält und unterdrückt wurden wie die „Galla", die Sklaven und die Muslime. Sie zeigen eine geradezu anrührende „unzerstörbare Anhänglichkeit" und „Opfergeist", was die Italiener mit einem „väterlich-herzlichen Verhältnis"[987] zu ihnen beantworten. Die gutmütigen und stark kinderlieben italienischen Soldaten und Arbeiter haben es da nicht leicht, immer den gebührenden Abstand zu „braven Eingeborenen" und „hübschen schwarzen Krausköpfen"[988] zu halten. So sah es Louise Diel, die „Africa Orientale Italiana" 1937/38 bereiste und 1000 Doppelzentner Harar-Kaffee auf persönliche Anordnung des Duce für das Deutsche Winterhilfswerk geschenkt bekam.

Deutschland – einst Wirtschaftswundervorbild, jetzt Gefahr für die nationalen äthiopischen Interessen?

Fragt man Äthiopier heute, welche Vorstellungen sie mit Deutschland verbinden, so kann man natürlich auf sehr unterschiedliche Antworten treffen und sicher fallen die Stichworte Fußball und Autos. Zwei Dinge werden allerdings von Älteren häufig genannt, wenn es um die Vergangenheit geht, nämlich die Unterstützung Äthiopiens durch das Deutsche Reich 1935 und der wirtschaftliche Wiederaufstieg Deutschlands nach der Niederlage im Zweiten Weltkrieg. Ersteres steht für Dankbarkeit gegenüber Deutschland, dem Äthiopien nach dem 2. Weltkrieg Carepakete schickte, letzteres für Bewunderung und Hoffnung, es gleichtun zu können. In historischer Perspektive sind die Waffenlieferungen von 1935 im äthiopischen Bewußtsein bis heute präsent. Dabei spielt es keine Rolle, aus welchen Motiven heraus die damalige Regierung handelte, es zählt allein die Tatsache der militärischen Hilfe zu einem Zeitpunkt als keine andere Nation zur Unterstützung bereit war.

Der Besuch Haile Selassies 1954 wird gerne in diesen Zusammenhang gestellt: Ein Dankeschön an das noch isolierte Deutschland. Noch bevor Deutschland seine volle Souveränität wiedererlangte, war Haile Selassie als erstes Staatsoberhaupt nach dem Zweiten Weltkrieg im November 1954 zu einem offiziellen Staatsbesuch nach Deutschland gekommen. „Adenauer hatte ihn seinerseits ausgesucht, weil Haile Selassie weltweit als eine Symbolfigur des Antifaschismus geachtet wurde."[989]

Anläßlich des Gegenbesuchs durch Bundespräsident Heinrich Lübke zehn Jahre später drückte Haile Selassie jene Wertschätzung gegenüber Deutschland aus: ein Land, das nach schwerster Niederlage in kurzer Zeit einen beispiellosen wirtschaftlichen Wiederaufbau erreichte und so Energie und Talent seiner Bevölkerung wie der Regierung bewies und die Fähigkeit, große Hindernisse zu überwinden. Bis heute wird Deutschland in der Öffentlichkeit in diesem Sinne als starke Wirtschaftsmacht wahrgenommen. Es ist der größte Abnehmer äthiopischer Waren und traditionell größter Importeur von äthiopischem Kaffee. Über 30 % des äthiopischen Kaffee-Exports gehen nach Deutschland. Äthiopien importiert aus Deutschland vor allem Fertigprodukte wie Maschinen, Motoren, Kraftfahrzeuge, Chemikalien und Medikamente. Direkte Investitionen deutscher Unternehmen in Äthiopien sind noch bescheiden und entwickeln sich in jüngster Zeit besonders in der neu entstandenen Blumenzuchtbranche, aber auch in der traditionellen Lederverarbeitung.

Die wirtschaftliche und die Entwicklungszusammenarbeit zwischen Deutschland und Äthiopien begann Mitte der 1950er Jahre, als im Rahmen von technischer Hilfe erste Beratungen durch deutsche Experten, Sachspenden und die Finanzierung von Planungen und Projektstudien erfolgten. Nach der Unterzeichnung eines Abkommens über technische Zusammenarbeit 1964 wurden Projekte in verschiedenen Entwicklungsgebieten gestartet. Hierzu gehörten der Bau und die Ausrüstung der Technischen Fakultät der Universität in Addis Abeba und die Errichtung einer Ausbildungsstätte im 45 km westlich von Addis Abeba gelegenen Holäta. Hier wurden junge Äthiopier als Maschinenschlosser, Schmiede, Autoschlosser, Holz- und Baufachleute sowie Elektroinstallateure ausgebildet und anschließend vor allem in Werkstätten des äthiopischen Heeres übernommen. 1966 nahm der DED seine Tätigkeit in Äthiopien in den Bereichen Land-

Abb. 89a Holäta-Emblem (1966-68)

Abb. 89b Der Kaiser interessiert sich für ein Meßgerät

Abb. 89c Auszubildende 1968

Abb. 90 Mähdrescher „Fortschritt" E512 aus dem VEB
Kombinat Neustadt/Sachsen, nördlich Dodola 2004

wirtschaft, Gesundheitswesen, Infrastrukturverbesserung, Handwerkerausbildung und Vorschulerziehung auf. Umgekehrt kamen Äthiopier nach Deutschland, die für die verschiedensten Arbeitsbereiche des öffentlichen Dienstes, der Wirtschaft, der Technik und des Handwerks ausgebildet wurden oder an Hochschulen studierten.[990]

Nachdem sich der an Moskau orientierte Derg durchgesetzt hatte, erreichten die Beziehungen zwischen der Bundesrepublik und Äthiopien 1977/78 ihren Tiefpunkt, als der Botschafter der BRD ausgewiesen und das Grundstück der deutschen Schule beschlagnahmt wurde. Der Ost-West-Konflikt hatte die deutsch-äthiopischen Beziehungen im Griff. Jetzt war die DDR am Zug, die seit 1973 eine Botschaft in Addis Abeba unterhielt und sich in Landwirtschaft und Industrie, dem Gesundheitswesen, in Kultur und Bildung, in der Verwaltung, der Polizei und dem Militär engagierte. Heute kann man noch bei Fahrten übers Land dem Mähdrescher „Fortschritt" begegnen, der damals neben anderen landwirtschaftlichen Geräten vom Kombinat „Fortschritt Landmaschinenbau Neustadt" in Sachsen geliefert wurde. Manche Mähdrescher sind noch in Funktion, andere erinnern als verrostete Zeugen an ihren einstigen Einsatz auf Staatsfarmen, um die „Grüne Revolution"[991] voranzutreiben.

Nach dem Sturz des Derg begann ab 1991 eine Wiederannäherung des nun vereinigten Deutschland. 1993 erfolgten die ersten regulären Regierungsverhandlungen, welche Armutsbekämpfung und Umweltschutz anstelle von Nahrungsmittelhilfe in den Mittelpunkt künftiger Zusammenarbeit stellten.[992] Letztere war auch von westdeutscher Seite unter dem Derg aufrechterhalten worden. Das vereinte Deutschland unterstützte einige der mit Hilfe der DDR aufgebauten Unternehmungen, weil ihre Bedeutung für die äthiopische Wirtschaft weiterhin galt. Bis heute sind unter anderen die Zement-, Öl-, Textil- und Grundchemikalienproduktion in Betrieb.

Schließlich wurde Äthiopien zum Schwerpunktland der deutschen Entwicklungszusammenarbeit. Die drei 2001 vereinbarten Schwerpunkte lagen im Bildungsbereich (Aufbau eines

Berufsbildungssystems), in der Landwirtschaft (nachhaltige Nutzung natürlicher Ressourcen zur Ernährungssicherung) und in der Regierungsführung (Kapazitätsaufbau im Regierungs- und Verwaltungssystem).

Nach seinem Deutschlandbesuch und Treffen mit Kanzler Gerhard Schröder im November 2004 wurde Ministerpräsident Meles Zenawi in der äthiopischen Presse mit den Worten zitiert, das Wichtigste, das Deutschland Äthiopien geben könne, sei Äthiopien zu lehren, wie man das deutsche System der Berufsausbildung kopieren könne.[993] Dieser Wunsch fand Eingang in das großdimensionierte *Engineering Capacity Building Program (ECPB)*, das als Wirtschaftsentwicklungsprogramm ab 2005 in den Mittelpunkt der äthiopisch-deutschen Zusammenarbeit rückte und an dem alle Organisationen der deutschen Entwicklungszu- sammenarbeit einschließlich des Deutschen Akademischen Austauschdienstes (DAAD) beteiligt sind.

Durch umfassende Modernisierung des Wirtschaftssektors und der hiermit verbundenen Institutionen (Ministerien, Betriebe, Universitäten, Ausbildungsstätten, Behörden) soll ein wirksamer Beitrag zur Armutsminderung geleistet werden. Das Programm besteht aus vier Komponenten: Universitätsreform, Reform der Beruflichen Bildung, Normen und Standards sowie Qualitätsmanagement und Privatsektorförderung. Der äthiopische Staat ist mit 50 % an den Kosten des langfristigen Programms beteiligt. Die beiden anderen Schwerpunkte – Landwirtschaft und Regierungsführung – sollten auf Wunsch der äthiopischen Regierung bei den Regierungsverhandlungen 2008 zugunsten des ECBP zurückgefahren werden. Dies fand nicht die Zustimmung des BMZ.

Zu den ehrgeizigen Entwicklungszielen der äthiopischen Regierung gehört auch der Bau von 13 Universitäten, der ganz aus äthiopischen Mitteln finanziert wird. *International Service (IS)*, der „private" Ableger der GTZ, ist mit der Organisation der Baumaßnahmen und der Fortbildung für äthiopische Baubetriebe beauftragt.[994]

Während in offiziellen Reden die hervorragende Zusammenarbeit zwischen Äthiopien und Deutschland im Vordergrund steht, gibt es intern nicht unerhebliche Reibereien. Die hohe Zahl von Deutschen fällt in der Öffentlichkeit auf und nicht jeder ist ein Ausbund an Beschei- denheit und Zurückhaltung und mit Fingerspitzengefühl für interkulturellen Dialog befähigt. Die äthiopische Seite ihrerseits pflegt einen entschiedenen Kurs bei der Durchsetzung ihrer Vorstellungen, die durchaus im Widerspruch zu getroffenen Vereinbarungen stehen können. Im Dezember 2008 befaßte sich ein Zeitungsartikel mit der deutsch-äthiopischen Zusammen- arbeit, allerdings nur in der amharischen Ausgabe der viel gelesenen Wochenzeitschrift „The Reporter". Besagter Artikel enthält schwere Vorwürfe gegen das deutsche Management des Universitätsbauprogramms UCBP. Dabei werden ihm wirkliche oder angebliche Mißwirt- schaft und Fehlverhalten in Bereichen angelastet, die zum Teil gar nicht in seine Entschei- dungskompetenz fallen. Zu Mißtrauen und Verdächtigungen mag nicht zuletzt die Tatsache beigetragen haben, daß das große Universitätsbauprojekt von der Regierung ohne öffentliche Ausschreibung an GTZ-IS vergeben wurde.

Ausgangspunkt für die Frage „Was wollen die Deutschen von Äthiopien?"[995] ist die Wahrnehmung, daß im Vergleich mit dem Engagement anderer europäischer Länder das deutsche vor allem auf technischer Unterstützung und nicht im Bereich von Menschenrechten und politischen Angelegenheiten liege und sich darüber hinaus auf riesige nationale Entwicklungsaktivitäten konzentriere. Im folgenden werden dann die Eindrücke, Überzeugungen und Verdächtigungen von einheimischen „Analysten" und Fachleuten, die im Programm arbeiten, zum besten gegeben. Sie besagen: Das finanzielle Management ist undurchsichtig, es besteht mangelnde Transparenz im Beschaffungs- und Anstellungssystem. Ausstattungen, obwohl in Äthiopien erhältlich, werden aus Deutschland gebracht. Experten werden ohne Ausschreibung angeheuert. Wer gerade mal Freunde oder Verwandte in Äthiopien besucht, kann Posten bis ins Management hinein bekommen. Experten aus Deutschland werden viel besser bezahlt als ihre äthiopischen Kollegen und sie erhalten spezielle Privilegien. Geld, das im Namen von Entwicklung eingesetzt werden soll, fließt in Wirklichkeit in verschiedene Events, Gehälter und Privilegien. Schlimmer noch, Deutschland schickt gar keine kompetenten Experten, sondern unerfahrene Leute, denen in Äthiopien Gelegenheit gegeben werden soll, praktische Erfahrungen zu machen und Beschäftigung zu erhalten. Die Deutschen nutzen die Gelegenheit, um das Problem der Arbeitslosigkeit im eigenen Land in den Griff zu bekommen. Kurzum, Deutschland und nicht Äthiopien profitiert von der Zusammenarbeit. Das zuständige Ministerium wird aufgefordert, das Finanzgebaren im Programm, insbesondere die Ausgaben für Autos, Büros und die Bezahlung deutscher Berater zu kontrollieren.

Der Artikel stellte insoweit ein Novum dar, als das aktuelle Deutschland bislang in der englischsprachigen Presse vor allem als wichtiger Handelspartner sowie einer der größten Geber internationaler Entwicklungshilfe und hierbei als „ehrlicher Partner Afrikas"[996] wahrgenommen wurde. Während Nachrichten aus und über Deutschland insgesamt keine große Rolle spielten, waren es gerade Meldungen über Deutschland als Geldgeber im Rahmen von Entwicklungszusammenarbeit und Notfallhilfe, meist von staatlicher, aber auch von privater Seite, die Deutschland positiv in die Schlagzeilen brachten. Auch Staatsbesuche wurden in diesem Zusammenhang gewürdigt. Gelegentlich erfuhren die Leser Näheres über einzelne laufende Projekte. Aufmerksamkeit erregte zum Beispiel der durch die GTZ geförderte Apfelanbau im Hochland, der seit 1998 von Kleinbauern betrieben wird und für den aus Spanien eine große Zahl von Setzlingen und Wurzelstöcken eingeführt wurden.[997]

Beiträge zu kulturellen Themen erfolgten gelegentlich im Rahmen von Berichten über

Veranstaltungen des Goethe-Instituts, über historische Rückblicke auf die Entwicklung der Äthiopienliteratur in Deutschland bzw. Europa und im Rahmen der Hundertjahrfeier der bilateralen Beziehungen der beiden Länder.[998] In Berichten über Vorträge und Workshops verschiedener Organisation wie des DAAD oder deutscher Stiftungen in Zusammenarbeit mit einheimischen NGOs gelangten Themen, die für Äthiopien von politischer Brisanz sind, als Beiträge der deutschen Seite in die Presse. Hierzu gehörten Themen wie Freiheit der Wissenschaften, Pressefreiheit, Dezentralisierung, Armutsreduzierung oder die Rolle der Zivilgesellschaft für den Demokratisierungsprozeß, die Ausübung von Wählerrechten und die Rolle von Medien in Wahlkampagnen.[999] Ab und an kamen deutsche Diplomaten zu Wort und manchmal fiel hierbei, nach der Betonung der guten gegenseitigen Beziehungen, sogar ein vorsichtig kritischer Kommentar zu Menschenrechtsverletzungen und Positionen der Regierung etwa gegenüber dem Grenzproblem mit Eritrea.[1000]

Wer auch immer den oben zitierten Artikel in die Zeitung brachte, ob aus persönlichen Motiven oder an Aufklärung über möglicherweise fragwürdige Zustände orientiert, muß dahingestellt bleiben. Die nachfolgenden Zeitungsbeiträge zum Thema Entwicklungszusammenarbeit zeugen vom Bemühen, die Berichterstattung zu versachlichen, Mißverständnisse auszuräumen. Es wird aber auch deutlich, daß dem Thema mehr kritische Aufmerksamkeit entgegengebracht wird als früher. „Unregelmäßigkeiten" aufzuzeigen oder Begleiterscheinungen, die Konfliktpotentiale bergen können, sind nicht mehr die Ausnahme.[1001] Die Zeiten, in denen der Entwicklungszusammenarbeit in ihrer Durchführung und Wirkung ein nicht hinterfragter Bonus vorausging, sind vorbei.

11. Dreiunddreißig plus einmal EZ-Erfahrung in Äthiopien
Rolf P. Schwiedrzik-Kreuter

Vorbemerkung

Von April 2000 bis Juli 2007 habe ich in Äthiopien in der Beruflichen Bildung gearbeitet. Bis Mai 2005 war ich als Integrierter Experte (IE-CIM) für Verbesserung des regionalen Berufsbildungsangebots und zur Entwicklung entsprechender strategischer Grundlagen im *Bureau of Education* der Region Oromia tätig, danach als GTZ-Gutachter und GTZ-Mitarbeiter im *Engineering Capacity Building Programme (ECBP)*[1002] für die Konzipierung einer bedarfsgerechten Berufsschullehrerausbildung in Äthiopien verantwortlich. Es war eine Zeit voller Höhen und Tiefen mit deutschen und äthiopischen Institutionen, in der Hauptstadt und in der Provinz, in Berufsbildungszentren, Betrieben, den Kammern, Behörden und Ministerien. Es war eine Zeit der kleinen und großen Fortschritte, der Enttäuschungen, des Zorns, des Abwinkens, des Staunens, Lernens und eines allmählich besseren Verstehens des Landes wie des eigenen Tuns.

Dies soll ein Beitrag zu Chancen und Defiziten des Arbeitens im interkulturellen Kontext Äthiopiens sein. Am Beginn dieses Beitrags wird ein kurzer Überblick über äthiopische, internationale und deutsche Entwicklungsanstrengungen gegeben. Anschließend stehen die Erfahrungen und Einschätzungen von äthiopischen und deutschen Expertinnen und Experten im Mittelpunkt. Um meine Arbeitserfahrungen in Äthiopien aus der lediglich subjektiven Betrachtung herauszuholen, habe ich 33 Kolleginnen und Kollegen – vorwiegend aus dem ECBP und dessen Umfeld – interviewt oder schriftlich befragt. Deren individuelle Sichten werden gebündelt und in ihrer Unterschiedlichkeit abgebildet. Es ist keine quantitative Studie,

Abb. 91 Gruppenarbeit von TVET Personal der Region Oromia, Bushoftuu 2004

326

sondern eine komprimierende Untersuchung subjektiver Sichtweisen. Die Befragten stehen zumeist noch im Berufsleben und haben fast alle um Anonymisierung gebeten.

ÄTHIOPISCHE ENTWICKLUNGSSTRATEGIEN UND AUSLÄNDISCHE UNTERSTÜTZUNG

Die äthiopische Regierung hat seit dem Machtwechsel 1991 kontinuierlich Entwicklungsprogramme aufgelegt und diese im Dialog mit den verschiedenen internationalen Geldgebern angepaßt und fortentwickelt. Die politische Zielvorgabe der *Agricultural Development Led Industrialization Strategy (ADLI)* aus dem Jahre 1994 ist immer noch gültig. Mit ihr wurde das Ziel definiert, Armut primär durch Steigerung der Einkommen der ländlichen Bevölkerung zu bekämpfen. Durch diesen breitenwirksamen und arbeitsintensiven Ansatz sollen Grundlagen für die Stärkung und Entwicklung einer äthiopischen Industrie gelegt werden.[1003]

Im Laufe der Jahre wurden zunächst *Poverty Reduction Strategy Paper (PRSP)-Programme* entwickelt. An deren Stelle trat ab 2005 der *Plan for Accelerated and Sustained Development to End Poverty (PASDEP)*, der die Millenniumentwicklungsziele[1004] einschließt. Eine Vielzahl anspruchsvoller und komplexer Programme wurde mit 26 internationalen Gebern in 12 Tätigkeitsfeldern[1005] verabredet.

Abb. 92 Neue Beete für Ernte von grüner und reifer Chillischote für Berbere, Inseno / Oromia 2009

Für 2007 stellten die Geber insgesamt 1,91 Mrd. U$ bereit, für 2010 waren 2,33 Mrd. U$ geschätzt und für 2013 insgesamt 2,44 Mrd. U$ angesteuert. Die Geber versuchen verstärkt – entsprechend den Erklärungen von Paris (2005)[1006] und Accra (2008) – ihre Unterstützung in die äthiopische Gesamtplanung zu integrieren und untereinander abzustimmen.[1007]

Organisation Country	2007 Actual	2010 Estimate	2013 Projection	Rate to USD	Explanation
World Bank	340	650	700		
EC	329	237	237	1,3145	European Commission
USAID	270	200	200		
DFID	254	488	488	1,953	Dept. f. internat. Dev. - UK
AfDB	173	200	200	1,49	African Dev. Bank
Italy	95	33	39	1,3145	
GFATM	76	76	76		Global Fund: Aids, TBC, Malaria
CIDA	65	65	80		Canada
SIDA	46	50	50	0,1417	Sweden
Ireland	42	50	60	1,3145	
Netherlands	41	79	79	1,3145	
Japan	40	40	40		
Norway	40	40	40		
Germany	33	33	33		
UNDP	24	24	50		
France	20	20	20	1,3145	
Finland	9	17	17	1,3145	
Spain	9	13	16	1,3145	
Austria	5	11	11	1,3145	
China					(Not known)
Σ	1,91	2,33	2,44		

Scaling up report for DAG Ethiopia[1008]

Eine *Development Assistent Group (DAG)*[1009] begleitet gemeinsam mit der äthiopischen Regierung den Planungs- und Evaluierungsprozeß der PASDEP-Programme. Zum Fortschrittsbericht von 2007 gab es kritische Nachfragen zu den Aspekten: Defizite in der Genderarbeit und bei nichtstaatlicher, äthiopischer Beteiligung am PASDEP-Prozeß; fehlender Dialog zu Regierungsführung und makroökonomischer Entwicklung; Defizite der Rahmenbedingungen des Privatsektors; Risiken der NRO-Gesetzgebung; veraltete Zahlen zur Armutssituation;

ausbleibende Zensusergebnisse von 2007.[1010] Der letzte PASDEP-Bericht 2007/2008 war im Mai 2009 als Entwurf von der DAG veröffentlicht worden.

• Was macht die deutsche, staatliche Entwicklungszusammenarbeit (EZ) in Äthiopien?

Deutschland unterstützt Äthiopien seit Ende der 1970er Jahre in unterschiedlichen Sektoren durch finanzielle und technische Zusammenarbeit[1011]. Zumeist geleitet von der Deutschen Gesellschaft für Technische Zusammenarbeit (GTZ) arbeiten Experten und Expertinnen der verschiedenen deutschen EZ-Organisationen, der GTZ, des Deutschen Entwicklungsdienstes (ded), des Centrums für internationale Migration und Entwicklung (CIM), der Internationalen Weiterbildung und Entwicklung GmbH (InWEnt), des Deutschen Akademischen Austauschdienstes (daad) und des Senior Expert Service (SES) heute in Äthiopien zusammen. Seit 2001 konzentriert sich die deutsch-äthiopische Zusammenarbeit auf drei Schwerpunkte: „Nachhaltige Landbewirtschaftung[1012], „Förderung des Regierungs- und Verwaltungssystems"[1013] und das ECBP als größtes deutsches EZ-Vorhaben in Äthiopien. Es wird hier ausführlicher beschrieben, weil die Erfahrungen dort im Mittelpunkt dieser Recherche stehen.[1014]

Abb. 93 Mitarbeiter erläutern die Erfolge des Waldschutzprojekt WAJIB in Dodola / Bale Mountains, 2004

Aufbau von Kompetenzen und Leistungsfähigkeit zur Wirtschaftsentwicklung – Engineering Capacity Building Program (ECBP)[1015]

Das ECBP ist ein ambitioniertes äthiopisches Reformprogramm. Ziel ist, die industrielle Entwicklung in Äthiopien zu beschleunigen. Das Leitmotto des Programms lautet „Building Ethiopia". Das ECBP strebt die Verbesserung des Lebensstandards aller(?) Äthiopier an. Das Programm will eine breit angelegte Industrialisierung des Landes erreichen, um Arbeitsplätze und Einkommensmöglichkeiten für die schnell wachsende Bevölkerung zu schaffen.

Darüber hinaus verfolgt das ECBP anspruchsvolle, übergeordnete Ziele: die Änderung der Denkweise und Haltung aller Beteiligten, eine Stärkung des Privatsektors, die Förderung der Wettbewerbsfähigkeit der äthiopischen Industrie, um dadurch den Zugang zu internationalen Märkten zu eröffnen. Die äthiopische Regierung hat für diese Reform Schlüsselsektoren bestimmt, die für die Wirtschaft Äthiopiens besonders wichtig und auf dem globalen Markt potentiell wettbewerbsfähig sind: Agrarindustrie, Textil, Bau, Leder, Pharmazie. Im ECBP sollen die folgenden vier Komponenten in enger Koordination die angestrebten Wirkungen erzielen.

Komponente 1: *Reform der technischen Studiengänge an den Universitäten*[1016]

Eine Curriculum-Revision der Ingenieurfächer und Verbesserungen der Hochschuldidaktik sollen äthiopische Universitäten näher an internationale Standards (Bologna-Modell) heranführen und die Studenten besser auf die Bedürfnisse des Arbeitsmarkts vorbereiten. Allen Abgängern der Technologiefakultäten sollen durch ein qualifiziertes Praktika-System – zusätzlich zu ihren theoretischen Kenntnissen – praktische Erfahrungen vermittelt werden. Der reformierte Studiengang für Berufsschullehrer soll eine arbeitsmarktnahe Berufsausbildung von Jugendlichen unterstützen. Durch Entwicklung der Zusammenarbeit von Universitäten und Industrie wird Technologietransfer und bedarfsorientierte Forschung bezweckt. Kooperationsverträge zwischen äthiopischen und europäischen Universitäten sollen die Qualität von Lehre und Forschung verbessern und der internationale Austausch soll intensiviert werden.

Abb. 94 Pflasterer- und Plasterinnenausbildung in Adama, 2009

Komponente 2:
Bedarfsgerechter Ausbau des Berufsbildungssystems[1017]

Die äthiopische Berufsbildung soll zu einem auf Berufsstandards basierenden, bedarfsgerechten und an Lernergebnissen orientierten System hin modernisiert werden. Auszubildende werden zunehmend in praktischen Fertigkeiten trainiert, um besser dem Bedarf des Arbeitsmarktes zu entsprechen. Technologietransfer wird in die Berufliche Bildung integriert, um bisher importierte Geräte und Maschinen lokal zu produzieren. Ein ländliches Elektrifizierungsprojekt soll für eine hohe Anzahl von kooperativen Ausbildungsplätzen in Betrieben genutzt werden.

Komponente 3: *Entwicklung eines Qualitätssystems mit Normen und Standards*[1018]

Äthiopische Betriebe sollen ISO 9100 Zertifizierung lokal durch die akkreditierte Qualitätsbehörde *QSAE-Cert* erhalten, was viel Zeit und Geld für die Nut-

Abb. 95 Produktionslernen bei Selam Awassa, 2009

zung ausländischer Zertifizierer einspart. Die Betriebe sollen landesweit mobile Kalibrierungsdienste[1019] nutzen können, wodurch teure Produktionsunterbrechungen vermieden werden. Kunden und Kundinnen sollen sich nach Training von Markt-Inspektoren auf zuverlässige Messung von Produkten und Waren verlassen können. Betriebe, die die etwa 2500 neuen und angepaßten Standards der QSAE-Behörde befolgen, sollen in Zukunft sicher sein, daß sie die Erfordernisse potentieller Exportmärkte treffen.

Komponente 4: *Förderung der Privatwirtschaft und der wirtschaftspolitischen Rahmenbedingungen*

Durch Identifikation von Wertschöpfungsketten, Schaffung von Marktkontakten, Unterstützung betrieblicher Entwicklung, Unterstützung der Verbände und andere Maßnahmen und Prozesse wird die Privatsektorentwicklung gefördert: *„ECBP provides and facilitates solutions to individual businesses, business support institutions and business development consultants. The program also addresses chambers and sector associations to create more fruitful public-private cooperation and transparent business practices."* [1020]

Der Export in den ausgewählten Subsektoren soll weiter erhöht werden. Äthiopische Medikamente sollen durch Zertifizierung von Produktionsprozessen sicherer werden und die Verkaufszahlen weiter steigen (um 50 % in den letzten 2 Jahren). Das Deutsche Lederinstitut ISC/PFI-Pirmasens übernahm das Management des *Ethiopian Leather Institutes (LLPTI),* um es in drei Jahren auf internationalen Standard zu bringen. Die äthiopische Bekleidungsindustrie kann z. T. bereits für internationale Märkte produzieren. Produzenten von organischem Kaffee, Honig und Sesam exportieren nach Deutschland.

Abb. 96 Bienenzucht alt + modern, Ketbere 2006

Die deutsche EZ unterstützte seit 2005 diese Arbeit des ECBP mit zeitweise über 100 Experten von GTZ, CIM, DED und DAAD an den Standorten Addis Abeba, Dire Dawa sowie in den Regionen Oromia, Southern, Amhara und Tigray[1021].

Weitere GTZ Projekte

Neben den drei Schwerpunkten ist die deutsche EZ von Addis Abeba aus in verschiedenen, länderübergreifenden Projekten für Afrika bzw. die Region aktiv [1022] und in Projekten, die von Äthiopien finanziert werden. Solche Projekte hießen früher „Drittgeschäft". Heute ist hierfür der ‚private' Geschäftsbereich *GTZ / International Services (GTZ/IS)* zuständig. Dessen Arbeit orientiert sich an den Prinzipien nachhaltiger Entwicklung des BMZ bzw. der OECD und muß vom Ministerium genehmigt werden. Erwirtschaftete Gewinne fließen in EZ-Projekte der GTZ. Mit zeitweise bis zu 500 internationalen und nationalen Expertinnen und Experten war GTZ/IS Äthiopien bis 2009 die größte Einheit von GTZ/IS weltweit. Das wichtigste Projekt von GTZ/IS in Äthiopien – neben anderen für Wohnungsbau, Gesundheitszentren und Krankenhausbau, Zugang zu Energie u. a. – ist das ***University Capacity Building Program (UCBP)*** [1023] In diesem äthiopisch finanzierten Programm ist GTZ/IS im Auftrag des Erziehungsministeriums für Projektmanagement und -durchführung verantwortlich. Im Laufe von nur vier Jahren sollte das UCBP seit 2005 für 120.000 Studenten 13 Universitäten in ganz Äthiopien, überwiegend in ländlichen Gebieten bauen. Konstruktion und Bau übernehmen äthiopische Unternehmen, die durch ihre Teilnahme am UCBP die Möglichkeit erhalten, ihre bautechnischen und Managementkompetenzen weiterzuentwickeln. Dies wiederum soll ihre Wettbewerbsfähigkeit auf dem internationalen Baumarkt steigern. Das UCBP hat einen Gesamtumfang von 284 Mio. U$. Damit ist es derzeit das finanzstärkste GTZ-Projekt. Die gesteckten Ziele wurden u.a. wegen äthiopischem Devisenmangel (besonders für Zement und Baustahl) noch nicht erreicht, was zu Konflikten in der Zusammenarbeit führte.

DEUTSCHE BEOBACHTUNGEN, ERFAHRUNGEN UND EINSCHÄTZUNGEN

Vorbemerkung

Offiziell wird die äthiopisch-deutsche Entwicklungszusammenarbeit von beiden Seiten als erfolgreich und gedeihlich dargestellt. Wer in Äthiopien arbeitet oder dort gearbeitet hat, sieht dies oft anders. Die 33 Interviews wurden zwischen November 2008 und Dezember 2009 vorwiegend mit äthiopischen und deutschen Kolleginnen und Kollegen geführt, die im oder für das ECBP arbeiteten.[1024] Ihre Einschätzungen und Erfahrungen stehen im Zentrum der Betrachtung. Die Aussagen der Interviewten werden zumeist anonym zitiert oder als „Patchwork" gebündelt. Die Befragung erfolgte 3 Jahre nach Start des ECBP im Zeitraum November 2008 – Dezember 2009.

Als der „Fahrplan" (Road Map) des ECBP in den Jahren 2004–2005 mit hohem Gutachteraufwand in Äthiopien und Deutschland konzipiert und geplant wurde, lief bereits eine breite internationale Diskussion über Fehler bisheriger Entwicklungszusammenarbeit. Im Zentrum der Kritik standen die fehlende Wirksamkeit vieler Programme und eine zu geringe Verantwortungsübernahme der Partnerländer. Die Kritik richtete sich gegen die „fürsorgliche Belagerung und Enteignung der Partner im Süden und deren eigennützige Bevormundung mittels post-kolonialem Paternalismus aus dem Norden"[1025]. Mit der Erklärung von Paris wurde am 2. März 2005 von 100 Nehmer- und Geberländern, Organisationen der EZ und Vertretern der Zivilgesellschaft verabredet, die Zusammenarbeit stärker aufeinander abzustimmen.[1026] Die Planungsdokumente des ECBP enthalten keinen direkten Hinweis auf die Beschlüsse von Paris, aber es wird eine starke Rolle der äthiopischen Seite vorgeschlagen, der Reformwille der äthiopischen Regierung betont und die angestrebte äthiopische *ownership* von Anfang an deutlich gemacht.

Es gab auf der deutschen Seite grundsätzliche Zustimmung zur äthiopischen Übernahme von Verantwortung. Von Anfang an wurden aber auch Befürchtungen hinsichtlich des ECBP als Mammutprojekt formuliert und vor drohenden Konflikten um Ziele, Verantwortlichkeiten und Ressourcen gewarnt.

• Was motivierte bei der Arbeit in Äthiopien?

Abb. 97 'One laptop per child',
Elementarschule Addis Abeba, 2009

Abb. 98 Training von
Frischkäseproduktion in Bushoftuu,
2007

Abb. 99 Verkehrserziehung
bei Dilla, 2004

Für etwa die Hälfte der befragten Deutschen waren die Erfolge und Fortschritte in ihren Arbeitszusammenhängen die zentralen motivierenden Erlebnisse. Das fängt bei den kleinen Erfolgen der Veränderung an, die man gar nicht selbst bewirkte, aber beobachten konnte:

„...auf einer Veranstaltung sind ein paar Bürger zu Wort gekommen, ... das war anrührend, als ein Frau sagte: ... wir haben immer nur auf die Regierung geschimpft, nicht nur die von Addis Ababa, sondern auch auf die lokale, weil die öffentlichen Klos nicht zu benutzen sind und hier der Müll herumliegt, aber jetzt habe ich kapiert, ich muß auch selber etwas dafür tun! Ich muß mich auch darum kümmern, daß das Klo wieder sauber wird, und wir müssen uns vielleicht mal organisieren, den Müll aufzuräumen und diejenigen, die den da hinschmeißen..., das geht nicht so weiter ... "[1027]

Motivierend ist auch die Erfahrung, daß viele Äthiopier ins Boot geholt und viel angepackt wurde, wie auch die Umsetzung von Konzepten, an denen man mitgearbeitet hatte. Es blieb nicht nur beim Schreiben, sondern es wurde implementiert, Institutionen und Personen aus den verschiedenen gesellschaftlichen Bereichen wurden einbezogen und Grundlagen für Qualitätsverbesserungen gelegt. Viele empfanden ihren „Job" wegen der Vielfalt und ihren Gestaltungsspielraum als „genial" und lohnend. Das ECBP hätte viel erreicht. Ebenso viele heben die Motivation durch gute Zusammenarbeit mit Äthiopiern und Deutschen hervor, die bilaterale wie die in Teams. Die Arbeitsatmosphäre sei vertrauensvoll und professionell, respektvoll und zielorientiert gewesen; manche deutsche Expertin, mancher deutsche Experte hätte ihre oder seine Kernkompetenzen einbringen können. Dies galt für die Zusammenarbeit mit Unternehmern, Verbänden, nationalen und regionalen Institutionen, Studenten, Bäuerinnen und vielen anderen. Das äthiopische Interesse an Veränderung und Gestaltung sei spürbar gewesen.

334

Beeindruckend sei, wie Äthiopier an die Arbeit gingen und wie ernst viele die deutsche Beratung nehmen.

„Ein Highlight war meine letzte Veranstaltung. Ich wurde vom Amhara Bureau of Trade and Industry (BoTI) eingeladen, in einem dreitägigen Workshop über die gesammelten Erfahrungen aus zwei Jahren in Oromia zu berichten und gemeinsam die weitere Strategie und Aktivitäten für Amhara zu beraten. Das war ein großer Erfolg. Die Minister haben offenen und kritischen Input gesucht und bei uns gefunden. Selbst sensibelste Themen wurden in großer Runde offen und kontrovers diskutiert. Zusätzlich war es eine ideale Einarbeitung für meine Nachfolger, die anschließend nach Southern, Tigray und Oromia gingen.“ [1028]

Abb. 100 Traditionelle Hütte bei Robe, 2009

Abb. 101 Neue Bambusdächer in Aregash Lodge, Yirgalem 2009

Hervorgehoben werden von vielen die Erfolge mit gemeinsamen Veranstaltungen z. B. zur Anerkennung beruflicher Bildung (*Skill Competition*), wo Auszubildende (in Äthiopien *students*) aus allen Regionen in ihren Professionen öffentlich miteinander wetteiferten. Dies war ein Novum in Äthiopien, wie auch die *Career Expo*, bei der erstmals tausende Studenten auf Vertreter unterschiedlichster äthiopischer Betriebe und Betriebsvertreter auf Dozenten technischer Studiengänge trafen, sich kennenlernten und vernetzten. Auch Seminare mit internationalen Kapazitäten seien Höhepunkte gewesen, bei denen sich gesellschaftliche Akteure auf hohem Niveau mit zentralen Zukunftsfragen auseinandersetzten. Viele der Befragten nennen die Trainings und Workshops als eine wiederkehrende Quelle der Befriedigung, in denen neue Arbeitsmethoden erprobt, Partizipation praktiziert und ein gleichberechtigter Umgang miteinander geübt wurde. Manchmal seien positive Wirkungen auch unerwartet oder nicht geplant eingetreten:

„Eine Schule hatte selbständig ihren gesamten Unterricht von Frontalunterricht auf Gruppenarbeit und Selbständigkeit der Schüler umgestellt, ohne daß das Thema Unterrichtsformen vorher in einem Seminar thematisiert worden war. Der Schulleiter begründete die Innovation so: Im Kollegium haben wir entschieden, in der Schule auch so zu arbeiten wie wir es in den Seminaren bei euch tun: Probleme gemeinsam in Gruppen lösen. Wenn auch die Kinder so arbeiten, werden sie selbständiger und lernen besser.“ [1029]

Schließlich wird die persönliche Begegnung mit Äthiopiern als eine Quelle der Motivation benannt. Fast alle befragten Kolleginnen und Kollegen beschreiben Äthiopierinnen und Äthiopier aus dem Arbeitsumfeld, aber auch aus den privaten Zusammenhängen sehr positiv: sie sprechen mit Anerkennung von deren Neugier, Offenheit und Freundschaft, ihrem Interesse und ihrem Mut, der Wärme in der zwischenmenschlichen Begegnung und ihrer Dankbarkeit. Man könne Äthiopier motivieren, besonders – aber nicht nur – die Jüngeren. Sie hätten Interesse an Veränderung, verfügten über Humor, Selbstironie und Lebensschläue. Es sei auch motivierend, daß so wenig Korruption im Alltag eine Rolle spielte.

• Äthiopische Muster und Verhaltensweisen – aus deutscher Sicht[1030]

Ein zentraler Aspekt der Befragung waren die erlebten oder beobachteten interkulturellen Differenzen zwischen Deutschen und Äthiopiern. Die Antworten der Befragten wurden zumeist polarisierenden Kategorien aus der interkulturellen Differenzforschung zugeordnet. Subjektive Sichten zu den unterschiedlichen Aspekten der Zusammenarbeit werden gebündelt und verdichtet

Maskulinität vs. Feminität ... gnadenlos? [1031]

Der Umgang äthiopischer Vorgesetzter mit dem Personal wurde von etwa einem Drittel der Befragten als nicht mitfühlend erlebt. *„Jemand, der zu spät kommt, muß bestraft werden!"*[1032] ist eine klare Richtung für den Umgang mit dem Personal und das Führungsverhalten. Führungspositionen sind zumeist männlich besetzt. Die Umsetzung der häufig maßlosen Ziele werde ungeduldig und mit Arroganz der Macht gefordert. Arbeit an den Wochenenden sei – wenn „nötig" – an der Tagesordnung, Diese muß ohne Bezahlung oder Zeitausgleich, wie es das Arbeitsgesetz vorsieht, geleistet werden. Wer sich nicht unterwirft, schließe sich aus und liefe Gefahr, sehr schnell als Feind „erkannt" zu werden. In Konkurrenzsituationen ginge es nach dem Prinzip „entweder du oder ich". Wenn „nötig", werde versteckt oder offen angeschwärzt und von Denunziation offiziell in Evaluationssitzungen erwartet. Es gebe meist jemand, den man für eigene Fehler oder Versäumnisse verantwortlich machen kann. Auch gegen „die Deutschen" werde gerne mit Schuldzuweisungen gearbeitet.

Die Befragten berichten auch von Verachtung gegen andere Ethnien, besonders zwischen Hoch- und Tiefländlern, gegen Oromo besonders von Amharen und Tigray, gegen Somali von orthodoxen Christen und allgemein gegen Minderheiten, sowie von Konkurrenz zwischen Amharen und Tigray. Manche erlebten dies als internen Rassismus. Auch das Verhältnis zu Frauen sei von Geringschätzung und Neigung zu Gewalt geprägt. Überhaupt gäbe es eine breite Kreaturverachtung in Äthiopien, die sich besonders gegenüber Eseln und Hunden äußert. Dieses gnadenlose (männliche? rsk) Verhaltensmuster, in dem Empathie für den anderen, den Schwächeren fehle, sei weit verbreitet, auch wenn man den Bettlern vor den Kirchen etwas gebe.

Unsicherheitsvermeidung und Risikobereitschaft[1033]

Eine häufig genannte Einschätzung bei den Interviews ist, daß man in Äthiopien Angst vor Verantwortung, eigenen Entscheidungen und Risiken habe. Wenn unter Kollegen etwas diskutiert und für notwendig erachtet wurde, würden diese Positionen häufig nicht in den Dienstbesprechungen vorgebracht oder zumindest nicht unterstützt. Wenn der Lagerverwalter krank ist, gibt es in der Regel keinen Ersatzmann: die Werkzeugausgabe ruht dann auch mal für Wochen. Entsprechend gebe es wenig Eigeninitiative und Offenheit für Neues. Wenn dann aber etwas, woran man hätte teilnehmen können und sollen, zu einem Erfolg wurde, kommt gerne der Vorwurf (auch wenn man zuvor eingeladen wurde): *„Ihr habt es alleine gemacht!"* und *„ihr Deutschen macht es eh nur wegen eurer internen Profilierung und Karriere".*

Fehlende Transparenz von Prozessen und Entscheidungen

Transparenz fehle oft völlig, besonders bei Stellenbesetzungen und Versetzungen. Viele Entscheidungen erscheinen als höchst undurchsichtig oder willkürlich. Sie würden häufig nicht fachlich begründet oder andernorts aus politischen Gründen getroffen. Die mittlere oder gar untere Ebene wird an Entscheidungen zumeist nicht beteiligt. Letztere tröpfeln dann nach unten durch – oder auch nicht. So wurde z. B. in Behörden per Namensliste am Schwarzen Brett mitgeteilt, daß – nach einem internen Reorganisationsprozeß – 30 bzw. 50 % des Personals entlassen oder in die Provinz versetzt würden. Die äthiopischen Kolleginnen und Kollegen hätten das Gefühl der Willkür und politischen Absicht geäußert. Nur wenige hätten sich gewehrt.

Wenn Entscheidungen aus der Leitungsebene oder gar vom Minister oder Staatsminister kommen, hätte man sie nicht zu hinterfragen – weder Äthiopier noch Deutsche. Im Gegensatz dazu werde aber Transparenz bei Entscheidungen und Finanzen von den deutschen EZ-Organisationen und ihren Akteuren verlangt! Ein Fazit ist: *„Das Wort (Transparenz) existiert nicht – null!"*[1034] Andere stellen nüchtern fest, daß es in Äthiopien keine Kultur des gemeinsamen Entwickelns und Entscheidens gebe: *„Sie haben eine andere Kultur."*[1035]

Umgang mit kontroversen Positionen und Entscheidungen

Einerseits: Es werde in Hierarchien gedacht und gehandelt. Entscheidungen würden in der Regel nicht entwickelt und verabredet, sondern oben getroffen. Es werde eine Entscheidungskultur ohne viel Debatte und ohne Widerrede praktiziert. Wenn die Richtung in einer Sache erkennbar werde, füge man sich besser, sage nichts und warte ab. Kontroversen würden nicht offen ausgetragen. Man ist „sachlich" und zeigt keine Gefühle. Alles was man sagt, könne mißverstanden werden. Besonders in Ministerien sei man unterhalb der Führungsebene sehr vorsichtig mit öffentlicher Kritik oder Widerspruch. Abhängigkeit und Angst dominierten, was zu „pragmatisch-flexiblen" Haltungen und Verhaltensweisen führe. Das Verhältnis zur eigenen professionellen Sicht sei eher taktisch, um nicht als Opponent identifiziert zu werden. Direkte Kritik an Entscheidungen werde eher als persönlicher oder politischer Angriff denn als sachlich begründet gedeutet. Kritikfähigkeit sowohl als Sender wie als Empfänger seien nicht entwickelt.

Äthiopier hielten es nicht aus, wenn man widerspreche – einem Vorgesetzten oder gar Minister gegenüber schon gar nicht. Dann stünde Erschrecken in den Gesichtern oder pures Unverständnis. Es werde Demut vor der Hierarchie und Unterwerfung erwartet oder sogar gefordert, weil z.B. der Minister gesagt hätte, daß etwas so oder so gemacht werden solle. Dann heißt es: *„Sie müssen unterwürfiger sein!"* Die Vertreter der mittleren Ebene, die Entscheidungen von und für „oben" durchsetzen sollen und wollen, hauten dann schon mal drauf und drohten, wenn etwas nicht widerspruchsfrei durchgewunken werde.

Es käme immer wieder zu unverständlichen, unprofessionellen Entscheidungen – auch gegen den Rat erfahrener und geschätzter Experten. Das ginge bis zum Verlust von Fördergeldern, wenn z. B. zugesagte Mittel unter Vertragsbruch um des Rechthabens willen von äthiopischen Verantwortlichen verloren gegeben würden.

Andererseits: In manchen Arbeitszusammenhängen des ECBP und auch aus anderen Projekten und Programmen wird von beeindruckender Diskussionskultur berichtet. Es werde offen und kontrovers diskutiert, mit teilweise diametral entgegengesetzten Ansichten. Der Dialog sei konstruktiv und kultiviert und von Aufgeschlossenheit gegenüber Fremdem geprägt. Das gelte für Veranstaltungen, Fortbildungen und Workshops mit Unternehmern und Vertretern von staatlichen Institutionen; aber auch bei Verhandlungen mit Ministerien werde manchmal gesagt, was man denkt und es gebe durchaus offene und kritische Gespräche mit Ministern oder Staatsministern. Äthiopier wüßten dabei besser als die *färänjis* wie weit sie gehen können. So achteten z. B. Vertreter von Unternehmen in manchen Arbeitsgruppen darauf, was politisch geht und was nicht und lenkten damit den Arbeitsprozeß. Bei gewachsenem Vertrauen und wenn von der Hierarchie Signale zu Offenheit und Respekt ausgingen, gestalteten sich die Diskussionen offener und eigenständiger.

Fazit: In Äthiopien werden Hierarchien und Machtkonstellationen als naturgegeben hingenommen. Andererseits verringert sich in manchen Bereichen ihre unhinterfragte Bedeutung. Es gibt zwei Gesichter – beides besteht nebeneinander, teilweise in derselben Person! Je höher in der Hierarchie und je näher an politischen Entscheidungsträgern man sich bewegt, umso deutlicher werden die Grenzen von Dialog und Thematisierbarkeit von Problemen in der Öffentlichkeit. In Deutschland sind Hierarchien weniger als in Äthiopien akzeptiert und Macht wird eher rational legitimiert. Wegen dieser Differenz[1036] erscheinen Konflikte zwischen Äthiopiern und Deutschen in der Beratungspraxis, im Management und im Alltag vorprogrammiert. Zugleich könnte hierin die Chance zum Lernen bestehen, wenn die Differenz professionell thematisiert und reflektiert wird.

Wird Partizipation praktiziert?

Einerseits lauteten die Antworten: Partnerschaft oder Teilhabe sei kein äthiopisches Konzept. Im Arbeitsleben herrschten vertikale Beziehungen. Äthiopien sei ein autoritärer Entwicklungsstaat. Die Regierung, die herrschende Partei, die Funktionsträger in den Hierarchien seien „top down"-Akteure. Von einem traditionell-autoritären Staatsverständnis her richteten sie ihr Handeln nicht an den erfragten, gemeinsam identifizierten und verhandelten Bedarfen aus, sondern sie leiteten von ihren übergreifenden Entwicklungszielen Konzepte und Strategien ab, die sie für passend, zwingend und für die Ultima Ratio halten.

Eine Ausweitung von Verantwortung auf beteiligte gesellschaftliche Akteure sei nicht gewünscht. Man sei gegenüber dem Privatsektor zwar nicht mehr so feindlich wie früher, traute diesem aber, wie auch anderen gesellschaftlichen Akteuren, nicht und nichts zu und wolle diese nicht einbeziehen. Der Privatwirtschaft, der Zivilgesellschaft, den Gebern werde mit Mißtrauen begegnet und man wolle sie kontrollieren bzw. nicht wirklich einbeziehen.

Partnerschaft werde nicht aktiv gelebt. Es werde nicht versucht, strategisch gezielt *ownership* bei anderen zu schaffen. Es fehle an Bewußtsein von den Chancen und der Notwendigkeit, die Zivilgesellschaft und/oder die Unternehmer ins Boot zu holen und die Kammern zu beteiligen, und damit das Projekt der Entwicklung Äthiopiens auf mehr Schultern zu verteilen. Im Gegenteil, wenn sich jemand zu stark und selbstbewusst gäbe, käme schon mal jemand vorbei, der sagt: bis hierher und nicht weiter! *„Sie wollen jemanden haben, den sie verhauen können!"*[1037]

Andererseits: In den verschiedenen EZ-Bereichen (Landwirtschaft, Erziehung, Berufliche Bildung) werde in Teams, in den konkreten Arbeitszusammenhängen und an der Basis Partizipation gelebt und fände auf der äthiopischen Seite viel Beifall. Aber es müsse auch immer nachgeholfen werden, damit die wichtigen Partner wieder eingeladen und wirklich kontinuierlich an den Prozessen beteiligt würden. Und bei jedem Personalwechsel fange die Kärrnerarbeit wieder von vorne an.

Beobachtung

Eine GTZ-Kollegin hat einmal zufällig eine Akte mit ihrem Namen gesehen und nachgefragt. Ihr äthiopischer Kollege gab schließlich preis: Über jede Kollegin und jeden Kollegen – Äthiopier wie Deutsche – werde ein Dossier geführt, eine nicht einsehbare Personalakte. Wie welche „Informationen" hineingelangen und ob man auch etwas streichen lassen kann, ist mir nicht bekannt. Es sollen angeblich auch technische Hilfsmittel eingesetzt werden. Wände von Büros wurden von Experten mehrfach mit Wanzen-Detektoren überprüft und hätten markante Piepgeräusche von sich gegeben. In Telefonleitungen knacke es immer wieder auffällig, E-Mails waren schon gelesen und PCs gecheckt oder Dokumente aus Ablagen verschwunden. Um sich und ihre Organisationen nicht angreifbar zu machen, werden die deutschen Mitarbeiter aufgefordert, keine politisch-kritischen Inhalte von ihrer offiziellen oder auch privaten Mailadresse zu versenden. So vermeiden viele Mitarbeiter der EZ politische Äußerungen im Mailverkehr. Andere sehen dies eher „sportlich", d. h. sie äußern unverblümt ihre Sicht der Dinge.

Einmischungen von „außen"

Auf Programm- und Projektebene gab es gelegentlich Einmischungen von lokalen staatlichen Stellen, von privaten Investoren, von anderen EZ-Organisationen. Die Deutsche Botschaft betrieb während des sog. Visaskandals in der Ukraine (2005) eine sehr restriktive Visapolitik, die z.T. bereits genehmigte Stipendien und Studienreisen nach Deutschland verhinderte. Dies löste damals sehr viel Unmut – besonders bei den regionalen Partnern – aus.

Eingriffe in die Programmsteuerung kommen z. T. von ganz oben, vom Premierminister (PM) Meles Zenawi, der die Umsetzung seiner Ideen in Gesprächen oder Telefonaten direkt in Auftrag gibt: z. B. die Einrichtung von Technikerschulen (*Polytechnics*), die Erstellung von Berufsstandards im Zeitraffertempo oder ein international vergleichendes Curricula-Screening. Hierfür wurde Personal der GTZ zwangsverpflichtet und von ihren eigentlichen Aufgaben „freigestellt". Der Premierminister erscheint omnipräsent und allgewaltig. Zuständigkeiten, fachliche Expertise und Beratungsmechanismen werden dann außer Kraft gesetzt, umgangen oder für sich in Anspruch genommen. Eine GTZ-Kollegin sagte dazu:

> *„Die Äthiopier verstehen das nicht als Einmischung. Zwischen dem ECBP und dem verantwortlichen Ministry of Capacity Building (MoCB) gibt es kein ‚außen', keine Systemgrenzen, wie wir sie setzten – die gibt es nur bei uns!"* [1038]

Fazit: Viele kulturelle Muster, gesellschaftliche Mechanismen, Ansprüche und persönliche Verhaltensweisen in Äthiopien wurden von den befragten deutschen Expertinnen und Experten als different, spannend, aber auch als „störend" wahrgenommen. Die äthiopischen

340

Arbeitsweisen hätten den Arbeitsprozeß zum Teil erschwert oder behindert, aber auch zu Flexibilität und Reflexion angeregt.

• Machen wir das Richtige – machen wir es richtig?

Auf unserer Dienstreise nach Nekempte und Ghimbi, im Westen der Region Oromia, fahren mein Counterpart und ich im Jahr 2001 drei Tage nur durch landwirtschaftlich genutztes Gebiet. Die Berufsbildungszentren, die wir besuchen, haben hierzu keinen Bezug. Es wird nach Plänen des Erziehungsministeriums für Tätigkeiten in zumeist nicht vorhandenen Betrieben ausgebildet: Holz, Metall, Elektrik, Kfz, Technisches Zeichnen und Vermessen – keine Agromechaniker, Land- oder Forstwirte, keine Vermarkter. Eine Frage an die Kolleginnen und Kollegen zielte auf ihre Einschätzung der Relevanz und Treffsicherheit der drei deutschen Schwerpunkte. Ihre Antworten weisen in zwei Richtungen:

Das sollte angepackt werden

Nach Aussage von acht Befragten sei eine viel stärkere Förderung des Agrarsektors für die Sicherung der Eigenversorgung sowie als relevantes Element eines Systems ineinandergreifender Wirtschaftsförderung unbedingt notwendig. Die Landwirtschaft müsse mit den anderen Sektoren (Verarbeitung, Handel) für eine nachhaltige Armutsbekämpfung verknüpft, Investoren ins Land geholt und internationale Netzwerke geschaffen werden. Das Bevölkerungswachstum liegt bei 2,85 % pro Jahr. Jedes Jahr müssen ca. 3 Millionen Menschen mehr ernährt, beschult, ausgebildet, transportiert und entsprechende Verdienstmöglichkeiten geschaffen werden. *„Ein großes Problem, das von keinem der Programme adressiert wird, ist das Bevölkerungswachstum – ein klarer Mangel, weil dies alle Entwicklungserfolge auffrißt".*[1039] Viele nennen Bildung als ein zentrales Arbeitsfeld für die EZ. Umweltschutz sei hochgradig vernachlässigt. So läßt die Stadtverwaltung von Bishooftuu[1040] den Müll in einen der fünf Kraterseen, den touristischen Perlen des Ortes, entsorgen. Von den Terrassen der Hotels am Kraterrand des Lake Bishooftuu hat man einen Blick auf die schwimmenden Mülltüten und Abfälle.

Das könnte verbessert werden

Aus der Binnensicht der Arbeit im ECBP wird ein Thema immer wieder angesprochen: Die GTZ als bilateraler Dienstleister [1041] ist (im Auftrag des BMZ) mit den drei Schwerpunkten primär an den äthiopischen Staat gebunden. Diese strukturelle Staatslastigkeit der deutschen EZ in Äthiopien wird kritisch gesehen. Mehr als zehn Befragte fordern eine verstärkte Förderung des Privatsektors als Gegengewicht zu dem übermächtigen Staat mit seinen parteinahen Betrieben.

> *„Es wird nicht ausreichend für den Privatsektor getan. Es gibt zum Beispiel auch keine Unterstützung für die Privatisierungsagentur PPESA"* [1042] *„Private Berufsbildungszentren werden – entgegen gültigen Verträgen – nicht mehr … unterstützt. Nur öffentliche TVET Institute dürfen gefördert werden."* [1043]

Kammern und Fachverbände müßten gestärkt werden. Damit könnte die Bereitschaft zu mehr Eigenständigkeit und Selbstverantwortung der Unternehmensorganisationen gefördert und für den Staat nachvollziehbar gemacht werden.

> *„Es braucht eine in der Wirtschaft verwurzelte Bewegung der Unternehmer; sonst werden wir nicht nachhaltig. Es ist notwendig, die institutionelle Schwäche des privaten Sektors und der Unternehmer zu beheben – z.B. durch Fortbildungen. Nicht nur Vertreter der verschiedenen Ministerien sollten an Capacity Building Maßnahmen und Studienreisen teilnehmen. Dies wäre auch ein Beitrag zur zivilgesellschaftlichen Entwicklung."* [1044]

Die Industrialisierung dürfe aber auch nicht nur eine kleine Schicht von neureichen, äthiopischen z.B. Schuhproduzenten erreichen, die – vom ECBP unterstützt – mit ihren M-Serien-Daimlern vorfahren und deutsche Experten zur selbstironischen Aussage bringen: *„… ich bin beim DED, wir arbeiten doch hier nicht bei armen Leuten!"* [1045] Ein anderer DED-Kollege schlägt vor, sich aus der Umklammerung des Staates zu lösen und verstärkt Nichtregierungsorganisationen zu unterstützen, um die Zivilgesellschaft als Interessenvertretung an der Basis und kompetenten Dialogpartner zu stärken. Eine gute Mischung staatlicher, privater und zivilgesellschaftlicher Partner wäre anzustreben.

Man bräuchte eine kompetente Politikberatung auf höchstem Niveau, um die traditionellen Vorbehalte gegen eine stärkere Rolle von privaten Unternehmen und Kammern abzubauen. Diese weit verbreitete Denktradition sei ein Erbe aus der Derg-Zeit und den marxistisch-leninistischen Ursprüngen der Befreiungsbewegungen, die gegen den Derg kämpften. Viele Antworten sind von Zweifeln daran geprägt, welche Programme sinnvoll für Äthiopien sind – bis hin zur hilflosen Feststellung, es gibt so viel zu tun – man kann nichts falsch machen. Was Äthiopier darüber denken, ist dann noch eine ganz andere Geschichte. Ato Mesfin[1046] in Hawassa würde vorwurfsvoll sagen: „Die GTZ, die Deutschen arbeiten für die Regierung, nicht für die Äthiopier."

ÄTHIOPISCHE SICHTEN

• Blicke auf die eigene Kultur ...

Die äthiopische Gesellschaft wird auch von den sechs befragten äthiopischen Kollegen mehrheitlich als hierarchisch und zentralistisch-autoritär regiert beschrieben. Traditionell werde „oben" entschieden. Die Regierung sei alles. Alles sei unter Kontrolle.

> *„Wir sind an diese Geisteshaltung gewöhnt – es ist ein kulturelles Erbe. In unserer Geschichte, der Zeit der Könige, des Kaiserreichs, ging es nur von oben nach unten; was der König sagte, das galt! Da gibt es keinen abweichenden Punkt, auch während des sozialistischen Irrtums war es genauso, und auch heute ist die Geisteshaltung: Die Leute oben wissen alles, oder der Präsident, er ist ein perfekter Kerl (guy), was er sagt, ist immer richtig, niemand sollte ihn anzweifeln,... niemand sollte ihn in der Öffentlichkeit kritisieren, niemand sollte eine andere Sichtweise vortragen. Diese Geisteshaltung findet sich bei jedermann, bei Lehrern, Büroangestellten – diese Geisteshaltung ist weit verbreitet."* [1047]

Äthiopier hätten zumeist eine autoritäre bzw. subalterne Attitüde. Diese sei häufig gepaart mit einem Gefühl der Unterlegenheit gegenüber Ausländern, was nicht zugegeben werden könne. So behinderten Äthiopier sich selbst beim Lernen. *„Wir wollen alles selber machen, wozu brauchen wir die Fremden?!"* [1048] Untereinander gebe es sehr viel Mißtrauen und in allen Ethnien dominierten die Männer.

... auf Transparenz von Entscheidungen

Entscheidungen fallen oben, in den nationalen Ministerien. Transparenz fehle auf der äthiopischen Seite völlig. Besuche in der Region würden nicht einmal angekündigt oder z.B. Colleges von der Bundesregierung gegen den erklärten Willen der Region gebaut – unter Verletzung der beschlossenen und auch propagierten Dezentralisierungspolitik.

Es sei sehr schwer, im Arbeitsprozeß transparent zu sein, wenn es z. B. um die Einstellung eines Lehrers oder Dozenten geht. Solche Entscheidungen seien – außer von der Leistung – von vielen Variablen beeinflußt, wie sozialen Netzwerken, Grenzen finanzieller Ressourcen, dem politischen System, der sozialen Interaktion; alles mache die Transparenz von Entscheidungen sehr schwierig. Das Fehlen von Transparenz hätte aber auch Vorteile. Es biete für den Verantwortlichen bei strategischen Entscheidungen, Einstellungen von Personal oder Beschaffungen gewisse Spielräume. *„Du kannst Entscheidungen so fällen wie du willst, manchmal sogar ohne zur Verantwortung gezogen werden zu können."* [1049]

...auf Partizipation

> *„Wir kamen gerade aus dem sozialistisch-kommunistischen Irrtum und dennoch ist nach 18 Jahren das Denken in gemeinschaftlichen Kategorien noch nicht vollständig weg; das Schlagwort ‚Partizipation der relevanten Akteure' ist aktuell – aber wie ernsthaft wir es praktizieren – ich weiß nicht ... Als Institution denkt man zuerst an sich und nicht an eine Fabrik oder Kammer ... wir versuchen zu lernen!"*[1050]

Mancher äthiopische Kollege sieht Verbesserungen in der Einrichtung von Verwaltungsräten mit Unternehmens- und Stadtbeteiligung (*Boards*) an der Adama University, oder strukturelle Veränderungen in der Berufsausbildung auf lokaler Ebene (Oromia), wo Betriebe stärker eingebunden werden. Andere benennen die positiven Erfahrungen in der Zusammenarbeit mit deutschen EZ-Organisationen in anderen Projekten. Es würde aber auch immer wieder Akteuren, die eigentlich integriert werden sollten, keine Gelegenheit zur Teilhabe gegeben.

...auf die Dialogkultur

Die früher – besonders in Oromia unter dem Odaa-Baum[1051] – praktizierte Tradition von breiten, gemeinsamen Diskussionen sei verloren gegangen und durch „moderne" Entscheidungsformen verdrängt worden. Es gäbe wenig Autonomie der Debatte und man gehorche.

> *„... offene Diskussionen sind nicht mehr unsere Kultur."*[1052] *„Unterschiedliche Sichtweisen zu erwägen ist unüblich. Dies mag es in den intellektuellen Zirkeln geben, aber deren Wirkung ist so gering."*[1053]

Bei fachlichen Themen in Ministerien, Universitäten oder Berufsbildungszentren gäbe es auch kritische Diskussionen, die von Toleranz geprägt seien. Es gebe interne Mechanismen, um bei Konflikten zu einer Einigung zu kommen. Schwierig werde es immer dann, wenn eine Institution stark politisiert sei oder wenn die aufgeworfenen Fragen die Kompetenzen der verantwortlichen Hierarchieebene oder politische Grundsatzfragen berühren. Dann sei Vorsicht geboten.

> *„... ist einmal ein Konsens erzielt, wenn einer dir gesagt hat, daß dies oder das der richtige Weg sei, wenn du dann zurück zu unterschiedlichen Ansichten gehst, dann mußt du sehr vorsichtig sein. Es gibt unterschiedliche Ansichten, aber im Großen und Ganzen neigen wir dazu, uns anzupassen, und die dominierende Sichtweise als Wahrheit ... zu betrachten und alle anderen Ansichten als Widerstand. ... Der beste Weg für ein friedliches Leben, dich nicht in Schwierigkeiten zu bringen, ist, sich der herrschenden Meinung anzupassen ..."*[1054]

Sonst werde man schnell als „Oppositioneller" oder als „Feind" identifiziert. Man werde

z. B. in Oromia zumeist zum Anhänger oder Unterstützer der *Oromia Liberation Front (OLF)* erklärt[1055] – das sei gängige Praxis. Man stelle auch besser keine Fragen nach politischen Entscheidungen! Während einer Versammlung in der Adama University wurde der Erziehungsminister nach der Entscheidung gefragt, einen deutschen Professor zum Gründungpräsidenten der Universität zu berufen. Die Antwort des Ministers lautete, dies sei die neue Richtung der Regierung. Nicht nur Universitätspräsidenten, sondern auch Ministerposten könnten mit

Abb. 102 Eröffnung der Adama Universität mit Präsident Girma Wolde-Giorgis, Ministern und regionalen Repräsentanten, 2006

Ausländern besetzt werden. Damit sei klar gewesen, daß man diese Frage nicht weiter stellen sollte.

> *„Du wirst als Oppositioneller wahrgenommen; es geht nicht um deine Idee, es geht um deine Person. Es ist nicht der Wettstreit von Ideen oder Ansichten, es ist der Kampf zwischen dieser und jener Person."* [1056]

Weil jeder, der eine Stelle im Öffentlichen Dienst hat, eine ganze Familie ernährt, gelte: *„Das Beste ist, nichts zu sagen!"* Das Gehalt reiche nicht, daher bleibe mancher nur entsprechend der erhaltenen, unzureichenden Geldmenge an seinem Arbeitsplatz und gehe möglichst noch weiteren Beschäftigungen nach. Auf diesem Hintergrund sei jede öffentliche Kritik an Kollegen, wenn sie nicht ständig am Arbeitsplatz sind, ein Angriff auf deren ökonomische Basis. Die Deutschen verstünden diese Not nicht!

...auf die Rolle des Staates

Eine starke Rolle des äthiopischen Staates in EZ-Programmen wird von den befragten Äthiopiern begrüßt, weil damit Entscheidungen in äthiopischer Hand blieben. Kritik richtet sich aber gegen die zu hohen Erwartungen und Planungen der äthiopischen Regierung, das schwache Management in den Institutionen und das viel zu hohe Tempo, ohne daß für die notwendigen Rahmenbedingungen gesorgt werde. Top-Down-Management mag nötig sein, aber aufgezwungene Lösungen, die den Sachverstand der Experten der zuständigen Institution übergehen, seien genauso schädlich wie die Behauptung von *ownership* im ECBP, wenn sie nicht praktisch eingelöst würden. Wenn zum Beispiel Doppelungen von Trainingsprogrammen im Baubereich der Ingenieurfakultät und des UCBP auf demselben Campus geschehen, müsste eingegriffen werden. Kritisiert wird auch die verfassungswidrige Praxis der Dezentralisierung, in der die Rechte der Regionen immer wieder übergangen würden.

...auf den Privatsektor

Es bedürfe gegenüber dem Privatsektor einer klaren Politik von oben, die einen verläßlichen Rahmen setzt und Regeln festlegt. Wichtig wäre unbedingt eine stärkere Einbeziehung und Unterstützung von Innungen, Kammern und Betrieben, besonders auch im Agrarbereich, um insgesamt eine Vielfalt von Ansätzen und Erfahrungen zu bekommen, aus denen man lernen könne.

Aber: *„... nicht jeder Versuch der Privat-Sektor-Förderung wird von der Regierung begrüßt. ... politisch sagen sie, JA – die private Ökonomie soll vor allem gefördert werden. Aber praktisch ist es ein Witz, wenn sie einerseits sagen, wir haben Rahmenbedingungen und Regeln, wir wollen entwickeln, aber es dann nicht geschieht, weil sie eine starke Rolle der Regierung [in der Ökonomie, rsk] wollen.“*[1057]

● Blicke auf die deutschen Kolleginnen und Kollegen ...

... Lob

Es gibt mehrheitlich positive Aussagen, daß man von den Deutschen sehr viel gelernt habe: Transparenz, Arbeit mit relevanten Akteuren, Strategieentwicklung, Maßstäbe setzen. Gelobt wird auch die eingebrachte professionelle Erfahrung und das Sozialverhalten, das als kooperativ, beratend, sensibel und respektvoll gegenüber der äthiopischen Kultur wahrgenommen wurde. Beeindruckend sei das Engagement, mit dem deutsche Kollegen an ihre Arbeit gehen:

„... diese Leute ergreifen selbst Initiative, verwenden manchmal ihr eigenes Geld, ... völlig aus sich selbst heraus, es hat mich sehr überrascht, sie denken mehr an unsere Studenten. ... ein Lehrer hat mich eingeladen, mir anzusehen, was er machte..... sie bitten um Kommentare vor unseren Studenten. Ich wertschätze dies und es machte mich stolz, mit ihnen zu arbeiten, da gab es so viele solche Momente, die mich berührt haben. Sie sollten mehr Anerkennung bekommen ...!"

346

Ihre persönlich zugewandte Art kommt gut an:

> *„...sie verhalten sich dir gegenüber so menschlich, so persönlich, es ist ihnen nicht wichtig, ob du der Boss bist, sie sehen dich als Person, sie wollen einen Kaffee mit dir trinken, diese Art hat mir nahegebracht, wie man netzwerkt, wie man Leute behandelt. Das ist völlig anders als in unserem Zusammenhang, es ist unüblich, so persönlich zu sprechen ..."*[1058]

Es wird auch geschätzt, daß die Deutschen manchmal etwas aussprechen, was ein Äthiopier sich nicht traut oder tunlichst unterläßt: z. B. Kritik am üblichen öffentlichen Anschwärzen der Kollegen (*Gemgemma*) vor versammelter Abteilung[1059]. Und es werden die Veränderungen z. B. an der Adama University gelobt, wo seit Einstellung eines deutschen Gründungspräsidenten (2008) und weiterer deutscher Experten auf Leitungsebene ein campusweites, funktionierendes WLAN-Netz installiert wurde, viel gebaut wird, die Wartung der Ausstattung viel besser funktioniert, der Einkauf durch Dezentralisierung beschleunigt wurde und der Campus viel gepflegter ist etc. Zugleich wird aber auch die Frage gestellt, was passiert, wenn die Deutschen in drei oder fünf Jahren gehen, wie nachhaltig diese Veränderungen sein werden.

...Kritik

Manche der entsendeten Kollegen seien augenscheinlich von der deutschen Seite falsch ausgewählt oder schlecht vorbereitet worden. Ihre Eignung wird angezweifelt oder sogar bestritten, weil ihre Umgangsformen z. B. nicht für Tätigkeiten an Universitäten geeignet erscheinen. Es wird von Beschimpfen, Brüllen bis hin zu Handgreiflichkeiten gegen äthiopische Kollegen berichtet. Manche würden sich wie „Kolonisatoren" verhalten. Mehrfach wird Kritik am lauten und ruppigen Umgangston von Deutschen geäußert und besonders am Kritisieren bzw. Bloßstellen äthiopischer Kollegen in der Öffentlichkeit der Institution:

> *„...wenn [ein deutscher Experte, rsk] öffentlich sagt, daß du deiner Verantwortung nicht nachkommst, dann gibt es dafür keine Entschuldigung. Diese Person versucht dich zu schädigen, ...es geht um dein Leben, weil dies die einzige Arbeit ist, die du haben kannst, ... Wenn du deine Arbeit verlierst, verlierst du dein Leben ... daher ist es sehr schwer für das Management, Sanktionen [z. B. wegen Fehlens, rsk] zu verhängen ..."*[1060]

Bei GTZ-Experten werden eher fachliche, bei IE-CIM eher Verhaltensmängel beanstandet. Sauer stoßen den Äthiopiern die Reiseprivilegien der deutschen Experten auf. GTZ-Personal – ob äthiopisch oder deutsch – wie Integrierte Experten könnte sich auf Dienstreisen bessere Hotels als andere äthiopische Kollegen leisten und würden so gebucht; das wird als 2-Klassen-System wahrgenommen. Es wurde auch gesagt, daß manche Experten weniger als die äthiopischen Kollegen arbeiten würden, aber sehr hoch bezahlt sein. Vereinzelt gibt es heftigste Kritik, daß deutsche Experten die äthiopische Kultur mit homosexuellen Beziehungen „beschmutzen" würden. Es gibt auch den Vorwurf gegenüber den *färänjis*, ohne Respekt vor der äthiopischen Kultur zu sein und Äthiopien verändern zu wollen. Zumeist werden Stärken und Schwächen zugleich benannt. Zusammen genommen ergibt sich ein widersprüchliches Bild, in das sich manchmal auch Neid und Angst vor Überfremdung mischt.

...Selbstkritik

Neben der Kritik am Verhalten deutscher Experten gibt es auch viel Kritik am eigenen Umgang mit den ausländischen Experten. Diese würden oft ohne inneräthiopische Abstimmung auf dem Verordnungswege zugeteilt. Es gebe keine Vorbereitung der aufnehmenden Institutionen auf den Experteneinsatz, keine Einführung der Experten in ihre Aufgaben und auch keine Evaluation. Insgesamt fehlten adäquate interne Kommunikationsmechanismen zur Sicherstellung von erfolgreichen Einsätzen. Überhaupt müsse man auch einen Mangel an äthiopischer Integrationsbereitschaft gegenüber „Fremden" konstatieren.

Fazit: Die Befragten blicken zumeist kritisch auf Administration und Kultur Äthiopiens. Ihre Kritik deckt sich in vielen Aspekten (Transparenz, Partizipation, Dialogfähigkeit, Rolle von Staat-Privatsektor-Zivilgesellschaft) mit deutschen Einschätzungen. Alle sechs wünschen sich aber die äthiopische Regierung als verantwortlichen Gestalter der Veränderungsprozesse. Zugleich werden fehlende Offenheit und Lernbereitschaft kritisiert und defizitäre Mechanismen zur Nutzung der Experten beklagt. Der Blick auf die deutschen Kolleginnen und Kollegen ist respektvoll, aber wegen deren teilweise zu geringem Verständnis für das Land auch distanziert. Angedeutet werden Befürchtungen von Identitätsverlust durch fremde Einflüsse und Ablehnung von fremder Expertise.

• Blicke in die Zukunft

Äthiopier sollten an der Basis arbeiten, von den Wurzeln her etwas entwickeln und dies mit praktischer Arbeit und Umsetzung in den wichtigen Feldern verknüpfen. Im ECBP sollte die Integration der vier Komponenten in die bestehenden Institutionen (Ministerien, Universitäten, regionale Regierungen etc.) erfolgen. So könnte die entstandene Doppelstruktur im *Blue Building* (der Zentrale des ECBP in Addis Ababa) abgebaut und nachhaltige Ergebnisse erzielt werden – auch wenn das Arbeiten in den bestehenden Arbeitszusammenhängen schwieriger sein mag.

Deutsche EZ sollte die Entwicklung der Privatwirtschaft, die Dezentralisierung und Demokratisierung des Landes unterstützen. Deutsche Kollegen und Kolleginnen sollten sich mit den sozioökonomischen Rahmenbedingungen z. B. in der Umgebung der TVET Institute und der äthiopischen Kollegen auseinandersetzen müssen, an denen sie tätig sind.

Drei der sechs befragten Äthiopier sagten, Äthiopier und ihre Institutionen sollten lernen, offener und flexibler zu werden, um von den Deutschen und anderen mehr zu lernen. Überhaupt sollten sie lernen, unterschiedliche Wege zu gehen und einen Vertrauen schaffenden Dialog zu führen. Wichtig wäre, den Umgang mit Konflikten zu lernen. Ein Kollege möchte endlich ehrlich sein dürfen, um nicht mehr in sich eingeschlossen leben zu müssen: *„Ich lebe in mir selbst."*[1061]

VIER PROBLEMFELDER

Die gegenseitige Wahrnehmung und interkulturelle Differenzen zwischen Äthiopiern und Deutschen verweisen auf Konflikte in der Zusammenarbeit. Im Folgenden sollen vier wesentliche Aspekte behandelt werden. Zunächst ein mehr interner, hausgemachter der deutschen EZ und dann zwei der deutsch-äthiopischen Zusammenarbeit im ECBP und der Umgang mit ihnen. [1062]

• EZ aus einem Guß

Ein Problem deutscher EZ ist die Vielfalt, z. T. konkurrierender Organisationen. EZ aus einem Guß als gängiges Schlagwort meint, daß alle deutschen EZ-Organisationen (CIM, daad, DED, GTZ, InWEnt, KfW, SES) in sogenannten Schwerpunkten (in der Regel unter Leitung der GTZ) ihre Aktivitäten koordinieren und zusammen mit den Partnern auf die angestrebten Wirkungen hin gestalten. Dies soll die Effektivität erhöhen, Kosten sparen, Synergien erzeugen und ein abgestimmtes Bild der deutschen Aktivitäten erzeugen.[1063]

Die Bemühungen in diesem Sinne liefen im *Ethio-German TVET*[1064]*-Programme*, einem Vorgänger des ECBP, seit 1999 nur mühsam an. Zu sehr hatten die verschiedenen deutschen Organisationen und ihre Mitarbeiterinnen und Mitarbeiter über die Jahrzehnte ihre eigene „Kultur" und ihren kritischen oder vorurteilshaften Blick auf die jeweils anderen entwickelt und die eigene Rolle festgeschrieben.

Im ECBP trat das GTZ-Management in diesem Feld mit einem expliziten Gestaltungsauftrag an. CIM richtete schließlich eine lokale Beratungsstelle für die bis zu 65 Integrierten Experten im Land ein. Es gab bessere Abstimmung der Konzepte und Aktivitäten, mehr Vernetzungen in und mit den Regionen, sehr gelobte Workshops zur Vorbereitung der neuen IE-CIM auf ihre Tätigkeit im ECBP in Addis Abeba. An diesen durften später auch die DEDler/innen teilnehmen, die traditionell ihre eigenständige Vor-Ort-Einführung bekommen. Das Medientraining des ECBP, in dem DED-Experten für ihr Arbeitsgebiet Öffentlichkeitsarbeit lernten, wurde als Beispiel erfolgreicher Integration sehr gelobt.

Nach mehreren Jahren der „EZ aus einem Guß" in Äthiopien gab es dennoch viel Kritik und grundsätzliche Bedenken, aus denen die jetzt in die Wege geleitete institutionelle Integration von GTZ, DED und InWEnt im Rückblick einsichtig wird:

> *„Bei unterschiedlichen Partnern, mit eigenem Selbstverständnis, eigenen Prinzipien, Arbeitsformen, Verfahren, Strukturen und Personal kann Abstimmung und Koordination nicht wirklich funktionieren. Die einzelnen Organisationen wenden viel Mühe und Fleiß auf Abgrenzung; die Instrumente greifen nicht ineinander. Schließlich hinderten Profilsucht und Karriereverhalten manche Beteiligte daran, sich auf die gemeinsamen Aufgaben zu konzentrieren."*[1065]

„EZ aus einem Guß' halte ich für eine Schimäre, die in keinster Weise irgendeinen realen Bezug hat. Vielmehr ging es darum, koste es was es wolle, die sehr unterschiedlichen ‚Kulturen' der deutschen EZ-Landschaft miteinander zu verknüpfen, was Kompetenzgerangel, Redundanzen und eine ausufernde Bürokratie zur Folge hatte; d. h. die ‚EZ aus einem Guß hat sich....mit sich selbst beschäftigt. Zur Lösung dieses Problems sehe ich nur zwei Alternativen: Verschmelzung der eigenständigen Organisationen oder weiter komplettes eigenständiges Agieren." [1066]

Ein Beispiel: Über viele Jahre wurde in wiederkehrenden Abstimmungssitzungen mit Vertretern von InWEnt versucht, angepaßte Stipendienprogramme zu entwickeln. Diese sollten aus fachlichen und finanziellen Gründen mehr und mehr von Deutschland nach Äthiopien verlagert und um eine Arbeits- und Lernprozeßbegleitung vor Ort ergänzt werden. Es gab immer wieder Verabredungen, die aber schließlich nicht eingelöst wurden. Stattdessen teilte InWEnt wiederholt und unvermittelt mit, daß kurzfristig 10-15 Plätze für Kurse in Deutschland frei wären. Dann mußten äthiopische Teilnehmer ungeplant aus ihren regionalen Arbeitszusammenhängen gerissen werden und kehrten nach zwei oder drei Monaten an ihre alten Arbeitsstellen zurück. Zumeist blieben diese methodisch-didaktischen und technischen Kurse ohne Effekt für die äthiopischen Institutionen![1067] Auf InWEnt-Seite setzte sich die Priorität durch, Kapazitäten in Deutschland mit Teilnehmern zu füllen, statt bedarfsgerechte, kostengünstige und auf Wirksamkeit und Nachhaltigkeit hin geplante Maßnahmen in Äthiopien durchzuführen.

350

Wie mühsam „EZ aus einem Guß" immer noch ist, wurde im Jahr 2009 deutlich, als bei einer Werbeveranstaltung für das ECBP erfolgreiche Aktivitäten des DED in der Privatsektor-Förderung als solche der GTZ dargestellt wurden. Für Außenstehende bleibt das Gewirr deutscher EZ-Organisationen nicht zu durchschauen. Für die meisten Äthiopier arbeiten im Alltag alle Deutschen im ECBP bei der GTZ! Die anderen Organisationen werden kaum als eigenständig wahrgenommen. Die in der Umsetzung befindliche Integration von GTZ, InWEnt und DED war längst überfällig. Bisher wurden im Wirrwarr der deutschen EZ-Organisationen Energien und Mittel gebunden – statt sie z. B. in einen gemeinsamen Lernprozeß mit dem Partner zu investieren.

• Rolle und Integration der Expertinnen und Experten

GTZ Auslandsmitarbeiter haben einen Arbeitsvertrag mit der GTZ in Eschborn, nach dem sie im Auftrag des BMZ mit den Partnerländern verabredete und gemeinsam geplante Programme entsprechend den internationalen und deutschen Leitlinien umsetzen. Die Personal- und Ressourcenverantwortung liegt für deutsche Gelder bei der GTZ. Die GTZ-Experten arbeiten nach deutschem Arbeitsrecht und entsprechend deutschen Managementprinzipien. Sie entwickeln zusammen mit den Partnern die Programme und setzen in enger Kooperation die Teile um, die vereinbarungsgemäß in Verantwortung der deutschen Seite liegen. Die Expertinnen und Experten sind ihrem deutschen Arbeitgeber, der GTZ, verantwortlich.

Was war ihre Rolle im ECBP? Sollten sie entsprechend ihrem GTZ-Vertrag die Partnerinstitution beraten, Counterparts fortbilden, innovative Ideen und Konzepte einbringen und zur Diskussion stellen oder sollten sie einen großen Teil der Alltagsarbeit z. B. des Ministeriums übernehmen und sich einem äthiopischen Vorgesetzten unterstellen?

GTZ'ler erlebten sich im ECBP mehrheitlich als Innovatoren oder initiative Berater, Organisatoren und Experten, die neue Arbeitsformen und Strategien einführen und erproben, selbst etwas entwickeln und nahe an den Interessen z. B. der Ministerien, Unternehmen, Dozenten, Behörden, oder Institutionen arbeiten. Manchmal waren sie auch Sprachrohr, wenn sie etwas ansprachen, was die äthiopischen Kollegen nicht benennen konnten oder wollten. Es gibt auch die, die ihre Rolle in Äthiopien nicht primär als Berater, sondern als Arbeitstiere, manchmal polemisch als „Sklaven", erlebten, die die Arbeit für die Äthiopier machten. Sie fühlten sich als Sündenböcke für Defizite auf der äthiopischen Seite (Personalmangel, Überforderung, Abwesenheit, Arbeits- und Verantwortungsscheu) und litten unter der „Ahnungslosigkeit und Besserwisserei" äthiopischer Kolleginnen und Kollegen. Im ECBP kam es weder für GTZ-Mitarbeiter noch für GTZ-Führungspersonal zu ausreichenden Rollenklärungen.

„...danach [einem internen Workshop, rsk] war uns allen klar, wo der Hammer hängt. Wir haben den Mund nicht zu öffnen. Der Rollenklärungsworkshop war für die Katz. Es wurde uns auch nie von deutscher Seite gesagt, ihr seid die Implementierer, sondern es hieß immer noch von der deutschen Programm-Managementseite: jaja, ihr seid Berater ... Es hätte mir persönlich sehr geholfen, wenn sie [die Leitung, rsk] sagt, ECBP ist ein eigenes Programm, ihr seid hier nicht als Berater, ihr seid hier ganz klar Implementierer, ihr habt zu tun, was der Partner sagt. Ihr bekommt ein anderes Gehalt, aber ihr seid Integrierte Experten. Wenn mir jemand das so klar gesagt hätte, wenn sie es mir auch schon im Vorstellungsgespräch gesagt hätten, dann wäre ich trotzdem gegangen, ich hätte nur meine Arbeit ganz, ganz anders wahrgenommen, ich hätte nicht das Gefühl gehabt, ich muß mich von der Implementierer- in die Beraterrolle kämpfen. Weil ich das Gefühl hatte, das ist meine Aufgabe, ... – das fand ich ... schade!"[1068]

Dieses Defizit führte zunehmend zu Spannungen, wenn z. B. einerseits eine GTZ-Managementfunktion auszufüllen war, aber zugleich der äthiopische Staatsminister widerspruchslose Umsetzung seiner kurzfristigen, nicht verabredeten Implementierungsvorstellungen oder die Befolgung von teilweise sprunghaften, politischen Prioritätensetzungen forderte. Manche äthiopische Führungskraft erwartete zudem von der deutschen Seite bedingungslosen Respekt, gar Demut und die Bereitstellung „standesgemäßer" Autos – aus deutschen Programmmitteln finanziert – auch zur privaten Nutzung.[1069]

Integrierte Experten (IE-CIM), die von CIM in Frankfurt/Main vermittelten werden, sind Fachkräfte, die in Institutionen oder Organisationen des Anfragelandes „in Linie" tätig werden. IE-CIM haben immer einheimische Vorgesetzte. Sie beziehen ein Ortsgehalt plus eine Zulage aus Deutschland. IE-CIM sollen sich grundsätzlich in den Arbeitsprozeß der aufnehmenden Institution einfügen und entlang vereinbartem „Agreement on Results" – hier im Sinne des ECBP – in ihrem Feld tätig und wirksam sein. Innerhalb des ECBP hatten IE-CIM unterschiedliche äthiopische Arbeitgeber: entweder das federführende *Ministry of Capacity Building (MoCB)* oder die *Regional Bureaux of Education*. Die Stellen wurden etwa zur Hälfte aus deutschen Mitteln, zur anderen Hälfte aus äthiopischen Töpfen finanziert. Diese Situation machte die Abstimmung zwischen den verschiedenen politischen Ebenen und EZ-Organisationen schwierig und auch konfliktträchtig.

Integrierte Experten (IE-CIM) beschreiben ihre Rolle im ECBP vorwiegend als Fachkräfte, aber auch als Macher und Unterstützer von Veränderungsprozessen. Sie übernahmen oft die Arbeit von äthiopischen Kollegen. Häufig gibt es von den IE-CIM kritische Hinweise auf ihre geringe Integration in die jeweiligen Arbeitsprozesse und einen systematischen Ausschluß von Informationen und aus institutionellen Arbeitsformen. Das deckt sich mit meinen Erfahrungen. In fünf Jahren bin ich vielleicht fünfmal zu Sitzungen des TVET-Departments eingeladen worden. Nur wenige Integrierte Fachkräfte berichteten, daß sie ihre Rolle als Mix von Beratung, Expertise und Anpacken erfolgreich und befriedigend leben konnten. Diverse Integrierter Experten beschreiben ihre Situation als ...

„... der, der ihre Arbeit macht,... zum Ausbeuten, ... eher eine Last, denn eine Hilfe,... löst Begehrlichkeiten aus,... nicht gerne gesehen,... macht nur Arbeit, ... kommt von der Regierung". Oder er wird/sie werden als Fremde wahrgenommen, *„... die alles in Frage stellen,... die was Neues machen, ... die mit Geld kommen,... die Teil der Donorstruktur ... Fremdkörper – was Vorübergehendes sind."*

Äthiopische Kollegen als kontinuierliche Counterparts von IE-CIM gab es nur in den seltensten Fällen. Dann wurden sie als interessiert, neugierig und dankbar für die Lernmöglichkeit beschrieben, aber auch als ängstlich, überfordert und mit geringem Entscheidungsspielraum. Viele Äthiopier wüssten ohne viel Sachverstand alles besser. IE-CIM hatten trotz vereinbarter Arbeitsziele häufig einen hohen Freiheitsgrad, den sie für Eigeninitiativen zu nutzen suchten oder sie hingen in der Luft und wurden nicht angemessen eingesetzt. Häufig an abgelegenen Orten arbeitend, gab es wenig Gelegenheit zu Austausch und Reflexion.

Neben diesen Problemen der Integration in die äthiopischen Arbeitsprozesse und Institutionen stellten sich weitere Probleme bei Auswahl und Eignung. In kürzester Zeit sollte eine hohe Zahl von geeigneten Fachkräften für eine praxisorientierte Curriculum-Reform technischer Studiengänge, für Beratung an Berufsbildungszentren und für andere Aufgaben rekrutiert werden. Diese Suche gestaltete sich auf dem deutschen Arbeitsmarkt als sehr schwierig. Mancher Experte war noch nie im Ausland, andere konnten wenig Englisch, manche kannten nicht die Grenzen im persönlichen Verhalten. Im Alltag vor Ort stellten sich dann Fragen, ob manche richtig für den zukünftigen Arbeitsplatz ausgewählt waren, ob sie ausreichende interkulturelle Kompetenzen mitbrachten und ob sie auf das fremde Land und das besondere Programm ECBP genügend vorbereitet waren.

Es gab also hausgemachte Probleme der Auswahl und der Vorbereitung[1070], die dann in Äthiopien auf Defizite mangelhafter Rollenklärung und Integration am Arbeitsplatz trafen. Diese Probleme gab es vorwiegend im Bereich Berufliche Bildung und an Universitäten, wo eine große Zahl deutsche Praktiker und Meister für „Skill Development" auf akademisch orientierte Äthiopier trafen.

Hinzu kamen Probleme eines nicht angemessenen Verständnisses von der Rolle als CIM-Experte oder GTZ-Berater und das Fehlen der notwendigen, variablen Beratungskompetenz:

„Meine Erfahrung war – ich war total überrascht – wie wenig Leute eine Idee dazu haben, was kann Beratung ... sein, was hält ein Selbstbild als Berater alles bereit ... an persönlichen Handlungsstrategien, um sich in so einem Programm, in so einem Land tatsächlich auch gut bewegen zu können, auch ohne selber zu leiden ..." [1071]

Diese kritische Einschätzung gilt nicht für alle Expertinnen und Experten. So manche/r hat problemlos ihre oder seine Kompetenzen einbringen und erfolgreich arbeiten können. Andere haben ihre Ideen – ohne groß zu fragen – umgesetzt und dann mit guten Erfolgen überrascht. Hier wird aber auf ein Defizit hingewiesen. Die Identifikation und Bearbeitung solcher Defizite auf beiden Seiten gehöre zu einem professionellen Großprogramm-Management, in dem vor Ort systematisch Klärungs- und Lernprozesse zusammen mit dem Partner initiiert und gemeinsam durchgeführt werden.

• Der starke äthiopische Partner im ECBP

Anfangs wurde das ECBP entsprechend der gemeinsam verabredeten „Road Map" von einer als gleichberechtigt verstandenen äthiopisch-deutschen Doppelspitze (je ein Direktor) geleitet. Der äthiopische Direktor hatte einen Landsmann als „Deputy" an seiner Seite. Um die Teilhabe und Verantwortung breit zu streuen, war in der „Road Map" des ECBP vorgesehen, einen Lenkungsausschuß[1072] einzurichten, in dem die relevanten Vertreter staatlicher und privater äthiopischer Einrichtungen das Programm steuern sollten: *„Die äthiopische Führung aller Ebenen einschließen ... die dann die Eigner des Prozesses werden ..."*[1073] Der weiter formulierte Anspruch lautete: *„... Macht die äthiopischen Berater verantwortlich für eine vernünftige und maximale Nutzung der deutschen Kollegen ".*[1074]

Die verabredete Zwillingsbildung (*twinning*) von äthiopischen und deutschen Kollegen – als konstitutives Moment für Kompetenztransfer und Nachhaltigkeit – wurde von der äthiopischen Seite nicht eingelöst. In Ermangelung von Finanzen und Regelungen für eine angemessene Bezahlung konnten kaum qualifizierte äthiopische Kolleginnen und Kollegen eingestellt werden. So übernahmen deutsche Experten faktisch die Leitung der Komponenten oder die alleinige Zuständigkeit für die sogenannten „Key Issues", die zentralen Arbeitsfelder in den vier Komponenten; ... und damit auch die Arbeit und die Verantwortung. Ihnen fehlten zumeist die versprochenen qualifizierten äthiopischen Counterparts, an die sie ihre Kenntnisse und Kompetenzen hätten weitergeben können. (Junge Universitätsabgänger, die schließlich nach drei Jahren als Counterparts eingestellt wurden, waren nicht qualifiziert und erfahren genug, um komplexe Analysen zu erstellen und Prozesse unter einem hohen zeitlichen und Erfolgsdruck zu begleiten.) Den deutschen Expertinnen und Experten wurde so der Löwenanteil an Arbeit und Verantwortung (Konzipierung, Planung, Implementierung, Monitoring) übertragen und sie wurden zunehmend zu Umsetzern gemacht, die sich zu fügen hatten. Verantwortlich für Mißerfolge, Verzögerungen, Fehler war am Ende fast immer nur die deutsche Seite.

Trotz Nichterfüllung der Verabredungen von äthiopischer Seite bestand der Anspruch auf alleinige Führung; dies führte zunehmend zu Konflikten. Schließlich setzte die äthiopische

Regierung noch in der ersten Phase (Februar 2007) durch, daß die Leitungsstruktur in eine primär äthiopische umgewandelt wurde. Das Programm wird seitdem von einem äthiopischen Direktor geleitet, der zugleich Staatsminister für Berufliche Bildung ist. Dieser versucht, Ziele, Inhalte, Vorgehen, Mittel und Personal primär nach äthiopischen Vorstellungen autoritativ zu steuern. Anspruch und Entwicklung werden von der deutschen Seite im Rückblick – wie zu Beginn – kritisch gesehen:

„[Die starke Rolle der Äthiopier, rsk] ist im Prinzip o.k., vom Ansatz her nicht schlecht, legitim und heilsam, eine sehr große Chance. Wir wollen starke Partner, mit dem Willen etwas zu verändern – dann kann man Prozesse schneller ankurbeln. Im Prinzip!" [1075]

„Sie übernehmen Verantwortung nicht wirklich.... Führenden Regierungsvertretern fehlt die geistige Freiheit und die Kommunikationskompetenz, Prozesse zuzulassen und andere innerhalb eines Programms und außerhalb ihres Systems zu motivieren." [1076]

„Die äthiopische Seite hätte die Chance, sehr viel mehr zu lernen: Kommunikation, Transparenz, Motivation und Prozeßgestaltung. Diese Chance wurde bisher von ihnen nicht genutzt ... Sie nutzen nicht die Chance, Quantität und Qualität von ... äthiopischen Fachleuten durch ,twinning' mit deutschen Experten zu verbreitern" [1077].

• Umgang mit Konflikten

In einem so großen Programm wie dem ECBP, in dem ein selbstbewußter Partner mit so vielen deutschen Expertinnen und Experten in Universitäten, Berufsschulen, Betrieben, Ministerien und Agenturen inhaltliche, strukturelle und habituelle Veränderungen schnellstmöglich bewirken soll, gab es natürlich Kontroversen. In deren Zentrum rückte mehr und mehr die Frage der Rollen, besser der Machtverteilung zwischen äthiopischer und deutscher Seite in der Führung des Programms, beim Zugriff auf die Ressourcen und der Organisation oder Nichtorganisation der intendierten Lernprozesse.

Äthiopischer Führungsanspruch, deutsches Beharren auf Verabredungen der „Road Map" und Widerstand gegen als willkürlich empfundene Entlassungen von GTZ-Kolleginnen und Kollegen prallten immer stärker aufeinander. Ein Schreiben des deutschen Direktors an seinen äthiopischen Kollegen faßte die Kritik aus deutscher Sicht zusammen. Dies brachte das Faß zum Überlaufen, erfüllte wohl den Tatbestand der „Majestätsbeleidigung" und machte aus äthiopischer Sicht eine weitere Zusammenarbeit mit dem deutschen ECBP-Direktor unmöglich. Der zuständige Minister teilte mit, daß die äthiopische Seite sich vom deutschen Direktor trennen wolle. Diesem „Wunsch" wurde entsprochen.

Nach diesem Dammbruch erfolgten Entlassungen deutscher Kollegen (mindestens 10) gegen immer weniger Widerstand. Der Anpassungsdruck auf deutsche Kolleginnen und Kollegen wuchs und die Bemühungen um einen interkulturellen Dialog im Programm wurden zurückgefahren. Die autoritären Muster wurden nicht problematisiert, die Fragen nach dem

„Wie" eines gemeinsamen Lernprozesses und vor allem nach dem Umgang mit Macht wurden vermieden oder nicht zugelassen. Schließlich wurden vom äthiopischen ‚Partner' sogar Arbeitstreffen deutscher Kolleginnen und Kollegen untersagt!

In der Folge grassierte die Angst vor Entlassungen; manche Kollegen gingen in die innere Immigration, lästerten und sprachen zunehmend von Abschied. Manche gingen freiwillig. Viele hätten innerlich kapituliert, seien auf Zehenspitzen gegangen, hätten matt, ausgepowert, lust- und ziellos gewirkt, hätten abgewunken. Das Arbeitsklima im ECBP hätte sich zunehmend verschlechtert, die Euphorie des Anfangs war dahin. Dennoch stürzten sich die Kolleginnen und Kollegen in die Arbeit und leisteten trotz alledem Bemerkenswertes. Einige holten sich individuellen Rat, indem sie sich mit Kolleginnen oder Kollegen (heimlich!) trafen oder sich von Kurzzeitexperten privat „coachen" ließen, weil sie die notwendige professionelle Unterstützung im ECBP nicht bekamen. Vor Ort gab es kein Forum für den Austausch der professionellen Erfahrungen. Dieser fand höchstens privat in der Bar *Bateau Ivre* oder bei Wanderungen auf den Berg *Yerrer* oder um den *Lake Hora* statt.

> *„Nein, es gab keine Unterstützung in Konflikten, gar keine!" „... und wenn, sollte nichts nach außen dringen ..." „Es wird alles unterm Mäntelchen gehalten – man will keine Konflikte und keine konfliktiven Problemlösungsversuche. Diese gab es am Anfang noch, später gar nicht mehr."* [1078]

Die GTZ wurde zunehmend als konfliktscheu und rückgratlos erlebt. Man fühlte sich allein gelassen und schutzlos. Im Rückblick erscheint manchen die GTZ mit der Größe und Komplexität des Programms überfordert. Die Unterwürfigkeit hätte in keinem Verhältnis zur eigenen Rhetorik von gleicher Augenhöhe, Transparenz und Partizipation gestanden. Prinzipien und Werte der deutschen EZ seien preisgegeben worden, von deutschen Vorstellungen von Kommunikation, Management, gleichberechtigter Zusammenarbeit, Mitarbeiterführung usw. ganz zu schweigen. Die Duldung der tendenziellen Ausgrenzung von Privatsektor und Zivilgesellschaft entwerte die deutsche EZ und gefährde die gemeinsam festgelegten Entwicklungsziele. Es hätte auf der deutschen Seite kein professionelles Krisenmanagement gegeben. Es hätte an Professionalität, Entschlossenheit und Klarheit gegenüber dem machtbewußten Partner gemangelt. Ein selbstbewußter und konstruktiver Umgang mit dem äthiopischen Partner und mit der eigenen Macht werde von der deutschen Seite nicht beherrscht und Beratung der politisch Verantwortlichen nicht wirklich gewollt. Es sei auch vom BMZ nicht entschlossen gegengesteuert worden.

> *„Äthiopien ist ein schönes Beispiel. Es gibt zwei Grundfehler: entweder man kapituliert vor der Komplexität der EZ; diese Kapitulation führt ins Klandestine, oder das ‚Huren-modell' mit der unendlichen Hofberichterstattung [an GTZ und BMZ, rsk] sprich ‚Wie melke ich die Kuh?'.... die selbstbewusste EZ, mit wirklich sich den nationalen Strategie-papieren öffnenden Diskursen....findet bisher nicht statt."* [1079]

Immer wieder wurde in den Interviews die Frage aufgeworfen: Ist das nicht letztlich eine große Verschwendung deutscher Steuermittel und warum wird diese akzeptiert? Gibt es dafür nachvollziehbare Gründe? Lockte das große ECBP-Programm mit 40 Mio. Euro von deutscher Seite und der gleichen Summe Eigenanteil des äthiopischen Partners? Gibt es Rücksichtnahmen auf das umsatzstarke UCBP mit einem Volumen von 284 Mio. U$ – in Verantwortung der „privaten" GTZ-IS? Von vielen wurde die Frage gestellt: Gibt es einen Vorrang des Geschäfts, die Blendung durch die Dollars?

Im Jahr 2007 hat eine BMZ-Evaluierung durch unabhängige Gutachter für die ersten Jahre des Programms (2004 - 2007) viele gute Ergebnisse konstatiert aber auch erheblich Defizite in den Feldern Personal, Planungsumsetzung, Management und strategische Ausrichtung benannt. Letztere decken sich mit der Kritik der Befragten. Die hieraus abgeleiteten Empfehlungen zielen auf verbesserte Rahmenbedingungen für die Privatwirtschaft bis „hinunter" zum *Informellen* Sektor, Einbeziehung des Privaten Sektors z. B. in die Entwicklung der Berufsbildungsprogramme, weniger zentralistische Managementstruktur, Stärkung der Expertenverantwortung, mehr und besseres äthiopisches und deutsches Personal, Maßnahmen gegen Fluktuation, und schließlich auch die Verbesserung der interkulturellen Vorbereitung beider Seiten. Das BMZ weist in seinem Kommentar auf den historischen und kulturellen Kontext Äthiopiens hin und die Zeit, die für die notwendigen Änderungen von Denk- und Handlungsweisen nötig sein wird.[1080]

Inzwischen wurde die Zahl der deutschen Expertinnen und Experten von GTZ, DED und CIM erheblich reduziert. Besonders die CIM-Praktiker wurden durch preiswertere von den Philippinen ersetzt und äthiopische Kollegen mit GTZ-Vertrag und damit mit doppelter Loyalität – gegenüber ihrem Arbeitgeber GTZ und der äthiopischen Seite – rückten z.T. in wichtigere Positionen nach. Ob damit die im Jahre 2004 zwischen Meles und Schröder verabredeten qualitativen Entwicklungsschritte in den letzten zwei Jahren möglich waren, kann hier nicht beantwortet werden.

BLICKE ZURÜCK UND NACH VORN

• Äthiopien auf der Höhe der Zeit?

Die Idee einer verstärkten *ownership* war auch von der deutschen Regierung in Paris 2005 und Accra 2008 mit verhandelt und unterschrieben worden. Es wurde in Addis Abeba stets davon gesprochen, daß die äthiopische Seite am Steuer säße. Diese Aussage erfuhr im ECBP von Beginn an eine unterschiedliche Deutung. Im Zuge der Umsetzung des Programms sprach die äthiopische Leitung von *excessive ownership*, betrachtete zunehmend das Geld aus Deutschland als „ihr" Geld und die deutschen Experten als Empfänger ihrer Weisungen und als Umsetzer der äthiopischen Expertise. Beratung erschien immer mehr als unerwünscht – Gehorsam wurde gerne gesehen und erwartet. Für viele Experten handelte es sich hierbei um ein großes äthiopisches Mißverständnis mit einer weiter reichenden Logik. Einer faßte es so zusammen:

> *„Es gibt auf der äthiopischen Seite eine falsch verstandene Paris-Agenda. Für sie heißt diese ʻBudget Finanzierung: more money direkt in the Haushalt, ihr bekommt 50 Mio. für Bildung – wunderbar!"* [1081] ... und macht damit was ihr wollt.

Zu diesem Mißverständnis, daß man seine Entwicklungsprobleme mit Geld lösen könne, kommt ein weiteres, daß das Geld der Geber dem Empfängerland bedingungslos gehören sollte; weil man über die einzig zutreffende Einschätzung der Entwicklungspotentiale und die richtigen Strategien für Äthiopien verfügt. Dazu gesellen sich die Selbstüberschätzung der eigenen Kompetenzen und Ressourcen und der unbedingte Wille der politischen Führung, alles zu bestimmen und zu kontrollieren. Ein Kollege, der viele enge Kontakte zu Äthiopiern hatte, beschrieb die Situation so:

> *„Es ist ein ganz kleiner Kreis von Leuten, die vom Ministry of Capacity Building aus in 6 Programmen*[1082] *die Parteilinie bis in die Regionen ,durchschießen'. Die haben ihre Jungen mit den Lederjacken, die allen Ministerien erzählen, wie sie ihre Arbeit zu machen haben, wie man Privatsektorförderung macht, wie Erziehung, wie Wissenschaft. Sie haben ein unheimliches Selbstbewusstsein, kein institutionelles Benehmen, keinen Respekt – sie arbeiten nur für die Partei, sind außerhalb jeglicher Hierarchie. Die bauen alle Programme so um, bis es Weltbank-, EU- und Geberkompatibel ist und das Geld fließt."*[1083]

Überwachungspraktiken und klandestine Parteidoppelstrukturen in den Institutionen sollen dies absichern. Bei den Gebern mögen die vorgetragene Zielstrebigkeit und Selbstgewißheit immer noch und immer wieder verfangen. In den diversen Arbeitsfeldern erweist sich die autoritäre Praxis eher als kontraproduktiv. Statt einer gezielten Anregung zu Offenheit, Kreativität, verantwortlichem Handeln und Engagement würden Mißtrauen, Vorsicht und Lernblockaden bei den potentiellen, äthiopischen Bündnispartnern erzeugt. Das Dilemma der eigenen Situation, das Auseinanderklaffen von Anspruch und Wirklichkeit gesteht man sich nicht ein und es wird schon gar nicht öffentlich reflektiert. Politik gerät unter dem enormen Handlungsdruck zum autoritären Spontanhandeln, mit verbissenen Behauptungen der *ownership*, ohne die notwendige, praktische Verantwortung für Vereinbarungen und Entscheidungen (Personal, Mittel, Verabredungen) wirklich zu übernehmen und dazu Transparenz zu schaffen.

> *„Wo keine Transparenz praktiziert wird, gewinnen die Entscheider keine Legitimität, weil sie ihre Intentionen nicht vermitteln und durch keinen Prozeß der Auseinanderset-*

zung und Aneignung mit den Zielgruppen und Beteiligten gehen. Damit werden keine Voraussetzungen für Nachhaltigkeit geschaffen. Veränderungen, die nur ‚oben' getragen werden, sind nicht belastbar: Atlas wird straucheln.“ [1084]

Gesellschaftliche Kraft und Vielfalt entwickeln sich nicht durch Befehle von oben und ohne Räume zur Entfaltung, ohne Dialog und Kritik. Mit den alten, autoritären Denk- und Handlungsmustern können die angestrebten und notwendigen Veränderungsprozesse nicht erfolgreich und zügig gestaltet werden. *Ownership* zu übernehmen heißt in der Entwicklungszusammenarbeit nicht, alleine das Sagen zu haben, sondern sich die Notwendigkeit des eigenen Lernens einzugestehen und die notwendigen Lernprozesse gemeinsam zu organisieren. *Ownership* des Partners bedeutet auch, die eigenen Grenzen realistisch zu sehen und deshalb eine starke Rolle der deutschen oder internationalen Programmsteuerung als „Resonanzkörper“ im Prozeß zuzulassen und zu nutzen, um die Mechanismen, Hindernisse, Rückschläge und Erfolge für das eigene Lernen und die eigene Professionalisierung zu reflektieren. Man neigt stattdessen verstärkt zu autoritären Lösungen à la VR China oder Südkorea (vor dreißig Jahren), möchte aber weiter das Geld aus dem Westen bekommen. Da dies weiterhin gelingt, scheint Äthiopien auf der Höhe der Zeit.

• War die deutsche Seite vorbereitet?

Auf einer GTZ-Werbeveranstaltung für die EZ-Arbeit in Äthiopien wurde im April 2009 am Ende zusammenfassend gesagt: *„Wir (die GTZ) lernen in Äthiopien das Management von so großen Programmen.“* Dazu könnte man polemisch sagen: *„Prima!“* oder *„Es wird aber auch Zeit“* oder *„Immerhin“* oder *„Man sollte es können, eh man anfängt, oder sich jemand holen, der es einem zeigt“*. Man könnte nachträglich beckmessern: *„Warum habt ihr nicht auf die Ratschläge am Beginn und unterwegs gehört?“*

Bereits während der Vorbereitung des ECBP war auf der deutschen Seite immer wieder geraten und gefordert worden, in diesem großen Programm sich des Themas der kulturellen Differenzen und der Organisationsentwicklung (OE) als Querschnittsaufgabe professionell anzunehmen. Der äthiopisch-deutsche Dialog, die interkulturelle Reflexion im Gesamtprogramm und die Stärkung der je individuellen Kompetenzen auf beiden Seiten sollten in den Fokus genommen und gestärkt werden und ein gemeinsamer Arbeits- und Lernprozeß von Äthiopiern und Deutschen begleitend organisiert werden, um vor allem die äthiopische Basis zu verbreitern.

Eine solche gemeinsame OE-Einheit hätte Problemfelder der interkulturellen Zusammenarbeit identifizieren, Bedarfe ermitteln, Strategien und Angebote entwickeln und diese kontinuierlich, gemeinsam für alle äthiopischen und deutschen Kolleginnen und Kollegen in das

Programm einbringen sollen. Dabei wäre es auch um Klärung der Rolle und Stärkung der Arbeitsfähigkeit und Wirksamkeit jeder Expertin und jedes Experten gegangen, um deren Schutz vor Schwarze-Peter-Spielen und willkürlichen Entlassungen und um den Erhalt der Beschäftigungsfähigkeit durch Teilnahme am deutschen Fortbildungssystem.[1085] Die Vorschläge wurden nicht aufgenommen.

Es gab keine souveräne Antwort auf den von Paris-Accra indizierten Strategiewechsel, das äthiopischen Verständnis von *ownership* und *alignement* und die Größe des Programms. Die deutsche EZ war damals nicht auf der Höhe der Zeit, um auf die neuen Ansprüche der internationalen EZ und des Partners eine wirksame Antwort geben zu können. Und es gab keinen Willen, Auftrag und kein Konzept für Politikberatung in einer hochpolitischen und politisierten Umgebung. *„Die GTZ und alle EZ-Akteure haben Erfahrung im* (gesellschaftlichen, rsk) *Mikro- und ein bißchen mehr im Mezo-Bereich. Im Makro-Bereich, auf der Ebene der Systemberatung, der Politikberatung ist sie selbst nach wie vor Anfänger, dort sind die eigentlichen Bedarfe.“*

Es gab keine Antworten auf die Frage: Wie berät man einen autoritären Entwicklungsstaat in einer traditionsorientierten und selbstreferentiellen Kultur? *„... im Grunde muß reflexiv erst einmal eingeholt werden, was tun wir hier? Was machen wir eigentlich? Woher kommen wir, wo stehen wir, wo gehen wir hin?“*[1086] *„... die deutsche Beratung regt den Aneignungsprozeß nicht als einen Prozeß an, der von den Äthiopiern selbst-reflexiv gesteuert wird.“*

Die äthiopische, politische und Managementrealität mit ihren absehbaren Konflikten ist im Vorfeld des ECBP nicht genügend vorgeklärt und eingeschätzt worden. Entsprechend konnten die kommunikativen Erfordernisse nicht zielgerichtet in den Planunsprozeß mit der äthiopischen Seite eingebracht werden. Verhaltensstrategien und Lernschleifen wurden nicht vorbereitet und man hat sich keinen Rat von erfahrenen Großprogramm-Managern geholt. So konnten dann auch die selbstbewußten Experten, mit einem geklärten Rollenverständnis und variablen Handlungsstrategien nicht gesucht, ausgewählt und hierauf vorbereitet und geschult werden.

Vor diesem Hintergrund nehmen die beschriebenen Erfahrungen, kritischen Einschätzungen und die aufgetretenen Probleme nicht wirklich Wunder. Vielleicht hat man inzwischen begriffen: In einem so großen Programm bedarf es anderer Strategien und Instrumente als der traditionellen. Zu einem selbstbewußten Partner gehört eine selbstbewußte und konzeptionell klare (deutsche) EZ. Heute liegt ein Konzept vor, das den gewachsenen Ansprüchen besser gerecht werden soll. *Capacity WORKS* ist das neue Management- und Planungsmodell der GTZ für nachhaltige Entwicklung. Es legt den Schwerpunkt auf mehr Kapazitätsentwicklung (*Capacity Development*) statt auf mehr Geld und versucht die Lektionen der bisherigen EZ zu beherzigen:

mehr Eigenverantwortung statt kolonialem Paternalismus. Die Ziele der Erklärungen von Paris
und Accra (Eigenverantwortung, Abstimmung,
Harmonisierung, Ergebnis-/Wirkungsmanage-
ment, gegenseitige Verantwortung) sollen damit
umgesetzt und dem Mißverständnis („Gebt uns
euer Geld – wir wissen wie es geht") kompetent
und konstruktiv begegnet werden. [1087]

Wird *Capacity WORKS* den notwendigen Strategiewechsel leisten? [1088] Hat man die Leute dafür?
Ob es funktionieren wird, ist eine große Frage. So
wie bisher Reflexion und Lernprozeß vor Ort vernachlässigt, behindert und ins Private gedrängt
wurden, sollte man sehr vorsichtig mit optimi-
stischen Annahmen sein und die Entwicklung
genau beobachten und kritisch begleiten. Ob es
vielleicht nach fünf Jahren schon zu spät ist und
ob ein solcher Strategiewechsel vom Partner überhaupt mitgetragen wird, sind zwei wichtige Fragen.
Notfalls könnte man ein Programm auch auslau-

Abb. 103 „Blue Building" – Zentrale des
ECBP, Addis Abeba, 2009

fen lassen oder an andere Geber weiterreichen! Hier ist nicht nur die Qualitätsabteilung der GTZ,
sondern besonders das BMZ gefragt, stärker zu steuern. Auch der Entwicklungspolitische Ausschuß des Bundestages, der Bundesrechnungshof und die Vertreter eines kritisch-begleitenden,
investigativen und seriösen Journalismus haben hier eine Aufgabe. Die deutsche EZ in Äthiopien
müßte sich – ebenso selbstbewußt wie die äthiopische Regierung mit ihren konzeptionellen
Grundlagen und ihrer Macht umgehend – aus der Umklammerung befreien und dann auch
verstärkt zivilgesellschaftliche wie privatwirtschaftliche Organisationen und Ansätze fördern.

Externen Beratern erschien das *Blue Building* wie ein Traumschiff, das auf einen Eisberg
zusteuert. Das Traumschiff war voll mit fleißigen Expertinnen und Experten, und sie haben
viel in vielen Feldern geleistet und auch viel Anerkennung gewonnen! Die Liste der geleisteten Arbeiten, der kleinen und großen Erfolge und Fortschritte im ECBP ist lang; was unter
vielem anderen an Curriculum-Revision mit den äthiopischen Partneruniversitäten in den
Ingenieurfächern, was an Entwicklung von Berufsstandards in der Beruflichen Bildung und
Veränderung der Trainingspraxis, was an Qualitätsstandardentwicklung und Privatsektorförderung jeweils mit den relevanten Akteuren geleistet und erreicht wurde, ist beeindruckend;
umso beeindruckender, wenn man auf die Schwierigkeiten und Probleme schaut, mit denen
man sich geld- und energievernichtend herumschlagen mußte.

• Was mache ich beim nächsten Mal anders?

Einer will weniger Salat essen, um die Anzahl an Darminfektionen zu senken, eine Bahir Dar vermeiden, um nicht wieder belästigt zu werden. Einer würde gegen die exzessiven Einsätze von Kurzzeitexperten kämpfen und mehr Leute aus dem realen Berufsleben und weniger aus dem „EZ Biotop" ins Land holen. Einige wollen nicht mehr so einfach rausgehen, nicht mit GTZ oder CIM und bloß nicht in die traditionelle Beraterrolle! Manche würden raus aus der GTZ-Beraterrolle gleich in die Implementiererrolle einer Integrierten Fachkraft wollen, dabei „diese Wertegeschichte" [nach deutschen Standards und Verständnis arbeiten zu wollen, rsk] aufgeben und mit den Leuten arbeiten. Andere wollen mehr Entscheidungsbefugnis, mehr Verantwortung und an sehr hoher Stelle platziert sein. Wieder andere würden lieber in kleine, konkrete Projekte gehen, dort mit kontinuierlichen Counterparts arbeiten, diese stärken und zusammen Möglichkeiten der Entwicklung erproben.

> *„Ich habe viel bekommen, Dankbarkeit und Freundschaft, habe viel gelernt, … daß beide Seiten ihr System aufbrechen müssen."* [1089]

Die Antworten der Expertinnen und Experten zeichnen ein buntes Bild individuellen Lernens und Verarbeitens. Einige würden in der Vorbereitung einiges anders machen: mehr Zeit darauf verwenden, um Informationen zu sammeln und zu erfahren, worauf sie sich eigentlich einlassen. Wie sind die Verhältnisse am Arbeitsplatz, im Programm, wie groß oder klein ist das eigene Arbeitsfeld? Mancher würde vorher Amharisch oder Afaan Oromo lernen, weil die fremde Sprache Englisch als Mittler eine Barriere ist und bleibt.

Viele würden versuchen, ihr Verhalten zu ändern und sich auf Äthiopien einzustellen; versuchen gelassener und lockerer zu sein, geduldiger und mit etwas mehr Distanz zu arbeiten. Sie wären vorsichtiger, ohne sich zu verleugnen, würden sich nicht auffressen und runterziehen lassen wollen und mehr Dinge außerhalb der Arbeit tun, sich mehr Freiräume schaffen und nutzen und mehr reisen und weniger (als 50–70 Stunden) arbeiten.

Wichtig wäre es, ein offenes Ohr zu behalten und mehr zuzuhören, sich mit vielen zu vernetzen, gegenseitiges Coaching und Dialogformen zu entwickeln, mit denen man das herausfinden kann, worauf es ankommt, was wirklich aussichtsreich ist und funktionieren könnte. … und die eigene Verhandlungskompetenz „anglisieren", um mit Hartnäckigkeit und Verbindlichkeit sich gegen politische Kurzatmigkeit, Machtansprüche, Intrigen und Übergriffe wehren zu können.

Abb. 104 Somalifamilie bei Negele / Borana, 2004

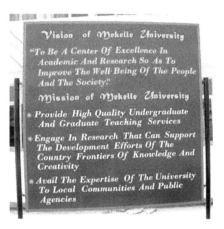

Abb.108 Vision der Mekele Universität

Abb. 106 Berufsschullehrer zeigen ihre
Veranschaulichungen, Wolisos 2004

Abb. 107 Zwei Jungs am Awash, 2001

Abb. 105 Handgeschnittener Teff
trocknet nach, 2002

Endnoten

In Klammern gesetzte Zeitangaben geben das Datum des jeweiligen Zugriffs auf online-Ausgaben von Zeitungen und sonstige Internetseiten an.

1   Vgl. Bahru Zewde, Pioneers of Change in Ethiopia. The Reformist Intellectuals of the Early Twentieth Century, Addis Abeba, Athens, Oxford 2002, S.141.

2   Es sind die Somali (4.581.794 = 6,2%), die Tigray (4.483.892 = 6,07%), die Sidama (2.966.474 = 4,01%), die Gurage (1,867.377 = 2,53%), die Woleita (1,707.079 = 2,31%), die Hadiya (1.284.373 = 1,74%), die Afar (1.276.374 =1,73%) und die Gamo (1.107.163= 1,50%). Vgl. Summery and Statistical Report of the 2007 Population and Housing Census Results, www.csa.gov.et/(12.2.2009).

3   Vgl. www.moinfo.gov.et...(4.9.2008).

4   Vgl. Capital, 10.12.2006; http://www.waltainfo.com/ (10.12.2009).

5   So auf der offiziellen Millenniumsseite im Internet und in diversen Presseveröffentlichungen.

6   Vgl. The Reporter, 13.12.2008.

7   So in einem Beitrag des Ethiopian Millennium Festival Secretaria Office, in: The Reporter, 23.12.2006.

8   Vgl. http://www.ethiopianmuslimsnet (26.10.2008);The Reporter, 27.6.2009; Mengistu Gobezie, Heritage Tourism in Ethiopia, Addis Abeba 2008, S.162.

9   Vgl. Christopher Clapham, Rewriting Ethiopian History. Introduction: the familiar tale of Ethiopian history, in: Annales d'Éthiopie, 2002, Vol. XVIII, S.37ff.

10 Vgl. Richard Pankhurst, A Social History of Ethiopia, Addis Abeba 1990, S. 314f; Kaldi and the Dancing Goats. The Legend of Ethiopian Coffee, by Sauda Mdahoma, illustrated by Sari Nordberg, Addis Abeba 2007.

11 Vgl. Rita Pankhurst, Women in Power, in: One World Magazine, 1995 und zahlreiche Zeitungsartikel.

12 Vgl. Süddeutsche Zeitung, 2./3./4.10.2009.

13 Messay Kebede, in: Addis Tribune, 25.3.2005.

14 Vgl.TAZ, 21.10.2008.

15 Vgl. Kerstin Volker-Saad, Anna Greve (Hg.), Äthiopien und Deutschland. Sehnsucht nach der Ferne, Berlin, München 2006, S.262.

16 Vgl. Gaitachew Bekele, Des Kaisers Kleider. Eine persönliche Sicht auf Politik und Verwaltung in der kaiserlichen Äthiopischen Regierung 1941-1974, Michigan University Press, East Lansing 1993, S.160.

17 Vgl. Belai Giday, Ethiopian Civilization, Addis Abeba 1992, S.174.

18 Vgl. Christopher Chapham, Rewriting..., S.40.

19 Vgl. Thomas Zitelmann, Nation der Oromo: kollektive Identitäten, nationale Konflikte, Wir-Gruppenbildungen, Berlin 1994, S.182.

20 Vgl. Tamene Bitima, A Dictionary of Oromo Technical Terms, Köln 2000, S.11.

21 Vgl. Walter Raunig (Hg.), Das christliche Äthiopien. Geschichte, Architektur, Kunst, Regensburg 2005, S.279.

22   Vgl. The Sun, 12.9.2002; The Reporter, 4.9.2002.

23   Vgl. Mesfin Arega, in: Addis Tribune, 17.9.2004; Addis Tribune, 15.10.2004, 12.11.2004; vgl. auch Fr. Emmanuel Fritsch, The Liturgical Year of the Ethiopian Church, Addis Abeba 2001, S.21ff; Walelign Emiru, The Ethiopian Orthodox Church Festivals of the Finding of the True Cross and Epiphany, Addis Abeba 2007, S.80ff.

24   Vgl. Walelign Emiru, Ethiopia Through the Second Millennium. Critical Assessment, Addis Abeba 2008, 2nd ed., S.68ff.

25   Vgl. Randi Ronning Balsvik, Haile Sellassie`s Students: The Intellectual and Social Background to Revolution, 1952-1974, Addis Abeba 2005 (Reprint von 1985), S.277.

26   Vgl. http://www.tecolahagos.com/index.html, (5.11.2009) http://ethiopiansemay.blogspot.com/2008/06/walleligne-mekonnen.html, (5.11.2009); http://mestawot.wordpress.com/2008/04/11/, (5.11.2009).

27   http://ethiopiansemay.blogspot.com/2008/06/walleligne-mekonnen.html, (5.11.2009).

28   Vgl. http://www.csa.gov.et/pdf/Cen2007_firstdraft.pdf (12.2.2009).

29   Vgl. Christiane Auf, Staat und Militär in Äthiopien. Zur Wechselwirkung im historischen Prozeß der Staatsbildung, Hamburg 1996, S.49.

30   Vgl. http://www.bfm.admin.ch/etc/medialib/data/migration/laenderinformationen/herkunftslaenderinformationen/afrika.Par.0002.File.tmp/AETH_Ethnien_und_Sprachen_Teil_II_public.pdf; S.2 (21.2.2010); siehe: „amarä" in Amharisch = be beautiful.

31   Vgl. Bahru Zewde, The Changing Fortunes of the Amharic Language: Lingua Franca or Instrument of Domination? in: Studia Aethiopica. In Honour of Siegbert Uhlig on the Occasion of his 65th Birthday, ed. by Verena Böll, Denis Nosnitsin u.a., Wiesbaden 2004, S.303-308.

32   Vgl. Christiane Auf, Staat und Militär..., S.49.

33   Vgl. Bahru Zewde, The Changing Fortunes..., S.311.

34   Vgl. Christiane Nette, Die Schulpolitik Äthiopiens seit 1974. Ein Beitrag zur nationalen Integration?, Zürich 2001, S.33, 52.

35   Vgl. Thomas Zitelmann, Nation der Oromo..., S.86.

36   Vgl. Randi Ronning Balsvik, Haile Selassie`s Students..., S.44; Christiane Nette, Die Schulpolitik..., S.51.

37   Vgl. Donald N. Levine, Wax & Gold. Tradition and Innovation in Ethiopian Culture, Chicago, London 1967, 3rd ed¸ S.114.

38   Vgl. Randi Ronning Balsvik, Haile Selassie`s Students..., S.44, vgl. S.48.

39   Vgl. Paul B. Henze, Layers of Time. A History of Ethiopia, Addis Abeba 2004, S.195 Fn18.

40   Vgl. Tarekegn Adebo, Ethnicity vs. Class: Concepts in the Analysis of Ethiopian Revolution, in: Proceedings of the 7th International Conference of Ethiopian Studies, Addis Abeba, Uppsala 1984, S.548.

41   Vgl. Christiane Nette, Die Schulpolitik..., S.53.

42   Vgl. Tamene Bitima, Jürgen Steuber, Die ungelöste nationale Frage. Studien zu den Befreiungsbewegungen der Oromo und Eritreas, Frankfurt a. M. 1983, S.24.

43   Vgl. Thomas Zitelmann, Nation der Oromo..., S.49.

44   Vgl. Arka Abota, Ethiopias Foreign Policy under Emperor Haile Selassie I: An Appraisal, Addis Abeba 2002, http://hdl.handle.net/123456789/883, (5.1.2010).

45   Vgl. Tamene Bitima, Jürgen Steuber, Die ungelöste nationale Frage..., S.102f; Thomas Zitelmann, Nation der Oromo..., S.113ff.

46   Vgl. Bas van Heur, The Spatial Imagination of Oromia: The Ethiopian State and Oromo Transnational Politics, Utrecht / Netherlands 2004, S.73; Human Rights Watch, Suppressing Dissent. Human Rights Abuses and Political Repression in Ethiopia's Oromia Region, May 2005, Vol.17, No.7 (A), S.9ff.

47   Gaitachew Bekele, Des Kaisers Kleider..., S.111.

48   Vgl. ebenda, S.2.

49   Vgl. Messay Kebede, in: Addis Tribune, 2.4.2004.

50   Vgl. Asfa-Wossen Asserate, Ein Prinz aus dem Hause David und warum er in Deutschland blieb, Frankfurt a. M. 2008, S.368.

51   Vgl. Herbert S.Lewis, The Development of Oromo Political Consciousness from 1958 to 1994, in: Beiing and Becoming Oromo. Historical and Anthropological Enquiries, Lawrenceville, Asmara 1996, S.47.

52   Vgl. Mohammed Hassen, The Oromo of Ethiopia. A History 1570-1860, Georgia State University 1990, S.2.

53   Vgl. Ezekiel Gebissa, Introduction: Rendering Audible the Voices of the Powerless, in: Northeast African Studies, Vol. 9, No. 3 (New Series), 2002, S.6.

54   Vgl. Thomas Zitelman, Nation der Oromo..., S.210 Fn26.

55   Vgl. ebenda, S.211Fn28.

56   Vgl. ebenda, S.80f; Randi Ronning Balsvik, Haile Selassie`s Students..., S.280.

57   Vgl. Bas van Heur, The Spatial Imagination..., S.72; Thomas Zitelmann, Nation der Oromo..., S.82, 175.

58   Vgl. Bas van Heur, The Spatial Imagination..., S.51.

59   Vgl. Stefan Brüne, Äthiopien – Unterentwicklung und radikale Militärherrschaft. Zur Ambivalenz einer scheinheiligen Revolution, Hamburg 1986, S.290.

60   http://www.oromia.org/Articles/Ethiopian_system_of_domination_and_consequences. htm; Vgl auch: http://bilisummaa.com/index.php?mod=article&cat=Oduu&article=1035; http://www.sidamaliberation-front.org/index.htm; (1.12.2009).

61   Vgl. Thomas Zitelmann, Nation der Oromo..., S.171ff.

62   http://bilisummaa.com/index.php?mod=article&cat=Oduu&article=1035 (15.6.2009).

63   Vgl. Ezekiel Gebissa, Introduction: Rendering Audible..., S.9.

64   Vgl. Thomas Zitelmann, Nation der Oromo..., S.76, Ezekiel Gebissa, Introduction: Rendering Audible..., S.8.

65   http://www.h-ora.de/oga1_set.htm (30.11.2009).

66   Vgl. Antonie K. Nord, Politische Partizipation in einer blockierten Demokratie. Das Beispiel Äthiopien, Hamburg 1999, S.96; Thomas Zitelmann, Nation der Oromo..., S.42f,176.

67   Vgl. Christopher Clapham, Rewriting..., S.44.

68   Vgl. Merera Gudina, Ethiopia. Competing ethnic nationalisms and the quest for democracy, 1960-2000, Addis Abeba 2003, S.103.

69   Vgl. z.B. Bas van Heur, The Spatial Imagination..., S.34,48; Wolfgang Heinrich, Ethnische Identität und nationale Integration. Eine vergleichende Betrachtung traditioneller Gesellschaftssysteme und Handlungsorientierungen in Äthiopien, Göttingen 1984, S.45, 85.

70   Vgl. Bas van Heur, The Spatial Imagination..., S.52.
71   http://www.onlf.org/viewpage.php?page_id=4; http://www.ogaden.com/; http://www.
      sidamaliberation-front.org/index.htm (3.12.2009).
72   http://www.oromia.org.Articles/Ethiopian_system_of_domination (9.4.2008).
73   http://www.oromoliberationfront.org/ (3.12.2009); vgl. auch Addis Fortune, 29.11.2009
      (online); Corinna Milborn, Große Landnahme, in: FORMAT 48, 1/ 09, http://www.format.
      at/articles/0949/525/256653/die-landnahme-inmitten-hungersnoeten-afrika-millionen-
      hektar-grund (1.12.2009); Bernhard Schulte-Kemna, Entwicklung durch gigantische
      Farmen? Oder der finale Ausverkauf?, in: Deutsch-Äthiopischer Verein, Informationsblätter,
      Ausgabe Februar 2010, S.3ff.
74   Vgl. Bas van Heur, The Spatial Imagination..., S.86f.
75   Vgl. Jimma Times (23.1.2010, 29.1.2010).
76   Vgl. Jimma Times (20.1.2010, 29.1.2010).
77   Vgl. Bas van Heur, The Spatial Imagination..., S.68f, 75.
78   Vgl. Addis Tribune, 17.8.2001, The Sun, 16.8.2001.
79   Vgl. Hermann Amborn, Polykephale Gesellschaften Südwest-Äthiopiens zu Zeiten der
      Sklavenjagden, in: Stefan Brüne, Heinrich Scholler (Hg.), Auf dem Weg zum modernen
      Äthiopien. Festschrift für Bairu Tafla, Münster 2005, S.4; vgl. auch: C. R. Hallpike, The
      Konso of Ethiopia. A Study of the Values of a Cushitic People, Oxord 1972, S.5.
80   Vgl. Yukio Miyawaki, Hor Memory of Sidaama Conquest, in: Ivo Strecker, Jean Lydall (Eds.),
      The Perils of Face. Essays on cultural contact, respect and self-esteem in southern Ethiopia,
      Berlin 2006, S.186, vgl. hier insbes. 151ff, 185ff, 207ff.
81   Vgl. Gabreyesus Hailemariam, The Gurage and Their Culture, New York, Los Angeles 1991,
      S.31.
82   Vgl. Ulrich Braukämper, Geschichte der Hadiya Süd-Äthiopiens. Von den Anfängen bis zur
      Revolution 1974, Wiesbaden 1980, S.279ff.
83   Vgl. Die Völker Afrikas. Ihre Vergangenheit und Gegenwart, Bd.II, Berlin 1961, Abb.79.
84   Helmut Falkenstörfer, Äthiopien. Tragik und Chancen einer Revolution, Stuttgart 1986, S.66.
85   Vgl. Teshale Tibebu, The Making of Modern Ethiopia 1896-1974, Lawrenceville / NJ 1995,
      S.18.
86   Vgl Helmut Falkenstörfer, Äthiopien. Tragik..., S.63.
87   Vgl. Bas van Heur, The Spatial Imagination..., S.38; Helmut Falkenstörfer, Äthiopien.Tragik...,
      S.64.
88   Vgl. ebenda, S.58.
89   Kinfe Abraham, Ethiopia. From Empire to Federation, London, Stockholm, New York,
      S.220; vgl. auch http://www.tigraionline.com/.
90   Vgl. Randi Ronning Balsvik, Haile Selassie's Students..., S.281; vgl. S.279f.
91   Vgl. Helmut Falkenstörfer, Äthiopien. Tragik..., S.61.
92   Vgl. Haggai Erlich, Tigre in Modern Ethiopian History, in: Proceedings of the 7th
      International Conference of Ethiopian Studies, Addis Abeba, Uppsala 1984, S.328.
93   Vgl. Addis Tribune, 14.11.2003, 7.11.2003.
94   Vgl. Tamene Bitima, Jürgen Steuber, Die ungelöste nationale Frage..., S.3.

95 Vgl. Aregawi Berhe, The Origins of the Tigray People`s Liberaton Front, in: African Affairs (2004), 103/413, S.571.

96 Vgl. Christoph Emminghaus, Äthiopiens ethnoregionaler Föderalismus. Modell der Konfliktbewältigung für afrikanische Staaten?, Hamburg 1997, S.76, 69; Paul Henze, Layers of Time..., S.194f.

97 Vgl. Kinfe Abraham, Ethiopia. From the Empire..., S.239, vgl. ebenda, S.230.

98 Vgl. Hagos G/Johannes, Political History of Tigray: Rivalry for Power (1910-1935), S.2, http://hdl.handle.net/123456789/1102 (5.1.2010).

99 Vgl. Haggai Erlich, Tigre in Modern..., S.329.

100 Vgl. Aregawi Berhe, The Origins of the Tigray People`s..., S.573.

101 Vgl. ebenda, S.576.

102 Vgl. ebenda, S.573.

103 Vgl. ebenda, S.577.

104 Dieter Beisel, Reise ins Land der Rebellen. Tigray – eine afrikanische Zukunft, Reinbek bei Hamburg 1989, S.12.

105 Vgl. ebenda, S.25.

106 Vgl The Reporter (30.11.2009); taz (24.3.2010).

107 Vgl. The Reporter (18.3.2010); Spiegel (6.3.2010).

108 Vgl. Helmut Falkenstörfer, Äthiopien. Tragik..., S.59.

109 Vgl. Aregawi Berhe, The Origins of the Tigray People`s..., S.587.

110 Vgl. ebenda, S.591f.

111 Vgl. z.B. Addis Tribune, 27.4.2001, 4.5.2001, 5.10.2001, The Sun, 30.8.2001.

112 Vgl. Christoph Emminghaus, Äthiopiens ethnoregionaler Föderalismus..., S.70.

113 http://www.csa.gov.et/pdf/cen2007-firstdraft.pdf, S.86f.

114 Vgl. Lemma Yirashewa Betru, Kommunale Selbstverwaltung als Beitrag zur Ent-Ethnisierung ethnischer Konflikte in Äthiopien, Hamburg 2008, S.234.

115 Vgl. Jimma Times, 16.10.2009 (29.1.2010).

116 Vgl. z.B. Berhanu G. Balcha: A minority domination and ethnic federalism, in: http://www.ethiopianreview.com/content/9690, 8.5.2009 (23.2.2010).

117 Vgl. http://ethioforum.org/wp/archives/1077, 27.5.2009 (23.2.2010); http://www.sudantribune.com/spip.php?article23355, 20.8.2007 (23.2.2010).

118 http://www.ginbot7.org/Ginbot_7_Report_30_May_2009.htm, 30.5.2009; http://www.andnet.de/index.php?start=40 20.12.2009; http://ethioforum.org/wp/archives/1077, 27.5.2009 (23.2.2010).

119 Vgl. Christoph Emminghaus, Äthiopiens ethnoregionaler Föderalismus..., S.139.

120 Vgl. Nadia von Bassewitz, Hartmut Heß, 10 Jahre ethnischer Föderalismus in Äthiopien, S.9, in: http://library.fes.de/pdf-files/iez/50161.pdf; Meheret Ayenew, Decentralization in Ethiopia, in: Bahru Zewde, Siegfried Pausewang, Ethiopia. The Challenge of Democracy from Below, Uppsala, Addis Abeba 2002, S.130ff; Christoph Emminghaus, Äthiopiens ethnoregionaler Föderalismus..., S.128ff; Jon Abbink, The Ethiopian Second Republic and the Fragile „Social Contract", in: Africa Spectrum, 44, 2, S.12ff, http://africa-spectrum.org.

121 Vgl. z. B. Donald Levine, in: Sub-Saharan Informer, 23.3.2007; Addis Tribune, 27.4.2001, 4.5.2001, 24.8.2001, 5.10.2001, 13.8.2004; The Reporter, 28.5.2003.

122 Merera Gudina, Ethiopia. Competing Ethnic…, S.38, 151f; Messay Kebede, The Ethnicization of Ethiopian Politics, http://mestawot.wordpress.com/2008/04/11/ (5.11.2009); John Markakis, Nega Ayele, Class and Revolution in Ethiopia, Addis Abeba 2006 (Reprint 1978, 1986), S.61ff.

123 Vgl. ebenda, S.63ff; Bas van Heur, The Spatial Imagination…, S.47.

124 Vgl. Helmut Falkenstörfer, Äthiopien. Tragik…, S.60.

125 Vgl. Nadia von Bassewitz, Hartmut Heß, 10 Jahre ethnischer Föderalismus…, S.2; Lemma Yifrashewa Betru, Kommunale Selbstverwaltung…, S.42ff.

126 Vgl. Christoph Emminghaus, Äthiopiens ethnoregionaler Föderalismus…, S.82.

127 "belief in a common or related identities", vgl. The Constitution of the Federal…, Art.39, Abs.10, http://www.erta.gov.et/pdf/Constitution.pdf, (28.5.2008).

128 Vgl. Christiane Auf, Staat und Militär…, S.48.

129 Vgl. Gaitachew Bekele, Des Kaisers Kleider…, 100f.

130 Vgl. Lemma Yifrashewa Betru, Kommunale Selbstverwaltung…, S.149.

131 Vgl. Bas van Heur, The Spatial Imagination…, S.44.

132 Vgl. Tassel Deena, Ethiopian Cultures and the Illusion of Ethiopian Culture, in: DÄV, Informationsblätter, Nov.2002, S.2.

133 Vgl. Lemma Yifrashewa Betru, Kommunale Selbstverwaltung…, S.213ff.; Siegfried Pausewang, Political Conflicts in Ethiopia – in View of the Two-Faced Amhara Identity, in: Proceedings of the 16th International Conference of Ethiopian Studies, Vol. 2, Trondheim 2009, S. 549ff.

134 Vgl. Capital, 29.1.2006, The Sub-Saharan Informer, 31.3.-6.4.2006.

135 Vgl. How to make the Amhara elites accept and respect „ethnic" federalism!, http://www.tecolahagos.com/ethnic_federalism.htm(5.11.2009).

136 Vgl. Jimma Times (28.6.2009).

137 Vgl. The Reporter (28.11.2009); Jimma Times, 21.12.2009 (29.1.2010).

138 Vgl. Teshale Tibebu, The Making…, S.XXIV.

139 Vgl. Bahru Zewde, Ethiopian Historiography: Retrospect and Prospect, in: Silver Jubilee Anniversary of the Institute of Ethiopian Studies, Addis Abeba 1990, S.89.

140 Vgl. Richard Pankhurst, Addis Tribune, 6.5.2005, 13.5.2005.

141 Vgl. Donald Crummey, Land and Society in the Christian Kingdom of Ethiopia. From the Thirteenth to the Twentieth Century, Addis Abeba 2000, S.65f.

142 Vgl. Sevir Chernetsov, in: Encyclopaedia Aethiopica, Vol. 3, Wiesbaden 2007, S.42.

143 Vgl. Ezekiel Gebissa, Introduction: Rendering…, S.5; siehe auch Paul Henze, Layers of Time…, S.91.

144 Bahru Zewde, The Changing Fortunes …, S.310.

145 Vgl. Bahru Zewde, Pioneers of Change…, S.99ff.

146 Vgl. ebenda, S.142.

147 Vgl. Thomas Zitelmann, Nation der Oromo…, S.182.

148 Vgl. Messay Kebede, in: Addis Tribune, 25.3.2005.

149 Vgl. Gebre-Igziabiher Elyas, Reidulf K. Molvaer, Prowess, Piety and Politics, Köln 1994, S.477.

150 Vgl. Bahru Zewde, A Century of Ethiopian Historiography, in: Journal of Ethiopian Studies, Vol XXXIII, No. 2 (November 2000), S.4.

151 Vgl. Hanna Rubinkowska, The History That Never Was: Historiography by Haylä Sellase I, in: Studia Aethiopica..., S.221ff; siehe auch Bahru Zewde, A Century of Ethiopian Historiography ..., S.6f.

152 Vgl. Donald N. Levine, Wax & Gold..., S.142.

153 Vgl. Randi Ronning Balsvik, Haile Selassie`s Students..., S.246.

154 Vgl. Eike Haberland, Einführung in die äthiopische Geschichte bis zur Jahrhundertwende, in: Zeitschrift für Kulturaustausch, Äthiopien. Sonderausgabe 1973, S.27f.

155 Vgl. Adelheit Zelleke, 100 Jahre Deutsch-Äthiopischer Freundschafts- und Handelsvertrag 1905-2005, hrsg. vom Äthiopischen Zentrum Deutschland e.V., Bonn 2004, S.2.

156 Vgl. Cedric Barnes, Tim Carmichael, Editorial Introduction. Language, Power and Society: Orality and Literacy in the Horn of Africa, in: Journal of African Cultural Studies, Vol.18, No. 1, June 2006, S.3.

157 Vgl. Tamene Bitama, Jürgen Steuber, Die ungelöste nationale Frage..., S.20.

158 Vgl. Randi Ronning Balsvik, Haile Selassie's Students:..., S.30.

159 Bahru Zewde, Ethiopian Historiography..., S.93.

160 Bahru Zewde, A Century of Ethiopian Historiography..., S.14.

161 Vgl. http://etd.aau.edu.et/dspace/.

162 http://www.cfee.cnrs.fr/IMG/pdf/Workshop_Lij_Iyasu_-_Program.pdf (Dezember 2009); http://www.cfee.cnrs.fr/spip.php?article148 (27.4.2010).

163 Vgl. Kassaye Begashaw, The Archaeology of Islam in North East Shoa, in: Proceedings of the 16th International Conference, Vol. 1, S. 11ff; Hussein Ahmed, The Coming of Age of Islamic Studies in Ethiopia ..., ebenda, Vol. 2, S. 449ff.

164 Vgl. Rita Pankhurst, International Conferences of Ethiopian Studies: A Look at the Past, in: Proceedings of the 7th International Conference of Ethiopian Studies, Addis Abeba, Uppsala 1984, S.5.

165 Vgl. Shiferaw Bekele, Introduction, in: Journal of Ethiopian Studies, Vol. XXXVII, No.2, December 2004, S.1.

166 Vgl. http://www.afromet.org/ .

167 Vgl. Stefan Brüne, Äthiopien – Unterentwicklung..., S.69, Randi Ronning Balsvik, Haile Selassie`s Students..., S.157f.

168 Vgl. Randi Ronning Balsvik, The Quest for Expression: State and the University in Ethiopia under Three Regimes, 1952-2005, Addis Abeba 2007, S.33.

169 Vgl. Randi Ronning Balsvik, Haile Selassie`s Students:..., S.277; ders. The Quest..., S.33f.

170 Vgl. Stefan Brüne, Äthiopien – Unterentwicklung..., S. 70.

171 Vgl. Randi Ronning Balsvik, Haile Selassie`s Students:....; S.293.

172 Vgl. Randi Ronnng Balsvik, The Quest..., S.52; Stefan Brüne, Äthiopien – Unterentwicklung..., S.89ff.

173 Vgl. John Markakis, Nega Ayele, Class and Revolution..., S.187ff; Bahru Zewde, A History of Modern Ethiopia 1855-1991, Oxford, Athens, Addis Abeba 2005 (Reprint 2nd ed. 2002), S.236ff; Stefan Brüne, Äthiopien – Unterentwicklung..., S.109ff.

174   Vgl. Randi Ronning Balsvik, The Quest..., S.91.
175   Vgl. Tarekegn Adebo, Ethnicity Vs. Class..., S.548, 546.
176   Vgl. Bahru Zewde, A Century of Ethiopian Historiography..., S.4.
177   Vgl. Proceedings of the 9th International Conference of Ethiopian Studies, Moscow 1988; z.
       B. Gebre Sellassie Seyoum Hagos, The Substance of the Unification of Ethiopia: Problems of
       Unity and Historical Developments, S. 81-101.
178   Vgl. Rondi Ronning Balsvik, The Quest..., S.124.
179   Vgl, ebenda, 136.
180   Vgl. Ezekiel Gebissa, Introduction: Rendering..., S.7,4.
181   Ezekiel Gebissa, Introduction: Rendering..., S.7.
182   Vgl. Christopher Clapham, Rewriting Ethiopian History..., S.43.
183   Vgl. Randi Ronning Balsvik, The Quest..., S.134f.
184   Vgl. Christiane Nette, Die Schulpolitik..., S.78ff.
185   Vgl. ebenda, S.87.
186   Vgl. Fekadu Begna, Ahmed Hassen, History Grade 9. Student's Textbook, Addis Abeba 1999;
       Damtie Asfaw Derso, Fundamental Concepts of History for Grades 9 and 10. Based on the
       New Curriculum, Addis Abeba 2002; Tesfaye Zergaw, A Survey History of World, Africa and
       Ethiopia, Addis Abeba 2001; Tadesse Delessa, Girma Alemayehu, Ethiopian History. From
       Early Axumite Period to the Downfall of Emperor Haile Sellassie I, Revised Edition, Addis
       Abeba o.J.; Girma Alemayehu, Tadesse Delesa, History Grade 9-10. Based on the Newly
       Revised Curriculum, Addis Abeba1998 E.C. (=2005/06); Assefa Batu Bedhane, The New
       Guide to Secondary School. History. Grades 9 and 10. Ancient, Medieval and Modern World
       History, African History, Ethiopian History, Addis Abeba 1999 E.C. (=2006/07).
187   Fekadu Begna, Ahmed Hassen, History Grade 9..., S. 129, 130.
188   Damtie Asfaw Derso, Fundamental Concepts..., S.500.
189   Vgl. Girma Alemayehu,Tadesse Delessa, History Grade 9-10..., S.496; Assefa Batu Bedane,
       The New Guide to Secundary School...; S.306.
190   Vgl. Girma Alemayehu, Tadesse Delessa, History Grade 9-10..., S.464; Assefa Batu Bedane,
       The New Guide to Secondary School..., S.244.
191   Vgl. Damatie Asfaw Derso, Fundamental Concepts..., S.563.
192   Girma Alemyehu, Tadesse Delessa, History Grade 9-10..., S.553.
193   Fekadu Begna, Ahmed Hassen, History, Grade 9..., S.25.
194   Zu den Zahlen vgl. The Economist Intelligence Unit Limited, Januar 2009; Fortune,
       24.5.2009; Christiane Nette, Die Schulpolitik..., S.45ff; Dieter Wartenberg, Wolfgang
       Mayrhofer (Hg.), Bildung in Äthiopien. Ein Land geht neue Wege, Hamburg 1999.
195   Vgl. Dessalegn Rahmato, Meheret Ayenew, Democratic Assistance to Post-Conflict Ethiopia.
       Impact and Limitations, Addis Abeba 2004; S.85; siehe auch Shimelis Bonsa, The State of the
       Private Press in Ethiopia, in: Bahru Zewde, Siegfried Pausewang, Ethiopia. The Challenge...,
       S.186ff.
196   Vgl. Fortune, 9.11.2003.
197   Vgl. z.B. The Ethiopian Review of Books, September 2005.
198   Vgl. The Sun; 24.3.2002, The Reporter, 1.2008, 3.3.2007, 23.12.2006; Fortune, 10.3.2008.

199   Vgl. The Reporter, 1.3.2008.

200   Vgl. Kapitel 7.

201   Vgl. u.a. Addis Tribune, 28.3.2003, 26.9.2003, 10.10.2003; The Sun, 27.3.2003, 10.4.2003, Capital, 12.18.10.2003; The Reporter, 8.10.2003, 15.1.2003; The Sub-Saharan Informer, 17.10.2003

202   Vgl. Capital, 4.3.2007.

203   Vg. Capital, 11.3.2007; vgl. auch Sub-Saharan Informer, 9-16.2.2007.

204   Vgl. ebenda, 9.-16.2.2007.

205   Addis Tribune, 7.5.2004; The Reporter, 10.12.2003.

206   Vgl. z.B. The Reporter, 28.1.2004.

207   Vgl. The Reporter, 10.12.2003, The Sun, 11.12.2003.

208   Vgl. z.B. Addis Tribune, 27.4.2001, 4.5.2001, 5.10.2001, 22.11.2002, 30.1.2004; The Reporter, 23.5.2001, 10.12.2003, 28.1.2004, 4.2.2004; The Sun, 21.6.2001, 21.11.2002, 11.12.2003; Fortune, 18.1.2004; The Daily Montor, 10.-11.12.2005; The Sub-Saharan Informer,10.-22.12.2006; Capital,1.1.2007, (31.8.2008);

209   Vgl. The Reporter (13.12.2008, 4.10.2008).

210   Vgl. The Reporter (20.2.2010).

211   Vgl. The Sun, 13.02.2003; vgl. für den folgenden Text auch: Addis Tribune, 19.7.2002; Fortune, 16.10.2005; The Daily Monitor, 12.-13.11.2005; Ethiopian Journal, 7.6.2003; Stuart Munro-Hay, The Quest for the Ark of the Covenant. The True History of the Tablets of Moses, New York 2005; ders. The "Coronation" of the Emperors of Ethiopia at Aksum, in: Studia Aethiopica ..., S.177ff; Elisabeth-Dorothea Hecht, The Kebra Nagast. Oedipus and Menilek: A Camparison of two Myths, in: Proceedings of the 5th International Conference of Ethiopian Studies, Chicago 1978, S. 329-341; Kesis Kefyalew Merahi, The Covenant of Holy Mary Zion with Ethiopia, Addis Abeba 1997, S. 12ff; ders. Saints and Monasteries in Ethiopia, Addis Abeba 2001, S. 24ff; Baye Felleke, Questions about the Kibre Negest, Addis Abeba 1996.

212   So Edward Ullendorff, vgl. Richard Pankhurst, Historic Images of Ethiopia, Addis Abeba 2005, S.23.

213   Vgl. Teshale Tibebu, The Making..., S.12.

214   Vgl. Kebra Nagast. Die Herrlichkeit der Könige. Aus dem äthiopischen Urtext zum ersten Mal in`s Deutsche übersetzt von Carl Bezold, München 1905, S.18.

215   Vgl. ebenda, S.127.

216   Vgl. ebenda, S.101f; ähnlich ebenda, S.137.

217   Vgl. Stuart Munro-Hay, The Quest..., S.22.

218   Vgl. ebenda, S.101.

219   Vgl. ebenda, S.145.

220   Vgl. Michela Wrong, I Didn't Do It For You. How the World Used and Abused a Small Nation, London 2005, S.113.

221   Vgl. zu diesem Vorgang: Mitteilung des Pressedienstes der Universität Hamburg v.7.Mai 2008, www.uni-protokolle.de/nachrichten, (7.5.2008); http://www1.uni-hamburg.de/ ethiostudies/saba.html; http:// www1.uni-hamburg.de/helmut-ziegert (22.7.2008); FAZ, Mai 2008; Berliner Zeitung, 23.5.2008 u.a.

222 Vgl. Graham Hancock, The Sign and the Seal, London 1993.

223 Vgl. Kinfe Abraham, Ethiopia. From the Empire..., S.21; Mengiste Desta, Ethiopia's Role in African History, Addis Abeba 2007, S.17f.

224 Vgl. Stuart Munro-Hay, The Quest..., S.39.

225 Vgl. Leah Niederstadt, Framing Images: The Evolution of Narrative Format in Ethiopian Popular Painting, in: Proceedings of the 6th International Conference on the History of Ethiopian Art, Addis Abeba 2003, S.311.

226 Michela Wrong, I Didn't Do..., S.109.

227 Vgl. Alice Jankowski, Die Königin von Saba und Salomo, Hamburg 1987, S.51.

228 Vgl. z.B. Rolf Beyer, Die Königin von Saba. Engel und Dämon. Mythos einer Frau, Bergisch Gladbach 1992, 2.Aufl., S.233ff; Detlef Müller (Hg.), Märchen aus Äthiopien, München 1992, S.14ff.

229 Vgl. Reidulf K. Molvaer, Black Lions. The Creative Lives of Modern Ethiopia`s Literary Giants and Pioneers, Lawrenceville / NJ, Asmara 1997, S.331.

230 Vgl. Paul B. Henze, Ethiopia in Mengistu's Final Years. Until the Last Bullet, Vol.2, Addis Abeba 2007, S.84; siehe auch Helmut Falkenstörfer, Äthiopien. Tragik..., S.19.

231 Vgl. Fekade Azese, Mengistulore: Oral Literature despicting the Man, His Regime, Officials and Proclamations, in: Bahru Zewde, Siegfried Pausewang, Ethiopia. The Challenge..., S.153.

232 Stuart Munro-Hay, The Quest..., S.183.

233 Vgl. Andrzej Bartnicki, Joanna Mantel-Niecko, Geschichte Äthiopiens, Bd. 1, Berlin 1978, S.230.

234 Vgl. Stuart Munro-Hay, The Quest..., S.183.

235 Vgl.Helmut Falkenstörfer, Äthiopien. Tragik..., S.23.

236 Vgl. Michela Wrong, I Didn't Do...,S.110.

237 Vgl. Teshale Tibebu, The Making.., S.14.

238 Vgl. Kesis Kefyalew Merahi, The Covenant..., S.2.

239 Vgl. ebenda, S.14.

240 Vgl. Belai Giday, Ethiopian Civilisation..., S.6,14,175.

241 Vgl. Kesis Kefyalew Merahi, The Covenant..., S.10.

242 Vgl. ebenda, S.10.

243 Vgl. Aram Mattioli, Experimentierfeld der Gewalt. Der Abessinienkrieg und seine internationale Bedeutung 1935-1941, Zürich 2005, S.123.

244 Mündliche Mitteilung eines äthiopischen Freundes über einen Bericht dieses Ereignisses im Radio, Februar 2009.

245 Vgl. Stuart Munro-Hay, The Quest..., S.136.

246 Pater Timotheus, Zwei Jahre in Abessinien. Schilderung der Sitten und des staatlichen und religiösen Lebens der Abyssinier, Erster Teil, Leipzig 1888, S.148f; vgl. Das gestohlene Gesetz, www.jaduland.de/afrika/ethiopia/aethiopien_gesetz.html (20.10.2005).

247 Vgl. Stuart Munro-Hay, The Quest..., S.142.

248 Vgl. Teshale Tibebu, The Making..., S.7.

249 Vgl. Richard Pankhurst, in: Addis Tribune v. 25.1.2002.

250 Fr. Emmanuel Fritsch, The Liturgical Year..., S.387.

251   Vgl. ebenda, S.388.

252   Vgl. http://www.gerhard-rohlfs.de/5land09.htm.

253   Vgl. http://www.afromet.org/.

254   Vgl. Addis Tribune, 15.2.2002, 25.1.2002.

255   Vgl. Dag Zimen, Rosen für den Negus. Die Aufnahme diplomatischer Beziehungen zwischen Deutschland und Äthiopien 1905, Göttingen 2005, S.13.

256   Vgl. Bairu Tafla, Menilek's Diplomatic Front: The Role of Alfred Ilg in Events Leading to the Conflict, in: Adwa. Victory Centenary Conference 26 February – 2 March 1996, Addis Abeba 1998, S.13.

257   Vgl. Harald G.Marcus, Racist Discourse about Ethiopia and Ethiopians Before and After the Battle, in: Adwa. Victory..., S.395.

258   An anderen Stellen ist von 3000 Gefangenen die Rede, auch gehen Angaben zu Toten, Vermissten etc. auseinander. Zu unterschiedlichen Zahlen vgl. z.B. ebenda, S.309; Aseffa Abreha, in: Adwa. Victory..., S.152ff und Tekeste Negah, ebenda, S.579; Richard Pankhurst, Economic History of Ethiopia 1800-1935, Addis Abeba 1968, S.59; Abebe Hailemelekot, The Victory of Adowa and what we owe to Our Heroes, Addis Abeba 1998, S.103ff, S.146ff; Aram Mattioli, Experimentierfeld..., S.33; Tsegaye Tegenu, The Evolution of Ethiopian Absolutism. The Genesis and the Making of Fiscal Military State, 1696-1913, Uppsala 1996, S.267.

259   Vgl. Hosea Jaffé, The African Dimension of the Battle, in: Adwa. Victory..., S.406.

260   Vgl. Richard Pankhurst, Menilek and the Utilisation of Foreign Skills in Ethiopia, in: Journal of Ethiopian Studies, Vol. V, No.1, 1967, S.42; sinngemäß gleich, aber abweichende Worte bei Harald G.Marcus, Racist Discourse..., in: Adwa. Victory..., S.394. Wetterly ist der Name eines Gewehrtyps.

261   Fitsum Getachew, in: The Sun, 14.3.2002, Addis Tribune, 4.3.2005.

262   Fitsum Getachew, in: The Sun, 14.3.2002.

263   Vgl. Bahru Zewde, The Italo-Ethiopian War of 1895-6 and the Russo-Japanese War of 1904-5. A Comparative Essay, in: Adwa. Victory..., S.314.

264   Vgl. Hemut Falkenstörfer, Eine kleine Brücke zwischen Welten, in: Informationsblätter, DÄV, November 2008, S.6; Belachew Gebrewold, Ethiopian Nationalism: an Ideology to Transcend All Odds, in: Africa Spectrum, 44, 1 / 2009, S.82.

265   Vgl. Aram Mattioli, Experimentierfeld..., S.34.

266   Vgl. z. B. The Sun, 14.3.2002; Addis Tribune, 4.3.2005, Addis Fortune, 10.3.2008, The Reporter, 26.2.2005, 5.3.2005, 3.3.2007, 1.3.2008; http://www.ena.gov.et/ (20.2.2008); http://www.ethiopia2000.com/index.php (7.3., 12.3.2008).

267   Vgl. Donald N. Levine, in: The Reporter, 1.3.2008.

268   Vgl. Aseffa Abreha, The Battle of Adwa: Victory and its Outcome, in: Adwa. Victory..., S.138; siehe auch die übrigen Beiträge in diesem Band .

269   Vgl. Aseffa Abreha, The Battle..., in: Adwa. Victory..., S.139.

270   Vgl. Belachew Gebrewold, Ethiopian Nationalism..., S.87.

271   Vgl. Tsegaye Tegenu, The Evolution..., S.168, 187.

272   Vgl. Girma Fisseha, Ethiopian Paintings on Adwa, in: Adwa. Victory..., S.691ff.

273 Vgl. z. B. Gebre-Igziabiher Elyas, Reidulf K.Molvaer, Prowess..., S.463f.

274 Vgl. Kassahun Addis, The Reporter, 26.2.2005.

275 Vgl. Aseffa Abreha, The Battle..., in: Adwa. Victory..., S.148f

276 Vgl. Kinfe Abraham, Ethiopia. From Empire..., S.157; ders.: Adowa and its Inspiration on Decolonisation, Pan-Africanism and the Struggle of the Black People, o.O. o.J., S.70ff; vgl. http://www.tigraionline.com/tigraistate.html.

277 Vgl. Bahru Zewde, A Century of Ethiopian Historiography, S.6; Irma Taddia / Uoldeful Chelati Dirar, A Challenge to History? in: Adwa. Victory..., S.517ff.

278 Vgl. Tesfatsion Medhanie, Towards Confederation in the Horn of Africa. Focus on Ethiopia and Eritrea, Frankfurt a. M., London 2007, S.143.

279 Vgl. Richard Pankhurst, „Viva Menilek!": The Reactions of Critica Sociale to the Battle, and to Italian Colonialism, in: Adwa. Victory..., S. 517ff.

280 Vgl. Birhanu Teferra, European Press Reaction to Adwa, in: Adwa.Victory..., S.455ff.

281 Vgl. The Scope, 31.1.2003; Vgl. Kinfe Abraham, Adowa and its Inspiration..., S.86ff.

282 Vgl, z.B. Teshale Tibebu, The Making..., S.XIV, XIX; Harald G. Marcus, Racist Discourse..., S.391ff.

283 Vgl. Harald G. Marcus, Racist Discourse..., S.392.

284 Vgl. ebenda, S.396.

285 Vgl. Hosea Jaffé, The African Dimension of the Battle, in: Adwa. Victory..., S.409.

286 Vgl. Harald G. Marcus, Racist Discourse..., S.398.

287 Vgl. Anton Zischka, Abessinien. „Das letzte ungelöste Problem Afrikas", Bern, Leipzig, Wien 1935, S.59.

288 Vgl. Veronika Six, Foreigners and their Interest in Ethiopian Manuscripts, after Adwa, at the Turn of the Century, in: Adwa. Victory..., S.620.

289 Vgl. Harald G. Marcus, Racist Discourse..., S.396.

290 Vgl. Veronika Six, Foreigners and their Interest..., S.620.

291 Vgl. Silvana Palma, The Italian Iconography of Adwa: A Domesticated Memory, in: Adwa. Victory..., S. 491ff.

292 Vgl. Ausstellungskatalog: Von der Rosen-Gesandtschaft bis heute: 100 Jahre diplomatische Beziehungen zwischen Deutschland und Äthiopien, S.21, http://www.addis-abeba.diplo.de/ Vertretung/addisabeba/de/downloads/100__jahre__dipl__bez,property=Daten.pdf .

293 zitiert nach Veronika Six, Foreigners and their Interest... , S.621.

294 Vgl. Aseffa Abreha, The Battle..., S.132.

295 Angelo Del Boca, in: Aram Mattioli, Experimentierfeld..., S.76.

296 So Mussolini, zitiert nach Aram Mattioli, Experimentierfeld..., S.118.

297 Vgl. Kinfe Abraham, Ethiopia. From the Empire..., 139ff; ders.: Adowa and its Inspiration..., S.119ff; 174ff; The Reporter, 5.3.2005; Hosea Jaffé, The African Dimension..., S.410ff.

298 Vgl. Bahru Zewde, The Italo-Ethiopian War..., S.301.

299 Vgl. Rolf Beyer, Die Königin von Saba..., S.359ff.

300 Vgl. Haggai Erlich, The Copts and Ethiopia – "A Literal-Historical Lecture", 1895, in: Stefan Brüne, Heinrich Scholler (Hg.), Auf dem Weg..., S.93.

301 Vgl. ebenda, S.93; Addis Fortune, 29.1.2010.

302   Vgl. Rita Pemberton, Ties Binding Trinidad and Tobago in the Caribbean to Ethiopia, 1896-1996, in: Adwa. Victory..., S.587f; Vgl. Kinfe Abraham, Adowa and its Inspiration..., S.145ff; Mengiste Desta, Ethiopia`s Role..., S.33ff.

303   Vgl. Alberto Sbacchi, Legacy of Bitterness. Ethiopia and Fascist Italy, Lawrenceville/NJ, Asmara 1997, S.25

304   Vgl. Bahru Zewde, Pioneers of Change.., S.40; siehe auch S.91f.

305   Vgl. Randi Ronning Balsvik, Haile Selassie`s Students..., S.205; vgl. Donald Levine, Wax & Gold, S.141f.

306   Vgl. Randi Ronning Balsvik, Haile Selassie`s Students..., S.208ff.

307   Vgl. Addis Tribune, 21.6.2002.

308   Vgl. The Reporter, 5.2.2005, 12.2.2005, 19.2.2005, 29.1.2005; The Sub-Saharan Informer, 4.-11.2.2005; Addis Tribune, 4.2.2005; siehe auch Addis Tribune, 21.6.2002; The Daily Monitor, 29.-30.1.2005; Capital, (30.9.2009).

309   Vgl. Yacob Wolde-Mariam, Brief Autobiography and Selected Articles, Addis Abeba 2003, S.71.

310   Vgl. Mengiste Desta, Ethiopia's Role..., S.70ff.

311   Vgl. ebenda, S.9, siehe auch S.20, 25, 40.

312   Vgl. ebenda, S.30.

313   Vgl. Yacob Wolde-Mariam, Brief Autobiography..., S.23.

314   Richard Pankhurst, in: Book Review, Dezember 2003; Bahru Zewde, A History of Modern..., S.153.

315   Vgl. Alberto Sbacchi, Legacy of Bitterness...; S.36ff.

316   Vgl. Stefan Brüne, Äthiopien – Unterentwicklung..., S.269.

317   zitiert nach Aram Mattioli, Experimentierfeld..., S.79; siehe auch ders.: Eine veritable Hölle, in: Die Zeit, Nr.51 v. 13.12.2001; Alberto Sbacchi, Legacy of Bitterness... S.55ff, Volker Matthies, Kriege am Horn von Afrika. Historischer Befund und friedenswissenschaftliche Analyse, Berlin 2005, S.78ff.

318   Vgl. Aram Mattioli, Experimentierfeld..., S.195 Fn1; zur Rolle der Askaris, vgl. Rheinisches Journalistinnenbüro, „Unsere Opfer zählen nicht". Die Dritte Welt im Zweiten Weltkrieg, hrsg. von Recherche International e.V., Berlin, Hamburg 2009, 2.Aufl., S.55ff.

319   Rudolf Lill, zitiert nach: Aram Mattioli, Experimentierfeld..., S.20.

320   Vgl. ebenda, S.175.

321   Vgl. ebenda, S.158ff, Richard Pankhurst, Capital, 22.12.2009.

322   Vgl. Aram Mattioli, Experimentierfeld..., S.183ff.

323   Vgl. Giampaolo Calchi Novati, Re-Establishing Italo-Ethiopian Relations after World War II: Old Prejudices and New Policies, in: Preeceedings of the 11th International Conference of Ethiopian Studies, Vol. I, Addis Abeba 1994, S.847 Fn97, 839f; Negussy Ayele, Reflections on the International Impact of the 1935-1941 Fascist Invasion of Ethiopia, ebenda, S.817ff.

324   Addis Tribune, 30.8.2002.

325   Addis Tribune, 21.6.2002, 19.7.2002; vgl. auch The Reporter, 16.1.2002, 23.1.2002, 30.1.2002,20.2.2002, 12.6.2002, 2.10.2002,, 17.9.2003, 5.2.2005, 12.2.2005, 16.4.2005, 30.4.2005, 30.9.2006 und weitere Beiträge in Addis Tribune, The Daily Monitor, The Sun, Capital und The Sub-Saharan Informer.

326   Vgl. Addis Tribune, 4.3.2005, 29.4.2005.
327   Vgl. Addis Tribune, 29.3.2002ff; Abbie Gubegna, Defiance, Addis Abeba, London, Nairobi 1975.
328   Addis Tribune, 5.3.2004.
329   Vgl. The Reporter, 4.6.2003; Addis Tribune, 30.5.2003.
330   Vgl. Addis Tribune, 13.9.2003.
331   Vgl. The Reporter, 17.9.2002.
332   Vgl. Belachew Gebrewold, Ethiopian Nationalism: an Ideology..., S.84f.
333   Vgl. http://www.waltainfo.com/index.php (7.12.2009).
334   Vgl. Knud Tage Andersen, The Queen of Habasha in Ethiopian History, Tradition and Chronology, in: Bulletin of the School of Oriental and African Studies University London, Vol.63, No.1 (2000), S.39.
335   Vgl. Kessis Kefyalew Merahi, The Covenant..., S.5; siehe auch Tadesse Delessa, Girma Alemayehu, Ethiopian History, From Early Axumite..., S.14.
336   Vgl. Sergew Hable Sellassie, Acient and Medieval Ethiopian History to 1270, Addis Abeba 1972, S.225ff.
337   Vgl. Taddesse Tamrat, Church and State in Ethiopa 1270-1527, Addis Abeba 1972, S.41, S.51; Sergew Haile Sellassie, Ancient and Medieval..., S.229f.
338   Vgl. Taddesse Tamrat, Church and State..., S.39f.
339   Vgl. Paul B. Henze, Layers of Time..., S.49; Taddesse Tamrat, Church and State..., S.38ff.
340   So Caroline Anne Levi nach Knud Tage Andersen, The Queen of Habasha..., S.42ff.
341   Vgl. Sergew Hable Sellassie, Ancient and Medieval..., S.236.
342   Vgl. Knud Tage Andersen, The Queen of Habasha..., S.46.
343   Vgl. Sergew Hable Sellassie, Ancient and Medieval..., S.230.
344   Vgl. Knud Tage Andersen, The Queen of Habasha..., S.35.
345   Vgl. ebenda, S.49.
346   Vgl. ebenda, S.63.
347   Vgl. David Kessler, The Falasha. A Short History of the Ethiopian Jews, London 1996, 3rd rev. ed., S.111; Sergew Hable Sellassie, Ancient and Medieval..., S.241.
348   Vgl. James Quirin, The Evolution of the Ethiopian Jews, A History of the Beta Israel (Falasha) to 1920, Philadelphia 1992, S.25.
349   Vgl. Walter Raunig (Hg.), Das christliche Äthiopien..., S. 255; vgl. auch Steven Kaplan, The Beta Israel (Falasha) in Ethiopia: From Earliest Times to the Twentieth Century, New York, London 1992, S.42.
350   Vgl. Friedrich Wencker-Wildberg, Abessinien – das Pulverfaß Afrikas, Düsseldorf 1935, S.11; An anderer Stelle setzt der Autor allerdings die Falasha (Beta Israel) als nicht der semitischen „Rasse" angehörend, sondern nur jüdischen Glaubens und aus Ägypten eingewanderte Felachen ab. Es bleibt unklar, ob er damit auch den „Stamm Judiths" meint. Vgl. ebenda, S.15; vgl. auch Carl Ludwig Huyn, Josef Kalmer, Abessinien. Afrikas Unruhe-Herd, Salzburg, Graz, Wien, Leipzig, Berlin 1935, S.237.
351   Vgl. David Kessler, The Falasha..., S.79.
352   Vgl. Andrzej Bartnicki, Joanna Mantel-Niecko, Geschichte Äthiopiens.., Bd. 1, S.13.

353 Vgl. ebenda, Bd. 1, S.13f.

354 Vgl. Belai Giday, Ethiopian Civilization..., S.132ff.

355 Vgl. Sergew Hable Sellassie, Ancient and Medieval..., S.227.

356 Vgl. ebenda, S.231f.

357 Vgl. Denis Nosnitsin, in : Encyclopaedia Aethiopica, Vol. 2, Wiesbaden 2005, 646f.

358 Vgl. Sergew Hable Sellassie, Ancient and Medieval..., S.228f.

359 Vgl. ebenda, S.229.

360 Vgl. Richard Pankhurst, The Sub-Saharan Informer, 27.10.2006.

361 Vgl. Paul B. Henze, Layers of Time..., S.48 Fn14.

362 The Reporter, 23.12.2006.

363 Vgl. Meredith Spencer, Structural Analysis and the Queen of Sheba, in: Proceedings of the 5th International Conference of Ethiopian Studies, Chicago 1978, S. 343ff

364 Vgl. Kebra Nagast. Die Herrlichkeit..., S.23.

365 Vgl. Meredith Spencer, Structural Analysis..., S.348.

366 Vgl. Steve Kaplan, Hagar Salamon, The Legitimacy of the Solomonic Line: Ethiopian Dynastic Change between Structure and History, in: Ethiopian Studies at the End of the Second Millennium. Proceedings of the XIVth International Conference of Ethiopian Studies November 6-11, 2000, Vol. 1, Addis Abeba 2002, S.384.

367 Vgl. Richard Pankhurst, The Role of Women in Ethiopian Economic, Social and Cultural Life: From the Middle Ages to the Time of Téwodros, in: Proceedings of the First National Conference of Ethiopian Studies, Addis Abeba 1990, S.345f; ders. Capital, (2.2.2010).

368 Sihab ad-Din, Futuh al-Habaša. The Conquest of Abyssinia, Translated by Paul Leser Stenhouse with Annotations by Richard Pankhurst, Hollywood 2003, S.32.

369 Vgl. Sevir Chernetsov, Encyclopaedia..., Vol.1, .505. Siehe auch Rita Pankhurst, Taytu's Foremothers Queen Eleni, Queen Säblä Wängel and Bati Del Wämbära, in: Proceedings of the 16th International Conference ..., Vol. 1, S. 51ff.

370 Vgl. Rita Pankhurst, Women of Power in Ethiopia, in: One World Magazine 1995.

371 Vgl. Donald Crummey, Land and Society..., S.95.

372 Vgl. Anton Zischka, Abessinien. „Das letzte ungelöste Problem..., S.68.

373 Vgl. Richard Pankhurst, A Social History...; Helen Pankhurst, Gender, Development and Identity. An Ethiopian Study, London, New Jersey 1992; Tsehai Berhane-Selassie, Gender Issues in Ethiopia, Addis Abeba 1991.

374 Vgl. Wolbert G. C. Smidt, Krieger, Händler und Bäuerinnen: Die Geschlechterrollen, in: Wegweiser zur Geschichte..., S.185.

375 Vgl. Political Parties and Their Seats..., http://www.ethiopar.net/; http://www.hofethiopia. org/HOF/HOF (29.11.2008).

376 Vgl. Hirut Tefere, Violence against Women in Ethiopia, S.59ff; Abraham Husain, Some Traditional Harmful Practices That Affect Status and Prominence of Women in Some Selected Communities in Ethiopia, in: Civil Society in Ethiopia. Reflections on Realities and Perspectives of Hope. Jahrbuch 2004, hrsg. von der Afrikanisch-Asiatischen Studienförderung, Göttingen 2004, S.59ff, 83ff; Fisseha Haile Meskal, Hailu Kefene u.a., A Survey of Harmful Traditional Practices in Ethiopia, in: Proceedings of the 11th International Conference ..., Vol. II, S.495ff; http://etd.aau.edu.et/dspace/handle/123456789/1952:

Mandy, Lindner The Social Dimension of Female Genital Cutting (FGC): The Case of Harari, AAU 2008.

377   Vgl. Der Tagesspiegel, 30.1.2009.

378   Vgl. Kinfe Abraham, Adowa and its Inspiration..., S.220.

379   Vgl. David Kessler, The Falasha..., S.160ff; vgl. auch Paul B. Henze, Layers of Time..., S.54.

380   Vgl. David Kessler, The Falasha..., S.93; Richard Chaim Schneider, Esaias Baitel, Der vergessene Stamm. Die äthiopischen Juden und ihre Geschichte, Wien 1995, S.47.

381   Vgl. David Kessler, The Falasha..., S.164.

382   Vgl. Falasha Anthology. Translated from Ethiopic Sources, with an Introduction by Wolf Leslau, New Haven, London 1979, S.xxxviff.

383   Vgl. Steven Kaplan, Hagar Salamon, The Legitimacy..., S.389.

384   Vgl. David Kessler, The Falasha, S.112; Hagar Salamon, The Hyena People: Ethiopian Jews in Christian Ethiopia, Berkeley, Los Angeles, London 1999, S.21f.

385   Vgl. z. B. Falasha Anthology..., S.xiiff, ; James Quirin, The Evolution..., S.6ff; David Kessler, The Falasha..., S.XVff; Richard Chaim Schneider, Esaias Baitel, Der vergessene Stamm..., S.14ff; Steven Kaplan, Beta Israel, in: Encyclopaedia..., Vol. 1, S.552-559.

386   Vgl. Steven Kaplan, The Beta Israel..., S.165.

387   Vgl. Paul B. Henze, Layers of Time..., S.53f.

388   Vgl. Gebre-Igziabiher Elyas, Reidulf K. Molvaer, Prowess..., S.476.

389   Vgl. Steven Kaplan, The Beta Israel..., S.9; David Kessler, The Falasha..., S156.

390   Vgl. Steven Kaplan, The Beta Israel..., S.164.

391   Vgl. Ephraim Isaac, in: The Daily Monitor, 12.-13.11.2005; Richard Pankhurst, in: Addis Tribune, 29.10.2004; Book Review v. November 2004; The Reporter, 20.10.2004; Richard Pankhurst, Falasha Manuscripts and Their Illustration: an Historical Discussion Prompted by a Visit to Gondar, Ethiopia, in 1990, in: Between Africa and Zion. Proceedings of the Society of the Study of Ethiopian Jewry, ed. by Steven Kaplan, Tudor Parfitt, Emanuela Trevisan Semi, Jerusalem 1995, S.80-93.

392   Vgl. Steven Kaplan, The Beta Israel..., S.55f; ders., Beta Israel..., in: Encyclopaedia..., Vol. 1, S.553.

393   Vgl. ebenda; Richard Pankhurst, Addis Tribune, 29.10.2004.

394   Vgl. Paul B. Henze, Layers of Time..., S.67.

395   Vgl. Taddesse Tamrat, Church and State ..., S.201; Steven Kaplan, The Beta Israel..., S.66.

396   Vgl. Donald Crummey, Land and Society..., S.29f.

397   Vgl. David Kessler, The Falasha...; S.95.

398   Vgl. Robert L.Hess, An Outline of Falasha History, in: Proceedings of the 3rd Intenational Conference of Ethiopian Studies, Vol. 1, Addis Abeba 1969, S.73.

399   Vgl. Sihab ad-Din, Futuh al-Habaša..., S.378f; vgl. auch David Kessler, The Falasha.., S.97.

400   Vgl. Steven Kaplan, in: Encyclopaedia..., Vol. 1, S.554.

401   Vgl. David Kessler, The Falasha..., S.98; siehe auch Robert L. Hess, An Outline..., S.73ff.

402   Vgl. James Quirin, Encyclopeadia..., Vol. 2, S.730.

403   Vgl. Harald G. Marcus, A History of Ethiopia, Updated Edition, Berkeley, Los Angeles, London 2002, S.42f; Schneider, Baitel, Der vergessene Stamm..., S.41.

404 Vgl. Steven Kaplan, in: Encyclopaedia..., Vol. 1 , S.554.
405 Vgl. James Quirin, in: Encyclopaedia ..., Vol. 2, S. 843.
406 Vgl. James Quirin, The Evolution..., S.134f; David Kessler, The Falasha..., S.115ff.
407 Vgl. Dena Freeman, Alula Pankhurst (Eds.), Living on the Edge. Marginalised Minorities
     of Craftworkers and Hunters in Southern Ethiopia, Addis Abeba 2001; Robert L Hess,
     An Outline..., S.76; Hermann Amborn, Differenzierung und Integration. Vergleichende
     Untersuchung zu Spezialisten und Handwerkern in südäthiopischen Agrargesellschaften,
     München 1990, S, 292ff; Richard Pankhurst, Capital (20.1.2010); Richard Pankhurst, A
     Social History of Ethiopia. The Northern and Central Highlands from Early Medieval Times
     to the Rise of Emperor Téwodros II, Addis Abeba 1990, S. 58ff, 222ff; Teshale Tibebu, The
     Making..., S.67ff.
408 Vgl. Gebre-Igziabiher Elyas, Reidulf K. Molvaer, Prowess..., S.461.
409 Vgl. Hagar Salamon, The Hyena People..., S.36f.
410 Vgl. Robert L. Hess, An Outline..., S.77.
411 Vgl. James Quirin, The Evolution ..., S.136, siehe auch S.32.
412 Vgl. Frederick J. Simoons, Northwest Ethiopia. Peoples and Economy, Madison/Wisconsin
     1960, S.37.
413 Vgl. Hagar Salamon, The Hyena People..., S.36.
414 Vgl. Richard Pankhurst, A brief history of iron-working in Ethiopia, Capital (20.1.2010).
415 Vgl. James Qurin, The Evolution..., S.144, siehe auch 142f.
416 Vgl. Hagar Salamon, The Hyena People..., S.36f.
417 Vgl. James Quirin, The Evolution..., S, 37.
418 Vgl. Hagar Salamon, The Hyena People..., S.18ff; James Quirin, The Evolution..., S.5.
419 Vgl.Frederick J. Simoons, Northwest Ethiopia..., S.36; Falasha Anthology..., S.xi.
420 Vgl. Hagar Salamon, The Hyena People..., S.20.
421 Vgl. James Quirin, The Evolution..., S.180, siehe auch S.179; Paul B. Henze, Layers of Time...,
     S.137ff; Bahru Zewde, A History of Modern..., S.34ff; Bahru Zewde, Pioneers of Change...,
     S.17f, 42ff; Robert L.Hess, An Outline...,S.79.
422 Vgl. James Quirin, Ethiopian Beta Israel (Falasha) Convert Biographies, 1837-1931, in:
     Ethiopian Studies at the End.., Vol. 1, S.468.
423 James Quirin, The Evolution..., S.190ff; Schneider, Baitel, Der verlorene Stamm..., S.45;
     Robert L. Hess, An Outline..., S.78.
424 Vgl. Bahru Zewde, A History of Modern..., S.48f; David Kessler, The Falasha..., S.129; James
     Qurin, The Evolution..., S.174ff.
425 Vgl. James Quirin,The Evolution..., S.191ff; Steven Kaplan, in: Encyclopaedia..., Vol .1, S.555.
426 Vgl. James Quirin, Ethiopian Beta Israel..., in: Ethiopian Studies at the End..., Vol.1, S.463ff.
427 Vgl. Steven Kaplan, The Beta Israel..., S.150f.
428 James Quirin, The Evolution..., S.169.
429 Vgl. ebenda, S.187f.
430 Vgl. David Kessler, The Falasha..., S.145; James Quirin, The Evolution..., S.173.
431 Vgl. ebenda, S.178.
432 Vgl. ebenda.

433 Vgl. David Kessler, The Falasha.., S.146.

434 Vgl. James Quirin, The Evolution..., S.196f.

435 Vgl. David Kessler, The Falasha..., S.146, 148; Emanuela Trevisan Semi, The Dainelli and Viterbo Missions among the Falashas (1936-37). Between Africa and Zion..., S.73; Schneider, Baitel, Der verlorene Stamm..., S.98.

436 Vgl. Daniel Summerfield, The Impact of the Italian Occupation of Ethiopia on Beta Israel, in: Tudor Parfitt, Emanuela Trevisan Semi (Eds.), The Beta Israel in Ethiopia and Israel. Studies on the Ethiopian Jews, Published by Routledge 1998, S.57, www.jewishvirtuallibrary.org/jsource/Judaism/falashmura.html.

437 Vgl. Daniel Summerfield, The Impact..., S.52.

438 Vgl. ebenda.

439 Vgl. Itzhak Grinfeld, Jews in Addis Abeba: Beginning of the Jewish community until the Italian occupation, in: Proceedings of the 6th International Conference of Ethiopian Studies, Balkema, Rotterdam, Boston 1986, S.253.

440 Vgl. Daniel Summerfield, The Impact..., S.53.

441 Vgl. Bahru Zewde, Pioneers of Change..., S.143.

442 Vgl. Daniel Summerfield, The Impact..., S.56f.

443 Vgl. Daniel Kessler, The Falasha..., S.152; Richard Chaim Schneider, Esaias Baitel, Der vergessene Stamm..., S.99f.

444 Vgl. David Kessler, The Falasha..., S.151.

445 Vgl. ebenda, S.162, 167f; Richard Chaim Schneider, Esaias Baitel, Der vergessene Stamm..., S.100f.

446 Vgl. David Kessler, The Falasha..., S.xxviiff; Richard Chaim Schneider, Esaias Baitel, Der vergessene Stamm..., S.103ff.

447 Vgl. Paul B. Henze, Ethiopia in Mengistu's Final Years. The Derg in Decline, Vol.1, Addis Abeba 2007, S.59; Paul B. Henze, Ethiopia in Mengistu's..., Vol.2, S.158f, 226; Paul B. Henze, Layers of Time..., S.315ff; Kinfe Abraham, Ethiopia. From Empire..., S.431f.

448 Vgl. Paul B. Henze, Ethiopia in Mengistu's..., Vol.2, S.294; Kinfe Abraham, Ethiopia. From Empire..., S.23; David Kessler, The Falasha..., xxviiff; Schneider, Baitel, Der vergessene Stamm..., S.108f.

449 Vgl. Paul B. Henze, Ethiopia in Mengistu's..., Vol.2, S.294f; ebenda, S.324.

450 Vgl. Vgl. Daniel Friedmann, The Case of the Falasha Mura, in: Tudor Parfitt, Emanuela Tevisan Semi (Eds.), The Beta Israel..., S.70ff; www.jewishvirtuallibrary.org/jsource/Judaism/falashmura.html.

451 Vgl. Uriel Heilmann, New Signs That Ethiopian Aliyah Will Resume, http://www.eastafricaforum.net/2009/10/16/news-signs-that-ethiopians/ (18.10.2009).

452 Vgl. Daniel Friedmann, The Case of the Falasha Mura..., S.72 Fn5.

453 Vgl. Belai Giday, Ethiopian Civilization..., S.136.

454 Vgl. Kinfe Abraham, Ethiopia. From Empire..., S.23.

455 Vgl. The Reporter, 19.2.2003, 20.10.2004, 5.2.2005, 11.6.2005, 8.10.2005, 19.8.2006, 29.11.2008; The Sun, 20.2.2003; The Daily Monitor, 5.-6.4.2003, 7.-8.2004; Addis Tribune, 20.2.2004, 29.10.2004, 4.3.2005, 14.5.2005; Fortune, 21.11.2004; Book Review v. Oktober 2003, November 2004.

456   Vgl. http://www.csa.gov.et/pdf/cen2007_firstdraft.pdf (12.2.2009).

457   The Reporter, 6.12.2008. Der Zensus hatte 17,214,056 Amharen ergeben, die Projektion hatte bei 19,624,00 gelegen.

458   Davon Orthodoxe 30,5%, Protestanten 17,7%, Katholiken 5%.

459   http://blog.ethiopianmuslims.net/negashi (10.12.2008).

460   Vgl. Jon Abbink, An Historical-Anthropological Approach to Islam in Ethiopia: Issues of Identity and Politics, in: Journal of African Cultural Studies, Vol. 11, No. 2 (December 1998), S.112Fn4; David H.Shinn: Ethiopia: Coping with Islamic Fundamentalism before and after September 11, in: Addis Tribune, 15.3.2002; vgl. auch http://csis.org/files/media/csis/pubs/anotes_0202.pdf (10.6.2010).

461   Vgl. Jon Abbink, An Historical-Anthropological Approach..., S.118.

462   Vgl. http://blog.ethiopianmuslims.net/negashi (24.3.2009).

463   Vgl. http://blog.ethiopianmuslims.net/negashi (11.11.2009).

464   Vgl. Thomas Zitelmann, Verstärkte Spannungen zwischen Christen und Muslimen in Äthiopien. Droht ein „Heiliger Krieg"? in: Infoblätter, DÄV, November 2006, S. 1ff und zahlreiche in Äthiopien erschienene Meldungen in der Tagespresse; www.dw-world.de/dw/article/0,,3898198,00.html (30.12.2008).

465   Vgl. Helga Gräfin von Strachwitz, http://www.g-geschichte.de/pdf/plus/100_jahre_deutsch_aethiopische_beziehungen.pdf (5.3.2008); Helmut Spohn, Situation in Äthiopien – ein kurzer Überblick, in: Informationsblätter, DÄV, Juni 2007, S.13.

466   Vgl. Hussein Ahmed, Coexistence and / or Confrontation? Towards a Reappraisal of Christian-Muslim Encounter in Contemporary Ethiopia, in: Journal of Religion in Africa, 36.1 (2006), S.14f.

467   Vgl. The Reporter, 28.3.2009.

468   Vgl. Addis Tribune, 20.9.2002; The Reporter, 4.10.2008.

469   Vgl. Jon Abbink, An Historical-Anthropological Approach..., S.119.

470   Vgl. Alfred Enz, Bericht über den Studienurlaub vom Nov. 2006 bis Feb.2007, http://www.ref.ch.obernzwil-jonschwil/predigten/files/Vortraege/BerichtStudienurlaubAlfredEnz.pdf (6.3.2008).

471   Vgl. Emile Foucher, The Cult of Muslim Saints in Harar: Religious Dimension, in: Proceedings of the 11th International Conference..., Vol. II, S.71ff.

472   Vgl. Zur Ausbreitung des Islam in Äthiopien: Taddesse Tamrat, Church and State..., S.41ff;

473   Vgl. Kassaye Begashaw, The Archaeology of Islam in North East Shoa, in: Proceedings of the 16th International Conference of Ethiopian Studies, Trondheim 2009, S.14, http://www.svt.ntnu.no/ices2007/ (21.9.2009).

474   Vgl. Hussein Ahmed, Coexistence and / or Confrontation..., S.5; vgl. ders.: Traditional Muslim Education in Wallo: Proceedings of the 9th International Conference of Ethiopian Studies, Moskow 1988, S. 94-106; E. S. Sherr, The Place and Role of Islam in Ethiopia and Somalia, ebenda, S.211-220.

475   Vgl. Donald N. Levine, Ethiopia: Identity, Authority and Realism, in: Political Culture and Development by Lucian Pye (Ed.) Princenton 1967, S.264; vgl. Ders. Wax & Gold..., S.20f.

476   Vgl. ebenda; Eyayu Lulseged, Why do the Orthodox Christians in Ethiopia Identify Their Faith with Their Nation? in: Proceedings of the 1st National Conference..., S.6.

477 Vgl. Bahru Zewde, A History of Modern..., S.73.

478 Vgl. Patrick Desplat, Äthiopien – Diaspora am Horn von Afrika?, in: Inamo, Nr.41, Jg. 11, 2005, S.2.

479 Vgl. Jon Abbink, An Historical-Athropological Approach..., S.117.

480 Vgl. Hussein Ahmed, Coexistence and / or Confrontation..., S.12, S.9f.

481 Vgl. ebenda, S.10ff.

482 Vgl. Thomas Zitelmann, Nation der Oromo..., S.35.

483 Zitiert nach Philipp Schaubruch, Die Figur des Priesterkönigs Johannes, Projektionsfigur einer visionären Verbindung zwischen Orient und Okzident? Anhand W. Eschenbachs Parzival, S.2 www.wissen24.de/vorschau/29691.html (12.11.005); Vgl. Taddesse Tamrat, Church and State..., S.248ff; Sergew Hable Sellassie, Ancient and Medieval..., S.254ff; Richard Pankhurst, Historic Images..., S.55ff.

484 Vgl. Graf Ludwig Huyn, Josef Kalmer, Abessinien..., S.239.

485 Vgl. Robert Silverberg, The Realm of Prester John, London 2001, S.165.

486 Vgl. ebenda, S.166f.

487 Vgl. ebenda, S.170.

488 Vgl. Harald G. Marcus, A History..., S.26f; Taddesse Tamrat, Church an State..., S.259ff; Sergew Hable Sellassie, Ancient and Medieval..., S.254ff; Bahru Zewde, A History..., S.9; Paul Henze, Layers of Time..., S.70.

489 Vgl. Richard Pankhurst, Historic Images..., S.57; Taddesse Tamrat, Church and State..., S.257.

490 Vgl. Stuart Munro-Hay, The Quest..., S.241 Fn59.

491 Vgl. Taddesse Tamrat, Church and State..., S.266.

492 Vgl. Robert Silverberg, The Realm..., S.145f.

493 Vgl. Richard Pankhurst, Historic Images..., S.58; Robert Silverberg, The Realm..., S.187.

494 Vgl. David Kessler, The Falasha..., S.83ff.

495 Vgl. Richard Pankhurst, The History of the Ethiopian-Armenian Relations. Ancient Times, in : Revue des Études Arméniennes, Tomé XII, 1978, S.281.

496 Vgl. ebenda, S.282.

497 Vgl. Stuart Munro-Hay, The Quest..., S.189.

498 Vgl. Richard Pankhurst, A visit to Ethiopia from 1520 to 1526, Capital (14.4.2009).

499 Vgl. Richard Pankhurst, The History of the Ethiopian-Armenian..., Tomé XII, S.290.

500 Vgl. Sihab ad-Din, Futuh al-Habaša..., S.241.

501 Vgl. ebenda, S.9.

502 Vgl. Donald Crummey, Land and Society..., S.52.

503 Vgl. Sihab ad-Din, Futuh al-Habaša..., S.11.

504 Vgl. ebenda, S.47.

505 Vgl. Donald N. Levine, Wax & Gold..., S.233.

506 Vgl. Donald Crummey, Land and Society..., S.53.

507 Vgl. Abdullahi Mohammed Ahmed, A Survey of the Harar Djugel (Wall) and its Gates, in: Proceedings of the 1st National Conference..., S.321ff; vgl. auch: Jara H.Mariam, An Approach to the Conservation of the Historical Town of Harar, ebenda, S.403ff; Sidney R. Waldron, Harar: The Muslim City in Ethiopia, in: Proceedings of the 5th International Conference of Ethiopian Studies, Rotterdam 1980, S.239-257.

508   Vgl. Ulrich Braukämper, Geschichte der Hadiya... S.128 Fn92.

509   Vgl. Donald Crummey, Land and Society..., S.53.

510   Vgl. Sihab al-Din, Futuh al-Habaša..., S.331, vgl. auch S.100, S.380.

511   Vgl. ebenda, S.354, Fn807.

512   Vgl. Ulrich Braukämper, Geschichte der Hadiya..., S.110.

513   Vgl. Sihab ad-Din, Futuh al-Habaša..., S.306ff; Ulrich Braukämper, Geschichte der Hadiya..., S.127f.

514   Vgl. Helen Pankhurst, Gender, Development and Identity, London, New Jersey 1992, S.19.

515   Vgl. John Graham, Ethiopia Off The Beaten Trail, Addis Abeba 2001, S.181f.

516   Wolbert G. C. Smidt, Eine arabische Inschrift aus Kwiha, Tigray, in: Studia Aethiopica..., S.265f; vgl. auch Ulrich Braukämper, The Meteroious Complex : A German Approach to Ethiopian Anthropology, in: Ethiopian Studies at the End..., Vol. 2, S.718.

517   Vgl. Sihab ad-Din, Futuh al-Habaša..., S.325.

518   Vgl. Ulrich Braukämper, Geschichte der Hadiya..., S.109.

519   Vgl. Donald N. Levine, Wax & Gold..., S.227.

520   Vgl. Ulrich Braukämper, Geschichte der Hadiya ..., S.107; Detlef Müller, Märchen..., S.57.

521   „Ahmed Guray has never died, The Dervish has never lost, and The horse is not retired." Vgl. Mohammed Mealin Seid, The Role of Religion in the Ogaden Conflict, http://hornofafrica.ssrc.org/mealin/printable.html, (11.1.2010).

522   Kardinal Ildefonso Schuster am 28.10.1935 im Mailänder Dom, vgl. Aram Mattioli, Experimentierfeld..., S.122.

523   Vgl. Verena Böll, Epistolographie Äthiopiens. Ein Briefwechsel Äthiopien – Rom im 17. Jahrhundert, in: Stefan Brüne, Heinrich Scholler (Hg.), Auf dem Weg..., S.61.

524   Franz Amadeus Dombrowski, Ethiopian Attitudes Towards Europeans Until 1750, in: Proceedings of the 8th International Conference, Vol. I, Addis Abeba 1989, S.154.

525   Vgl. Teshale Tibebu, The Making..., S.XVIIIff.

526   Vgl. Franz Amadeus Dombrowski, Ethiopian Attitudes..., S.158.

527   Vgl. ebenda, S.154.

528   Vgl. Bahru Zewde, A History of Modern..., S.129.

529   Vgl. Wolbert G. C. Smidt, in: Äthiopien und Deutschland. Sehnsucht.., S.38.

530   Vgl. Richard Pankhurst, Capital (16.4.2009); vgl. auch online-Ausgabe v. 3.8.2009.

531   Vgl. Robert O. Collins, Eastern African History..., S.76.

532   Vgl. Verena Böll, Epistolographie Äthiopiens. Ein Brief..., in: Stefan Brüne, Heinrich Scholler, Auf dem Weg..., S.52.

533   Vgl. Robert O. Collins, Eastern African History, Princeton, NJ 1997, 3rd Printing, S.87.

534   Vgl. The Reporter, 3.11.2003.

535   Vgl. Andreu Martínez D`Alòs-Moner, Christian Ethiopia: The Temptation of an African Polity, in: Studia Aethiopica..., S.175.

536   Vgl. Rudolf Fechter, History of German Ethiopian Diplomatic Relations, in: Zeitschrift für Kulturaustausch..., S.149; Ausstellungskatalog: Von der Rosen-Gesandtschaft ..., S.2.

537   Vgl. Jacob Arsano, Ethiopia and the Nile. Dilemmas of National and Regional Hydropolitics, Zürich 2007, S.201.

538 Vgl. Evelyn Waugh, Befremdliche Völker, seltsame Sitten. Expeditionen eines englischen Gentleman, Frankfurt a. M. 2007, S.66; vgl. Paul B. Henze, Layers of Time..., S.192.

539 Vgl. Evelyn Waugh, Befremdliche Völker..., S.32.

540 Vgl. Gebre-Igziabiher Elyas / Reidulf K. Molvaer, Prowess..., S.315.

541 Vgl. Richard Pankhurst, Capital, 25.3.2007; ders., Economic and Social Innovation during the Last Years of Emperor Menilek's Life and the Short Reign of Lej Iyasu, in: Proceedings of the 16th International Conference ..., Vol. 1, S. 137ff.

542 Vgl. Gebre-Igziabiher Elyas / Reidulf K. Molvaer, Prowess..., S.350.

543 Vgl. Bahru Zewde, A History of Modern..., S.125; Harald G. Marcus, Haile Selassie I: the formative years, 1892-1936, Lawrenceville / NJ, Asmara 1998, 3rd Printing, S.14f.

544 Vgl. Gebre-Igziabiher Elyas / Reidulf K. Molvaer, Prowess..., S. 560; vgl. ebenda, S.559.

545 Vgl. ebenda, S.351.

546 Vgl. Bahru Zewde, A History of Modern..., 125; vgl. ebenda, S.120ff.

547 Vgl. Gebre-Igziabiher Elyas / Reidulf K. Molvaer, Prowess..., S.562; vgl. S.346.

548 Vgl. ebenda, S.563.

549 Vgl. Bahru Zewde, A History of Modern..., S.127.

550 Vgl. Rudolf Fechter, History of German..., S.152f; vgl. Ulrich Braukämper, Addis Tribune, 19.12.04.

551 Vgl. Stefan Brüne, Äthiopien – Unterentwicklung..., S.26; vgl. Heinrich Scholler, Recht und Politik in Äthiopien. Von der traditionellen Monarchie zum modernen Staat, Berlin 2008, S.375.

552 Vgl. Stefan Brüne, Äthiopien – Unterentwicklung..., S.26.

553 Vgl. Harald G. Macus, Haile Selassie I..., S.17; Stefan Brüne, Äthiopien – Unterentwicklung..., S.27.

554 Vgl. Gebre-Igziabiher Elyas / Reidulf K. Molvaer, Prowess..., S.341.

555 Vgl. Andrzej Bartnicki, Joanna Mantel-Niecko, Geschichte..., Bd.2, S.433.

556 Vgl. Gebre-Igziabiher Elyas / Reidulf K. Molvaer, Prowess..., S.358.

557 Vgl. ebenda, S.352.

558 Vgl. Bahru Zewde, The History of Modern..., S.127.

559 Vgl. Harald G. Marcus, Haile Selassie I..., S.18.

560 Vgl. Gebre-Igziabiher Elyas / Reidulf K. Molvaer, Prowess..., S.563.

561 Vgl. Harald G. Marcus, Haile Selassie I..., S.18f; vgl. auch ebenda S.16.

562 Vgl. Gebre-Igziabiher Elyas / Reidulf K. Molvaer, Prowess..., S.356.

563 Vgl. Bahru Zewde, A History of Modern..., S.128; Harald G.Marcus, Haile Selassie I...., S.22ff.

564 Vgl. Gebre-Igziabiher Elyas / Reidulf K. Molvaer, Prowess..., S.568f.

565 Vgl. Gaitachew Bekele, Des Kaisers Kleider..., S.33.

566 Vgl. ebenda, S.27f.

567 Vgl. Gebre-Igziabiher Elyas, Reidulf K. Molvaer, Prowess..., S. 571ff; Gaitachew Bekele, Des Kaisers Kleider..., S.33.

568 Vgl. Merera Gudina, Ethiopia. Competing..., S.69; vgl. Paul B. Henze, Layers of Time..., S.193f. Siehe auch Wolbert G. C. Smidt, The foreign politics of leǧ Iyasu in 1915/16 according to newly discovered government papers, in: Proceedings of the 16th International Conference ..., Vol. 1, S. 163ff.

569   Vgl. Gaitachew Bekele, Des Kaisers Kleider..., S.20.

570   Vgl. Evelyn Waugh, Befremdliche Völker..., S.32.

571   Vgl. Gebre-Igziabiher Elyas, Reidulf K. Molvaer, Prowess..., S.569.

572   Vgl. ebenda, S.337.

573   Vgl. Bahru Zewde, A History of Modern ..., S.184ff; siehe auch S.179ff; Mohammed
       Hassen, Äthiopien und die EG. Geschichte, Entwicklung, Probleme und Perspektiven der
       gegenwärtigen Beziehungen, Frankfurt a. M., Berlin, Bern, New York, Paris, Wien 1994, S.
       46ff.

574   Vgl. Stefan Brüne, Äthiopien – Unterentwicklung..., S.126; vgl. auch ebenda, S.44ff, S.136ff;
       Mohammed Hassen, Äthiopien und die EG..., S.50ff.

575   Vgl. Ba Karang, AFRICOM and the US´s hidden battle for Africa, in: The Rporter
       (15.5.2010).

576   Vgl. GB-Außenminister David Miliband, Der Spiegel, 15.1.2009.

577   Vgl. Adelheid Zelleke, 100 Jahre Deutsch-Äthiopischer..., S.12.

578   Thomas Zitelmann, Verstärkte Spannungen..., S.1.

579   Vgl. Ulrich Braukämper, Der Islam bei den Oromo Äthiopiens, in : Die Oromo am Horn von
       Afrika – Herkömmliche Lebensformen und sozialer Wandel, hrsg. v. Hilfsorganisation der
       Oromo Relief Association in der BRD, 1992, S.116.

580   Vgl. Hussein Ahmed, Coexistence..., S.14ff; Belachew Gebrewold, Ethiopian Nationalism...,
       S.84.

581   Vgl. Patrick Desplat, Äthiopien – Diaspora am Horn von Afrika?, in: Inamo, Nr.41, Jg.11,
       2005, S.3ff.

582   Vgl. Günter Schröder, 2003 überarbeiteter Auszug aus: Äthiopien: Religiöse Gemeinschaften
       – Organisationen und Institutionen. Ein Überblick, unveröffentl. Manuskript, Addis Abeba
       1997, S.6, in: Landesmappe mit Arbeitsmaterialien für die Landeskundliche Vorbereitung.
       Äthiopien, V-EZ-inwent, September 2005.

583   David H. Shinn, Ethiopia: Coping...; vgl. auch Abdul Mohammed, Ethiopia's Strategic
       Dilemma in the Horn of Africa, http://hornofafrica.ssrc.org/Abdul_Mohammed/printable.
       html (11.1.2010).

584   Vgl. Stefan Brüne, Der Donor Darling und die Demokratie. Die hehren Ziele der EU und die
       Wirklichkeit Äthiopiens, in: der überblick, 3/06, S.50; vgl auch: http://www.mgfa-potsdam.
       de/html/einsatzunterstuetzung/downloads/bruenetestfallaethiopien.pdf (6.1.2009).

585   Vgl. Stefan Brüne, Der Donor Darling...; http://news.bbc.co.uk/2/hi/africa/default.stm
       (1.6.2010).

586   Vgl. The Reporter, 6.1.2007.

587   Vgl. Ethiopian Herald, 9.9.2005.

588   Vgl. The Reporter, 20.5.2006.

589   Vgl. http://www.bmz.de/de/laender/partnerlaender/aethiopien/zusammenarbeit.html
       (5.5.2010).

590   Vgl. http://www.hrw.org/en/reports/2010/03/24/one-hundred-ways-putting-pressure/
       (3.4.2010), S.18f; Belachew Gebrewold, Ethiopian Nationalism..., S.89f.

591   Vgl. David H. Shinn, Ethiopia: Coping...; The Daily Monitor, 18.9.2001; The Reporter,
       14.11.2001; Addis Tribune, 23.11.2001; The Reporter, 28.1.2001.

592 Vgl. http://blog.ethiopisnmuslims.net/negashi/ (8.12.2006).

593 Vgl. The Reporter, 9.12.2006, 30.12.2006, 3.3.2007; Mekdes Mezgebu, Assessing the Legality of Ethiopia's Intervention in Somalia, in: The Eye on Ethopia and The Horn of Africa, Vo.XXX No.164, Feb 2009, S. 35ff, vgl. auch S.5ff.

594 Vgl. The Sub-Saharan Informer, 24.11.-1.12.2006, 1.-8.12.2006, siehe auch z. B. The Reporter, 25.11.2006, Capital, 10.12.2006.

595 Vgl. Sub-Saharan Informer, 1.-8.18.2006; Capital, 10.12.2006.

596 Vgl. The Reporter, 29.11.2008; http://africa.reuters.com/country/ET/news/usnLU116748.tml/ (30.11.2008).

597 Vgl. The Reporter (17.1.2009).

598 Vgl. Helmut Falkenstörfer, Äthiopien. Tragik..., S.42; http://www.zif-berlin.org/fileadmin/uploads/analyse/dokumente/veroeffentlichungen/Konfliktuebersicht_Somalia_07_09_neu.pdf (8.2.2010).

599 Vgl. Volker Matthies, Kriege am Horn..., S.135ff.

600 Vgl. ebenda, S.150ff.

601 Vgl. http://onlf.org/history.htm (11.1.2009).

602 Vgl. David H. Shinn, Ethiopia: Coping..., 15.3.2002.

603 Vgl. The Reporter, 16.12.2006; Alex De Waal (Hg.), Islamism and its Enemies in the Horn of Africa, Addis Abeba 2004, S.248; Christian Peters-Berries, Äthiopien 2007/2008. Politischer Jahresbericht, Heinrich Böll Stiftung, Addis Abeba Juli 2008.

604 Vgl. The Reporter, 24.3.2007; The Sub-Saharan Informer, 27.-29.12.2006.

605 Vgl. The Sub-Saharan Informer, 23.-30.3.2007; The Reporter, 24.3.2007.

606 Vgl. Capital (22.2.2009); siehe auch online-Ausgabe vom 30.5.2009.

607 Vgl. The Reporter (31.1.2009); vgl. http://www.waltainfo.com/ (17.1.2009, 2.2.2009).

608 Vgl. Interview mit Meles Zenawi, The Reporter (7.6.2009); vgl auch The Africa Monitor (21.12.2008); http://newsweek.com/id/131432/output/ (10.4.2008).

609 Vgl. Interview mit Meles Zenawi, Addis Fortune (18.1.2009); vgl. auch The Sub-Saharan Informer (27.2.2009).

610 Vgl. http://hrw.org/pub/2008africa/HRW.NGO.Law.Analysis.pdf (20.10.2008); info Konflikte und Friedensarbeit, eed, Nr.38, Oktober 2008; Fortune, 3.1.2009; 17.1.2009; http://www.waltainfo.com/index.php (29.1.2009); The Reporter, 17.1.2009; Welt Sichten 4-2009 u.v.a.m.

611 Vgl. Capital, 19.2.2010, The Reporter (31.1.2010).

612 Vgl. Capital, 13.7.2009; http://www.HumanRightsLeague.com (25.7.2009).

613 Vgl. die Stellungnahme von Politikern, in: http://www.kinijitethiopia.org/ (31.1.2009).

614 Vgl. http://www.hrw.org/en/reports/2010/03/24/one-hundred-ways-putting-pressure (3.4.2010); vgl. auch The Reporter (5.12.2009), Addis Fortune (22.2.2010).

615 Vgl. The Reporter (23.1.2010), Jimma Times (28.1.2010, 29.1.2010);

616 Vgl. http://www.waltainfo.com/index.php (31.1.2010).

617 Vgl. http://www.hrw.org/en/reports/2010/03/24/one-hundred-ways-putting-pressure (3.4.2010), S.57f; The Reporter (24.4.2010); Addis Fortune (26.4.2010).

618 Vgl. Charles Tannock, The Ethiopian Card, The Reporter (3.4.2010); Interview mit Dino

Sinigallia, Chef der EU Delegation in Äthiopien, The Reporter (19.1.2010); Jon Abbink, The Ethiopian Second Republic..., S.18ff.

619   Vgl. http://www.I.voanews.com/english/news/africa/east/Ethiopia-PM-Re (13.12.2009).

620   Vgl. Addis Fortune (19.3.2010); Capital (30.3.2010).

621   Vgl. Addis Tribune, 13.5.2005; The Reporter, 14.5.2005.

622   Vgl. The Reporter, 8.10.2005; http://www.dw-world.de/dw/article/0,,5628598,00.html (28.5.20010).

623   Vgl. z. B.Tesfaye Tafesse, The Nile Question: Hydropolitics, Legal Wrangling, Modus Vivendi and Perspectives, Münster 2001, S.83.

624   Vgl. Addis Tribune, 18.2.2005.

625   Vgl. Tesfaye Tafesse, The Nile Question..., S.29; Tefere Mekonnen, The Blue Nile Issue: A History of Hydropolitics, 1884-1774, AAU 2004, http://hdl.handle. net/123456789/593(5.12010), S.8ff.

626   Vgl. Jacob Arsano, Ethiopia and the Nile..., S.277; vgl. auch Reidulf K. Molvaer, Black Lions..., S.269ff.

627   Simon A. Mason, Afrikas längster Fluß. Von Positionen zu Interessen: Die Nile Basin Initiative, in: E+Z,42.Jg., Juni 2001.

628   Vgl. Mekuria Beyene, Wasserhaushalt in Äthiopien: Das Einzugsgebiet des Nils in Äthiopien – Entwicklungschance und Konfliktpotential, in: Informationsblätter, DÄV, Juni 2006, S.2.

629   Vgl. Claude Sumner, Oromo Wisdom Literature, V.II, Songs. Collection and Analysis, Addis Abeba 1997, S.213.

630   Vgl. The Reporter, 24.3.2004; Capital, 7.1.2007; Tefere Mekonnen, The Blue Nile Issue..., S.17.

631   Vgl. Jacob Arsano, Ethiopia and the Nile..., S.279.

632   Vgl. Renate Richter, Eshetu Kebbede, Sprichwörter aus Äthiopien, Köln, 1994, S.38, S.50.

633   James Bruce, Zu den Quellen des Blauen Nils. Die Erforschung Äthiopiens 1768-1773, Stuttgart, Wien 1987, S.284

634   So in der ästhiopischen Presse zitiert.

635   Richard Pankhurst, zitiert in: Tesfaye Tafesse, The Nile..., S.60.

636   Vgl. Zewde G/Sellassie, The Blue Nile and its Basins: An Issue of International Concern, in: Forum for Social Studies, Addis Abeba 2006, S.5.

637   Vgl. Negussay Ayele, The Blue Nile and Hydropolitics Among Egypt, Ethiopia, and Sudan, in: Proceedings of the 9th International Conference..., S.40.

638   Vgl. Taddesse Tamrat, Church and State ..., S.256 Fn3.

639   Vgl. Elisabeth-Dorothea Hecht, Ethiopia threatens to Block the Nile, in: AZANIA. Journal of the British Institute in Eastern Africa, Vol. XXIII, 1988, S.10; Richard Pankhurst, Ethiopia's Alleged Control of the Nile, in: Haggai Erlich, Israel Gershoni (Eds.), The Nile: Histories, Cultures, Myths, Boulder 1999, S.32, http://books.google.de/books?hl=de&lr=& id=LcsJosc239YC&oi=fnd&pg=PP15&dq=armenian+Bairu+Tafla&ots=hh56xAOred&si g=Xbf4IhvlB41csy_f21OYe2WtlTQ#v=onepage&q&f=false

640   Robert Silverberg, The Realm..., S.224f.

641   Vgl. Elisabeth-Dorothea Hecht, Ethiopia threatens..., S.5.

642   Vgl. ebenda, S.4f.

643   Vgl. Jacob Arsano, Ethiopia and the Nile..., S.199; Elisabeth-Dorothea Hecht, Ethiopia threatens..., S.6ff.

644   Vgl. Taddesse Tamrat, Church and State..., S.256 Fn3; Elisabeth-Dorothea Hecht, Ethiopia threatens..., S.9.

645   Vgl. Walelign Emiru, The Ethiopian Orthodox Church Festivals..., S.30ff.

646   Vgl. Negussay Ayele, The Blue Nile..., S.41.

647   Vgl. Zewde G /Sellassie, The Blue Nile..., S.5f; Tefere Mekonnen, The Blue Nile Issue..., S.17.

648   Vgl. Richard Pankhurst, Ethiopia's Alleged Control..., S.34.

649   Vgl. Tefere Mekonnen, The Blue Nile Issue..., S.18.

650   Vgl. Anton Zischka, Abessinien. Das letzte ungelöste..., S.22.

651   Vgl. Jacob Arsano, Ethiopia and the Nile..., S.200; vgl. auch Mengiste Desta, Ethiopia's Role... S.25ff.

652   Vgl. Jonas Kebede, Capital, 21.-27.3.2004.

653   Vgl. Richard Pankhurst, Correspondence d` Éthiopie: The History of a Pro-Ethiopian Newspaper (1926-1933), in: Studia Aethiopica..., S.204 ; zu den folgenden Abkommen vgl. z. B. Tesfaye Tafesse, The Nile Question..., S.72ff.

654   Vgl. Richard Pankhurst, „Correspondence..., S.206.

655   Vgl. Tesfaye Tafesse, The Nile Question..., S.75ff; Tefere Mekonnen, The Blue Nile Issue..., S.142ff.

656   Vgl. Tefere Mekonnen, The Blue Nile Issue..., S.147f.

657   Vgl. z.B. Ahmed Fathy Srorr, in: The Reporter, 30.4.2004; Yosef Yacob, Addis Tribune, 16.4.2004; The Citizen (Dar es Salam, 23.5.2008).

658   Vgl. Jacob Arsano, Ethiopia and the Nile..., S.230.

659   Vgl. Capital, 21.-27.3.2005; siehe auch The Reporter, 24.3.2004.

660   Vgl. Tefere Mekonnen, The Blue Nile Issue..., S.138ff; Zewde G/Sellassie, The Blue Nile..., S.15ff, 22ff.

661   Vgl. Tesfaye Tafesse, The Nile Question.., S.49.

662   Vgl. Jacob Arsano, Ethiopia and the Nile..., S.155ff; Tesfaye Tafesse, The Nile Question.., S.49f.

663   Vgl. Capital (20.1.2010, 24.8.2009); The Addis Connexion, Nov. / Dez. 2008; http://www.internationalrivers.org/en/node/5058(5.2.2010).

664   Vgl. Georg Kopf, Wasserkraft – Äthiopiens Antwort zur Energieversorgung, in: Informationsblätter, DÄV, Februar 2010, S.5ff; http://survivalinternational.de(30.3.2010); http://www.internationalrivers.org/en/blog/terri-hathaway/2010423/ethiopias-fear-factor(23.4.2010).

665   Vgl. The Reporter (12.7.2009; 4.4.2009); vgl. auch Addis Fortune (24.5.2009); Addis Connexion, Nov. /Dez. 2008.

666   Vgl. http://www.ena.gov.et/ (22.2.2008).

667   Vgl. Simon A. Mason, Afrikas längster Fluß. Von Positionen zu Interessen: Die Nile Basin Initiative, in: E + Z, 42.Jg.Juni 2001; vgl. auch: http://www.nilebasin.org/

668   Vgl. Zewde G/Sellassie, The Blue Nile..., 27.

669   Vgl. The Sub-Saharan Informer, 29.12.2006.

670   Vgl. The Reporter, 17.3.2007; vgl. auch Capital, 1.3.2007; The Reporter, 24.12.2005,

31.12.2005, 7.1.2006; Capital, 9.1.2006, 5.2.2006, 7.5.2006, 2.7.2006; The Daily Monitor, 19.1.2006.

671   Tefere Mekonnen, The Blue Nile Issue..., S.10.

672   Vgl. Mengiste Desta, Ethiopia`s Role..., S.15f.

673   Vgl. Gebre Tsadik Degefu, in: Addis Tribune, 18.2.2005; vgl. auch Addis Tribune, 25.2,2005.

674   Vgl. Capital, 7.1.2007.

675   Vgl. The Reporter, 17.3.2007.

676   Vgl. Wondwossen Michago, Navigating over the Nile, Fortune (8.3.2009); Daily Monitor (1.4.2009).

677   Vgl. Capital (17.5.009)

678   Vgl. http://www.nilebasin.org/ (28.8.2009); http://www.waltainfo.com/index. php?option=com_content&task=view&id=13511&Itemid=90 (1.8.2009); Capital (10.8.2009, 12.10.2009).

679   http://www.nilebasin.org/index.php?option=com_content&task=view&id=148&Itemid=70(11.2.2010).

680   Vgl. Capital (4.1.2010, 11.1.2010); The Reporter (23.1.2010); Jimma Times (13.4.2010).

681   Vgl. Christiane Fröhlich, Zur Rolle der Ressource Wasser in Konflikten, in: APuZ 25/2006, S.34; vgl. auch Fasil Amdetsion: International Law, multidisciplinary approach to resolving the Nile dispute, in: The Reporter (7.3.2010); Karim El-Gawhary, Böses Blut am Nil, in: taz (14.5.2010); Richard Pankhurst, Rivers are a gift of nature – but to whom? in: Capital (29.5.2010); Addis Fortune, (14.6.2010).

682   Vgl. Zewde G/Sellassie, The Blue Nile..., S.33.

683   Zu den Forschungsergebnissen über den Völkermord vgl. z.B.: Taner Akcam, Armenier und der Völkermord. Die Istanbuler Prozesse und die türkische Nationalbewegung, Hamburg 1996; Vahakn N. Dadrian, The History of the Armenian Genocide. Ethnic Conflict from the Balkans to Anatolia to the Caucasus, Oxford 1995; Deutschland und Armenien 1914-1918. Sammlung Diplomatischer Aktenstücke, hrsg. von Johannes Lepsius, Bremen 1986; Wolfgang Gust (Hg.), Der Völkermord an den Armeniern 1915/16. Dokumente aus dem politischen Archiv des deutschen Auswärtigen Amts, Springe 2005; Dominik J. Schaller, Der Völkermord an den Armeniern 1915-1917, in: Dominik J. Schaller, Rupen Boyadjian, Vivianne Berg, Hanno Scholtz (Hg.), Enteignet – Vertrieben – Ermordet. Beiträge zur Genozidforschung, Zürich 2004, S.233-277; Yves Ternon, Der verbrecherische Staat. Völkermord im 20.Jahrhundert, Hamburg 1996.
Zur politischen Debatte in jüngster Zeit vgl. Speech delivered on the Armenian issue by Prof. Dr. Justin McCarty before the Turkish Grand National Assembly on 21 March 2005. Wolfgang Benz, Der Völkermord an den Armeniern, in Zeitschrift für Geschichtswissenschaft, 4 (2005), S.295, siehe auch ders.: Vermeidung der Wahrheit, in: Süddeutsche Zeitung v.12.7.2005 sowie die einschlägigen Presseberichte über die türkische Reaktion. Zur Kontroverse in der Addis Tribune vgl. Addis Tribune v. 29.4.2005; Addis Tribune v. 6.5.2005 und 13.5.2005. Der Spiegel, 4.3.2010, 17.3.2010. Siehe auch: Franz Werfel, Die vierzig Tage des Musa Dagh, Frankfurt a. M. 1996 (Neuauflage der Ausgabe von 1933).

684   Vgl. Francis Falceto, Abyssinie Swing. A pictorial history of modern Ethiopian music, Addis Abeba 2001; Richard Pankhurst, The History of the Ethiopian-Armenian Relations. Ancient

Times, in : Révue des Études Arméniennes, Tomé XII, 1978, S.273-345; Tomé XIII, 1978-79, S.259-312; Tomé X, 1981, S.355-400; Adrian Zervos, L'Empire d'Ethiopie. Le miroir de l'Ethiopie moderne 1906-1936, Alexandria 1936.

685   http://www.scribd.com/doc/6422718/The-Armeinians-of-Ethiopia-a-lost-diaspora; http://www.arturbakhtamyan.com/ethiop1.htm; http://www.armeniandiaspora.com/forum/archive/index.php/t-28776.html; http://yetovbahayer.pbworks.com/Photos+-+1999+and+earlier; www.armeniapedia.org/index.php?title=Ethiopia; http://yetovbahayer.pbwiki.com/Arba +Lidjotch+-+Forty+Orphans

686   Avedis Terzian, zitiert nach: David Zenian, Ethiopia. The Armenians of Ethiopia: A Community of Survivers, S.4 (Gemeindepapier).

687   Vgl. Gespräche mit Ref. Fr. Myron Sarkissian, 11.4.2005ff.

688   So Vartkes Nalbandian in seiner Ansprache anläßlich des 100jährigen Bestehens des Armenian Community Councils in Addis Abeba 2003 (Gemeindepapier).

689   Vgl. Vartkes Nalbandian, The Correlation between the Armenian & the Ethiopian Orthodox Church, 2003 (Gemeindepapier).

690   Vgl. ebenda.

691   mit Gregorius Thaumaturgus (ca. 213-270); vgl. Kebra Nagast. Die Herrlichkeit der Könige..., S.2.

692   Vgl. Richard Pankhurst, The History..., Tomé XII, S.273fff, 291f; Y. Gruntfest, An Ethiopic-Armenian Phrasebook from the XVIII Century, in: Proceedings of the 7th International Conference of Ethiopian Studies Addis Abeba, Uppsala 1984, S.67ff.

693   Vgl. Gebre-Igziabiher Elyas, Reidulf K. Molvaer, Prowess..., S.537 Fn813.

694   Vgl. Richard Pankhurst, The History..., Tome X II, S. 308.

695   Vgl. Richard Pankhurst, The History..., Tome XIII, S. 276.

696   Vgl. James De Lorenzi. Caught in the Storm of Progress: Timoteos Saprichian, Ethiopia, and the Modernity of Christiantiy, in: Journal of World History, Vol. 19. No.1, 2008, S.110.

697   Vgl. Richard Pankhurst, The History..., Tomé XIII, S.285.

698   Vgl. Wolbert G. C. Smidt, „Annäherung Deutschland und Aethiopiens": Unbekannte Briefe des Kaisers Menelik II. und seines Gesandten 1907-08, in: Stefan Brüne, Heinrich Scholler (Hg.), Auf dem Weg zum modernen Äthiopien. Festschrift für Bairu Tafla, Münster 2005, S.197f.

699   Vgl. Vartkes Nalbandian, The Correlation ...

700   Vgl. Richard Pankhurst, The History..., Tomé XIII, S.276f.

701   Vgl. Richard Pankhurst, The History..., Tomé XIII, S.277.

702   Vgl. Richard Pankhurst, The History..., Tomé XIII, S.277f.

703   Pater Timotheus, Zwei Jahre in Abessinien. Schilderung der Sitten und des staatlichen und religiösen Lebens der Abyssinier, Erster Teil, Leipzig 1888, S.27.

704   Vgl. C. Detlef G. Müller, Richard Pankhurst, in : Encyclopaedia Aethiopica, Vol. 3, edited by Siegbert Uhlig, Wiesbaden 2007, S: 1138; Die Zahlen in der Literatur weichen oft von einander ab, vgl. z.B. Bahru Zewde, A History of Modern..., S.40.

705   Graf von Seckendorff zitiert nach Walter Raunig, Die erste Eisenbahn in Nordostafrika, in: Stefan Brüne, Heinrich Scholler, Auf dem Weg..., S.176f.

706 Vgl. ebenda, S.174.
707 Vgl. Pater Timotheus, Zwei Jahre in Abyssinien..., Erster Teil, 35, 40, 54, 67, 78, 81, 87,93, 131; Zweiter Teil, S.7ff, 24ff; Dritter Teil, S.76.
708 Vgl. Pater Timotheus, Zwei Jahre in Abyssinien..., Erster Teil, S.III; Zweiter Teil, S.31ff; vgl. auch James De Lorenzi, Caught in the Storm..., S.108; zu Differenzen der koptischen Christenheit und der äthiopischen Orthodoxie, vgl. Haggai Erlich, The Copts and Ethiopia – „A Literal-Historical Lecture", 1895, in: Stefan Brüne, Heinrich Scholler, Auf dem Weg..., S.81f.
709 Vgl. Richard Pankhurst, The History..., Tomé X II, S.279.
710 Vgl. ebenda, S.295.
711 Vgl ebenda, S.333.
712 Vgl. Javier Gozálbez, Dulce Cebrián, Touching Ethiopia, Addis Abeba 2004, S.204.
713 Vgl. Richard Pankhurst, The History..., Tomé XII, S.307.
714 Vgl. ebenda, S.334ff.
715 Vgl. ebenda, S.326.
716 Vgl. ebenda, S.330.
717 Vgl. ebenda, S.331ff.
718 Vgl. ebenda, S.340.
719 Vgl. Richard Pankhurst, The History..., Tomé XIII, S.279f.
720 So W. C. Harris, Britischer Botschafter für Shoa, in: Richard Pankhurst, The History..., XIII, S.268 ; vgl. ebenda, S.260ff.
721 Vgl. ebenda, S.270ff.
722 Vgl. Richard Pankhurst, The History..., XII, S.343f, ders. in: Capital (13.1.2010).
723 Vgl. Richard Pankhurst, The History..., Tomé XIII, 281f.
724 Vgl. ebenda, S.292.
725 Vgl. ebenda, S.293; vgl. auch Richard Pankhurst, Economic History of Ethiopia 1800-1935, Addis Abeba 1968, S.589; ders., Menilek and the Utilisation of Foreign Skills in Ethiopia, in: Journal of Ethiopian Studies, Vol. V, No. 1, 1967, S.35; Adrian Zervos, L`Empire d` Éthiopie...S.493f.
726 Vgl. Richard Pankhurst, The History ..., Tomé XIII, S.294f; ders. Menilek and the Utilisation..., S.35f.
727 Vgl.Adrian Zervos, L'Empire d'Éthiopie...S.494.
728 David Zenian, A Journey Back in Time: A Look at the History of Armenians in Ethiopia, S.2f (Gemeindepapier).
729 Vgl., Richard Pankhurst, The History ..., Tomé XV, S.362.
730 Vgl. Adrian Zervos, L'Empire d'Éthiopie..., S.497f; Richard Pankhurst, The History..., XV., S.358.
731 Vgl. Milena Batistoni, Gian Paolo Chiari, Old Tracks in the New Flower. A Historical Guide to Addis Abeba, Addis Abeba 2004, S.131.
732 Vgl. Auszug aus der Monatszeitschrift «Artziv Vasbourakani» v. Dezember 1943, übersetzt von Vartkes N. Nalbandian (Gemeindepapier).
733 Vgl. ebenda; Pankhurst, The History..., Tomé XV., S.379.

734 Vgl. Richard Pankhurst, Economic History..., S.483.

735 Vgl. Münzen, Naturalgeld und Banknoten in Äthiopien von der Antike bis zur Gegenwart. Sonderausstellung Oktober 1996 bis März 1997, Österreichische Nationalbank. Geldmuseum, S. 30, http://www.oenb.at/de/img/aethiopische_muenzen_tcm14-785.pdf (26.8.2009).

736 Vgl. Wolfgang Hahn, Zur Geschichte der Münzstätte Addis Abeba (Teil 1: 1903-15), 2001, S.4, www.tabor-society.de/Hahn.pdf (26.8.2009);

737 Vgl. Willy Hentze, Am Hofe des Kaisers Menelik von Abessynien, Leipzig 1908, S.87f; vgl. auch Graf Ludwig Huyn, Josef Kalmer, Abessinien. Afrikas Unruhe-Herd, Salzburg, Graz, Wien, Leipzig, Berlin 1935, S.122ff.

738 Vgl. Wolfgang Hahn, Zur Geschichte der Münzstätte..., S.3.

739 Vgl. ebenda..., S.5 Fn18.

740 Vgl. David Zenian, A Journey..., S.3.

741 Vgl. Richard Pankhurst, The History..., Tomé XV, S.362.

742 Vgl. Gebre-Igziabiher Elyas, Reidulf K.Molvaer, Prowess ..., S.307.

743 Vgl. Richard Pankhurst, in: The History..., Tomé XV, S.375.

744 Willy Hentze, Am Hofe ..., S.90.

745 ebenda, S.92.

746 Vgl. Richard Pankhurst, The History..., Tomé XV S.378.

747 Über die Lebensdaten Kherbekians herrscht in der Literatur Verwirrung. Einerseits wird sein Geburtsdatum um 1874 angegeben, andererseits soll er bereits 1881 nach Äthiopien gekommen sein und seit 1895 Kirchen, Straßen, Brücken und Häuser entworfen haben. Vgl. Fasil Giorghis, Denis Gérard, The City & Architectural Heritage. Addis Abeba 1886-1941, Addis Abeba 2007, S.182; Milena Batistoni, Gian Paolo Chiari, Old Tracks..., S.21; Richard Pankhurst, The History..., Tomé XV, S.385f.

748 Vgl. ebenda, S.380f ; Fasil Giorghis, Denis Gérard, The City..., S.182; Milena Batistoni, Gian Paolo Chiari Old Tracks..., S.20.

749 Richard Pankhurst, The History..., Tomé XV, S.385.

750 Vgl. Sidney R. Waldron, Harar: The Muslim City in Ethiopia, in: Proceedings of the 5th International Conference on Ethiopian Studies, Rotterdam 1980, S.239ff.

751 Vgl. Richard Pankhurst, The History..., Tomé XV, S.366ff.

752 So nach Adrian Zervos, L'Empire d'Ethiopie..., S.494.

753 Vgl. Richard Pankhurst, The History..., Tomé XV, S.368.

754 Vgl. Richard Pankhurst, Menilek and the Utilisation ..., S.43. (Täkla Haymanot, König von Gojjam; Ras Wollé von Yejju)

755 Vgl. ebenda, S.42.

756 Richard Pankhurst, The History..., Tomé XV, S.378.

757 Vgl. ebenda, S.382f ; Adrian Zervos, L` Empire d` Ethiopie..., S.497.

758 Vgl. Ethiopia My Home. The Story of John Moraitis. As told by Elizabeth Germany, Addis Abeba 2001, S.6ff, 84ff.

759 Die Chronik führt ihn als „Mister Abriham", vgl. Gebre-Igziabiher Elyas, Reidulf K.Molvaer, Prowess..., S.430.

760 Vgl. Richard Pankhurst, The History..., Tomé XV, S.365.

761 Eyelyn Waugh, Befremdliche Völker..., S.104.

762 Vgl. Richard Pankhurst, The History..., Tomé XV, S.356.

763 Friedrich Strindberg, Abessinien im Sturm. Kleines Tagebuch aus dem ostafrikanischen Krieg, Berlin 1936, S.51.

764 Vgl. Im Reiche Kaiser Meneliks. Tagebuch einer Abessinischen Reise von Friedrich Freiherrn von Kulmer, bearbeitet von Emanuela Baronin Mattl-Löwenkreuz, Leipzig 1910, S.43f.

765 Vgl. ebenda, S.77.

766 Vgl. ebenda, S.87.

767 Zu den differierenden Schätzungen, siehe u.a. Richard Pankhurst, The History..., Tomé XV, S.362f, ders. Menilek and the Utilisation..., S.78ff, Georg Escherich, Im Lande des Negus, Berlin 1921, 2.Aufl., S.36; Im Reiche Kaiser..., S.181.

768 Vgl. Adrian Zervos, L'Empire d'Éthiopie..., S.497; vgl. auch ebenda, S.415.

769 Eyelyn Waugh, Befremdliche Völker..., S.40.

770 Vgl. Fasil Giorghis, Denis Gérard, The City..., S. 108; Richard Pankhurst, Economic History of Ethiopia 1800-1935, Addis Abeba 1968, S.710.

771 Vgl. Richard Pankhurst, The History..., Tomé XV, S.399, vgl. auch S.396ff; Adrian Zervos, L´Empire d´ Éthiopie..., S.496.

772 Vgl. Adrian Zervos, L'Empire d'Éthiopie..., S.498f; Richard Pankhurst, The History..., Tomé XV, S.387.

773 Vgl. Adrian Zervos, L'Empire d' Éthiopie..., S.495.

774 Vgl.. Michael B. Lentakis, Ethiopia. A View From Within, London 2005, S.153.

775 Vgl. Dimitrios P. Kalogeropoulos, Doromanekia. The back alley of my house. A reflective memoir of my life in Ethiopia, Australia 2007, S.110.

776 Vgl. Michael B. Lentakis, Ethiopia..., S.170.

777 Vgl. Dimitrios P. Kalogeropoulos, Doromanekia..., S.109.

778 Vgl. hierzu Milena Batistoni, Gian Paolo Chiari; Old Tracks...; Fasil Giorghis, Denis Gérard, The City..., S.92ff, 178ff.

779 Vgl. Milena Batistoni, Gian Paolo Chiari; Old Tracks ..., S.66f.

780 Vgl. Fasil Giorgis, Denis Gérard, The City..., S.297; mit dem Bau soll bereits in den 1910ern begonnen worden sein, vgl. Milena Batistoni, Gian Paolo Chiari, Old Tracks.., S.77.

781 Michael B. Lentakis, Ethiopia..., S.52.

782 Vgl. Fasil Giorghis, Denis Gérard, The City..., S.296ff; Milena Batistoni, Gian Paolo Chiari; Old Tracks ..., S. 77f.

783 Avedis Terzian zitiert nach David Zenian, A Journey..., S.3.

784 Garbis Korajian, Addis Tribune, 29.4.2005 und schriftliche Mitteilung an die Autorin, 6.5.2005. Korajian gibt das damalige Alter seines Großvaters mit 12 Jahren an, was allerdings nicht mit den Altersangaben im Buch von Patapan, S.245 übereinstimmt. Siehe Fn786.

785 Marie Sarkissian, Witwe von Kevork Sarkissian, Gespräch mit der Autorin, 18.3.2006.

786 Vgl. von Vartkes Nalbandian ins Englische übersetzten Auszug (S.243-245) aus dem 1930 in Armenisch (Ardi Et'ovpian ew Hay galut'e) verfaßten, 550 Seiten starken Buch von Haig Patapan: Das moderne Äthiopien und die Armenische Kolonie (Gemeindepapier).

787   Ebenda, S.243.

788   Vgl. biographische Daten zu Kevork Nalbandian, verfaßt von Vartkes Nalbandian (Gemeindepapier); Francis Falceto, Abyssinie Swing..., S.30f; Richard Pankhurst, The History..., Tomé XV, S.388.

789   Vgl. Gebre-Igziabiher Elyas, Reidulf K. Molvaer, Prowess..., S.461.

790   Vgl. ebenda, S.472.

791   Vgl. Shiferaw Bekele, A Modernizing State and the Emergence of Modernist Arts in Ethiopia (1930s to 1970s) with special reference to Gebre Kristos Desta (1932-1981) and Skunder Boghossian (1937-2003), in: Journal of Ethiopian Studies, Special Issue, Vol. XXXVII. No.2, December 2004, S.20ff .

792   Vgl. Francis Falceto, Abyssinie Swing..., S.39; http://etudesafricaines.revues.org/index163. html (29.2.2008).

793   Vgl. Francis Falceto, Abyssinie Swing..., S.39.

794   Vgl. ebenda, S.40.

795   Vgl. André Nicod, in: Adrian Zervos, L'Empire d'Éthiopie..., S.247f; Francis Falceto, Abyssinie Swing..., S.33f.

796   Vgl. ebenda, S.33; Reidulf K. Molvaer, Black Lions..., S.282.

797   Vgl. Adrian Zervos, L'Empire d'Éthiopie..., S.31f.

798   Vgl. Reidulf K. Molvaer, Black Lions..., S. xiv, 136,153, 232, 282, 404.

799   Eyelyn Waugh, Befremdliche Völker..., S.50.

800   Vgl. Gemeindepapier von Vartkes Nalbandian „The Forty Children".

801   Vgl. die Gespräche mit Simon Hagopian, Addis Abeba, 17./30.1.2006

802   Gespräch mit Marie und Mesrob Sarkissian, Addis Abeba, 18.3.2006

803   Vgl. Francis Falceto, Abyssinie Swing..., S.52; biographische Daten zu Kevork Nalbandian, verfaßt von Vartkes Nalbandian (Gemeindepapier).

804   So sein Großneffe Vartkes Nalbandian, vgl. die Gespräche mit Vartkes Nalbandian, Addis Abeba, 23.2., 28.2., 13.4., 18.6. 2006.

805   Vgl. Michael B. Lentakis, Ethiopia..., S.72.

806   Vartkes Nalbandian, Gespräch, 23.2. 2006.

807   Vgl. Francis Falceto, Abyssinie Swing..., S.56f.

808   Vgl. Gespräch mit Wilhelmine Stordiau, Frankfurt a. M. , 29.4.2009.

809   Vgl. Francis Falceto, Abyssinie Swing..., S.56f.

810   Vgl. ebenda, S.54.

811   Francis Falceto zitiert in: Arba Lidjotch – Forty- Orpheans, S.3http://yetovbahayer.pbwiki. com/Arba +Lidjotch+-+Forty+Orpheans (29.2.2008).

812   Nerses Nalbandian, zitiert nach Ethiopian Herald, 20.12.1969, in Francis Falceto, Abyssinie Swing..., S. 116.

813   Vgl. ebenda, S.82ff.

814   Vgl http://newstatesman.com; http://ethiomedia.com/carepress; http:// en.wikipedia.org/wiki; http://author.voanews.com/english/africa/blog/index. cfm?mode=cat&catid=C28D5643-ECC3-F68B-D782AC0B89DDFB24; http://www. bernos.org/blog; http://yetovbahayer.pbworks.com/Arba+Lidjotch+-+Forty+Orphans ; http://new.music.yahoo.com/nerses-nalbandian/tracks/eyeye--44211759.

815   Vgl. Randi Ronning Balsvik, The Quest..., S.28f.
816   So Vartkes Nalbandian in seiner Ansprache anläßlich des 100jährigen Bestehens (Gemeindepapier).
817   Vgl. Richard Pankhurst, The History..., Tomé XV, S.383, vgl. auch S.365.
818   Vgl. ebenda, S.364; Milena Batistoni, Gian Paolo Chiari, Old Tracks..., S.125ff.
819   Vgl. Richard Pankhurst, The History..., Tomé XV, S.364.
820   Vgl. Adrian Zervos, L'Empire d'Éthiopie..., S.495.
821   Vgl. http://yetovbahayer.pbwiki.com/Notes+of+interset (S.9f, 16.3.2008)
822   Message of Archimandrite Rev.Fr.Ashot Mnatzakanyan, Januar 2005, S.2, in: http://www.armeniapedia.org/index.php?title=Ethiopia (29.2.2008)
823   Vgl. Adrian Zervos, L'Empire d'Éthiopie..., S.496.
824   Vgl. ebenda, S. 497.
825   Avedis Terzian, zitiert nach David Zenian, A Journey..., S.3.
826   Vgl. Adrian Zervos, L´Empire d` Éthiopie..., S.498.
827   Vgl. http://www.ethiosports.com/History.html (4.3.2008).
828   http://de.wikipedia.org/wiki/Fu%C3%9Fball_in_%C3%84thiopien (4.3.2008).
829   Vgl. Michael B. Lentakis, Ethiopia.., S.177, 150.
830   Vgl. ebenda, S.175.
831   Vgl. ebenda, S.70.
832   Richard Pankhurst, The History..., Tomé XV, S.400.
833   Vgl. schriftliche Mitteilung des Enkelsohns Garbis Korajian an die Autorin, 6.5.2005.
834   Vgl. Gespräch mit Wilhemine Stordiau, 29.4.2009.
835   Vgl. ebenda.
836   Vgl. Richard Pankhurst, Menilek and the Utilisation..., S.83f.
837   Vgl. ebenda, S.51; an anderer Stelle werden im gleichen Sinne auch die Inder genannt, Richard Pankhurst, The History..., Tomé XV, S.359.
838   Evelyn Waugh, Befremdliche Völker...S.123f.
839   Vgl. Richard Pankhurst, The History..., Tomé XV, S.363.
840   Ebenda, S.363f.
841   Leo von zur Mühlen, Im Banne des Äthiopischen Hochlandes, Berlin-Schöneberg 1935 , S.49
842   Vgl. Willy Hentze, Auf Hofe des Kaisers..., S.78.
843   Vgl. Wolfgang Hahn, Zur Geschichte der Münzstätte..., S.1.
844   Vgl. ebenda, S.2.
845   Willy Hentze, Am Hofe des Kaisers..., , S.85.
846   Graf Ludwig Huyn, Josef Kalmer, Abessinien..., S.309.
847   Ebenda, S.287f.
848   Vgl. Erwin Faller, Ich war der Koch des Negus. Drei Jahre am Kaiserhof von Addis Abeba, bearbeitet und verfasst von Herbert Volck, Bern, Stuttgart 1937, 2.Aufl., S.210.
849   Im Reiche Kaiser Meneliks..., S.181.
850   Vgl. Richard Pankhurst, The History..., Tomé XIII, S.295.
851   Vgl. Bairu Tafla, From Trust to Contract. A History of Security in Money-lending in Ethiopia, in: Studia Aethiopica..., S.139-149.

852   Richard Pankhurst, Menilek and the Utilisation..., S.85.

853   Vgl. Bahru Zewde, A History of Modern..., S.98.

854   Vgl. Gespräch mit Wilhelmine Stordiau, 29.4.2009.

855   Vgl. ebenda.

856   Vgl. Richard Pankhurst, Menilek and the Utilisation..., S.83.

857   Vgl. An Amharic Reader, By Major J.I. Eadie, Cambridge 1924, S.238, (229-421).

858   Vgl. Richard Pankhurst, The History..., Tomé XV, S.362.

859   Vgl. ebenda, S.381f; Brhanou Abebe, Histoire de l'Ethiopie d'Axoum à la révolution, Paris 1998, S.151f, Gebre-Igziabiher Elyas, Reidulf K. Molvaer, Prowess..., S.560f.

860   Vgl. Poisoned Mother-in-law, Time Magazine, Oct.08.1928. http://www.time.com/time/magazine/article/0,9171,928140,00.html (16.4.2009).

861   Vgl. den Vorabdruck des Eintrags von Bairu Tafla über Johannes Semerjibashian für den 4. Band der Encyclopaedia Aethiopica.

862   Vgl. Ethiopia My Home.The Story of John Moraitis..., S.48.

863   Vgl. Richard Pankhurst, A Chapter in the History of the Ethiopian Press, Capital, Archive/2008/may/week4/, (14.4.2009).

864   Vgl. John H. Spencer, Ethiopia at Bay. A Personal Account of the Haile Selassie Years, Hollywood 2006, S.168, http:/digicoll.library.wisc.edu/cgi-bin/FRUS/FRUS-idx?type=div&d... (14.4.2009).

865   Vgl. Vorabdruck des Eintrags von Bairu Tafla über Johannes Semerjibashian...

866   Vgl. John H. Spencer, Ethiopia at Bay..., S.168 Fn1.

867   Michael B. Lentakis, Ethiopia..., S.95; vgl. auch Richard Pankhurst, The Post-Liberation Years, Addis Tribune, 14.5.2004.

868   Vgl. Michael B. Lentakis, Ethiopia..., S.294.

869   Vgl. Randi Ronning Balsvik, Haile Selassie's Students..., S.248.

870   Vgl. David Zenian, A Journey..., S.3.

871   Vgl. Vartkes Nalbandian, 23.2.2006.

872   http://www.scribd.com/doc/6422718/The-Armeinians-of-Ethiopia-a-lost-Diaspora (S.8, 16.4.2009).

873   Vgl. Gespräch mit Wilhelmine Stordiau, 29.4.2009.

874   http://www.scribd.com/doc/6422718/The-Armeinians-of-Ethiopia-a-lost-Diaspora, S.25.

875   Vgl. Shiferaw Bekele, Introduction, in: Journal of Ethiopian Studies, Special Issue..., S.6, siehe ebenda, S.1ff, S.11ff; vgl. auch Elsabet W/Giorgis; Modernist Spirits: The Images of Skunder Boghossian, ebenda, S.139ff.

876   Vgl. ebenda, S.4 Fn8.

877   http://www.scribd.com/doc/6422718/The-Armeinians-of-Ethiopia-a-lost-Diaspora, S.15 (16.4.2009).

878   Addis Ababa in the Past and in Prospects in the New Millennium, S.20, http://www.addismillennium.org/Addis%20In%20the%20Past%20And%20Its%20Prospects%20in%20The%20New%20Millennium%28English%29.pdf (14.4.2009).

879   Vgl. z.B. Getachew Debaleque, Great Artists of My Time, in: The Addis Connexion, January/February 2009, Vol.1, No.10, S.10f.

880   Vgl. Journal of Ethiopian Studies, Special Issue..., S. 1ff, 11ff, 19ff.

881   Vgl. Botschafter Claas Dieter Kroop, in: Ethiopian Herald, 3.10.2006.

882   Vgl. http://www.uni-mainz.de/Organisationen/SORC/;The Reporter, 28.1.2004. Wolbert
       G. C. Smidt, Kinfe Abraham, Discussing Conflict in Ethiopia. Conflict Management and
       Resolution, Berlin, Wien, Zürich 2007. Encyclopaedia Aethiopica, Vol. 1, 2, 3, Edited by
       Siegbert Uhlig, Wiesbaden 2003, 2005, 2007.

883   Vgl. Schriftliche Mitteilung von Dr. Bernhard Trautner, Deutsche Botschaft Addis Abeba,
       21.5.2010.

884   Vgl. Deutsche Botschaftsschule. Jahrbuch 2005, Addis Abeba 2005; Jahrbuch 2006/2007,
       Addis Abeba 2007.

885   Vgl. Paul Kaiser, Kunsttransfer und Ideologieexport: Das erste Karl-Marx-Denkmal auf
       afrikanischem Boden von DDR-Bildhauer Jo Jastram in Addis Abeba (1979-1984), in:
       Äthiopien und Deutschland. Sehnsucht..., S.255.

886   Vgl. http://www.deutsch-aethiopischer-verein.de/infoblatt_archiv.htm.

887   Vgl. http://www.orbis-aethiopicus.de/.

888   Vgl. Asfa-Wossen Asserate, Manieren, Frankfurt a.M. 2003.

889   Vgl. Statistisches Bundesamt, Fachserie 1, Reihe 2, 2009; ebenda, Fachserie 13, Reihe 7,
       2008; Deutsche Gesellschaft für Technische Zusammenarbeit (GTZ) (Hg.), The Ethiopian
       Diaspora in Germany. Its Contribution to Development in Ethiopia, Frankfurt a. M. 2009,
       S.10ff.

890   Vgl. Dag Zimen, Rosen..., S.21.

891   Vgl. ebenda, S.27f.

892   Vgl. Hans W. Lockot, Deutsche Äthiopienliteratur in Addis Abeba, in: Zeitschrift für
       Kulturaustausch..., S.211; Eike Haberland, Three Hundred Years of Ethiopian-German
       Academic Collaboration, Stuttgart 1986, S.3ff.

893   Vgl. Wolbert G. C. Smidt, Abba Gorgoryos – ein integrer und ernsthafter Mann,
       in:Äthiopien und Deutschland. Sehnsucht..., S.50.

894   Vgl. Richard Pankhurst, Some Notes on Foreign Historiography on Ethiopia, in: Silver
       Jubilee Anniversary..., S.84.

895   Vgl. Steffen Wenig, Äthiopien und Eritrea vor 100 Jahren – Historische Fotografien von
       Theodor Lüpke. Die Deutsche Aksum-Expedition unter Leitung des deutschen Orientalisten
       Enno Littmann, Berlin 2005, S.3.

896   Vgl. ebenda, S.4.

897   Vgl. ebenda,S.6f

898   Vgl. David W. Phillipson, The Deutsche Aksum-Expedition of 1906: Changing Foreign
       Perspectives on Ancient Ethiopia after The Battle, in: Adwa. Victory..., S.612.

899   Vgl. Silvia Dolz, Arthur Schubert: Im Dienste zweier Kaiser, in: Äthiopien und Deutschland,
       Sehnsucht..., S.193.

900   Vgl. Wolbert G. C. Smidt, „Annäherung Deutschlands und Aethiopiens"..., S. 223.

901   Vgl. Ursula Gehring-Münzel, „Donnerwetter! Wenn das man gut geht." Der Diplomat Robert
       Richard von Scheller-Steinwartz, in: Äthiopien und Deutschland. Sehnsucht..., S.169; vgl
       auch FAZ, 18.2.2005.

902 Vgl. Ursula Gehring-Münzel, „Donnerwetter..., S.169f.
903 Vgl. Bahru Zewde, Pioneers of Change..., S.45f.
904 Vgl. ebenda, S.165; vgl. auch S.50f.
905 Vgl. ebenda, S.165.
906 Vgl. Ursula Gehring-Münzel, „Donnerwetter..., S.170.
907 Vgl. Graf Ludwig Huyn/Josef Kalmer, Abessinien..., S.259f.
908 Vgl. Wolbert G. C. Smidt,"Annäherung Deutschlands und Aethiopiens..., S.199.
909 Vgl. Barbara Blankensteiner, Geschenke und Gegengeschenke:Menilek und die Insignien der Macht auf dem Weg nach Europa, in: Äthiopien und Deutschland. Sehnsucht..., S.163.
910 Vgl. Wolbert G. C. Smidt, „Annäherung Deutschlands und Aethiopiens..., S.217.
911 Vgl. Rudolf Fechter, History of German Ethiopian..., S.154.
912 Vgl. Walter Sauer, Vergessene Glanzzeiten. Afrika geschichtsloser Kontinent?, in: Katja Böhler, Jürgen Hoeren, Afrika. Mythos und Zukunft, Freiburg 2003, S.44.
913 Vgl. ebenda, S.44.
914 Vgl. Kodjo Attikpoe, Folgenschwere Konstrukte. Beobachtungen zu Afrika-Bildern in weißen Köpfen, in: Katja Böhler, Jürgen Hoeren, Afrika..., S.19.
915 Vgl. Horst Scheffler, Islam und Christentum in Afrika, in: Wegweiser zur Geschichte..., S.205; Michael Vetsch, Ideologisierte Wissenschaft. Rassentheorien in der deutschen Anthropologie zwischen 1918 und 1933, Norderstedt 2003.
916 Vgl. http://virt052.zim.uni-duisburg-essen.de/kant/aa09/314.html , Kant: AA IX, S.316 (26.5.2009).
917 Vgl. Monika Firla, Kants Thesen vom „Nationalcharakter" der Afrikaner , seine Quellen und der nicht vorhandene ´Zeitgeist´, S.7 Fn57, in: http://www.phaidon.philo.at/pub/bsw.cg/ d1920/Firla_Kant.rtf (22.5.2009)
918 Vgl. Walter Sauer, Vergessene Glanzzeiten ..., S.42.
919 Vgl. http://virt052.zim.uni-duisburg-essen.de/kant/aa 08/170.html, Kant:AAVIII, S.171 (26.5.2009).
920 Vgl. http://virt052.zim.uni-duisburg-essen.de/kant/aa09/312.html, Kant: AA IX, S.419f (26.5.2009).
921 Vgl. http://virt052.zim.uni-duisburg-essen.de/kant/aa09/312.html, Kant: AA IX, S.418 (26.5.2009).
922 Vgl. Wolbert G. C. Smidt, Ethiopia: Five Centuries of Ethio-German Relations, Addis Tribune, 8.10.2004.
923 Paul Lieberenz, Das Rätsel Abessinien, Berlin ca. 1935, 2.Aufl., S.63; vgl. auch Leo von zur Mühlen, Im Banne des Äthiopischen Hochlandes, Berlin-Schöneberg 1935, S.11.
924 Vgl. Berliner Illustrierte Zeitung, Nr.45 von 1930.
925 Vgl. Ausstellungskatalog: Von der Rosen-Gesandtschaft..., S.21.
926 Vgl. Klappentext zum Buch: Erwin Faller, Ich war der Koch...
927 Graf Ludwig Huyn / Josef Kalmer, Abessinien..., S.92.
928 Vgl. Willy Hentze, Am Hofe des Kaisers..., S. 94; vgl. S.75, 81, 85, 116.
929 Vgl. Im Reiche Kaiser Menileks. Tagebuch..., S.179; vgl. S.67,56, 61.
930 Vgl. ebenda, S.89; vgl. S.66f.

931   Vgl. Leo von zur Mühlen, Im Banne des..., S.265f, 162, 233f; Friedrich Wencker-Wildberg, Abessinien – das Pulverfaß..., S.15.

932   Graf Ludwig Huyn / Josef Kalmer, Abessinien..., S.91.

933   Paul Lieberenz, Das Rätsel Abessinien..., S.11.

934   Vgl. Graf Ludwig Huyn / Josef Kalmer, Abessinien..., S.94.

935   Friedrich Wencker-Wildberg, Abessinien – das Pulverfaß..., S.8.

936   Die Farbige Front. Hinter den Kulissen der Weltpolitik, von ***, Berlin, Leipzig 1936, S.220.

937   Anton Zischka, Abessinien. Das letzte ungelöste..., S. 227.

938   Friedrich Strindberg, Abessinien im Sturm..., S.89.

939   Vgl. Graf Ludwig Huyn / Josef Kalmer, Abessinien..., S.91.

940   Anton Zischka, Abessinien. Das letzte ungelöste..., S.167.

941   Die Farbige Front..., S.61, 63.

942   Leo von zur Mühlen, Im Banne des ..., S.201.

943   Erwin Faller, Ich war der Koch..., S.207; vgl. auch Ruppert Recking, Ein Journalist erzählt. Abenteuer und Politik in Afrika, Stuttgart, Berlin 1936, S.440ff.

944   Vgl. Anton Zischka, Abessinien. Das letzte ungelöste..., S.58.

945   Paul Lieberenz, Das Rätsel Abessinien..., S.49.

946   Friedrich Wencker-Wildberg, Abessinien – das Pulverfaß..., S.7; vgl. auch S.18ff.

947   Leo von zur Mühlen, Im Banne.., S.53.

948   Friedrich Strindberg, Abessinien im Sturm..., S.131.

949   Friedrich Wencker-Wildberg, Abessinien – das Pulverfaß..., S.7.

950   Anton Zischka, Abessinien. Das letzte ungelöste..., S.169.

951   Vgl. Anton Zischka, Abessinien. Das letzte ungelöste..., S.115.

952   Vgl. ebenda, S.106.

953   Vgl. Louise Diel, Sieh unser neues Land mit offenen Augen. Italienisch-Ostafrika, Leipzig 1938, S.187; vgl. auch Erwin Faller, Ich war der Koch..., S.92ff, Graf Ludwig Huyn / Josef Kalmer, Abessinien..., S.261ff.

954   Vgl. http://www.filmblatt.de/index,php?aid=321 (6.7.2009); Martin Rikli, Seltsames Abessinien. Als Filmberichterstatter am Hof des Negus, Zürich o.J. (1936).

955   Erwin Faller, Ich war der Koch..., S.211f.

956   Vgl. Anton Zischka, Abessinien. Das letzte ungelöste..., S.145.

957   Vgl. ebenda, S.235.

958   Vgl. Friedrich Wencker-Wildberg, Abessinien – das Pulverfaß..., S.24.

959   Vgl. Anton Zischka, Abessinien. Das letzte ungelöste..., S.184.

960   Vgl. Friedrich Wencker-Wildberg, Abessinien- das Pulverfaß..., S.79.

961   Vgl. Anton Zischka, Abessinien. Das letzte ungelöste.... S.84.

962   Friedrich Wencker-Wildberg, Abessinien - das Pulverfaß..., S.86.

963   Ebenda, S.100.

964   Die Farbige Front..., S.5.

965   Die Farbige Front..., S.549, siehe auch S.494f; vgl. Uwe-K. Ketelsen, in: Mihran Dabag, Horst Gründer, Uwe-K. Ketelsen (Hg.), Kolonialismus. Kolonialdiskurs und Genozid, München 2004, S.67ff.

966   Anton Zischka, Abessinien. Das letzte ungelöste..., S.235.

967   Friedrich Strindberg, Abessinien im Sturm..., S.7.

968   Ebenda, S.17.

969   Ebenda, S.147.

970   Ebenda, S.147.

971   Erwin Faller, Ich war der Koch..., S.144; vgl. auch S.228.

972   Friedrich Strindberg, Abessinien im Sturm..., S.147.

973   Vgl. Deutschlandberichte der Sozialdemokratischen Partei Deutschlands (Sopade) 1934-
       1940, 2. Jg., 1935, Salzhausen, Frankfurt a. M. 1980 , S.1135.

974   Vgl. ebenda, S.1136.

975   Vgl. Rudolf Fechter, History of German..., S.155.

976   Vgl. z. B. http://www.fkk-urlaub.de/FKK/FKK_Sylt (30.11.2009); Der Spiegel, 1.Juni 1955.

977   Vgl Stefan Brüne, Äthiopien - Unterentwicklung..., S.33.

978   Vgl. Deutschlandberichte..., 2.Jg., 1935, S.1137.

979   Vgl. Stefan Brüne, Äthiopien - Unterentwicklung..., S. 263f.

980   www.student-online.net/Publikationen/151/Mussolini_fertig2.docS.8 (12.7.2009); Vgl.
       auch Alberto Sbacchi, Legacy of Bitterness..., S.223f.

981   Vgl. Aram Mattioli, Experimentierfeld..., S.192.

982   Vgl. Deutschlandberichte..., 3. Jg., 1936, S.380.

983   Vgl. Deutschlandberichte..., 4. Jg., 1937, S.563.

984   Vgl. Ernst Wiese, Weißes Reich im schwarzen Erdteil, Leipzig 1938, S.7.

985   Vgl. das Nachwort des Verlages; Louise Diel, Sieh unser neues..., S.9f.

986   Louise Diel, Sieh unser neues..., S.23.

987   Vgl. Louise Diel, Sieh unser neues..., S.55; siehe Ernst Wiese, Weißes Reich..., S.106ff.

988   Vgl. Louise Diel, Sieh unser neues..., S.37f.

989   Asfa-Wossen Asserate, Tausendjährige Beziehungen, in: Zeitschrift Entwicklungspolitik,
       6/2005, S.39.

990   Vgl. Karl Wilhelm Seeger, Die wirtschaftliche Zusammenarbeit der Bundesrepublik
       Deutschland mit Äthiopien, in: Zeitschrift für Kulturaustausch..., S.20fff; Bodo Walter, Der
       Deutsche Entwicklungsdienst (DED) in Äthiopien, ebenda, S.179ff.

991   Vgl. Haile Gabriel Dagne, Das entwicklungspolitische Engagement der DDR in Äthiopien.
       Eine Studie auf der Basis äthiopischer Quellen, Münster 2004, S.48; Harald Möller, DDR
       und Äthiopien. Unterstützung für ein Militärregime (1977-1989). Eine Dokumentation,
       Berlin 2003; Egon Dummer, Äthiopien im Aufbruch, Berlin/DDR 1984; Gerhard Huck,
       Das äthiopische Pilotschulprogramm von 1981 bis 1989, in: Dieter Wartenberg, Wolfgang
       Mayrhofer (Hg.), Bildung in Äthiopien. Ein Land geht neue Wege, Hamburg 1999, S.44ff.

992   Vgl. AKZENTE. Working with gtz, Special Edition 1997; Embassy of the Federal Republic
       of Germany, Cooperation Ethiopia Germany, Addis Abeba 1999; eins: Entwicklungspolitik
       Information Nord-Süd, 23-24-2006: 50 Jahre deutsche Entwicklungspolitik; Adelheid
       Zelleke, 100Jahre Deutsch-Äthiopischer..., S.18f.

993   Vgl. Addis Tribune, 12.11.2004.

994   Vgl. www.bmz.de, www.gtz.de.

995   The Reporter, amharische Ausgabe, 27.12.2008.
996   Vgl. z. B. Addis Tribune, 23.1.2004; The Reporter, 9.4.2005; Capital, 25.3.2007.
997   Vgl. z. B.The Sun, 17.1.2002, 28.3.2002; Addis Tribune, 21.6.2002, 26.9.2002, 31.10.2002, 23.1.2004, 12.11.2004; Capital, 26.10.2002; The Reporter,15.12.2004, 9.4.2005, 25.3.2007; The Daily Monitor, 28.3.2002, 8.5.2002.
998   Vgl. Addis Tribune, 2.8.2003, 16.7.2004, 8.10.2004, 12.1.2006; The Sun, 6.6.2002; The Reporter, 9.4.2005, 15.10.2005; Capital, 10.12.2006; Ethiopian Herald, 3.10.2006.
999   Vgl. The Reporter, 28.1.2004, 26.5.2004, 15.12.2004, 11.3.2005.
1000   Vgl. z. B. The Reporter, 8.10.2002, 15.10.2002; Capital, 5.-11.10.2002.
1001   Vgl. z. B. Capital, (3.8. 2009, 2.11.2009, 13.4.2010); The Reporter, (14.3.2009, 29.5.2009, 24.4.2010)
1002   www.ECBP.biz
1003   http://www.ethioembassy.org.uk/Facts%20About%20Ethiopia/Ethiopia%27s%20Sustainable%20Development%20and%20Poverty%20Reduction%20Strategy.htm
1004   http://www.mdgmonitor.org/factsheets_00.cfm?c=ETH&cd
1005   PASDEP-Felder: Landwirtschaft- ländliche Entwicklung-Ernährungssicherheit/ Erziehung/Gesundheit-HIV/AIDS/Infrastruktur (Straßen, Wasser, Energie, Telefon + Informationstechnologie)/Bergbau- Industrie-Handel-Tourismus/ Stadtentwicklung-Bauwesen/ Kapazitätsentwicklung-Gute Regierungsführung/(Öffentlicher Dienst, Justiz, Dezentralisierung)/Umweltschutz/Gender
1006   http://www.oecd.org/document/18/0,3343,en_2649_3236398_35401554_1_1_1_1,00.html
1007   Zuordnung der Donor zu Arbeitsfeldern in Äthiopien aus ‚Scaling up report for DAG Ethiopia', H.Winnubst, Botschaft BRD, März 2007

Education	Health	Rural/ Agriculture	HIV/Aids	Water and Sanitation	Environment	Food Security incl. PSNP	PSCAP	Governance
DFID	DFID	EC	Netherlands	DFID	France	CIDA	DFID	CIDA
Finland	Italy	Italy	Italy	Finland	Netherlands	DFID	CIDA	France
France	Netherlands	Japan	UNDP	France	Spain	EC	Ireland	Netherlands
Germany	SIDA	Norway		Italy	UNDP	Germany	Worldbank	Norway
Netherlands	USAID	ADB		Japan	USAID	UNDP		SIDA
SIDA	Austria	Germany		Netherlands		USAID		UNDP
USAID	China	Ireland		Worldbank		Austria		EC
China	France	Netherlands		ADB		Ireland		Ireland
Italy	GFATM	SIDA				Italy		USAID
Japan	Japan	USAID				SIDA		
Spain	UNDP	Worldbank				Worldbank		
Worldbank								

Infrastructure and Roads	Urban	Private Sector	PBS	Energy	Gender and Child Protection	Macro-economy	Heritage
DFID	France	Germany	DFID	DFID	Spain	EC	France
EC	Germany	UNDP	ADB	Worldbank	Italy	IMF	EC
Japan	Worldbank	Worldbank	CIDA	ADB	UNDP		Germany
Worldbank		France	Germany	Austria			Italy
ADB		Italy	Ireland				
China		SIDA	Netherlands				
		USAID	SIDA				
			Worldbank				

1008   Scaling up report for DAG Ethiopia, H.Winnubst, Botschaft BRD, März 2007

1009   Mitglieder der DAG (26): African Development Bank, AECID, CIDA, European
        Commission, Embassies of Belgium, Denmark, Finland, France, Germany, India, Japan,
        Netherlands, Norway /NORAD, GTZ Ethiopia, IMF, Irish Aid, Italian Cooperation, JICA,
        KfW, SIDA, UNDP, USAID, World Bank http://www.dagethiopia.org/

1010   http://www.dagethiopia.org/Public/Publications/DAG%20Comments%20on%20
        PASDEP_May%202007.pdf (Zugang eingeschränkt Sept. 2010)

1011   Benjamin H.Freiberg, Deutsche Entwicklungspolitik in Äthiopien, Norderstedt 2008,
        versucht eine Gesamtdarstellung der deutschen EZ in Äthiopien

1012   Sustainable Land Management (SLM): „Das Programm Nachhaltige Landbewirtschaftung
        trägt zur Förderung der Ernährungssicherheit sowie zur reduzierten Degradation
        natürlicher Ressourcen in Äthiopiens Hochland bei. SLM basiert auf dem Ansatz der
        integrierten Wassersammlung und -nutzung, der innerhalb der letzten Jahre erfolgreich
        durch das äthiopisch-deutsche SUN-Programm (Sustainable Utilization of Natural
        Resources) angewendet wurde." Arbeitsfelder: Verbreitung innovativer landwirtschaftlicher
        Ansätze und Technologien / Verbesserung der ländlichen Dienstleistungen /Planung und
        Implementierung von Maßnahmen auf der Gemeindeebene /Politikreformprozesse und
        Gesetzgebung auf föderaler und regionaler Ebene / Standorte: Amhara, Oromia, Tigray /
        Budget (2008-2011):25,684 Mio.€ incl. 2 Mio.€ für ,Participatory Forest Management', GTZ
        + DED+ KfW

1013   http://www.GTZ.de/de/weltweit/afrika/aethiopien/6609.htm„Die deutsche
        EZ stärkt das föderale und demokratische System Äthiopiens. Sie unterstützt die
        Dezentralisierung von Entscheidungsgewalt auf regionaler und lokaler Ebene. Kommunale
        Selbstverwaltung, Partizipation, Planung, dezentrales Finanzmanagement, Infrastruktur
        und Dienstleistungserbringung werden in ausgewählten äthiopischen Städten gefördert."
        Arbeitsfelder: Städtische Dienstleistungen und Infrastruktur verbessern / Management-
        Fähigkeiten der Stadtverwaltungen stärken / Wissensmanagement und Erfahrungsaustausch
        fördern //Standorte: in allen Bundesstaaten und 26 Regionalstädten // Budget (2008-2011):
        15 Mio. € , GTZ + CIM + KfW

1014   http://www.gtz.de/de/weltweit/afrika/aethiopien/1019.htm

1015   http://www.ECBP.biz/reform-fields.html

1016   http://www.ECBP.biz/reform-fields/university.html

1017   http://www.ECBP.biz/reform-fields/tvet.html

1018   http://www.ECBP.biz/reform-fields/quality.html

1019   Kalibrieren ist das Feststellen der Richtigkeit einer Messgröße von Maschinen, Prozessen etc.

1020   http://www.ECBP.biz/reform-fields/privatesector.html

1021   Deutscher Budgetanteil 50%, 2008 – 2011: 39 Mio. € (aktuell reduziert wg. äthiopischer
        Devisenprobleme), GTZ + CIM + DED+ daad + SES + KfW

1022   http://www.GTZ.de/de/praxis/1021.htm, Unterstützung des Aufbaus der
        Polizeikomponente der African Standby Force (ASF,), Nil-Initiative Wasser, Beratung der
        Kommission der Afrikanischen Union, Förderung der Afrikanischen Union im Bereich
        biologische Sicherheit, Förderung der Afrikanischen Union im Bereich Frieden und Sicherheit

1023   www.ucbp-ethiopia.com

1024   Gefragt wurde nach Arbeitsbedingungen, Rolle, Transparenz, Partizipation, interkulturellen
       Konflikte, Umgang mit unterschiedlichen Sichtweisen, Abstimmung Bund-Regionen, Felder
       der deutschen EZ und Prioritätensetzung, EZ aus einem Guß, Chancen und Risiken, positive
       + negative Erfahrungen, Motivation, Demotivation, Wirksamkeit, Was mach ich beim
       nächsten mal anders?

1025   Interview kze_4, 28.01.2009

1026   Durch 5 Strategieelemente soll die Wirksamkeit von Entwicklungszusammenarbeit erhöht
       werden: Die Eigenverantwortung der Partnerländer soll gestärkt werden („Ownership").
       Die Geber sollen Institutionen der Partnerländer nutzen und ihre Programme an
       den Strategien und Verfahren der Partnerländer ausrichten („Alignement"). Die
       Geber sollen ihre Programme und Verfahren untereinander abstimmen und mit den
       Entwicklungsprogrammen der Empfängerländer harmonisieren („Harmonization"). Die
       Maßnahmen sollen auf Ergebnisse ausgerichtet sein („Managing for Results"). Die Geber
       lassen sich an den Ergebnissen ihres entwicklungspolitischen Handelns messen (zum
       Beispiel Verringerung der Analphabetenquote) und nicht an den erbrachten Leistungen
       (zum Beispiel 10 Millionen Euro für neue Schulen). Geber- und Partnerländer sollen
       gemeinsam über ihr entwicklungspolitisches Handeln gegenüber der Öffentlichkeit und
       den Parlamenten Rechenschaft ablegen („Mutual Accountability"). Auf der Folgekonferenz
       in Accra (Ghana) im September 2008 wurde die ‚Accra Agenda for Action' verabschiedet,
       in der 5 Kernelemente die Effektivität von Entwicklungsleistungen in einen breiteren
       entwicklungspolitischen Zusammenhang stellen. Ein wichtiges Element bei der Umsetzung
       von Paris-Accra soll die Einbeziehung der Zivilgesellschaft in die Rechenschaftslegung sein.

1027   NN_1,28.01.09

1028   ded_1,T. Becherer 30.11.08

1029   gtz_10,29.01.09

1030   Die Interviewpartner wurden intensiv nach interkulturellen Differenzen zwischen Deutschen
       und Äthiopiern befragt. Diese persönlichen Antworten wurden gebündelt und gegen
       Kategorien aus der interkulturellen Differenzforschung gedeutet. Deskriptive Kategorien
       interkultureller Differenzen wurden u.a. von Geert Hofstede, Fons Trompenars, Edward
       T. Hall und anderen in den letzten Jahrzehnten entwickelt. Mit diesen häufig polaren
       Kategorien können Situationen und Probleme interkultureller Begegnung verortet, analysiert
       und verstanden werden, um sich angemessener zu ihnen verhalten zu können. z.B. Geert
       Hofstede: Machtdistanz - Machtnähe, Individualismus-Kollektivismus, Unsicherheits-
       Vermeidung, Lang- oder kurzfristige Orientierung. Edward T.Hall: Kontextorientierung
       (zwischen den Zeilen lesen und nicht-verbale Signale). Fons Trompenars: Partikularismus
       (nicht nur eine Wahrheit vs. Universalismus = allgemeine Gültigkeit von Sichtweisen)

1031   G. H. Hofstede unterscheidet gegensätzliche, geschlechtsspezifische Eigenschaften von
       Kulturen. Feminine Kulturen werden vor allem durch ‚weibliche' Eigenschaften wie
       Mitgefühl, Toleranz, sozialer Ausrichtung und Sympathie für die Schwächeren beschrieben.
       Maskuline Kulturen sind mehr durch ‚kriegerisch-männliche' Eigenschaften gekennzeichnet:
       nur der Beste zählt, Toleranz und Mitgefühl spielen eine untergeordnete Rolle. Aggressivität

sei häufiger in maskulinen Kulturen anzutreffen, http://www.intercultural-network.de

1032   Interview Gtz_1, 13.11.08

1033   Die Bereitschaft, Risiko einzugehen und ohne direkte Sicherheit zu leben ist eine weitere
        von Hofstede entwickelte Kulturdimension. In manchen Kulturen werden Risiken als
        Herausforderung, in anderen als Bedrohung erlebt. Was fremd ist kann als bedrohlich
        wahrgenommen werden.

1034   Interview gtz_5, 17.12.08, gtz_7, 15.01.09

1035   Interview gtz_8, 15.01.09

1036   Nähe und Distanz zu Hierarchie dienen als interkulturelles Unterscheidungskriterium, vgl.
        Hofstede, Geert; Lokales Denken, globales Handeln. Interkulturelle Zusammenarbeit und
        globales Management; DTV-Beck; 2006, 3. Auflage, ISBN 3-423-50807-8, http://www.
        intercultural-network.de

1037   Ded_2, 4.6.09

1038   Gtz_7, 15.01.09

1039   Interview ded_1,T. Becherer 30.11.08

1040   Stadt 40 km südlich von Addis Ababa, Bishooftuu= voller Wasser, wasserreich (Afaan
        Oromoo-Oromo Sprache); früher Debre Zeyd (amharisch)

1041   Sie hat einen Beratungsauftrag, der den Zielen der deutschen Entwicklungspolitik
        und den Millennium-Zielen verpflichtet ist und engen Bezug zu den äthiopischen
        Entwicklungsprogrammen hat. Politikberatung wäre nach der Paris Deklaration (vgl. Fn 7)
        von 2005 auch auf der Agenda in Äthiopien.

1042   Interview gtz_7,15.01.09

1043   gtz_4, 11.12.08

1044   Interview NN_2, 01.03.09

1045   ded_2, 04.06.09

1046   Name geändert

1047   ETH_1, 1.1.09 Die Interviews mit Äthiopiern wurden vom Autor aus dem Englischen
        übersetzt.

1048   ETH_4, 02.09

1049   ETH_1, 1.1.09

1050   ETH_1, 1.1.09

1051   Odaa (afaan oromo), Feigenbaum

1052   ETH_2, 02.09

1053   ETH_1, 1.1.09

1054   ETH_1, 1.1.09

1055   Vor solchen Verdächtigungen sind auch die Mitarbeiter der deutschen EZ nicht sicher, denen
        z.B. 2002 Unterstützung der OLF in öffentlichen Versammlungen des Oromia Education
        Bureau (OEB) unwidersprochen vorgeworfen wurde. Alle äthiopischen Kolleginnen
        und Kollegen, die weiterhin mit den Deutschen sprachen, standen dann unter demselben
        Verdacht. In Gesprächen mit der Leitung des OEB und der deutschen Botschaft und mit
        einem offenen Umgang mit diesem Vorwurf haben wir uns zu wehren versucht.

1056   ETH_1, 1.1.09

1057 ETH_1, 1.1.09

1058 ETH_1, 1.1.09

1059 In einer Sitzung des TVET Departments im Oromia Education Bureau wurde ich vom Department Head aufgefordert, die Leistungen der Kolleginnen zu beurteilen. Das verweigerte ich, weil es nicht meine Kultur sei und diese Methode nur Angst verbreite. Die späteren, privaten Rückmeldungen der KollegInnen hierzu war sehr positiv, die des Heads nicht.

1060 ETH_1, 1.1.09

1061 ETH_6, 23.12.09

1062 Dabei stehen die Einschätzungen von GTZ- und Integrierten Experten im Vordergrund. Die von DED'lern können wegen der geringen Zahl von Interviews / Befragungen nicht dargestellt werden. Augenscheinlich führten aber die internen DED-Formen von Mitsprache, Diskussion und Betreuung zur Stärkung des Einzelnen, weil sie als Forum für Reflexion der eigenen Praxis und der Selbstvergewisserung fungierten.

1063 Ob in Zukunft auch alle anderen deutschen Ministerien und Bundesländer, die zusätzlich zum BMZ in der EZ tätig sind, diesem Konzept folgen, bedarf der politischen Klärung, rsk

1064 TVET = Technical and Vocational Education and Training

1065 ded_1,T.Becherer 30.11.08

1066 Ded_3, 20.1.10

1067 Vgl. Jutta Franz, Perspektiven der Zusammenarbeit in der beruflichen Bildung mit Äthiopien, InWEnt 2004

1068 Gtz_4, 11.12.08

1069 Private Nutzung von Dienstwagen ist nach GTZ Regeln nur unter strengen Auflagen und gegen Bezahlung zulässig.

1070 Schließlich wurde auf diese Probleme u.a. mit einem speziellen, einwöchigen Kurs in der V-EZ in Bad Honnef reagiert, der mehrfach durchgeführt wurde.

1071 CIM_6, 26.02.09

1072 Diesen Ausschuß (Steering Committee) gibt es bis heute nicht

1073 Endbericht 'Road Map' ECBP in Ethiopia 2005- 2009, June – nov.2004,S.7ff

1074 *"Make the Ethiopian change agents responsible for the rational and maximum use of their German counterparts"*, aus Endbericht 'Road Map' ECBP in Ethiopia 2005- 2009, June – Nov.2004,S.7ff

1075 Gtz_4, 11.12.08

1076 NN_2, 1.3.09

1077 Gtz_4, 11.12.08

1078 Diverse GTZ'ler

1079 KZE_4, 28.01.09

1080 http://www.bmz.de/de/publikationen/reihen/evaluierungen/evaluierungsberichte_ab_2006/EvalBericht038.pdf, Festgestellte Defizite: Fehlende twinning-Partner und Experten / hohe Experten- Fluktuation / wenig Umsetzung von Studien und neuen Curricula / unprofessionelles und politisiertes, äthiopisches Management/ staatliche Angebots statt Nachfrageorientierung / Vernachlässigung der Förderung von Kleinbetrieben und der Subsistenzwirtschaft / ungenügende Stärkung des Privatsektors und seiner

Rahmenbedingungen / ungenügende Abstimmung zwischen Bund und Regionen in der Wirtschaftsförderung, S.3-5,

1081 KZE_4, 28.01.09

1082 National Capacity Building Programs - als Teil von PASDEP: Justice System Reform (JSRP), Industry & Business Capacity Building (IBCBP), General Education Cap Build (GECBP), Information & Communication Cap. Build (ICTCBP), Engineering Cap Build. (ECBP), Textile & Garment Cap. Build (TGCBP)

1083 Ded_2, 4.6.09

1084 KZE_4, 28.01.09. Daß Atlas in der griechischen Mythologie in die Knie geht, nimmt Bezug auf die Zeiten, in denen Atlas aus Erschöpfung niedersinkt, und das Himmelsgewölbe an einer der vier Tragepunkte den Halt verliert und ins Schwanken gerät.

1085 Vertraglich vereinbarte und nach deutschem Arbeitsrecht zustehende Fortbildungsmöglichkeiten für deutsche Experten wurden von der äthiopischen ECBP-Leitung für überflüssig gehalten und deshalb nicht genehmigt.

1086 KZE_4, 28.01.09

1087 Zentrale Bezugsgrößen von Capacity WORKS sind dabei die vereinbarten Ziele und Wirkungen. Das Vorgehen in Vorhaben der EZ läßt sich anhand der im Modell vorgestellten fünf Erfolgsfaktoren immer wieder überprüfen und korrigieren. Die Erfolgsfaktoren sind Strategie: Die strategische Ausrichtung des Programms aushandeln und vereinbaren, Kooperation: Personen und Organisationen verbinden, um Veränderungen möglich zu machen, Steuerungsstruktur: Die optimale Struktur aushandeln, Prozesse: Prozesse für soziale Innovation gestalten, Lernen und Innovation: Den Fokus auf Lernkompetenz richten. In jedem Erfolgsfaktor führen Leitfragen das Denken und Handeln. Unterstützt werden sie durch die GTZ spezifischen Beratungsgrundsätze. Capacity WORKS hat den Anspruch, strukturierende Hilfen zu geben, die im Management von komplexen Projekten und Programmen Handlungsspielräume eröffnen. Das Modell unterstützt dabei, die relevanten Aushandlungsprozesse in solch komplexen Kooperationszusammenhängen zu identifizieren, in den Blick zu nehmen und zu bearbeiten. Die Partner sollen so befähigt werden, ihre Selbstorganisationskräfte bestmöglich zu entfalten. '

1088 Es bedarf m.E. eines professionellen Großprogramm-Managements. Im ECBP sollten die Beziehungen zwischen der deutschen und äthiopischen Seite geklärt und neu verabredet werden. Es ginge um die Sicherung eines nachhaltigen Erfolgs durch: Bewußten Einstieg in Politikberatung; Personal mit Großprojekterfahrung und Politikberatungskompetenz; Personal mit Rollenklarheit, souveränen Fähigkeiten in Projektdesign und hoher interkultureller Kompetenz; kompetente und erfahrene äthiopische Counterparts; Einrichtung des geplanten ‚Steering Committee' mit Vertretern aus Wirtschaft, Wissenschaft und Zivilgesellschaft; Aufstellung des ECBP als Lernende Organisation; verbindliche Regeln, Rahmenbedingungen und Zuständigkeiten; Spielregeln für Konflikte und Rückgrat im Alltag; Coaching, Mediation, Supervision als normale Instrumente einer lernenden Organisation

1089 Gtz_5, 17.12.08

Abkürzungen

Politische Organisationen

CUD	Coalition for Unity and Democracy; Zusammenschluß von vier Oppositionsparteien für die Wahlen 2005
Derg	Amharisch: Komitee; gängige Bezeichnung für das 1974 errichtete Militärregime; steht für Provisional Military Administrative Council
EPLF	Eritrean People's Liberation Front
EPRDF	Ethiopian Peoples' Revolutionary Democratic Front; Parteienbündnis von: TPLF, OPDO, ANDM (Amhara National Democratic Movement), SEPDM (Southern Ethiopian Peoples' Democratic Movement)
EPRP	Ethiopian Peoples' Revolutionary Party
Ginbot 7	Amharisch: 7.Mai; Movement for Justice and Democracy
Medrek	Amharisch: Forum; Ethiopia Federal Democratic Unity Forum, auch: Forum for Democratic Dialogue (FFDD); Zusammenschluß von acht Oppositionsparteien für die Wahlen 2010
OAU	Organization of African Unity
OLF	Oromo Liberation Front
ONLF	Ogaden National Liberation Front
OPDO	Oromo People's Democratic Organization; Teil der EPRDF
SNNPRS	Southern Nation, Nationalities and Peoples' Regional State
TPLF	Tigray People's Liberation Front; Teil der EPRDF
UEDF	United Ethiopian Democratic Forces; Zusammenschluß von Oppositionsparteien in Äthiopien und der Diaspora für die Wahlen 2005, 2010; auch Teil von Medrek
UDJP	Unity for Democracy and Justice Party; auch Amharisch: ANDENET=Einheit; Teil von Medrek
UIC	Union of Islamic Courts, Somalia
WSLF	Western Somali Liberation Front

Sonstige Organisationen, Einrichtungen

AAU	Addis Abeba University
EOC	Ethiopian Orthodox Church
IES	Institute of Ethiopian Studies
NRO	Nichtregierungsorganisation

Wirtschaft und Entwicklung

BMZ	Bundesministerium für wirtschaftliche Zusammenarbeit und Entwicklung, Berlin-Bonn
CIM	Centrum für internationale Migration und Entwicklung, Frankfurt/M
DAAD	Deutscher Akademischer Austauschdienst, Bonn
DAG	Development Assistent Group
ded	Deutscher Entwicklungsdienst, Bonn
ECBP	Engineering Capacity Building Program
EZ	Entwicklungszusammenarbeit
GTZ	Deutsche Gesellschaft für Technische Zusammenarbeit, Eschborn
GTZ/IS	GTZ / International Services, Eschborn
IE-CIM	Integrierter Experte, von CIM vermittelt
InWEnt	Internationale Weiterbildung und Entwicklung GmbH, Bonn
KfW	Kreditanstalt für Wiederaufbau, Frankfurt/M
MoCB	Ministry of Capacity Building
OECD	Organization for Economic Co-operation and Development, Paris
PASDEP	Plan for Accelerated and Sustained Development to End Poverty
TVET	Technical and Vocational Education and Training
UCBP	University Capacity Building Program
UNDP	United Nations Development Program
USAID	United States Agency for International Development

Zeittafel

1. Jt. v. Chr.	Zuwanderung semitisch-sprachiger Völker aus Südarabien und ihre Vermischung mit der am Horn von Afrika ansässigen kuschitisch-sprachigen Bevölkerung.
1.-7. Jh. n. Chr.	Aksumitisches Reich im Hochland von Eritrea und Nordäthiopien mit dem Zentrum Aksum im heutigen Tigray und dem Hafen Adulis am Roten Meer; starke Handelsmacht; zeitweiliger Einfluß auf Gebiete im Sudan und Südarabien; Hochkultur mit eigener Schrift (Ge'ez), Münzwesen, Architektur und Kunst; Pflugbau mit Ochsengespann.
	ca. 330-365/70 Regierungszeit von König Ezana, der zum Christentum konvertiert.
615	Verfolgte Anhänger Mohammeds finden Aufnahme am Hof in Aksum.
7. - 10. Jh.	Ausbreitung des Islam an der Küste des Horns von Afrika; Aksum verliert die Kontrolle über die Handels- und Verkehrswege und seine Seemacht an der Küste; dieser Verlust, politische Machtkämpfe im Innern und / oder Rivalen von außen (Königin Gudit) sowie ökologische Faktoren führen im 10. Jh. zum Untergang des Aksumitischen Reichs.
10. / 12 Jh.	Aufstieg der kuschitisch-sprachigen Zagwe-Dynastie aus Lasta mit der Hauptstadt Roha, später nach dem legendären Erbauer der Felsenkirchen Lalibela benannt. Östlich des christlichen Herrschafts- und Einflußgebietes entstehen muslimisch dominierte Regionen und Sultanate.
um 1270	Ende der Zagwe-Dynastie und mit Kaiser Yekuno Amlak (1270-85) Beginn der „Salomonischen Dynastie", deren Herrscher sich als direkte Nachfolger der aksumitischen Könige betrachten.
14. Jh.	Wahrscheinlich in den 20er Jahren Niederschrift der „Kebra Nagast", des christlich-orthodoxen Nationalepos.
	Europäer beginnen Äthiopien als das Reich des „Priesterkönigs Johannes" zu verorten, in dem sie einen starken Bündnispartner gegen den Islam sehen.
14.-15. Jh.	Ausdehnung des Herrschaftsgebiets resp. der Einflußsphäre des christlichen Kaiserreichs nach Westen vor allem auf Kosten der Falasha / Beta Israel, im Südwesten und im Süden auf Kosten „heidnischer" Völker. Hierzu gehören das Königreich der Agaw von Gojjam und viele kleine Königreiche resp. vorstaatliche Gesellschaften. Im Osten geraten unter muslimischer Herrschaft stehende Gebiete in Abhängigkeit vom äthiopischen Kaiser, darunter das Sultanat Ifat im Tiefland östlich des Shoa-Plateaus.
15.Jh.	Erste äthiopische Gesandte treffen in Europa ein und spanisch-portugiesische Gesandte reisen nach Äthiopien.

1509	schickt Kaiserin Eleni den armenischen Kaufmann Mateos Armenawi als Gesandten an den portugiesischen Hof mit dem Vorschlag einer militärischen Allianz gegen den Islam.
1529	Immer wiederkehrende bewaffnete Konflikte um die Kontrolle von Handelswegen mit muslimischen Herrschern münden 1529 in einen „Dreißigjährigen Krieg". Ahmed bin Ibrahim al-Gazi (Gragn), Herrscher von Harar 1525-43, dem Zentrum des Sultanats Adal, ruft den Jihad gegen das christliche Äthiopien aus. Mit angeforderter portugiesischer Hilfe kann das christliche Reich vor dem Untergang gerettet werden.
um 1550	brechen kuschitisch-sprachige Oromo aus dem südlichen Borana gen Norden in die vom Krieg entvölkerten und geschwächten Regionen bis weit in das Herrschaftsgebiet des äthiopischen Reichs auf, liefern sich zahlreiche Kämpfe mit den kaiserlichen Heeren und drängen das christliche Königreich nach Nordwesten in die Region des Tana-Sees.
1626	unter dem Einfluß portugiesisch-spanischer Jesuiten wird Äthiopien durch kaiserliches Edikt offiziell römisch-katholisch - gegen den Widerstand von orthodoxer Kirche, Adel und Volk.
1632	nach einem Bürgerkrieg wird unter Kaiser Fasilidas (r. 1632-67) die Konversion rückgängig gemacht und die Jesuiten werden des Landes verwiesen.
1636	Gondar im Norden des Tana-Sees wird Hauptstadt Äthiopiens.
1755-1855	Aufstände und Machtkämpfe rivalisierender Provinzherrscher in Nordäthiopien führen zum Zerfall der kaiserlichen Zentralgewalt und zur „Ära der Fürsten". Die Herrscher der Provinz Shoa erstarken im 19. Jh. und erweitern ihr Herrschaftsgebiet. Ankobar wird Residenz.
1855-1889	Unter Kassa Hailu aus Gondar, der aus den Machtkämpfen zu einem siegreichen Kriegsherrn aufsteigt und sich als Tewodros II. (r.1855-68) zum Kaiser krönen läßt, beginnt die Rezentralisierung des Reichsgebietes. Sie wird von Yohannes IV. (r. 1872-1889) aus Tigray fortgeführt.
1868	Eine britische Militärexpedition gegen Tewodros II. zur Befreiung europäischer Geiseln endet mit der Selbsttötung des Kaisers auf seiner Festung Maqdala.
1869	Durch die Eröffnung des Suezkanals gewinnt die Region an geopolitischer Bedeutung.
1880er	Die europäischen Großmächte teilen das Horn in ihre Interessensphären auf.
1889/90	Italien erstrebt ein Protektorat über Äthiopien und gründet die italienische Kolonie Eritrea.
1889	Kaiser Yohannes IV. fällt in der Schlacht von Metemma gegen die Mahdisten aus dem Sudan, die bis nach Gondar vorgedrungen waren.

1875ff	Menilek II. erobert als König von Shoa (1865-1889) und als Kaiser von Äthiopien (1889-1913) weite Gebiete im Südwesten, im Süden und Osten, die das Reichsgebiet mehr als verdoppeln. Die unterworfenen Völker, vor allem muslimische wie Gurage, Harari, Wolayta, Hadiya und Arsi-Oromo leisten zum Teil erbitterten Widerstand.
1889-1892	Große Hungersnot im Norden, ausgelöst durch Rinderpest und Dürre.
1892	Addis Abeba beginnt sich zur neuen Hauptstadt des Landes zu entwickeln.
1896	in der Schlacht von Adwa besiegen äthiopische Truppen das italienische Invasionsheer. In der Folgezeit beginnen europäische Staaten mit dem Aufbau dauerhafter diplomatischer Beziehungen mit Äthiopien.
1897	Start des Eisenbahnbaus von Dschibuti über Dire Dawa (1902) nach Addis Abeba (1917) unter französischer Regie.
1905	Unterzeichnung eines Deutsch-Äthiopischen Freundschafts- und Handelsvertrages.
1916	Menileks Enkel und Nachfolger Lij Iyasu wird wegen seiner muslim-freundlichen Haltung, antikolonialen Einstellung und politischen Sympathien für Deutschland und die Türkei abgesetzt und 1936 ermordet. Menileks Tochter Zewdito (1916-1930) wird Kaiserin und Ras Tafari Mekonnen (später Kaiser Haile Selassie) Regent.
1923	Aufnahme Äthiopiens in den Völkerbund.
1930	Kaiserkrönung Haile Selassies.
1932	Das seit 1882 tributpflichtige Königreich Jimma verliert seine innere Autonomie und wird der Zentralmacht unterstellt.
1935/36	„Abessinienkrieg": Italienische Truppen fallen von Eritrea und Somalia aus in Äthiopien ein und besetzen das Land; äthiopische „Patrioten" führen einen Partisanenkrieg.
1941	Unter britischer Führung werden die Italiener geschlagen und vertrieben, Haile Selassie kehrt aus dem Londoner Exil zurück.
1952	Eritrea wird auf UNO-Beschluß als autonomes Gebiet mit Äthiopien föderiert.
1953	Abkommen über militärische Zusammenarbeit zwischen Äthiopien und den USA.
1959	Ägypten und der Sudan bescheinigen sich in Anknüpfung an koloniale Festlegungen ein Monopol über die Nutzung des Nilwassers. Die Orthodoxe Kirche Äthiopiens macht sich von der Zuständigkeit des Patriarchen von Alexandria unabhängig.
1960	Erfolgloser Putsch der Nationalgarde gegen Haile Selassie.
1961	Gründung der *Haile Selassie I. University*.

1962	Äthiopien einverleibt Eritrea völkerrechtswidrig als äthiopische Provinz, wogegen sich bewaffneter Widerstand formiert.
1963	Gründung der *Organisation für Afrikanische Einheit (OAU)* mit Sitz in Addis Abeba.
	Gründung des *Institute of Ethiopian Studies (IES)*.
1963-70	Rebellion von Oromo und Somalier in der südöstlichen Provinz Bale.
1973/74	Hungersnot in Tigray und Wollo.
1974	Studentenunruhen und Militärrevolte, Sturz des Kaisers und Übernahme der Regierungsgewalt durch den *Provisional Military Administrative Council*, genannt Derg; Landreform, Verstaatlichung; Annäherung an die Sowjetunion (SU).
1974/75	Beginn des bewaffneten Kampfes der Befreiungsbewegungen von OLF und TPLF.
1977/78	Zerschlagung oppositioneller Gruppierungen, Ermordung führender Derg-Mitglieder auf Anweisung Mengistu Haile Mariams.
	Ogadenkrieg zwischen Somalia und Äthiopien; Frontwechsel: USA wenden sich Somalia zu, die SU und Kuba unterstützen Äthiopien.
1984/85	Hungersnot.
1985/1991	Aussiedlung von Beta Israel nach Israel (Operation Moses/ Salomon).
1987	Mit einer neuen Verfassung entsteht die *People's Democratic Republic of Ethiopia* und Mengistu Haile Mariam wird ihr „ziviler" Präsident.
1991	Sturz Mengistus durch ein Bündnis von Befreiungsbewegungen unter der Führung von EPLF und TPLF; Bildung einer Interimsregierung durch die EPRDF; ihr Vorsitzender Meles Zenawi wird Präsident.
1991	Start der langfristigen, staatsgelenkt-neoliberalen *Agricultural Development Led Industrialization (ADLI)*-Strategie zur Ernährungssicherung und Exportförderung von Agrarprodukten als Basis der angestrebten Industrialisierung Äthiopiens.
1991/92	Abkommen zwischen EPRDF und OLF zur Beendigung bewaffneter / politischer Konflikte; Rückzug der OLF aus dem *State Council*, keine Teilnahme an kommenden Wahlen.
1992/93	Einsetzung einer Verfassungskommission.
1993	Unabhängigkeit Eritreas nach Volksabstimmung wird von Äthiopien anerkannt.
1995	Parlaments- und Regionalwahlen; Boykott durch Mehrheit der Opposition, Sieg der EPRDF; Präsident Negasso Gidada, Ministerpräsident Meles Zenawi; Inkrafttreten der Verfassung der *Federal Democratic Republic of Ethiopia* mit neun Regionalstaaten entlang ethno-linguistischer Grenzen.
1998	Ein zweijähriger Grenzkrieg zwischen Äthiopien und Eritrea beginnt.

2000	Wahlen unter Behinderung der Opposition und ihrer Anhänger ergeben einen haushohen Sieg der EPRDF.
	Nach schweren Niederlagen Eritreas erfolgen ein Waffenstillstandsabkommen und Ende des Jahres der Friedensvertrag von Algier zwischen Äthiopien und Eritrea: Einsatz einer UN-Grenzkommission.
2001	Machtkampf innerhalb der EPRDF und insbesondere der TPLF, Unruhen in Addis Abeba; Wahl von Girma Wolde-Giorgis zum Staatspräsidenten.
2003	Äthiopien lehnt die 2002 von der Grenzkommission getroffene Entscheidung über den Verlauf der Grenze zu Eritrea ab; beide Seiten unterhalten bis heute große Truppenkontingente an der Grenze.
2005	Einführung des *Plan for Accelerated and Sustained Development to End Poverty (PASDEP)*, der die Erfahrungen aus den vorangegangenen *Poverty Reduction Strategy*-Programmen mit den Millennium-Entwicklungszielen verbindet.
	Erste Wahlen unter großer Beteiligung von Oppositionsparteien und mit starken Stimmengewinnen für diese; eine verzögerte Stimmenauszählung und Kontroversen über Wahlmanipulationen führen zu Unruhen mit Toten, Inhaftierung von Oppositionsführern und zu Massenverhaftungen.
2006	Im Rahmen der US-Strategie zur „Bekämpfung des Terrorismus" marschiert die äthiopische Armee im Dezember in Somalia zugunsten der Übergangsregierung gegen die *Union of Islamic Courts* ein. Der „Blitzkrieg" dauert bis Januar 2009.
2010	Bei den Wahlen im Mai erreicht die EPRDF dank langfristiger „Vorsorge" fast 100% der Sitze für das Bundesparlament und die Regionalparlamente.

Auswahlbibliographie[*]

Jon Abbink, The Ethiopian Second Republic and the Fragile „Social Contract", in: Africa Spectrum, 44, 2 (2009), S.2-28.

Abebe Hailemelekot, The Victory of Adowa and what we owe to Our Heroes, Addis Abeba 1998.

Adwa. Victory Centenary Conference 26 February – 2 March 1996, Addis Abeba 1998.

Aregawi Berhe, The Origins of the Tigray People`s Liberation Front, in: African Affairs (2004), 103/413, S.569-592.

Jacob Arsano, Ethiopia and the Nile. Dilemmas of National and Regional Hydropolitics, Zürich 2007.

Asfa-Wossen Asserate, Ein Prinz aus dem Hause David und warum er in Deutschland blieb, Frankfurt a. M. 2008.

Christiane Auf, Staat und Militär in Äthiopien. Zur Wechselwirkung im historischen Prozeß der Staatsbildung, Hamburg 1996.

Ausstellungskatalog: Von der Rosen-Gesandtschaft bis heute: 100 Jahre diplomatische Beziehungen zwischen Deutschland und Äthiopien, http://www.addis-abeba.diplo.de/Vertretung/addisabeba/de/downloads/100__jahre__dipl__bez,property=Daten.pdf.

Bahru Zewde, Pioneers of Change in Ethiopia. The Reformist Intellectuals of the Early Twentieth Century, Addis Abeba, Athens, Oxford 2002.

Bahru Zewde, A History of Modern Ethiopia 1855-1991, Oxford, Athens, Addis Abeba 2005 (Reprint von 2002).

Bahru Zewde, A Century of Ethiopian Historiography, in: Journal of Ethiopian Studies, Vol. XXXIII, No. 2 (November 2000), S.1-26.

Bahru Zewde, Siegfried Pausewang, Ethiopia. The Challenge of Democracy from Below, Uppsala, Addis Abeba 2002.

Randi Ronning Balsvik, Haile Sellassie`s Students: The Intellectual and Social Background to Revolution, 1952-1974, Addis Abeba 2005 (Reprint von 1985).

Randi Ronning Balsvik, The Quest for Expression: State and the University in Ethiopia under Three Regimes, 1952-2005, Addis Abeba 2007.

Andrzej Bartnicki, Joanna Mantel-Niecko, Geschichte Äthiopiens, 2 Bde., Berlin / DDR 1978.

Belachew Gebrewold, Ethiopian Nationalism: an Ideology to Transcend All Odds, in: Africa Spectrum, 44, 1 (2009), S.79-97.

Belai Giday, Ethiopian Civilization, Addis Abeba 1992.

Between Africa and Zion. Proceedings of the Society of the Study of Ethiopian Jewry, ed. by Steven Kaplan, Tudor Parfitt, Emanuela Trevisan Semi, Jerusalem 1995.

Ulrich Braukämper, Geschichte der Hadiya Süd-Äthiopiens. Von den Anfängen bis zur Revolution 1974, Wiesbaden 1980.

James Bruce, Zu den Quellen des Blauen Nils. Die Erforschung Äthiopiens 1768-1773, Stuttgart, Wien 1987.

Stefan Brüne, Kulturen des Versteckens, in: NORD-SÜD aktuell, Nr.4, 1999, S.612-628.

Stefan Brüne, Äthiopien – Unterentwicklung und radikale Militärherrschaft. Zur Ambivalenz einer scheinheiligen Revolution, Hamburg 1986.

Stefan Brüne, Heinrich Scholler (Hg.), Auf dem Weg zum modernen Äthiopien. Festschrift für Bairu Tafla, Münster 2005.

Christopher Clapham, Rewriting Ethiopian History. Introduction: the familiar tale of Ethiopian history, in: Annales d'Éthiopie, 2002,Vol. XVIII, S.37-54.

Civil Society in Ethiopia. Reflections on Realities and Perspectives of Hope. Jahrbuch 2004, hrsg. von der Afrikanisch-Asiatischen Studienförderung, Göttingen 2004.

Donald Crummey, Land and Society in the Christian Kingdom of Ethiopia. From the Thirteenth to the Twentieth Century, Addis Abeba 2000.

Dessalegn Rahmato, Meheret Ayenew, Democratic Assistance to Post-Conflict Ethiopia. Impact and Limitations, Addis Abeba 2004.

Deutsche Gesellschaft für Technische Zusammenarbeit (GTZ) (Hg.), The Ethiopian Diaspora in Germany. Its Contribution to Development in Ethiopia, Frankfurt a. M. 2009.

Die Farbige Front. Hinter den Kulissen der Weltpolitik, von ***, Berlin, Leipzig 1936.

Louise Diel, Sieh unser neues Land mit offenen Augen. Italienisch-Ostafrika, Leipzig 1938.

Waris Dirie, Wüstenblume, München 2002, 2.Aufl.

Christoph Emminghaus, Äthiopiens ethnoregionaler Föderalismus. Modell der Konfliktbewältigung für afrikanische Staaten?, Hamburg 1997.

Encyclopaedia Aethiopica, Vol. 1, Edited by Siegbert Uhlig, Wiesbaden 2003.
Encyclopaedia Aethiopica, Vol. 2, Edited by Siegbert Uhlig, Wiesbaden 2005.
Encyclopaedia Aethiopica, Vol. 3, Edited by Siegbert Uhlig, Wiesbaden 2007.

Haggai Erlich, Israel Gershoni (Eds.), The Nile: Histories, Cultures, Myths, Boulder 1999, http://books.google.de/books?hl=de&lr=&id=LcsJosc239YC&oi=fnd&pg=PP15&dq=armenian+Bairu+Tafla&ots=hh56xAOred&sig=Xbf4IhvlB41csy_f21OYe2WtlTQ#v=onepage&q&f=false.

Ethiopian Studies at the End of the Second Millennium. Proceedings of the XIVth International Conference of Ethiopian Studies November 6-11, 2000, Vol. 1-3, Addis Abeba 2002.

Ezekiel Gebissa, Introduction: Rendering Audible the Voices of the Powerless, in: Northeast African Studies, Vol. 9, No. 3 (New Series), 2002, S.1-14.

Falasha Anthology. Translated from Ethiopic Sources, with an Introduction by Wolf Leslau, New Haven, London 1979.

Francis Falceto, Abyssinie Swing. A pictorial history of modern Ethiopian music, Addis Abeba 2001.

Helmut Falkenstörfer, Äthiopien. Tragik und Chancen einer Revolution, Stuttgart 1986.

Erwin Faller, Ich war der Koch des Negus. Drei Jahre am Kaiserhof von Addis Abeba, bearbeitet und verfasst von Herbert Volck, Bern, Stuttgart 1937, 2.Aufl.

Fasil Giorghis, Denis Gérard, The City & Architectural Heritage. Addis Abeba 1886-1941, Addis Abeba 2007.

Benjamin H. Freiberg, Deutsche Entwicklungspolitik in Äthiopien. Der Einfluß deutscher Entwicklungszusammenarbeit auf die allgemein- und gesellschaftspolitische Lage Äthiopiens seit 1991. Eine Analyse, Norderstedt 2008.

Gebre-Igziabiher Elyas, Reidulf K. Molvaer, Prowess, Piety and Politics, Köln 1994.

Javier Gozálbez, Dulce Cebrián, Touching Ethiopia, Addis Abeba 2004.

Haile Gabriel Dagne, Das entwicklungspolitische Engagement der DDR in Äthiopien. Eine Studie auf der Basis äthiopischer Quellen, Münster 2004.

Wolfgang Heinrich, Ethnische Identität und nationale Integration. Eine vergleichende Betrachtung traditioneller Gesellschaftssysteme und Handlungsorientierungen in Äthiopien, Göttingen 1984.

Paul B. Henze, Layers of Time. A History of Ethiopia, Addis Abeba 2004.

Paul B. Henze, Ethiopia in Mengistu's Final Years. The Derg in Decline, Vol.1, Addis Abeba 2007.
Paul B. Henze, Ethiopia in Mengistu's Final Years. Until the Last Bullet, Vol.2, Addis Abeba 2007.

Willy Hentze, Am Hofe des Kaisers Menelik von Abessynien, Leipzig 1908.

Bas van Heur, The Spatial Imagination of Oromia: The Ethiopian State and Oromo Transnational Politics, Utrecht / Netherlands 2004.

Hussein Ahmed, Coexistence and / or Confrontation?: Towards a Reappraisal of Christian-Muslim Encounter in Contemporary Ethiopia, in: Journal of Religion in Africa, 36.1 (2006), S.4-22.

Graf Ludwig Huyn, Josef Kalmer, Abessinien. Afrikas Unruhe-Herd, Salzburg, Graz, Wien, Leipzig, Berlin 1935.

Im Reiche Kaiser Meneliks. Tagebuch einer Abessinischen Reise von Friedrich Freiherrn von Kulmer, bearbeitet von Emanuela Baronin Mattl-Löwenkreuz, Leipzig 1910.

Informationsblätter des Deutsch-Äthiopischen Vereins (DÄV), 1997ff, http://www.deutsch-aethiopischer-verein.de/infoblatt_archiv.htm.

Dimitrios P. Kalogeropoulos, Doromanekia. The back alley of my house. A reflective memoir of my life in Ethiopia, Australia 2007.

Steven Kaplan, The Beta Israel (Falasha) in Ethiopia: From Earliest Times to the Twentieth Century, New York, London 1992.

Kebra Nagast. Die Herrlichkeit der Könige. Aus dem äthiopischen Urtext zum ersten Mal in's Deutsche übersetzt von Carl Bezold, München 1905.

Fauziya Kassindja, Layli Miller Bashir, Do They Hear You When You Cry, London, New York, Toronto, Sidney, Auckland 1999.

Ryszard Kapuscinski, König der Könige. Eine Parabel der Macht, Frankfurt a. M. 1995.

Kinfe Abraham, Ethiopia. From Empire to Federation, London, Stockholm, New York 2001.

Kassaye Begashaw, The Archaeology of Islam in North East Shoa, in: Proceedings of the 16th International Conference of Ethiopian Studies, Trondheim 2009. S.11-22, http://www.svt.ntnu.no/ices2007/.

David Kessler, The Falasha. A Short History of the Ethiopian Jews, London 1996, 3rd rev. Ed.

Ewald Klein, Brigitte Kleidt, Äthiopien – christliches Afrika, Ratingen 1999.

Lemma Yirashewa Betru, Kommunale Selbstverwaltung als Beitrag zur Ent-Ethnisierung ethnischer Konflikte in Äthiopien, Hamburg 2008.

Donald N. Levine, Wax & Gold. Tradition and Innovation in Ethiopian Culture, Chicago, London 1967, 3rd Ed.

Michael B. Lentakis, Ethiopia. A View From Within, London 2005.

Harald G. Marcus, A History of Ethiopia, Berkeley, Los Angeles, London 2002.

Volker Matthies, Kriege am Horn von Afrika. Historischer Befund und friedenswissenschaft-liche Analyse, Berlin 2005.

Aram Mattioli, Experimentierfeld der Gewalt. Der Abessinienkrieg und seine internationale Bedeutung 1935-1941, Zürich 2005.

Dorothea McEwan, Gerd Gräber, Johannes Hock, Das Skizzenbuch Eduard Zanders. Ansichten aus Nordäthiopien, Dessau 2006.

Mengiste Desta, Ethiopia's Role in African History, Addis Abeba 2007.

Mengistu Gobezie, Heritage Tourism in Ethiopia, Addis Abeba 2008.

Merera Gudina, Ethiopia. Competing ethnic nationalisms and the quest for democracy, 1960-2000, Addis Abeba 2003.

Harald Möller, DDR und Äthiopien. Unterstützung für ein Militärregime (1977-1989). Eine Dokumentation, Berlin 2003.

Mohammed Hassen, The Oromo of Ethiopia. A History 1570-1860, Georgia State University 1990.

Mohammed Hassen, Äthiopien und die EG. Geschichte, Entwicklung, Probleme und Perspektiven der gegenwärtigen Beziehungen, Frankfurt a. M., Berlin, Bern, New York, Paris, Wien 1994.

Reidulf K. Molvaer, Black Lions. The Creative Lives of Modern Ethiopia's Literary Giants and Pioneers, Lawrenceville/ NJ, Asmara 1997.

Leo von zur Mühlen, Im Banne des Äthiopischen Hochlandes, Berlin-Schöneberg 1935.

Detlef Müller (Hg.), Märchen aus Äthiopien, München 1992.

Stuart Munro-Hay, The Quest for the Ark of the Covenant. The True History of the Tablets of Moses, New York 2005.

Christiane Nette, Die Schulpolitik Äthiopiens seit 1974. Ein Beitrag zur nationalen Integration?, Zürich 2001.

Antonie K. Nord, Politische Partizipation in einer blockierten Demokratie. Das Beispiel Äthiopien, Hamburg 1999.

Richard Pankhurst, Menilek and the Utilisation of Foreign Skills in Ethiopia, in: Journal of Ethiopian Studies, Vol. V, No. 1, 1967, S.29-86.

Richard Pankhurst, Economic History of Ethiopia 1800-1935, Addis Abeba 1968.

Richard Pankhurst, Leila Ingrams, Ethiopia Engraved. An Illustrated Catalogue of Engravings by Foreign Travellers from 1681 to 1900, London, New York 1988.

Richard Pankhurst, A Social History of Ethiopia. The Northern and Central Highlands from Early Medieval Times to the Rise of Emperor Téwodros II, Addis Abeba 1990.

Richard Pankhurst, Historic Images of Ethiopia, Addis Abeba 2005.

Richard Pankhurst, The History of the Ethiopian-Armenian Relations. Ancient Times, in : Revue des Études Arméniennes, Tomé XII, 1978, S.273-345; Tomé XIII, 1978-79, S.259-312; Tomé X, 1981, S.355-400.

Siegfried Pausewang, Kjetil Tronvoll, Lovise Aalen (Hg.), Ethiopia since the Derg: A Decade of Democratic Pretension and Performance, London 2002.

Proceedings of the 16th International Conference of Ethiopian Studies, Vol. 1–2, Trondheim 2009.

James Quirin, The Evolution of the Ethiopian Jews, A History of the Beta Israel (Falasha) to 1920, Philadelphia 1992.

Walter Raunig (Hg.), Das christliche Äthiopien. Geschichte, Architektur, Kunst, Regensburg 2005.

Rheinisches Journalistinnenbüro, „Unsere Opfer zählen nicht". Die Dritte Welt im Zweiten Weltkrieg, hrsg. von Recherche International e.V., Berlin, Hamburg 2009, 2.Aufl.

Renate Richter, Eshetu Kebbede, Sprichwörter aus Äthiopien, Köln, 1994.

Martin Rikli, Seltsames Abessinien. Als Filmberichterstatter am Hof des Negus, Zürich o.J. (1936).

KerstinVolker-Saad, Anna Greve (Hg.), Äthiopien und Deutschland. Sehnsucht nach der Ferne, Berlin, München 2006.

Hagar Salamon, The Hyena People: Ethiopian Jews in Christian Ethiopia, Berkeley, Los Angeles, London 1999.

Alberto Sbacchi, Legacy of Bitterness. Ehiopia and Fascist Italy, Lawrenceville/NJ, Asmara 1997.

Richard Chaim Schneider, Esaias Baitel, Der vergessene Stamm. Die äthiopischen Juden und ihre Geschichte, Wien 1995.

Heinrich Scholler, Recht und Politik in Äthiopien. Von der traditionellen Monarchie zum modernen Staat, Berlin 2008.

Sergew Hable Sellassie, Ancient and Medieval Ethiopian History to 1270, Addis Abeba 1972.

Sihab ad-Din, Futuh al-Habaša. The Conquest of Abyssinia, Translated by Paul Lester Stenhouse with Annotations by Richard Pankhurst, Hollywood 2003.

Wolbert G. C. Smidt, Kinfe Abraham (Eds.), Discussing Conflict in Ethiopia. Conflict Management and Resolution, Berlin, Wien, Zürich 2007.

Ivo Strecker, Jean Lydall (Eds.), The Perils of Face. Essays on cultural contact, respect and self-esteem in southern Ethiopia, Berlin 2006.

Friedrich Strindberg, Abessinien im Sturm. Kleines Tagebuch aus dem ostafrikanischen Krieg, Berlin 1936.

Studia Aethiopica. In Honour of Siegbert Uhlig on the Occasion of his 65th Birthday, ed. by Verena Böll, Denis Nosnitsin u.a., Wiesbaden 2004.

Claude Sumner, Oromo Wisdom Literature, Vol. I, Proverbs. Collection and Analysis, Addis Abeba 1995.
V.II, Songs. Collection and Analysis, Addis Abeba 1997.
Vol. III, Folktales. Collection and Analysis, Addis Abeba 1996.

Taddesse Tamrat, Church and State in Ethiopia 1270-1527, Addis Abeba 1972.

Tamene Bitima, A Dictionary of Oromo Technical Terms, Köln 2000.

Tamene Bitima, Jürgen Steuber, Die ungelöste nationale Frage. Studien zu den Befreiungsbewegungen der Oromo und Eritreas, Frankfurt a. M. 1983.

Teshale Tibebu, The Making of Modern Ethiopia 1896-1974, Lawrenceville/NJ 1995.

Tefere Mekonnen, The Blue Nile Issue: A History of Hydropolitics, 1884-1774, Addis Abeba 2004, http://hdl.handle.net/123456789/593.

Tesfaye Tafesse, The Nile Question: Hydropolitics, Legal Wrangling, Modus Vivendi and Perspectives, Münster 2001.

Pater Timotheus, Zwei Jahre in Abessinien. Schilderung der Sitten und des staatlichen und religiösen Lebens der Abyssinier, Drei Teile, hrsg. von Abgar Joannissiany, Leipzig 1888.

Walelign Emiru, The Ethiopian Orthodox Church Festivals of the Finding of the True Cross and Epiphany, Addis Abeba 2007.

Walelign Emiru, Ethiopia Through the Second Millennium. Critical Assessment, Addis Abeba 2008, 2nd Ed.

Dieter Wartenberg, Wolfgang Mayrhofer (Hg.), Bildung in Äthiopien. Ein Land geht neue Wege, Hamburg 1999.

Evelyn Waugh, Befremdliche Völker, seltsame Sitten. Expeditionen eines englischen Gentleman, Frankfurt a. M. 2007.

Wegweiser zur Geschichte. Horn von Afrika, Im Auftrag des Militärgeschichtlichen Forschungsamtes hrsg. von Dieter H. Kollmer und Andreas Mükusch, Paderborn, München, Wien, Zürich 2007.

Ernst Wiese, Weißes Reich im schwarzen Erdteil, Leipzig 1938.

Adelheit Zelleke, 100 Jahre Deutsch-Äthiopischer Freundschafts- und Handelsvertrag 1905-2005, hrsg. vom Äthiopischen Zentrum Deutschland e.V., Bonn 2004.

Adrian Zervos, L'Empire d'Éthiopie. Le miroir de l'Éthiopie moderne 1906-1936, Alexandria 1936.

Dag Zimen, Rosen für den Negus. Die Aufnahme diplomatischer Beziehungen zwischen Deutschland und Äthiopien 1905, Göttingen 2005.

Anton Zischka, Abessinien. „Das letzte ungelöste Problem Afrikas", Bern, Leipzig, Wien 1935.

Thomas Zitelmann, Nation der Oromo: kollektive Identitäten, nationale Konflikte, Wir-Gruppenbildungen, Berlin 1994.

http://newstatesman.com; http://ethiomedia.com/carepress; http://en.wikipedia.org/wiki; http://author.voanews.com/english/africa/blog/index.cfm?mode=cat&catid=C28D5643-ECC3-F68B-D782AC0B89DDFB24; http://www.bernos.org/blog; http://yetovbahayer.pbworks.com/Arba+Lidjotch+-+Forty+Orphans ; http://new.music.yahoo.com/nerses-nal-bandian/tracks/eyeye--44211759.)

---

*   In Äthiopien setzen sich Namen aus Vornamen zusammen, aus dem eigenen, gefolgt von dem des Vaters. Die Vornamen können auch aus mehr als einem Element bestehen. Der Verweis auf eine Person erfolgt über deren ersten, eigenen Vornamen.

Bildnachweis

Institutionen

GTZ/CIM, Michael Maiwald, Conservation of Urban Heritage in Addis Abeba in cooperation with Addis Woubet NGO: 18, 40, 63, 84, 88

Kunstkamera, Peter the Great Museum of Anthropology and Ethnography. Russian Academy of Sciences: 5

UN OCHA: 1

Weltbank: 58

Internet

Ark_of_the_Covenant_church_in_Axum_Ethiopia.jpg (Adam Cohn): 14

http://en.wikipedia.org/wiki/File:Battle_of_Adwa_Tapestry_Closeup.png (Joshua Sherurcij): 16, 17

edgar.gamb@liebigbilder.eu: 20

Ahmed_Gurey_Mogadishu_Monument.jpg: 49

King_Ahmed_Gurey_Mog.jpg: 52

Prester-John-map.jpg: 48

Bücher

Louise Diehl, Sieh unser neues Land mit offenen Augen. Italienisch Ostafrika, Leipzig, 1938: 22

Geoffrey Last, Richard Pankhurst, A History of Ethiopia in Pictures, Addis Abeba, Nairobi, London 1974: 4

Friedrich Wencker-Wildberg, Abessinien das Pulverfaß Afrikas, Düsseldorf, 1935, Titelblatt: 89

Anton Zischka, Das letzte ungelöste Problem Afrikas, Bern, Leipzig, Wien 1935: 19, 53

Privatsammlungen

Simon Hagopian: 77

Rolf/Sigrid Kleinschmidt: 89a, 89b, 89c

Ana Koluth: 34, 35, 36, 37

Anne Marinussen: 38, 39

Vartkes Nalbandian: 67, 68, 70, 71, 78, 79, 81, 83,

Rev. Myron Sarkissian: 73, 74, 75, 76, 82,

Wolbert G.C. Smidt: 66

Wilhelmine Stordiau: 80,

Wolfgang Strohal: 94, 95

Kreuter / Schwiedrzik: Titelblatt, 2, 3, 6, 7, 8, 9, 10, 11, 12, 13, 15, 21, 23, 24, 25, 26, 27,28, 29, 30, 31, 32, 33, 41, 42, 43, 44, 45, 46, 47, 50, 51, 54, 55, 56, 57, 59, 60, 61, 62, 64, 65, 69, 72, 85, 86, 87, 90, 91, 92, 93, 96, 97, 98, 99, 100, 101, 102, 103, 104, 105, 106, 107, 108

Sollten uns trotz sorgfältiger Recherchen Inhaber von Rechten an Abbildungen entgangen sein, so bitten wir, sich gegebenenfalls mit uns in Verbindung zu setzen.

Danksagung

Wir möchten uns bei allen herzlich bedanken, die zum Gelingen dieses Buches beitrugen, indem sie zu Gesprächen bereit waren und uns Materialien zur Verfügung stellten.

Unser Dank gilt Simon Hagopian, Garbis Korajian, Vartkes Nalbandian, Rev. Myron Sarkissian, Marie und Mesrob Sarkissian, Wilhelmine Stordiau und den Interviewpartnerinnen und -partnern aus der Entwicklungszusammenarbeit.

Er gilt besonders denjenigen, die uns bei der Überarbeitung des Manuskripts durch ihre kritisch-konstruktiven Anmerkungen unterstützt haben: Barbara Koch-Mäckler, Ana Koluth, Fritz A. Feder und Andreas König sowie Dorothea Dane, Stefan Kreuter und Julia Schmidt.

Ein Dankeschön geht auch an Sigrid Kleinschmidt, Michael Maiwald, Anne Marinussen, Wolbert G. C. Smidt und Wolfgang Strohal, die Bilder zur Verfügung stellten, sowie an Marieke Boersma und Jana Zehle und nicht zuletzt an Gerlinde Maikowski als Korrektorin.

Lightning Source UK Ltd.
Milton Keynes UK
UKHW03f1834041018
330026UK00007B/359/P

9 783839 195345